STUDIEN ZUR ZEITGESCHICHTE BAND 18

Herausgegeben vom Institut für Zeitgeschichte

D1677475

HEIDRUN HOLZBACH

Das »System Hugenberg«

Die Organisation bürgerlicher Sammlungspolitik
vor dem Aufstieg der NSDAP

1981

DEUTSCHE VERLAGS-ANSTALT

Lektorat: Ino Arndt

CIP-Kurztitelaufnahme der Deutschen Bibliothek

Holzbach, Heidrun
Das „System Hugenberg":
d. Organisation bürgerl. Sammlungspolitik
vor d. Aufstieg d. NSDAP / Heidrun Holzbach. —
Stuttgart: Deutsche Verlags-Anstalt, 1981.
(Studien zur Zeitgeschichte; Bd. 18)
ISBN 3-421-01986-X NE: GT

© 1981 Deutsche Verlags-Anstalt GmbH, Stuttgart.
Umschlagentwurf: Edgar Dambacher.
Satz und Druck: Brönner & Daentler KG, Eichstätt.
Printed in Germany. ISBN 3 421 **01986** X

Inhalt

Schaubild: Der Aufbau des Hugenberg-Konzerns, Stand 1928–1930

Vorwort

Die vorliegende Arbeit wurde im Wintersemester 1978/79 als Dissertation von der Philosophischen Fakultät der Universität München angenommen und in der Folgezeit noch einmal leicht überarbeitet. Die langwierige Untersuchung, deren Thema „den Geist ebenso zu erregen wie zu lähmen geeignet ist", wäre ohne die Unterstützung vieler kaum zu ihrem endlichen Abschluß gelangt.

Mein Dank gilt zunächst meinen akademischen Lehrern, Prof. Martin Broszat und Prof. Karl Bosl. M. Broszat hat diese Arbeit initiiert, ihre Entwicklung mit liberaler Duldsamkeit und sachlicher Kritik gefördert sowie ihre Veröffentlichung in den Studien für Zeitgeschichte unterstützt. K. Bosl übernahm die Mitbetreuung durch Rat und Tat – so durch Befürwortung eines Graduiertenstipendiums – und sorgte mit seinen, in ihrer Art einmaligen, Seminaren und Vorlesungen immer wieder für geistes- und sozialgeschichtliche Denkanstöße. Für fördernde Kritik bin ich auch seinem damaligen Mitarbeiter, Prof. Karl Möckl, verbunden.

Dankbar bin ich weiter all jenen, die mich durch Hinweise und Auskünfte bei den umfangreichen Quellenrecherchen unterstützten. Dabei denke ich besonders an die Mitarbeiter des Instituts für Zeitgeschichte in München und der Forschungsstelle für die Geschichte des Nationalsozialismus in Hamburg, an die zahlreichen „Tatzeugen", die namentlich im Quellen- und Literaturverzeichnis aufgeführt werden, und an Wissenschaftler wie Dr. Klaus-Peter Hoepke, Karlsruhe, und Prof. Kurt Koszyk, Dortmund, die selbst mit verwandten Themen befaßt sind.

Zu danken habe ich auch der Familie Hugenberg, die mir den Zugang zu dem zentralen Aktenbestand für diese Untersuchung, dem Nachlaß Hugenberg, ermöglichte. Meine Arbeit in den verschiedenen staatlichen, städtischen, industriellen und privaten Archiven wurde weiter durch die freundliche Unterstützung der dortigen Mitarbeiter erleichtert. Dabei habe ich eine besonders große Dankesschuld an Dr. Konrad Reiser vom Bundesarchiv Koblenz abzutragen, dessen Hilfsbereitschaft auch über Jahre hinweg nicht zu erschöpfen war.

Finanziell unterstützt wurde die Arbeit durch ein Graduiertenstipendium und die „Stiftung Wissenschaft und Presse" in Hamburg, wofür ich an dieser Stelle ebenfalls meinen Dank abstatten möchte. Die finanzielle Hauptlast aber trugen jahrelang meine Eltern, die auch gemeinsam mit den Münchener und Hamburger Studienfreunden, vor allem mit Conny Stamm, für die moralische Unterstützung gegen alle Ermüdungserscheinungen sorgten. Conny Stamm sei überdies von Herzen Dank gesagt für die fördernde wissenschaftliche Kritik, mit der er die Arbeit bis zum Schluß begleitet hat.

Einleitung

Alfred Hugenberg, der sich 1929 mit Adolf Hitler im „Reichsausschuß für das deutsche Volksbegehren" zusammentat und damit, wie das Berliner Tageblatt schrieb, als erster führender Vertreter der bürgerlichen Rechten den Nationalsozialisten „Bündnisfähigkeit" zugestand,[1] war für seine Zeitgenossen lange Jahre „der Mann im Dunkeln"[2] gewesen. Bevor er 1928 den Vorsitz der größten Rechtspartei, der DNVP, übernahm, wußte man über die Rolle, die der langjährige, aber äußerst schweigsame Reichstagsabgeordnete[3] im politisch-sozialen Kräftefeld der Weimarer Republik spielte, kaum etwas Konkretes. Seine demokratischen und sozialistischen Gegner schrieben dem ehemaligen Krupp-Direktor und „Herr(n) über Presse und Film"[4] wohl eine weitreichende politische und publizistische Macht zu, doch waren sie sich über die tatsächlichen Ausmaße seines Einflußbereichs keineswegs im klaren.[5] Daran änderte sich auch wenig, als Hugenberg den Vorsitz der DNVP übernahm, weil er sich damit zwar als einflußreiche politische Größe zu erkennen gab, die Grundlagen seiner Macht aber weiterhin zu verschleiern verstand.[6]

Auch die nachfolgende Historie hat das „Rätsel Hugenberg"[7] bis heute nicht gelöst. In den zahlreichen Abhandlungen über die Weimarer Republik fehlt zwar selten ein Hinweis auf die verhängnisvolle Rolle, die Hugenberg als „Steigbügelhalter" Hitlers spielte.[8] Gerade auch in der neueren Literatur, die überwiegend von der Erkenntnis ausgeht, daß faschistische Parteien nur im Bündnis mit Teilen der sozialen Oberschicht an die Macht gelangen[9] und sich deshalb besonders intensiv mit dem

---

[1] Vgl. „Bisher 8,9 Prozent", in: Berliner Tageblatt (BT), Nr. 515, 31. 10. 1929.

[2] Julius Elbau: Der Mann im Dunkeln, in: Vossische Zeitung, 15. 8. 1926.

[3] Hugenberg hielt im Reichstag in der Zeit von 1920—1929 keine einzige Rede. Vgl. John A. Leopold: Alfred Hugenberg and German Politics, Washington, Phil. Diss. 1970, S. 57 (i. f. zit.: J. Leopold: Hugenberg).

[4] Andreas Weitenweber: Herr über Presse und Film. Hugenbergs Aufstieg, Glück und Ende, o. O. o. J. (Sonderdruck aus Der Journalist, 1957).

[5] Vgl. „Alfred Hugenberg. Ein deutschnationaler Wirtschaftsführer. Zum Wechsel im Vorsitz des Bergbaulichen Vereins", in: Frankfurter Zeitung (FZ), Nr. 179, 8. 3. 1925; Ernst Posse: Hugenberg, in: Kölnische Zeitung, Nr. 213, 18. 4. 1928; Leo A. Freund: Philister über Hugenberg, in: Die Weltbühne, 24. Jg. (1928), S. 355 ff.

[6] Vgl. „Das Rätsel Hugenberg", in: FZ, Nr. 442, 16. 6. 1929 u. „Hugenberg", in: FZ, Nr. 431, 12. 6. 1930.

[7] „Das Rätsel Hugenberg", in: FZ, Nr. 442, 16. 6. 1929.

[8] Vgl. z. B. Hans Herzfeld: Die Weimarer Republik, Frankfurt/M. Berlin ²1969; Helmut Heiber: Die Republik von Weimar, München ⁴1969, S. 202 f.; Martin Broszat: Der Staat Hitlers, München 1969, S. 16 f. (i. f. zit.: M. Broszat: Staat Hitlers); Karl Dietrich Bracher: Die deutsche Diktatur. Entstehung, Struktur, Folgen des Nationalsozialismus, Köln Berlin 1970, S. 176 f. u. S. 222.

[9] Wegweisend hat hier Reinhard Kühnls Arbeit: Formen bürgerlicher Herrschaft. Liberalismus — Faschismus, Hamburg 1971 (i. f. zit.: R. Kühnl: Formen), gewirkt. Ganz ähnlich im Ansatz, wenn auch noch nicht theoretisch voll ausformuliert, bereits vor Kühnl: M. Broszat: Staat Hitlers, S. 14 ff. Über den gegenwärtigen Stand der Faschismus-Diskussion informieren: Manfred Clemenz (Hrsg.): Kritische Faschismustheorien,

Verhältnis der Großindustrie zur NSDAP in der Endphase der Weimarer Republik befaßt, taucht der Name Hugenberg immer wieder auf.[10] Doch herrscht Unsicherheit darüber, wie Hugenberg in das sozioökonomische Koordinatensystem der ersten deutschen Demokratie einzuordnen ist. Insbesondere das Verhältnis des ehemaligen Krupp-Direktors und langjährigen Vorsitzenden des Essener Bergbau- und Zechenverbandes zur rheinisch-westfälischen Schwerindustrie erscheint undurchsichtig.[11] Zwar neigt die Forschung ebenso wie die Zeitgenossen Hugenbergs dazu, den Pressezaren als Repräsentanten der Schwerindustrie einzustufen,[12] doch kann auch sie nicht übersehen, daß einige bekannte Tatsachen, wie etwa Hugenbergs von der Schwerindustrie abweichendes Abstimmungsverhalten bei der Entscheidung über den Dawes-Plan 1924, diese Etikettierung problematisch machen. Solange aber die Frage nach der sozialen Repräsentanz Alfred Hugenbergs nicht beantwortet ist, kann auch sein Verhalten gegenüber Hitler in seiner politisch-sozialen Bedeutung nicht adäquat bewertet werden. Lösbar wird dieses Problem erst, wenn die „Vorgeschichte" Alfred Hugenbergs, die Entwicklung seines Verhältnisses zur Schwerindustrie seit seinem 1918 erfolgten Abschied von Krupp wie auch seine Beziehungen zu den verschiedenen politisch-sozialen Gruppen der bürgerlichen Rechten insgesamt, abgeklärt worden sind. Die vorliegende Dissertation will aber nicht allein diese Vorgeschichte analysieren, um eine weiteren Arbeiten vorbehaltene adäquate Einordnung und Bewertung der Hugenbergschen Bündnispolitik gegenüber Hitler zu ermöglichen, sondern vor allem auch verdeutlichen, daß und mit welchen Mitteln Alfred Hugenberg als bürgerlicher Sammlungspolitiker und damit verbunden als „Herr über Presse und Film" maßgeblichen Einfluß auf die politische Entwicklung der Weimarer Republik nahm, lange bevor er mit seiner spektakulären Ver-

---

Frankfurt/M. 1972; Wolfgang Wippermann: Faschismustheorien. Zum Stand der gegenwärtigen Diskussion, Darmstadt 1972; Helga Grebing: Aktuelle Theorien über Faschismus und Konservatismus. Eine Kritik, Stuttgart Berlin Köln Mainz 1974; Gerhard Schulz: Faschismus—Nationalsozialismus. Versionen und theoretische Kontroversen, Berlin 1974; Karl Dietrich Bracher: Zeitgeschichtliche Kontroversen. Um Faschismus, Totalitarismus, Demokratie, München 1976; Richard Saage: Faschismustheorien, München ²1977.

[10] Vgl. Dirk Stegmann: Zum Verhältnis von Großindustrie und Nationalsozialismus 1930—1933, in: AfS, 13. Jg. (1973), S. 399—482 (i. f. zit.: D. Stegmann: Verhältnis); ders.: Kapitalismus und Faschismus in Deutschland 1929—1934, in: H. G. Backhaus (Hrsg.): Gesellschaft, Beiträge zur Marxschen Theorie, Nr. 6, Frankfurt/M. 1976, S. 19—91 (i. f. zit.: D. Stegmann: Kapitalismus); Henry Ashby Turner: Faschismus und Kapitalismus in Deutschland, Göttingen 1972 (i. f. zit.: H. A. Turner: Faschismus); ders.: Großunternehmer und Nationalsozialismus 1930—1933, in: HZ 221 (1975), S. 18—68; Eberhard Czichon: Wer verhalf Hitler zur Macht?, Köln 1967; Richard Saage: Zum Verhältnis von Nationalsozialismus und Industrie, in: Aus Politik und Zeitgeschichte, Beilage zur Wochenzeitung Das Parlament, B 9/75 (1. 3. 1975), S. 17—39.

[11] Vgl. D. Stegmann: Kapitalismus, S. 28 f.; vgl. auch Klaus-Peter Hoepke: Alfred Hugenberg als Vermittler zwischen großindustriellen Interessen und Deutschnationaler Volkspartei, in: Hans Mommsen, Dieter Petzina, Bernd Weisbrod (Hrsg.): Industrielles System und politische Entwicklung in der Weimarer Republik, Düsseldorf 1974, S. 907—919, hier S. 919 (i. f. zit.: K.-P. Hoepke: Hugenberg).

[12] So ordnet sogar Dirk Stegmann, der in einer seiner Arbeiten davon spricht, daß Hugenberg eine am Primat der Landwirtschaft orientierte Wirtschaftspolitik betrieben hätte (vgl. D. Stegmann: Kapitalismus, S. 29), Hugenberg zumindest bis 1928 als Vertreter der Schwerindustrie ein. Vgl. D. Stegmann: Verhältnis, S. 413.

brüderungsstrategie gegenüber den Nationalsozialisten ins Licht der Öffentlichkeit trat.

Nicht nur in den allgemeinen Darstellungen über die Weimarer Republik und in Arbeiten über das Verhältnis der Industrie zur NSDAP, sondern auch in der Spezialliteratur über Hugenberg wird die politische Rolle, die er seit Beginn der Republik spielte, stark unterschätzt. Indirekt ist die Historie hier noch ein Opfer Hugenbergs geworden, der es meisterhaft verstand, seinen persönlichen Machtapparat und die mit ihm verfolgten Zielsetzungen zu tarnen. Um so mehr ist eine Untersuchung des Wie, der Technik Hugenbergscher politischer Einflußnahme, notwendig und sinnvoll. Ergibt sich hieraus doch auch eine Antwort auf die Frage, wie es möglich war, daß reaktionäre Kräfte bereits kurz nach der Revolution gesellschaftliche Machtpositionen ohne entschiedene demokratische Gegenwehr zu besetzen vermochten und damit zur strukturellen Instabilität der ersten deutschen Republik beitragen konnten.

John A. Leopold, der mit seiner 1970 erschienenen Dissertation über „Alfred Hugenberg and German Politics" den Versuch unternahm, erstmals eine Gesamtdarstellung von Hugenbergs Wirken in der Weimarer Republik zu liefern, hat entsprechend dem allgemeinen wissenschaftlichen Interesse für den „Steigbügelhalter" Hugenberg den Schwerpunkt seiner Untersuchung auf den Zeitraum von 1928–1933 gelegt. Die vorhergehende Zeit, insbesondere die Jahre 1918–1924, wird von ihm nur mehr oder minder kursorisch behandelt. Da Leopold generell dahin tendiert, eine Chronologie der politischen Ereignisse zu liefern, an denen Hugenberg offensichtlich beteiligt war, kaum aber eine Analyse der „Politik hinter den Kulissen" leistet, bleiben Fehlurteile besonders über den „frühen" Hugenberg nicht aus. So etwa behauptet der Amerikaner, daß Hugenberg von Anfang an ein entschiedener Gegner des gewerkschaftlichen Flügels der DNVP gewesen sei.[13] Ein Urteil, das auf Hugenbergs 1928 erfolgenden öffentlichen Auseinandersetzungen mit dem Deutschnationalen Handlungsgehilfen-Verband (DHV) basiert und fälschlicherweise auf die gesamte Parteizeit übertragen wird. Tatsächlich hatte Hugenberg in den ersten Jahren der DNVP in aller Stille außerordentlich gute Beziehungen zu Vertretern des gewerkschaftlichen Flügels der Partei angeknüpft, wobei sowohl die ihm zur Verfügung stehenden finanziellen Mittel als auch Mandate und Posten in seinem publizistischen Konzern eine Rolle spielten. Aber weder der Hugenberg-Konzern noch die von der Großindustrie stammenden finanziellen Mittel des Pressezaren finden bei Leopold, obwohl er selbst zugibt, daß Hugenbergs Einfluß in der DNVP sich vor allem hierauf gründete,[14] eine ausreichende Würdigung. Den Hugenberg-Konzern skizziert er nur grob, fast ausschließlich anhand von Literatur, ohne dabei dessen Ausmaß noch dessen personelle Verflechtung mit hohen Funktionären der DNVP und rechtsgerichteter politischer Verbände zu erfassen.[15] Daß Hugenberg über finanzielle Mittel der Großindustrie verfügte, erwähnt der Amerikaner zwar auch, doch welchen Umfang sie hatten und wie sie von Hugenberg im einzelnen verwandt wurden, läßt er, vor allem für die Zeit von 1918–1924, offen. Schließlich fehlt bei Leopold auch eine systematische Darstellung von Hugenbergs Verhältnis

---

[13] Vgl. J. Leopold: Hugenberg, S. 48.
[14] Vgl. ebd., S. 57.
[15] Vgl. ebd., S. 29–44.

zur rheinisch-westfälischen Schwerindustrie. Die mangelnde Tiefenschärfe seiner Arbeit ist möglicherweise nicht nur durch den methodischen Ansatz, sondern auch durch eine unzureichende Quellenbasis bedingt. Der amerikanische Historiker hat zwei zentrale Aktenbestände, den Privatnachlaß Alfred Hugenbergs sowie den Geschäftsnachlaß seines Konzerns, für seine Dissertation nicht verwendet. Allerdings änderte Leopold seinen methodischen Ansatz auch bei einer weiteren Arbeit über Alfred Hugenberg nicht, obwohl er dazu nunmehr den Privatnachlaß Hugenbergs benutzen konnte. Diese Arbeit, die der Verfasserin erst kurz vor der Drucklegung der eigenen Untersuchung zugänglich wurde, erschien 1977 unter dem Titel „Alfred Hugenberg – The Radical Nationalist Campaign against the Weimar Republic".[16] Auch hierin hat Leopold den Untersuchungschwerpunkt auf den Zeitraum von 1928–1933 gesetzt und ist dabei gegenüber seiner Dissertation nicht zu wesentlichen neuen Erkenntnissen gekommen.

Analytischer und quellenmäßig besser abgesichert ist dagegen die Arbeit von Denis Paul Walker „Alfred Hugenberg and the Deutschnationale Volkspartei, 1918 to 1930"[17], die der Verfasserin ebenfalls erst kurz vor der Drucklegung zugänglich wurde. Auch Walker hat sich stark auf die Endphase der Weimarer Republik konzentriert und insbesondere Hugenbergs Politik von 1918–1924 nur kursorisch behandelt. Darüber hinaus kam es ihm offensichtlich nicht auf eine systematische Darstellung der Politik Hugenbergs „hinter den Kulissen" an, die eine eingehende Untersuchung des Pressekonzerns miteingeschlossen hätte. Dennoch kommt Walker, da er wie die Verfasserin beide Teile des Hugenberg-Nachlasses herangezogen hat, zu interessanten Einzelergebnissen.

Ganz auf Archivalien verzichtet hat dagegen Valeska Dietrich bei ihrer Untersuchung über „Alfred Hugenberg – Ein Manager der Publizistik".[18] Ihre 1960 erschienene Dissertation, die sich in der Hauptsache mit dem Konzernchef Hugenberg befaßt und den Politiker Hugenberg nur am Rande behandelt, orientiert sich an den Fakten, die zeitgenössische Apologeten und Kritiker Hugenbergs öffentlich preiszugeben bereit bzw. herauszufinden in der Lage waren. Deshalb bietet ihre Untersuchung auch nur eine vorläufige, sehr unvollständige Bestandsaufnahme zum Thema Hugenberg-Konzern. Weder werden sämtliche Gesellschaften des Konzerns von ihr erfaßt, noch wird seine Struktur exakt analysiert. Die Frage zu klären, welche Zeitungen, abgesehen von den bekannten Scherl-Blättern, vom Hugenberg-Konzern abhängig waren, wird von ihr gar nicht versucht. Auch dem Problem der Konzernfinanzierung stellt sie sich nicht. Wenn V. Dietrichs Arbeit auch zweifellos eine erste kritische Würdigung des Hugenberg-Konzerns darstellt, so geht doch ihr empirischer Wert kaum über das hinaus, was der Hugenberg-Freund Ludwig Bernhard bereits 1928 in seiner Studie „Der ‚Hugenberg-Konzern' – Psychologie und Technik einer Großorganisation der Presse"[19] an Informationen geboten hatte.

---

[16] John A. Leopold: Alfred Hugenberg. The Radical Nationalist Campaign against the Weimar Republic, New Haven London 1977.

[17] Denis Paul Walker: Alfred Hugenberg and the Deutschnationale Volkspartei, Cambridge 1976.

[18] Valeska Dietrich: Alfred Hugenberg. Ein Manager der Publizistik, Berlin, Phil. Diss. 1960 (i. f. zit.: V. Dietrich: Hugenberg).

[19] Ludwig Bernhard: Der „Hugenberg-Konzern". Psychologie und Technik einer Großorganisation der Presse, Berlin 1928 (i. f. zit.: L. Bernhard: Hugenberg-Konzern).

Bernhard, Professor der Staatswissenschaften und mit Hugenberg nicht nur durch eine jahrelange Freundschaft, sondern auch durch seine Mitgliedschaft in der Dachgesellschaft des Hugenberg-Konzerns verbunden,[20] verfolgte mit seiner Darstellung, wie wir aus anderen Quellen wissen, einen bestimmten Zweck: Hugenberg, der gerade den deutschnationalen Parteivorsitz anstrebte, populär zu machen.[21] Immerhin hat Bernhard als Insider ertmalig mit seiner Arbeit Einblick in Grundstruktur und Leitungsprinzipien des Konzerns gewährt und die Entstehungsgeschichte der Hauptgesellschaften skizziert. Darüber hinaus berichtet Bernhard auch einiges über den beruflichen Werdegang seines Freundes und deutet skizzenhaft organisatorische Grundmuster an, die Hugenberg bereits während seiner Tätigkeit als Beamter in der Posener Ansiedlungskommission erprobte, um politischen Einfluß zu erlangen. Gerade diese Hinweise sind besonders hilfreich, weil sich Hugenbergs Organisationsmodelle nun leichter auch in Bereichen identifizieren lassen, die Bernhard in seiner Darstellung ausgeklammert hat. Trotz ihres apologetischen Charakters besitzt so Bernhards Studie doch einen gewissen informativen Wert.

Die politischen und publizistischen Aktivitäten Alfred Hugenbergs im Kaiserreich untersuchte Dankwart Guratzsch. In seiner 1975 erschienenen Dissertation „Macht durch Organisation – Die Grundlegung des Hugenbergschen Presseimperiums im Kaiserreich"[22] weist der Hamburger Historiker nach, was die Historie bisher übersehen hat: Bereits zur Zeit Wilhelms II. errichtete Hugenberg die Fundamente seiner publizistischen Macht und arrivierte schon damals zu einer einflußreichen Figur im politischen Geschehen. Allerdings schießt Guratzsch mit seiner These, Hugenberg habe „in den Jahren vor und während des ersten Weltkrieges über einen Apparat mit Bürokratie, Presse, Wirtschaftsmacht" verfügt, „der an Verzweigung, Einfluß, Vielseitigkeit alles übertraf, was er in späterer Zeit noch auf die Beine stellten sollte",[23] über das Ziel hinaus. Zwar ist es richtig, daß es dem ehemaligen Beamten in der Republik nicht mehr gelang, die staatliche Bürokratie so direkt zu unterlaufen und zu beeinflussen, wie er es vor 1918 vermocht hatte. Doch waren mit der Revolution bzw. schon mit dem kurz zuvor in Preußen eingeführten allgemeinen und gleichen Wahlrecht andere Faktoren des politischen Systems gegenüber der Exekutive aufgewertet worden: das Parlament und die öffentliche Meinung. Alfred Hugenberg als Vertreter einflußreicher industrieller Interessenverbände und als Chef eines Pressekonzerns war für die veränderte politische Landschaft gut gerüstet. Darüber hinaus sorgte er, wie zu zeigen sein wird, mit dem Ausbau seiner publizistischen Unternehmen, mit seinem parteipolitischen Engagement und mit einem vielfältigen Verbindungsnetz zur Nationalen Bewegung „für einen Apparat, der an Verzweigung, Einfluß, Vielseitigkeit" dem von Guratzsch beschriebenen keineswegs nachstand. Für die Weimarer Republik aber mußte diese Machtzusammenballung in der Hand Alfred Hugenbergs von existenziellerer Bedeutung sein, als sie es je für das Kaiserreich gewesen sein konnte. In der konstitutionellen Monarchie war er nur einflußreicher Kritiker, der jungen Demokratie wurde er zum unerbittlichen Gegner. Wird vorliegende Arbeit somit zwangsläufig Guratzschs über-

[20] Zu den Einzelheiten s. u.
[21] Vgl. Schreiben Hugenbergs an Wegener, 23. 5. 1928. — BA/NL Wegener, Nr. 65.
[22] Dankwart Guratzsch: Macht durch Organisation. Die Grundlegung des Hugenbergschen Presseimperiums, Düsseldorf 1974 (i. f. zit.: D. Guratzsch: Macht).
[23] Ebd., S. 12.

spitzte Grundthese von der einmaligen Machtfülle Hugenbergs im Kaiserreich korrigieren, so knüpft sie doch in manchem an seine Untersuchung an. Insbesondere die Herausarbeitung der Kontinuität in Hugenbergs Politik und Organisation von Macht ist durch die Untersuchung des Hamburger Historikers erleichtert worden.

Die Problematik des Verhältnisses zwischen Hugenberg und der Schwerindustrie in der Weimarer Republik schilderte erstmals in groben Zügen der Karlsruher Historiker Klaus-Peter Hoepke auf einem internationalen Symposium in Bochum 1973. Ohne auf in diesem Rahmen nicht zu erwartende Details und Quellenbelege einzugehen, kommt er in seinem nunmehr gedruckt vorliegenden Referat über „Alfred Hugenberg als Vermittler zwischen großindustriellen Interessen und Deutschnationaler Volkspartei" zu dem Schluß, daß Hugenberg ein „Einzelgänger" war, „der im Koordinatensystem sozioökonomischer Bezüge nicht eindeutig unterzubringen ist".[24] Ein Ergebnis also, das nur als ein vorläufiges verstanden werden kann und, wie es mit vorliegender Arbeit beabsichtigt ist, der Überprüfung bedarf. Erwähnt sei hier auch der Aufsatz Dirk Stegmanns „Hugenberg contra Stresemann – Die Politik der Industrieverbände am Ende des Kaiserreiches".[25] Die Namen der prominentesten Exponenten zweier einflußreicher Industrieverbände, des „Centralverbandes Deutscher Industrieller" (CDI) und des „Bundes der Industriellen" (BDI), werden von Stegmann symbolisch für die von ihm geschilderten Gegensätze zwischen beiden Organisationen verwandt. In seiner Arbeit geht es weder um die von Guratzsch bereits geleistete Untersuchung der Politik Hugenbergs in verschiedenen industriellen Interessenorganisationen, noch um die Gustav Stresemanns, wenn auch dessen Rolle, vermutlich quellenbedingt, innerhalb des BDI stärker konturiert wird. Stegmann stellt die innenpolitisch wirksam werdende unterschiedliche Interessenlage von Fertigwarenindustrie und Schwerindustrie heraus. Als Hintergrundinformation zur Erhellung des scharfen Gegensatzes zwischen den Parteipolitikern Hugenberg und Stresemann in der Weimarer Republik ist Stegmanns Aufsatz ebenso wertvoll, wie seine materialreichen Veröffentlichungen zum Thema NSDAP und Industrie und seine Arbeiten über Parteien und Verbände im Kaiserreich,[26] insbesondere seine Dissertation „Die Erben Bismarcks"[27] für das Verständnis der politisch-sozialen Umwelt Alfred Hugenbergs unentbehrlich sind.

Schließlich ist die Verfasserin auch der Arbeit Kurt Koszyks über die „Deutsche Presse 1914–1945"[28] zu Dank verpflichtet. Mit der intensiven Beschreibung des Weimarer Pressesystems liefert Koszyk den Bezugsrahmen, in den der Hugenberg-Konzern zu stellen ist. Innerhalb eines größeren Kapitels über „Presse und wirtschaftliche Macht"[29] handelt Koszyk auch die „Hugenberg-Unternehmen" ab.[30]

---

[24] Vgl. K.-P. Hoepke: Hugenberg, S. 919.

[25] Dirk Stegmann: Hugenberg contra Stresemann. Die Politik der Industrieverbände am Ende des Kaiserreiches, in: VfZG, 24. Jg. (1976), S. 329–378 (i. f. zit.: D. Stegmann: Hugenberg).

[26] Vgl. die Bibliographie dieser Arbeit.

[27] Dirk Stegmann: Die Erben Bismarcks. Parteien und Verbände in der Spätphase des Wilhelminischen Deutschlands. Sammlungspolitik 1897–1918, Köln Berlin 1970 (i. f. zit.: D. Stegmann: Erben).

[28] Kurt Koszyk: Deutsche Presse 1914–1945. Geschichte der deutschen Presse, Teil III, Berlin 1972 (i. f. zit.: K. Koszyk: Deutsche Presse).

[29] Vgl. ebd., S. 160 ff.

[30] Vgl. ebd., S. 219–239.

Ohne sich auf eine Gesamtabklärung dieses Komplexes einzulassen, liefert er, gestützt auf unveröffentlichtes Quellenmaterial verschiedener Industriearchive, interessante Detailinformationen über einige Konzerngesellschaften und von ihnen abhängige Zeitungen. Überdies sucht er die mit Hugenberg rivalisierenden Pressebestrebungen anderer Schwerindustrieller herauszuarbeiten und die damit verbundenen Spannungen im schwerindustriellen Lager deutlich zu machen. Besonders die publizistischen Interessen Paul Reuschs, des stärksten Gegenspielers Alfred Hugenbergs, der ihn vor allem in der zweiten Hälfte der zwanziger Jahre seines finanziellen, personellen und verbandspolitischen Rückhalts im rheinisch-westfälischen Industriegebiet zu berauben drohte, finden eingehende Würdigung. Ohne das komplizierte und sich wandelnde Geflecht der weit über den publizistischen Bereich hinausgehenden Beziehungen Alfred Hugenbergs zur Schwerindustrie zu analysieren, hat Koszyk mit seiner Darstellung der Pressepolitik Paul Reuschs einen wichtigen Faktor vorabgeklärt.

Der vielverzweigte Einflußbereich Alfred Hugenbergs machte ein breit angelegtes Quellenstudium notwendig. Besonders Hugenbergs Subventionssystem und seine personellen Querverbindungen ließen sich nur durch Zusammenstellung vieler Einzelhinweise aus Unterlagen verschiedenster Provenienz rekonstruieren. Hugenberg verstand es meisterlich, geschäftliche und politische Transaktionen zu tarnen. Zwischenkonten, Abkürzungen und Decknamen mußten oft mühsam identifiziert werden. Überdies ist sein eigener Nachlaß nicht vollständig überliefert. Ein Teil seiner „politischen Akten" verbrannte während des Krieges,[31] weitere auch den Konzern betreffende Unterlagen sollen von britischen Besatzungssoldaten vernichtet worden sein.[32] Dennoch ist der verbliebene Nachlaßrest, der zur Zeit der Einsichtnahme zweigeteilt bei verschiedenen privaten Stellen lagerte, mittlerweile aber ins Bundesarchiv Koblenz überführt worden ist, von Umfang und Inhalt der bedeutendste Quellenbestand für diese Arbeit. Vorwiegend politische Korrespondenz enthielt der damals auf Hugenbergs ehemaligem Gut Rohbraken befindliche Bestand (NL Hugenberg). Einen großen Bestand an Konzernakten verwahrte die „Opriba GmbH" in Frankfurt (Akten Opriba). Sie hatte auch die Hugenberg betreffenden Unterlagen aus dem Nachlaß Schmidt-Hannover, hauptsächlich Durchschläge und Kopien von andernorts nicht mehr auffindbaren Briefen und Manuskripten Hugenbergs, übernommen und bei einer Zweigstelle in Hannover gelagert. Beide Bestände konnten, offensichtlich zeitgleich mit Walker, erstmalig genutzt werden.

Erstmalig ausgewertet wurden Unterlagen von Dr. Willibald Dorow, dem ehemaligen Wirtschaftsprüfer des Hugenberg-Konzerns. Auch der ehemalige Revisionsleiter des Scherl-Verlages, Siegfried K. G. Hasse, und sein Stellvertreter Kurt Schwedler stellten neue Materialien, hauptsächlich über die in den Opriba-Akten nur lückenhaft belegten „Markgrafengesellschaften" zur Verfügung.

Im Archiv der Fried. Krupp GmbH fand sich weiteres, bisher unbearbeitetes Ma-

---

[31] Zusammen mit Hugenbergs Unterlagen verbrannten auch Akten der DNVP. Vgl. Hugenberg: Rückblick (Masch. Ms.), o. D. (nach 1945). — NL Schmidt-Hannover (Opr.), S 23.

[32] Mdl. Mitteilung Dietrich Hugenbergs an d. Verf. im November 1972. Eine andere Version lautet dahin, daß der britische Intelligence Service bei Hugenbergs 1946 erfolgter Inhaftierung die Akten beschlagnahmt und nur teilweise zurückgegeben hätte. Vgl. D. Guratzsch: Macht, S. 17, Anm. 32.

terial über den Hugenberg-Konzern. Ferner konnten hier Aktenstücke aus der Zeit des Direktoriumsvorsitzenden Hugenberg eingesehen werden, sowie Unterlagen die „Ruhrlade" betreffend, jene von Paul Reusch geführte, 1928 gegründete, politisch einflußreiche Geheimorganisation der rheinisch-westfälischen Schwerindustrie, von der Hugenberg ausgeschlossen war. Korrespondenzakten Gustav Krupp von Bohlen und Halbachs lieferten Hintergrundinformationen über die politische Lagebeurteilung in Kreisen der schwerindustriellen Geldgeber Hugenbergs. Weitere Hinweise hierzu fanden sich auch im Nachlaß des ehemaligen Reichskanzlers Cuno, der von der Hapag-Lloyd AG verwahrt wird. Besonders der Einfluß bestimmter industrieller Kreise auf die Haltung der DNVP zum Dawes-Plan wird durch Cunos Korrespondenz belegt.

Im Bundesarchiv Koblenz wurden Akten der Reichskanzlei, Unterlagen über das Politische Kolleg, eine dem Juni-Klub angegliederte und von Alfred Hugenberg mitfinanzierte jungkonservative Bildungsinstitution, sowie rund ein Dutzend zum Teil von der Forschung bisher noch nicht ausgewertete Nachlässe bearbeitet. Als besonders ergiebig erwiesen sich der umfangreiche Nachlaß Leo Wegeners, der eine ausführliche, bis ins Kaiserreich zurückreichende Korrespondenz zwischen Hugenberg und seinem engsten Vertrauten, Wegener, enthält, ferner der Nachlaß Gottfried Traubs, der breitgestreute Materialien über die DNVP, insbesondere über ihren bayerischen Landesverband und über die zum Hugenberg-Konzern gehörende München-Augsburger Abendzeitung umfaßt. Über die DNVP und Hugenbergs Rolle in ihr informieren weiter Akten aus den nur teilweise freigegebenen Nachlässen des Politischen Beauftragten des Parteivorsitzenden, Hans-Erdmann v. Lindeiner-Wildau, des Vorsitzenden des Pommerschen Landesverbandes der DNVP, Hans Schlange-Schöningen, und des deutschnationalen Reichstagsabgeordneten und führenden Vertreters des Deutschnationalen Handlungsgehilfen-Verbandes, Walter Lambach, sowie Unterlagen aus den Nachlässen Karl Passarges und Wilhelm Freiherr v. Gayls. Ergänzend herangezogen wurde auch der von der Opriba nicht übernommene Teil des Nachlasses von Otto Schmidt-Hannover, der bereits seit Jahren vom Bundesarchiv verwahrt wird.* Informationen über Hugenbergs Verhältnis zur Großindustrie, seine Beziehungen zu rechtsgerichteten Parteien und Verbänden und über seinen Konzern fanden sich schließlich in den Nachlässen Junius Alters (d. i. Franz Sontag), Eduard Dingeldeys, Albert Krebs', Siegfried v. Kardorffs und Arnold Rechbergs.

Akten des Alldeutschen Verbandes, des von Hugenberg im Kaiserreich mitbegründeten rechtsradikalen Vereins, der auch in der Republik eine einflußreiche Rolle spielen sollte, konnten in der Forschungsstelle für die Geschichte des Nationalsozialismus eingesehen werden. Der ebenfalls in der Forschungsstelle lagernde Nachlaß Alfred Dillers, eines führenden DHV-Repräsentanten und deutschnationalen Parteimitglieds, erhellt u. a. das Verhältnis Hugenbergs zum gewerkschaftlichen Flügel der DNVP. Schließlich wurden in der Forschungsstelle eine Reihe von Aktenfaszikeln und Mikrofilmen ausgewertet, die vermischtes Material über die DNVP und ihr nahestehende Organisationen enthalten.

---

* Da die Opriba mittlerweile die Hugenberg betreffenden Unterlagen aus dem NL Schmidt-Hannover an das Bundesarchiv abgegeben hat, befindet sich dort jetzt der geschlossene Bestand.

Weitere Unterlagen über nationale Verbände, mit denen Hugenberg in Verbindung stand, fanden sich in Aktenbeständen der Regierungspräsidenten von Lüneburg und Hannover und in Akten der NSDAP – Gau Süd – Hannover-Braunschweig, die im niedersächsischen Hauptstaatsarchiv Hannover verwahrt werden. Aufschlußreiches Material über einige Provinzzeitungen, die mit dem Hugenberg-Konzern in Verbindung standen, enthält der ebenfalls hier lagernde, noch weitgehend ungeordnete Bestand des „Heimatbundes Niedersachsen".

Im Stadtarchiv Lübeck wurde der Nachlaß des alldeutschen Lübecker Bürgermeisters Johann Neumann, der Mitglied mehrerer Spitzengremien des Hugenberg-Konzerns war, eingesehen. Als ergiebig erwiesen sich die Lübecker Senatsakten, die Unterlagen über Neumanns und Hugenbergs Verwicklung in den sogenannten Claß-Putsch enthalten.

Um die Kapitalstruktur einzelner Konzerngesellschaften bzw. Zeitungen weiter zu erhellen, wurde in verschiedenen Handelsregistern recherchiert. Da viele Handelsregisterakten entweder durch Kriegseinwirkung oder nach Ablauf der ordnungsgemäßen Frist amtlicherseits vernichtet worden sind, manche auch nicht auffindbar waren, mußte häufig mit den meist unergiebigen Karteieinträgen vorlieb genommen werden. Aktenstücke konnten nur im Münchener Handelsregister eingesehen werden.

Schließlich sind, um Einzelvorgänge weiter abzuklären, Angehörige und Angestellte Hugenbergs, Journalisten und Politiker der damaligen Zeit mündlich oder schriftlich befragt worden.

Trotz des Bemühens um eine möglichst breite Quellenbasis kann und soll kein Anspruch auf Vollständigkeit erhoben werden. Manche Bestände waren der Verfasserin nicht zugänglich. So erteilte das DZA Potsdam, das u. a. Akten des AVD und der DNVP verwahrt, keine Einsichtsgenehmigung.[33] Der im Bundesarchiv lagernde Nachlaß Reinhold Quaatz', eines engen Vertrauten Alfred Hugenbergs, ist noch bis 1980 gesperrt. Das Archiv der Gelsenberg AG wollte, da keine weiteren für diese Arbeit interessierenden Quellen vorhanden seien, nur die von Dankwart Guratzsch bereits ausgewerteten und lediglich bis 1918 reichenden Unterlagen zur Verfügung stellen.[34] Aus arbeitstechnischen Gründen mußten Prioritäten zugunsten der Bearbeitung noch unerforschter Quellenbestände gesetzt werden. Deshalb wurde auf die Benutzung der von der Gelsenberg AG angebotenen Papiere ebenso verzichtet wie auf die Bearbeitung der Nachlässe Paul Reuschs (Historisches Archiv der Gutehoffnungshütte AG)[35] und Kuno Graf Westarps (Privatbesitz Dr. Hiller v. Gaertringens),[36] die von der Forschung auch für den hier behandelten Zeitraum bereits erschöpfend ausgewertet worden sind. Endlich konnten zwar durch umfangreiche Recherchen thematisch zentrale, unerforschte Bestände ausfindig gemacht werden,

---

[33] Schreiben des Ministerrats der DDR an d. Verf. v. 14. 4. 1972.
[34] Schreiben der GBAG an d. Verf. v. 6. 12. 1974.
[35] Außer Kurt Koszyk haben besonders Dirk Stegmann und Henry Ashby Turner den Nachlaß Reusch sehr intensiv ausgewertet.
[36] Der Nachlaß Westarp ist u. a. von Werner Liebe, Manfred Dörr und Erasmus Jonas für ihre Arbeiten über die DNVP bzw. über die Volkskonservativen verwandt worden. Vgl. Werner Liebe: Die Deutschnationale Volkspartei 1918–1924, Düsseldorf 1956; Manfred Dörr: Die Deutschnationale Volkspartei 1925–1928, Marburg, Phil. Diss. 1964; Erasmus Jonas: Die Volkskonservativen 1928–1933, Düsseldorf 1965.

doch gibt es, angesichts der Unzahl von Personen, mit denen Hugenberg politisch oder geschäftlich zu tun hatte, vermutlich noch weitere für Randfragen dieser Arbeit aussagekräftige Unterlagen, die, in Privathand befindlich, unentdeckt geblieben sind.

Die Arbeit gliedert sich in einen Textteil und einen Anhang, der nicht wie sonst üblich eine Sammlung von Dokumenten oder Statistiken enthält, sondern eine systematische Darstellung des Hugenberg-Konzerns. Der Hugenberg-Konzern entstand im Laufe von 14 Jahren und erreichte seine endgültige Form und Ausdehnung erst 1928. Eine systematische Darstellung des äußerst umfangreichen und kompliziert strukturierten publizistischen Apparates in der seit 1928 erreichten Form erschien deshalb sinnvoll. Da aber die Arbeit nicht allein die Grundstruktur der publizistischen Unternehmen Alfred Hugenbergs erfassen, sondern vor allem die Hauptentwicklungstendenzen seiner Politik von 1918 bis 1928 wie auch die Technik seiner politischen Einflußnahme darstellen soll, konnte sie generell nicht systematisch, sondern mußte zumindest grobflächig chronologisch aufgebaut werden. In diese chronologische Grundkonzeption konnte die systematische Darstellung des Hugenberg-Konzerns nicht eingebaut werden, was ihre Ausgliederung in einen Anhangteil erklärt. Die für die Entwicklung des politischen Einflusses Alfred Hugenbergs außerordentlich relevante Entstehungsgeschichte seines Konzerns und die spezifische Rolle, die einzelne Konzerngesellschaften bei bestimmten politischen Aktionen spielten, werden aber darüber hinaus im Textteil geschildert. Somit bildet der Anhang nicht nur ein in sich abgeschlossenes Kompendium, sondern auch die notwendige Ergänzung und Erläuterung zu den im Textteil verstreuten Angaben über Entstehung und Arbeitsweise einzelner Konzerngesellschaften.

Dem Hauptteil der Arbeit, der, in zwei Großkapitel untergliedert, Politik und politische Macht Alfred Hugenbergs in den ersten Jahren und in der Stabilisierungsphase der Republik behandelt, ist eine kursorische Darstellung über seine Entwicklung vom preußischen Beamten zum Manager im Kaiserreich vorangestellt. Dieser, in kritischer Auseinandersetzung mit Guratzsch und unter Verwendung neuen Quellenmaterials geschriebene Vorspann erscheint sinnvoll und notwendig, weil die Wurzeln Hugenbergs politischer und publizistischer Macht bis ins Kaiserreich zurückreichten und überdies das politische Weltbild des deutschnationalen Pressezaren entscheidend in der Zeit von 1890 bis 1918 geprägt wurde.

I. Stationen einer Karriere im Kaiserreich

1. Dichten und Denken

Alfred Hugenberg wurde sechs Jahre vor der Reichsgründung, seinem politischen „Urerlebnis", das ihm als Bild des Sieges von „Soldaten, Wagen, Rossen und Fahnen"[1] in der Erinnerung haften bleiben sollte, am 19. Juni 1865 als einziger Sohn protestantischer Eltern geboren.

Sein Vater, Karl Hugenberg, war der Familientradition entsprechend, der auch der Sohn später folgen sollte, Jurist.[2] Bei Alfreds Geburt noch als Sekretär beim Magistrat der Stadt Hannover tätig, amtierte er von 1866 bis 1868 als Bürgermeister in Uelzen und wurde dann als Schatzrat in das Landesdirektorium des Königreichs Hannover berufen.[3] Hier arbeitete er eng mit Landesdirektor Rudolf v. Bennigsen zusammen, dem Führer der Nationalliberalen Partei, deren Mitglied auch Karl Hugenberg war und zu deren Fraktion im Preußischen Abgeordnetenhaus er zeitweilig gehörte.[4] Seine Frau, Erneste Adickes, war die Cousine des nationalliberalen Frankfurter Oberbürgermeisters Franz Adickes, dessen Tochter Gertrud Neffe Alfred um die Jahrhundertwende heiratete.[5]

Dem Vater widmete Alfred Hugenberg an seinem ersten Todestag ein pathetisches Gedicht,[6] dem politischen Wirken des Onkels viele Jahre später einen Aufsatz.[7] Welchen Einfluß die beiden Männer im einzelnen auf den jungen Hugenberg nahmen, läßt sich nicht sagen.[8] Auf jeden Fall aber bestimmten zwei Elemente der von ihnen vertretenen nationalliberalen Ideenwelt[9] später mit die Konturen von Hugen-

---

[1] Alfred Hugenberg: Rückblick und Ausblick (Eine Denkschrift aus dem Jahre 1917), gedr. in: ders.: Streiflichter aus Vergangenheit und Gegenwart, Berlin 1927, S. 195–200, hier S. 195 (i. f. zit.: A. Hugenberg: Rückblick, in: ders.: Streiflichter).

[2] Vgl. „*Lebensdaten Alfred Hugenbergs* nach Aufzeichnungen von Fräulein Margarete Hugenberg", o. D. (zusammengestellt von Otto Schmidt — Hannover — NL Schmidt — Hannover (Opr.), S 27.

[3] Vgl. ebd.

[4] Vgl. ebd.; „Provinzielle Nachrichten", in: Hannoverscher Courier, Nr. 11844, 6. 11. 1882; vgl. auch D. Guratzsch: Macht, S. 22, Anm. 24.

[5] Vgl. Anm. 2.

[6] Alfred Hugenberg: Schweren Schritts . . ., gedr. in: Karl Henckell u. a. (Hrsg.): Quartett. Dichtungen, Hamburg 1884 (i. f. zit.: K. Henckell: Quartett); dieses Gedicht ist mit dem veränderten Titel „Dem Vater am ersten Jahrestag seines Todes (6. November 1883)" wieder abgedruckt in A. Hugenberg: Streiflichter, S. 311.

[7] Alfred Hugenberg: Franz Adickes als Staatsmann und Politiker, in: Franz Adickes. Sein Leben und sein Werk, Frankfurt/M., S. 233–252 (i. f. zit.: A. Hugenberg: Adickes).

[8] Hugenberg sprach so gut wie nie von Persönlichkeiten, die er selbst kannte und die etwa Vorbildcharakter für ihn gehabt hätten. Doch gehörte zu den wenigen Personen, die er häufiger lobend erwähnte, neben Rudolf v. Wittenburg, dem Präsidenten der Posener Ansiedlungskommission, auch Franz Adickes. Vgl. Alfred Hugenberg: Der deutsche Wald, in: ders.: Streiflichter, S. 47–50, hier S. 47.

[9] Zur nationalliberalen Ideologie vgl. R. Kühnl: Formen, S. 63 ff.

bergs politischem Horizont: der Nationalismus und die Privateigentumsideologie.[10] Neben Elternhaus und Familie wurde noch ein ganz anders gearteter Einfluß auf den jungen Hugenberg wirksam. Seit der Kindheit war er mit dem ein Jahr älteren naturalistischen Dichter Otto Erich Hartleben befreundet. Im Wettstreit mit ihm verfaßte er schon in der Schulzeit Gedichte und Dramen.[11] Mit ehemaligen Schülern des von ihm und Hartleben besuchten Lyzeums I in Hannover gründete Hugenberg nach dem Abitur einen Klub der „Dichtervettern" (B.B.B.V. genannt).[12] Zu den Mitgliedern des B.B.B.V., der eine Art literarisches Forum war, zählten außer dem populären Hartleben auch einige naturalistische Dichter der zweiten Garde, wie Karl Henckell und Arthur Gutheil.[13] Hugenbergs von diesem Kreis geförderte literarische Neigung schien eine Zeitlang fast die durch Familientradition vorgeschriebene Karriere zu sprengen. Statt der Jurisprudenz widmete er sich in den ersten Göttinger Semestern hauptsächlich literarischen Vorlesungen.[14] Anschließend studierte er, nunmehr das eigentliche Hauptfach Jura etwas mehr berücksichtigend, gemeinsam mit Henckell in Heidelberg und dann mit Hartleben in Berlin.[15] Hier kam er auch in Kontakt mit Arno Holz,[16] einem der profiliertesten Vertreter des Naturalismus, dem er noch in der Weimarer Republik durch gelegentliche Unterstützungen seine Anhänglichkeit bezeugte.[17] 1885 beteiligte sich Hugenberg mit Henckell und Hartleben an Wilhelm Arents berühmter Anthologie „Moderne Dichtercharaktere".[18] Ein Jahr später veröffentlichten sie gemeinsam mit Arthur Gutheil das Gedichtbändchen „Quartett",[19] ein nur für die Frühphase des Naturalismus, seine „hochrhetorische Periode"[20], typisches Werk. Insbesondere in den Gedichten Alfred Hugenbergs findet sich die später vom Naturalismus so stark betonte soziale

---

[10] Vgl. Thomas Einhart: Männer der Zeit, in: Die Tat, 24. Jg. (1932), S. 79—86, hier S. 86 (i. f. zit.: Th. Einhart: Männer); „Hugenberg", in: FZ 12. 6. 1930; K.-P. Hoepke: Hugenberg, S. 907.

[11] Vgl. hs. Notizen Wegeners, o. D. — BA/NL Wegener, Nr. 67, u. Leo Wegener: Hugenberg. Eine Plauderei, München 1930, S. 12 (i. f. zit.: L. Wegener: Hugenberg).

[12] Eine Auflösung dieser Abkürzung findet sich in den Unterlagen nicht.

[13] Vgl. Rundschreiben Hugenbergs, 5. 12. 1906. — NL Hugenberg, A Bd. 5, u. „Chronik des Vetternkonzils" (Masch.Ms.), o. D. (1907). — NL Hugenberg, A Bd. 5.

[14] In einer von der DNVP für ihre Mitglieder herausgegebenen Kurzbiografie Hugenbergs heißt es sogar, daß er anfangs Literatur studierte und sich mit dem juristischen Beruf erst nach der Dissertation befreundete. Vgl. „Hugenberg", in: Deutschnationale Volkspartei. Mitteilungen No. 19 der Parteizentrale, 14. 8. 1930, Anlage 1. — NL Schmidt — Hannover (Opr.), S 35. Im gleichen Sinne äußerte sich L. Wegener: Hugenberg, S. 12. In den „Lebensdaten" (vgl. Anm. 2) ist dagegen von einem ausgesprochenen Literaturstudium nicht die Rede.

[15] Vgl. D. Guratzsch: Macht, S. 20.

[16] Vgl. Peter de Mendelssohn: Zeitungsstadt Berlin, Menschen und Mächte in der Geschichte der deutschen Presse, Berlin 1959, S. 183 (i. f. zit.: P. de Mendelssohn: Zeitungsstadt).

[17] „Um Herrn Arno Holz zu helfen, haben wir seitens der Firma Scherl eine Anzahl von gesammelten Werken von Arno Holz bezogen und sie unter leitenden Herren unserer Unternehmungen verteilt." (Schreiben Hugenbergs an Neumann, 22. 12. 1927. — SA Lübeck/NL Neumann, Nr. 20). Holz zeigte sich für „die Güte" Hugenbergs sehr dankbar. Schreiben Holz' an Neumann, 14. 12. 1927. — SA Lübeck/NL Neumann, Nr. 20.

[18] Vgl. Wilhelm Arent (Hrsg.): Moderne Dichtercharaktere, Berlin 1885.

[19] Vgl. Anm. 6.

[20] Karl Henckell: Deutsche Dichter seit Heinrich Heine, Berlin 1906, S. 107.

Kritik kaum, es überwiegen die konventionell poetisch-pathetischen Töne, wie etwa folgende Verse zeigen:

„Vor dem Bild der Mutter Gottes sah ich Dich,
Geliebte, beten,
Und es trieb mein volles Herz mich, leis an Dich
heranzutreten,
Und ich blickte Dir ins Auge, jenes Auge wun-
dermild,
Das in Tränen heißer Andacht hing am Mutter-
gottesbild.
O Geliebte, dieses Auge, diese jugendfrischen
Wangen,
Laß sie nicht an jener Heiligen, laß an mir sie
glühend hangen!
Denn ich fühl's, daß Gott der Vater nicht zur An-
dacht Dich erschuf,
daß der Feuerdienst der Liebe, schönes Mädchen,
Dein Beruf."[21]

Mit der Herausgabe des „Quartetts" beendete Hugenberg aber schon seine poetische Laufbahn. Noch im Jahre 1886 machte er sein juristisches Referendarexamen in Berlin und setzte anschließend seine Ausbildung mit einem dreisemestrigen national-ökonomischen Studium fort.[22] Dieser Wendung zu den praxisorientierten Studien lag möglicherweise Enttäuschung über mangelnde literarische Anerkennung zu-grunde,[23] in der Hauptsache wohl aber der Wunsch nach realitätsbezogener Arbeit. Wenn Hugenberg auch von den „salonsozialistischen" Neigungen seiner Freunde[24] frei war, so scheint doch sein Interesse an sozialpolitischen Fragen im naturalisti-schen Dichterkreis geweckt worden zu sein und die Wahl seines Zweitstudiums mit-bestimmt zu haben.[25] 1917 schrieb er, die „Beobachtung, daß wirtschaftlicher Neid und wirtschaftliche Not die Welt durchzogen und viel stärker im Innersten packten als alle Verse und Dramen",[26] habe zuerst das Vertrauen der Bismarckjugend in den Dichter- und Denkerberuf erschüttert. Später sei dann die Erkenntnis über die schwache außenpolitische Machtbasis des Reiches hinzugekommen, und damit hätte sich der Wunsch erledigt, „zu sinnen, denken, dichten und auf eine neue Zeit deut-scher Geistesherrschaft über die Welt"[27] hinzustreben. 1890, anläßlich des Sansibar-Vertrags, habe es schließlich bei ihm zu dämmern begonnen, daß „es noch zu kämp-fen galt, um zu leben".[28] Die literarische Tätigkeit blieb so Jugendepisode, verlieh aber der meist als kühl und nüchtern apostrophierten Persönlichkeit Hugenbergs[29]

---

[21] Alfred Hugenberg: Andacht, gedr. in: K. Henckell: Quartett, S. 122 f.
[22] Vgl. Anm. 2.
[23] Nach P. de Mendelssohn (: Zeitungsstadt, S. 138) hatte Frank Wedekind Hugenberg erbarmungslos verspottet.
[24] Vgl. Friedrich Kummer: Deutsche Literaturgeschichte des 19. u. 20. Jahrhunderts, Dres-den 1924, S. 350; Fritz Martini: Deutsche Literaturgeschichte, Stuttgart ¹²1963, S. 457 f.
[25] Vgl. D. Guratzsch: Macht, S. 21.
[26] A. Hugenberg: Rückblick, in: ders.: Streiflichter, S. 196.
[27] Ebd., S. 195.
[28] Ebd., S. 196.
[29] Vgl. Th. Einhart: Männer, S. 79; Henry Bernhard: Reventlow, Hugenberg und die anderen, Berlin 1926, S. 6 (i. f. zit.: H. Bernhard: Reventlow); Junius Alter (d. i. Franz Sontag): Nationalisten, Leipzig 1930, S. 145 (i. f. zit.: J. Alter: Nationalisten).

einen romantisch-idealistischen Zug.[30] Die Erfahrungen in der Bohème erleichterten ihm später sicher auch den Umgang mit Schriftstellern und Redakteuren, wenngleich der „Schlüssel zum Verständnis seiner Leistungen als Verleger" wohl kaum allein, wie sein Generaldirektor einmal meinte, in „seiner poetischen Gabe" lag.[31]

Sein Zweitstudium absolvierte Hugenberg bei Professor Friedrich Georg Knapp in Straßburg.[32] Knapp war, wie Lujo Brentano, bei dem Hugenberg in Berlin Vorlesungen gehört hatte,[33] führendes Mitglied im Verein für Sozialpolitik.[34] Hugenberg erhielt von den Kathedersozialisten grundlegende Impulse,[35] obwohl er später gegen sie polemisierte, sie hätten „von den Kathedern" aus „unter der Maske ‚sozialen Geistes' sozialistische Verwirrung in die jungen deutschen Köpfe hineingeträufelt".[36] Er erlernte bei ihnen die rationale Analyse wirtschaftlicher Strukturen und wußte daher der Sprengkraft des sozialen Problems die gleiche politische Bedeutung beizumessen wie sie.[37]

Die „Lösung der sozialen Frage und damit die Aufhebung der Umsturzgefahr" war das erklärte Ziel des Vereins für Sozialpolitik[38] und wurde als solches von Hugenberg übernommen. Galt jedoch die Eingliederung des Arbeiters in die Gesellschaft vielen Kathedersozialisten auch als moralisches Postulat,[39] so bedeutete sie Hugenberg lediglich nüchterne Notwendigkeit.[40] Die Erhaltung der bürgerlichen

---

[30] Das vermerkt auch Einhart in seiner insgesamt sehr treffenden Charakteristik. Vgl. Th. Einhart: Männer, S. 80, ferner P. de Mendelssohn: Zeitungsstadt, S. 183.

[31] Zitate aus: „Ansprache des Herrn Dr. h. c. Ludwig Klitzsch anläßlich der Trauerfeier für Herrn Geheimrat Dr. Hugenberg in Rohbraken am 16. März 1951." — Akten Hasse.

[32] Theodor Heuß, der Schwiegersohn Knapps, berichtete später, Hugenberg habe sich nicht der besonderen Wertschätzung seines Lehrers erfreut. (Vgl. Theodor Heuß: Erinnerungen 1905—1933, Tübingen ³1963, S. 270 [i. f. zit.: Th. Heuß, Erinnerungen]). Demgegenüber muß aber festgehalten werden, daß Hugenberg auch noch Jahre nach Abschluß seines Studiums in freundlichem, wenn auch losem Kontakt mit Knapp stand. Vgl. Schreiben Knapps an Hugenberg, 10. 3. 1893. — NL Hugenberg, A Bd. 12; Schreiben Elly Heuß-Knapp an Hugenberg, 11. 1. 1913, u. Schreiben Hugenbergs an Elly Heuß-Knapp, 18. 1. 1913. — NL Hugenberg, A Bd. 9; vgl. ferner D. Guratzsch: Macht, S. 49, Anm. 188.

[33] Hugenberg berief sich noch 1919 in einer Rede auf seinen „alten Lehrer" Brentano. Vgl. Rede Hugenbergs in der Nationalversammlung, 9. 3. 1919, gedr. in: A. Hugenberg: Streiflichter, S. 133—151, hier S. 134.

[34] Vgl. Heinz Sonntag: Verein für Sozialpolitik, in: Die bürgerlichen Parteien in Deutschland. Berlin 1968, Bd. II, S. 735—742, hier S. 736 (i. f. zit.: H. Sonntag: Verein).

[35] Vgl. D. Guratzsch: Macht, S. 50 ff.

[36] A. Hugenberg: Adickes, S. 239.

[37] Obwohl die prinzipielle Gegnerschaft zum Marxismus zu den grundlegendsten Elementen seines Weltbilds gehörte und gerade in der Weimarer Republik der „Kampf gegen den Marxismus" sein erklärtes Ziel war, erwies er noch 1926 dem ökonomischen Verstand Karl Marx' seine Reverenz und lobte die „ihm eigene Schärfe des kritischen Geistes". Alfred Hugenberg: Die Bürokratie des Sozialismus, in: ders.: Streiflichter, S. 32—42, hier S. 33 (i. f. zit.: A. Hugenberg: Bürokratie, in: ders.: Streiflichter).

[38] Vgl. Marie-Louise v. Plessen: Die Wirksamkeit des Vereins für Sozialpolitik von 1872 bis 1890, Berlin 1975, S. 104 (i. f. zit.: M.-L. v. Plessen: Wirksamkeit).

[39] Vgl. ebd., S. 126.

[40] An den Vorsitzenden des ADV, Ernst Hasse, schrieb er 1902: „Auf wessen Seite heute das ‚Proletariat' d. h. die körperlich arbeitende breite Masse — Bauer und Arbeiter — steht, der pflegt stets der Stärkere zu sein." Schreiben Hugenbergs an Hasse, 12. 1. 1902, gedr. in: A. Hugenberg: Streiflichter, S. 280—297, hier S. 282 f.

Gesellschaftsordnung[41] und darüber hinaus die Wohlfahrt der Nation[42] waren ihm ethisches Prinzip. Deshalb wurde auch nicht der emanzipierte, sondern der national-bewußte Mensch sein Ideal.[43] So knüpfte er zwar an das soziale Harmonisierungs-konzept des Vereins an,[44] übernahm jedoch nicht die von einem Teil der Katheder-sozialisten[45] erhobene Forderung nach politischer Gleichberechtigung des Arbeiters.[46] In seiner Dissertation[47] über „Innere Colonisation im Nordwesten Deutschlands" (1888) – ein Thema, das zwei Jahre zuvor im breiten Rahmen Verhandlungsgegen-stand des Vereins war[48] – zeichneten sich die Umrisse seines Weltbildes bereits deut-lich ab. Ausgangspunkt seines Denkens bildete die „individualistische Gesellschafts-

---

[41] In seinem berühmten „Block oder Brei"-Artikel schrieb Hugenberg: „Ich möchte aus dem ,Proletarier' den ,Bürger' herauswachsen sehen. A.(lfred) Hugenberg: Block oder Brei, in: BLA, 26. u. 28. 8. 1928 (auch als Sonderdruck in FST/7533, DNVP-Ztg. Bd. 3; i. f. wird daraus zitiert).

[42] So heißt es in seinem Brief an Hasse 1902: „*An dem einzelnen Deutschen ist nichts gelegen, an der Gesundheit des Deutschtums alles.* Was faul ist, muß entzweigehen, künstliche Belebungsversuche an absterbenden Gestalten lähmen unsere nationale Kraft. ... Wir sind nicht berufen, hier als Philantropen und Volksbeglücker zu wir-ken, sondern mit rauher Hand den einzelnen an den Platz zu stellen, den die Inter-essen der deutschen Sache ihm zuweisen, um Pflichten zu erfüllen und zur Pflicht-erfüllung zu zwingen. *Jeder einzelne ist hier Mittel zum Zweck,* [...]." Schreiben Hugenbergs an Hasse, 12. 1. 1902, gedr. in: A. Hugenberg: Streiflichter, S. 280–297, hier S. 291 f.

[43] Die Kathedersozialisten verstanden „sich als Gruppierung, der es vor allem um die Emanzipation der Arbeiter zu tun war — dies allerdings innerhalb des vorgegebenen gesellschaftlichen Rahmens" (M.-L. v. Plessen: Wirksamkeit, S. 126). Für Hugenbergs Grundeinstellung ist dagegen folgender Satz symptomatisch: „Erst müssen wir *inner-lich* wieder gesund, wieder Deutsche werden — dann findet sich alles andere von selbst, wenn auch nach schweren Schmerzen und Schlägen." Alfred Hugenberg: Untergang in Schmutz oder geistiger Wiederaufbau?, gedr. in: ders.: Streiflichter, S. 52–72, hier S. 53 (i. f. zit.: A. Hugenberg: Untergang, in: ders.: Streiflichter).

[44] Zu seinen Reformvorschlägen zählte die bereits in der Dissertation erhobene und auch in der Weimarer Republik vertretene Forderung, den Arbeiter in seiner Eigentums-bildung zu unterstützen (Grundstück, Eigenheim, Werkaktien) und ihn dadurch in die kapitalistische Gesellschaft zu integrieren. Vgl. Alfred Hugenberg: Innere Coloni-sation im Nordwesten Deutschlands, Straßburg 1891, S. 417; (i. f. zit.: A. Hugenberg: Colonisation); vgl. auch A. Hugenberg: Untergang, in: ders.: Streiflichter, S. 60 ff.

[45] Insbesondere in der Frage des Wahlrechts traten die Kathedersozialisten nicht geschlos-sen auf. Die liberalen Vereinsmitglieder votierten für das allgemeine und gleiche Wahlrecht, während die konservativen allerhöchstens für ein modifiziertes Dreiklassen-wahlrecht zu haben waren. Vgl. M.-L. v. Plessen: Wirksamkeit, S. 73 ff.

[46] „Wer würde angesichts so großer und schneller Fortschritte sagen wollen, daß sich nicht auch weiterhin *manche Wünsche, die der nüchtern abwägende Geschäftsmann zur Zeit als unerfüllbar zurückweisen muß, für weite Kreise der deutschen Arbeiterschaft einmal verwirklichen werden.* Aber dann wird es nicht auf dem Wege des Zwanges durch Stimmzettel und Gesetz, nicht auf dem Wege des Klassenkampfes oder der Um-wälzung aller Verhältnisse geschehen, sondern nachdem und weil Deutschland in-zwischen sehr viel reicher, sehr viel größer und sehr viel mächtiger geworden sein wird, als es jetzt ist." Festrede Hugenbergs anläßlich der Feier des 100jährigen Bestehens der Firma Fried. Krupp und des 100. Geburtstags von Alfred Krupp, 8. 8. 1912, gedr. in: A. Hugenberg: Streiflichter, S. 209.

[47] Vgl. Anm. 44.

[48] Vgl. Zur inneren Colonisation in Deutschland. Erfahrungen und Vorschläge, hrsg. i. A. des Vereins für Socialpolitik, Leipzig 1886.

ordnung".[49] Wer sie erhalten und zugleich den „Grundpfeiler des sozialistischen Gedankenkreises", die These vom „Schwinden des Mittelstandes" und von der „Ansammlung der Produktionsmittel in wenigen Händen", widerlegen wolle, müsse den bäuerlichen Besitz fördern.[50]

> „Der Bauer ist nicht mehr lediglich Arbeiter, sondern er ist zu einer Art von kleinem ‚Kapitalisten' geworden. Und in dieser Vereinigung liegt seine wesentliche Bedeutung."[51]

Aber den gänzlich unvermögenden Arbeiter mit staatlicher Unterstützung zum Bauern umzuschulen, hielt er für ineffektiv, ihn solle man mit einem „kleinen Grundeigentum" versorgen.[52]

Ausrichtung an Effektivität und Funktionalität bestimmte seinen Denkansatz, mittelständische Orientierung bildete den Schwerpunkt seiner sozialpolitischen Vorstellungswelt. Effektiv und mittelstandsförderlich waren ihm privatkapitalistische Strukturierung und industrielle Modernisierung des Agrarbereichs, daher folgerte er: „Um eine Aufgabe für Geschäftsleute, nicht für Bürokraten, handelt es sich."[53] Dem gleichen Denken entsprach aber auch die These, daß „für die weitere Besiedlung des Ostens mehr die Zerschlagung eines Teiles, und zwar des verschuldeten, wirtschaftlich kranken Teiles des Großgrundbesitzes, in Betracht"[54] käme. Im Sinne kathedersozialistischer Reformpolitik[55] erschienen ihm staatliche Eingriffe, soweit sie der Herstellung und Stabilisierung einer gut funktionierenden kapitalistischen Grundstruktur dienten, durchaus akzeptabel. Darüber hinaus verband er sein wirtschafts- und sozialpolitisches Konzept mit außenpolitischen Zielvorstellungen.

> „Erst wenn die wirtschaftlichen Verhältnisse zwischen Osten und Westen sich, soweit es die natürlichen Unterschiede erlauben, werden ausgeglichen haben, wird das deutsche Reich völlig marschfähig sein."[56]

Die „Marschfähigkeit" sollte das ermöglichen, was nach Hugenbergs Vorstellungen allein die wirtschaftliche Selbständigkeit des Deutschen Reiches garantieren konnte: „die *Sicherung und kapitalistische Erschließung* politisch von uns abhängiger industrieller Absatzgebiete, tropischer Kolonien".[57] Zum ökonomischen Kalkül gesellte sich das „völkische" Argument. Hugenberg bangte um den Bestand der deutschen „Rasse", da sie an „Kraft und Bedeutung gegenüber der russischen und der angelsächsischen, in deren Schlund wir Jahr für Jahr die neuen Schößlinge unserer Volkskraft hineinstoßen, unausgesetzt abnimmt".[58] Aber mit „auswärtigen Ackerbaukolonien" könnte, so meinte er, der Auswandererstrom abgefangen und die weitere Dezimierung des „deutschen Volkstums" gestoppt werden.[59]

---

[49] A. Hugenberg: Colonisation, S. 418.
[50] Zitate aus ebd., S. 418.
[51] Ebd., S. 409.
[52] Vgl. ebd., S. 416 f.
[53] Ebd., S. 411.
[54] Ebd., S. 450.
[55] Vgl. M.-L. v. Plessen: Wirksamkeit, S. 109 f.
[56] A. Hugenberg: Colonisation, S. 450.
[57] Ebd., S. 451.
[58] Ebd., S. 452.
[59] Ebd.

Der sich hier äußernde völkische Nationalismus,[60] der allerdings eher ökonomisch-kulturell als rassisch-biologisch motiviert war,[60a] führte zwei Jahre später zu Hugenbergs erster politischer Aktion. Der 25 jährige Gerichtsreferendar wird Mitbegründer und „der eigentliche Vater des Alldeutschen Verbandes"[61].

2. Gründer des Alldeutschen Verbandes (ADV)

Am 24. Juni 1890 erschien in verschiedenen deutschen Tageszeitungen ein flammender Aufruf gegen den Sansibar-Vertrag unter dem Motto „Deutschland wach' auf!"[62] Hugenberg setzte sich mit den vier in Zürich ansässigen Verfassern in Verbindung, verabredete mit ihnen „eine Art Nationalverein" zu gründen[63] und übernahm selbst dessen Organisation und vorläufige Geschäftsführung.[64]

Seiner Aufbauarbeit lag eine Doppelstrategie zugrunde. Für die personelle Struktur des zu gründenden Vereins kam es ihm „zunächst weniger auf die Zahl der Namen als auf die völlige Übereinstimmung der Gewonnenen mit den angesprochenen Zielen an".[65] Die Realisierung der Vereinsziele sah er jedoch an die Mobilisierung einer starken öffentlichen Meinung gebunden.[66] Auf öffentliche Anerkennung war

---

[60] Zwar hat Hugenberg die 1887 begonnene Dissertation „veröffentlichungsreif" erst 1891 fertiggestellt (vgl. A. Hugenberg: Colonisation, S. VI), doch stammt das Schlußkapitel mit den hier zitierten politischen Aussagen mit Sicherheit aus dem Jahre 1888, da es in den „Streiflichtern" mit dem ausdrücklichen Vermerk „1888" abgedruckt wurde. Vgl. Hugenberg: Innere und auswärtige Kolonisation, in: ders.: Streiflichter, S. 309 bis 310, hier S. 309.

[60a] Vgl. u. a. Schreiben Ernsts an Hugenberg, 5. 4. 1902. — NL Hugenberg, A, Bd. 5; Schreiben Hugenbergs an Bernhard, 12. 11. 1915. — NL Hugenberg, M 2; A. Hugenberg: Untergang, in: ders., Streiflichter, S. 53.; vgl. auch D. Guratzsch: Macht, S. 22 Anm. 29.

[61] Dr. A. Fick zit. n. Otto Bonhard: Geschichte des Alldeutschen Verbandes, Leipzig Berlin 1920, S. 3 (i. f. zit.: O. Bonhard: Geschichte). Bonhards Arbeit muß nach Hartwig als verbandsoffizielle Darstellung angesehen werden. Vgl. Edgar Hartwig: Alldeutscher Verband, in: Die bürgerlichen Parteien in Deutschland, Berlin 1968, Bd. I, S. 24 (i. f. zit.: E. Hartwig: Alldeutscher Verband).

[62] Gedr. in: O. Bonhard: Geschichte, Anlage 1, S. 233—237.

[63] Vgl. Rundschreiben Fick, Lubarsch u. Müller, 15. 7. 1890, gedr. in: O. Bonhard: Geschichte, Anlage 2, S. 238—239, u. O. Bonhard: Geschichte, S. 3; vgl. auch E. Hartwig: Alldeutscher Verband, S. 2, und Alfred Kruck: Geschichte des Alldeutschen Verbandes 1890—1939, Wiesbaden 1954, S. 8. (i. f. zit.: A. Kruck: Geschichte).

[64] Rundschreiben Hugenbergs, 1. 8. 1890, gedr. in: O. Bonhard: Geschichte, Anlage 3, S. 240—244, hier S. 240.

[65] Ebd., S. 242.

[66] „Es ist bisher nicht gelungen, eine organisierte öffentliche Kundgebung der deutschen Bürgerschaft gegen den Vertrag zustande zu bringen. Das Gros unserer Presse hat ein Bild jammervoller Kleinmütigkeit, Unentschlossenheit und Unkenntnis gegeben. [. . .] Zweifellos wird Deutschland — sei es im Frieden oder im Kriege — noch wiederholt in die Lage kommen, mit fremden Nationen über wertvolle Gebiete zu verhandeln. Haben wir dann nicht eine genügend starke, öffentliche Meinung, welche für unsere nationalen Interessen eintritt, so wird es uns noch oft so ergehen, wie bei dem deutsch-englischen Vertrag." „Entwurf einer Adresse an Herrn Dr. Karl Peters", Anlage zum Rundschreiben Hugenbergs, 1. 8. 1890, gedr. in: O. Bonhard: Geschichte, Anlage 3, S. 243.

der allerdings erfolglos bleibende Versuch gerichtet, den „Erwerber Ostafrikas", Dr. Karl Peters, zur Übernahme des Vereinsvorsitzes zu bestimmen.[67] Auf Eroberung der öffentlichen Meinung war der Vorschlag gemünzt, der Verein müsse „eine unausgesetzte Fühlung mit der Presse" halten, um sie „in denkbar weitestem Umfange für die Vertretung unserer Anschauung" zu gewinnen.[68]

Sein erster vorläufiger Entwurf des Verbandsprogramms macht deutlich, daß diese Strategie auf einer politischen Konzeption basierte, die nicht allein auf Vertretung außenpolitischer Forderungen abzielte, sondern sie mit innenpolitischen „erzieherischen" Absichten verband.[69] So definierte er als Vereinsaufgaben:

> „1. Die Zusammenfassung der national-gesinnten deutschen Bürgerschaft *ohne Unterschied der Partei* in dem Gedanken, daß die durchgeführte Einigung nur die Grundlage einer größeren nationalen Entwicklung ist, nämlich derjenigen zu *einer kulturellen und politischen Weltmachtstellung* des deutschen Volkes, wie sie das englische Volk bereits erlangt hat und das rusische zweifellos erlangen wird.
> 2. Das Eintreten für *eine energische Kolonialpolitik*, für den Erwerb weiterer Kolonialgebiete und die Organisation unserer Auswanderung.
> 3. Die Verbreitung des Interesses für die überseeischen kommerziellen und zivilisatorischen Aufgaben in den weitesten Kreisen.
> 4. Die unbedingte Vertretung der hiermit angedeuteten Anschauungen gegenüber nationaler Gleichgültigkeit und Indolenz, gegenüber einem seichten Kosmopolitismus und gegenüber der viel verbreiteten Überschätzung der heutigen Weltstellung Deutschlands und des Wertes einer einseitigen kontinentalen Politik, mögen derartige Neigungen nun auf Seiten der Parteien oder der Regierung zu Tage treten."[70]

Hugenbergs Vorstellungen fanden, im wesentlichen unverändert, ein Jahr später Eingang in die Satzungen des „Allgemeinen Deutschen Verbandes",[71] der sich ab 1894 „Alldeutscher Verband" (ADV) nannte.[72] Erst 1918 sollten die alldeutschen Verbandsrichtlinien überarbeitet und in sie das aufgenommen werden, was bezeichnenderweise in Hugenbergs Entwurf fehlte: ein eindeutig antisemitischer Passus.[72a]

Hugenbergs Verhältnis zum Judentum läßt sich noch am ehesten als indifferent umschreiben. Auf der einen Seite zählte er einen Mann jüdischer Herkunft, wie Professor Ludwig Bernhard, bald zu seinem engsten Freundeskreis, und auch in seinem

---

[67] Vgl. O. Bonhard: Geschichte, S. 3. Rundschreiben Hugenbergs, 1. 8. 1890, gedr. in: O. Bonhard: Geschichte, Anlage 3, S. 241.

[68] Zitate aus Rundschreiben Hugenbergs und Wislicenus', 13. 3. 1891, gedr. in: O. Bonhard: Geschichte, Anlage 4, S. 245—247, hier S. 246.

[69] Hugenberg spricht wörtlich von einem Verein, „der sich zur obersten Aufgabe eine erziehliche Einwirkung auf das deutsche Volk im Sinne der Ausbildung einer einheitlichen, von großen Gesichtspunkten getragenen patriotischen Grundanschauung aller Bürger, im Sinne der Schaffung einer nationalen Moral setzt." „Entwurf einer Adresse an Herrn Dr. Karl Peters", Anlage zum Rundschreiben Hugenbergs, 1. 8. 1890, gedr. in: O. Bonhard: Geschichte, Anlage 3, S. 244.

[70] Ebd.

[71] Punkt 1 und 4 des Hugenbergschen Entwurfs wurden in die kurze Formel: „Belebung des vaterländischen Bewußtseins in der Heimat und Bekämpfung aller der nationalen Entwicklung entgegengesetzten Richtungen" zusammengefaßt. Neu hinzu kam die Aufgabenstellung, deutsch-nationale Minderheiten im Ausland zu unterstützen und zusammenzufassen. Vgl. „Allgemeiner Deutscher Verband, Aufruf!" (9. 4. 1891), gedr. in: O. Bonhard: Geschichte, Anlage 5, S. 248—251, hier S. 249.

[72] Vgl. O. Bonhard: Geschichte, S. 8 f.

[72a] Vgl. A. Kruck: Geschichte, S. 128 ff.

Konzern beschäftigte er später eine Reihe von Juden.[72b] Auf der anderen Seite hinderte er den radikalen Antisemiten Heinrich Claß, der 1908 Vorsitzender des ADV wurde und mit dem er eng zusammenarbeitete, keineswegs daran, die irrationale Judenhetze im Verband durchzusetzen. Auch in seinen Presseorganen benutzte er antisemitische Vorurteile durchaus funktional, um politische Gegner zu schwächen.[72c]

Aus Hugenbergs Tätigkeit während der Gründungsperiode des Verbands bleibt aber festzuhalten, daß er unter einer radikalen nationalen Sammlungsparole einen überparteilichen[73] bürgerlichen Honoratiorenverein[74] organisierte, der sich durch Einwirkung auf die öffentliche Meinung einer plebiszitären Zustimmung versichern sollte.[75] Weshalb er den Alldeutschen Verband als einen „in der Bürgerschaft selbst wurzelnden Mittelpunkt für alle nationalen Bestrebungen unseres Volkes"[76] plante, begründete er 1930 rückblickend:

> „Auf die Dauer sind ‚führende Schichten' nur diejenigen, die *nicht schlafen,* wie es politisch die große Masse des deutschen Bürgertums getan hat."[77]

Seinem Versuch, über den Alldeutschen Verband die wirtschaftlich potenteste Schicht des Wilhelminischen Deutschland zur Wahrnehmung eines politischen Füh-

---

[72b] Vgl. Erklärung Otto Scheuers, 3. 9. 1948, gedr. in: (Joseph) Borchmeyer (Hrsg.): Hugenbergs Ringen in deutschen Schicksalsstunden, Detmold 1951, H. 2, S. 27 f. (i. f. zit.: J. Borchmeyer: Hugenbergs Ringen).

[72c] Vgl. Christian Schmaling: Der Berliner Lokal-Anzeiger als Beispiel einer Vorbereitung des Nationalsozialismus, Berlin, Phil. Diss. 1968.

[73] Dem Vorstand schlossen sich zahlreiche Reichstagsabgeordnete verschiedener bürgerlicher Parteien an, vorwiegend Mitglieder der Nationalliberalen Partei. Vgl. Konrad Schilling: Beiträge zu einer Geschichte des radikalen Nationalismus in der Wilhelminischen Ära 1890—1909, Köln, Phil. Diss. 1968, Anlage II, S. 519 ff. (i. f. zit.: K. Schilling: Beiträge).

[74] Zu den Vertretern von Industrie, Großgrundbesitz, Banken und Handel und Beamtenschaft gesellte sich eine bemerkenswert hohe Zahl von Akademikern. Von den 91 Mitgliedern des Präsidiums und des geschäftsführenden Ausschusses waren bei der Gründungsversammlung allein 19 Professoren, d. h. Lehrer und Hochschullehrer. Vgl. „Allgemeiner Deutscher Verband, Aufruf!" (9. 8. 1891), gedr. in: O. Bonhard: Geschichte, Anlage 5, S. 250 ff., vgl. auch: K. Schilling: Beiträge, S. 32 ff.

[75] Der von D. Guratzsch (: Macht, S. 24) besonders betonte Aspekt, daß es Hugenberg schon bei den ersten Schöpfung auf Formierung eines kleinen, politisch völlig konformen Personenkreises angekommen sei, ist für die Charakteristik seiner Organisationstechnik sehr wesentlich. Im Hinblick auf die Motivation seiner späteren Pressearbeit muß aber zugleich hervorgehoben werden, daß er bereits 1890 die Bedeutung der öffentlichen Meinung hoch einschätzte, in sein politisches Kalkül miteinbezog und bei seinem taktischen Vorgehen das traditionelle Mittel der Arbeit hinter den Kulissen mit der modernen Technik der Massenmanipulation verbinden wollte.

[76] „Entwurf einer Adresse an Herrn Dr. Karl Peters", Anlage z. Rundschreiben Hugenbergs, 1. 8. 1890, gedr. in: O. Bonhard: Geschichte, Anlage 3, S. 244.

[77] Alfred Hugenberg: Der Dritte Tributplan. Rede Dr. Hugenbergs beim deutschnationalen Parteitag in Stettin (Masch. Ms.), 25. 10. 1930. — NL Hugenberg, P. 11. Weniger prononciert, doch im gleichen Sinne hatte er sich schon im Rundschreiben vom 1. 8. 1890 geäußert: „Es wäre ein schlechtes Zeichen für die politische Lebenskraft unserer nationalen Bürgerschaft, wenn in der That dieser Vertrag ohne nachwirkende Folgen für unser öffentliches Leben bleiben sollte." „Entwurf einer Adresse an Herrn Dr. Karl Peters", Anlage z. Rundschreiben Hugenbergs, 1. 8. 1890, gedr. in: O. Bonhard: Geschichte, Anlage 3, S. 241.

rungsanspruchs zu verpflichten, war indes nur ein Teilerfolg beschieden. Zwar stieg die Mitgliederzahl bis 1892 rasch auf 20 000 an,[78] und auch für die Spitzengremien konnten Persönlichkeiten aus jenen „gebildeten Erwerbskreisen"[79] gewonnen werden, die Hugenberg zu aktivieren wünschte.[80] Doch wandelte sich der Anfangserfolg schon ein Jahr später fast zur Katastrophe: Rapider Mitgliederschwund (1893: ca. 4000),[81] eine in sich zerstrittene Führungsequipe, mangelnde innerverbandliche Kommunikation, vor allem mit den Ortsgruppen, und zerrüttete Finanzen stellten den Verband vor die Frage der Auflösung.[82]

Die von Hugenberg „wie improvisiert"[83] aufgezogene Organisation löste sich zwar nicht auf, mußte aber gründlich reformiert werden.[84] Die notwendigen einschneidenden Maßnahmen, wie die Auswechslung der Führungsspitze,[85] die Gründung eines neuen Verbandsorgans (Alldeutsche Blätter) und die Sanierung der Finanzen, wurden wiederum unter seiner Mitwirkung durchgeführt.[86] Unabänderlich blieb offensichtlich auch danach noch die Tatsache, daß „die Beeinflussung der breiteren Öffentlichkeit durch die Tagespresse aus Mangel an Mitteln über dürftige Anfänge"[87] nicht hinauskam. Erst einige Jahre später konnte sich Alfred Hugenberg daran begeben, dieses Problem zu lösen, dann allerdings nicht nur für den Alldeutschen Verband, sondern im großen Rahmen für die gesamte „Nationale Rechte". Zunächst aber erprobte er sein Organisationstalent auf dem Gebiet, dessen national- und wirtschaftspolitische Problematik er bereits in seiner Doktorarbeit erörtert hatte: dem staatlichen Siedlungswesen.

3. Staatsdienst und genossenschaftliche Arbeit im Osten

Hugenberg wurde im Sommer 1894 nach Absolvierung seines Assessorexamens und vorübergehender Tätigkeit als stellvertretender Landrat in Wesel auf eigenen Wunsch in die Königlich Preußische Ansiedlungskommission nach Posen berufen.[88]

---

[78] Vgl. O. Bonhard: Geschichte, S. 5, u. E. Hartwig: Alldeutscher Verband, S. 1.

[79] Rundschreiben Hugenbergs, 1. 8. 1890, gedr. in: O. Bonhard: Geschichte, Anlage 3, S. 242.

[80] 1891 gehörten den Führungsgremien des Verbands u. a. die Industriellen Kirdorf und Simons, die Professoren Haeckel, Fabri und Liszt an, ferner auch der Maler v. Lenbach und der Verleger der Rheinisch-Westfälischen Zeitung, Reismann-Grone. Vgl. „Allgemeiner Deutscher Verband, Aufruf!" (9. 8. 1891), gedr. in: O. Bonhard: Geschichte, Anlage 5, S. 250—251.

[81] Vgl. ebd., S. 8.

[82] Vgl. ebd., S. 7.

[83] D. Guratzsch: Macht, S. 24.

[84] Vgl. O. Bonhard: Geschichte, S. 7.

[85] An die Stelle des bisherigen Vorsitzenden Karl v. d. Heydt, der mit Hugenberg in taktischen Fragen nicht übereingestimmt hatte, trat 1902 als Vertrauensmann Hugenbergs Prof. Ernst Hasse. Vgl. E. Hartwig: Alldeutscher Verband, S. 8; vgl. ferner den Schriftwechsel zwischen Hugenberg und Hasse, in: NL Hugenberg, Nr. 1.

[86] Vgl. O. Bonhard, Geschichte, S. 7 f., u. E. Hartwig: Alldeutscher Verband, S. 8.

[87] O. Bonhard: Geschichte, S. 8.

[88] Vgl. Anm. 2; vgl. auch Friedrich Swart: Diesseits und jenseits der Grenze, Leer (Ostfriesland) 1954, S. 35 (i. f. zit.: F. Swart: Diesseits).

Ohne seine erste Schöpfung aus den Augen zu verlieren,[89] wandte er sich mit großem Elan der neuen beruflichen Aufgabe zu.

Unter dem Patronat des Präsidenten der Ansiedlungskommission, Rudolf v. Wittenburg, rationalisierte und straffte er das staatliche Unternehmen,[90] das die Germanisierung des Ostens mit der Ansiedlung von deutschen Bauern auf aufgekauftem und parzelliertem deutschem und polnischem Großgrundbesitz vorantreiben sollte.[91] Binnen kurzem wurde er zur rechten Hand v. Wittenburgs[92] und setzte moderne, „kaufmännische" Methoden auch in der Ansiedlerwerbung durch. Seine Anregung, die Siedler in Genossenschaften zusammenzufassen, um sie von der „Staatsschürze" abzuschütteln,[93] fiel auf fruchtbaren Boden. Auf Vorschlag der Ansiedlungskommission richtete die Neuwieder Raiffeisenzentrale einen Provinzialverband ländlicher Genossenschaften in Posen ein.[94] Ihr erster Direktor wurde 1900 Alfred Hugenberg, der sich vom Staatsdienst beurlauben ließ,[95] seinen Einfluß auf das staatliche Siedlungswesen aber eher vergrößerte, weil er nun die Zusammenarbeit von Genossenschaften und Ansiedlungskommission koordinierte und durch personelle Querverbindungen verfestigte.[96]

Das Genossenschaftswesen galt Hugenberg als „Verkörperung deutschen Gemeinsinns" und als „wirtschaftliche Organisation des seiner selbst bewußten Deutschtums".[97] Um den Wert dieser Waffe im deutsch-polnischen Nationalitätenkampf zu erhöhen, sorgte er mit Gründung einer Bank (Posensche Landesgenossenschaftsbank eGmbH) und eines Getreidegroßhandelsunternehmens (Deutsches Lagerhaus Posen GmbH) für die wirtschaftliche Potenz[98] und mit der Herausdrängung aller polnischen Mitglieder für die „völkische Grundlage"[99] der Posener Genossenschaft. Was er kraft seines Amtes für die organisatorische Stärkung des deutschen Volkstums in Posen leisten konnte, suchte er durch eine nebenberufliche Aktion zu ergänzen, mit der er auf langfristige Verbesserung der deutschen Position abzielte.

---

[89] Hugenberg blieb bis 1903 Mitglied des ADV-Vorstands (vgl. K. Schilling: Beiträge, S. 34), danach zog er es vor, seine „Eigenschaft als alldeutscher Bazillenzüchter" vor der Öffentlichkeit zu verbergen. (Vgl. Schreiben [Entwurf] Hugenbergs an Claß, 8. 3. 1908. — NL Hugenberg, Nr. 1). Er blieb aber in ständigem Kontakt mit dem Vorstandsvorsitzenden Hasse und dessen Nachfolger Heinrich Claß. Vgl. Schriftwechsel zwischen Hugenberg und Hasse und Claß, in: NL Hugenberg, Nr. 1; vgl. ferner D. Stegmann: Erben, S. 52.

[90] Die von ihm zusammengestellte Handakte für Verwalter und Verwaltungsbeamte, im roten Umschlag gebunden, hieß noch lange nach seinem Weggang „Der rote Hugenberg". Vgl. L. Wegener: Hugenberg, S. 13.

[91] Vgl. Martin Broszat: 200 Jahre deutsche Polenpolitik, München 1963, S. 112 ff. (i. f. zit.: M. Broszat: Polenpolitik).

[92] Vgl. F. Swart: Diesseits, S. 35. Nach Wegener war das Freundschaftsverhältnis zwischen v. Wittenburg und Hugenberg „unzerreißbar". Bericht Wegeners über das Verhältnis Hugenberg-Wittenburg, o. D. (Jan. 1929). — NL Schmidt — Hannover (Opr.), S. 2.

[93] Vgl. L. Wegener: Hugenberg, S. 18.

[94] Vgl. D. Guratzsch: Macht, S. 27.

[95] Vgl. Schreiben Hugenbergs an Innenminister v. Rheinbaben, 19. 1. 1908. — NL Hugenberg, Nr. 1.

[96] Vgl. D. Guratzsch: Macht, S. 27 ff.

[97] Zitate aus Schreiben Hugenbergs an Wegener, 9. 10. 1909. — BA/NL Wegener, Nr. 63.

[98] Vgl. L. Wegener: Hugenberg, S. 14, u. F. Swart: Diesseits, S. 34 ff.

[99] Hs. Konzept Wegeners für seine Rede auf der silbernen Hochzeit Hugenbergs, Sept. 1925 — BA/NL Wegener, Nr. 65.

Hugenberg gründete 1897 den „Evangelischen Verein für Waisenpflege in der Ostmark", dessen Aufgabe sein sollte, „großstädtische Waisenkinder zur Erziehung in die Provinz zu verpflanzen und dadurch Nachwuchs für Arbeiter, Kleinbauern und Handwerker zu gewinnen".[100] Bereits zwei Jahre später konnte der von ihm präsidierte Verein unter Mitwirkung des Alldeutschen Verbandes das Waisenhaus Neuzedlitz in Posen einweihen.[101] Finanziell beteiligt an dem Projekt war neben dem ADV[102] auch die Posensche Landesgenossenschaftsbank[103], organisatorisch die Stadt Berlin und andere Großstädte, die das Unternehmen mit deutschen Kindern versorgten,[104] seelsorgerisch die evangelische Kirche, die einen Pfarrer für die Heimleitung stellte.[105]

Auch nach seinem Weggang aus Posen blieb Hugenberg Vorsitzender des Vereins;[106] die eigentliche Sorge für Neuzedlitz trug jedoch Leo Wegener, sein engster Freund und Nachfolger im Genossenschaftsamt, der ihn laufend über die Entwicklung unterrichtete.[107] So konnte Hugenberg dem Waisenhaus 1912 durch Fürsprache bei seinem Firmenchef Krupp v. Bohlen u. Halbach mit 75 000 Mark aus einer pekuniären Klemme helfen.[108] Inwieweit die großherzige Spende nicht nur völkischnationalen, sondern auch industriellen Interessen dienlich sein würde, hatte Wegener zuvor deutlich gemacht. Er empfahl Hugenberg, für Neuzedlitz bei der Hundertjahrfeier des Krupp-Konzerns mit dem Argument zu werben,

> „(...) daß dieses Waisenhaus brauchbare Arbeitskräfte schaffen will – Waisenkinder werden in der Großstadt leicht Sozialdemokraten –, und daß die Frauen hier das Kochen lernen sollen. Wenn die Frau gut kocht, ist der Mann zufrieden und verfällt schwerer den Sozis."[109]

---

[100] F. Swart: Diesseits, S. 43.

[101] Vgl. O. Bonhard: Geschichte, S. 18.

[102] An der Finanzierung beteiligte sich wahrscheinlich zu einem späteren Zeitpunkt auch noch der dem ADV eng verbundene Ostmarkverein. Vgl. Schreiben Wegeners an Hugenberg, 29. 4. 1912. – BA/NL Wegener, Nr. 64; Schreiben Hugenbergs an Claß, 5. 5. 1909, u. Claß' an Hugenberg, 7. 5. 1909. – FST/MA, 06–5/1.

[103] Vgl. Schreiben Hugenbergs an Wegener, 28. 11. 1911. – BA/NL Wegener, Nr. 64; Schreiben Swarts an Wegener, 18. 3. 1927 – BA/NL Wegener, Nr. 68.

[104] Vgl. F. Swart: Diesseits, S. 44.

[105] Vgl. ebd.

[106] Hugenberg schrieb noch 1909 an Wegener: „Meine Stellung zu Neuzedlitz-Mieltschin macht mir Sorgen. Als Vorsitzender trage ich die Verantwortung [...]." Schreiben Hugenbergs an Wegener, 26. 9. 1909. – BA/NL Wegener, Nr. 63; vgl. auch F. Swart: Diesseits, S. 44.

[107] Welche offizielle Stellung Wegener im Evangelischen Verein einnahm, ist aus den Quellen nicht ersichtlich. Hugenberg beauftragte ihn 1910, sich „als Vertreter von Neuzedlitz für den Kreistag Witkowo" anzumelden. Schreiben Hugenbergs an Wegener, 7. 4. 1910. – BA/NL Wegener, Nr. 63.

[108] Wörtlich schrieb Hugenberg an Wegener: „Soeben sprach ich mit G.[ustav] v. B.[ohlen] über Neuzedlitz. Er ist bereit, bis zu 75.000 M. in 3 Raten zu geben, jedoch nicht mehr als ¼ des aufkommenden Gesamtbetrages. Es müssen also 225.000 M. von anderer Seite zusammengebracht werden. (...). Nennen Sie bitte vorläufig GvB's [Gustav v. Bohlens] Namen *nicht*, sondern sagen Sie nur, ¼ = 75.000 M. pp. sei Ihnen von einer Seite unter der Bedingung zugesagt worden usw." (Schreiben Hugenbergs an Wegener, 2. 7. 1912. – BA/NL Wegener, Nr. 64.) Mit einem weiteren Brief bestätigte Hugenberg Wegener nochmals die Zusage Krupp v. Bohlen u. Halbachs. Vgl. Schreiben Hugenbergs an Wegener, 25. 7. 1912. – BA/NL Wegener, Nr. 64.

[109] Schreiben Wegeners an Hugenberg, 29. 4. 1912. – BA/NL Wegener, Nr. 64.

Parallel zu Neuzedlitz hatte Hugenberg noch ein weiteres karitatives Unternehmen ins Leben gerufen: die Fürsorgeanstalt Mieltschin.[110] Doch machten die wiederum von der Stadt Berlin überwiesenen „Prügelkinder"[111] ihren Wohltätern offensichtlich weniger Freude als die Waisenkinder; zudem geriet das Unternehmen auch in finanzielle Schwierigkeiten.[112] Wegeners Rettungsvorschlag, die Anstalt in ein Heim für ledige Mütter umzuwandeln und deren Kinder zur Erziehung nach Neuzedlitz zu geben,[113] lehnte Hugenberg, der für industrielle Spenden sorgen sollte, ab.[114] Zwar hatte er selbst schon einmal erwogen, Neuzedlitz zu einem Heim für uneheliche Kinder zu machen,[115] doch Wegeners Plan, auch die ledigen Mütter zu betreuen, erschien ihm zu kostspielig. Überdies fürchtete er, daß „kein Geld dafür zu haben ist".[116] Die nüchterne Rechnung mit den Faktoren Rentabilität und Psychologie industrieller Geldgeber wog schwerer als Wegeners hoffnungsvolle Prognose: „Auf jeden Fall bekommen wir auch gesündere Kinder für den Osten."[117]
Dennoch bleibt aus diesem von der Literatur bisher unbeachtet gebliebenen Kapitel Hugenbergscher Ostpolitik festzuhalten,[118] daß er mit Neuzedlitz und Mieltschin ein neues Element[119] in den deutsch-polnischen Nationalitätenkampf einführte: „Völkische Nachwuchsinstitute", die aber nicht wie spätere nationalsozialistische Einrichtungen auf pseudobiologischer Rassenauslese basierten, sondern auf der Verbindung von sozialprotektionistischer bürgerlicher Fürsorge und nationalpolitischer Erziehung.[120]

---

[110] Auch an Mieltschin waren finanziell der ADV und die Posensche Landesgenossenschaftsbank, organisatorisch die Stadt Berlin beteiligt. Vgl. dazu Schreiben Hugenbergs an Wegener, 26. 9. 1909. — BA/NL Wegener, Nr. 63; Schreiben Hugenbergs an Wegener, 28. 11. 1911. — BA/NL Wegener, Nr. 64; Schreiben Hugenbergs an Claß, 5. 5. 1909, u. Claß an Hugenberg, 7. 5. 1909. — FST/MA, 06–5/1.

[111] Schreiben Wegeners an Hugenberg, 29. 6. 1912. — BA/NL Wegener, Nr. 64.

[112] Finanziell belastet wurde dadurch besonders die Posensche Landesgenossenschaftsbank. So schrieb Hugenberg an Wegener: „Ich möchte gern, daß Berlin mit Ihnen einen Vergleich macht, der Ihre Landesgenossenschaftsbank sicherstellt! Sie haben ja doch die Forderung an Mieltschin, die nur durch einen niet- und nagelfesten Vertrag mit Berlin gut gemacht werden kann. Das ist auch wieder so eine Dummheit, die ich gemacht habe und von deren Folgen ich Ihnen davon helfen möchte." Schreiben Hugenbergs an Wegener, 28. 11. 1911. — BA/NL Wegener, Nr. 64.

[113] Vgl. Schreiben Wegeners an Hugenberg, 29. 6. 1912. — BA/NL Wegener, Nr. 64.

[114] Vgl. Schreiben Hugenbergs an Wegener, 2. 7. 1912. — BA/NL Wegener, Nr. 64.

[115] Vgl. Schreiben Wegeners an Hugenberg, 29. 6. 1912. — BA/NL Wegener, Nr. 64.

[116] Vgl. Schreiben Hugenbergs an Wegener, 2. 7. 1912. — BA/NL Wegener, Nr. 64.

[117] Schreiben Wegeners an Hugenberg, 29. 6. 1912. — BA/NL Wegener, Nr. 64.

[118] Guratzsch bemerkt lediglich, daß Hugenberg „Waisenhäuser gegründet" hätte. (D. Guratzsch: Macht, S. 47 u. Anm. 175.) J. Leopold (: Hugenberg) u. V. Dietrich (: Hugenberg) erwähnen beide Unternehmen überhaupt nicht. Von den „Eingeweihten" widmet nur F. Swart (: Diesseits, S. 43 f.) Neuzedlitz einen kurzen Abschnitt.

[119] Swart bezeichnet Neuzedlitz als „eigenartige[n] Anstalt, die aber für „Hugenbergs Wirken in Posen charakteristisch" gewesen sei. F. Swart: Diesseits, S. 43.

[120] Der Evangelische Waisenverein erklärte in einem Schreiben an den Preußischen Staatsminister Budde, daß er Bestrebungen verfolge, „die den sozialen Gedanken der Verpflanzung des Waisenproletariats der Großstädte auf das platte Land mit dem nationalen Gesichtspunkt der Vermehrung der deutschen Bevölkerung unserer Ostmark verbinden und darauf hinauslaufen, die Waisenkinder unserer Großstädte auf dem platten Lande der Provinzen Posen und Westpreußen heimisch zu machen." Schreiben des Evangelischen Vereins für Waisenpflege in der Provinz Posen an Staatsminister Budde, o. D. (1903). — NL Hugenberg, A Bd. 5.

Als Hugenberg 1903 Posen verließ, um im Preußischen Finanzministerium die Referate Genossenschaftswesen und Ostfragen zu übernehmen,[121] hinterließ er ein sorgfältig geknüpftes Netz deutsch-nationaler Organisationen. Mit den Genossenschaften hatte er für die organisatorische Zusammenfassung der deutschen Siedler in Posen gesorgt, mit der Posenschen Landesgenossenschaftsbank und dem Deutschen Lagerhaus für ihren wirtschaftlichen Rückhalt, mit den karitativen Unternehmen ihr Nachwuchspotential vergrößert und sich schließlich mit einer letzten Gründung um ihren geistigen Zusammenhalt bemüht. Als „seine" erste Zeitung rief er 1902 den „Posenschen Raiffeisenboten" ins Leben, der als Verbandsorgan für die bäuerlichen Genossenschaftsmitglieder bestimmt war.[122]

Allerdings sollte diese Gründung, bei einer Höchstauflage von 12 000 Exemplaren,[123] in ihrer Bedeutung ebenso relativ gesehen werden wie das gesamte Organisationsnetz. Zwar war es Hugenberg im Hinblick auf den früheren Zustand gelungen, die deutschen Siedler in einem effektiver arbeitenden Apparat zusammenzufassen, der jedoch von der Größenordnung her nicht mit vergleichbaren polnischen Organisationen konkurrieren konnte.[124] Die von ihm angestrebte „wirtschaftliche Machtverschiebung", die dem polnischen Proletariat die Arbeitsplätze nehmen und den polnischen Bevölkerungszuwachs stoppen sollte, um die Polen wieder für die Germanisierung reif zu machen,[125] wurde nicht erreicht, dafür aber eine weitere nationale Polarisierung und Vergiftung der Atmosphäre.[126] Für Hugenberg lag die Ursache seiner ausbleibenden Arbeitserfolge offensichtlich darin, daß auf Regierungsebene

„(...) sozusagen alle fünf Jahre die nationalen Theorien wechseln und infolgedessen vor den Augen des kundigen Beobachters ein klägliches Trümmerfeld aller möglichen angefangenen und niemals zu Ende geführten nationalen Projekte liegt."[127]

Der Regierungspolitik im Sinne seiner Konzeption mehr Stetigkeit und Konsequenz zu verleihen, war nun das Ziel seiner Arbeit im Preußischen Finanzministerium. Er brachte es in kurzer Zeit zum Vortragenden Rat[128] mit dem Titel „Geheimer Finanzrat" und konstituierte nun mit seinem „Freundeskreis", der sich zum Teil bereits in Posen gebildet hatte, eine Art von „Nebenregierung in der ostmärkischen Ansiedlungspolitik".[129] Engere Mitglieder dieses Kreises waren nach Bernhard außer Hugenberg fünf weitere preußische Staatsbeamte:[130] Friedrich v. Schwerin

---

[121] Vgl. L. Wegener: Hugenberg, S. 14 f.
[122] Wegener gibt als Gründungsjahr 1902 an, Swart 1901. Vgl. Leo Wegener: Hugenbergs Wirken für die Landwirtschaft. Erweiterter und brieflicher Sonderdruck aus dem landwirtschaftlichen Kalender für Polen für 1935, S. 11. (i. f. zit.: L. Wegener: Hugenbergs Wirken); F. Swart: Diesseits, S. 39.
[123] Vgl. L. Wegener: Hugenbergs Wirken, S. 78.
[124] Vgl. D. Guratzsch: Macht, S. 36, Anm. 118.
[125] Schreiben Hugenbergs an Hasse, 12. 1. 1902, gedr. in: A. Hugenberg: Streiflichter, S. 281.
[126] Vgl. D. Guratzsch: Macht, S. 147; M. Broszat: Polenpolitik, S. 122 ff.
[127] Schreiben Hugenbergs an Hasse, 12. 1. 1902, gedr. in: A. Hugenberg: Streiflichter, S. 297.
[128] Bereits 1904 wurde er zum Vortragenden Rat befördert. Vgl. Anm. 2; vgl. auch L. Wegener: Hugenberg, S. 14.
[129] L. Bernhard: Hugenberg-Konzern, S. 4.
[130] Vgl. ebd., S. 3.

(Innenministerium),[131] Arnold Wahnschaffe (Landwirtschaftsministerium),[132] Karl Kette (Ansiedlungskommission),[133] Georg Ganse (Ansiedlungskommission),[134] Dr. Hans Meydenbauer (Ostpreußische Landgesellschaft),[135] ferner der Verbandsdirektor der Posener Raiffeisenorganisation Dr. Leo Wegener[136] und Dr. Ludwig Bern-

---

[131] Friedrich v. Schwerin, geb. 1862, gest. 1925, studierte Jura und gehörte als Student zu den Gründern des Vereins Deutscher Studenten. Der „rote Schwerin", wie ihn seine Standesgenossen nannten, wurde 1891 in die Ansiedlungskommission berufen, von 1902—1908 war er Referent des Siedlungswesens im Innenministerium. Danach wurde er Regierungspräsident in Frankfurt/Oder. Nach Th. Einhart kam er später mit Hugenberg auseinander. Vgl. Th. Einhart: Männer, S. 80; L. Bernhard: Hugenberg-Konzern, S. 3; vgl. auch Erich Keup: Friedrich v. Schwerin †, in: Archiv für Innere Kolonisation, Bd. XVII, H. 1/3 (1925), S. 1 ff. (i. f. zit.: E. Keup: Schwerin).

[132] Arnold Wahnschaffe, geb. 1865, gest. 1946, Sohn eines Rittergutsbesitzers, studierte Jura, 1886 Kammergerichtsreferendar, 1893 Reg.Ass. bei der Regierung in Hannover, 1897 Hilfsarbeiter in der Schlesischen Landwirtschaftskammer, 1897—1905 Landrat in Landsberg a. W., 1905—1907 Kommissar des Landwirtschaftsministers, danach Unterstaatssekretär in der Reichskanzlei. Er nahm in der Weimarer Republik am Hugenberg-Konzern keinen aktiven Anteil, weil er „durch seine eigene Tätigkeit in Anspruch genommen" wurde. (Vgl. L. Bernhard: Hugenberg-Konzern, S. 4). Mit Meydenbauer bildete er den gemäßigten Rechtsflügel des Freundeskreises und war Anhänger der Politik Bethmann Hollwegs. Dennoch wurde er 1919 Mitglied der DNVP. Vgl. D. Guratzsch: Macht, S. 169 f.

[133] Karl Kette, geb. 1864, gest. 1930, studierte Rechts- und Staatswissenschaften, kam 1900 zur Ansiedlungskommission. Im Auftrag Hugenbergs gründete er 1906 in Danzig die Deutsche Bauernbank für Westpreußen und wurde deren leitender Geschäftsführer. Er übernahm die Leitung des Danziger Verbandes der deutschen Raiffeisengenossenschaften. Ferner gehörte er zu den Mitbegründern der DNVP in Danzig und war von 1920—1925 Mitglied des Senats. Anlage zum Schreiben Tetens an Donner und Everling, 14. 10. 1930. — Akt. Opriba, CIV, 10; vgl. auch D. Guratzsch: Macht, S. 41, Anm. 144 u. S. 43, Anm. 157.

[134] Georg Ganse war nach einem Referendariat bei der Justizdirektion Breslau ab 1900 Mitglied der Ansiedlungskommission. 1913—1918 war er ihr Präsident. Vgl. D. Guratzsch: Macht, S. 41, Anm. 143 u. S. 43.

[135] Hans Meydenbauer, geb. 1873, gest. 1932, promovierte über Kirchenrecht. Bevor er 1905 Vorstandsmitglied der von Hugenberg gegründeten Ostpreußischen Landgesellschaft in Königsberg wurde, war er Direktor der Teerproduktengesellschaft in Essen. 1911 wurde er Referent des Siedlungs- und Genossenschaftswesens im Finanzministerium, 1919 Ministerialdirektor im Wirtschaftsministerium. (Vgl. Fritz Tetens: Geheimrat Dr. Hans Meydenbauer †, in: Der Tag, 7. 4. 1932.) Hier wurde er gemeinsam mit Möllendorff zum „Vorkämpfer der sogenannten Planwirtschaft". L. Bernhard: Hugenberg-Konzern, S. 3.

[136] Leo Wegener, geb. 1870, gest. 1936, war Sohn eines Rittergutsbesitzers, verbrachte wegen einer chronischen Stirnhöhleninfektion nach dem Abitur fast acht Jahre in Krankenhäusern, studierte in Heidelberg bei Max Weber Nationalökonomie. Anschließend übernahm er zunächst die Posener Geschäftsstelle des Ostmarkenvereins, dann 1953 die Leitung der Posenschen Landesgenossenschaftsbank und des Lagerhauses. 1906 wurde er Direktor der gesamten Posener Raiffeisenorganisation. Aus Gesundheitsgründen legte er seine Ämter 1925 nieder und zog sich in ein von der Hugenbergschen Opriba gekauftes Haus in Kreuth/Obb. zurück. (Wegener hatte die Wohn- und Nutzungsrechte am „Sonnenhaus". — Vgl. Schreiben Klitzschs an Hugenberg, 16. 2. 1934. — NL Hugenberg, P 16.) Hugenberg, dem er Anregungen für seine Doktorarbeit „Der wirtschaftliche Kampf der Deutschen mit den Polen um die Provinz Posen" (Posen 1903) verdankte und der ihm den Eintritt ins Genossenschaftswesen ermöglicht hatte, war er in lebenslanger enger Freundschaft verbunden. (Vgl. hs. Briefentwurf Wegeners an Hugenberg z. 60. Geburtstag. — BA/NL Wegener,

hard[137] selbst, zu der Zeit Professor an der Akademie in Posen. Dr. Friedrich Swart,[138] der erst 1907 als wissenschaftlicher Mitarbeiter und rechte Hand Wegeners in der Posener Raiffeisenorganisation zu diesem Kreis stieß,[139] wurde dagegen von Bernhard nicht erwähnt. Wahrscheinlich wollte er Swart, der seit 1925 Direktor des Verbands deutscher Genossenschaften in Polen war, mit seinen 1928 erschienenen „Enthüllungen" nicht in Schwierigkeiten bringen.[140] Ebenfalls nicht von Bernhard aufgeführt, da sie in seinen Augen wohl eher zu den Randfiguren zählten, wurden folgende weitere Mitglieder des Freundeskreises:[141] Lothar Foerster

Nr. 65.) Nach seinen eigenen Worten war er „ein dankbarer Schüler, ein treuer Knappe und Verehrer Hugenbergs". Schreiben Wegeners an Die Tat, 5. 5. 1932. — NL Hugenberg, P 17; vgl. auch F. Swart: Diesseits, S. 44 f.; L. Bernhard: Hugenberg-Konzern, S. 10 ff.

[137] Ludwig Bernhard, geb. 1875, gest. 1935, Sohn eines Fabrikbesitzers, studierte Volkswirtschaft, Staatswissenschaft und Maschinenbaukunde in Berlin und München. Bereits 1903 hielt er als Privatdozent nationalökonomische Vorlesungen an der Universität Berlin, 1904 erhielt er eine Professur an der Akademie in Posen, 1906 folgte er einem Ruf an die Greifswalder Universität, 1907 ging er nach Kiel, 1909 wurde er ordentlicher Professor der Nationalökonomie und Direktor des Staatswissenschaftlichen Seminars in Berlin. Bernhard, jüdischer Herkunft, blieb auch in der Weimarer Republik Hugenberg politisch und persönlich eng verbunden. Vgl. Leo Wegener: Professor Ludwig Bernhard (Masch. Ms. mit hs. Korrekturen Hugenbergs). — NL Hugenberg, M 2; ders.: Erinnerungen an Professor Ludwig Bernhard, in: Deutsche Wissenschaftliche Zeitschrift für Polen, Jg. 1936, H. 30, S. 183 ff. (i. f. zit.: Leo Wegener: Erinnerungen); vgl. „Professor Ludwig Bernhard", in: Berliner Börsenzeitung, Nr. 30, 18. 1. 1935.

[138] Friedrich Swart, geb. 1883, gest. 1957, stammte von ostfriesischen Bauern ab, bestand mit 17 Jahren das Abitur, studierte in Tübingen, München und Berlin Volkswirtschaft, Neuere Geschichte und Philosophie. Nach der Promotion 1904 leistete er zunächst seinen Militärdienst ab, um dann anschließend zwei Jahre als wissenschaftlicher Hilfsarbeiter beim Bund der Landwirte zu wirken. Auf einer Studienreise des Vereins deutscher Studenten lernte er in Posen Wegener kennen, der ihn 1907 in den Verband Deutscher Genossenschaften als wissenschaftlichen Mitarbeiter berief. 1912 wurde er Vorstandsmitglied in der Landesgenossenschaftsbank, 1914 stellvertretender Verbandsdirektor, um dann 1925 Wegeners Nachfolger zu werden. Nach der Vertreibung 1945 beteiligte er sich an der Gründung der Landsmannschaft Weichsel Warthe. 1953 erhielt er bei der 700-Jahr-Feier der Stadt Posen in Lüneburg das Bundesverdienstkreuz. Persönlich besonders eng war Swart mit Leo Wegener, seinem „Lehrmeister", verbunden. Seinen Freunden galt er als „der nüchterne, alle Umstände mit klarem Verstande abwägende, von persönlicher Eitelkeit unberührte Mann, der auch vor unpopulären Maßnahmen nicht zurückscheut, wenn es dem Gedeihen der Gesamtheit dient." Dietrich Vogt: Friedrich Swart 1883—1957, in: Niedersächsische Lebensbilder, V (1957), S. 294—304, bes. S. 297 (i. f. zit.: D. Vogt: Swart).

[139] Vgl. D. Guratzsch: Macht, S. 41 f.

[140] Swart nahm nach der Abtretung Posens vom Deutschen Reich die polnische Staatsbürgerschaft an, um seine Arbeit im Verband deutscher Genossenschaften in Polen fortführen zu können. (Vgl. D. Vogt: Swart, S. 296.) Ein Bekanntwerden seiner Zugehörigkeit zum nationalistischen Hugenberg-Kreis hätte angesichts der schwierigen Lage der deutschen Minderheit in Polen sowohl ihm als auch den Genossenschaften schaden können.

[141] D. Guratzsch (: Macht, S. 39 ff.) weist ihre (mit Ausnahme von Busch) enge Zusammenarbeit in der Ansiedlungspolitik mit Hugenberg im einzelnen nach. Buschs Zugehörigkeit zum Freundeskreis wird durch einen ausführlichen Briefwechsel zwischen ihm und Hugenberg belegt. Vgl. Korrespondenz Hugenberg-Busch, insbesondere Schreiben Buschs an Hugenberg, 21. 4. 1910. — NL Hugenberg, A Bd. 3.

(Finanzministerium),[142] Dr. jur. Karl Hayessen (Ansiedlungskommission),[143] Hans v. Meibom (Ansiedlungskommission),[144] Dr. jur. Albert Dietrich (Posensche Landesgenossenschaftsbank)[145] und Dr. Felix Busch (Finanzministerium)[146].

Dieser Kreis sah es als „Pflicht" an, in dem „bureaukratischen Wirrsal" der staatlichen Siedlungspolitik „den persönlichen Willen leidenschaftlicher Gestalter geltend zu machen".[147] Sein koordiniertes Vorgehen ermöglichte die Errichtung mehrerer Kreditanstalten und Siedlungsgesellschaften im Osten Deutschlands[148] und 1908 die Durchsetzung des aufsehenerregenden preußischen Gesetzes,[149] das unter bestimmten Bedingungen die Enteignung polnischer Großgrundbesitzer vorsah.

---

[142] Lothar Foerster, 1861 als Sohn eines schlesischen Gutsbesitzers geboren, war von 1900 bis 1906 Kommissar des Finanzministers, rückte bis zum Ministerialdirektor auf, wurde dann wegen mangelnder Qualifikation für parlamentarische Unterhandlungen nicht weiter befördert und auf eigenen Wunsch als Regierungspräsident nach Danzig versetzt. Vgl. Ernst Ziehm: Aus meiner politischen Arbeit in Danzig 1914—1939, Marburg/Lahn 1956, S. 4 ff.

[143] Karl Hayessen, geb. 1865, gest. 1947, studierte Jura, kannte Hugenberg aus dem Assessorexamen und war seit 1897 bei der Ansiedlungskommission tätig. Vgl. D. Guratzsch: Macht, S. 41, Anm. 142.

[144] Hans v. Meibom, geb. 1879, gest. 1960, seit 1907 Grundstücks- und Personalreferent in der Ansiedlungskommission, später Landrat in Meseritz. 1926 wurde er Vizepräsident des Preußischen Staatsrats. Vgl. Schreiben Wegeners an Helferich, 15. 11. 1932. — BA/NL Wegener, Nr. 71, u. D. Guratzsch: Macht, S. 42, Anm. 149 u. S. 44, Anm. 161.

[145] Dr. jur. Albert Dietrich, geb. 1877, gest. 1959, folgte 1905 einem Ruf Wegeners nach Posen und trat in den Vorstand der Posenschen Landesgenossenschaftsbank ein. Er übernahm die Leitung der Posener Ortsgruppe des Ostmarkenvereins. 1911 wurde er Geschäftsführer der Deutschen Mittelstandskasse. Zu seinem Freundeskreis zählten die Professoren Wilhelm Dibelius und Otto Hoetzsch. Vgl. Friedrich Swart: Verantwortung im Osten, in: J. W. Winterhager (Hrsg.): Bereitschaft und Bewährung. Festgabe zum 80. Geburtstage von Albert Dietrich, Kiel 1957, S. 7 ff. u. S. 21 ff.

[146] Dr. Felix Busch wurde 1908 Nachfolger Hugenbergs im Finanzministerium und rückte später zum Staatssekretär auf. Vgl. Schreiben Buschs an Hugenberg, 30. 4. 1908. — NL Hugenberg, A Bd. 3, u. Anlage zum Schreiben Tetens an Donner, 14. 10. 1930. — Akten Opriba, C IV, 10.

[147] Zitate aus L. Bernhard: Hugenberg-Konzern, S. 5.

[148] So wurde 1904 die Deutsche Mittelstandskasse GmbH, Posen, gegründet, 1905 die Ostpreußische Landgesellschaft m.b.H., Königsberg, 1906 die Deutsche Bauernbank für Westpreußen GmbH, Danzig, 1907 die Kreditanstalt für Städtische Hausbesitzer der Provinz Posen und Westpreußen, Posen, deren Arbeit dann die 1910 gegründete Deutsche Pfandbriefanstalt übernahm. All diese Unternehmen sollten das Deutschtum im Osten stärken. Besonderes Merkmal der meisten war, daß sie „in den Formen selbständiger moderner gesellschaftlicher Gebilde, die je nach dem Gegenstande einem nach Grad und Art verschiedenen Staatseinfluß unterliegen und auf wirtschaftlichem Gebiete ein ähnliches Zwischenglied zwischen Staat und privatem Einzelbetrieb bilden, wie die Kommunen zwischen Staat und Individuum." Alfred Hugenberg: Denkschrift über innere Kolonisation (1906), gedr. in: ders.: Streiflichter, S. 228—245, hier S. 235. Vgl. auch Schreiben Hugenbergs an Foerster, 13. 9. 1907, gedr. in: A. Hugenberg: Streiflichter, S. 222—226, u. L. Wegener: Hugenberg, S. 15 ff.

[149] Entscheidend beteiligt an der Entstehung und schließlich gegen große Widerstände vor allem aus den Reihen der Konservativen Partei erreichten Verabschiedung des Gesetzes waren Foerster, Wahnschaffe, v. Schwerin und Hugenberg (vgl. Schreiben Hugenbergs an Foerster, 13. 9. 1907, gedr. in: A. Hugenberg: Streiflichter, S. 223). Aber auch die anderen Mitglieder des Freundeskreises wie etwa Ganse, machten ihren ganzen Einfluß zugunsten der Enteignungsvorlage geltend. So schickte Ganse gemeinsam mit Wahnschaffe Hugenberg nach der entscheidenden Abstimmung im Herrenhaus

Hintergrund der praktischen Arbeit bildete die gemeinsame Diskussion über die nationalen und sozialökonomischen Probleme des staatlichen Siedlungswesens.[150] Führend in der theoretischen Bestimmung und Begründung der „Grundanschauung"[151] des Freundeskreises dürften Hugenberg, Bernhard und Wegener gewesen sein, bei denen die privaten Erörterungen auch wissenschaftlich-literarischen Niederschlag fanden.[152] 1903 erschien von Leo Wegener „Der wirtschaftliche Kampf der Deutschen mit den Polen in der Provinz Posen";[153] 1906 von Alfred Hugenberg „Bank- und Kreditwirtschaft des deutschen Mittelstandes";[154] 1907 von Ludwig-Bernhard „Das polnische Gemeinwesen im preußischen Staat"[155] und 1909 vom gleichen Autor „Städtepolitik im Gebiete des deutsch-polnischen Nationalitätenkampfes".[156] Was die drei Autoren besonders miteinander verband und sie mit Ausnahme von Swart von allen anderen Mitgliedern des Kreises unterschied, war ihre kathedersozialistische Schulung.

Hugenberg hatte bei Knapp und Brentano studiert, Bernhard ebenfalls bei Brentano und bei Gustav Schmoller,[157] Wegener war der verehrungsvolle Schüler Max

eine Karte, auf der es hieß: „Todmüde Krieger nach erfochtenem Siege grüßen den treuen Waffengefährten — auf Wiedersehen beim Siegestrank — Heil! Heil! Heil!", Schreiben Ganses, Wahnschaffes u. a. an Hugenberg, 27. 2. 1908. — NL Hugenberg, Nr. 1; vgl. ferner die Schreiben Foersters an Hugenberg, 28. 2. 1908, v. Rheinbabens an Hugenberg, 28. 2. 1908, Wahnschaffes an Hugenberg, 11. 4. 1908. — NL Hugenberg, Nr. 1, und die Darstellungen von D. Guratzsch: Macht, S. 36 ff., und M. Broszat: Polenpolitik, S. 120 ff.

[150] Vgl. L. Bernhard: Hugenberg-Konzern, S. 7.

[151] Dieser Terminus wurde immer wieder von Bernhard für die gemeinsamen Überzeugungen benutzt. Vgl. L. Bernhard: Hugenberg-Konzern, S. 6 ff.

[152] Bernhard betonte, daß ihre Publikationen „literarische Früchte jener Zeit" waren. L. Bernhard: Hugenberg-Konzern, S. 7.

[153] Leo Wegener: Der wirtschaftliche Kampf der Deutschen mit den Polen um die Provinz Posen, Posen 1903.

[154] Alfred Hugenberg: Bank- und Kreditwirtschaft des Deutschen Mittelstandes, München 1906 (i. f. zit.: A. Hugenberg: Bank- und Kreditwirtschaft).

[155] Ludwig Bernhard: Die Polenfrage. Das polnische Gemeinwesen im preußischen Staat, Leipzig 1907, 2. Aufl. 1910, 3. Aufl. 1920.

[156] Ders.: Städtepolitik im Gebiete des deutsch-polnischen Nationalitätenkampfes, Leipzig 1909.

[157] Vgl. L. Wegener: Erinnerungen, S. 186 f. Brentano berichtet in seinen Erinnerungen, sein Schüler Bernhard habe noch 1905 in der Generalversammlung des Vereins für Sozialpolitik auf seiner Seite gekämpft und das Wort von der „Wohlfahrtssklaverei" geprägt. 1912 sei Bernhard aus ihm unerfindlichen Gründen umgefallen und hätte auf einer Tagung des Vereins deutscher Eisenhüttenleute in Düsseldorf erklärt, daß gegenüber Streiks nichts gefährlicher sei als eine Politik der gekreuzten Arme. Nach der Revolution, so meinte Brentano, sei Bernhard ein getreuer Gefolgsmann Hugenbergs geworden. (Vgl. Lujo Brentano: Mein Leben im Kampf um die soziale Entwicklung Deutschlands, Jena 1931, S. 299 f.) Brentano war offensichtlich entgangen, daß Bernhard bereits seit 1904 im Bund mit Hugenberg und Wegener begonnen hatte, kathedersozialistische Ideale zu einer nationalen „Grundanschauung" umzuformulieren, in der emanzipatorische Rechte der Arbeiterschaft keinen Platz mehr hatten. Die Brentano empörende Rede (unter dem Titel „Die Zukunft der Sozialpolitik", gedr. in der Zeitschrift Stahl und Eisen, Nr. 12 (1916), hatte Bernhard durch Vermittlung Hugenbergs und mit dessen nachdrücklicher Unterstützung auf der Tagung des Vereins deutscher Eisenhüttenleute gehalten. Vgl. Korrespondenz zwischen Hugenberg und dem Verein deutscher Eisenhüttenleute. — NL Hugenberg, Nr. 31, u. Korrespondenz zwischen Hugenberg und Bernhard. — NL Hugenberg, A Bd. 2.

Webers.[158] Die Gemeinsamkeit der Ausbildung[159] mag eine Erklärung dafür sein, warum Hugenberg auch später auf der Höhe seiner politischen und publizistischen Macht enger mit ihnen kooperierte als mit allen anderen Freunden.[160] Symptomatisch in diesem Zusammenhang dürfte auch die Tatsache sein, daß Friedrich Swart, der „junge Mann" Wegeners, Schüler Brentanos, Schmollers, Max Serings, Bernhards und Adolph Wagners,[161] die Fortführung ihrer genossenschaftlichen Arbeit im Osten nach Wegeners Weggang übernahm und die Zusammenarbeit der verschiedenen Kreditinstitute mit dem Hugenberg-Konzern koordinierte.

Die „Grundanschauung" des von Hugenberg, Wegener und Bernhard dominierten, besonders aber von Hugenberg gelenkten Freundeskreises, läßt sich wie folgt zusammenfassen:[162]

1. Das nur schwach ausgeprägte deutsche Nationalgefühl muß gestärkt werden.[163]

2. Die individualistische Gesellschaftsordnung benötigt einen breiten Mittelstand, der dem einzelnen Arbeiter den sozialen Aufstieg ermöglicht und zugleich als interessengebundener Verteidiger des Kapitalismus dem Anspruch des organisierten Proletariats, „die ganze Welt zu beherrschen",[164] entgegentritt.[165]

3. Neben einer städtischen „Mittelklasse von Kleinkapitalisten" (gewerblicher Mittelstand) muß vor allem der bäuerliche Besitz als Rückgrat des Mittelstands wie als bodenständiger, heimatverbundener Wirtschaftszweig gestärkt werden und das „gesunde, kraftvolle Gegengewicht" zum „beweglichen Kapital" (Banken und Handel) bilden, das „eine großartige, aber einseitige Wirtschaftsentwicklung" in Richtung auf Monopolbildungen und internationale Kapitalverflechtung vorantreibe.[166]

---

[158] Bernhard betonte ausdrücklich: „Aus der Sphäre des großen Nationalökonomen Max Weber hatte er viel in unseren Kreis gebracht." L. Bernhard: Hugenberg-Konzern, S. 10.

[159] Allerdings deutet auch die enge Zusammenarbeit Schwerins mit dem Kathedersozialisten Max Sering (vgl. E. Keup: Schwerin, S. 2) auf Vertrautheit mit kathedersozialistischem Gedankengut. D. Guratzsch (: Macht, S. 50) weist mit Recht darauf hin, daß für Denken und Arbeit des gesamten Freundeskreises die kathedersozialistische Schule eine große Rolle gespielt habe. Gerade aber wegen der dominierenden Stellung von Hugenberg, Bernhard und Wegener innerhalb des Freundeskreises, sollte m. E. betont werden, daß nur sie durch ein Studium ausgesprochen kathedersozialistisch geschult waren.

[160] Bernhard und Wegener wurden 1919 Mitglieder der Wirtschaftsvereinigung, der Dachgesellschaft des Hugenberg-Konzers. (Vgl. Mitgliederliste der Wirtschaftsvereinigung zur Förderung der geistigen Wiederaufbaukräfte Deutschlands, o. D., Stand ca. 1919 bis 1928, vermutlich von Leo Wegener 1934 rückblickend zusammengestellt). — BA/NL Wegener, Nr. 37.) Zur ständigen politischen Beratung Hugenbergs durch Wegener und zu dessen und Bernhards Anteil am Aufstieg Hugenbergs zum deutschnationalen Parteivorsitzenden vgl. Kap. III.

[161] Vgl. D. Guratzsch: Macht, S. 42, Anm. 148.

[162] Die niemals schriftlich fixierte Grundanschauung läßt sich nur sinngemäß rekapitulieren u. a. aus A. Hugenberg: Bank- und Kreditwirtschaft, S. 32 ff. u. 110 ff., und L. Bernhard: Hugenberg-Konzern, S. 6 ff. u. S. 107 ff.

[163] Vgl. L. Bernhard: Hugenberg-Konzern, S. 9 u. S. 107.

[164] A. Hugenberg: Bank- u. Kreditwirtschaft, S. 113.

[165] Vgl. ebd., S. 2 ff. u. S. 110, vgl. auch L. Bernhard: Hugenberg-Konzern, S. 8.

[166] Zitate aus A. Hugenberg: Bank- und Kreditwirtschaft, S. 23 u. 2; vgl. auch L. Bernhard: Hugenberg-Konzern, S. 8.

4. Die genossenschaftliche Organisation des Bauerntums und seiner Kreditwirtschaft ermöglicht die Rentabilisierung und Modernisierung der Landwirtschaft sowohl unter Wahrung bäuerlicher Individualität und wirtschaftlicher Selbstverantwortung als auch unter Förderung des Zusammengehörigkeitsgefühls heimatlich verbundener Menschen.[167] „Sie ist eine Anpassung an den Kapitalismus behufs Wahrung der eigenartigen landwirtschaftlichen Interessen und Ideale, nicht aber eine Verneinung des Kapitalismus, auf dessen Grundlage sie vielmehr steht."[168]

In dieser „Grundanschauung" hatte der Freundeskreis den kathedersozialistischen Denkansatz – durch Reformen die soziale Revolution verhindern – mit dem national eingefärbten bäuerlichen Genossenschaftsideal Raiffeisens verbunden.[169] Die sich bereits in der Doktorarbeit Hugenbergs abzeichnende sozialpolitische Fixierung auf die Erhaltung des Mittelstands hatte sich nunmehr in der „ungeschriebenen Satzung" der Posener Freunde zu einer aggressiven Verteidigungsstrategie gegenüber der organisierten Arbeiterschaft verdichtet.[170] Daneben stand die Befürchtung, daß der Mittelstand und damit verbunden die Funktionsfähigkeit des kapitalistischen Systems durch die Monopolisierungstendenz des „beweglichen Kapitals" bedroht sei, dessen internationale Verflechtung auch nationalpolitisch bedenklich sei. Trotz prinzipieller Bewunderung für die ökonomische Leistung der deutschen Großbanken sollte deshalb mit den genossenschaftlichen Kreditorganisationen ein Korrektiv zu der mittelstandsschädigenden Konzentrationsbewegung geschaffen und der Anschluß der Landwirtschaft an das internationale Kreditsystem verhindert werden.[171]

Mit der vom Posener Freundeskreis getroffenen Unterscheidung zwischen international orientiertem „beweglichen Kapital" und dem im nationalen Interesse arbeitenden „unbeweglichen Besitz"[172] erhielt das normale Gewinnstreben des bodenständigen Unternehmers gleichsam eine moralische Legitimation. In diese höherwertige Kategorie der Erwerbsform ließen sich nicht nur die Landwirtschaft, sondern auch andere Unternehmenszweige einordnen, wobei ihre etwa vorhandene mittelstandsschädigende Struktur gern ignoriert wurde. So etwa die inlandorientierte Schwerindustrie,[173] bei der Hugenberg Karriere machen sollte. Das nationale

---

[167] Vgl. A. Hugenberg: Bank- und Kreditwirtschaft, S. 33, S. 83 u. S. 110 ff.

[168] Ebd., S. 33.

[169] Hugenberg beruft sich ausdrücklich auf Raiffeisen. (Vgl. A. Hugenberg: Bank- und Kreditwirtschaft, S. 34 f.) Bernhard berichtet, daß die Vorstellungen Raiffeisens die Freunde „mächtig" anzogen. (L. Bernhard: Hugenberg-Konzern, S. 7.) In einer 1941 erschienenen Biographie Raiffeisens heißt es: „Er war ein Mann von konservativer Haltung und großer Liebe für sein deutsches Vaterland. Diese seine Haltung ließ ihn nur gegen eine Partei Front machen, gegen die Sozialdemokratie." Wilhelm Bendiek: Friedrich Wilhelm Raiffeisen, in: Rheinisch-Westfälische Wirtschaftsbiographien, hrsg. v. d. Histor. Komm. d. Provinzialinstituts f. westfäl. Landes- u. Volkskunde, Bd. IV, Münster 1941, S. 82—102, hier S. 98.

[170] So schrieb Hugenberg u. a.: „(....) es ist nämlich noch ein anderer Teil der Gesellschaft, die industriellen Arbeiter, mit einem mächtigen Bau beschäftigt, der aber einstweilen einen ganz anderen, feindseligen Charakter trägt und dazu bestimmt scheint, das größte Unheil anzurichten. Gegen diesen Teil der Gesellschaft ist nun wieder ein leistungsfähiger, kräftiger Bundesgenosse vorhanden." [Gemeint ist der bäuerliche Mittelstand.] A. Hugenberg: Bank- und Kreditwirtschaft, S. 110; vgl. auch ebd., S. 1 f.

[171] Vgl. ebd., S. 32, u. L. Bernhard: Hugenberg-Konzern, S. 8.

[172] Vgl. ebd., S. 27.

[173] Vgl. ebd., S. 26 f.

Interesse, das die Posener Freunde offensichtlich ihrer Forderung nach einer ausgewogenen Sozialstruktur überordneten, rechtfertigte später auch die Errichtung eines Klein- und Mittelbetriebe aufsaugenden Großunternehmens: des Hugenberg-Konzerns.[174]

Bernhard berichtet, daß die Freunde damals bereits das Thema Presse in ihre Überlegungen miteinbezogen hätten. Vor allem Wegener habe von Anfang an sein „Steckenpferd ‚Zeitungswesen‘" geritten und auf die Bedeutung der Provinzpresse für ihre agrar- und nationalpolitischen Pläne hingewiesen.[175] Fehlten zu diesem Zeitpunkt auch noch die Mittel, so sollten später zur Beeinflussung der Provinzpresse mehrere Tochtergesellschaften des Hugenberg-Konzerns errichtet werden.

Als Hugenberg 1907 den Staatsdienst verließ, bedeutete das weder den Bruch mit dem Freundeskreis noch mit der gemeinsam erarbeiteten Grundanschauung. Nur sah er über das organisatorisch Erreichte hinaus keine Zukunftsperspektiven für seine Arbeit, weil die Regierungspolitik von der Ebene der Ministerialbürokratie aus zwar zu beeinflussen, aber nur unvollkommen zu beherrschen war.[176] Nach Hugenbergs Auffassung hatte sich die „gefühls- und verfassungsmäßige Einheit", die Krone und Beamtentum früher in Preußen bildeten, dank des wachsenden politischen Einflusses des Parlaments aufgelöst.[177] Der aus den politischen Verhältnissen resultierende Mangel einer klaren, nach Kompetenz und Verantwortungsbereich strukturierten Hierarchie ließe die bürokratische „Maschine" mit „90 Prozent Reibungsverlust" arbeiten.[178]

---

[174] Vgl. dazu ebd., Kapitel „Wirkung und Wesen", S. 102 ff.

[175] Vgl. ebd., S. 10 u. S. 16.

[176] Hugenberg schrieb in seinem Brief an Foerster vom 13. 9. 1907, mit dem er seinen Abschied vom Staatsdienst ankündigte, u. a.: „Sie, der im wesentlichen gleicher Ansicht sind, wissen auch, wie schwer man oft von den Hemmungen bedrückt wird, die sich jeder fruchtbaren, auf ein bestimmtes festes Ziel gerichteten Arbeit in der Ministerialinstanz entgegenstellen." Hugenberg rechnete zu diesem Zeitpunkt sowohl mit der Möglichkeit, daß die Regierung den Gesetzentwurf zur Enteignung fallenlassen konnte, als auch damit, daß sie seine parlamentarische Durchsetzung versuchen würde. Im ersten Fall würde es für ihn „auf die Dauer unerträglich sein, einer Staatsregierung zu dienen, die im entscheidenden Augenblick kampflos ein derartiges Lebensinteresse unseres Volkes preisgegeben hätte." Im anderen Fall könne er für sich „das Recht in Anspruch nehmen, nach getaner Schuldigkeit gehen zu dürfen". Die weiteren anstehenden Aufgaben paßten für sein „Naturell ebensowenig wie das meiste andere, was zu den Aufgaben des Finanzministeriums gehört." (Alle Zitate aus: Schreiben Hugenbergs an Foerster, 13. 9. 1907, gedr. in: A. Hugenberg: Streiflichter, S. 222—226.) Das Enteignungsgesetz kam schließlich zustande, war aber durch zahlreiche Abänderungen „jeder nennenswerten praktischen Bedeutung entleert". (Vgl. M. Broszat: Polenpolitik, S. 120.) Enteignet wurden mit dem Gesetz ganze drei Güter (ebd., S. 126). Eine Tatsache, die die Grenzen von Hugenbergs bürokratischem „Herrschaftssystem" zeigt, weil hier die Absichten des Freundeskreises mit den Interessen der feudalen Führungsschicht, der ostelbischen Großgrundbesitzer, kollidierten, die prinzipiell Änderungen der bestehenden Besitzstrukturen ablehnten und ihren Rückhalt in der Konservativen Partei fanden. Vgl. Hans-Jürgen Puhle: Agrarische Interessenpolitik und preußischer Konservativismus im Wilhelminischen Reich (1893—1914), Hannover 1966, S. 145 u. S. 251—258 (i. f. zit.: H.-J. Puhle: Interessenpolitik).

[177] Vgl. A. Hugenberg: Rückblick, in: ders.: Streiflichter, S. 198.

[178] Ebd. Hugenberg hing, obgleich er sich die unklaren Kompetenzverhältnisse in der ostmärkischen Ansiedlungspolitik für die Installierung eines eigenen Machtapparats zunutze machte, offensichtlich dem Idealbild einer monokratischen Verwaltung an, so

„Es ist eine Unmöglichkeit (...), daß eigentlich niemand weiß, wer Koch und Kellner ist und daß, um trotz dieses Zustandes sachlich vorwärts zu kommen, einige mit den Verhältnissen genau vertraute Ministerialbeamte an allen möglichen Ecken und Enden bald hindernd, bald schiebend eingreifen mußten."[179]

Folglich wandte er sich nun einem Gebiet zu, das auf effiziente Arbeit wie klare Machtverhältnisse hoffen ließ und auf dem er „vor sich selbst das Recht" hatte, „nicht politische Ansichten, sondern lediglich Interessen zu vertreten": der Privatwirtschaft.[180]

4. Vom preußischen Beamten zum Manager

Nach dem Abschied vom Staatsdienst trat Hugenberg am 1. Januar 1908 in den Vorstand der Frankfurter Berg- und Metallbank ein, Kernstück und Holdinggesellschaft des Merton-Konzerns.[181]
Die vom Schwiegervater Adickes vermittelte Stellung ermöglichte ihm den Einblick in das städtische Bankwesen,[182] dessen „großartige, aber einseitige Entwicklung"[183] ihn schon seit langem interessierte. Mehr als Informationen und die Anknüpfung von Beziehungen zu Vertretern deutscher Großbanken[184] brachte ihm die Position beim „beweglichen Kapital" allerdings auch nicht ein.[185] Schon ein Jahr nach seinem Amtsantritt schrieb er an Wegener:

„Gleichzeitig bin ich gestern – dies ganz unter uns – in einer Auschußsitzung des Aufsichtsrates zu der Auffassung gekommen – nach langen Zweifeln und Kämpfen –, daß ich in meiner jetzigen Tätigkeit nicht an meinem Platze bin. Ich glaube nicht, daß ich mit Merton auf die Dauer zusammenarbeiten kann. Auch finanziell finde ich hier offenbar nicht das, was ich suchte: die Möglichkeit, in einer kurzen Zahl von Jahren so viel zurückzulegen, daß ich damit eine gewisse Unabhängigkeit gewönne."[186]

---

wie sie Max Weber einmal beschrieb: „Der entscheidende Grund für das Vordringen der bürokratischen Organisation war von jeher ihre rein technische Überlegenheit über jede andere Form. Ein voll entwickelter bürokratischer Mechanismus verhält sich zu diesen genau wie eine Maschine zu den nicht mechanischen Arten der Gütererzeugung. Präzision, Schnelligkeit, Eindeutigkeit, Aktenkundigkeit, Kontinuierlichkeit, Diskretion, Einheitlichkeit, straffe Unterordnung, Ersparnisse an Reibungen, sachlichen und persönlichen Kosten sind bei streng bürokratischer, speziell: monokratischer Verwaltung durch geschulte Einzelbeamte gegenüber allen kollegialen oder ehren- und nebenamtlichen Formen auf das Optimum gesteigert." Max Weber: Wirtschaft und Gesellschaft. Grundriß der verstehenden Soziologie, Köln, Berlin 1964, Bd. 2, S. 716.

[179] Schreiben Hugenbergs an Foerster, 13. 9. 1907, gedr. in: A. Hugenberg: Streiflichter, S. 225.

[180] Zitate aus ebd., S. 224.

[181] Vgl. Anm. 2.

[182] Vgl. D. Guratzsch: Macht, S. 65.

[183] A. Hugenberg: Bank- und Kreditwirtschaft, S. 32.

[184] Vgl. L. Wegener: Hugenberg, S. 17.

[185] Wegener notierte sich für seine Rede auf Hugenbergs silberner Hochzeit: „In Frankfurt reinigte und schmiedete er nun den Merton-Konzern, der daraufhin trotz aller Feindschaft des Auslandes glänzend dasteht." (Hs. Konzept Wegeners, Sept. 1925. – BA/NL Wegener, Nr. 65.) In Anbetracht der kurzen, eineinhalbjährigen Tätigkeit Hugenbergs bei Merton dürfte diese Darstellung etwas übertrieben sein.

[186] Schreiben Hugenbergs an Wegener, 12. 2. 1909. – BA/NL Wegener, Nr. 63.

Wenige Monate später fand er, was er suchte und ließ den ursprünglich wohl nicht nur als Übergangsstation gedachten Merton-Konzern hinter sich.[187] Auf Empfehlung seines ehemaligen Vorgesetzten, Finanzminister Georg v. Rheinbaben, und des Reichsbankpräsidenten Rudolf v. Havenstein wurde er an die Spitze des größten deutschen Rüstungsunternehmens berufen[188] und trat am 1. Oktober 1909 als Vorsitzender in den Vorstand[189] der Fried. Krupp AG ein.[190]

Die Berufung eines preußischen Beamten an die Spitze des Unternehmens entsprach bewährter Tradition Kruppscher Personalpolitik.[191] Durch Einstellung hoher Offiziere und Verwaltungsbeamter suchte die Firma sich Einfluß auf die Regierungspolitik zu sichern und zugleich die enge Liaison von Staat und Rüstungsindustrie, von Hohenzollerndynastie und Kruppschem Kanonenkönigtum zu symbolisieren.[192] Jedoch setzte der neue Direktor trotz seiner beruflichen Herkunft die traditionell gouvernementale Politik des Hauses Krupp nicht ungebrochen fort, vielmehr versuchte Hugenberg mit verschiedenen Aktionen und Organisationen die Regierungspolitik auf einen radikaleren nationalen Kurs im alldeutschen Sinn zu drängen. Das geschah zum Teil unter Mißbilligung des Firmenchefs, zum Teil mit dessen Unterstützung, auf jeden Fall aber mit den finanziellen Mitteln seines Unternehmens. So unterstützte Gustav Krupp v. Bohlen u. Halbach die weitgehend von Hugenberg organisierte Kriegszielbewegung[193] zunächst sowohl finanziell als auch ideell.[194]

---

[187] Claß, im Gegensatz zu Hugenberg engagierter Antisemit, behauptete in seinen Erinnerungen: „Zunächst kam nun Hugenberg zur Metallbank nach Frankfurt/M., nicht in der Absicht, nun dauernd im Bankfach zu bleiben, sondern um die internationalen Beziehungen des sog. ‚deutschen Bankwesens‘ an der Quelle kennenzulernen." (Heinrich Claß: Wider den Strom. Vom Werden und Wachsen der nationalen Opposition im alten Reich, Leipzig 1932 [i. f. zit.: H. Claß: Wider den Strom].) Wenn dies tatsächlich Hugenbergs Absicht gewesen wäre, hätte er in dem privaten Schreiben an Wegener vom 12. 2. 1909 kaum die Formulierung „nach langen Zweifeln und Kämpfen" gebraucht, um seinen Entschluß zu begründen, sich von Merton zu trennen (vgl. Anm. 194). Die Vermutung liegt nahe, daß Claß seinen Freund Hugenberg mit einem „jüdischen Gewerbe" nicht allzusehr identifiziert wissen wollte, zumal sein Buch zu einem Zeitpunkt erschien (1932), als die Nationalsozialisten die judenfreundliche Personalpolitik des Hugenberg-Konzerns heftig attackierten.

[188] Vgl. die Schreiben v. Havensteins an Hugenberg, 18. 2. u. 12. 3. 1909. — NL Hugenberg, Nr. 1; vgl. ferner Werner Frh. v. Rheinbaben: Viermal Deutschland. Aus dem Erleben eines Seemanns, Diplomaten, Politikers 1895—1954, Berlin 1954, S. 182 (i. f. zit.: W. v. Rheinbaben: Deutschland).

[189] Das Gremium, bei dem formell die Geschäftsführung der Firma Krupp lag, war nach deren Umwandlung in eine Aktiengesellschaft der Vorstand. Der Begriff Direktorium bzw. Direktoriumsvorsitzender wurde bei Krupp jedoch weiterhin benutzt; Vorstand und Direktorium werden deshalb im folgenden synonym verwandt. Vgl. Willi A. Boelcke (Hrsg.): Krupp und die Hohenzollern in Dokumenten, Frankfurt/M. 1970, S. 176 (i. f. zit.: W. Boelcke: Krupp); vgl. D. Guratzsch: Macht, S. 66, Anm. 26; Tilo Frh. v. Wilmowsky: Rückblickend möchte ich sagen .... An der Schwelle des 150jährigen Krupp-Jubiläums, Oldenburg Hamburg 1961, S. 105 (i. f. zit.: T. v. Wilmowsky: Rückblickend).

[190] Vgl. Schreiben Krupp v. Bohlen u. Halbachs an Hugenberg. — NL Hugenberg, Nr. I.

[191] Vgl. W. Boelcke: Krupp, S. 184 f.

[192] Vgl. ebd., S. 186.

[193] Vgl. dazu das Kapitel III „Die Organisation der Kriegszielbewegung" bei D. Guratzsch: Macht, S. 127—182.

[194] Vgl. ebd., S. 172 ff.; H. Claß: Wider den Strom, S. 326 f.; W. Boelcke: Krupp, S. 235 f.

Als ihm jedoch aus Regierungskreisen bedeutet wurde, daß Hugenbergs Tätigkeit auf allerhöchste Ungnade stieße,[195] zog er sich zurück und veranlaßte seinen Direktor, vorsichtiger zu operieren.[196] In einem Schreiben an den Chef des Geheimen Zivilkabinetts, Rudolf v. Valentini, betonte er 1915 den von ihm „wiederholt ausgesprochenen Grundsatz",

> „(...) daß weder die Firma Krupp noch ihr Inhaber sich in den Vordergrund der politischen Kämpfe ziehen lassen. Ein gänzliches Fernbleiben vom politischen Leben ist heutzutags weder für mich noch für die leitenden Herren der Firma möglich, aber ein Hinausgehen über das notwendigste Maß der Beteiligung würde der besonderen Stellung der Firma nur schaden."[197]

Seine eigene, mitübersandte Kriegszieldenkschrift wollte er nur als private Wunschvorstellung eines denkenden Mannes behandelt wissen.[198] Ein Jahr später ermahnte er Hugenberg, den in Berlin kolportierten Gerüchten, „die Firma Krupp stehe in der ersten Reihe der sog. ‚Scharfmacher' auf dem Gebiete der inneren wie der äußeren Politik", keine weitere Nahrung zu geben.[199]
Krupp konspirierte zwar in Fragen der Kriegsziele mit Hugenberg, zog aber dort die Grenze, wo dessen Aktivität allzusehr auffiel, als politische Exponierung der Firma Krupp gedeutet und offiziell mißbilligt wurde. Zudem bahnte sich jetzt mit der sich zuspitzenden Krise um den Kanzler Bethmann Hollweg ein Konflikt zwischen Firmenchef und leitendem Direktor an, der nicht mehr nur das offizielle Firmenimage zu betreffen schien. Während Hugenberg mit einer zum Teil aus Kruppschen Mitteln gespeisten Pressemacht die „Kanzlerhatz" organisierte,[200] hielt Krupp an Bethmann-Hollweg, der „eine gewisse Einheit im Innern noch zu erhalten verstanden hat",[201] fest. Im Gegensatz zu Hugenberg begrüßte er 1917 das deutsche Friedensangebot und wollte sich auch innenpolitisch nicht mehr völlig der Erkenntnis verschließen, daß der breiten Masse auf politischem und wirtschaftlichem Gebiet ein größerer Einfluß gewährt werden müsse.[202] Während Hugenbergs Strategie sich zu diesem Zeitpunkt mit den Wünschen der Obersten Heeresleitung deckte,[203] favorisierte Krupp gleich seinem Kaiser[204] den Kanzler, der den Weg zu einer gemäßigten

---

[195] Vgl. Schreiben Krupp v. Bohlen u. Halbachs an v. Valentini, 31. 7. 1915. — Krupp/ FAH, IV C 73 (auch gedr. in: W. Boelcke: Krupp, S. 245—247).

[196] Vgl. ebd. u. D. Stegmann: Erben, S. 493.

[197] Schreiben Krupp v. Bohlen u. Halbachs an v. Valentini, 31. 7. 1915. — Krupp/FAH, IV C 73.

[198] Vgl. ebd.

[199] Schreiben Krupp v. Bohlen u. Halbachs an das Direktorium, 6. 4. 1916. — Krupp/FAH, IV C 73.

[200] Vgl. D. Guratzsch: Macht, S. 294 ff. u. S. 328; zur Rolle des Scherl-Verlags bei dem Propagandafeldzug vgl. auch Schreiben Gerhardt Scherls an die Scherl GmbH, 11. 6. 1930. — Akten Opriba, C II.

[201] Schreiben Krupp v. Bohlen u. Halbachs an Haux, 7. 4. 1917. — Krupp/FAH, IV C 73.

[202] Vgl. ebd.

[203] Vgl. D. Stegmann: Erben, S. 485 ff.

[204] Vgl. zur Haltung des Kaisers Walter Görlitz (Hrsg.): Regierte der Kaiser? Kriegstagebücher, Aufzeichnungen und Briefe des Chefs des Marine-Kabinetts Admiral Georg Alexander v. Müller 1914—1918, Göttingen 1959, S. 192 f. (Eintrag v. 20. 6. 1916) u. S. 257 ff.; vgl. auch Fritz Fischer: Griff nach der Weltmacht, Düsseldorf 1964, S. 522 ff. (i. f. zit.: F. Fischer: Weltmacht).

Neuorientierung beschreiten wollte. Dennoch kam es nicht zum offenen Bruch, obwohl der Firmeninhaber von einflußreichen Kreisen zur Entlassung seines Vorstandsvorsitzenden gedrängt wurde.[205] Vielmehr konnte Hugenberg für sein großes „Ostland"-Projekt (Ansiedlung heimkehrender deutscher Soldaten in Kurland und Litauen), das er gemeinsam mit der OHL plante, im letzten Kriegsjahr noch Millionenbeträge bei Krupp flüssig machen.[206] Erst nach der Revolution schied Hugenberg im beiderseitigen Einvernehmen aus. Worin ist die Ursache für das widerspruchsreiche Verhältnis zwischen Firmeninhaber und Vorstandsvorsitzendem zu sehen?

Die besondere Stellung der Firma Krupp, d. h. ihre auftragssichernde und prestigesteigende Verbundenheit mit den Hohenzollern,[207] verpflichtete den Firmenchef auf eine zumindest in der Öffentlichkeit demonstrierte gouvernementale Haltung.[208]

---

[205] Die Initiative zum Angriff auf Hugenberg ging vom Preußischen Staatsminister Siegfried Graf v. Roedern aus. Als Mittelsmänner dienten ihm der ehemalige Krupp-Direktor Eberhard v. Bodenhausen und der Schwager Krupps, Tilo Freiherr v. Wilmowsky, schließlich wurde auch Gustav Stresemann eingesetzt. Krupp distanzierte sich zwar in seinen Antworten auf die Hugenberg-Kritik von der alldeutschen Politik insgesamt, betonte aber „gleichzeitig die Zwangslage der Industrie, die zur Selbstverteidigung" dränge. Überdies würde Hugenberg vielfach auch als „Popanz" vorgeschoben, meinte der Firmenchef. Vgl. die Schreiben v. Bodenhausen an Krupp v. Bohlen u. Halbach, 24. 1. u. 26. 2. 1918, Krupp v. Bohlen u. Halbachs an v. Bodenhausen, 29. u. 30. 1. 1918, sowie Aktennotiz Krupp v. Bohlen u. Halbachs über ein Gespräch mit v. Roedern, 17. 1. 1918. — Krupp/FAH, IV C 73.

[206] Der Kathedersozialist Max Sering und Friedrich v. Schwerin hatten bereits 1915 mit Denkschriften für eine Germanisierung Kurlands und Litauens geworben. (Vgl. F. Fischer: Weltmacht, S. 355 ff.) Im März 1916 wurde zu diesem Zweck die „Ostland, Neudeutsche Wirtschaftsgesellschaft m.b.H." gegründet, an der neben verschiedenen kurländischen, litauischen und deutschen Interessenten auch ein Vertrauter Hugenbergs, der Lübecker Senator Dr. Johann Neumann, beteiligt war. (Vgl. Gustav Ramin: Die Ziele der Ostland, Berlin Nov. 1916 [als Handschrift gedruckt]. — SA Lübeck/ NL Neumann, Nr. 13.) Als Ludwig Bernhard 1917 in den Stab des Generalquartiermeisters berufen wurde und Ludendorff für die Ostkolonisation gewinnen konnte (Ansiedlung heimkehrender Soldaten), ging die Regie des Projektes ganz in die Hände des Freundeskreises über. Hugenberg sorgte dabei für die finanzielle Beteiligung der Schwerindustrie, besonders auch der Fried. Krupp AG. Als Finanzierungsgesellschaft fungierte vor allem die am 30. 5. 1918 gegründete Neuland AG, ein Institut, das mit dem Hugenberg-Konzern bis 1924 eng verflochten blieb. (Vgl. zu dem ganzen Ostland-Komplex: L. Bernhard: Hugenberg-Konzern, S. 17 ff., u. D. Guratzsch: Macht, S. 363 ff. u. die Anhänge 28—30 dieser Arbeit, S. 441 ff.; zur finanziellen Beteiligung Krupps vgl. die Unterlagen in: Krupp/WA, IV 1400.) Bei dem starken finanziellen Engagement Krupps dürfte allerdings auch die allgemein wieder aufflammende Kriegszielbegeisterung, stimuliert durch die militärischen Erfolge im Osten, eine Rolle gepielt haben (Vgl. F. Fischer: Weltmacht, S. 561 ff.) Zudem wurde das Projekt schließlich auch durch den Kaiser und den Reichskanzler abgesegnet. Vgl. L. Bernhard: Hugenberg-Konzern, S. 24.

[207] So mußte der Kriegsminister Verdy v. Vernois, der 1890 gegen die Monopolstellung Krupps opponierte, zurücktreten. Die Kritik des Reichsmarineamtes Anfang 1900 an den überhöhten Preisen Krupps wurde auf Befehl des Kaisers unterbunden. Vgl. W. Boelcke: Krupp, S. 105 ff., und die Dokumente: Schreiben Verdy v. Vernois an Wilhelm II., 20. 7. 1890; Kabinettsorder an den Preußischen Kriegsminister, 28. 7. 1890, gedr. in: ebd., S. 123 ff.

[208] Vgl. ebd., S. 107 ff.

Der eingeheiratete Außenseiter Gustav Krupp v. Bohlen u. Halbach fühlte sich an die Einhaltung der Familientradition zudem in besonderem Maße gebunden.[209] Die geschäftlich wie traditionell bedingte Staatstreue Krupps bedeutete jedoch nicht, daß die Beeinflussung der Regierungspolitik außerhalb des Firmeninteresses lag. Gerade bei einem Unternehmen dieser Größenordnung, das praktisch ohne Verluste und ohne gravierende Folgen für die Gesamtwirtschaft nicht mehr liquidierbar war,[210] mußten vor allem im Bereich der Wirtschafts- und Sozialpolitik die langfristige Entwicklung in die Geschäftsplanung miteinbezogen und die entsprechenden politischen Weichenstellungen möglichst mitbestimmt werden.[211] So hatten schon Krupp v. Bohlen u. Halbachs Vorgänger keine politische Abstinenz geübt, sondern die Regierung über persönliche Beziehungen zu beeinflussen gesucht.[212] Hugenbergs Strategie, die Regierungspolitik durch organisierten Druck von Parteien, Verbänden und Presse mitzulenken, war zwar in Methode und Dimension nach Kruppschen Maßstäben unkonventionell,[213] brachte der Firma aber, solange Hugenberg nicht

[209] Gustav v. Bohlen u. Halbach, geb. 1870, gest. 1950, Legationsrat im diplomatischen Dienst, heiratete 1906 die Alleinerbin Bertha Krupp und änderte daraufhin seinen Namen in Krupp v. Bohlen u. Halbach um. 1909 übernahm er den Aufsichtsratsvorsitz der Fried. Krupp AG. (Vgl. W. Boelcke: Krupp, S. 187.) Über sein besonderes Pflichtgefühl Kruppscher Tradition gegenüber berichtet sein Schwager Wilmowsky. Vgl. T. v. Wilmowsky: Rückblickend, S. 165 ff.

[210] Wegen des hohen Anteils an fixem Kapital bei Unternehmen dieser Größenordnung war eine „Liquidation ohne Verlust unwahrscheinlich und auch das kürzeste Pausieren mit großen Verlusten verbunden (...)". (Jürgen Kocka: Unternehmensverwaltung und Angestelltenschaft am Beispiel Siemens 1847—1914, Stuttgart 1969, S. 435 [i. f. zit.: J. Kocka: Unternehmensverwaltung].) Für die Gesamtwirtschaft hätte die Liquidation eines Unternehmens Kruppscher Dimension wegen der immensen Zahl direkt oder indirekt von ihm abhängiger Existenzen katastrophale Folgen gehabt. Vgl. Helge Pross: Manager und Aktionäre in Deutschland, Frankfurt/M. 1965, S. 10 f. (i. f. zit.: H. Pross: Manager).

[211] Guratzschs These, daß langfristige Geschäftsplanung und damit verstärkte Politisierung der Großunternehmen durch die neue Schicht der Manager, kapitallose leitende Angestellte, forciert wurde, da sie „um ihre Befähigung zu dokumentieren, (...) sich mit steigenden Produktionsziffern, positiven Bilanzen und einer ständig ausgreifenden Zukunftsplanung ausweisen" mußten, greift nur einen Teilaspekt der Gesamtentwicklung heraus. (Vgl. D. Guratzsch: Macht, S. 80 f.) Wie der von ihm zitierte Kocka betont, „unterschied sich solche zukunftsausgerichtete Unternehmenspolitik zwar von dem Modell eines kapitalistischen Spekulanten, dem das Unternehmen als solches gleichgültig war, solange es sein Kapital ausreichend verzinste; kaum aber (in den praktischen Konsequenzen) von der seit jeher auf Stetigkeit und Langfristigkeit angelegten Geschäftspolitik eines Familienunternehmens, das immer bereit gewesen war, kurzfristige Nachteile zugunsten von Kontinuität und Sicherheit auf sich zu nehmen". J. Kocka: Unternehmensverwaltung, S. 435.

[212] So vor allem Friedrich Alfred Krupp (1845—1902), der zeitweilig Reichstagsabgeordneter war, besonders aber über zahlreiche persönliche Kontakte Einfluß auf die Regierung nahm. Er opponierte heftig gegen den neuen sozialpolitischen Kurs des Kaisers, ohne daß es zu schwerwiegenden Differenzen zwischen ihm und Wilhelm II. kam. Vgl. W. Boelcke: Krupp, S. 109 ff., und Hans Jaeger: Unternehmer in der deutschen Politik (1890—1918), Bonn 1967, S. 269 (i. f. zit.: H. Jaeger: Unternehmer).

[213] Pressesubventionierungen wie Kontaktpflege zu den Behörden gehörten zwar zu den traditionellen Mitteln Kruppscher Politik (vgl. W. Boelcke: Krupp, S. 110 ff.), doch schuf Hugenbergs kombinierter, massiver und systematischer Einsatz dieser Mittel in Verbindung mit den modernen bürgerlich-nationalen Sammlungsbewegungen neue Maßstäbe.

als Urheber erkannt und sie mit seinem Vorgehen nicht belastet wurde und soweit sich seine politischen Zielvorstellungen mit denen des Firmeninhabers deckten,[214] durchaus Nutzen.

Dieser politische Konsens war im Bereich der Außen-, Wirtschafts- und Sozialpolitik weitgehend vorhanden. Er erstreckte sich nicht nur auf das selbstverständliche Bekenntnis zur kapitalistischen Wirtschaftsordnung, auf die mit weiten bürgerlichen Kreisen geteilte nationale Begeisterung und die ebensoweit verbreiteten imperialen Hoffnungen, die an den Krieg geknüpft wurden,[215] sondern er zeigte sich spezifischer im Detail.

Beide rechtfertigten ihren Kriegszielkatalog alldeutscher Prägung[216] mit der kulturellen Überlegenheit Deutschlands,[217] begründeten ihn u. a. mit der wirtschaftspolitischen Notwendigkeit gesicherter Rohstoffbasen[218] und vertraten ihn schließlich ganz offenherzig als erforderliches Korrektiv sozialer Gegensätze. So formulierte

---

[214] Über den speziellen Kruppschen „Dispositionsfonds für industrielle Zwecke" konnten der Vorstandsvorsitzende Hugenberg sowie die Direktoren Ernst Haux und Heinrich Vielhaber nach dem Willen des Firmenchefs jeweils zu zweit unter folgenden bezeichnenden Voraussetzungen verfügen: „Grundbedingung Handeln in meinem Sinne, d. h. keine Unterstützung extremer Richtungen, keine Kämpfe gegen die Regierung, keine Verquickung des Namens Krupp mit irgendeinem Zeitungsunternehmen." Aktennotiz Krupp v. Bohlen u. Halbachs mit Vermerk: „Am 4. 11. 1915 Hugenberg, Haux u. Vielhaber entspr.[echend] verständigt.", o. D. — Krupp/FAH, IV C 73.

[215] Vgl. zu diesem „Zeitgeist", von dem auch die Linke nicht unberührt blieb, F. Fischer: Weltmacht, S. 15 ff. u. S. 109 ff.

[216] Beide befürworteten wie der ADV weitgehende Annexionen im Westen (keine Wiederherstellung eines neutralen Belgien) und im Osten. Während allerdings der ADV die Grenzen des Deutschen Reiches bis an die Tore von Petersburg ausdehnen wollte, befürworteten Krupp und Hugenberg etwas bescheidener einen rein deutschen Grenzstreifen zwischen dem Reich und Restpolen. (Zu Hugenbergs Forderungen vgl. Bericht v. Gayls an v. Valentini, 23. 6. 1915, über einen Vortrag Hugenbergs auf dem Generalkommando zu Münster am 12. 5. 1915, gedr. in: W. Boelcke: Krupp, S. 242–245; zu Krupps Vorstellungen vgl. Anlage z. Schreiben dess. an v. Valentini, 31. 7. 1915. — Krupp/FAH, IV C 73; zu den abweichenden östlichen Kriegszielforderungen des ADV vgl. die Schreiben Hugenbergs an Claß, 14. 3. 1915 u. 6. 8. 1916. — FST/MA, 06–5/1; ferner D. Stegmann: Erben, S. 451 f.) Die Idee des Grenzstreifens in Verbindung mit weitreichenden Evakuierungsplänen war von Ludwig Bernhard ausgegangen und über den Posener Freundeskreis der Regierung nahegebracht worden. Vgl. D. Guratzsch: Macht, S. 252 ff.

[217] Die kulturelle Überlegenheit Deutschlands als Legitimation für imperialistische Forderungen war ein ständig wiederholtes Argument Hugenbergs, das er bereits bei Gründung des AVD anführte (vgl. „Entwurf einer Adresse an Herrn Dr. Karl Peters", Anlage z. Rundschreiben Hugenbergs, 1. 8. 1890, gedr. in: O. Bonhard: Geschichte, Anlage 3, S. 243). Krupp formulierte in seinem Kriegszielprogramm: „(...) in erster Linie kommt es vielmehr darauf an, daß die deutsche Kultur — im weitesten Sinne des Wortes — in Europa die herrschende wird und demgemäß nach allen Seiten hin eine Anziehungs- und Ansteckungskraft sich sichert. Die deutsche Kultur hat ein Anrecht darauf, denn sie ist nicht ein äußerer Firnis oder Lack, sondern sie ist ein Bestandteil des deutschen Gemütes, des deutschen Herzens, sie hat ihre tiefste Grundlage in der deutschen Weltanschauung und Gottesfurcht." Anlage z. Schreiben Krupp v. Bohlen u. Halbachs an v. Valentini, 31. 7. 1915. — Krupp/FAH, IV C 73.

[218] Vgl. Anlage z. Schreiben Krupp v. Bohlen u. Halbachs an v. Valentini, 31. 7. 1915. — Krupp/FAH, IV C 73, u. Schreiben v. Gayls an v. Valentini, 23. 6. 1915, gedr. in: W. Boelcke: Krupp, S. 243.

Krupp im November 1914 in seiner, ein halbes Jahr später v. Valentini übersandten Kriegszieldenkschrift:[219]

> „Nur wenn *große* neue Aufgaben für alle Schichten des deutschen Volkes nach dem Kriege über das Elend kleiner Tagesfragen hinweghelfen, von Tagesfragen, die bis zum Kriegsausbruch Deutschland so unrühmlich beschäftigt und mit ihrer unentwirrbaren Verknotung allen großen politischen Entschlüssen fast unüberwindbare Schwierigkeiten bereitet haben; nur wenn dem deutschen gesunden Betätigungsdrange, der durch den Krieg, neu erwacht ist, nur wenn deutscher Unternehmungslust weite Aussichten erschlossen werden, nur dann wird aus dem Kriege ein starker, Erfolge verheißender Wiederaufbau unseres politischen und wirtschaftlichen Lebens möglich sein."[220]

Hugenberg präzisierte in einem Vortrag vor dem stellvertretenden Kommandierenden General des VII. Armee-Korps, Egon Freiherr v. Gayl, im Mai 1915:

> „Darüber hinaus sind wir aber geradezu genötigt und verpflichtet, dem ganzen Volke große Aufgaben zu bewältigen zu geben. Denn wenn dieser Krieg für Deutschland nicht mit einem großen Erfolge, nicht mit einem großen Gewinn, nach allen Seiten ausläuft, der dem Volke diese großen Aufgaben stellt, dann werden die Verhältnisse nach dem Krieg noch weit schwieriger werden, als sie je vorher waren. Die Arbeiter, die aus dem Kriege zurückkommen, werden mit großen Ansprüchen an die Arbeitgeber herantreten, und wenn nicht auf der Grundlage eines großen Zuwachses an Gebiet und wirtschaftlicher Kraft auf dem Gebiete der Lohnfrage in weitherziger Weise verfahren werden kann, dann wird es zwischen Arbeitgebern und Arbeitnehmern einen fürchterlichen Kampf geben, der die größten Schäden im Gefolge haben wird. Denn der Wandel gewisser Arbeiterkreise in bezug auf ihre nationalen Anschauungen beseitigt noch keineswegs die sozialen Gegensätze."[221]

Die Emanzipation des Arbeiters, vorangetrieben durch die von beiden abgelehnten Sozialdemokraten,[222] symbolisiert durch Wellen organisierter Streiks, bedrohte für sie nicht nur die finanziellen Interessen des Unternehmers und seine „Herr-im-Hause-Autorität", sondern die bürgerliche Gesellschaft schlechthin.[223] Nicht nur der nationalökonomisch geschulte Hugenberg, sondern auch Krupp befaßte sich offen-

---

[219] Krupp v. Bohlen u. Halbach hatte seine Kriegszieldenkschrift im November 1914 verfaßt und sie zunächst Staatssekretär v. Jagow sowie „einigen anderen mir befreundeten Herren der Regierung" übergeben (vgl. Schreiben Krupp v. Bohlen u. Halbachs an v. Valentini, 31. 7. 1915. — Krupp/FAH, IV C 73; v. Valentini erhielt sie erst im Juli 1915.

[220] Anlage zum Schreiben Krupp v. Bohlen u. Halbachs an v. Valentini, 31. 7. 1915. — Krupp/FAH, IV C 73.

[221] Bericht v. Gayls an v. Valentini, 23. 6. 1915, über einen Vortrag Hugenbergs auf dem Generalkommando zu Münster am 12. 5. 1915, gedr. in: W. Boelcke: Krupp, S. 245.

[222] Die Firma Krupp unterstützte schon im Jahre 1908, also noch vor Hugenbergs Amtsantritt den „Reichsverband gegen die Sozialdemokratie" mit einer Summe von M. 20.000. (Vgl. Protokoll d. AR-Sitzung d. Fried. Krupp AG, 28. 5. 1908. — Krupp/WA, IV 1264.) Zu Hugenbergs grundsätzlicher SPD-Feindschaft vgl. Alfred Hugenberg: Das Rathaus, in: ders.: Streiflichter, S. 1—31, hier S. 1 ff. (i. f. zit.: A. Hugenberg: Rathaus, in: ders.: Streiflichter); zur Identität der Ansichten von Krupp und Hugenberg in dieser Frage vgl. ferner W. Boelcke: Krupp, S. 187.

[223] Vgl. die Denkschrift Krupps „Zum Schutz Arbeitswilliger bei Streiks", Anlage z. Schreiben Krupp v. Bohlen u. Halbachs an Wilhelm II., 12. 3. 1912, gedr. in: W. Boelcke: Krupp, S. 210—213, u. Hugenbergs Festrede anläßlich der Feier des 100jährigen Bestehens der Firma Fried. Krupp und des 100. Geburtstages von Alfred Krupp (8. 8. 1912), gedr. in: A. Hugenberg, Streiflichter, S. 209—215, bes. S. 210.

bar mit den „großen, gesunden Gedanken unseres Katheder-Sozialismus".[224] Was Krupp darunter verstand, entsprach völlig der Grundanschauung Hugenbergs: bedingungslose Bekämpfung der SPD unter gleichzeitiger materieller Zufriedenstellung der Arbeiterschaft.[225] Die gemeinsam verfolgte Taktik der Trennung von politischer Führung und sozialer Basis konkretisierte sich mit dem 1909 von Hugenberg in der Firma Krupp gegründeten wirtschaftsfriedlichen Werkverein,[226] mit dem von Hugenberg ausgearbeiteten und anläßlich des hundertjährigen Kruppjubiläums 1912 verkündeten Reformvorhaben von „Arbeitereigenheimen", die gemeinsam von Industrie, Gemeinden und Arbeitern finanziert werden sollten,[227] und noch nach Hugenbergs Abschied von Krupp mit der von ihm empfohlenen[228] und von seinem Firmenchef eingeführten „Werksaktie" für Arbeitnehmer.[229] Übereinstimmung zeigte sich auch in der positiven Bewertung von Landwirtschaft und bäuerlicher Ostkolonisation. So formulierte Krupp v. Bohlen u. Halbach in Hugenbergscher Diktion:[230]

„Wir dürfen kein Land wie Belgien oder England werden – einseitig industriell und städtisch; wir müssen uns unsere gesunde Landbevölkerung erhalten, wir müssen trotz zu erhoffender weiterer Bevölkerungszunahme doch auch weiter in der Möglichkeit ihrer Ernährung, wenigstens annähernd auf eigenen Füßen stehen. Wir müssen daher Hand in Hand mit der Entwicklung unserer industriellen Möglichkeiten auch eine Erweiterung der landwirtschaftlichen Grundlagen unseres Volkes suchen: Wir müßten uns

---

[224] Denkschrift Krupps „Zum Schutz Arbeitswilliger bei Streiks", Anlage z. Schreiben Krupp v. Bohlen u. Halbachs an Wilhelm II., 12. 3. 1912, gedr. in: W. Boelcke: Krupp, S. 213.

[225] Die Krupp-Denkschrift „Zum Schutz Arbeitswilliger bei Streiks" v. 12. 3. 1912 könnte nach Inhalt und Diktion ohne weiteres der Feder Hugenbergs entstammen. Vgl. auch W. Boelcke: Krupp, S. 187.

[226] Vgl. D. Stegmann: Erben, S. 336.

[227] Der Kriegsausbruch soll dann die Verwirklichung des Plans, der „den deutschen Arbeiter aus dem Proletariertum herausgehoben hätte", verhindert haben. Vgl. Anm. 2; ferner D. Guratzsch: Macht, S. 93, Anm. 158 u. S. 199.

[228] Vgl. Rede Hugenbergs auf dem DNVP-Parteitag v. 12./13. 7. 1919, gedr. in: A. Hugenberg: Streiflichter, S. 158–168, hier S. 163 ff.

[229] 1921 verkündete Krupp v. Bohlen u. Halbach, daß das Grundkapital der Firma erhöht worden sei und 50 Mill. Mark Vorzugsaktien mit 5 Prozent Vorzugsdividende den Werksangehörigen angeboten würden. Die Werksaktionäre sollten durch eine Treuhandgesellschaft vertreten werden, zudem war ein Weiterverkauf untersagt. Die Aktion hatte keinen Erfolg, nach der Inflation wurden die Vorzugsaktien gegen eine Vergütung wieder eingezogen. Krupps Schwager bezeichnete rückblickend das gesamte Gründungsverfahren des Treuhandvereins als „reichlich diktatorisch". Vgl. T. v. Wilmowsky: Rückblickend, S. 174; vgl. auch Morus (d. i. Richard Lewinsohn): Krupp als Wohltäter, in: Die Weltbühne, Jg. 17 (1921/22), S. 655 ff.

[230] 1906 schrieb Hugenberg: „So muß man auch bei dem Gegensatze der ländlichen und der städtisch-kapitalistischen Weltauffassung als unbefangener Beurteiler stets ihr gegenseitiges Aufeinanderangewiesensein im Auge behalten. (...) Es muß eben beide Welten nebeneinander geben. Und es ist einseitig und unrichtig, wenn manche Fanatiker städtisch-kapitalistischer Weltauffassung verkünden, diese werde die ländliche Welt und ihre Eigenart völlig verschlingen. Die Unruhe und nervöse Unzufriedenheit mit der jeweiligen Stellung, wie sie die städtische Bevölkerung heute kennzeichnet, die Neigung, alles nur als kaleidoskopartig wechselnden Übergangszustand anzusehen, kann unmöglich auf die Dauer der Seelenzustand eines ganzen Volkes sein." A. Hugenberg: Bank- und Kreditwirtschaft, S. 111.

weite Provinzen angliedern, in denen wir in großem Umfange deutsche Bauern ansiedeln könnten."[231]

Die Parteinahme für eine ausgesprochene Lieblingsidee seines Direktors, die Krupp 1918 auch praktisch in der Mitfinanzierung des „Ostland"-Projekts bekundete, läßt auf einen gewissen Einfluß Hugenbergs auf den Firmenchef in dieser Frage schließen. Entscheidend dürfte allerdings gewesen sein, daß die von Hugenberg entwickelten Vorstellungen und Vorschläge nicht mit Krupps Firmeninteresse kollidierten. Die Landwirtschaft war für die Schwerindustrie ein ausbaufähiges Absatzgebiet für Maschinen.[232] Gebietserweiterung im Osten bedeutete vom „industriellen Standpunkt" aus: „(... ein großes landwirtschaftliches Reservoir (...), aus dem uns immer neue Arbeitskräfte zuströmen."[233] Darüber hinaus einte Schwerindustrie und Landwirtschaft das Votum für die Schutzzollpolitik,[234] damit verbunden war die Abneigung gegen das „bewegliche Kapital".[235] Berührungspunkte gab es durch den Herr-im-Hause-Standpunkt schließlich auch in sozialpolitischen Fragen.[236] Wenn also Krupp 1917 von den politischen Maximalforderungen Hugenbergs abrückte und die um den Preis außenpolitischer Mäßigung und innenpolitischer Reformen zu erhaltende „Einheit im Innern" vorzog, dann offenbarte sich darin nicht – unter gleichzeitiger Einbeziehung des Faktums, daß er seinen Direktor trotz des Drängens einflußreicher Kreise um die Jahreswende 1917/18 nicht entließ und ihn gegenüber einem Kritiker sogar „als besonders geeignet z. B. für die Reichspresseleitung"[237] bezeichnete – ein prinzipieller politischer Gegensatz zwischen Hugenberg und ihm, sondern lediglich eine mit der gouvernementalen Haltung des Firmenchefs verbundene unterschiedliche und vorsichtigere Lagebeurteilung.[238] Zu fra-

---

[231] Schreiben Krupp v. Bohlen u. Halbachs an v. Valentini, 31. 7. 1915. — Krupp/FAH, IV C 73.

[232] Im Krieg konnte sich dieses Interesse an einem inländischen Absatzmarkt nur verstärken. Vgl. Hartmut Kaelble: Industrielle Interessenpolitik in der Wilhelminischen Gesellschaft, Berlin 1967, S. 62 ff. u. S. 123 ff. (i. f. zit.: H. Kaelble: Interessenpolitik).

[233] Bericht v. Gayls an v. Valentini, 23. 6. 1915, über einen Vortrag Hugenbergs auf dem Generalkommando zu Münster am 12. 5. 1915, gedr. in W. Boelcke: Krupp, S. 244. Tatsächlich war dies ein Argument, das weniger spezifisch industriellen Interessen als dem Interessenausgleich zwischen Landwirtschaft und Industrie diente. Da die großen Industriezentren die Arbeitskräfte des Landes aufsogen und hieraus ein Gegensatz zwischen Industrie und Landwirtschaft resultierte, hätte die Erschließung eines neuen Arbeitskräftepotentials kompensatorisch wirken können. Vgl. zum Interessengegensatz zwischen Landwirtschaft und Industrie: Wolfram Fischer: Staatsverwaltung und Interessenverbände im Deutschen Reich 1871—1914, in: Wirtschaft u. Gesellschaft im Zeitalter der Industrialisierung, Göttingen 1972, S. 194—213, hier S. 211.

[234] Vgl. D. Stegmann: Erben, S. 80 ff. u. S. 328 ff., u. H.-J. Puhle: Interessenpolitik, S. 155.

[235] Vgl. H.-J. Puhle: Interessenpolitik, S. 155, u. H. Jaeger: Unternehmer, S. 156 f.

[236] Vgl. D. Stegmann: Erben, S. 298 u. S. 330.

[237] Aktennotiz Krupp v. Bohlen u. Halbachs über ein Gespräch mit v. Roedern, 17. 1. 1918. — Krupp/FAH, IV C 73.

[238] Wilmowsky berichtet in seinen Erinnerungen: „(...) ein besonders charakteristischer Zug war bei ihm die unbedingte Loyalität gegenüber dem jeweiligen Staatsoberhaupt und seiner Regierung." (T. v. Wilmowsky: Rückblickend, S. 168—169; vgl. auch D. Stegmann: Erben, S. 298.) Boelcke betont, daß in grundsätzlichen Fragen zwischen Krupp v. Bohlen u. Halbach u. Hugenberg weitgehende Übereinstimmung herrschte. Vgl. W. Boelcke: Krupp, S. 235.

gen bleibt aber, warum er Hugenbergs massive Agitation für den Kanzlersturz, die seinen Wünschen offensichtlich widerlief, nicht unterband? Ein Einschreiten des Firmenchefs hätte vorausgesetzt, daß Hugenberg an dessen Weisungen gebunden war. Dies war jedoch nur bedingt der Fall. Nur soweit es seine Tätigkeit als Vorstandsvorsitzender der Fried. Krupp AG betraf, unterlag Hugenberg potentiell einer dauernden Kontrolle Krupps. Die Firma war, da Krupp bzw. seine Frau Bertha so gut wie Alleinaktionär war und Krupp-Aktien nicht an der Börse gehandelt wurden, ein Familienunternehmen.[239] Doch hatte sich auch in ihr, zunächst mit der Schaffung eines geschäftsführenden Direktoriums, dann mit der Umwandlung in eine Aktiengesellschaft[240] wie bei vielen anderen Großunternehmen dieser Zeit eine partielle Trennung von Eigentum und Verfügungsgewalt durchgesetzt.[241] Das bedeutete, daß die Geschäftsführung nicht mehr bei den Eigentümern lag, sondern bei kapitallosen leitenden Angestellten. Diese Trennung ermöglichte die in manchen Firmen sich abzeichnende Herrschaft der „Manager", sofern die Eigentümer nicht in der Lage oder willens waren, ihre rechtlich vorhandenen Kontrollmöglichkeiten zu nutzen.[242] Diese Voraussetzungen ergaben sich, grob skizziert, dann, wenn das Grundkapital im Besitz einer Vielzahl von lediglich dividendeninteressierten Kleinaktionären war, die, uninformiert und am Unternehmen selbst nicht interessiert, durch die sachkundig und kontinuierlich arbeitende Geschäftsleitung überspielt werden konnten, oder wenn größere Minderheitsaktionäre nur dann in den Geschäftsgang eingriffen, wenn die Unternehmungsleitung offensichtlich in den Firmenruin steuerte. Möglich war schließlich auch der Fall, daß ein Großaktionär im Vertrauen auf die Geschäftsführung auf Ausübung seiner Kontrollrechte verzichtete. Die Chance für den Vorstandsvorsitzenden Hugenberg, bei der Firma Krupp nicht nur die Spitze der Exekutive, sondern auch die „die Richtlinien der Unternehmenspolitik formulierende Instanz" zu bilden und damit faktisch eine Managerherrschaft auszuüben,[243] war jedoch sehr gering. Er hatte sich

[239] Vgl. W. Boelcke: Macht, S. 177; vgl. auch Felix Pinner (d. i. Frank Faßland): Deutsche Wirtschaftsführer, Charlottenburg 1924, S. 57 (i. f. zit.: F. Pinner: Wirtschaftsführer).

[240] F. A. Krupp vertraute mit Antritt seines Erbes 1886 die Geschäftsleitung einem Direktorium an. Auf seinen testamentarischen Wunsch erfolgte 1903 die Umwandlung der Firma in eine Aktiengesellschaft. Dies geschah ganz bewußt zu dem Zweck, Leitungsfunktion und Inhaberschaft organisatorisch-personell zu trennen, vor allem deshalb, weil die Alleinerbin noch minderjährig war. Vgl. W. Boelcke: Krupp, S. 114 u. S. 173 ff.

[241] Zu dem allgemein sich durchsetzenden Trend der Trennung von Eigentum und Verfügungsgewalt vgl. H. Pross: Manager, S. 12 f., u. J. Kocka: Unternehmensverwaltung, S. 396.

[242] Diese Darstellung folgt der stringenten Argumentation von Helge Pross, die ihre Überlegungen mit empirischen Befunden über Managerherrschaft in der Bundesrepublik verifiziert, aber auch die Zeit vor 1918 abhandelt. Vgl. H. Pross: Manager, S. 21 u. S. 71 ff.

[243] Ebd., S. 21; H. Pross verwendet die Termini „Manager" und „Managerkontrolle" synonym, sie präzisiert ihre Definition wie folgt: „Anschließend an Berle und Means soll der Terminus Manager hier die leitenden Angestellten bezeichnen, die, selbst nicht oder nur geringfügig am Gesellschaftskapital beteiligt, eine Unternehmung autonom dirigieren, deren Eigentümer nicht die Macht oder den Willen haben zur Verwirklichung ihrer Kontrollrechte. In diesen Firmen nehmen Angestellte faktisch die Rechte wahr, die de jure den Aktionären zustehen. Sie sind autonom, insofern sie keine

vor einem Alleineigentümer zu verantworten, der über das Rentabilitätsinteresse hinaus durch Tradition und Prestige des Familienunternehmens der Firma eng verbunden war.[244] Zudem griff Krupp v. Bohlen u. Halbach persönlich weit mehr als sein Schwiegervater, der die letzten Lebensjahre auf Capri verbrachte,[245] und als seine Schwiegermutter, die nur im Einvernehmen mit dem Direktorium handelte,[246] in die Geschäftsführung ein.[247] Galt es doch für ihn, den „Prinzgemahl", zu beweisen, daß er sich zum echten „Kruppianer" gemausert hatte.[248] Soweit es die Geschäftspolitik der Firma Krupp und damit verbundene politische Handlungen betraf, blieb deshalb für Hugenberg nicht nur de jure, sondern auch faktisch der Firmenchef die vorgesetzte Instanz.[249]

Dieses Vorgesetztenverhältnis zwischen Krupp und seinem Direktor erstreckte sich

---

Vorgesetzten über sich haben. (...) Wo Manager sich durchsetzen, hat das ursprüngliche Verhältnis von Eigentum und Dispositionsgewalt sich umgekehrt: die Angestellten entscheiden über die Verwendung des Unternehmensvermögens und des Reingewinns, wogegen die Eigentümer lediglich die Beschlüsse ihrer Beauftragten ratifizieren; die Manager bestimmen, ob sie selbst und die zu ihrer Beaufsichtigung berufenen Personen im Amt verbleiben, wer ihre Nachfolge antreten soll, die Aktionäre akklamieren oder verzichten auf ein eigenes Votum." Ebd., S. 21.

[244] Um den Familienbesitz ungeschmälert zu erhalten, durften Krupp-Aktien nicht an der Börse gehandelt werden. Krupp verzichtete damit auf mögliche Gewinne, die aus Kurssteigerungen der eigenen Papiere resultierten. Vgl. W. Boelcke: Krupp, S. 177.

[245] Doch ließ sich auch F. A. Krupp dauernd über alle wichtigen Dinge brieflich, telegrafisch oder durch mündliche Rücksprache unterrichten. Vgl. W. Boelcke: Krupp, S. 114 f.

[246] Vgl. ebd., S. 174.

[247] Vgl. D. Guratzsch: Macht, S. 68.

[248] Vgl. T. v. Wilmowsky: Rückblickend, S. 166.

[249] Guratzschs These, Hugenberg habe in der Firma Krupp ein Musterbeispiel von Managerherrschaft errichtet, da die Familie von Ausmaß und Aktionsradius der von ihr mitfinanzierten Hugenbergschen Unternehmen keine Ahnung hatte (vgl. D. Guratzsch: Macht, S. 385), ist aus zwei Gründen nicht stichhaltig. Zum einen mag es zwar richtig sein, daß Krupp nicht über alle Einzelheiten des Hugenbergschen Apparates Bescheid wußte, mit Sicherheit aber konnte Hugenberg nicht Millionenbeträge bei Krupp abschöpfen, ohne den Firmenchef über den Verwendungszweck zu informieren, wenn er mit diesem, wie überliefert, bereits das Procedere bei einer verhältnismäßig kleinen Beteiligung von 300.000 M. an der „Landgesellschaft Westmark GmbH" genau absprach (vgl. Telegramm Hugenbergs an Krupp v. Bohlen u. Halbach, o. D., mit hs. Antwortentwurf Krupp v. Bohlen u. Halbachs, 11. 12. 1917. — Krupp/FAH, IV C 281) und auch wegen des Spendenbetrags für das Waisenhaus Neuzedlitz detailliert mit ihm Rücksprache nehmen mußte (vgl. Anm. 108). Zum zweiten aber — und darin liegt die Unlogik von Guratzschs Argumentation — bezog sich die „Unwissenheit" Krupps auf Einzelheiten der Hugenbergschen Unternehmen außerhalb seiner Firma. Deren Geschäftspolitik entzog sich allerdings Krupps Kontrolle, schon deshalb, weil er seine finanziellen Beiträge ohne Rückzahlungs- und Dividendenansprüche leistete, wie Guratzsch selbst ausführt (vgl. D. Guratzsch: Macht, S. 387, Anm. 210). Hugenberg errichtete seine Managerherrschaft eben nicht innerhalb, sondern außerhalb der Firma Krupp. Innerhalb der Firma Krupp galt jedoch das, was Helge Pross typisierend für das Verhältnis von Eigentümer und Direktor in Großunternehmen beschreibt: „(...) letzterer mag die treibende, größere Initiative entwickelnde Kraft des Industriereiches, mit umfassenden Kompetenzen versehen sein und überaus geachtet — er bleibt doch ‚Oberbeamter', in seiner Selbständigkeit beschränkt durch den übergeordneten Willen, der jederzeit Rechenschaft verlangen, abweichende Entscheidungen durchsetzen kann." H. Pross: Manager, S. 105; vgl. auch J. Kocka: Unternehmensverwaltung, S. 455 ff.

jedoch nicht auf Hugenbergs Tätigkeit in den industriellen Interessenorganisationen. Krupp betonte selbst in seinem Schreiben an v. Valentini:

> „In dieser seiner Eigenschaft als Vertreter weiterer Interessen hat auch Herr Hugenberg an den die ‚Kriegsziele‘ betreffenden Fragen mitgearbeitet; es ergibt sich schon hieraus, daß in dieser seiner Tätigkeit auch für ihn nicht *ausschließlich* meine oder der Firma Krupp Gesichtspunkte ausschlaggebend sein können, wenn ich auch großen Wert darauf lege, daß gewisse, aus seiner Stellung bei der Firma gebotene Einschränkungen nicht unbeachtet bleiben."[250]

Hugenberg war 1911 in das Direktorium des Centralverbandes Deutscher Industrieller (CDI) gewählt worden.[251] Der 1913 gegründeten Vereinigung der Deutschen Arbeitgeberverbände gehörte er als Mitglied des Vorstands und des Ausschusses an.[252] Seit 1912 war er Vorsitzender des Vereins für die bergbaulichen Interessen im Oberbergamtsbezirk Dortmund zu Essen (Bergbauverein) und des in Personalunion mitverwalteten Zechenverbands, der Arbeitgeberorganisation des rheinisch-westfälischen Bergbaus.[253] Auch im Verein zur Wahrung der gemeinsamen wirtschaftlichen Interessen in Rheinland und Westfalen (Langnam-Verein), einem Organ der rheinisch-westfälischen Eisen- und Stahlindustrie,[254] hatte Hugenberg als Mitglied des Ausschusses Sitz und Stimme.[255] Schließlich vertrat er seit 1913 als Präsident der Handelskammer für Essen, Mülheim, Ruhr und Oberhausen zu Essen und als Vorsitzender der Vereinigung von Handelskammern des niederrheinisch-westfälischen Industriebezirks Verbände,[256] die nicht nur als Interessenorganisationen, sondern auch als Beratungsorgane des Staates galten.[257] Die Stellung bei Krupp hatte ihm den Weg in die Verbände geebnet. Als Vertreter des gemeinschaftlichen Interesses der in den Verbänden zusammengefaßten Unternehmen war er nicht mehr ausschließlich, sondern nur u. a. Kruppschen Firmeninteressen verpflichtet. Entscheidend aber wurde, daß Hugenberg in einem der großen Wirtschaftsverbände, dem Bergbau- und Zechenverband, eine Organisation aufzog, mit der er sich den Verbandsmitgliedern einschließlich der Firma Krupp unentbehrlich machen und damit seinen Verbandsvorsitz zu einer persönlichen Machtposition unabhängig vom Kruppschen Firmenimage ausbauen konnte.
Ludwig Bernhard hat diese Organisation anschaulich beschrieben:

---

[250] Schreiben v. Bohlen u. Halbachs an v. Valentini, 31. 7. 1915, — Krupp/FAH, IV C 73.
[251] Vgl. H. Kaelble: Interessenpolitik, Anlage Nr. 3, S. 211.
[252] Vgl. D. Guratzsch: Macht, S. 86.
[253] Vgl. Anm. 2; zur Aufgabenteilung zwischen Bergbauverein und Zechenverband vgl. Paul Osthold: Die Geschichte des Zechenverbandes 1908—1933, Berlin 1934, S. 42 (i. f. zit.: P. Osthold: Zechenverband).
[254] Dem Langnamverein waren zwar Unternehmen und Verbände verschiedener Gewerbezweige angeschlossen, doch diente er vor allem den Interessen der rheinisch-westfälischen Eisen- und Stahlindustrie, was sich auch darin dokumentierte, daß er in Personalunion mit der Nordwestlichen Gruppe des Vereins Deutscher Eisen- und Stahlindustrieller (VDESI) geführt wurde. Vgl. August Heinrichsbauer: Schwerindustrie und Politik, Essen/Kettwig 1948 (i. f. zit.: A. Heinrichsbauer: Schwerindustrie).
[255] Vgl. D. Guratzsch: Macht, S. 86.
[256] Vgl. Ernst Schröder: 150 Jahre Fried. Krupp AG Essen. Die Firma Krupp und die Essener Handelskammer, in: Wirtschaftliche Nachrichten der Industrie- und Handelskammer Essen, 15 (1961), S. 619—630, hier S. 626 (i. f. zit.: E. Schröder: 150 Jahre).
[257] Vgl. W. Fischer: Staatsverwaltung, S. 195 f.

„Als Hugenberg im Dezember 1912 Vorsitzender des Bergbaulichen Vereins geworden war, dem alle großen Werke des Ruhrgebiets angehören und der seit 1858 Träger ihrer Solidarität ist, begann er die leitenden Persönlichkeiten darauf hinzuweisen, daß sie jährlich bedeutende Summen zerfließen lassen, ohne zu wissen, was damit geschehe. Hugenberg schlug eine sehr einfache Organisation vor, um diesem Mangel abzuhelfen. Jede Bitte um einen großen Geldbetrag sei seinem Bureau schriftlich oder telephonisch zu melden. Er werde Auskünfte einholen, um die Sache zu kontrollieren. Leicht war die Arbeit durch einen Sekretär zu bewältigen, und bald fühlten die routinierten und gut empfohlenen Sammler, daß geheimnisvoll irgendeine kontrollierende Instanz errichtet worden sei."[258]

Die Bedeutung dieser unscheinbaren Kontrollinstanz, die in Hugenbergs Händen bald zu einer Art „Wunderspiegel"[259] wurde, liegt auf der Hand. Die Zentralisation des mit den Spendenwünschen herangetragenen Informationsflusses verschaffte ihm einen umfassenden Gesamtüberblick, der ihn gegenüber den Industriellen als kompetenten Sachverständigen der politischen Szene auswies. Einmal an den effizient arbeitenden Apparat gewöhnt, verließen sich die Industriellen auf Hugenbergs Urteil, und so bestimmten nicht die Geldgeber, sondern der kapitallose Hugenberg, was förderungswürdig sei und was nicht.[260] Kraft seines Votums konnte er hemmend oder stützend in die Vereins-, Parteien- und Presselandschaft des Deutschen Reiches eingreifen. Dabei blieb es nicht bei regulierender, auf Anstöße von außen reagierender Tätigkeit. Jetzt war der Zeitpunkt gekommen, um das aufzubauen, was er selbst bei Gründung des ADV als notwendig für die Durchsetzung politischer Ziele empfunden und was auch Leo Wegener im Posener Freundeskreis immer wieder gefordert hatte: einen umfangreichen Presseapparat. Seine Kontrollinstanz im Bergbau- und Zechenverband konnte ihm Vorinformationen über den Pressemarkt liefern;[261] er selbst sorgte mit der Schaffung eines schwerindustriellen „Freundeskreises" für die Finanzierung des zu errichtenden Presseapparats.
1913 gewann Hugenberg das langjährige Mitglied des ADV, Emil Kirdorf,[262] Generaldirektor der Gelsenkirchener Bergwerks-AG (GBAG), und Hugo Stinnes,[263] Aufsichtsratsvorsitzender der Deutsch-Luxemburgischen Bergwerks- und Hütten-AG (Deutsch-Lux) sowie Mehrheitsaktionär einer Reihe weiterer industrieller Un-

---

[258] L. Bernhard: Hugenberg-Konzern, S. 54.
[259] Ebd., S. 56.
[260] Vgl. ebd., S. 57.
[261] Vgl. ebd., S. 56.
[262] Emil Kirdorf, geb. 1847, gest. 1938, war bereits 1891 Mitglied des ADV-Vorstandes (vgl. O. Bonhard: Geschichte, Anlage 5, S. 251), hielt aber ständigen engen Kontakt mit der Verbandsspitze erst ab 1912 (vgl. H. Claß: Wider den Strom, S. 247 f.). Neben dem größten deutschen Zechenkonzern, der GBAG, leitete Kirdorf auch das von ihm geschaffene Rheinisch-Westfälische Kohlen-Syndikat (RWKS). Kirdorf war Ehrenmitglied des Bergbau- und Zechenverbandes. Vgl. F. Pinner: Wirtschaftsführer, S. 67.
[263] Hugo Stinnes, geb. 1870, gest. 1924, war zugleich Aufsichtsratsvorsitzender des weitgehend von ihm errichteten Rheinisch-Westfälischen Elektrizitätswerkes (RWE). (Vgl. Morus [d. i. Richard Lewinsohn]: Wie sie groß und reich wurden. Lebensbilder erfolgreicher Männer, Berlin (1927), S. 264 f.; i. f. zit.: Morus, Wie sie groß und reich wurden; F. Pinner: Wirtschaftsführer, S. 16 f.) Seit 1912 war er 2. Stellvertretender Vorsitzender, seit 1916 1. Stellvertretender Vorsitzender des Bergbau- und Zechenverbandes. Vgl. das Verzeichnis der Verbandsvorsitzenden bei P. Osthold: Zechenverband, o. Seitenzahl.

ternehmen, für ein gemeinsames Vorgehen zunächst in politischen und verbandspolitischen Fragen,[264] ab 1914 dann vorrangig in pressepolitischen Angelegenheiten.[265] Zu diesem formlos arbeitenden Kreis, dem sogenannten „Dreierausschuß",[266]
stieß 1916 der Generaldirektor der Phoenix AG für Bergbau und Hüttenbetrieb
(Phoenix), Wilhelm Beukenberg.[267] Der nunmehrige „Viererausschuß" institutio-
nalisierte noch im gleichen Jahr seine Zusammenarbeit in der geheim gegründeten
„Wirtschaftlichen Gesellschaft" (WG),[268] aus der 1919 die „Wirtschaftsvereinigung
zur Förderung der geistigen Wiederaufbaukräfte Deutschlands" (Wirtschaftsvereinigung, WV), die spätere Dachgesellschaft des Hugenberg-Konzerns, hervorgehen
sollte.[269]
Hugenberg hatte mit der Organisation dieses schwerindustriellen Freundeskreises
gleich zweierlei erreicht. Zum einen bestand nun, da alle Mitglieder der Wirtschaftlichen Gesellschaft führende Positionen in den großen industriellen Interessenorganisationen besetzten (CDI, Bergbau- und Zechenverband, Langnamverein,
Verein Deutscher Eisen- und Stahlindustrieller [VDESI], niederrheinisch-westfäli-
sche Handelskammervereinigung) und ihr innerverbandliches Wirken miteinander
absprachen, ein politischer „Interessenpool", der die Meinungsbildung in den einzelnen Wirtschaftsverbänden entscheidend mitbestimmen und diese auch zu einem
gemeinsamen Vorgehen in politischen Fragen (z. B. Kriegszielbewegung) veranlassen konnte.[270] Zum anderen aber hatte sich Hugenberg mit der Wirtschaftlichen
Gesellschaft bzw. schon mit ihrem Vorgänger, dem Dreierausschuß, eine Finanzierungsgesellschaft für seine Presseobjekte geschaffen. Die Wirtschaftliche Gesellschaft

---

[264] Vgl. D. Guratzsch: Macht, S. 95.

[265] Mit Gründung der Ausland GmbH im Jahre 1914 setzten die eigentlichen pressepolitischen Aktivitäten des Dreierausschusses ein. Vgl. D. Guratzsch: Macht, S. 109 ff.

[266] Ebd., S. 95.

[267] Wilhelm Beukenberg, geb. 1858, gest. 1923, seit 1908 Generaldirektor der Phoenix,
wurde 1911 stellvertretender Vorsitzender des VDESI und Vorsitzender der Nordwestlichen Gruppe des VDESI, 1914 übernahm er außerdem den Vorsitz des Langnamvereins. Vgl. Lutz Hatzfeld: Wilhelm Beukenberg, in: Rheinisch-Westfälische
Wirtschaftsbiographien, Bd. 10 (1974), S. 196–216 (i. f. zit.: L. Hatzfeld: Beukenberg).

[268] Vgl. D. Guratzsch: Macht, S. 95 u. S. 323 ff.; Bernhard bestätigt diese Gründung
ohne Namensnennung, vgl. L. Bernhard: Hugenberg-Konzern, S. 99.

[269] Vgl. ebd.

[270] Verstärkt wurde diese Kooperation dadurch, daß zwei Verbandsfunktionäre ver-
trauensvoll mit Hugenberg zusammenarbeiteten: Wilhelm Hirsch (1861–1918), Syndikus der Essener Handelskammer und Geschäftsführer der Vereinigung von Handelskammern des niederrheinisch-westfälischen Industriegebietes, und Hans von und zu
Loewenstein, Geschäftsführer des Bergbauvereins und des Zechenverbandes. Hirsch als
Mitglied des Preußischen Abgeordnetenhauses vertrat zugleich die Interessen der
Schwerindustrie in der Nationalliberalen Partei. (Vgl. Hartwig Thieme: Nationaler
Liberalismus in der Krise, Boppard 1963 [i. f. zit.: H. Thieme: Liberalismus].) Ab-
gesehen von der Bedeutung der „Gruppe Hugenberg" für die politische Koordination
der einzelnen Fachverbände, übte sie einen entscheidenden Einfluß im Centralverband
Deutscher Industrieller aus: „Der CDI war als Interessenverband der Wirtschaft eine
Farce, wenn er sich nicht auf das Wohlwollen und die Unterstützung dieser Gruppe
berufen konnte." (D. Guratzsch: Macht, S. 99.) Hugenberg rückte im CDI nicht nur
zum wichtigsten Mann neben dem Verbandsvorsitzenden Max Rötger auf (vgl.
H. Kaelble: Interessenpolitik, S. 108), sondern dieser, vor Hugenberg Direktoriumsvorsitzender bei Krupp, befand sich ganz in der Hand Hugenbergs. Vgl. D. Guratzsch:
Macht, S. 100.

stellte Millionenbeträge für diesen Zweck bereit. Ihre Mittel stammten aus den Firmen, bei denen die Gesellschaftsmitglieder führende Posten bekleideten bzw. im Falle Hugo Stinnes' aus den Unternehmen, die ihm gehörten. Die Finanziers der Wirtschaftlichen Gesellschaft waren somit die Fried. Krupp AG, die GBAG, die Phoenix und der Stinnes-Konzern.[271] Die von diesem Unternehmen aufgebrachten umfangreichen Mittel reichten Hugenberg aber nicht völlig zur Finanzierung aller von ihm geplanten Presseobjekte aus. Deshalb gründete er am 6. März 1914 eine weitere Finanzierungsgesellschaft, die Ausland GmbH.[272]

An der Ausland GmbH waren Vertreter großer Unternehmen des Ruhrkohlenbergbaus, der rheinischen und lothringischen Hüttenindustrie und der Saarindustrie beteiligt. Unter ihnen befanden sich so renommierte Persönlichkeiten wie Paul Reusch (Gutehoffnungshütte = GHH), Peter Klöckner (Klöckner Werke) und Friedrich Springorum (Eisen- und Stahlwerke Hoesch).[273] Die meisten Stammanteile der Ausland GmbH hatten jedoch die Mitglieder des Dreierausschusses (ab 1916 der Wirtschaftlichen Gesellschaft)[274] übernommen. Zusammen besaßen sie die Majorität des Stammkapitals der Ausland GmbH.[275] Mit der Sicherung des Verwaltungsratsvorsitzes für Hugenberg, der Stellvertretung für Kirdorf und der Bestellung Hugenbergs zum Geschäftsführer hatten sie für die Durchsetzung ihrer Wünsche in der neuen Finanzierungsgesellschaft vorgesorgt.[276]

Mit Hilfe zweier großer Finanzierungsgesellschaften der Wirtschaftlichen Gesellschaft (vorher Dreierausschuß) und der von ihr beherrschten Ausland GmbH konnte Hugenberg nun in rascher Folge jene publizistischen Unternehmen gründen bzw. ankaufen, die das Fundament seines Pressekonzerns bildeten: 1914 die Ausland Anzeigen GmbH (später ALA Anzeigen AG), 1916 den August Scherl-Verlag und die Telegraphen-Union (TU),[277] 1916/17 den Deutschen Überseedienst (DÜD), 1917 die Deutsche Lichtbild-Gesellschaft (DLG) und die VERA Verlagsanstalt (VERA).[278] Zentral gelenkt wurden alle Unternehmen von der Wirtschaftlichen

---

[271] Interessanterweise leistete die Fried. Krupp AG die höchsten Beiträge: über 10 Mill. M. zahlte sie in den Fonds der WG, das waren 45 %/0 aller Einzahlungen. Vgl. D. Guratzsch: Macht, S. 327.

[272] Vgl. die gut informierte, aber apologetische Darstellung von Wilhelm Herrmann: Die Geschichte der Ala, Frankfurt/M. 1938, S. 10 ff. (i. f. zit.: W. Herrmann: Ala); vgl. auch L. Bernhard: Hugenberg-Konzern, S. 64 f, u. D. Guratzsch: Macht, S. 109 ff.

[273] Die vollständige Liste bei W. Herrmann: Ala, S. 11, u. D. Guratzsch: Macht, Anhang 1 u. 2, S. 394 f.

[274] Beukenberg zählte zwar bereits 1914 zu den Gesellschaftern der Ausland GmbH, kooperierte aber mit Stinnes, Kirdorf und Hugenberg erst ab 1916 (Viererausschuß, Wirtschaftliche Gesellschaft).

[275] Vgl. D. Guratzsch: Macht, S. 110.

[276] Vgl. ebd. u. W. Herrmann: Ala, S. 11. Die Tatsache, daß Hugenberg Geschäftsführer und zugleich Verwaltungsratsvorsitzender der Ausland GmbH war, ist deshalb besonders bemerkenswert, weil mit dieser Personalunion die Kontrollfunktion des Verwaltungsrats gegenüber der Geschäftsführung weitgehend aufgehoben war. Überdies bestellte Hugenberg zum Leiter der Geschäftsstelle mit Dr. Andrew Thorndike einen Vertrauensmann, den er selbst bereits aus dem Merton-Konzern zu Krupp geholt hatte.

[277] Die Wirtschaftliche Gesellschaft erwarb 1916 eine innerhalb von fünf Jahren auszuübende Option auf die Mehrheitsanteile der TU. Bereits 1919 war die ratenweise Übernahme der TU-Anteile abgeschlossen. Vgl. Anhang, 1 d.

[278] Zu den Einzelheiten vgl. ebd. u. D. Guratzsch: Macht, S. 183 ff.

Gesellschaft. Diese wurde wiederum von einem Mann geleitet: von Alfred Hugenberg. Ihm, dem Initiator des ganzen Presseunternehmens, der seine organisatorische Befähigung schon mit der Einführung der „Kontrollinstanz" im Bergbau- und Zechenverband nachgewiesen hatte, gewährten die drei anderen Mitglieder weitgehend Handlungsfreiheit.[279] Da das Vermögen der Wirtschaftlichen Gesellschaft ein „Zweckvermögen" war, in das die Firmen Krupp, GBAG, Phoenix und der Stinnes-Konzern ihre Gelder à fonds perdu unter Aufgabe jedes Besitz- und Dividendenanspruchs leiteten,[280] Hugenberg aber die Verfügungsgewalt über das „Zweckvermögen" besaß[281] und die Verwaltung der daraus finanzierten Presseunternehmen beherrschte, hatte er eine perfekte Managerherrschaft errichtet, die nicht einmal das sonst übliche Berufsrisiko einer Abberufung in sich trug.[282]
Abhängig von den Geldgebern blieb Hugenberg nur solange und soweit seine Unternehmen oder Projekte neue Kapitalspritzen benötigten.[283] Daher mußte es sein Bestreben sein, so rentabel wie möglich zu wirtschaften, um ein hohes Maß an Eigenfinanzierung zu erreichen. Andererseits bedingte die politische Zielsetzung „seines" Unternehmens, daß einzelne Projekte nicht nach der Maxime wirtschaftlicher, sondern politischer Effizienz durchgeführt wurden.[284] Diese Spannung zwischen politischer Funktionalität und geschäftlicher Rentabilität schlug sich auch noch in den Geschäftsgrundsätzen des Konzerns während der Weimarer Republik nieder:

> „1. Für die Entscheidung über Beteiligungen oder über die Begründung und den Ausbau verschiedener Unternehmungen ist in erster Linie die voraussichtliche politische Wirkung maßgebend und erst in zweiter Linie das geschäftliche Ergebnis.
> 2. Für die Gesamtleitung des Trusts hingegen ist die Überzeugung maßgebend, daß der Konzern ein positives geschäftliches Ergebnis zeitigen müsse, welches ihn finanziell unabhängig macht."[285]

Das Maß seiner Abhängigkeit hing also sowohl von dem jeweiligen Stand des Kon-

---

[279] Vgl. D. Guratzsch: Macht, S. 334.
[280] Auch die Verwalter des „Zweckvermögens", Hugenberg, Kirdorf, Stinnes und Beukenberg hatten keinen Gewinnanspruch, noch konnten sie ihren Anteil liquidieren. Bereits bei Gründung der Wirtschaftlichen Gesellschaft benannten sie für den Fall ihres Ausscheidens zwei Nachfolger. Das Vereinsvermögen durfte nur nach von ihnen selbst festgelegten Satzungen verwandt werden. Vgl. L. Bernhard: Hugenberg-Konzern, S. 99 ff., u. D. Guratzsch: Macht, S. 324.
[281] Diese teilte er nur mit Stinnes, Beukenberg und Kirdorf, die ihm Handlungsfreiheit gewährten. Vgl. D. Guratzsch: Macht, S. 334.
[282] Für Helge Pross ist es zwar gerade das Kennzeichen einer Managerherrschaft, daß der Manager von den Kapitaleignern de facto nicht mehr absetzbar ist (vgl. H. Pross: Manager, S. 22), doch muß auch sie einschränken, daß dies nur insoweit gilt, wie er das Unternehmen nicht in den Ruin führt oder mit den Strafgesetzen in Konflikt gerät (vgl. ebd., S. 108). Hugenberg war jedoch weder de facto noch de jure absetzbar, da mit der Form der Unternehmensfinanzierung und durch die juristische Konstruktion der „Wirtschaftsvereinigung" das Eigentumsrecht der Eigentümer praktisch aufgehoben war.
[283] Vgl. dazu Kap. II, 1, b.
[284] So arbeitete z. B. die VERA, weil sie selbst laufend Zeitungen subventionierte, nicht mit Gewinn. Sie mußte vielmehr dauernd von der Wirtschaftsvereinigung, der Nachfolgegesellschaft der WG, subventioniert werden. Vgl. Liquiditätsübersicht der Victoriastraße-Gesellschaften, 18. 3. 1931, Anlage z. Schreiben Kapitän Manns an Hugenberg, 19. 3. 1931. — NL Hugenberg, P 17; vgl. auch Anhang, 1 b.
[285] L. Bernhard: Hugenberg-Konzern, S. 106.

zernaufbaus wie auch von der jeweiligen geschäftlichen Ertragslage ab, wobei auch externe Faktoren wie die allgemeine Wirtschaftslage eine nicht zu unterschätzende Rolle spielten.[286] Allerdings war der Hugenberg-Konzern nach Ankauf und Sanierung des Scherl-Verlags gegen Ende des Ersten Weltkriegs bereits so weit konsolidiert,[287] daß von seiten der Geldgeber mit einer solidarischen Aktion zwar unter Umständen ein weiterer Ausbau,[288] nicht aber sein Fortbestand hätte verhindert werden können. Für den einzelnen, mit Hugenbergs Geschäftspolitik unzufriedenen Finanzier[289] bot sich praktisch nur der Ausweg, ein Konkurrenzunternehmen ins Leben zu rufen, wie es Paul Reusch in begrenztem Umfang,[290] Hugo Stinnes unter etwas anderem Vorzeichen[291] in den 20er Jahren praktizierten. Der Mehrheit dürfte jedoch das Risiko einer eigenen Presseinitiative mit der damit verbundenen Gefahr einer Zersplitterung schwerindustrieller Interessenpolitik zu groß gewesen sein. Bestand doch Hugenbergs Leistung gerade darin, der auf dem publizistischen Felde bisher so unglücklich operierenden Schwerindustrie eine „Zeitungszentrale" geschaffen zu haben,[292] die, wenn sie auch im einzelnen nicht nur schwerindustriellen Interessen diente, doch zumindest eine in diesen Rahmen passende, an kapitalistischen, autoritär-antidemokratischen und nationalistischen Wertvorstellungen orientierte Ideologie propagierte.[293] Damit war der sozialistischen Presse und den liberaldemokratischen Pressekonzernen Mosses und Ullsteins ein bedeutender, ja überlegener Gegner im Kampf um die öffentliche Meinung erwachsen.[294]

[286] Der Konzern geriet in Zusammenhang mit der allgemeinen Wirtschaftskrise 1931 in erhebliche finanzielle Bedrängnis. Vgl. Schreiben Kapitän Manns an Hugenberg, 19. 3. 1931. — NL Hugenberg, P 17.

[287] Nach seiner Sanierung bildete der Scherl-Verlag die solideste und finanzkräftigste Säule des Konzerns. Vgl. D. Guratzsch: Macht, S. 334.

[288] In den frühen 20er Jahren wurde der Konzern erheblich vergrößert, was mit einer derartigen Aktion u. U. hätte verhindert werden können.

[289] Die Unternehmen bzw. Unternehmensvertreter, die an der Ausland GmbH beteiligt waren, nicht aber zu den Geldgebern der WG gehörten, hatten zwar, da sie ihre Ausland-Stammanteile nicht auf das „Zweckvermögen" der WG übertrugen, Eigentums- und damit Kontrollrechte bei der Ausland GmbH und deren Untergesellschaften, als Minoritätsgesellschafter konnten sie jedoch keinen entscheidenden Einfluß geltend machen.

[290] Vgl. zum Gegensatz zwischen Reusch und Hugenberg und dessen Folgen: K. Koszyk: Deutsche Presse, S. 184 ff.

[291] Vgl. dazu Kap. II, 1 b.

[292] Vgl. L. Bernhard: Hugenberg-Konzern, S. 57 ff.

[293] Zu politischen Leitlinien seines Konzerns erklärte Hugenberg ausdrücklich den „nationale[n] Gedanken" und die „Wiederdurchsetzung des germanischen Persönlichkeitsgedankens", der sich „auf dem Gebiet der Wirtschaft" im „Privateigentum" verkörpere und der im bewußten Gegensatz zum „sozialistischen Massenwahn auf allen Gebieten" stehe. Rede Hugenbergs in der Sitzung der Wirtschaftsvereinigung am 1. 7. 1927 (Masch.Ms. mit hs. Korrekturen Hugenbergs). — NL Hugenberg, WP. Vgl. auch D. Guratzsch: Macht, S. 295 ff. u. S. 355 ff.

[294] Gerade auch in Hinblick auf die starke liberale Presse hatte die Regierung 1915 einer Anzahl von Ruhrindustriellen nahegelegt, den vom finanziellen Ruin bedrohten Scherl-Verlag zu sanieren. Insbesondere forderte Landwirtschaftsminister v. Schorlemer Krupp auf, seinen Vorstandsvorsitzenden Hugenberg in die Transaktion einzuschalten. Allerdings hoffte die Regierung darauf — irrtümlicherweise, wie sich bald herausstellte —, daß der bisherige gouvernementale Kurs des Scherl-Verlags beibehalten würde. Vgl. L. Bernhard: Hugenberg-Konzern, S. 65 ff., u. D. Guratzsch: Macht, S. 284 ff.

Dieser Überlegung verdankte Hugenberg offenbar auch die andauernde Unterstützung Krupps,[295] obwohl die aus seinen Mitteln erheblich mitfinanzierte, außerhalb der Firma etablierte Managerherrschaft Hugenbergs sich seiner Kontrolle entzog und er nicht einmal die ihm unerwünschte Kampagne gegen den Kanzler verhindern konnte.

Hugenberg hatte es jedoch nicht nur verstanden, den zwar wankelmütigen, aber ihm politisch im Grunde sehr nahestehenden Krupp v. Bohlen für seine Presseunternehmen zu gewinnen, sondern bei Projekten wie der ALA,[296] dem Deutschen Überseedienst[297] und der Deutschen Lichtbild-Gesellschaft[298] auch jene Wirtschaftkreise zu integrieren, die, organisiert in dem von Gustav Stresemann geführten Bund der Industriellen (BDI)[299] und im Hansa-Bund,[300] eine zum schwerindustriellen CDI konkurrierende industrielle Interessenpolitik betrieben.

Der politische Gegensatz zwischen der hauptsächlich von kleineren und mittleren Unternehmen getragenen Fertigwarenindustrie und dem mit ihr liierten Handel-

---

[295] Anders wäre es kaum zu erklären, warum Krupp trotz seiner Verärgerung über Hugenbergs Pressefeldzug gegen Bethmann seinen Generaldirektor für eine Presseaufgabe besonders qualifiziert hielt. Vgl. Anm. 237.

[296] In der ALA war die Schwerindustrie mit der Fertigwarenindustrie, der chemischen Industrie und einzelnen Reedereien, Banken und Versicherungen vereint. Vgl. D. Guratzsch: Macht, S. 208, u. L. Bernhard: Hugenberg-Konzern, S. 73 f.

[297] In der Deutschen Überseedienst GmbH fanden sich mit der Schwerindustrie Vertreter der Fertigwarenindustrie, des Handels, der Banken und der Schiffahrt zusammen, dem Aufsichtsrat gehörten u. a. Schacht und Stresemann an. Vgl. D. Guratzsch: Macht, S. 243 u. Anhang 11, S. 407 ff.

[298] Dem Präsidium der Deutschen Lichtbild-Gesellschaft e. V. gehörten als Vertreter ihrer Verbände u. a. Rötger für den CDI und Stresemann für den BDI an. Vgl. D. Guratzsch: Macht, S. 310 u. Anhang 27, S. 438 ff., u. L. Bernhard: Hugenberg-Konzern, S. 91.

[299] Der Bund der Industriellen wurde 1895 als Unternehmerorganisation der Fertigwarenindustrie gegründet. Der BDI, dem sich vor allem kleinere und mittlere Betriebe anschlossen, war bewußt als Gegenorganisation zum CDI ins Leben gerufen worden, der vor allem die Interessen der Groß- und Schwerindustrie vertrat. (Vgl. Utz Merkel: Bund der Industriellen, in: Die bürgerlichen Parteien in Deutschland, Berlin 1968, Bd. I, S. 117—126, hier S. 119 [i. f. zit.: U. Merkel: BDI]; vgl. auch D. Stegmann: Erben, S. 33 ff.) Stresemann hatte seit 1902 den stärksten Regionalverband des BDI, den Verband Sächsischer Industrieller, aufgebaut, wurde 1910 Vorstandsmitglied des BDI, 1911 geschäftsführender Vorsitzender. Vgl. Henry Ashby Turner jr.: Stresemann — Republikaner aus Vernunft, Berlin Frankfurt/M. 1968, S. 16 f. (i. f. zit.: H. A. Turner: Stresemann).

[300] Der Hansa-Bund wurde 1909 als Interessenvertretung von Gewerbe, Handel und Industrie zur Abwehr der konservativen Wirtschaftspolitik gegründet. Insbesondere ging es um die Verhinderung einer die agrarischen Großgrundbesitzer einseitig bevorzugenden Steuerpolitik, die die Konservativen im Verein mit dem Zentrum erfolgreich durchzusetzen suchten. Im Hansa-Bund vereinten sich die Interessenverbände der Schwerindustrie, der Fertigwarenindustrie, Vertreter des Handels, der Reedereien, des Handwerks, der Privatangestellten und Handlungsgehilfen. Doch hatten Banken und BDI zahlenmäßig von vornherein ein Übergewicht. Das Bündnis mit der Schwerindustrie ließ sich nur zeitweise unter Ausklammerung von Zollfragen und sozialpolitischen Problemen aufrechterhalten. 1912 schied der CDI aus dem Hansa-Bund aus und stand nun im scharfen Gegensatz zu ihm. Vgl. D. Stegmann: Erben, S. 176 ff.; H. Jaeger: Unternehmer, S. 153 ff.; Paul Mager und Sigrid Kretschel: Hansa-Bund für Gewerbe, Handel und Industrie (HB), in: Die bürgerlichen Parteien in Deutschland, Berlin 1968, Bd. II, S. 201—215, hier S. 202 ff.

und Bankengewerbe auf der einen und der von Großunternehmen beherrschten Rohstoffindustrie (Kohle und Eisen) auf der anderen Seite hatte sich vor allem aus der unterschiedlichen Haltung zur Schutzzollfrage ergeben.[301] Doch votierten BDI und Hansa-Bund im Gegensatz zum CDI nicht nur für einen gemäßigten Schutzzoll, sondern vertraten auch innenpolitisch einen liberaleren Kurs als dieser.[302] Der nicht zuletzt durch das Interesse der Fertigwarenindustrie an den Konsumenten bedingte,[303] von Stresemann besonders forcierte verbandspolitische Stil war auf öffentlichkeitswirksame Darstellung und parlamentarische Repräsentation abgestellt.[304]

Was diese stark exportorientierte Industriegruppe dennoch an einigen Hugenbergschen Unternehmen lockte, war der offiziell deklarierte und bewußt auf sie zugeschnittene Zweck der Auslandswerbung.[305] Hier gab es keine grundsätzliche Interessenkollision, und ein gemeinsames Vorgehen erschien durchaus sinnvoll. Hugenberg seinerseits spekulierte darauf, daß über diesen Anknüpfungspunkt mit einer institutionalisierten Zusammenarbeit das Zugehörigkeitsgefühl zu einer Art Wirtschaftsgemeinschaft gefördert, damit innenpolitische Annäherung erleichtert würde und sich seine politische Aktionsbasis in den konkurrierenden Verbänden verbreitern ließe.[306] Der Ausbruch des Krieges setzte zwar der Auslandswerbung enge Grenzen, da nun aber der Zugang zu den feindlichen Märkten verschlossen war, entschärfte sich die Zollfrage und intensivierte sich das Interesse der Fertigwarenindustrie an gesicherten Rohstoff- und Absatzgebieten, wie sich gleichzeitig ihre Abhängigkeit von den heimischen Rohstoffproduzenten verstärkte.[307] Das ermöglichte

[301] Der Fertigwarenindustrie war wegen ihres Interesses an billigen Rohstoffen an einer Schutzzollpolitik, wie sie die Schwerindustrie vertrat, die ihre Monopolstellung auf dem deutschen Markt erhalten wollte, nichts gelegen. Zudem war die im BDI organisierte Industrie stark exportorientiert, niedrige deutsche Zölle versprachen eine entsprechend günstige Zollpolitik des Auslands. Vgl. D. Stegmann: Erben, S. 33; U. Merkel: BDI, S. 119; Thomas Nipperdey: Interessenverbände und Parteien in Deutschland vor dem Ersten Weltkrieg, in: Hans-Ulrich Wehler (Hrsg.): Moderne deutsche Sozialgeschichte, Köln Berlin ²1966, S. 369–388, hier S. 371 (i. f. zit.: Th. Nipperdey: Interessenverbände).

[302] Vgl. Th. Nipperdey: Interessenverbände, S. 338; H. Jaeger: Unternehmer, S. 154; U. Merkel: BDI, S. 118.

[303] Ein verbraucherfreundliches Image war für diese Industrie lebensnotwendig. Vgl. D. Guratzsch: Macht, S. 82, Anm. 98.

[304] Vgl. ebd., S. 73 f.; U. Merkel: BDI, S. 124. Dagegen verließ sich die Schwerindustrie allzusehr auf persönliche Kontakte mit Abgeordneten und der Bürokratie. Die Wirkung dieses Mittels schwächte sich um so mehr ab, je stärker der Parlamentarisierungsprozeß voranschritt. Dies wurde erst mit Hugenbergs Aufstieg in den Verbänden anders, der die alte Kontaktpflege systematisch mit der propagandistischen Öffentlichkeitsarbeit verband. Diese Öffentlichkeitsarbeit basierte jedoch nicht wie Stresemanns Konzept auf industrieller Mitarbeit und Selbstdarstellung im Parlament, sondern konkretisierte sich in agitatorischen Pressefeldzügen und außerparlamentarischen Sammlungsbewegungen mit plebiszitärem Charakter. Vgl. L. Bernhard: Hugenberg-Konzern, S. 73 f.; D. Guratzsch: Macht, S. 209 u. S. 335.

[305] Vgl. D. Guratzsch: Macht, S. 208.

[306] Um dieses Gemeinschaftsgefühl zu stärken, wurden ALA, DÜD u. DLG genossenschaftlich organisiert. Vgl. L. Bernhard: Hugenberg-Konzern, S. 73 f.; D. Guratzsch: Macht, S. 209 u. S. 335.

[307] Vgl. D. Guratzsch: Macht, S. 117.

Hugenberg, über den Rahmen der wirtschaftswerbenden Gesellschaften hinaus die beiden konkurrierenden Industrieverbände zu einer gemeinsamen politischen Aktion in der Kriegszielbewegung zusammenzufassen.[308] In der Kriegszielbewegung fanden sich mit der vereinten Industrie auch jene Verbände wie der Bund der Landwirte (BdL) und der Reichsdeutsche Mittelstandsverband (RMV) zusammen, die bereits 1913 gemeinsam mit dem CDI das von Hugenberg protegierte, doch ohne praktische Relevanz gebliebene „Kartell der Schaffenden Stände" gebildet hatten.[309] Kartell wie Kriegszielbewegung sollten als geschlossener Machtblock die Regierung zwingen, die „realen Interessen" der produktiven Stände zu berücksichtigen.[310] Während das Kartell, dem auch der Reichsverband gegen die Sozialdemokratie angehörte, sich ausdrücklich als Abwehrorganisation gegen demokratisierende Kräfte im Staat verstand,[311] bildeten außenpolitische Forderungen den gemeinsamen Nenner der Kriegszielbewegung.[312] Die von Hugenberg geführte schwerindustrielle Gruppe band jedoch im Gegensatz zum Stresemannschen BDI das Kriegszielprogramm vorrangig an einen innenpolitischen Zweck: Abbau sozialer Spannungen und innenpolitischer Schwierigkeiten.[313] Als sich diese Motivation unter den veränderten politischen Umständen des Jahres 1917 in der Negation jeglicher politischer Reformen konkretisierte, ließ sich das Bündnis nicht mehr ausbalancieren. Die Ausweitung des Krieges, die katastrophale Ernährungslage und die Ausstrahlung der russischen Februarrevolution zwangen die Politiker auf Regierungs- und Parteiebene zur „Neuorientierung". Stresemann für den BDI und die Mehrheit der nationalliberalen Reichstagsfraktion wollten sich einem flexibleren innenpolitischen Kurs vor allem in der Wahlrechtsfrage nicht verschließen,[314] während Konservative, CDI und die ihm verbündeten nationalliberalen Abgeordneten im Preußischen Landtag erbittert dagegen ankämpften.[315] Da sich gleichzeitig der ebenfalls von ihm initiierte Schäfersche „Unabhängige Ausschuß für einen Deutschen Frieden" (UA) aufzulösen begann,[316] hoffte Hugenberg darauf, daß eine neue Gründung, die Deutsche Vaterlandspartei, die auseinanderstrebenden Gruppen aufzufangen vermöchte.[317] Dieser nationalen Gegenbewegung zu den Parlamentsparteien, finanziert von Hugenberg und seinen schwerindustriellen Freunden,[318] propagandistisch unterstützt von Hugenbergs Presseappa-

---

[308] Guratzsch legt Hugenbergs entscheidenden Anteil an Entstehung und Organisation der Kriegszielbewegung eingehend dar. Vgl. ebd., S. 127 ff.
[309] Vgl. ebd., S. 108 f.; D. Stegmann: Erben, S. 352 ff.
[310] Vgl. ebd., S. 453 ff.
[311] Vgl. ebd., S. 362 ff.
[312] Vgl. ebd., S. 305 ff.
[313] Vgl. ebd., S. 454 f.
[314] Vgl. H. Thieme: Liberalismus, S. 193 ff.
[315] Vgl. D. Stegmann: Erben, S. 511 f., H. Thieme: Liberalismus, S. 191.
[316] Vgl. D. Guratzsch: Macht, S. 139 ff.
[317] An den alldeutschen Verbandsvorsitzenden Claß schrieb Hugenberg: „Die Vaterlandspartei ist die letzte Hoffnung. Wenn die versagt, ist es vorbei." Schreiben Hugenbergs an Claß, 16. 9. 1917. — FST/MA, 06–5/1.
[318] Hugenbergs schwerindustrielle Freunde, insbesondere Kirdorf, spendeten Millionenbeträge. (Vgl. D. Stegmann: Erben, S. 507.) Ob sich die Firma Krupp an der Finanzierung beteiligte, ist aus den zugänglichen Quellen nicht ersichtlich. Der Firmenchef Krupp v. Bohlen und Halbach stand jedenfalls der neuen Gründung keineswegs ablehnend gegenüber, sondern begrüßte sie in einem Privatschreiben ausdrücklich, auch

rat,[319] gelang es tatsächlich, in kurzer Zeit 800 000 Mitglieder zu gewinnen, darunter zahlreiche Vertreter der Schwerindustrie, des grundbesitzenden Adels, des Militärs, des alten Mittelstandes und der wirtschaftsfriedlichen Arbeiterschaft.[320] Doch konnten weder der Hansa-Bund noch der BDI, besonders aber nicht Stresemann noch einmal gewonnen werden.[321] Nicht die außenpolitischen Ziele, die Stresemann nach wie vor teilte,[322] sondern die innenpolitisch sabotierende Absicht, die mit der Forderung, Reformen bis nach Erreichung des Siegfriedens zu vertagen, deutlich hervortrat, verhinderte die Neuauflage der alten Koalition.[323]

Der innenpolitische Gegensatz resultierte dabei nicht, wie die Tatsache der unter dem Eindruck der Revolution vollzogenen Vereinigung von BDI und CDI im Reichsverband der Deutschen Industrie (RDI) zeigt,[324] aus einer prinzipiell verschiedenen Interessenlage. Die Reformwilligkeit des BDI und die Kompromißlosigkeit des CDI waren unterschiedliche Antworten auf ein und dieselbe Frage, wie ein prinzipieller politischer und sozialökonomischer Strukturwandel zu verhindern sei.[325] Der unterschiedliche Weg der Problembewältigung dürfte allerdings sowohl durch branchenspezifische Verbandsunterschiede – die Konsumentenorientierung des

---

wenn er mit „Rücksicht auf manche Fehler und Ungeschicklichkeiten in der Aufmachung" nicht Mitglied werden wollte. (Vgl. Schreiben Krupp v. Bohlen u. Halbachs an v. Havenstein, 1. 12. 1917. — Krupp/FAH, IV E 733.) Das demonstriert noch einmal, wie wenig seine Unterstützung der Bethmannschen „Neuorientierung" mit echter Überzeugung zu tun hatte. Hugenberg selbst war Mitglied der Vaterlandspartei und unterstützte sie mit kleineren Beträgen, die wahrscheinlich aus seinem Privatvermögen stammten. Vgl. hs. Vermerk Hugenbergs auf dem Rundschreiben der Deutschen Vaterlandspartei v. 7. 9. 1917, o. D., u. Schreiben der Deutschen Vaterlandspartei an Hugenberg, 4. 10. 1917. — NL Hugenberg, A Bd. 22; vgl. ferner Kontoauszug aus Hugenbergs Konto bei der Posenschen Landesgenossenschaftsbank, Januar 1918. — NL Hugenberg, A Bd. 18.

[319] Vgl. Schreiben Friedrich v. Schwerins an Hugenberg, 15. 11. 1917, und Schreiben Albert v. Schwerins an Hugenberg, 19. 11., o. J. (1917). — NL Hugenberg, A Bd. 21.

[320] Vgl. D. Stegmann: Erben, S. 507 ff.

[321] Vgl. D. Guratzsch: Macht, S. 148 f.

[322] Vgl. D. Stegmann: Erben, S. 500, Anm. 343.

[323] Im Aufruf der Vaterlandspartei v. 2. 9. 1917 hieß es: „Weite Kreise des deutschen Volkes stimmen mit der Stellungnahme der gegenwärtigen Reichstagsmehrheit zu den wichtigsten Lebensfragen des Vaterlandes nicht überein. Sie erblicken in dem Versuch, gerade jetzt, wo des Reiches Schicksal auf dem Spiele steht, Kämpfe und Verfassungsfragen hervorzurufen und in den Vordergrund zu stellen, eine Gefährdung des Vaterlandes und eine, wenn auch nicht gewollte Förderung unserer Feinde." Aufruf v. 2. 9. 1917, gedr. in: Karl Wortmann: Geschichte der Deutschen Vaterlandspartei, Halle, Phil. Diss. 1926, S. 29—32, hier S. 29 (i. f. zit.: K. Wortmann: Vaterlandspartei).

[324] Vgl. zur Gründung des RDI Fritz Günther u. Manfred Ohlsen: Reichsverband der Deutschen Industrie (RDI) 1919—1933, in: Die bürgerlichen Parteien in Deutschland, Berlin 1968, Bd. II, S. 580—619, hier S. 580 ff. (i. f. zit.: F. Günther u. M. Ohlsen: RDI).

[325] Dabei zeichnete sich der BDI vor allem durch einen größeren Realismus aus. So kritisierte Stresemann im September 1918, daß „manche Gruppen unserer Großindustrie (...) sich in politischen Fragen einer völligen Illusionspolitik hingeben" und fügte hinzu, daß „das gleiche Wahlrecht kommt, ist eine Selbstverständlichkeit. Es handelt sich jetzt nur darum, wann es kommt, wie, mit wem oder gegen wen." Eine Wahlrechtsrede Stresemanns, in: Berliner Tageblatt, Nr. 466, 12. 9. 1918, zit. n. D. Stegmann: Erben, S. 516, Anm. 452.

BDI – als auch durch die persönlichen Neigungen der Verbandsspitzen bedingt gewesen sein. Der erfahrene Parlamentarier Stresemann votierte für den politischen Kompromiß, während der im Grunde an das Primat der Ökonomie glaubende Hugenberg ihn solange als möglich verhindern wollte.

Das Ausscheren des BDI aus der bürgerlich-nationalen Sammlungsbewegung Hugenbergscher Provenienz setzte der Zusammenarbeit von Mitgliedern der konkurrierenden Industrieverbände im diskreten Rahmen der publizistischen Unternehmen Alfred Hugenbergs jedoch kein Ende. Die Kooperation überdauerte ungebrochen das Jahr 1918. Selbst Gustav Stresemann zog keinen vollständigen Trennungsstrich zwischen sich und Hugenberg. Er schied zwar aus einem der Unternehmen, dem Deutschen Überseedienst, aus,[326] blieb aber zumindest bis 1921 Mitglied der Deutschen Lichtbild-Gesellschaft.[327]

Kriegsende und Revolution brachten das stabile Fundament Hugenbergscher Macht, den Konzern, nicht zum Einsturz. Vielmehr sollte er sich jetzt erheblich verbreitern und seine eigentliche Bedeutung unter den Bedingungen parlamentarischer Demokratie erweisen. Dagegen schienen Kriegsende und Revolution das Debakel von Hugenbergs politischer Konzeption zu markieren. Es war das erklärte Ziel der gesamten politischen Arbeit Hugenbergs im Wilhelminischen Staat, die äußere Machtbasis des Reichs zu vergrößern und die politische und soziale Vormacht des Bildungs- und Besitzbürgertums im Innern zu sichern. Beides war eng miteinander verknüpft, weil er sich von der territorialen Vergrößerung des Reichs einen Abbau der inneren politischen und sozialen Gegensätze erhoffte und die geistige Mobilmachung des Bürgertums für nationale Interessen sowohl als Voraussetzung des außenpolitischen Sieges wie der bürgerlichen Vormachtstellung im Innern betrachtete.[328] Beides suchte er mit einer Doppelstrategie zu realisieren, deren Grundmuster sich bereits bei der Organisation des Alldeutschen Verbandes abzeichnete und die darauf abzielte, die Regierungspolitik indirekt zu lenken. Einerseits sollte durch das organisierte Zusammenspiel solcher Personenkreise, die kraft ihrer Stellung in Behörde, Wirtschaft, Militär und Parlament Einfluß auf die Regierung nahmen,[329] Druck auf diese ausgeübt werden, der andererseits durch den Druck der „Öffentlichkeit", Presse und nationale Sammlungsbewegungen ergänzt werden sollte. Diese Strategie zeitigte, denkt man an die Freigabe der Kriegszieldiskussion, die Durchführung des unbeschränkten U-Boot-Krieges oder den Sturz Bethmann Hollwegs, durchaus beachtliche Erfolge.[330] Da sie aber darauf konzipiert war, innenpolitische Probleme durch äußere nationale Siege zu lösen, hing ihr Erfolg im hohen Maß vom Kriegsverlauf ab. So schrieb Hugenberg bereits 1915 an Bernhard:

> „Je länger der Krieg dauert, um so vollkommener trifft natürlich unsere ursprüngliche Auffassung zu, daß wir nach allen Richtungen hin erledigt und bankrott sein werden, wenn unser Sieg nicht ein durchschlagender sein wird."[331]

---

[326] Vgl. D. Guratzsch: Macht, S. 243.
[327] Vgl. Liste des Verwaltungsrats der Deutschen Lichtbildgesellschaft e. V., 1. 5. 1921. — Akten Opriba, G VII, 4.
[328] Vgl. S. 25 ff. u. S. 48 ff.
[329] Eine hervorragende Rolle kam dabei wiederum dem Zusammenspiel des Posener Freundeskreises zu. Vgl. D. Guratzsch: Macht, S. 150 ff.
[330] Vgl. D. Guratzsch: Macht, S. 350 f.
[331] Schreiben Hugenbergs an Bernhard, 12. 11. 1915. — NL Hugenberg, M. 2.

Abgesehen von der selbst einkalkulierten Abhängigkeit seiner politischen Konzeption vom Verlauf des Krieges, lag ihre eigentliche Schwäche in der Überschätzung der integrierenden Kraft der nationalen Idee. Mit nationalen Sammlungsbewegungen sollten nicht nur politische Gegensätze im Lager der herrschenden Schichten von Adel, Bildungs- und Besitzbürgertum überwunden, sondern zugleich sollte ein breiter plebiszitärer Rückhalt gewonnen werden. Im Krisenjahr 1917 wurde jedoch deutlich, daß nationale Siegesparolen nicht einmal politische Gegensätze zwischen Fertigwarenindustrie und Rohstoffindustrie dauerhaft neutralisieren konnten. Darüber hinaus aber gelang es eben mit diesen Parolen auch nicht, im großen Maßstab jene Massen zu mobilisieren, deren politische Mitsprache Hugenberg bekämpfte. So brachten Kriegsniederlage und Revolution das, was Hugenberg hatte verhindern wollen: die äußere Schwächung des Reichs und die Demokratisierung im Innern. Beides aber sollte zugleich der nationalen Sammlungsparole im bürgerlichen Lager noch einmal neuen Glanz verleihen, und der Pressekonzern Alfred Hugenbergs sollte dazu dienen, diese Parole massenhaft zu verbreiten.

II. Sammlungspolitik in den ersten Jahren der Republik

1. Der Verbandsfunktionär

Revolution und Kriegsniederlage trafen Hugenberg nicht völlig unerwartet. Schon im April 1918 stand für ihn „alles (...) auf des Messers Schneide".[1] Nüchtern hatte der erbitterte Gegner der Demokratisierung kurz zuvor in der Essener Handelskammer erklärt:

> „Über politische Fragen zu sprechen ist hier nicht der Ort. Wir werden es aber nicht vermeiden können, unsere wirtschafts- und finanzpolitischen Folgerungen zu ziehen, falls der Plan des *allgemeinen gleichen Wahlrechts in Preußen* sich verwirklichen sollte. Wir werden in diesem Falle nicht unterlassen dürfen, uns *mit beiden Füßen auf den Boden der neuen Verhältnisse* zu stellen und dann auch unsererseits die Konsequenzen der Neuorientierung zu ziehen."[2]

Trotz der von der Vaterlandspartei und seinen Presseorganen propagierten Durchhalteparolen begann Hugenberg sich im Hinblick auf den Kriegsausgang bereits im Herbst 1917 für den „Ernstfall" vorzubereiten.[3] Gemeinsam mit Stinnes und Kirdorf nahm er Kontakte zu den Gewerkschaften auf. Das Dreigestirn fand sich im Oktober 1917 mit den Gewerkschaftsführern Bauer, Schmidt, Leipart und Schlicke im Berliner Hotel Continental zu einem ersten Gespräch zusammen.[4] Im Dezember

---

[1] Tischrede Hugenbergs im Industrieklub zu Düsseldorf am 6. 4. 1918, gedr. in: A. Hugenberg: Streiflichter, S. 183—187, hier S. 186. Daß Hugenberg trotzdem auch noch einen militärischen Sieg für möglich hielt, geht aus einem Schreiben an einen alten Freund hervor: „Schließlich wird ja alles von dem Erfolge der Offensive abhängen. Geht sie gut, so wird es schließlich im Westen kommen, wie es im Osten gekommen ist. Nur möchte ich wünschen, daß man es im Westen mit mehr diplomatischem Plane und Überblick über die wirtschaftlichen Verhältnisse mache. Die Vertretung unserer wirtschaftlichen Interessen beim Friedensschluß ist bisher eine recht schlechte gewesen." (Schreiben Hugenbergs an Oberstabsarzt Dr. Heino Dörrie, 26. 4. 1918. — NL Hugenberg, A Bd. 4.) Die Behauptung Leopolds, Hugenberg habe die Niederlage überhaupt nicht erwartet, dürfte gleichwohl unbewiesen bleiben. Vgl. J. Leopold: Hugenberg, S 28.

[2] Alfred Hugenberg: Wirtschaftsfragen der Zukunft (Aus den Verhandlungen der Handelskammer für die Kreise Essen, Mülheim-Ruhr und Oberhausen zu Essen vom 26. 3. 1918), gedr. in: ders.: Streiflichter, S. 187—191, hier S. 187.

[3] Bereits im Juli 1917, trotz des gerade erfolgten Sturzes des von ihm bekämpften Bethmann Hollweg, sah Hugenberg die allgemeine Lage sehr düster. „Schwerer und gefährlicher als diese Tage ist wohl kaum eine Zeit im Laufe des letzten Jahrhunderts für Deutschland gewesen. Hoffentlich kommen wir noch einmal an dem Abgrunde vorbei. Wenn die bevorstehenden Verlautbarungen zeigen, daß nicht schon alles verloren ist, so muß allerdings von dem freien Worte im weitesten Umfange Gebrauch gemacht werden — vielleicht auch sonst, nur wird das Gefühl, daß man schon im Sturze von der Höhe ist, doch den meisten leider den Atem sehr anhalten." (Schreiben Hugenbergs an General Keim, 18. 7. 1917. — NL Hugenberg, A Bd. 11.) Vgl. auch Schreiben Hugenbergs an Keibel, 16. 10. 1917. — NL Hugenberg, A Bd. 11.

[4] Vgl. Gerald Feldmann: Army Industry and Labor in Germany 1914—1918, Princeton 1966, S. 437 f. (i. f. zit.: G. Feldmann: Army Industry). Zunkel datiert die erste

des gleichen Jahres fand auf Wunsch der Gewerkschaftsvertreter noch eine weitere Zusammenkunft statt.[5] Der Inhalt der Besprechungen ist im einzelnen nicht überliefert, doch soll die Demobilisierungsfrage ein wichtiges Diskussionsthema gebildet haben.[6] Konkrete Ergebnisse brachten die Kontakte, wie es scheint, vorderhand nicht.[7] Erst im Oktober 1918 nahmen Gewerkschafts- und Industrievertreter die Gespräche auf, die zur Bildung der Zentralarbeitsgemeinschaft (ZAG) führten.[8]

Mit der von Stinnes und Legien geführten ZAG erkannten die Unternehmer die Gewerkschaften als rechtmäßige Vertretung der Arbeiterschaft an, sicherten aber gleichzeitig ihre durch die Sozialisierungsbestrebungen bedrohte Position als Privateigentümer von Produktionsmitteln und als verhandlungswürdige Sozialpartner ab.[9] Hugenberg war an der Entstehung der ZAG, aus der die einst von ihm protegierte wirtschaftsfriedliche Arbeiterbewegung ausgeschlossen blieb, zumindest insoweit beteiligt,[10] als er für die Koordination zweier industrieller Delegationen sorgte, die in Berlin und Westdeutschland getrennt die Vorverhandlungen mit den Gewerkschaftsvertretern führten.[11] Überdies sicherte er sich einen Sitz im vorläufigen Zentralvorstand, dem einzig funktionierenden Spitzenorgan der Zentralarbeitsgemeinschaft während der Revolution und der nachfolgenden Monate, und nahm damit Einfluß auf eine zentrale Schaltstelle wirtschaftlicher Macht im neuen Staat.[11a]

Zusammenkunft schon auf den 9. 8. 1917. Nach seinen Angaben kam die Besprechung dank einer Initiative von August Müller, Vorstandsmitglied des Kriegsernährungsamtes, und Hermann A. Schumacher, Professor der Staatswissenschaften, zustande. Die Teilnehmerliste ähnelt der, die Feldmann für die Oktober-Besprechung angibt, allerdings nennt Zunkel für die Unternehmerseite außer dem „Dreigestirn" noch Fritz Winkhaus. Welche der Angaben richtig ist, oder ob sowohl im August wie im Oktober eine Besprechung stattfand, kann hier nicht entschieden werden. Vgl. Friedrich Zunkel: Industrie und Staatssozialismus, Düsseldorf 1974, S. 133 (i. f. zit.: F. Zunkel: Industrie).

[5] Stinnes lud Hugenberg persönlich zu der Besprechung mit den Gewerkschaftsvertretern am 2. 12. 1917 wieder ins Hotel Continental ein. Ausdrücklich betonte er: „Die Gewerkschaftsleute sind diesmal ihrerseits wegen der Anberaumung der Besprechung durch Herrn Geheimrat Schumacher an mich herangetreten." Schreiben Stinnes' an Hugenberg, 28. 11. 1917. — NL Hugenberg, A Bd. 20.

[6] Vgl. G. Feldmann: Army Industry, S. 437 f., und F. Zunkel: Industrie, S. 134.

[7] Vgl. F. Zunkel: Industrie, S. 134.

[8] Vgl. ebd., S. 174.

[9] Vgl. Lothar Albertin: Faktoren eines Arrangements zwischen industriellem und politischem System in der Weimarer Republik 1918—1928, in: H. Mommsen u. a. (Hrsg.): Industrielles System, Düsseldorf 1974, S. 658—674, hier S. 660 (i. f. zit.: L. Albertin: Faktoren).

[10] Detaillierte Unterlagen über Hugenbergs Tätigkeit während der Gründungszeit der ZAG fehlen.

[11] Vgl. F. Zunkel: Industrie, S. 178.

[11a] Vgl. Werner Richter: Zentralarbeitsgemeinschaft der industriellen und gewerblichen Arbeitgeber und Arbeitnehmer Deutschlands (ZAG) 1918—1924, in: Die bürgerlichen Parteien in Deutschland, Berlin 1968, Bd. II, S. 845—849, hier S. 845 f. (i. f. zit.: W. Richter: ZAG). Das erste grundsätzliche Abkommen zwischen Unternehmern und Gewerkschaften vom 15. 11. 1918 war von Hugenberg bereits mitunterzeichnet worden. Vgl. Vereinbarung zwischen d. Arbeitgeberverbänden u. d. Gewerkschaften, 15. 11. 1918, gedr. in: Gerhard A. Ritter u. Susanne Miller (Hrsg.): Die deutsche Revolution, Frankfurt/M. u. Hamburg 1968, S. 214—216.

Aus diesen wenigen belegbaren Fakten über Hugenbergs Tätigkeit im Zusammenhang mit der ZAG läßt sich zumindest folgender Schluß ziehen: Trotz seiner radikal ablehnenden Haltung gegenüber politischer Mitsprache der Arbeiterschaft reagierte er in einer Situation, in der die Änderung des politischen Systems nicht mehr zu verhindern war, wohl aber die der wirtschaftlichen Struktur, ebenso flexibel wie seine schwerindustriellen Freunde.[12] Gemeinsam mit ihnen hatte er frühzeitig Kontakte zu den Gewerkschaftsführern angeknüpft und konnte deshalb auch während der Umbruchsphase für die Vertretung unternehmerischer Interessen sorgen. Seine Mitarbeit in der ZAG diente darüber hinaus auch der Sicherung seines persönlichen Einflusses im neuen Staat. Sein alter Gegner Stresemann hingegen hatte die ZAG abgelehnt und war ihr ferngeblieben. Das nicht nur, weil er die erdrückende Dominanz der Schwerindustrie fürchtete, sondern auch, weil ihm die Kompromißbereitschaft der Unternehmerseite zu weitgehend schien.[13] Hatte er sich mit dieser Haltung bei der ZAG selbst ausgeschaltet, so bot er seinem Widersacher überdies Gelegenheit, ihn von den Führungsgremien einer weiteren wichtigen Organisation fernzuhalten.

Hugenberg nahm an den Gründungsverhandlungen des Reichsverbandes der Deutschen Industrie (RDI), jener Organisation, die erstmalig die rivalisierenden Industrieverbände CDI und BDI mit Einschluß des „Vereins zur Wahrung der Interessen der chemischen Industrie Deutschlands" unter einem Dach einte, an einflußreicher Stelle teil: als Mitglied des Ausschusses, der über die personelle Besetzung von Vorstand und Präsidium der neuen Vereinigung verhandelte.[14] Folgerichtig wurde er selbst in das Präsidium, das maßgebliche dreizehnköpfige Spitzenorgan des RDI, berufen und zum Vorsitzenden der Fachgruppe Bergbau im RDI ernannt.[15] Stresemann, der kein Hehl aus seiner Skepsis gegenüber diesem Zusammenschluß der Industrieverbände gemacht hatte,[16] gelangte dagegen, obwohl von Freunden in Vorschlag gebracht, weder in das Präsidium noch in den Vorstand.[17] Hugenberg hatte erklärt,[18] er würde seine Füße nicht unter einen Tisch mit Stresemann strecken, und Stinnes hatte den Antrag auf Ablehnung seiner Kandidatur mit der Begründung gestellt, Stresemann sei kein Industrieller, sondern Berufspolitiker.[19] Von Erfolg gekrönt wurde ihr Vorgehen auch deshalb, weil sich der einigungswillige BDI

---

[12] Vgl. auch F. Zunkel: Industrie, S. 175.

[13] Vgl. Lothar Döhn: Politik und Interesse, Meisenheim 1970, S. 106 f. (i. f. zit.: L. Döhn: Politik).

[14] Vgl. Friedrich Zunkel: Die Gewichtung der Industriegruppen bei der Etablierung des Reichtsverbandes der Deutschen Industrie, in: Hans Mommsen u. a. (Hrsg.): Industrielles System, Düsseldorf 1974, S. 637–647, hier S. 640 f.)i. f. zit.: F. Zunkel: Industriegruppen).

[15] Vgl. ebd., S. 642, u. F. Günther u. M. Ohlsen: RDI, S. 583.

[16] Bei dieser Skepsis, die er schließlich aufgab, spielte ebenso die Furcht vor der Übermacht der Schwerindustrie im neuen Verband eine Rolle, wie die Abneigung, in die Sozialisierungskämpfe der Großindustrie mit hineingezogen zu werden. Vgl. F. Zunkel: Industriegruppen, S. 640; L. Döhn: Politik, S. 104; H. A. Turner: Stresemann, S. 76.

[17] Vgl. D. Stegmann: Hugenberg, S. 377; L. Döhn: Politik, S. 103 u. 105.

[18] Vgl. Fritz Berg (Hrsg.): Der Weg zum industriellen Spitzenverband, Darmstadt 1956, S. 58 (i. f. zit.: F. Berg: Weg z. Spitzenverband).

[19] Vgl. Annelise Thimme: Gustav Stresemann, Frankfurt/M. 1957, S. 18 (i. f. zit.: A. Thimme: Stresemann), u. D. Stegmann: Hugenberg, S. 377.

nicht geschlossen hinter seinen Verbandsvorsitzenden stellte. Aus Enttäuschung über die mangelnde Solidarität der Verbandsmitglieder legte Stresemann dann sämtliche Ämter im BDI nieder.[20] Hatte er sich damit gleich zu Beginn der Republik in das verbandspolitische Abseits stellen lassen, so sorgte sein nur scheinbar schwerfälliger Gegenspieler für die Kontinuität des eigenen Einflusses bei einer Reihe weiterer Interessenorganisationen.

Hugenberg blieb Mitglied des Vorstands und des Ausschusses Deutscher Arbeitgeberverbände, ebenso behielt er den Vorsitz des Bergbau- und Zechenverbandes. Lediglich das Präsidium der Essener Handelskammer und der niederrheinisch-westfälischen Handelskammervereinigung mußte er 1919 abgeben, wurde aber als Mitglied der Essener Kammer wiedergewählt.[21] Die fortdauernde Ämterhäufung ist deshalb beachtenswert, weil er am 1. Januar 1919 bei Krupp ausgeschieden war und somit auch nicht mehr als Vertreter der Kruppschen Werke in den industriellen Interessenverbänden auftreten konnte.

Hugenbergs Abschied von Krupp war, entgegen den in politischen Kreisen kolportierten Gerüchten,[22] durchaus freiwillig erfolgt. Er selbst hatte seinem Firmenchef bereits 1916 erklärt, daß er seinen bis 1919 laufenden Dienstvertrag nicht verlängern lassen wolle.[23] Nicht Krupp hatte seinen Vorstandsvorsitzenden, wie behauptet wurde, aus einem grundsätzlichen politischen Gegensatz heraus entlassen, sondern dieser ging auf eigenen Wunsch, um sich politisch ohne Rücksicht auf das Kruppsche Firmenimage auch öffentlich engagieren zu können.[24] Allerdings setzte Krupp, soweit bekannt, Hugenbergs Entschluß keinen ernsthaften Widerstand entgegen. Gerade nach den Novemberereignissen dürfte ihm die Realisierung der früheren Ankündigung durchaus willkommen gewesen sein. Das im Blickpunkt der Öffentlichkeit stehende größte deutsche Rüstungsunternehmen, das nun auf Friedensproduktion umstellen mußte, mit einem „alldeutschen Scharfmacher" zu be-

---

[20] Vgl. L. Döhn: Politik, S. 103 u. 105, u. D. Stegmann: Hugenberg, S. 377.

[21] Vgl. D. Guratzsch: Macht, S. 387 f.

[22] So sandte das Statistische Büro der Firma Krupp Hugenberg im März 1918 folgenden Bericht: „Herr Fehrmann von der Ess. Allg. Ztg. (Generalanz.), der auch wegen Ihres angeblichen Ausscheidens aus dem Direktorium bei mir anfragte, erzählte mir, er habe davon schon vor 1½ Wochen in einer hiesigen Gesellschaft gehört. Es sei zwischen Ihnen und G.[ustav] K.[rupp] B.[ohlen] H.[albach] zu ernsten Friktionen wegen Ihrer allzu starken Begünstigung der Vaterlandspartei gekommen! Ich teile Ihnen dies deswegen mit, weil ich etwas Ähnliches vor einigen Wochen in der hiesigen Loge gehört hatte, was ich aber nur als törichten Klatsch betrachtet habe." (Statistisches Büro/ Jordan an Hugenberg, 2. 3. 1918. — NL Hugenberg, A Bd. 20.) Ähnliche Vermutungen äußerte auch das Berliner Tageblatt. (Vgl. „Ausscheiden des Generaldirektors Hugenberg aus der Firma Krupp", in: BT, 2. 3. 1918.) Ganz massiv vertrat dann offensichtlich Gustav Stresemann die These von Hugenbergs unfreiwilligem Abschied. Dagegen setzte sich Hugenberg später öffentlich mit einem Artikel zur Wehr. Vgl. Alfred Hugenberg: Heimkehr, in: Der Tag, 14. 3. 1926, auch gedr. in: A. Hugenberg: Streiflichter, S. 83–88.

[23] Hugenberg datiert diesen Vorgang in einem späteren Artikel auf das Jahr 1915 (vgl. A. Hugenberg: Heimkehr, gedr. in: ders.: Streiflichter, S. 85), aus den Quellen geht jedoch das Jahr 1916 als Entscheidungsjahr hervor. Vgl. die Schreiben Hugenbergs an Claß, 10. 8. 1916 u. 29. 10. 1918. — FST/MA, 06–5/1; vgl. ferner Aktennotiz Krupp v. Bohlen u. Halbachs, 3. 11. 1917. — Krupp/FAH, IV C 73.

[24] Vgl. die Schreiben Hugenbergs an Claß, 10. 8. 1916 u. 29. 10. 1918. — FST/MA, 06–5/1.

lasten, erschien angesichts der Sozialisierungsdiskussion wenig opportun. Hugenbergs Schritt ermöglichte es Krupp, an die Spitze seines Unternehmens mit Otto Wiedfeldt einen liberalen, politisch unbelasteten Mann zu stellen,[25] ohne die „menschlich-persönlichen Beziehungen"[26] zu seinem früheren Vorstandsvorsitzenden zu beeinträchtigen. Vielmehr konnte er das von ihm hochgeschätzte Organisationstalent Hugenbergs auf dem Gebiet der Presse weiterhin fördern,[27] brauchte dabei aber nicht mehr wie früher zu befürchten, daß die Firma Krupp mit der Politik der von ihr mitfinanzierten Presseunternehmen identifiziert würde. Inwieweit Krupp darüber hinaus auch seinen Einfluß hinter den Kulissen spielen ließ, um Hugenberg die Ämter in den industriellen Interessenorganisationen zu erhalten, ist ungewiß.[28] Sicher ist dagegen, daß zwei andere Industrieführer, Emil Kirdorf und Hugo Stinnes, Hugenberg in den Verbänden nachdrücklich unterstützten und ihm durch Berufung in die Aufsichtsräte ihrer Firmen, GBAG und Deutsch-Lux,[29] eine interessenspezifische Legitimation für die Fortführung seiner Tätigkeit in den industriellen Interessenorganisationen verschafften.

Dank politischer Flexibilität und der Unterstützung seines schwerindustriellen Freundeskreises hatte sich Hugenberg somit trotz seines Ausscheidens aus der Firma Krupp seine Machtposition in den Wirtschaftsverbänden auch unter den veränderten politischen Verhältnissen erhalten. Für seine nun beginnende parteipolitische Tätigkeit müssen seine enge Verknüpfung mit den industriellen Interessenorganisationen und seine andauernde Einbindung in den schwerindustriellen Freundeskreis als interessenspezifischer Bezugsrahmen mit berücksichtigt werden.

---

[25] Zu Hugenbergs Nachfolger vgl. Ernst Schröder: Otto Wiedfeldt. Eine Biographie, Essen 1964 (i. f. zit.: E. Schröder: Wiedfeldt).

[26] Hugenberg: Heimkehr, gedr. in ders.: Streiflichter, S. 85.

[27] So entsandte Krupp noch 1927 einen Vertreter in die Gewerbehaus AG, die als Nachfolgerin der Ausland GmbH zur zweiten großen Finanzierungsgesellschaft des Hugenberg-Konzerns geworden war. Als Mitglied des Bergbau- und Zechenverbandes, der der Wirtschaftsvereinigung nach 1918 umfangreiche Mittel zum Ausbau des Konzerns zur Verfügung stellte, zählte die Firma Krupp zumindest indirekt auch zu den Geldgebern der Hauptfinanzierungsgesellschaft des Hugenberg-Konzerns. (Vgl. Anhang, 3 a und 3 d.) Darüber hinaus gibt es auch Anzeichen dafür, daß Krupp Hugenberg Anfang der zwanziger Jahre über die Neuland AG Gelder zukommen ließ. Vgl. Schreiben Vielhabers an Hugenberg, 20. 5. 1921. — NL Hugenberg, A Bd. 22.

[28] Es gibt lediglich einzelne Belege dafür, daß Krupp an Hugenbergs Verbandstätigkeit Anteil nahm und mit ihm über verbandspolitische Fragen korrespondierte. Vgl. Schreiben Krupp v. Bohlen u. Halbachs an Hugenberg, 16. 4. 1919. — NL Hugenberg, A Bd. 13, u. Schreiben Hugenbergs an Krupp v. Bohlen u. Halbach, 27. 10. 1920. — Krupp/FAH, IV C 281.

[29] Vgl. Schreiben der GBAG an Hugenberg, 16. 6. 1924. — NL Hugenberg, A Bd. 7; Schreiben der Deutsch-Luxemburgischen Bergwerks- und Hütten AG an Hugenberg, 1. 3. 1922. — NL Hugenberg, A Bd. 4.

2. Bemühungen um eine liberal-konservative Einheitspartei

a) Fusionsbestrebungen in DNVP und DVP

Im Unterschied zur Mehrzahl seiner schwerindustriellen Freunde schloß Hugenberg sich nicht der Deutschen Volkspartei (DVP), sondern der Deutschnationalen Volkspartei (DNVP) an. In einer gegen ihn gerichteten Kampfschrift wurde später behauptet, sein Eintritt in die DNVP sei rein zufällig zustande gekommen, da die DVP ihm nur den wenig erfolgversprechenden Wahlkreis Düsseldorf II angeboten hätte. Deshalb habe er mit dem ebenfalls der Industrie nahestehenden Rechtsanwalt Kempkes getauscht, dem die DNVP den Wahlkreis Posen zugesagt hätte.[30] Tatsächlich spricht sowohl Hugenbergs seit 1913 bestehende Mitgliedschaft im Altnationalliberalen Reichsverband[31] wie seine ganze Weltanschauung eher für eine ursprüngliche Neigung zur liberalen Volkspartei als zur konservativ bestimmten DNVP. Jedoch deutet das frühzeitige Interesse, das Hugenberg über Mittelsmänner an der DNVP bekunden sollte, bevor er selbst als DNVP-Kandidat für die Nationalversammlung zu Anfang des Jahres 1919 in Erscheinung trat, darauf hin, daß sein Parteieintritt keineswegs so absichtslos zustande kam.

Für Hugenberg, der seinen Hauptsitz 1918 noch in Essen hatte, war seit Anfang des Jahres Georg Wilhelm Schiele-Naumburg, Herausgeber der Deutschen Volkswirtschaftlichen Correspondenz (DVC), die von Hugenberg subventioniert und später der TU angegliedert wurde,[32] als Beobachter und Vertrauensmann in Berliner politischen Kreisen tätig.[33] Schiele, Mitglied der Deutschkonservativen Partei und zeitweiliger Geschäftsführer der Vaterlandspartei,[34] war mit Gottfried Traub befreundet,[35] dem von der Fortschrittlichen Volkspartei zur Vaterlandspartei abge-

---

[30] Vgl. Wahrmund: Gericht, S. 35 f.

[31] Der Altnationalliberale Reichsverband war am 12. 5. 1912 aus Protest gegen Bassermanns Politik als „Partei in der Partei" gegründet worden, sein Geschäftsführer war Paul Fuhrmann. (Vgl. D. Stegmann: Erben, S. 310 ff., u. L. Döhn: Politik, S. 352, Anm. 1478.) Hugenberg meldete kurz nach der Gründung seinen Beitritt an, wobei allerdings unklar ist, ob damit auch automatisch eine Mitgliedschaft in der Nationalliberalen Partei verbunden war. Vgl. D. Guratzsch: Macht, S. 104.

[32] Die DVC wurde vermutlich seit 1918 von Hugenberg subventioniert. (Vgl. Schreiben Schieles an Hugenberg, 22. 8. 1918. — NL Hugenberg, M 5.) Etwa 1920 wurde sie von dem Patria-Verlag, einer Strohfirma der TU (vgl. Anhang, 1 d, aa) aufgekauft, und Schiele wurde Mitarbeiter, darüber hinaus wahrscheinlich auch Verwaltungsratsmitglied der TU. Vgl. Schreiben Albert v. Schwerins an Hugenberg, 17. 1. 1920. — NL Hugenberg, A Bd. 21; Schreiben v. Wilkes an Hugenberg, 22. 12. 1920. — NL Hugenberg, M 5; TU-Revisionsbericht Nr. 4 per 31. 12. 1929, Anhang Nr. 17. — Akten Dorow.

[33] Vgl. Schreiben Schieles an Hugenberg (Bericht über seine halbjährige Arbeit), 7. 8. 1918. — NL Hugenberg, M 5.

[34] Vgl. D. Stegmann: Erben, S. 252 u. S. 504; Robert Ullrich: Deutsche Vaterlandspartei 1917—1918, in: Die bürgerlichen Parteien in Deutschland, Berlin 1968, Bd. I, S. 620 bis 628, hier S. 620.

[35] Vgl. Gottfried Traub: Wie ich deutschnational wurde, in: Hans v. Arnim u. Georg v. Below (Hrsg.): Deutscher Aufstieg, Berlin Leipzig Wien 1925, S. 437 (i. f. zit.: G. Traub: Wie ich . . .).

wanderten Pfarrer,[36] der wiederum selbst Kontakt zu Hugenberg hatte.[37] Am 6. Dezember 1918, knapp 14 Tage nach dem offiziellen Gründungsaufruf der DNVP, sandte Schiele Hugenberg den Durchschlag eines an Traub gerichteten Briefes zu und verband das mit der Bitte, Hugenberg möge in dieser Angelegenheit Fühlung mit Traub aufnehmen, der sich zu dieser Zeit in Dortmund befand.[38] In dem Schreiben heißt es u. a.:

„Bei meiner Rückkehr hörte ich von mehreren Seiten, daß es mit der neuen Gründung [gemeint ist die DNVP] noch recht schwach steht. Excellenz von Falkenhausen hat seinen Posten als Führer schon wieder aufgegeben. Die Geschäfte werden jetzt besorgt von dem Abgeordneten Graef-Anklam. Bedenklich ist, daß die Geschäftsstelle zurückgekehrt ist in den Hauptverein der Konservativen. Dabei ist an sich die Gelegenheit ungeheuer günstig. Die alte national-liberale Partei ist ganz in Verschmelzung eingetreten mit der demokratischen Volkspartei unter Ausschaltung ihres Führers Stresemann, soviel ich weiß. Der liberale Name und die liberale Fahne existieren nicht mehr. Wo ist nun die Heimat der großen alten liberalen Idee, der Feiheit des Geistes, Freiheit der Selbstverwaltung, Verteidigung der wirtschaftlichen Freiheit? Alles ist führerlos und heimatlos. Was meinen Sie, wenn wir einen liberalen bürgerlichen westlichen Flügel mit eigener Organisation innerhalb der Deutschnationalen Volkspartei den Konservativen gegenüberstellen? (...) Wo ist die Heimat der konservativen Ideen? Früher fühlten diese sich beschützt und behütet unter dem Preußischen Staatsgedanken; jetzt haben wir einen revolutionären Staat, welcher allen gesunden konservativen Ideen feindlich ist. Nun haben diese ihre Heimat nur noch in der Familie, in der Kirche, in der Selbstverwaltung, kurzum bei der liberalen Fahne, bei der Fahne der Freiheit und nicht mehr bei der Macht. Ist es nicht Zeit, daß die Liberalen und Konservativen zu einem einheitlichen Heer zusammentreten? Eigentlich ist ja die Hauptsache dazu schon geschehen, indem die Konservativen zugunsten eines ganz nationalen und liberalen Gebildes, der neuen Partei nämlich, abgetreten sind. Können Sie nicht Fühlung nehmen mit unserem Freund in Essen (gemeint ist Hugenberg; d. Verf.)? Persönlich oder telephonisch? Ich glaube, daß bei ihm ähnliche Gedankengänge arbeiten. Die Zeit ist reif, um im Westen das große Erbe der alten national-liberalen Partei an sich zu reißen. Das könnten Sie tun. Ich rate dringend, vor Ihrer Reise mit jenem Freunde Fühlung zu nehmen. Ich für meine Person würde keinen Augenblick zögern, mit Ihnen unter Zurückstellung meiner konservativen Vergangenheit dieses Werk in Angriff zu nehmen. Die leerstehende Parteimaschine der D.[eutschen] V.[aterlands] P.[artei] wäre das geeignete Instrument, um diesen linken städtisch-liberalen westlichen Flügel der neuen Partei selbständig aufzubauen. Falls Sie sich dort mit Kredit zur Übernahme der Ma-

---

[36] Gottfried Traub, geb. 1869, gest. 1956, studierte Theologie und Volkswirtschaft, gehörte zum Naumann-Kreis und schrieb ab 1903 regelmäßig Beiträge für die „Hilfe". Als Anhänger der liberalen Theologie wurde er 1912 seines Pfarramtes enthoben und erst 1918 auf kaiserliche Anordnung wieder eingesetzt. Von 1913—1917 Abgeordneter der Fortschrittlichen Volkspartei im Preußischen Abgeordnetenhaus. Traub schloß sich kurz nach ihrer Gründung der Vaterlandspartei an und sah sich infolgedessen gezwungen, aus der Fortschrittlichen Volkspartei auszuscheiden, ohne daß er sein Mandat niedergelegt hätte. Vgl. ebd., S. 433; Klaus Piepenstock: Die Münchener Tagespresse 1918—1933, München, Phil. Diss. 1955, S. 254 ff. (i. f. zit.: K. Piepenstock: Tagespresse); Th. Heuss: Erinnerungen, S. 175 f.

[37] Nach seinem Eintritt in die Vaterlandspartei hatte Traub engen Kontakt zu Wilhelm Hirsch, Hugenbergs Vertrauensmann (vgl. G. Traub: Wie ich ..., S. 435), der ihn wahrscheinlich auch mit Hugenberg bekanntmachte. Traub selbst schwieg sich über Zeitpunkt und Umstände seines ersten persönlichen Zusammentreffens mit Hugenberg aus und erklärte lediglich, daß er ihn näher in der Nationalversammlung kennengelernt hätte. Vgl. Eidesstattliche Erklärung Traubs, 17. 3. 1948. — BA/NL Traub, Nr. 63.

[38] Vgl. Schreiben Schieles an Hugenberg, 6. 12. 1918. — NL Hugenberg, M 5.

schine ausrüsten lassen könnten, wäre das Werk sofort getan. Ich bin nicht für neue Experimente mit Namen geben, aber um die Sache, die ich meine, scharf zu kennzeichnen, wäre der Name richtig: Vereinigte liberal-konservative Volkspartei."[39]

Antworten sind nicht überliefert, doch fanden Schieles Vorschläge offensichtlich die Unterstützung Hugenbergs und Traubs. Am 10. Dezember 1918 lösten Traub und Schiele gemeinsam mit Wolfgang Kapp die Vaterlandspartei auf.[40] Archiv und Vermögensreste übertrugen sie wenig später auf die „Abteilung für das liberale Bürgertum" in der DNVP.[41] Diese neue Organisation in der Partei riefen Traub und Schiele Anfang des Jahres 1919 gemeinsam ins Leben,[42] nachdem sie Hugenberg zuvor einen detaillierten Kostenvoranschlag für das Unternehmen übersandt hatten.[43] „Die Gründung wollte nichts anderes besagen", so schrieb Traub ein Jahr später, „als daß auch kulturell liberal Denkende besonders aus den Kreisen des städtischen Bürgertums ihre Heimat in der deutschnationalen Volkspartei finden können."[44]

Die Absicht, die DNVP zu einer liberal-konservativen Sammlungspartei auszugestalten, verfolgte Traub auch noch auf andere Weise, wobei allerdings nur vermutet werden kann, daß er sich auch bei diesem Tun der Rückendeckung Hugenbergs erfreute.[45] Traub versuchte Stresemann mit seiner gerade im Entstehen begriffenen

---

[39] Schreiben Schieles an Traub, 6. 12. 1918, Anlage z. Schreiben Schieles an Hugenberg v. 6. 12. 1918. — NL Hugenberg, M 5.

[40] Hertzmann nennt namentlich von dem 3-Männer-Liquidationskomitee nur Knapp und Traub. (Vgl. Lewis Hertzmann: DNVP. Right-Wing Opposition in the Weimar Republik 1918—1924, Lincoln/Nebraska 1963, S. 98 [i. f. zit.: L. Hertzmann: DNVP].) Traubs Erklärung, er habe gemeinsam mit seinem Freund Dr. Schiele die letzten Geschäfte der Vaterlandspartei besorgt, läßt jedoch darauf schließen, daß Schiele der dritte Mann im Liquidationskomitee war. Vgl. G. Traub: Wie ich . . ., S. 437.

[41] Traub berichtete Hugenberg am 20. 3. 1919, daß die Abteilung für das liberale Bürgertum das Archiv der Vaterlandspartei übernommen habe. Vgl. Schreiben Traubs an Hugenberg, 20. 3. 1919. — NL Hugenberg, A Bd. 22. Zur Übertragung der Vermögensreste vgl. L. Hertzmann: DNVP, S. 98.

[42] Traub schrieb in einem Artikel 1920, er und Schiele hätten bereits im Wahlkampf 1918 die Abteilung für das liberale Bürgertum gegründet. (Vgl. Gottfried Traub: Zur Parteipolitik [Artikelentwurf für die „Post"], o. D., Anlage zum Schreiben Traubs an Hugenberg, 18. 2. 1920. — NL Hugenberg, A Bd. 22.) Tatsächlich dürfte Traub die Gründung etwas zu früh datiert haben, da Schiele Hugenberg gegenüber erst am 16. 1. 1919 der Absicht Ausdruck gab, „im Einverständnis mit der Hauptleitung der Partei eine besondere Geschäftsstelle unter dem Namen: Abteilung für das liberale Bürgertum zu unterhalten, womit wir sammeln wollen alle diejenigen Mitglieder in der Partei soweit sie von führendem Charakter sind, welche in der Vertretung der liberalen Kultur- und Wirtschaftsgedanken eine große wichtige Aufgabe der Partei sehen." Schreiben Schieles an Hugenberg, 16. 1. 1919. — NL Hugenberg, M 5.

[43] Vgl. Schreiben Schieles an Hugenberg, 16. 1. 1919. — NL Hugenberg, M 5. Eine Antwort Hugenbergs ist nicht überliefert.

[44] G. Traub: Zur Parteipolitik, Anlage zum Schreiben Traubs an Hugenberg, 18. 2. 1920. — NL Hugenberg, A Bd. 22.

[45] Die überlieferte Korrespondenz zwischen Traub und Hugenberg in ihren eigenen Nachlässen dürfte kaum vollständig sein. Im übrigen ist zu berücksichtigen, daß Hugenberg delikate Angelegenheiten ungern schriftlich erörterte. Traubs Bestreben, DNVP und DVP miteinander zu verschmelzen, entsprach jedenfalls seinen eigenen Intentionen, wie sein Verhalten in den folgenden Monaten zeigte.

Deutschen Volkspartei zu einer Fusion mit der DNVP zu bringen. Er vermittelte Anfang Dezember 1918 ein Gespräch zwischen dem konservativen Deutschnationalen Kuno Graf Westarp und Stresemann im Berliner Hotel Continental, das jedoch scheiterte, weil Stresemann auf der Existenz „seiner" Partei beharrte.[46] Auch weitere briefliche Versuche Traubs, Stresemann umzustimmen, blieben erfolglos.[47] Der „Erbfehler der Parteizersplitterung" – so Traub – konnte daher nicht verhindert und die gemeinsame „starke Rechte" zunächst nicht gebildet werden.[48] Um so mehr bemühten sich Traub, Schiele und, hinter ihnen stehend, Hugenberg, die DNVP unter ihren Einfluß zu bringen und deren Politik so zu gestalten, daß eine spätere Vereinigung mit der DVP nicht ausgeschlossen blieb. Das zeigte sich nicht nur in ihren Aktivitäten hinsichtlich der Abteilung für das liberale Bürgertum, sondern auch bei ihrem Vorgehen anläßlich der Wahl des deutschnationalen Parteivorsitzenden.

Die DNVP war auf Initiative einer deutschkonservativen Gruppe im Verein mit mehreren Freikonservativen, Christlich-Sozialen und Deutschvölkischen am 22. November 1918 ins Leben gerufen worden.[49] Dem Gründungsaufruf folgten bald auch führende Mitglieder der Vaterlandspartei, neben Traub und Schiele auch Kapp und Tirpitz, einige Nationalliberale und Alldeutsche schlossen sich ebenfalls an.[50] Die Vielzahl der in der neuen Partei vereinten politischen Gruppierungen, die in der

---

[46] Traub macht keine genaue Zeitangabe, legt aber mit der Bemerkung: Stresemann lehnte „ein Zusammengehen mit der Deutschnationalen Volkspartei ab und ging seine eigenen Wege nach Hannover" (G. Traub: Wie ich . . ., S. 437) die Vermutung nahe, daß die Unterredung Anfang Dezember stattfand, da Stresemann am 6. 12. in Hannover die ihm treu gebliebenen Verbände und Vereine um sich scharte, um die Bildung der DVP voranzutreiben. Vgl. Lothar Albertin: Liberalismus und Demokratie am Anfang der Weimarer Republik, Düsseldorf 1972, S. 71 (i. f. zit.: L. Albertin: Liberalismus).

[47] Vgl. Lewis Hertzmann: The Founding of the German National People's Party (DNVP) November 1918 — January 1919, in: Journal of Modern History, 30 (1958), S. 24—36, hier S. 35, bes. Anm. 43 (i. f. zit.: L. Hertzmann: Founding).

[48] G. Traub: Wie ich . . ., S. 437.

[49] Schon Anfang November 1918 hatte die Deutschkonservative Partei einen Ausschuß gebildet, der mit den Freikonservativen, den Christlich-Sozialen und den Deutschvölkischen über einen Zusammenschluß verhandeln sollte. Wenige Tage nach der Revolution wurden die bereits angeknüpften Kontakte wieder aufgenommen und die Gründung einer gemeinsamen Partei beschlossen. Nach schwierigen Verhandlungen über den Parteinamen — die Konservativen lehnten „Volkspartei" zunächst ab — einigte man sich am 22. 11. 1918 auf den Namen „Deutschnationale Volkspartei" und publizierte zwei Tage später den Gründungsaufruf. Im Unterschied zu einer Reihe von Partei- und Fraktionskollegen unterschrieben die deutschkonservativen Führer v. Heydebrandt und Westarp den Gründungsaufruf jedoch nicht. Sie veröffentlichten einen separaten Aufruf für die DNVP in der Kreuzzeitung, der zugleich den eigenständigen Parteicharakter der Konservativen betonte. Während Westarp schließlich doch in die neue Partei eintrat und die faktische Verschmelzung der Konservativen mit der DNVP vollzogen wurde, blieb Heydebrandt der neuen Partei fern, wie auch offiziell die Deutschkonservative Partei (Konservativer Hauptverein) nie aufgelöst wurde. Vgl. Walter Graef-Anklam: Der Werdegang der Deutschnationalen Volkspartei 1918 bis 1928, in: Max Weiß (Hrsg.): Der nationale Wille, Essen 1928, S. 15 ff. (i. f. zit.: W. Graef: Werdegang); vgl. auch Werner Liebe: Die Deutschnationale Volkspartei 1918—1924, Düsseldorf 1956, S. 7 ff. (i. f. zit.: W. Liebe: DNVP), u. L. Hertzmann: DNVP, S. 70 f.

[50] Vgl. M.(ax) Weiß: Organisation, in: ders.: Der nationale Wille, S. 362—399, hier S. 364 (i. f. zit.: M. Weiß: Organisation).

Hauptsache in der Ablehnung der Revolution und der Betonung des nationalen Gedankens zusammenfanden, legte die Wahl einer kompromißbereiten Persönlichkeit nahe. Diese bot sich in dem von christlich-sozialer Seite unterstützten früheren Staatssekretär Clemens von Delbrück an.[51] Seine Kandidatur wurde jedoch, so heißt es in der parteioffiziellen Darstellung, durch die Opposition der Vaterlandsparteiler verhindert, die ihm seine frühere Tätigkeit für den „schlappen" Reichskanzler Bethmann Hollweg vorwarfen.[52] Statt dessen wurde der von ihnen unterstützte frühere preußische Finanzminister Oskar Hergt, bisher parteilos, aber den Freikonservativen nahestehend,[53] zum deutschnationalen Parteivorsitzenden gewählt. Hergt legte noch am Tage seiner Wahl, dem 19. Dezember 1918, in einem Schreiben seine organisatorischen und personellen Forderungen an die Partei fest:

> „Die neue Partei betrachte ich als eine völlige Neuschöpfung, in der bei aller Anerkennung des großen Wertes, den die bisherigen rechtsstehenden und agrarischen Interessenorganisationen auch weiterhin haben müssen, doch bis auf weiteres der Parteicharakter nicht durch diese Elemente sichtbar bestimmt werden darf, damit nicht dem so wünschenswerten Anschluß städtisch-liberaler Gruppen, wie sie z. B. durch die Gruppe des Herrn Traub verkörpert werden, von vornherein ein Hindernis bereitet wird."[54]

Einen Tag später meldete Schiele Hugenberg:

> „Gestern hat hier die erste Beratung über die Mandatsaufstellung in der D.N.V.P. stattgefunden. Man ist nicht weit über die Verteilung einiger wichtiger Parlamentiermandate hinausgekommen, wobei die Freikonservativen besonders anspruchsvoll gewesen sind, und wobei Freund H.[ergt] das erste Mal funktioniert hat. Ich glaube, daß die finanzielle Beklemmung noch recht groß ist. Ein gewisser Druck auf die Einstellung von neuen Männern kann nicht schaden. Ein Mandat von T.[raub] in seinem Heimatort ist vorgesehen, für mich in Merseburg in unsichere Aussicht gestellt."[55]

Um zu verstehen, warum der als gemäßigt geltende Hergt von Hugenbergs vaterlandsparteilichen Freunden an die Macht gebracht worden war und nun im Sinne Hugenbergs „funktionieren" konnte, müssen wir bis in die Vorkriegszeit zurückgreifen.

Hergt kannte Hugenberg bereits seit 1904, als er wie dieser Referent im preußischen Finanzministerium wurde.[56] Da er mit Ansiedlungs- und Polenfragen nicht befaßt war,[57] spielte er zwar in Hugenbergs zweckgerichtetem Posener Freundes-

---

[51] Vgl. W. Liebe: DNVP, S. 13 f.

[52] Vgl. W. Graef: Werdegang, S. 19.

[53] Oskar Hergt, geb. 1869, gest. 1967, studierte Jura, wurde zunächst Amtsrichter, dann Regierungsrat in Hildesheim, später in Hannover. Von 1904—1914 war er als Geheimer Finanzrat und Oberfinanzrat im Preußischen Finanzministerium tätig. In der Zeit von 1915—1917 amtierte er als Regierungspräsident zunächst in Liegnitz, dann in Oppeln. Im August 1917 wurde er zum Preußischen Finanzminister ernannt und verblieb in diesem Amt bis zur Revolution. Vgl. „Die deutschnationalen Minister", in: Unsere Partei (UP), Nr. 4, 15. 2. 1928; Paul Herre (Hrsg.): Politisches Handwörterbuch, Leipzig 1923, Bd. 1, S. 782 (i. f. zit.: Polit. Handwörterbuch).

[54] Zit. n. W. Liebe: DNVP, S. 10.

[55] Schreiben Schieles an Hugenberg, 20. 12. 1918. — NL Hugenberg, M 5.

[56] Vgl. Anm. 53.

[57] So schrieb Hergt Hugenberg 1908 bezüglich des Enteignungsgesetzes: „Ich wollte nur gern erst die unglückliche Enteignungsvorlage vorüber lassen, — nicht, um je nachdem zu einem Glückwunsch- oder Beileidsschreiben Anlaß zu haben, sondern aus Sorge, daß Sie in der bangen Zeit der Unsicherheit auf Korrespondenz mit einem so wenig

kreis keine Rolle,[58] war aber mit seinem Amtskollegen persönlich befreundet.[59] Wie eng die privaten Beziehungen zwischen den Familien der beiden Staatsdiener waren, deutet sich in der Tatsache an, daß Hergt Taufpate eines der Kinder Hugenbergs wurde.[60] Wie sehr der zum versierten Geschäftsmann gewandelte Hugenberg auch die beruflichen Qualifikationen des Kollegen aus der preußischen Verwaltung zu schätzen wußte, kam 1909 zum Ausdruck, als er Hergt zu seinem Nachfolger bei Merton in Aussicht nahm. Der Wechsel Hergts vom Staatsdienst in die Privatwirtschaft glückte dann zwar nicht, doch stärkten Hugenbergs Bemühungen Hergts enge Bindungen an seinen Freund und Protektor.[61] Die beiderseitige Wertschätzung schlug sich in der Folgezeit auch noch auf andere Weise nieder: Durch Vermittlung Hergts verfaßte Hugenberg mehrere Jahre lang Berichte über die wirtschaftliche Situation des Ruhrgebiets für den Finanzminister, die dieser für seine Etatreden zu verwenden pflegte.[62] Die Vorteile für beide Seiten lagen auf der Hand: Hergts Prestige konnte sich durch solche handfest dokumentierten engen Beziehungen zu

---

sachkundigen Mann, wie ich es auf dem Gebiete der Polen- und Ansiedlungspolitik bin, keinen allzu großen Wert legen würden." Schreiben Hergts an Hugenberg, 5. 3. 1908. — NL Hugenberg, A Bd. 9.

[58] Das Quellenmaterial enthält keinen Hinweis, daß Hergt während Hugenbergs Tätigkeit im Staatsdienst bei der Politik des Posener Freundeskreises eine Rolle spielte. Zu einer wichtigen Figur im strategischen Konzept des Kreises wurde Hergt offenbar erst als Preußischer Finanzminister. In Kontakt mit anderen Mitgliedern des Kreises kam er aber, wahrscheinlich auf Vermittlung Hugenbergs, schon vorher. So meldete er Hugenberg 1908: „Mit Ganses haben wir Besuche gewechselt, aber noch nicht Verkehr angefangen." (Schreiben Hergts an Hugenberg, 5. 3. 1908. — NL Hugenberg, A Bd. 9.) Mit Foerster war er zu dieser Zeit bereits bekannt, (vgl. ebd. und Schreiben Foersters an Hugenberg, o. D. [betr.: gemeinsame Reise mit Hergt]. — NL Hugenberg, A Bd. 6), ebenso mit Busch, Hugenbergs Nachfolger im Amt. (Vgl. Schreiben Buschs an Hugenberg, 30. 4. 1908. — NL Hugenberg, A Bd. 3.) Auch Schwerin war ihm spätestens ab 1910 bekannt. Vgl. Schreiben Hergts an Hugenberg, 24. 2. 1910. — NL Hugenbergs, A Bd. 9.

[59] Vgl. Schreiben Hergts an Hugenberg, 5. 3. 1903. — NL Hugenberg, A Bd. 9.

[60] Vgl. Schreiben Hergts an Hugenberg, 6. 12. 1912. — NL Hugenberg, A Bd. 9.

[61] Zu diesem Vorgang ist nur ein Brief Hergts überliefert, aus dem nicht klar hervorgeht, woran die Sache scheiterte. Offenbar hatte Hugenberg, schon bevor er das Angebot von Krupp erhielt, Hergt vorgeschlagen, in die zum Merton-Konzern gehörende Metallurgische Gesellschaft einzutreten. Für diesen Fall, bei dem Hugenberg also im Vorstand der Berg- und Metallbank weitergearbeitet hätte, wäre Hergt, so schrieb er jedenfalls, „ohne Besinnen auf ein solches Angebot eingegangen". Hugenbergs Stelle zu übernehmen, lag ihm angeblich, aus welchen Gründen auch immer, nicht so sehr. Dennoch war er Hugenberg für „das Interesse, das Sie mir dabei gezeigt haben", herzlich dankbar. Vgl. Schreiben Hergts an Hugenberg, 15. 6. 1909. — NL Hugenberg, A Bd. 9.

[62] So schrieb Hergt Hugenberg 1912: „Im Auftrage meines Herrn Chefs nahe ich wieder als Bittflehender bei Ihnen: würden Sie auch dieses Mal, wie in anderen Jahren, so freundlich sein, uns einen gedrängten Überblick über die gegenwärtige und, soweit dies überhaupt möglich, die nächstzeitige wirtschaftliche Situation, wie sie sich im rheinischwestfälischen Industrierevier widerspiegelt, zu geben? Welches sind zur Zeit die typischen Merkmale? Sie wissen ja im übrigen, daß es nur auf einige Schlaglichter in der Etatsrede ankommt — der gegenwärtige Minister pflegt dabei so zurückhaltend zu sein, daß es wirklich überflüssig sein würde, wenn man ihm weiteres Material zur Verfügung stellen wollte." Schreiben Hergts an Hugenberg, 6. 12. 1912. — NL Hugenberg, A Bd. 9.

einem der bedeutendsten Wirtschaftsführer des Ruhrgebiets nur erhöhen, Hugenberg hatte die Möglichkeit, mit seinen Darlegungen auf die Stellung des jeweiligen preußischen Finanzministers zur Schwerindustrie Einfluß zu nehmen. Als nützlich erwies sich Hergt schließlich auch, als er 1917 selbst Preußischer Finanzminister wurde und dem vom Posener Freundeskreis Hugenbergs vertretenen „Land-ohne-Menschen-Projekt" (Polnischer Grenzstreifen, Zwangsevakuierung der Polen) seine dauernde Unterstützung lieh.[63] Als ständiger Kontaktmann zwischen ihm und den Posener Freunden Hugenbergs dürfte dabei Hans Meydenbauer gewirkt haben, der als Referent für das Siedlungs- und Genossenschaftswesen in seinem Ministerium tätig war.[64]

Hergts enge Zusammenarbeit mit Hugenberg und dessen Posener Freunden wäre ohne Übereinstimmung im politisch Grundsätzlichen nicht möglich gewesen. Tatsächlich stand Hergt als Anhänger der Freikonservativen, die konservativ in der Innenpolitik, liberal in der Wirtschaftspolitik und nationalistisch in der Außenpolitik dachten, darüber hinaus eine einseitige agrarische Interessenvertretung, wie sie von den Deutschkonservativen praktiziert wurde, ablehnten,[65] Hugenberg politisch sehr nahe. Im Unterschied zu diesem vertrat er seine Anschauungen aber nicht unnachgiebig und war durchaus für die Argumente Andersdenkender zugänglich.[66] Diese persönliche Liberalität trug später wesentlich mit zu seinem Ruf als gemäßigtem Rechtspolitiker bei. Gleichzeitig ließ er sich aber gerade dadurch von einer starken Persönlichkeit, wie sie Hugenberg war, relativ leicht beeinflussen. Wie groß die Einflußmöglichkeiten Hugenbergs auf Hergt waren, zeigte sich noch im Oktober 1918, als der Finanzminister sich brieflich über die Demobilisierungsfrage ausließ und Hugenberg u. a. schrieb:

> „Es hat mir sehr leid getan, daß wir uns haben verfehlen müssen. Die Frage der Beschäftigung der aus dem Felde unvermutet und planwidrig zurückkehrenden Krieger beschäftigt uns natürlich bereits in außerordentlichem Maße (...). Ich würde mich sehr freuen, von Ihrem Standpunkte aus noch höhere Winke über die zu ergreifenden Maßregeln zu bekommen und hoffe, daß Sie Ihr Weg bald wieder über Berlin führen wird."[67]

In Anbetracht dieses Verhältnisses war es nicht besonders erstaunlich, daß Hergt, nachdem ihn Hugenbergs vaterlandsparteiliche Freunde an die Spitze der DNVP gebracht hatten, im Sinne Hugenbergs „funktionierte". Der Pressezar sorgte überdies auch nach der Parteivorsitzendenwahl dafür, daß sich sein alter Freund seinen Wünschen weiterhin verpflichtet fühlte.[68] Er berief Hergt, der in beengten finan-

---

[63] Vgl. D. Guratzsch: Macht, S. 159. Guratzsch hebt zwar hervor, daß Hergt sich in einem Befürwortungsschreiben an den Reichskanzler „in auffälliger Weise auf Ganse und Schwerin" berief, war sich aber über die engen Beziehungen zwischen Hergt und Hugenberg nicht im klaren. Vgl. ebd., S. 159, Anm. 194.

[64] Meydenbauer war seit 1911 in diesem Amt tätig. Vgl. Kapitel I, Anm. 135.

[65] Zur Ideologie der Freikonservativen vgl. Dieter Fricke: Reichs- und freikonservative Partei (RFKP) 1867—1918, in: Die bürgerlichen Parteien in Deutschland, Berlin 1968, Bd. II, S. 561—579, bes. S. 574 f. (i. f. zit. D. Fricke: RFKP).

[66] Vgl. dazu als Beispiel Schreiben Hergts an Hugenberg, 11. 1. o. J. (1908). — NL Hugenberg, A Bd. 9.

[67] Schreiben Hergts an Hugenberg, 23. 10. 1918. — NL Hugenberg, A Bd. 9.

[68] Hergt verstand sich selbst als „feste[n] wirklich sichere[n] Halt" Hugenbergs in der DNVP. Schreiben Hergts an Hugenberg, 8. 1. 1919. — NL Hugenberg, A Bd. 9.

ziellen Verhältnissen lebte,[69] in die Wirtschaftsvereinigung,[70] die Dachgesellschaft seines Konzerns, in den Verwaltungsrat der konzerneigenen VERA[71] und später in den Aufsichtsrat einer neugegründeten Zeitungsbank, der Mutuum Darlehens-AG.[72]

Hergt spielte, da er von Hugenberg beeinflußbar war, selbst aber wiederum stark auf die Gesamthaltung der DNVP einwirken konnte, eine wichtige Rolle in Hugenbergs Plan, die DNVP zu einer liberal-konservativen Sammlungspartei auszugestalten und die DVP in sie zu integrieren. Entscheidend aber für die Realisierbarkeit dieses Plans war es, daß Hugenberg gleichzeitig Einwirkungsmöglichkeiten auf die DVP besaß. Diese hingen aufs engste mit Hugenbergs andauernder Einbindung in den schwerindustriellen Freundeskreis zusammen und seiner zum Teil daraus resultierenden Verfügungsgewalt über industrielle Wahlgelder.

Als Vorsitzender des Bergbau- und Zechenverbandes kontrollierte Hugenberg einen speziellen Wahlfonds der rheinisch-westfälischen Kohleindustrie,[73] mit dem die bürgerlichen Parteien, insbesondere DNVP und DVP, aber auch das Zentrum finanziell unterstützt wurden.[74] In der Disposition über diesen Fonds war er zwar

---

[69] Wie angewiesen Hergt auf lukrative Posten war, zeigt folgendes Schreiben: „Und so habe ich auch wieder an Ihre Mitteilung denken müssen, daß die Bergisch-Märkische Zeitung mit unserer Fraktion dauernde Pressefühlung sucht. Vielleicht haben Sie die Sache schon mit Laverenz oder einem Anderen geregelt, — dann betrachten Sie bitte diese Anfrage als nicht geschrieben. Vielleicht ist die Frage noch offen, — und da ist mir der Gedanke gekommen, ob ich nicht selbst diese Information übernehmen könnte. Sie wissen ja, daß ich den Parteivorsitz aus gesundheitlichen Gründen niederlegen muß, während ich den Fraktionsvorsitz auf Wunsch — wohlgemerkt nur in diesem Falle — noch beibehalten könnte, ja im Gegenteil für die fortfallende unruhige und damit schädliche Tätigkeit als Parteivorsitzender ein Ersatz durch die ruhigere Arbeit innerhalb der Fraktion sehr wohl angezeigt ist. Andererseits ist Ihnen ja auch bekannt, daß ich gern eine Gelegenheit ergreifen möchte, um in redlicher *Arbeit* mir einen Nebenverdienst zu verschaffen, der mich in wirtschaftlicher Beziehung sorgenfrei macht, was ja für meinen Gesundheitszustand auch von großer Bedeutung ist. (...) Ich würde natürlich sowohl mündlich wie schriftlich in ständiger Fühlung stehen müssen und dazu auch meinen Aufenthalt im Reichstage selbst entsprechend einzurichten haben." Schreiben Hergts an Hugenberg, 18. 3. 1921. — Akten Opriba, H. 21.

[70] Vgl. Mitgliederliste der Wirtschaftsvereinigung zur Förderung der geistigen Wiederaufbaukräfte Deutschlands, o. D. (Stand ca. 1919—1928). — BA/NL Wegener, Nr. 37.

[71] Vgl. Mitteilungsblatt der VERA Verlagsanstalt GmbH, o. D. (1919). — Einsicht in diese Quelle verdanke ich Dr. K.-P. Hoepke, Karlsruhe.

[72] Vgl. Handbuch der deutschen Aktiengesellschaften 1923/24, Bd. II a, S. 41 (i. f. zit.: Hdb. d. dt. AG).

[73] Neben diesem Wahlfonds (Fonds A) existierte auch ein spezieller Pressefonds (Fonds B) des Bergbau- und Zechenverbandes. (Vgl. Tagebücher Reismann-Grone, Eintrag v. 26. 7. 1920. — Einsicht in diese Quelle verdanke ich Herrn Paul Hoser, München.) Wann diese Fonds eingerichtet wurden, ist ungewiß, vermutlich entstanden sie aber im Zusammenhang mit dem von Hugenberg 1912/13 organisierten Kontrollbüro im Bergbau- und Zechenverband.

[74] Vgl. A. Heinrichsbauer: Schwerindustrie, S. 18. Nach Heinrichsbauers Darstellung sind aus dem Fonds des Bergbau- und Zechenverbandes pro Wahl nie mehr als 200.000 M. an die Parteien gegangen. (Vgl. ebd., S. 18.) Angesichts der Summen, die Hugenberg allein der DNVP im Laufe der Zeit vermittelte, erscheint der Betrag erstaunlich niedrig. Da Heinrichsbauers Darstellung darauf abzielt, die Schwerindustrie vom Vorwurf massiver finanzieller Pressionen auf die Parteien zu reinigen, ist Skepsis gegen-

nicht völlig frei, da die Spender zuweilen Aufklärung über die Verwendung ihrer Mittel verlangten,[75] aber dank der personellen Besetzung der verbandlichen Schlüsselpositionen – Stinnes als sein Stellvertreter, Hans v. Löwenstein, mit dem Hugenberg ebenfalls schon seit vielen Jahren eng zusammengearbeitet hatte,[76] als Geschäftsführer – hatte er doch einen großen Handlungsspielraum bei Vergabe der Wahlsubsidien.[77] Hinzu kam, daß er nun selbst aus „seinem" mittlerweile konsolidierten Pressekonzern Gelder abzweigen und dem Wahlfonds des Bergbau- und Zechenverbandes zuführen konnte.[78] Neben diesem Geldstock existierte noch ein gemeinsamer Fonds des Zechen- und des Arbeitgeberverbandes, zu dem Hugenberg ebenfalls Zugang hatte.[79] Darüber hinaus aber hatte Hugenberg starken Einfluß auf die Verwendung der Mittel eines zentralen Fonds der gesamten Industrie, des sogenannten „Industriellen Wahlfonds".[80]

Dieser Fonds wurde von der 1909 gegründeten, zunächst dem schwerindustriellen CDI, dann dem Reichsverband der Deutschen Industrie angegliederten „Kommission zur Sammlung, Verwaltung und Verwendung des Industriellen Wahlfonds" betreut,[81] zu deren korporativen Mitgliedern von Anbeginn nicht nur schwerindustrielle Interessenorganisationen zählten, sondern auch solche anderer Branchen, wie der „Verband schlesischer Textilindustrieller" oder der „Verein Deutscher Papierfabrikanten".[82] Der Industrielle Wahlfonds war zur Unterstützung sämtlicher bürgerlicher Parteien gedacht,[83] tatsächlich diente er aber im Kaiserreich besonders der

---

über seinen Angaben angezeigt. Allerdings ist es möglich, daß Hugenberg zwecks Tarnung Mittel aus dem Bergbaufonds über die „Kommission zur Sammlung, Verwaltung und Verwendung des Industriellen Wahlfonds", deren korporatives Mitglied der Bergbauverein war, an die Parteien leitete. Vgl. Mitglieder und Leitung der Wahlfondskommission des CVDI, o. D., gedr. in: H. Kaelble: Interessenpolitik, Anlage Nr. 5 (1), S. 214.

[75] Vgl. Schreiben v. Löwensteins an Hugenberg, 15. 4. 1920. – NL Hugenberg, M 6.

[76] Vgl. Kap. I, Anm. 270.

[77] Auch Heinrichsbauer bestätigt, daß dem Vorsitzenden des Bergbau- und Zechenverbandes gerade in politischen Fragen weitgehend freie Hand gelassen wurde. Vgl. A. Heinrichsbauer: Schwerindustrie, S. 16.

[78] Vgl. ebd., S. 19, u. Schreiben Hugenbergs an Vögler, 16. 8. 1919. – NL Hugenberg, M 7.

[79] Vgl. Schreiben Hugenbergs an Vögler, 16. 8. 1919. – NL Hugenberg, M 7.

[80] Von der Größenordnung her mit dem Industriellen Wahlfonds vergleichbar war lediglich ein von der Berliner Metall-, Textil- und Elektroindustrie errichteter Fonds, der von einem „Kuratorium für den Wiederaufbau des Deutschen Wirtschaftslebens" verwaltet wurde. Der Fonds war offiziell für die Unterstützung aller bürgerlichen Parteien gedacht, tatsächlich profitierte von ihm aber hauptsächlich die Deutsche Demokratische Partei. (Vgl. L. Albertin: Liberalismus, S. 168 ff.) Hugenberg hatte auf das Kuratorium zumindest in den ersten Jahren der Republik keinen Einfluß.

[81] Vgl. Bericht der Geschäftsführung der Wahlfondskommission des CVDI über die Reichstagswahlen von 1912, o. D., gedr. in: H. Kaelble: Interessenpolitik, Anlage Nr. 5 (2), S. 215—222. Nach Hartenstein wurde die „Kommission" nach der Revolution dem RDI angegliedert. Vgl. Wolfgang Hartenstein: Die Anfänge der Deutschen Volkspartei 1918—1920, Düsseldorf 1962, S. 219, Anm. 1 (i. f. zit.: W. Hartenstein: Anfänge).

[82] Vgl. Mitglieder und Leitung der Wahlfondskommission des CVDI, o. D., gedr. in: H. Kaelble: Interessenpolitik, Anlage Nr. 5 (1), S. 214.

[83] Vgl. L. Albertin: Liberalismus, S. 176.

Subventionierung der Nationalliberalen Partei[84] und in der Weimarer Republik der Finanzierung von DVP und DNVP.[85]

Hugenberg war ebenso wie der „junge Mann" von Hugo Stinnes, der Generaldirektor der Deutsch-Luxemburgischen Bergwerks- und Hütten AG, Albert Vögler,[86] Mitglied der Kommission zur Sammlung, Verwaltung und Verwendung des Industriellen Wahlfonds.[87] Beide arbeiteten eng mit Johannes Flathmann, Geschäftsführer und zentrale Figur der „Kommission",[88] zusammen. Hugenbergs Bekanntschaft und zumindest gelegentliche Kooperation mit Flathmann reichten bis ins Kaiserreich zurück. Flathmann, damals Generalsekretär der Nationalliberalen Partei in Hannover, war 1910 Geschäftsführer der „Kommission" geworden.[89] Bereits zwei Jahre später bot er Hugenberg, allerdings vergeblich, ein aus dem Industriellen Wahlfonds finanziertes nationalliberales Landtagsmandat an.[90] 1917 setzte er Mittel des Industriellen Wahlfonds ein, um bei anstehenden Ersatzwahlen für den Reichstag Hugenberg genehme Kandidaturen in der Nationalliberalen Partei durchzusetzen.[91] Hugenbergs Einfluß auf Flathmanns Subventionierungspraktiken beruhte vermutlich schon im Kaiserreich darauf, daß er dem Industriellen Wahlfonds umfangreiche Spenden aus der Schwerindustrie zuführte.[92] Nach 1918 versorgte er

---

[84] Vgl. ebd., S. 176, Anm. 42.

[85] L. Albertin (: Liberalismus), der sich von der einschlägigen Literatur noch am intensivsten mit den schwer zu durchschauenden Finanzierungspraktiken der „Kommission" beschäftigt, berichtet nicht über Zuschüsse an die DDP oder an das Zentrum. Die zugänglichen Quellen lassen ebenfalls auf einseitige Finanzhilfen für DVP und DNVP schließen. So schreibt z. B. Vögler bezüglich des Fonds der „Kommission" an Hugenberg: „Die Anforderungen der beiden Rechtsparteien, insbesondere der Deutsch-Nationalen Volkspartei, an den Fonds sind groß, und wir müssen unter allen Umständen verhindern, daß auch dort wegen Geldmangels demokratische Einflüsse sich geltend machen." Schreiben Vöglers an Hugenberg, 8. 12. 1919. – NL Hugenberg, M 7.

[86] Vgl. zum Werdegang Vöglers die allerdings apologetische Darstellung von Gert v. Klass (: Albert Vögler, Tübingen 1957 (i. f. zit.: G. v. Klass: Vögler); vgl. ferner die kritische Würdigung Vöglers durch F. Pinner (: Wirtschaftsführer, S. 34), der aber auch geneigt ist, Vöglers politische Liberalität zu überschätzen.

[87] Vgl. den Briefkopf des Schreibens der „Kommission zur Sammlung, Verwaltung und Verwendung des Industriellen Wahlfonds" (gez. Flathmann) an Hugenberg, 17. 10. 1922. – NL Hugenberg, A Bd. 6.

[88] Im Gegensatz zum Kuratorium für den Wiederaufbau des Deutschen Wirtschaftslebens, in dem offenbar der Vorsitzende v. Siemens die wichtigste Rolle spielte, trat der Vorsitzende der „Kommission", Justizrat G. L. Meyer, AR-Mitglied der Ilseder Hütte und der Peiner Walzwerke, Ehrenmitglied des Vereins Deutscher Eisen- und Stahlindustrieller (vgl. Schreiben Flathmanns an Hugenberg, 16. 6. 1920. – NL Hugenberg, A Bd. 8, u. Mitglieder u. Leitung der Wahlfondskommission, o. D., gedr. in: H. Kaelble: Interessenpolitik, Anlage 5 (1), S. 214) kaum in Erscheinung. In Quellen und Literatur erscheint Flathmann als der eigentliche Drahtzieher. Vgl. L. Albertin: Liberalismus, S. 177 f.

[89] Vgl. H. Kaelble: Interessenpolitik, S. 30; Bericht der Geschäftsführung der Wahlfondskommission des CVDI über die Reichstagswahlen von 1912, o. D., gedr. in: ders., Anlage Nr. 5 (2), S. 216.

[90] Vgl. Telegramm Flathmanns an Hugenberg, 5. 8. 1912. – NL Hugenberg, A Bd. 6.

[91] Vgl. Schreiben Flathmanns an Hugenberg, 28. 8. u. 28. 9. 1917. – NL Hugenberg, A Bd. 6.

[92] Neben den regelmäßigen Beiträgen, die die korporativen Mitglieder der „Kommission", zu denen auch der von Hugenberg präsidierte Bergbau- und Zechenverband gehörte, an den Industriellen Wahlfonds entrichteten (vgl. L. Albertin: Liberalismus,

jedenfalls gemeinsam mit Albert Vögler den Industriellen Wahlfonds mit Millionen-
beträgen aus der „westlichen Industrie".[93] So sagten sie Flathmann allein für die
preußischen Landtagswahlen im Jahr 1921 drei bis vier Millionen Mark zu.[94]
Hugenberg besetzte mit seiner Verfügungsgewalt über den Fonds des Bergbau- und
Zechenverbandes, seinen Zugriffsmöglichkeiten auf den Fonds des Zechen- und
Arbeitgeberverbandes und mit seinem Einfluß auf die Verwendung der Mittel des
zentralen Industriellen Wahlfonds eine Schlüsselposition im Geflecht des industriellen Parteiensubventionssystems. Diese nutzte er in enger Zusammenarbeit mit Albert Vögler, dem Vertreter seines alten schwerindustriellen Freundes Hugo Stinnes,
um Druck auf die DVP im Hinblick auf eine Fusion mit der DNVP auszuüben.
Während Hugenberg für die DNVP kandidierte, ließ sich Vögler in Absprache mit
ihm bei der DVP aufstellen.[95] Füllte sich mit Hugenbergs Eintritt die deutschnationale Parteikasse rasch und reichlich,[96] so flossen für die Volkspartei die industriellen
Mittel nur spärlich.[97] Tatsächlich stand die DVP nach den Wahlen vor dem finanziellen Ruin, da der erhoffte Spendenstrom für die mit organisatorischen Mängeln
behaftete und unter geringem Mitgliederbestand leidende Partei nicht nur von seiten der Schwerindustrie weitgehend ausgeblieben war.[98] Im Angesicht der drohenden Sozialisierung hatte es sowohl die Stresemann nahestehende Fertigwarenindustrie als auch die über einen eigenständigen großen Wahlfonds verfügende Berliner
Elektroindustrie[99] für gewinnbringender gehalten, die Deutsche Demokratische
Partei, statt die als monarchisch-reaktionär und damit als erfolglos geltende DVP
zu unterstützen.[100] Dagegen lag der gedrosselten Finanzhilfe der Schwerindustrie
offensichtlich die Absicht zugrunde, die DVP durch finanzielle Repressalien zur
Fusion mit den Deutschnationalen zu zwingen. So hatte beispielsweise der mit
Hugenberg und Vögler eng zusammenarbeitende Flathmann dem Wahlkreis Magde-
burg der DVP vor der Wahl finanzielle Zusagen gemacht, die er danach nur noch

---

S. 176), wurden von einzelnen Firmen und Verbänden auch größere Sonderspenden
aufgebracht. An der Sammlung solcher Sonderspenden scheint Hugenberg schon im
Kaiserreich beteiligt gewesen zu sein. Vgl. Schreiben Flathmanns an Hugenberg,
6. 12. 1916. — NL Hugenberg, A Bd. 8.

[93] Vgl. Schreiben Flathmanns an Hugenberg, 10. 2. 1921. — NL Hugenberg, A Bd. 13.
Woher die von Hugenberg und Vögler vermittelten Beträge im einzelnen stammten,
ist ungewiß. Vermutlich aber sorgte Vögler besonders für Spenden aus dem Stinnes-
Konzern, während Hugenberg möglicherweise mehrere Firmen über sein Kontrollbüro im Bergbau- und Zechenverband aktivierte.

[94] Hugenberg und Vögler hatten Flathmann 3—4 Millionen M. aus der „westlichen
Industrie" für den Industriellen Wahlfonds zugesagt. Flathmann beschwerte sich am
10. 2. 1921, daß bis dahin erst 2 Millionen eingetroffen waren. Vgl. Schreiben Flathmanns an Hugenberg, 7. 2. u. 10. 2. 1921. — NL Hugenberg, A Bd. 13.

[95] Krupp-Direktor Haux berichtet in seinen unveröffentlichten Memoiren, Hugenberg
und Vögler hätten „aus taktischen Gründen" miteinander verabredet, „daß Hugenberg
zur Deutschnationalen Volkspartei gehen solle, Vögler aber zur Deutschen Volkspartei. Man würde jedoch an einem Strang ziehen." Ernst Haux: Bei Krupp. Bilder
der Erinnerung aus 45 Jahren 1890—1935 (Masch. Ms.), o. D., o. J. — Krupp/FAH,
IV E 16.

[96] Vgl. L. Hertzmann. DNVP, S. 64 f.; vgl. auch W. Graef: Werdegang, S. 18.

[97] Vgl. L. Döhn: Politik, S. 335 u. S. 354 f.; L. Albertin: Liberalismus, S. 177.

[98] Vgl. L. Döhn: Politik, S. 355.

[99] Vgl. Anm. 80.

[100] Vgl. L. Döhn: Politik, S. 354, u. W. Hartenstein: Anfänge, S. 65, Anm. 1.

zum Teil einzulösen bereit war. Der Wahlkreis konnte dadurch eine während des Wahlkampfes bei Hugenbergs Anzeigenagentur ALA gemachte Schuld nicht begleichen. Diese bestand aber auf Zahlung. Als sich die Magdeburger Parteispitzen nun an Albert Vögler mit der Bitte um Vermittlung bei der ALA wandten, weigerte sich dieser und empfahl den Kollegen „Selbsthilfe".[101]

Trotz der enormen Verschuldung der DVP lehnte Stresemann jedoch auch nach der Wahl den Anschluß seiner Partei an die DNVP ab.[102] Um aber die Existenz der DVP zu retten, mußte er in anderer Weise den schwerindustriellen Wünschen entgegenkommen.[103] So verband Flathmann im März 1919 eine Spende von 150 000 Mark mit der Auflage, daß über alle Unterstützungen aus dem Industriellen Wahlfonds für die DVP nur mit Zustimmung Albert Vöglers verfügt werden dürfte.[104] Einen Monat später wurde Vögler mit Unterstützung Stresemanns zum Schatzmeister der Partei gewählt.[105] Seine Kontrolle über die Finanzmittel der Partei[106] wurde ergänzt durch die Bestellung Flathmanns zum außerordentlichen Mitglied des Geschäftsführenden Ausschusses (GA), des zentralen Gremiums der Partei, in dem u. a. auch die Kandidaten für die Reichsliste festgelegt wurden.[107] Für die Reichstagswahl 1920 ließ sich die Schwerindustrie von den fünf sicheren Plätzen der Reichsliste gleich zwei reservieren,[108] einen für den Hugenberg nahestehenden Essener Handelskammersyndikus Reinhold Quaatz,[109] den anderen für Stinnes, gegen dessen Kandidatur innerhalb der Partei erfolglos protestiert wurde.[110]

Nachdem solchermaßen eine starke Präsenz Hugenbergs industrieller Freunde in den Spitzengremien der Partei erreicht und deren Vertretung auch in der Reichstagsfraktion vorbereitet worden war, flossen der DVP unter Mithilfe Hugenbergs

---

[101] Dieser Vorgang geschildert bei L. Döhn: Politik, S. 357 f.

[102] Vgl. W. Hartenstein: Anfänge, S. 133.

[103] Um die Partei finanziell abzusichern, versuchte Stresemann vergeblich, von Flathmann die Zusage für eine feste, garantierte Summe auf mehrere Jahre zu erreichen. Vgl. die Schreiben Stresemanns an Flathmann, 18. 3. 1919, u. Flathmanns ans Stresemann, 21. 3. 1919, gedr. in: L. Döhn: Politik, Dok. 8 u. 9, S. 429 ff.

[104] Vgl. Schreiben Flathmanns an Stresemann, 12. 3. 1919, gedr. in: L. Döhn: Politik, Dok. 7, S. 429.

[105] Vgl. L. Döhn: Politik, S. 366.

[106] Was das bedeutet, demonstriert die Tatsache, daß die DVP auf Vöglers Veranlassung im Herbst 1919 ihr von anderer Seite angebotene Spenden zurückwies. Vgl. Schreiben Vöglers an Hugenberg, 27. 10. 1919. — NL Hugenberg, M 7.

[107] Vgl. L. Döhn: Politik, S. 343.

[108] Vgl. ebd., S. 339, Anm. 1429 u. 1431.

[109] Reinhold Georg Quaatz, geb. 1876, gest. 1953, muß Hugenberg, schon bevor er im Herbst 1918 als Nachfolger Hirschs Syndikus der Handelskammer Essen wurde, gekannt haben, da Hugenberg im Mai 1918 von einem Journalisten der Kölnischen Zeitung berichtet wurde: „Heute überbrachte mir Herr Regierungsrat Quaatz einen Artikel über die Frage der Verwaltungsreform mit dem Bemerken, daß er denselben auch Ihnen zur Kritik und Änderung vorgelegt habe." (Vgl. Schreiben Sutzis an Hugenberg, 4. 5. 1918. — NL Hugenberg, A Bd. 13.) Für den Scherl-Verlag war Quaatz nebenberuflich nach 1918 als wirtschaftspolitischer Schriftsteller tätig. (Vgl. Bericht Klitzschs über Unterredung mit Quaatz, am 4. 10. 1922, Anlage zum Schreiben Klitzschs an Hugenberg, 5. 10. 1922. — NL Hugenberg, A Bd. 18.) 1923 wurde er Aktionär und AR-Mitglied von Hugenbergs neu gegründeter Zeitungsbank Alterum Kredit-AG. Vgl. Anhang, 1 b, dd.

[110] Vgl. L. Döhn: Politik, S. 344, u. W. Hartenstein: Anfänge, S. 214 ff.

umfangreiche finanzielle Mittel zu.[111] Der Preis aber, den Stresemann für die Sanierung seiner Partei zu zahlen hatte, war ein erneuter Kampf gegen die von Hugenberg ausgehenden und von dessen industriellen Freunden nun in die volksparteilichen Reihen getragenen Fusionsbestrebungen.[112] Vögler und Flathmann fanden bald gewichtige Verbündete in der DVP. So setzte sich nicht nur der Hugenberg nahestehende ehemalige Geschäftsführer des Altnationalliberalen Reichsverbandes, Paul Fuhrmann,[113] der noch im Frühjahr 1919 aus der DVP ausgeschlossen wurde, öffentlich für die Fusion ein.[114] Auch der Vorsitzende der DVP-Reichstagsfraktion, Karl Rudolf Heinze, und der Generalsekretär der Partei, Otto Hugo, zeigten sich einem Zusammenschluß mit der DNVP geneigt.[115]

Heinze ging im Juni 1919 so weit, ohne Wissen Stresemanns mit einigen Deutschnationalen in Verhandlungen über die Fusion zu treten.[116] Daraufhin fand eine gemeinsame außerordentliche Sitzung der DVP-Fraktionen der Preußischen Landesversammlung und des Reichstags statt, auf der die Form von Heinzes Vorgehen verurteilt, dennoch aber beschlossen wurde, in dieser Frage mit den Deutschnationalen zu verhandeln. Vermutlich dürfte Vöglers engagierte Verteidigung der Initiative Heinzes die positive Fraktionsentscheidung mit beeinflußt haben, zumal Stresemann auf der Sitzung fehlte.[117] Einige Tage später jedoch lieferten die Deutschnationalen mit der Veröffentlichung des volksparteilichen Angebots Stresemann den Vorwand, den sofortigen Abbruch der Verhandlungen zu verlangen.[118] Enttäuscht

---

[111] Vögler forderte in der zweiten Hälfte des Jahres 1919 mehrmals Geld von Hugenberg für die Deutsche Volkspartei an, ohne Summen zu nennen. Da er einmal bat, „zwei weitere Raten in gleicher Höhe auf das Konto Deutsche Volkspartei" zu überweisen, dürfte Hugenberg fortlaufend bestimmte Summen überwiesen haben. Woher die Mittel stammten, ob aus Hugenberg zur Verfügung stehenden Fonds, dem Konzern oder aus Sondersammlungen im Ruhrgebiet, geht aus den Unterlagen nicht hervor. Vgl. Schreiben Vöglers an Hugenberg, 27. 10. u. 8. 12. 1919. — NL Hugenberg, M 7.

[112] Daß besonders Flathmann und Vögler sich für einen Zusammenschluß mit der DNVP einsetzten und deshalb häufig in Konflikt mit Stresemann gerieten, bestätigt auch L. Albertin: Liberalismus, S. 178.

[113] Der Geschäftsführer des Langnamvereins und der Nordwestlichen Gruppe des VDESI, Wilhelm Beumer, schrieb Hugenberg im Juli 1919, Fuhrmann habe sich mit der Bitte an ihn gewandt, ihm aus seiner „gegenwärtigen Untätigkeit herauszuhelfen, da es ihm peinlich sei Bezüge zu erhalten, für die eine Gegenleistung nicht vorhanden sei". Beumer wollte von Hugenberg wissen, welche Abmachungen Hirsch, Hugenbergs Adlatus, mit Fuhrmann abgeschlossen hatte. Ob der Unterhalt, den Fuhrmann von Hirsch resp. Hugenberg und seinen schwerindustriellen Freunden erhielt, für seine Tätigkeit als Geschäftsführer des von diesen Kreisen subventionierten Altnationalliberalen Reichsverbands (vgl. D. Guratzsch: Macht, S. 104 f.) gedacht war oder für seine wider Erwarten kurzfristige Arbeit in der DVP, ist nicht bekannt. (Vgl. Schreiben Beumers an Hugenberg, 4. 7. 1919. — NL Hugenberg, A Bd. 2.) Jedenfalls hatte er Hugenberg schon im Kaiserreich, sowohl als Propagandist der Kriegszielbewegung (vgl. D. Guratzsch: Macht, S. 140), wie als Kontaktmann zur Nationalliberalen Partei gute Dienste geleistet. Vgl. Schreiben Fuhrmanns an Hugenberg, 1. 11. 1918. — NL Hugenberg, A Bd. 6.

[114] Vgl. L. Hertzmann: DNVP, S. 72 f.

[115] Vgl. ebd., S. 74 f.

[116] Vgl. H. A. Turner: Stresemann, S. 42 f., u. W. Hartenstein: Anfänge, S. 134 f.

[117] Vögler bezeichnete es in seiner Rede als ein Unglück, wenn die Bildung einer großen Partei nicht zustande käme. Vgl. W. Hartenstein: Anfänge, S. 135.

[118] Vgl. H. A. Turner: Stresemann, S. 42 f.

über diesen Mißerfolg, faßte Hergt, bisher ganz im Sinne Hugenbergs ein entschiedener Fusionsbefürworter,[119] einen Monat später auf dem Parteitag der DNVP in Berlin den Stand der Dinge wie folgt zusammen:

> „Es gibt viele im Lande, die geglaubt haben, daß wir in die neuen Wahlen gemeinsam mit unserem Nachbarn, *mit der Deutschen Volkspartei*, hineintreten würden. Sie wissen, daß auf Anregungen aus der Deutschen Volkspartei gewisse Besprechungen über einen *engeren Zusammenschluß* stattgefunden haben, wissen aber auch, daß die verschiedenen Parteiorgane der Deutschen Volkspartei diesen Gedanken als zur Zeit untunlich abgelehnt haben und daß deshalb die Herren aus der Deutschen Volkspartei, die uns gegenüber diese Anregung gegeben hatten, *nicht weiter auf den Plan zurückgekommen sind.* Nun, wir haben nie ein Hehl daraus gemacht, daß wir aufs engste mit unserem Nachbarn liiert sein müßten; wir haben auch volles Verständnis dafür gehabt, daß eine große Bürger- und Arbeiter-Nationalpartei eine gewaltige Stoßkraft und Wucht haben würde; vielleicht wäre jetzt gerade der geeignetste Zeitpunkt dafür gewesen. Aber wir laufen niemandem nach. Deshalb muß ich hier erklären, daß, nachdem diese Angelegenheit drüben auf der anderen Seite erledigt ist, sie für uns ebenso als erledigt aufgefaßt werden muß.“[120]

Tatsächlich aber waren die Verschmelzungsbestrebungen auf beiden Seiten noch keineswegs zu den Akten gelegt, und Hugenberg ließ sich schon gar nicht entmutigen. Für das Jahr 1919 sollte Hergt allerdings mit seiner Prognose recht behalten: Die Fusionsbefürworter hielten sich tatsächlich an Stresemanns Linie. So auch Vögler, der Ende Oktober 1919 an Hugenberg schrieb:

> „Die Frage eines engeren Zusammengehens schon jetzt wird sehr verschieden beurteilt. Ganz allgemein scheint hier im Revier die Ansicht vorzuherrschen, daß das getrennte Marschieren unbedingt beizubehalten wäre. Herr Kleine[121] und auch Herr Stinnes äußerten sich ganz bestimmt nach dieser Richtung hin. Herr Kleine glaubte aus seiner guten Kenntnis der hiesigen Verhältnisse es als einen großen Fehler bezeichnen zu müssen, wenn nicht die getrennte Marschroute beibehalten würde. Interessant ist mir nach dieser Richtung hin ein Schreiben, das ich gerade jetzt von einem Freunde aus Karlsruhe erhalten habe, der im Vorstand der deutschnationalen Partei ist. (...) Aus alledem ergibt sich, ohne es verallgemeinern zu wollen, doch wohl die Notwendigkeit, das Sammeln getrennt vorzunehmen. Der Ausfall der nächsten Wahlen wird dann ja zeigen, wie der Erfolg ist und welche Tätigkeit eingeschlagen werden soll. Hierbei ist aber Voraussetzung, daß auch alles vermieden wird, was das freundschaftliche Verhältnis stört. Stresemann hat sich in Leipzig doch ganz einwandfrei benommen und Rießer[122] scharf

---

[119] Hergt hatte dabei mit erheblichem Widerstand in seiner eigenen Partei zu kämpfen. Insbesondere die zahlenmäßig starken Konservativen wollten sich nicht mit Stresemanns DVP zusammenschließen, aber auch bei den Christlich-Sozialen regte sich teilweise Widerstand. Vgl. Rundschreiben des Deutschkonservativen Vereins für die Provinz Schlesien, 7. 6. 1919. — FST/MA, 06—5/2; Schreiben Hoffmanns an Hugenberg, 26. 10. 1919. — NL Hugenberg, A Bd. 9; L. Hertzmann: DNVP, S. 73.

[120] Oskar Hergt: Gegenwart und Zukunft der Deutschnationalen Volkspartei. Rede Hergts auf dem Parteitag der DNVP in Berlin am 12./13. 7. 1919, Berlin 1919 (Deutschnationale Flugschrift, Nr. 21), S. 9.

[121] Eugen Kleine, Vorsitzender der Handelskammer Dortmund. Vgl. Handbuch wirtschaftlicher Verbände und Vereine des Deutschen Reiches, Berlin 1919, S. 59 (i. f. zit.: Hdb. d. Verbände).

[122] Jakob Rießer, Gründer und Vorsitzender des Hansa-Bundes, DVP-Abgeordneter in der Nationalversammlung und im Reichstag, galt als Exponent des linken Flügels in der DVP. Vgl. Hermann A. L. Degener (Hrsg.): Wer ist's? Unsere Zeitgenossen, Berlin IX. Ausgabe 1928, S. 1273 (i. f. zit.: H. Degener: Wer ist's?); vgl. ferner L. Albertin: Liberalismus, S. 66.

fallen lassen. Trotzdem greift ihn die Deutsche Tagespost [DNVP-nahes Blatt] ganz ungerechtfertigter Weise an."[123]

Diese Zeilen Vöglers offenbaren zum ersten Mal einen gewissen Gegensatz zwischen Hugenberg und seinem schwerindustriellen Freundeskreis,[124] der sich in den nächsten Jahren noch verstärken sollte, ohne daß es aber zum Bruch kam. Zunächst schien Hugenberg sich an die neue Parole zu halten, doch im Januar 1920 erfolgte ein neuer deutschnationaler Vorstoß. Der ihm nahestehende deutschnationale Reichstagsabgeordnete Albrecht v. Graefe forderte die DVP öffentlich zur Fusion auf.[125] Stresemann publizierte eine heftige Ablehnung in den „Deutschen Stimmen", woraus sich eine erbitterte Pressefehde zwischen ihm und v. Graefe entwickelte.[126] Das lag nun keineswegs im Interesse Vöglers und des hinter ihm stehenden Stinnes, die sich beide zwar in der Frage des taktischen Vorgehens etwas anders als Hugenberg orientierten, aber alles andere als offene Feindschaft zwischen den beiden Parteien wünschten. So schrieb Vögler an Stresemann:

> „Wenn der Geschäftsführende Ausschuß den Pressekampf zwischen Herrn von Graefe und Ihnen völlig einmütig gebilligt hat, so besteht allerdings zwischen der Auffassung des Ausschusses und der meinigen ein unüberbrückbarer Unterschied. Ich verstehe nicht, nach wie vor, daß in einer Zeit wie dieser die Führer zweier befreundeter Parteien eine solche Pressefehde führen können. (...) Gerade Sie haben in Leipzig auf dem Parteitag zum Ausdruck gebracht, daß man mit den Deutschnationalen ein freundschaftliches Zusammenarbeiten anstrebe. (...) Halten Sie die Pressefehde etwa als diesem Beschluß entsprechend?"[127]

Anfang März des Jahres 1920 – ob auf Drängen Vöglers, ist nicht bekannt – stand das Verhältnis zu den Deutschnationalen wiederum auf der Tagesordnung des GA der DVP. Stresemann ließ keinen Zweifel an seiner ablehnenden Haltung gegenüber einer Fusion, schloß diese nur für den Fall nicht aus, daß die Konservativen sich von den Deutschnationalen trennen würden und der verbleibende Rest den Wunsch hätte, sich der DVP anzuschließen. Vögler dagegen, unter Hinweis auf den keineswegs schwindenden liberalen Einfluß in der DNVP – repräsentiert etwa durch die Person Traubs – und mit der einschränkenden Versicherung, daß eine Verschmelzung außer Frage stände, bekräftigte seine Meinung, daß die Zukunft der

---

[123] Schreiben Vöglers an Hugenberg, 27. 10. 1919. — NL Hugenberg, M 7.

[124] Vier Tage später machte Vögler noch einmal deutlich, für wie begrenzt er zu diesem Zeitpunkt die Möglichkeit des Zusammenarbeitens sah: „Ich hoffe doch sehr, daß wir hier im Industriebezirk wenigstens in dem einen oder anderen, wenn nicht in allen Kreisen zu gemeinsamen Listen kommen. Wir hatten doch in Düsseldorf und Arnsberg diese schon das letzte Mal. Es ist natürlich immer eine schwierige Sache um die Reihenfolge der Kandidaten, und da erhitzen sich dann die Gemüter. (...) Eine *allgemeine* gemeinsame Liste der Parteien für die nächsten Wahlen halte ich allerdings nach den Eindrücken in Leipzig [Parteitag der DVP] für ganz ausgeschlossen." Schreiben Vöglers an Hugenberg, 31. 10. 1919. — NL Hugenberg, A Bd. 22.

[125] Der alldeutsche Verleger Reismann-Grone zählte Graefe zu den „Hugenberg-Leute(n)." (Tagebücher Reismann-Grone, Eintrag v. 15. 3. 1921.) Graefe war seit 1917 Mitglied des Gesamtvorstandes des ADV. Vgl. Reinhard Behrens: Die Deutschnationalen in Hamburg 1918—1933, Hamburg, Phil. Diss. 1973, S. 59; (i. f. zit.: R. Behrens: Die Deutschnationalen).

[126] Vgl. W. Hartenstein: Anfänge, S. 138 f.

[127] Schreiben Vöglers an Stresemann, 9. 2. 1920, zit. n. W. Hartenstein: Anfänge, S. 139.

DVP nur mit der DNVP gedacht werden könne. Schließlich beschloß die Versammlung, mit den Deutschnationalen über das gegenseitige Verhältnis erneut zu verhandeln.[128] Wenig später jedoch wurden die Kontaktgespräche wiederum gestört, diesmal durch den Kapp-Putsch. Der Vögler nahestehende und durch diesen mit Hugenberg und seinem Konzern verbundene volksparteiliche Abgeordnete Carl Cremer[129] schrieb Hugenberg am 16. März 1920, gegen Ende des Kapp-Putsches, zu den Verständigungsverhandlungen:

> „Die Pulverwolken der Aktion Bauer-Kapp müssen sich nun erst verziehen; ich fürchte sehr, daß diese Aktion einen ungünstigen Erfolg für das Verhältnis beider Parteien zur Folge haben wird. Der ungenügend vorbereitete Putsch hat helle Streiflichter auf ziemlich unbegrenzte Möglichkeiten im Schoße der deutschnationalen Partei geworfen, die wohl zunächst einmal zu einer Klarstellung führen müssen, ob die D.N. Partei es einem Teile ihrer Anhänger gestatten will, sich durch willkürliche Gewaltakte außerhalb des Verfassungslebens zu stellen."[130]

Tatsächlich scheinen die Verhandlungen auf parteioffizieller Ebene erst 1921 wieder aufgenommen worden zu sein. Nicht nur die Konservativen waren kompromittiert,[131] sondern ausgerechnet der „bündnisfähige" liberale Traub.
Hugenberg, der den Putsch weder unterstützt noch von Traubs Engagement als Kultusminister vorher etwas gewußt hatte,[132] schrieb später an diesen:

> „Sie haben außerdem beim Kapp-Putsch nach Ihrer eigenen Auffassung nicht Politik getrieben, sondern sich durch Gesichtspunkte des Pflichtgefühls leiten lassen – was nicht immer zusammenfällt, weil es in diesem Falle nicht zusammenfiel, war es ein Fehler."[133]

Ungeachtet dieses aus kühlem politischem Kalkül erwachsenen Urteils sorgte Hugenberg gemeinsam mit Vögler für Sicherheit und Unterhalt Traubs.[134] Der im Juni

---

[128] Vgl. zu dem gesamten Vorgang W. Hartenstein: Anfänge, S. 140 ff.

[129] Dr. Carl Cremer, geb. 1876, gest. 1953, Jurist, war auf Empfehlung Vöglers 1920 als Geschäftsführer der Überseedienst GmbH und der Telegraphen-Union GmbH eingestellt worden. (Vgl. Schreiben Hugenbergs an Wegener, 18. 9. 1920. – BA/NL Wegener, Nr. 65; vgl. auch Vertragsentwurf zwischen der Firma Deutscher Überseedienst GmbH und Dr. Cremer, 3. 4. 1920. – Akten Opriba, H 21.) Warum der ehemalige Nationalliberale der DVP beigetreten war, begründete er gegenüber Hugenberg wie folgt: „Ich habe mich vorläufig der Deutschen Volkspartei angeschlossen, um mich nicht von dem Gros der westfälischen Freunde zu trennen. Endgültige Formen des Parteilebens werden sich erst später während und nach der Nationalversammlung (wenn sie noch zustande kommt) ergeben." Schreiben Cremers an Hugenberg, 16. 3. 1920. – Akten Opriba, H 21.

[130] Ebd.

[131] Welches Ausmaß die konservative Beteiligung hatte, konnten die Zeitgenossen freilich nur vermuten, da z. B. Westarp zwar an den Vorbereitungen, nicht aber am eigentlichen Putsch beteiligt war und seine Mitwisserschaft erfolgreich ableugnen konnte. Vgl. W. Liebe: DNVP, S. 55; L. Hertzmann: DNVP, S. 105 f.; Darstellung Westarps abgedruckt in: Johannes Erger: Der Kapp-Lüttwitz-Putsch, Düsseldorf 1967, Dok. 17, S. 314 f. (i. f. zit.: J. Erger: Kapp).

[132] Vgl. Gottfried Traub: Lebenserinnerungen (Masch. Ms.), o. O., o. J., S. 200. – BA/NL Traub, Nr. 5.

[133] Schreiben Hugenbergs an Traub, 5. 12. 1920. – BA/NL Traub, Nr. 62.

[134] Das wird belegt durch einen regen Briefwechsel zwischen Vögler und Hugenberg in der zweiten Jahreshälfte des Jahres 1920. Hugenberg machte Traub schließlich zum Herausgeber bei der München-Augsburger Abendzeitung (MAA). (Vgl. Schriftwechsel Vögler-Hugenberg. – NL Hugenberg, M 7; G. Traub: Lebenserinnerungen, o. O., o. J.,

des Jahres erfolgenden Regierungsbeteiligung der DVP, die die Kluft zwischen beiden Rechtsparteien noch vertiefte, gewann Hugenberg im Hinblick auf das Straf-
verfahren gegen Traub immerhin einen positiven Aspekt ab:

> „Es ist nicht zu leugnen, daß die Einstellung [des Verfahrens] *wenigstens* eine Licht-
> seite des Eintritts der D.V.P. in die Regierung darstellt. Ich glaube, daß unser Freund
> V.[ögler] sowie Heinze an diesem Ausgange das Hauptverdienst haben."[135]

Anstonsten aber bereitete ihm die Koalition der Volkspartei mit Zentrum und
Demokraten in einem Minderheitskabinett, das auf Tolerierung durch die SPD
baute,[136] tiefes Unbehagen. Trotz der Tatsache, daß mit Heinze als Vizekanzler
und Justizminister, Hans v. Raumer (Elektroindustrie) als Finanzminister und
Ernst Scholz als Wirtschaftsminister gleich drei industriefreundliche Abgeordnete
Schlüsselpositionen im Kabinett besetzten,[137] hielt er das volksparteiliche Regie-
rungsengagement für einen gravierenden politischen Fehler, der für ihn einmal mehr
die Existenzberechtigung dieser Partei in Zweifel zog. So schrieb er im September
1920 an Wegener:

> „Diese deutsche Volkspartei unter Stresemanns Führung ist doch ein unglaubliches Un-
> glück für uns. Wenn der Zug nach rechts im Volke nicht ganz unaufhaltsam ist, so wer-
> den sie es durch ihre Mitwirkung an der Regierung fertig bringen, ihn zu stoppen und
> den vereinigten Sozialdemokraten zu einer Mehrheit im Reichstage zu verhelfen."[138]

Mit dieser Meinung stand er im schwerindustriellen Freundeskreis so gut wie allein,
da die Unternehmer im Angesicht der sogenannten zweiten Sozialisierungswelle, die
sich besonders auf den Kohlenbergbau konzentrierte, die volksparteiliche Regierungsbeteiligung nur begrüßen konnten[139] und sich daher auch, wie sich 1921 noch
deutlicher zeigte, in einer für Hugenberg entscheidenden politischen Frage, der Zusammenarbeit mit der SPD, anders als er orientierten.

S. 230. — BA/NL Traub, Nr. 5. Die Hilfe von Hugenberg und Vögler war für Traub
deshalb besonders wichtig, weil er sich nach Niederschlagung des Putsches nur durch
Flucht einer Verhaftung entziehen konnte, alle politischen Freunde — mit Ausnahme
Westarps — sich aber von ihm lossprachen. Die DNVP ließ ihn ebenso fallen, wie sich
der ADV, dem er nicht einmal angehörte, von ihm distanzierte. (Vgl. ebd., S. 240, u.
L. Hertzmann: DNVP, S. 100.) Um so mehr blieb Traub Hugenberg ein Leben lang
in Dankbarkeit verbunden.

[135] Schreiben Hugenbergs an Traub, 3./4. 9. 1920. — BA/NL Traub, Nr. 62.

[136] Vgl. L. Hertzmann: DNVP, S. 170 ff.

[137] Die Nominierung v. Raumers und Scholz' erfolgte auf Vorschlag eines von Stresemann
zusammengerufenen Industriellen-Kreises, zu dem auch Vögler und Stinnes zählten.
Das politische Verhältnis von Stinnes zu dem Geschäftsführer des Zentralverbandes
der deutschen elektrotechnischen Industrie, v. Raumer, dürfte also zu dieser Zeit nicht
schlecht gewesen sein. (Vgl. H. A. Turner: Stresemann, S. 83 f.) Ein ähnlich gutes
Verhältnis von Hugenberg zu v. Raumer ist kaum anzunehmen. v. Raumer war nach
der Revolution in die DNVP eingetreten, weil er zunächst glaubte, die DNVP habe
mehr Berührungspunkte mit der organisierten Arbeiterschaft als die DVP u. selbst
die DDP. (Vgl. Schreiben v. Raumers an Stinnes, 14. 12. 1918 [Abschrift]. — NL
Hugenberg, A Bd. 18.) Offenbar in dieser Hoffnung enttäuscht, wechselte er 1920
zur DVP über. Vgl. L. Albertin: Liberalismus, S. 189.

[138] Schreiben Hugenbergs an Wegener, 15. 9. 1920. — BA/NL Wegener, Nr. 65.

[139] Vgl. Peter Wulf: Regierung, Parteien, Wirtschaftsverbände und die Sozialisierung des
Kohlenbergbaues 1920—1921, in: Hans Mommsen u. a. (Hrsg.): Industrielles System,
Düsseldorf 1974, S. 647—657, hier S. 653 ff. (i. f. zit.: P. Wulf: Regierung).

Hugenberg befürwortete zu keiner Zeit seines politischen Lebens eine Kooperation mit der SPD. Wie er im Kaiserreich stets den kompromißlosen Kampf des Bürgertums gegen die SPD proklamiert hatte, so plädierte er auch in der Republik immer für eine rein bürgerliche Koalition, mit der die Sozialdemokraten von der Regierungsmacht ferngehalten werden sollten.[140] Im Gegensatz hierzu stand auch nicht die Tatsache, daß er in der Revolutionsphase und den nachfolgenden Monaten mit den der SPD nahestehenden Gewerkschaften zusammenarbeitete. Um Sozialisierung und andauernde soziale Unruhen zu verhindern, war Hugenberg zu Zugeständnissen gegenüber den direkten Interessenvertretern der Arbeiterschaft bereit, nicht aber gegenüber ihrer politischen Führung.[141] Dieser sagte er vielmehr sofort den Kampf an, als mit den Wahlen zur Nationalversammlung die Möglichkeit geboten wurde, sie aus den staatlichen Machtpositionen wieder zu verdrängen.

Sein alter Gegner Stresemann hingegen, der das Konzept der ZAG abgelehnt hatte, lebte sich seit 1920 mehr und mehr – nicht zuletzt in Anbetracht der schlechten, durch die außenpolitische Lage noch verkomplizierten wirtschaftlichen Situation Deutschlands – in die Überzeugung ein, daß an der stärksten parteipolitischen Vertretung der Arbeitgeberschaft nicht vorbeiregiert werden könne, ohne gravierende soziale Spannungen zu riskieren.[142] Als sich diese Haltung im Januar 1921 anläßlich der von den Alliierten präsentierten Reparationsforderungen in dem Vorschlag konkretisierte, die Reichsregierung zu einem nationalen Einheitskabinett unter Einschluß von SPD und DNVP umzubilden,[143] fand Stresemann auch die Zustimmung seiner schwerindustriellen Parteikollegen, die sich damit in Gegensatz zu Hugenberg stellten. Empört schrieb dieser an Vögler:

„Ich kenne die Auffassungen, insbesondere die Dr. Cremers über die Frage der Behandlung der Mehrheitssozialisten und habe darüber in unseren Zusammenkünften bereits eine ausgiebige Aussprache herbeigeführt, die, soweit die dort vertretenen Kreise in Betracht kommen, hätte verhindern sollen, daß man überhaupt an die DNVP mit der Zumutung einer Mehrheitsbildung unter Einschluß der Mehrheitssozialisten herantrat. Daß dieser Gedanke für die DNVP nicht unter parteipolitischen, sondern allgemeinen Gesichtspunkten jetzt nicht mehr diskutierbar sei, habe ich den Herren auf das Deutlichste als meine Auffassung mitgeteilt und komme umsomehr zu der Auffassung, daß, wenn trotzdem der Weg beschritten ist, dies von vornherein seitens eines Teiles der Mit-

---

[140] So schrieb Hugenberg 1926: „Was ihm [dem deutschen Volk] vor dem Kriege und im Kriege fehlte, war *eine genügend starke Phalanx von in sich festen Menschen* (ich rede nur davon und nicht etwa um Mehrheiten), *die gemeinsam das wollten und durchsetzten*, was nach ganz einfacher Überlegung vernünftig und notwendig und der Natur ihres Volkes angemessen war. *Weil sie fehlte, konnte die Sozialdemokratie sich breit machen und alles verderben. (...)* Schon damals — gleich nach der ‚siegreichen‘ sozialdemokratischen Revolution — hatten wir keine Mehrheit der Sozialisten, sondern eine ‚bürgerliche‘ Mehrheit, die seitdem gewachsen ist und ihren Kern weiter nach rechts verlegt hat. (...) Diese bürgerliche Mehrheit hat sich in keinem Stadium der Zwischenzeit — auch nicht im Jahre 1925 — auf den einzigen Standpunkt stellen wollen, von dem aus man die Sozialdemokratie dezimieren kann, nämlich *gegen* die Sozialdemokratie zu regieren und frei von sozialistischen Einflüssen den Staat auf neuer Grundlage und mit neuen Gedanken wiederaufzubauen.“ A. Hugenberg: Rathaus, in: ders.: Streiflichter, S. 1—2; vgl. auch Alfred Hugenberg: Regieren, in: Der Tag, 13. 3. 1930.
[141] Vgl. A. Hugenberg: Untergang, in: ders.: Streiflichter, S. 70.
[142] Vgl. H. A. Turner: Stresemann, S. 53.
[143] Vgl. ebd., S. 89.

wirkenden zu dem Zwecke geschehen sein muß, der DNVP zwecks Ausnutzung für die Wahlen [gemeint sind die Wahlen zum Preußischen Landtag am 20. Februar 1921] taktische Verlegenheiten zu bereiten. Auch vom Standpunkte der DVP als eines Gliedes der nichtsozialistischen Front verstehe ich es durchaus nicht, wie sie vor den Wahlen eine derartige Aktion einleiten konnte statt bis nach den Wahlen zu warten: denn es ist doch nicht Aufgabe der DVP durch Anregung einer solchen Verständigung mit den Mehrheitssozialisten deren Stellung für die Wahlen so erheblich zu stärken, wie es tatsächlich die Folge jeder derartigen Aktion sein mußte. Ich bin geradezu der Meinung, daß diese unglückliche Taktik die Wahlaussichten der nichtsozialistischen Parteien am 20. Februar sicher ganz wesentlich verschlechtert hat, und zwar für *alle!* (...). Wir konnten uns unter der Hand oder auch öffentlich über ein Zusammengehen der DVP und DNVP, meinetwegen auch des Zentrums oder gar der Demokraten nach den Wahlen verständigen, das hätte, falls erfolgreich, allen beteiligten Parteien großen Nutzen gebracht. Das war auch Ihre und die Ansicht des Herrn Stinnes.'"[144]

Tatsächlich aber hatte Hugenbergs politischer Nachhilfeunterricht offenbar keinen nachhaltigen Erfolg im Ruhrgebiet erzielt. Drei Tage später antwortete Vögler ihm:

„Hergts und – nehmen Sie es mir nicht übel – auch Ihre Stellungnahme ist eine reine parteipolitische. Die Volkspartei hat nach dem Berliner Beschluß ganz instinktiv den nach meiner Überzeugung einzig richtigen Weg gefunden: Bildung einer starken Parteienkonstellation zur Abwehr. Dieser Notwendigkeit gegenüber mußten auch Bedenken wegen der Preußenwahl fallen.'"[145]

Da die von Hugenberg beeinflußten Deutschnationalen die Koalition mit der SPD ablehnten, konnte Stresemanns Plan, der überdies auch auf Widerstand bei den Sozialdemokraten stieß,[146] nicht realisiert werden. Für seine Partei war Stresemann jedoch nicht bereit, die einmal eingeschlagene Richtung aufzugeben. Einen von Hugenbergs Protégé Hergt im September 1921 erneut vorgetragenen Fusionsvorschlag, der mit der Forderung verbunden war, kein Regierungsbündnis mit der SPD einzugehen, lehnte er entschieden ab.[147] Statt dessen führte er die DVP, ohne auf gravierenden Widerstand bei seinen schwerindustriellen Parteikollegen zu stoßen,[148] wenig später im größten Bundesland, Preußen, in eine Koalition mit der SPD.[149] Damit hatten sich die Wege der beiden Rechtsparteien DVP und DNVP getrennt und ihre insbesondere von Alfred Hugenberg angestrebte Fusion stand nicht mehr zur Debatte.

Hugenberg verdankte seinen Mißerfolg in der Frage der liberal-konservativen Einheitspartei vor allem Gustav Stresemann, der alle Fusionsbestrebungen hartnäckig bekämpft und überdies seit 1920 einen politischen Kurs verfolgt hatte, der die DVP

---

[144] Schreiben Hugenbergs an Vögler, 7. 2. 1921. — NL Hugenberg, M 7.
[145] Schreiben Vöglers an Hugenberg, 10. 2. 1921. — NL Hugenberg, M 7.
[146] Vgl. H. A. Turner: Stresemann, S. 89.
[147] Vgl. ebd., S. 95.
[148] Jedenfalls ist in den zugänglichen Quellen und in der Literatur von einem Widerstand der Schwerindustriellen gegen die Koalition in Preußen nicht die Rede. Allerdings soll Vögler nach Turners Darstellung im Herbst 1921 protestiert haben, als Stresemann erneut vorschlug, auch auf Reichsebene eine Koalition mit der SPD zu bilden. Turners Folgerung aber, Vögler hätte sich noch nicht mit dem Gedanken einer Zusammenarbeit mit der SPD abgefunden, widerspricht der Tatsache, daß Vögler im Frühjahr 1921 für Stresemanns Plan eines nationalen Einheitskabinetts unter Einbeziehung der SPD plädiert hatte. Vgl. H. A. Turner: Stresemann, S. 96.
[149] Vgl. ebd., S. 97, u. Hagen Schulze: Otto Braun oder Preußens demokratische Sendung, Frankfurt/M. Berlin Wien 1977, S. 342 f.

endgültig der DNVP entfremdete.[150] Erleichtert wurde Stresemanns Vorgehen dadurch, daß sich die in der DVP an einflußreicher Stelle vertretenen Schwerindustriellen seinem Koalitionskurs mit der SPD nicht entschieden widersetzten und damit den von ihnen ursprünglich begünstigten Fusionsplan ihres Freundes Hugenberg unterliefen. Die sich hiermit andeutende Tatsache, daß sich Hugenbergs schwerindustrielle Freunde politisch von ihm verselbständigten, schien sich auch durch Vorgänge auf einem Gebiet zu bestätigen, auf dem Hugenbergs ausschließlicher Führungsanspruch jahrelang unbestritten war: der Presse.

Bereits Mitte des Jahres 1920 begann Hugo Stinnes sich ein eigenes Presseimperium ohne Hilfe Hugenbergs aufzubauen. Zunächst kaufte er die Deutsche Allgemeine Zeitung [DAZ][151], einige Monate später beteiligte er sich offensichtlich ohne Wissen Hugenbergs an der Täglichen Rundschau,[152] die 1922 völlig in seinen Besitz überging.[153] Schließlich übernahm er auch, wiederum ohne Verständigung mit dem Pressefachmann Hugenberg, ein Maternkorrespondenzunternehmen, die Firma Wiemann & Arens.[154] Stinnes' publizistische Alleingänge hingen sicherlich auch mit seinem Interesse zusammen, seinen vielfältige Gewerbezweige umfassenden Konzern vertikal durchzuorganisieren, d. h. in diesem Fall, die in seinem Besitz befindlichen Wälder, Zellulosefabriken, Papierfabriken und Druckereien um das Endprodukt „Zeitung" zu ergänzen.[155] Seine Zeitungskäufe gewinnen jedoch eine ausgesprochen politische Dimension im Lichte eines anderen Vorgangs, den es nun zu betrachten gilt.

b) Der Hugenberg-Konzern – ein Machtinstrument zweier Parteien?

Assistent von Stinnes' Beauftragtem Albert Vögler, begann Hugenberg 1919 mit schwerindustriellen und konzerneigenen Mitteln[156] Zeitungen aufzukaufen, die als

---

[150] Vgl. W. Graef: Werdegang, S. 25, u. Kuno Graf Westarp: Am Grabe der Parteiherrschaft, Berlin o. D. (1932), S. 33 (i. f. zit.: K. Westarp: Am Grabe).

[151] Vgl. K. Koszyk: Deutsche Presse, S. 139 ff.

[152] Hugenberg schrieb Stinnes im Februar 1921, nachdem dieser sich über die Konkurrenz zwischen Hugenbergs „Tag" und der „Täglichen Rundschau" beschwert hatte (vgl. Schreiben Stinnes' an Hugenberg, 7. 2. 1921. — NL Hugenberg, A Bd. 20): „Von Beziehungen, die zwischen Ihnen oder der Industrie und der Täglichen Rundschau etwa beständen, ist mir bisher auch nicht das mindeste bekannt geworden." Schreiben Hugenbergs an Stinnes, 16. 2. 1921. — NL Hugenberg, A Bd. 20.

[153] Vgl. Joachim Pöhls: Tägliche Rundschau (1881—1933), in: Heinz-Dietrich Fischer (Hrsg.): Deutsche Zeitungen des 17. bis 20. Jahrhunderts, Pullach b. München 1972, S. 349—363 (i. f. zit.: J. Pöhls: Tägliche Rundschau).

[154] Vgl. Schreiben Stinnes' an Hugenberg, 6. 11. 1922, u. Schreiben Klitzschs an Hugenberg, 23. 12. 1922. — Akten Opriba, H 3.

[155] Vgl. F. Pinner: Wirtschaftsführer, S. 16 f.

[156] Die schwerindustriellen Gelder stammten zum Teil aus dem Pressefonds des Bergbau- und Zechenverbandes, der als korporative Vertretung der rheinisch-westfälischen Kohleindustrie den Ausbau des Hugenberg-Konzerns nach 1918 wesentlich mitfinanzierte. (Vgl. Anhang, 3a; vgl. auch A. Heinrichsbauer: Schwerindustrie, S. 19.) Darüber hinaus scheint aber besonders Hugo Stinnes umfangreiche Mittel für das publizistische Zweiparteienprogramm bereitgestellt zu haben. Darauf deutet nicht nur Vöglers „Assistenz" bei Hugenbergs Zeitungsankäufen hin, sondern in einem Fall, dem der Mitteldeutschen Verlagsanstalt, ist ein starkes finanzielles Engagement Stinnes' auch nachweisbar. Vgl. Anhang, 1 b, aa.

gemeinsame Publikationsorgane von DNVP und DVP dienen sollten.[157] Darüber hinaus besetzte er mehrere seiner parteipolitisch bisher nicht festgelegten Konzernunternehmungen „paritätisch" mit DVP- und DNVP-Mitgliedern. So gehörten sogar der Wirtschaftsvereinigung, der 1919 als Nachfolgerin der Wirtschaftlichen Gesellschaft gegründeten Dachorganisation des Konzerns, zwei Parteipolitiker an,[158] für die DNVP ihr Vorsitzender Oskar Hergt und für die DVP der dritte Vorsitzende des Zentralvorstandes, Johann Becker.[159] Wahrscheinlich noch im selben Jahr wurden beide außerdem Gesellschafter und Verwaltungsratsmitglieder der VERA Verlagsanstalt,[160] die von Hugenberg 1917 als „Fachberatungsstelle für die Presse" gegründet worden war.[161] Überdies trat zumindest Becker, dem, wenn nicht Hergt, so doch ein anderer Deutschnationaler beigesellt wurde, in den Verwaltungsrat der August Scherl GmbH ein.[162] An die Spitze der konzerneigenen Nachrichtenagentur Telegraphen-Union wurde Anfang des Jahres 1920 der volksparteiliche Reichstagsabgeordnete Carl Cremer berufen,[163] dem wenig später mit Otto Mejer ein deutschnationaler Direktor zur Seite gestellt wurde.[164] Warum die Berufung Mejers erfolgte, drückte Kapitän Wilhelm Widenmann, der deutschnationale Generaldirektor des auch zum Hugenberg-Konzern gehörenden Deutschen Übersee-

---

[157] Im Herbst 1919 schlossen Hugenberg und Vögler unter Beteiligung deutschnationaler und volksparteilicher Funktionäre das sogenannte „Dortmunder Abkommen", in dem Richtlinien für den gemeinsamen Ankauf von Zeitungen, die paritätisch beide Parteien vertreten sollten, festgelegt wurden. Vgl. die Schreiben Hoffmanns an Hugenberg, 11. 12. u. 25. 12. 1919. — NL Hugenberg, A Bd. 9.

[158] Vgl. Mitgliederliste der Wirtschaftsvereinigung zur Förderung der geistigen Wiederaufbaukräfte Deutschlands, o. D. (Stand ca. 1919—1928). — BA/NL Wegener, Nr. 37.

[159] Johann Baptist Becker, geb. 1869, gest. 1951, Großherzoglich-Hessischer Minister von 1916 bis 1918. Im April 1919, nachdem Vögler seine Kandidatur für die Wahl zum 3. Vorsitzenden des Zentralvorstandes der Partei wegen des parteiinternen Widerstandes aufgegeben hatte, ließ Becker sich mit Erfolg nominieren. Im Kabinett Cuno übernahm er das Reichsfinanzministerium. Als Vorstandsmitglied der Rheinischen Stahlwerke und als Mitglied des Aufsichtsrats der Cornelius Heyl AG, in dem auch Vögler vertreten war, ergab sich seine industriefreundliche Politik zwangsläufig. Vgl. L. Döhn: Politik, S. 365 f. u. S. 411.

[160] In einem undatierten Mitteilungsblatt der VERA, das wahrscheinlich aus dem Jahr 1919 stammt, werden Becker und Hergt sowohl als Gesellschafter wie als Verwaltungsratsmitglieder der VERA genannt (vgl. Mitteilungsblatt der VERA Verlagsanstalt, o. D. [1919]. — [Vgl. Anm. 71]). 1921 wurden beide in den Ausschuß des Verwaltungsrates gewählt. Vgl. Protokoll der VR-Sitzung der VERA Verlagsanstalt GmbH, 4. 5. 1921. — Einsicht in diese Quelle verdankte ich Herrn Dr. K.-P. Hoepke, Karlsruhe.

[161] Vgl. D. Guratzsch: Macht, S. 256; vgl. auch Anhang, 1 b, aa.

[162] Beckers Zugehörigkeit zum Verwaltungsrat der Scherl GmbH ist noch für einen späteren Zeitpunkt, 1928, überliefert. (Vgl. „Die Trauerfeier für Bürgermeister Neumann", in: Der Tag, 12. 4. 1928.) Da eine vollständige Liste des Scherlschen Verwaltungsrates fehlt, ist ungewiß, ob auch Hergt ihm angehörte. Im Verwaltungsausschuß, dessen Zusammensetzung für 1928 bekannt ist (vgl. Anhang, 2 a, aa), war er jedenfalls im Unterschied zu Becker nicht vertreten.

[163] Vgl. Schreiben Cremers an Hugenberg, 21. 12. 1919, Vertrag (Entwurf) zwischen dem Deutschen Überseedienst und Cremer, 3. 4. 1920, Schreiben Hugenbergs an Cremer, 11. 3. 1920. — Alle Schriftstücke: Akten Opriba, H 21.

[164] Spätestens 1921. Vgl. Schreiben Widenmanns an Hugenberg, 26. 7. 1921. — Akten Opriba, H 21.

dienstes, in dem Cremer ebenfalls einen Direktorenposten als volksparteiliches Pendant innehatte,[165] so aus:

> „Bei der Gelegenheit habe ich Herrn Duncker Andeutungen über das Verhältnis der Partei-Gruppen in der ‚Telunion‘ gemacht und ihm erklärt, daß es Ihr [gemeint ist Hugenberg] berechtigter Wunsch sein müsse, die absolute Parität dieser Gruppen in der Telunion gewahrt zu sehen. Aus diesem Grunde sei auch Herr Mejer als Geschäftsführer in die Telunion delegiert worden."[166]

Auch im Aufsichtsrat der 1919 hauptsächlich mit Stinnesschen Geldern gegründeten und dem Hugenberg-Konzern angegliederten Mitteldeutschen Verlagsanstalt (Mivag), die die Saale-Zeitung in Halle, die Mitteldeutsche Zeitung in Erfurt, das Merseburger Tageblatt und die Weimarische Zeitung herausgab,[167] saßen mit Carl Cremer für die DVP und Hans v. Goldacker für die DNVP zwei profilierte Vertreter der beiden Rechtsparteien.[168] Im selben Jahr kauften Hugenberg und Vögler die Westfälische Landeszeitung in Münster auf, in deren Verwaltungsrat ebenfalls Mitglieder von DVP und DNVP berufen wurden.[169] Schließlich nahm Hugenberg auch in den Gesellschaftskreis der 1920 erworbenen München-Augsburger Abendzeitung (MAA) eine deutschnationale und eine volksparteiliche Gruppe auf.[170]

In der praktischen Redaktionsarbeit bedeutete dieses Zweiparteiensystem zum Beispiel, daß die MAA vertraglich verpflichtet wurde, sowohl parteioffizielle Mitteilungen der DNVP wie der DVP zu veröffentlichen.[171] Ähnlichen Richtlinien unterlag offenbar auch die über die VERA dem Konzern angeschlossene Süddeutsche Zeitung in Stuttgart,[172] wenn sie zu dem Ausgang der Preußenwahl 1921 den konträren Stellungnahmen von Hergt und Cremer Raum gab.[173] Den Zweck dieses journalistischen Wechselbades hat Traub für die MAA später so beschrieben:

> „Eine Zeitung ist heute das wichtigste politische Kampfmittel. Das Vorbild des Zusammenarbeitens der DNVP mit der DVP, wie es durch die M.A.A. journalistisch gegeben wird, muß in Deutschland erfolgreich wirken."[174]

Präzisiert mit Hugenbergs Worten bedeutet das:

> „Die bloße Tatsache des Sichzusammenfindens der bürgerlichen Parteien zu einer bürgerlichen Politik würde schon bedeuten, daß die halbe Arbeit getan wäre."[175]

---

[165] Cremer trat am 1. 4. 1920 in die Geschäftsführung der Überseedienst GmbH ein. Vgl. Schreiben Hugenbergs an Cremer, 11. 3. 1920. — Akten Opriba, H 21.

[166] Schreiben Widenmanns an Hugenberg, 26. 7. 1921. — Akten Opriba, H 21.

[167] Vgl. Anhang, 1 b, aa.

[168] Vgl. Hdb. d. dt. AG, 1921/22, II, S. 1240 f.

[169] Vgl. die Schreiben Hoffmanns an Hugenberg, 11. 11. u. 25. 11. 1919. — NL Hugenberg, A Bd. 9; Schreiben Vöglers an Hugenberg, 21. 8. u. 30. 12. 1919. — NL Hugenberg, M 7; Schreiben Cremers an Hugenberg, 16. 3. 1920. — Akten Opriba, H 21.

[170] Vgl. Anhang, 1 b, aa.

[171] Vgl. Schreiben Traubs an Halkert, 31. 10. 1922. — BA/NL Traub, Nr. 50.

[172] Vgl. Anhang, 1 b, aa.

[173] Vgl. „Preußenwahlen und Regierungsbildung", in: Süddeutsche Zeitung, Nr. 46, 24. 2. 1921 (ZA mit hs. Bemerkungen Kapitän Manns). — Akten Opriba, H 3. Daß die lediglich als deutschnational bzw. volksparteilich gekennzeichneten Stellungnahmen von Hergt und Cremer stammten, geht aus den Bemerkungen Kapitän Manns hervor.

[174] Gottfried Traub: Gutachten über die MAA, o. D. — BA/NL Traub, Nr. 12.

[175] A. Hugenberg: Rathaus, in: ders.: Streiflichter, S. 14.

Unschwer ist hier nach Inhalt und Methode die Kontinuität in Hugenbergs Denken, das Wiederanknüpfen an seine politisch-publizistischen Aktivitäten im Wilhelminischen Reich zu erkennen. Galt es dort über den Umweg der Konzerngesellschaften die politische Solidarität zwischen Fertigwarenindustrie und Schwerindustrie zu stärken und damit ein stabiles Fundament für die bürgerliche Einheitsfront gegen Demokratisierung im Innern und Verständigung nach außen zu gewinnen,[176] so sollte die publizistische Zusammenarbeit in der Weimarer Republik die Parteischranken zwischen DVP und DNVP fällen helfen,[177] um dem auch auf anderen Wegen verfolgten Ziel einer konservativ-liberalen Einheitspartei als Kernstück einer bürgerlichen Fronde gegen das aus Kriegsniederlage und Revolution geborene, demokratisch verfaßte und sozialdemokratisch beeinflußte „System" näher zu kommen.[178] Gleichzeitig sollte die innerredaktionell praktizierte Kooperation auf die Leser im Lande ausstrahlen, die publizistische Propaganda ein Wählerverhalten präjudizieren, das nicht nach liberal oder konservativ, antisemitisch, katholisch oder protestantisch fragte, sondern *für* die nationale Sache und *gegen* die „internationalen" Parteien, *für* die bürgerliche Gesellschaft und Kultur und *gegen* die „sozialistische Utopie" operierte.[179]

Tatsächlich aber, statt die Annäherung der beiden Rechtsparteien zu fördern, schlugen die sich Mitte des Jahres 1920 mit dem Eintritt der DVP in das von den Sozialdemokraten tolerierte Reichskabinett abzeichnenden[180] und im Laufe der Zeit sich verstärkenden Diskrepanzen zwischen DVP und DNVP auf die publizistische Ebene durch. Parteimitglieder beider Seiten bangten und kämpften um den Einfluß ihrer jeweiligen Partei bei den gemeinsamen publizistischen Sprachrohren.[181] Welche unerwünschten Folgen das publizistische Zweiparteiensystem daher nach sich zog,

---

[176] Vgl. S. 60 f.

[177] Vgl. K.-P. Hoepke: Hugenberg, S. 912.

[178] Vgl. Alfred Hugenberg: Parteien und Parlamentarismus, in: Der Tag, 9. 11. 1926, gedr. in: ders.: Streiflichter, S. 79—83, hier S. 83 (i. f. zit.: A. Hugenberg: Parteien, in: ders.: Streiflichter).

[179] Vgl. Rede Hugenbergs in der Wirtschaftsvereinigung, 1. 7. 1927. — NL Hugenberg, WP.

[180] Daß nicht nur Hugenberg, sondern die DNVP insgesamt den volksparteilichen Regierungseintritt ablehnte und sich infolgedessen das Verhältnis zwischen den beiden Rechtsparteien abkühlte, bestätigt ein Bericht von Hans v. Lindeiner-Wildau, dem Politischen Beauftragten des deutschnationalen Parteivorsitzenden. Vgl. Geheimbericht Hans v. Lindeiner-Wildau über eine Unterredung mit dem Kronprinzen, 23. 10. 1920. — FST/7533, DNVP, Bd. 1.

[181] So kritisierte Traub im August 1921, daß der vom Scherl-Verlag herausgegebene Berliner Lokalanzeiger „ziemlich weit DVP links vertritt". (Schreiben Traubs an Hugenberg, 20. 8. 1921. — NL Hugenberg, M 8.) Auch der Vorsitzende des Landesverbandes Bayern-Süd der DNVP, Professor Walter Otto, beschwerte sich bei Hugenberg über die stresemannfreundliche Linie des ebenfalls zum Scherl-Verlag gehörenden Tag und verband dies mit der allgemeinen Behauptung, daß „auch bei anderen sogenannten nationalen Zeitungen unser Einfluß gegenüber dem volksparteilichen zurückzugehen scheint". (Schreiben Ottos an Hugenberg, 23. 3. 1923. — Akten Opriba, H 3.) Umgekehrt kritisierte der Volksparteiler Heinrich Rippler sogar öffentlich, daß die „mit volksparteilichem und deutschnationalem Geld gekaufte (...) München-Augsburger Abendzeitung" von Traub „deutschnational" geleitet würde und auch der Tag in deutschnationales Fahrwasser geraten sei. Vgl. Heinrich Rippler: Zur Abwehr, in: Tägliche Rundschau, Nr. 131, 19. 3. 1921.

macht eine Stellungnahme von Ludwig Klitzsch, dem Generaldirektor des Scherl-Verlags, deutlich:

> „Wohin soll das führen, wenn solche parteipolitischen Einflüsse immer stärker in Erscheinung treten, die leitenden Redakteure ängstigen und in ihrem Kurs unsicher machen, was im weiteren Verlauf naturgemäß eine vollständige geschäftstechnische Demoralisation im Gefolge haben muß. Gegenwärtig flüstert man bereis in den Redaktionen – besonders bei den Berichterstattern und Mitarbeitern –, daß es möglich ist, gegen die Vorgesetzten durch Beschwerden bei den politischen Parteien etwas zu erreichen."[182]

Doch nicht nur die Redaktionsstuben wurden von parteipolitischen Kämpfen erfaßt. Auch zwischen Hugenberg und den schwerindustriellen Geldgebern des Konzerns kam es zu Auseinandersetzungen. Bereits im Herbst 1920 kritisierte Stinnes, daß Hugenberg mit der VERA einseitige Parteipolitik treibe, statt sie als „wirtschaftliches Beratungsinstitut für die auf nationalem Boden stehende Presse" wirken zu lassen.[183] Im Februar 1921 kam es wegen des politischen Kurses der Telegraphen-Union zu Spannungen zwischen Hugenberg und Vögler. Hugenberg hatte dem volksparteilichen Direktor Cremer anläßlich einer TU-Meldung, die Stresemanns Koalitionsvorschlag betraf, Vorhaltungen wegen ungenügender Berücksichtigung deutschnationaler Interessen gemacht.[184] Vögler, von Hugenberg unterrichtet,[185] lehnte dessen Vorgehen ab und verteidigte Cremers Tätigkeit.[186] Zwei Monate später schaltete sich auch Emil Kirdorf in die Auseinandersetzung über den Parteienproporz in Hugenbergs Presseunternehmen ein. Warnend wies er, obwohl selbst als einer der wenigen schwerindustriellen Freunde Hugenbergs der DNVP zugehörig,[187] den Pressezaren auf wachsende Bedenken im Ruhrrevier gegenüber der VERA hin, die allzusehr „einseitige Parteizusammenhänge" aufweise.[188] Hugenberg war jedoch, je stärker sich die DVP von der DNVP wegentwickelte, um so weniger bereit, auf die Wünsche seiner schwerindustriellen Freunde Rücksicht zu nehmen.

Für die Möglichkeit, dem publizistischen Zweiparteienprogramm eine immer eindeutigere deutschnationale Tendenz zu verleihen, hatte Hugenberg von vornherein gesorgt. Bei Zeitungsankäufen hatte er zwar wie im Fall der MAA eine deutschnationale und eine volksparteiliche Gruppe paritätisch am Stammkapital beteiligt, seinem Konzern[189] aber im Verein mit der deutschnationalen Gruppe die Majorität verschafft. Diese ließ sich dann später mit Hilfe von Kapitalerhöhungen weiter verbreitern.[190] Einmal in den Konzern integriert, vollzog sich die Besetzung der Kontrollorgane und Redaktionen der Zeitungen auf dieselbe Weise, wie sie Hugenberg auch bei einigen seiner älteren Unternehmen seit 1919 praktizierte. In den Verwaltungs- und Aufsichtsräten stellte er einem erklärten Vertreter der Deutsch-

---

[182] Schreiben Klitzschs an Hugenberg, 4. 4. 1923. – Akten Opriba, H 3.
[183] Schreiben Stinnes' an Hugenberg, 11. 10. 1920. – NL Hugenberg, A Bd. 20.
[184] Vgl. Schreiben Hugenbergs an Cremer, 7. 2. 1921. – NL Hugenberg, M 7.
[185] Vgl. Schreiben Hugenbergs an Vögler, 7. 2. 1921. – NL Hugenberg, M 7.
[186] Vgl. Schreiben Vöglers an Hugenberg, 10. 2. 1921. – NL Hugenberg, M 7.
[187] Vgl. H. A. Turner: Faschismus, S. 64.
[188] Vgl. Schreiben Kirdorfs an Hugenberg, 2. 4. 1921. – NL Hugenberg, M 1.
[189] Als Vertreterin des Konzerns trat häufig die VERA auf.
[190] Vgl. Anhang, 1 b, aa.

nationalen einen Volksparteiler zur Seite, vergab aber keineswegs sämtliche Mandate an Parteifunktionäre. Die Geschäftsführungen und Redaktionen besetzte er zum Teil paritätisch, zum Teil berief er einfach einen Deutschnationalen,[191] zum Teil verzichtete er überhaupt auf einen Parteivertreter.[192] Die verbleibenden Mandate und Posten besetzte er mit persönlichen Vertrauensleuten oder solchen Fachkräften, die sich mehr der deutschnationalen als der volksparteilichen Richtung verpflichtet fühlten.[193]

Gegenüber dieser, die Parteienparität diskret unterwandernden Berufungspraxis besaßen die schwerindustriellen Geldgeber des Konzerns kaum eine Handhabe, da sie Hugenberg ihre Mittel à fonds perdu zur Verfügung gestellt hatten und folglich keine Besitz- und Kontrollansprüche an den Konzernunternehmungen geltend machen konnten.[194] Hugenberg hatte einigen von ihnen zwar freiwillig einen Sitz in der Dachgesellschaft des Konzerns, der Wirtschaftsvereinigung, eingeräumt, doch war diese kein „kollegiales Verwaltungsorgan"[195]. Überdies saßen in ihr, sieht man von Hugenberg selbst ab, nur fünf Schwerindustrielle, denen sechs Personen gegenüberstanden, die mit der Finanzierung des Konzerns nichts zu tun hatten. Von schwerindustrieller Seite gehörten ihr an: Emil Kirdorf, Albert Vögler, Hans von und zu Löwenstein, Fritz Winkhaus und Eugen Wiskott.[196] Emil Kirdorf und Albert Vögler repräsentierten die Firmen GBAG und Stinnes, die gemeinsam mit den Firmen Krupp und Phoenix, die jetzt nicht mehr in der Dachgesellschaft,[197] wohl aber an anderer Stelle des Konzerns personell vertreten waren,[198] den Aufbau des Hugenbergschen Presseapparates im Kaiserreich hauptsächlich finanziell ermöglicht

---

[191] So berief Hugenberg an die Spitze der MAA den Deutschnationalen Gottfried Traub.

[192] Generaldirektor des Scherl-Verlags wurde z. B. 1920 der Pressefachmann Ludwig Klitzsch, der parteimäßig nicht gebunden war. Vgl. Vertrag zwischen d. August Scherl GmbH u. Klitzsch, 22. 12. 1919, u. Schreiben Neumanns an Klitzsch, 12. 3. 1920. — Akten Opriba, H 21.

[193] Besonders häufig berief Hugenberg seine Posener Freunde in die Konzerngremien. So waren z. B. Ludwig Bernhard und Leo Wegener von Anfang an in der Wirtschaftsvereinigung vertreten. Wegener rückte später auch in den Verwaltungsrat der TU und in den MAA ein, Bernhard wurde 1923 Aufsichtsratsvorsitzender der Deutschen Lichtbildgesellschaft. (Vgl. Anm. 70; Schreiben des TU an Wegener, 19. 12. 1928. — BA/NL Wegener, Nr. 8; Schriftwechsel Wegener-Traub. — BA/NL Wegener, Nr. 25; Protokoll der Verwaltungsratssitzung der DLG am 18. 10. 1923. — Akten Opriba, G VII, 6.) Fast ausschließlich mit seinen Posener Freunden besetzte Hugenberg den Aufsichtsrat der Ostdeutschen Privatbank (Opriba), die 1924 zur zentralen Holding des Konzerns wurde. Vgl. Anhang, 3 c.

[194] Die bereits im Kaiserreich geübte Finanzierungspraxis, die Hugenberg ein großes Maß an Unabhängigkeit verlieh, änderte sich nach 1918 nicht. Vgl. Anhang, 3 a.

[195] L. Bernhard: Hugenberg-Konzern, S. 101.

[196] Vgl. Anm. 70.

[197] Nach seiner Trennung von Krupp repräsentierte Hugenberg natürlich auch nicht mehr in der Wirtschaftsvereinigung die Firma Krupp.

[198] Als einziger Industrievertreter gehörte das Direktoriumsmitglied der Firma Krupp, Heinrich Cuntz, dem Aufsichtsrat der Opriba an. Cuntz wurde überdies auch AR-Mitglied der Gewerbehaus AG, der 1927 gegründeten Nachfolgerin der Ausland GmbH. Im Aufsichtsrat der Gewerbehaus AG war auch der Generaldirektor der Phoenix, Heinrich Fahrenhorst, vertreten. Vgl. Datenverzeichnis der Ostdeutschen Privatbank, o. D., Anlage zum Schreiben d. Ostdeutschen Privatbank an d. August Scherl GmbH, 19. 4. 1929. — Akten Opriba, A I, 2, u. Hdb. d. dt. AG, 1929, IV, S. 5506.

hatten; v. Löwenstein[199], Winkhaus[200] und Wiskott[201] repräsentierten den Bergbau-und Zechenverband, der nach 1918 als korporative Vertretung der gesamten rheinisch-westfälischen Kohlegroßindustrie an der weiteren Finanzierung des Hugenberg-Konzerns stark mitbeteiligt war.[202] Diesen fünf Vertretern des Ruhrreviers saßen folgende sechs Personen gegenüber: Oskar Hergt von der DNVP, Johann Becker von der DVP, Ludwig Bernhard und Leo Wegener aus dem Posener Freundeskreis Hugenbergs, Johann Neumann[203] aus dem Alldeutschen Verband und Kapitän Johann Bernhard Mann[204] aus dem persönlichen Mitarbeiterstab Hugenbergs.[205] Der Pressezar hatte somit seinen schwerindustriellen Freunden eine Gruppe Nichtindustrieller zur Seite gestellt, die ihm, mit Ausnahme von Becker, persönlich eng verbunden war. Unter parteipolitischen Gesichtspunkten bedeutete Beckers Berufung zunächst zwar eine Verstärkung der schwerindustriellen Seite, diese selbst aber wurde wiederum dadurch geschwächt, daß Kirdorf der DNVP angehörte. Da alle anderen Nichtindustriellen sich der DNVP verbunden fühlten,[206] hatte die Wirtschaftsvereinigung somit einen eindeutig deutschnationalen Anstrich. Unter diesen Bedingungen verblieb der mehrheitlich der DVP nahestehenden Schwerindustrie als einziges Druckmittel die Drohung, Hugenberg in Zukunft wei-

---

199 Hans von und zu Löwenstein, geb. 1874, gest. 1959, war seit 1906 Geschäftsführer des Bergbauvereins und seit 1908 auch Geschäftsführer des neugegründeten Zechenverbandes. Vgl. P. Osthold: Zechenverband, S. 40.

200 Fritz Winkhaus, geb. 1865, gest. 1932, Generaldirektor des zum Hoesch-Konzern gehörenden Köln-Neu-Essener Bergwerkvereins, war von 1918—1921 2. Stellvertretender Vorsitzender, von 1921—1924 3. Stellvertretender Vorsitzender und von 1925 bis 1927 Vorsitzender des Bergbau- und Zechenverbandes. Vgl. Todesanzeige Winkhaus', 9. 10. 1932. — Krupp/FAH, IV E 1165; Schreiben Krupp v. Bohlen u. Halbachs an Springorum, 10. 10. 1932. — Krupp/FAH, IV E 880; P. Osthold: Zechenverband, Verzeichnis. d. Verbandsvorsitzenden.

201 Eugen Wiskott, geb. 1867, gest. 1937, war von 1921—1933 1. Stellvertretender Vorsitzender des Bergbau- und Zechenverbandes. Vgl. P. Osthold: Zechenverband, Verzeichnis d. Verbandsvorsitzenden.

202 Vgl. Anhang, 3 a.

203 Dr. Johann Neumann, geb. 1865, gest. 1928, war seit 1904 Senator der Stadt Lübeck und seit 1921 ihr Bürgermeister. Um die Jahrhundertwende war er in der Hauptleitung des ADV tätig, auch nach 1918 gehörte er dem Geschäftsführenden Ausschuß (GA) des ADV an. Dem Hugenberg-Konzern war er bereits seit 1916 als Mitglied des Verwaltungsausschusses der August Scherl GmbH verbunden, später wurde er Verwaltungsratsvorsitzender. Vgl. Schreiben Neumanns an den Lübecker Senat, 31. 5. 1916. — SA Lübeck/Senatsakten, III 2 C/32; Verhandlungsbericht von der Sitzung des GA des ADV am 16./17. 2. 1924. — FST/412, ADV (1924—1925); „Bürgermeister Dr. Neumann †", in: Deutsche Zeitung, 8. 4. 1928; „Bürgermeister Neumann", in: Vaterstädtische Blätter, 19. 12. 1920.

204 Kapitän Johann Bernhard Mann war nach 1918 der engste persönliche Mitarbeiter Hugenbergs in seinem Konzern und leitete unter anderem die Treuhand- und Holdinggesellschaft der Wirtschaftsvereinigung, die Außendienst GmbH. Vgl. Schreiben Manns an Hugenberg, 20. 4. 1940. — Akten Opriba, H 9; Adreßbuch der Direktoren und Aufsichtsräte, Berlin 1929, I, S. 1150.

205 Vgl. Anm. 70.

206 Bernhard und Wegener waren, das geht aus ihrer Korrespondenz hervor, entschiedene Anhänger der Deutschnationalen. Bürgermeister Neumann stand als Alldeutscher ebenfalls den Deutschnationalen nahe, und Kapitän Mann schließlich war ganz auf die Richtung seines Vorgesetzten Hugenberg eingeschworen.

tere Gelder für seinen Pressekonzern zu verweigern, falls volksparteiliche Interessen nicht stärker berücksichtigt würden. Offensichtlich um solchen Repressalien vorzubeugen, die seinen Konzern im Ganzen nicht erschüttert, wohl aber seinen weiteren Ausbau erschwert hätten, gründete Hugenberg Ende des Jahres 1922 zwei Unternehmen, die scheinbar in echter Parität beiden Parteien dienen sollten.

Mit Hilfe der Neuland AG, einem ursprünglich zur Finanzierung seiner östlichen Siedlungspläne mit schwerindustriellen Geldern ausgestatteten Institut,[207] rief er zwei Zeitungsbanken ins Leben, die Alterum Kredit AG und die Mutuum Darlehens AG. Die Alterum mit einem mehrheitlich volksparteilichen Aufsichtsrat, der von Albert Vögler geführt wurde, sollte volksparteiliche Zeitungen mit Krediten, die in Beteiligungen umzuwandeln waren, versorgen, die Mutuum mit Hugenberg als Aufsichtsratsvorsitzendem war für die finanzielle Betreuung deutschnationaler Zeitungen gedacht.[208] Die Geschäftsführung beider Unternehmen unterlag jedoch nicht dem Parteienproporz, Mutuum und Alterum wurden in Personalunion von bewährten Fachkräften des Hugenberg-Konzerns geführt, die überwiegend auch in der Direktion der deutschnational akzentuierten VERA vertreten waren.[209] Beide Banken arbeiteten eng mit der VERA zusammen,[210] die sowohl Zeitungen beriet als sich auch an ihnen beteiligte.[211] Im Zuge dieser Kooperation lief die Tätigkeit der Alterum mehr und mehr darauf hinaus, bei den von ihr betreuten volksparteilichen Zeitungen die VERA als Beratungsinstitut ins Geschäft zu bringen und überdies eigene Beteiligungen an sie abzutreten.[212] Damit aber wurde aus der volksparteilichen Zeitungsbank ein Unternehmen, das deutschnationalen Interessen diente. Dieser Tatbestand fand 1924 auch schließlich seine formelle Bestätigung dadurch, daß die deutschnationale Mutuum die Aktien der Alterum aufkaufte und deren Aufsichtsrat eine eindeutig deutschnationale Couleur erhielt.[213]

In der Entwicklung der beiden Zeitungsbanken zeigte sich noch einmal besonders deutlich, was insgesamt für das publizistische Zweiparteienprogramm galt: Hugen-

---

[207] Vgl. D. Guratzsch: Macht, S. 371 ff.
[208] Vgl. Schreiben v. Lindeiner-Wildaus an Hugenberg, 19. 12. 1923. — NL Hugenberg, A Bd. 14; „Wie die monarchische Bewegung ‚gemacht' wird", in: Die Hilfe, 31. Jg. (1925), S. 53; K. Koszyk: Deutsche Presse, S. 228; Walter Kaupert: Die deutsche Tagespresse als Politikum, Freudenstadt, Phil. Diss. 1932 (i. f. zit.: W. Kaupert: Tagespresse). Zur Zusammensetzung der beiden Aufsichtsräte vgl. Anhang, 1 b, dd u. 1 b, ee.
[209] Die Direktoren der Mutuum und der Alterum waren Rudolf Saxe, Karl Schmidt und Dr. Hermann Schmidt. (Vgl. Hdb. d. dt. AG, 1923/24, II a, S. 9 u. S. 41.) Karl Schmidt war gleichzeitig seit 1923 Generaldirektor der VERA, Rudolf Saxe war ebenfalls in der Direktion der VERA vertreten. Vgl. Schreiben Klitzschs an Hugenberg, 2. 10. 1924. — Akten Opriba, H 21; vgl. ferner Protokoll der VR-Sitzugn der VERA, 4. 5. 1921. — (Vgl. Anm. 160).
[210] Mdl. Mitteilung Siegfried K. G. Hasses und Wilhelm Schwedlers an die Verfasserin im August 1972. Vgl. ferner Schreiben Klitzschs an Karl Schmidt, 26. 8. 1924. — Akten Opriba, G IX, 2. Konzernintern wurden die drei Unternehmen, die in einem Haus an der Berliner Markgrafenstraße residierten, nur die „Markgrafengesellschaften" genannt.
[211] Vgl. Rundschreiben d. VERA Verlagsanstalt GmbH, Februar 1918. — FST/MA, 06—5/1.
[212] Vgl. Anhang, 1 b.
[213] Vgl. Anhang, 1 b, dd.

berg hatte durch eine geschickte Personalpolitik für ein zunächst „unsichtbares" deutschnationales Übergewicht gesorgt, das im Laufe der Zeit dann immer unverhüllter zum Tragen kam. Treffend resümierte später Gustav Stresemann:

> „Als aber die Wege der beiden Parteien nicht mehr zusammenliefen, verschwand alsbald das Firmenschild der DVP."[214]

Hugenbergs schwerindustrielle Freunde hatten diese Entwicklung keineswegs stillschweigend hingenommen, sondern sie, wie berichtet, frühzeitig kritisiert. Für Hugo Stinnes schien sogar die Tatsache, daß innerhalb des Konzerns eine parteipolitische Differenzierung nur in dem von Hugenberg gesteckten Rahmen möglich war, mit ein Antrieb für seine oben erwähnten verlegerischen Alleingänge zu sein. So mußte Hugenberg 1920 zeitweilig befürchten, daß Stinnes gemeinsam mit Reusch und dessen Firmenchef Haniel ein Konkurrenzunternehmen zu seiner von ihnen wegen ihrer deutschnationalen Tendenz heftig kritisierten VERA aufziehen würden:

> „Reusch-Haniel-Stinnes schalten mich evtl. aus – vielleicht unter geheimer Mitwirkung von G.[erschel], Generaldirektor der VERA, dem ich seine unglaublichen Gehaltsforderungen ablehnen muß. Ich fühle mich eingekesselt, sehe aber von hier aus die Fäden des evtl. Komplotts nicht. Auch Dr. Cremer scheint daran mitzuarbeiten, den ich auf Empfehlung Vöglers in den Überseedienst genommen habe. Vielleicht lege ich nächstens *Alles* nieder."[215]

Tatsächlich gründete Stinnes keine eigene Fachberatungsstelle für die Presse. Immerhin aber sorgte er mit dem Ankauf der DAZ und der Täglichen Rundschau dafür, daß die in Hugenbergs Scherl-Verlag erscheinenden „zweiparteilichen" Blätter eine stark volksparteilich ausgerichtete Konkurrenz erhielten.[216] Auf einem anderen publizistischen Gebiet, dem Materngeschäft, das er vor Hugenberg entdeckte, versuchte Stinnes sogar jede Betätigung seines alten Freundes zu unterbinden. So drohte er Hugenberg mit massiven Repressalien, als dieser 1922 von seinem Scherl-Verlag die deutschnational akzentuierte „Wirtschaftsstelle für die Provinzpresse" (Wipro) gründen ließ[217] und damit ein Konkurrenzunternehmen zu Stinnes' volksparteilichem Maternverlag Wiemann & Arens ins Leben rief:

---

[214] Zit. n. L. Döhn: Politik, S. 376, Anm. 1599. Im gleichen Sinn äußerte sich auch Stresemanns Sekretär Henry Bernhard. Vgl. Henry Bernhard: Reventlow, Hugenberg und die anderen, Berlin 1926, S. 27.

[215] Schreiben Hugenbergs an Wegener, 18. 9. 1920. — BA/NL Wegener, Nr. 65.

[216] Insbesondere zwischen der Täglichen Rundschau, in der Stresemann häufig Artikel veröffentlichte, und dem Scherlschen Tag, in dessen Redaktion zwei volksparteiliche Journalisten, Gerhard Schultze-Pfaelzer und Hans Schwarzer tätig waren (vgl. Schreiber Klitzschs an Hugenberg, 4. 4. 1923. — Akten Opriba, H 3), entstand ein ausgesprochener Konkurrenzkampf um denselben Leserstamm. Vgl. Schreiben Hugenbergs an Stinnes, 16. 2. 1921. — NL Hugenberg, A Bd. 20.

[217] Der Scherl-Verlag gründete die Wipro zunächst in Zusammenarbeit mit dem „Bund der Kreisblattverleger" und dem „Verband der Provinzbuchdrucker". 1927 ging die Wipro völlig in den Besitz der August Scherl GmbH über. (Vgl. Anhang, 1 c, aa.) Wie eng die Kooperation zwischen DNVP und Wipro war, geht schon daraus hervor, daß die DNVP ihr nahestehende Verleger zu einem Werbeabend für die Wipro einlud, deren Vorzüge u. a. von Graef und Lindeiner-Wildau angepriesen wurden. Vgl. Bericht Ammens über die deutschnationale Verlegerversammlung am 10. 12. 1922, 12. 12. 1922. — Akten Opriba, H 3.

„Die Kernfrage besteht darin, daß die Wipro-Korrespondenz übergreift in ein Gebiet, das *besetzt* ist u. in dem nur geschadet werden kann. Ich muß Sie bitten, die Betätigung des Herrn Klitzsch auf dem Gebiete der Maternkorrespondenz sofort zu sistieren, denn nicht nur ich, sondern auch andere Gruppen würden davon es abhängig machen, ob sie noch weiter Geldmittel direkt oder indirekt zur Verfügung stellen können für allgemeine Zwecke."[218]

Trotz weiterer Drohungen Stinnes', er werde alle Konsequenzen ziehen, falls Hugenberg die Wipro, die „politisch nicht notwendig ist", weiterexistieren lasse,[219] gab der Pressezar nicht nach und baute sein Maternunternehmen weiter aus. Hugo Stinnes aber entzog Hugenberg entgegen seinen Ankündigungen weder Gunst noch Gelder.[220] Vielmehr blieb er ebenso wie die anderen schwerindustriellen Finanziers dem Hugenberg-Konzern aufs engste verbunden.

Deutlich wird hiermit, daß die im Zusammenhang mit dem Eintritt Hugenbergs und seiner schwerindustriellen Freunde in verschiedenen Parteien auftretenden Differenzen keineswegs zu einem grundsätzlichen politischen Dissens führten. Einerseits unterliefen die der DVP verbundenen Schwerindustriellen zwar den ursprünglich gemeinsam mit Hugenberg verfolgten Plan einer großen konservativ-liberalen Einheitspartei durch die Begünstigung des Stresemannschen Koalitionskurses, der ihnen angesichts von Nachrevolutionswirren und Sozialisierungsgefahr opportuner erschien als die starre Verweigerungspolitik der DNVP. Andererseits aber identifizierten sie sich mit der DVP nicht derartig, daß sie Hugenberg ihre Unterstützung versagten, als er dem publizistischen Zweiparteienprogramm eine immer eindeutigere deutschnationale Note verlieh. Sie kritisierten diese Entwicklung zwar, und Hugo Stinnes baute sich sogar einen eigenen Presseapparat auf, dennoch aber finanzierten sie den Ausbau des Hugenberg-Konzerns weiter mit. Offensichtlich überlagerte das Interesse an einer großen bürgerlichen Pressemacht alle taktischen parteipolitischen Differenzen. Der DVP aber, die mehr und mehr aus dem Hugenberg-Konzern herausgedrängt wurde, bescherte dieses Vorgehen ihrer schwerindustriellen Parteimitglieder einen strukturellen Mangel an publizistischen Organen,[221] über den auch Hugo Stinnes' Presseapparat, der zudem nach seinem Tod im Jahre 1924 zerfiel, nicht hinwegtäuschen konnte.[222]

---

[218] Schreiben Stinnes' an Hugenberg, 6. 11. 1922. — Akten Opriba, H 3.

[219] Schreiben Stinnes' an Hugenberg, 13. 3. 1923. — Akten Opriba, H 3.

[220] Stinnes fand sich mit der Existenz der Wipro schließlich ab und setzte bei Hugenberg lediglich durch, daß sie seine eigene Firma nicht weiter durch Preisunterbietungen gefährdete. Vgl. Schreiben Stinnes' an Hugenberg, 6. 11. 1922, u. Schreiben Klitzschs an Hugenberg, 28. 3. 1923. — Akten Opriba, H 3.

[221] Gustav Stresemann schrieb 1925 an Theodor Boehm, den Ehrenvorsitzenden des BDI: „Wir kommen aber im Lande nicht voran, weil ganze Provinzen heute ohne volksparteiliche Presse sind. Unter der Führung des Herrn Hugenberg ist diese Provinzpresse in vielen Landesteilen fast ganz von den Deutschnationalen abhängig geworden. Diese Provinzpresse ist aber für uns wichtiger als die großstädtische Presse, da hier von altersher die Wurzeln des nationalliberalen Einflusses lagen." Schreiben Stresemanns an Boehm, 8. 2. 1925. — BA/KL. Erw., Nr. 557.

[222] Der Mangel einer volksparteilichen Presse wird in der Literatur immer wieder vermerkt, ohne daß die Ursachen dafür klar erkannt werden, so auch K. Koszyk: Deutsche Presse, S. 275 ff.

3. Der Parteipolitiker

a) Parlamentarisches Engagement

Trotz eines die Revolution überdauernden taktischen Konzepts, das auf anonyme politische Einflußnahme abzielte, exponierte sich Hugenberg im ersten Nachrevolutionsjahr sowohl parteiintern wie in der Öffentlichkeit. Er, dem die „Redner als gefährlichste Klasse der Menschen" galten,[223] und der zwischen 1920 und 1929 im Reichstag keinmal das Wort ergreifen sollte,[224] hielt in der Weimarer Nationalversammlung gleich zwei große Reden.[225] Gegenstand seines parlamentarischen Engagements wie auch eines Grundsatzreferats auf dem ersten Parteitag der DNVP war nicht etwa das ihm früher so am Herzen liegende Problem der Deutschen in den polnischen Grenzgebieten, sondern die Wirtschaftspolitik.[226]

Auf der Rednertribüne der Nationalversammlung wandte er sich mit Verve gegen die „Sozialisierung" in Gestalt der Wissell-Moellendorffschen Gemeinwirtschaft. Dennoch ließen seine Worte trotz aller Polemik die Erkenntnis anklingen, daß die geplanten Gesetze nicht aus marxistischem Geist erwachsen waren. Seine Vorbehalte richteten sich gegen Wirkung, nicht gegen Absicht und Zweck der Gemeinwirtschaft, wenn er formulierte:

> „Die drei Gesetze sollen, so scheint es mir, durch Nachgiebigkeit der gefürchteten Anarchie, das heißt dem Bolschewismus, einen Damm entgegenstellen. Nur schade, daß es nur ein Damm auf dem Papier ist, und daß das Gegenteil der gewollten Wirkung eintreten wird."[227]

Der von Wissell und Moellendorff propagierte Selbstverwaltungsgedanke der Wirtschaft, der zum Teil an die Idee der ZAG anknüpfte, lief im Ansatz seinen eigenen Anschauungen nicht grundsätzlich zuwider.[228] Nicht von ungefähr war Hugenbergs Posener Freund Hans Meydenbauer als Ministerialdirektor im Reichswirtschaftsministerium maßgeblich an der Entstehung dieser Konzeption mitbeteiligt,[229] die eine „besondere Art kapitalistischer Arbeit"[230] in Vorschlag brachte. Für Hugenberg aber offenbar unakzeptabel war die mit dem Gemeinwirtschaftsplan verbundene

---

[223] Vgl. Rede Hugenbergs i. d. Nationalversammlung, 8. 3. 1919, gedr. in: A. Hugenberg: Streiflichter, S. 169—182, hier S. 178. Die Notwendigkeit, in Wahlzeiten fast täglich Reden halten zu müssen, war für Hugenberg eine „Centnerlast". Schreiben Hugenbergs an Traub, 7. 5. 1920. — BA/NL Traub, Nr. 62.

[224] Vgl. J. Leopold: Hugenberg, S. 57.

[225] Am 8. 3. 1919 zur „Sozialisierung" und am 9. 12. 1919 zum „Reichsnotopfer".

[226] Das ist um so betonenswerter, als in der Nationalversammlung häufig Debatten über die durch die Versailler Vertragsbedingungen geschaffene Lage der Deutschen unter polnischer Herrschaft geführt wurden und Hugenberg Abgeordneter eines betroffenen Gebietes, des Wahlkreises Posen, war. Vgl. dazu auch K.-P. Hoepke: Hugenberg, S. 911.

[227] Rede Hugenbergs i. d. Nationalversammlung, 8. 3. 1919, gedr. in: A. Hugenberg: Streiflichter, S. 181.

[228] In seiner kritischen, gegenüber seinem parlamentarischen Auftreten jedoch verhältnismäßig sachlichen Auseinandersetzung mit der Gemeinwirtschaftskonzeption auf dem DNVP-Parteitag hob Hugenberg Moellendorffs Engagement für Selbstverwaltung und Selbstverantwortung besonders hervor und lobte dessen Absicht, die deutschen Unternehmen dem Zugriff des Auslandes entziehen zu wollen. Vgl. Rede Hugenbergs auf dem DNVP-Parteitag, 12./13. 7. 1919, gedr. in: A. Hugenberg: Streiflichter, S. 158 bis 168, hier S. 161—162.

[229] Vgl. L. Bernhard: Hugenberg-Konzern, S. 3.

[230] Schreiben Meydenbauers an Wegener, 1. 10. 1930. — BA/NL Wegener, Nr. 6.

Absicht, neben den Selbstverwaltungsorganen auch dem Staat einen starken Einfluß auf die Unternehmenspolitik (Preisgestaltungen etc.) zu gewähren.[231]
Auf dem ersten deutschnationalen Parteitag beließ er es nicht bei der Kritik, sondern trug sein eigenes Reformprogramm zur Bannung der „bolschewistischen Gefahr" vor. Hugenberg empfahl, im Rahmen einer von staatlicher Beeinflussung freien Privatwirtschaft Arbeiter und Angestellte an den großen Firmen mit „Werksaktien" zu beteiligen.[232] Lag seine somit demonstrierte politische Flexibilität formal zwar durchaus auf der generellen taktischen Linie der Industrie kurz nach der Revolution, so schien sein sozialreformerisches Wollen, das expressis verbis den Übergang der Unternehmen in die Hand von Arbeitern und Angestellten für spätere Zeiten nicht ausschloß,[233] inhaltlich über das Maß an Anpassungsfähigkeit hinauszugehen, das dem Interesse der Industrie noch dienlich sein konnte. So betonte er auch in seiner Rede, daß er sich der Zustimmung seiner industriellen Freunde zu diesen Plänen keineswegs sicher sei.[234]
Tatsächlich aber wurde aus der Industrie keine Kritik an Hugenbergs Reformprogramm, das an die Substanz der Wirtschafts- und Sozialstruktur zu greifen schien, laut. Im Gegenteil, Hugenbergs ehemaliger Firmenchef Krupp v. Bohlen u. Halbach nahm die Anregung sogar auf und führte in seinem Unternehmen zeitweilig Werksaktien ein.[235] Offensichtlich überzeugte ihn Hugenbergs Argumentation, daß die Geschäftsbeteiligung von Arbeitern und Angestellten „die einzig mögliche Lösung unserer sozialen Spannungen und zugleich die einzige Form der Abwehr der unsinnigen Sozialisierung" sei.[236] In der Tat gefährdeten Hugenbergs Vorschläge, sieht man von der wohlweislich auf spätere Zeiten verschobenen Möglichkeit ab, Firmen ganz in Arbeiter- und Angestelltenhände zu überführen,[237] nicht das kapitalistische System, sondern sollten es vielmehr bewahren helfen. In Anknüpfung an seine früheren kathedersozialistischen Gedankengänge wollte Hugenberg die Arbeiter durch geringe Mitbeteiligung an einer störungs- und spannungsfreien Produktion interessieren und sie gleichzeitig durch bescheidenes Eigentum in den Mittelstand katapultieren, in jene Schicht also, die ihm als gegebenes Verteidigungsbollwerk der bürgerlichen Gesellschaft galt.[238]

---

[231] Vgl. Rede Hugenbergs i. d. Nationalversammlung, 8. 3. 1919, gedr. in: A. Hugenberg: Streiflichter, S. 176.

[232] Vgl. Rede Hugenbergs auf dem DNVP-Parteitag, 12./13. 7. 1919, gedr. in: A. Hugenberg: Streiflichter, S. 158 ff.

[233] „Sollte der Versuch sich bewähren und daraus schließlich der Alleinbesitz der Arbeiter und Angestellten an den großen Werken, also eine Sozialisierung in dem Sinne hervorgehen, wie ein großer Teil der Sozialdemokratie sie will — wohlgemerkt, nachdem sich der Versuch bewährt hat und *wenn dann noch Wert darauf gelegt wird*, nun — so muß es uns recht sein — . . ." Ebd., S. 164.

[234] „Ich bin selbst nicht ohne Bedenken und weiß nicht, wie meine Freunde aus der Industrie den Vorschlag aufnehmen werden, den ich hier vorläufig auch für mich selbst unverbindlich mache." Rede Hugenbergs auf dem DNVP-Parteitag, 12./13. 7. 1919, gedr. in: A. Hugenberg: Streiflichter, S. 164.

[235] Vgl. Kap. I, Anm. 229.

[236] Schreiben Hugenbergs an Krupp v. Bohlen u. Halbach, 27. 10. 1920. — Krupp/FAH, IV C 281.

[237] Hugenberg zog eine solche Möglichkeit sowieso nur für die „großen Werke" in Betracht. Vgl. Rede Hugenbergs auf dem DNVP-Parteitag, 12./13. 7. 1919, gedr. in: A. Hugenberg: Streiflichter, S. 164.

[238] Vgl. dazu auch A. Hugenberg: Untergang, in: ders.: Streiflichter, S. 63 ff.

Erst 1920 ergaben sich aus Hugenbergs Vorstellungen indirekt Spannungen zwischen ihm und den Schwerindustriellen. Hugenbergs sozialreformerische Pläne waren unlösbar mit der Forderung verbunden, sich auf keine politische Zusammenarbeit mit der SPD einzulassen.[239] Gerade aber diese nahmen seine Freunde aus dem Ruhrrevier in Kauf, als sich mit der Regierungsbeteiligung der DVP konkrete Interessenvorteile für die Industrie boten. Dennoch bestand aber zwischen den 1920 auftauchenden Differenzen im schwerindustriellen Freundeskreis und Hugenbergs im gleichen Jahr erfolgendem Rückzug aus der (partei-)politischen Öffentlichkeit wahrscheinlich kein Zusammenhang. Vielmehr zog Hugenberg, nachdem die Grundsatzentscheidungen über die zukünftige Gestaltung des politischen und wirtschaftlichen Lebens in der Nationalversammlung gefallen waren,[240] wieder das Handeln „in der Stille – das ist und bleibt in der Welt das Wichtigste"[241] – öffentlichen Auftritten vor. Seine Stellung als Wirtschaftsexperte der DNVP überließ er bewußt Karl Helfferich,[242] einem glänzenden Redner, mit dem er eng zusammenarbeitete.[243] Hugenberg selbst übte forthin einen „unsichtbaren", gleichwohl aber bedeutenden Einfluß auf die DNVP aus, der nicht zuletzt auf einer soliden finanziellen Basis beruhte.

---

[239] Vgl. Alfred Hugenberg: Die Deutschnationalen — eine Reformpartei! (1920), in: ders.: Streiflichter, S. 122–130, bes. S. 130 (i. f. zit.: A. Hugenberg: Die Deutschnationalen, in: ders.: Streiflichter).

[240] Quaatz vermerkte mit Stolz, daß es dank der geschlossenen Abwehr des größten Teils der Industrie und der gesamten Landwirtschaft sowie nicht zuletzt Hugenbergs Engagement gelungen sei, die Sozialisierung zu verhindern, obwohl die Rechtsparteien in der Minderheit waren. Vgl. Reinhold Georg Quaatz: Zur Geschichte der Wirtschaftspolitik der DNVP, in: M. Weiß (Hrsg.): Der nationale Wille, Detmold 1928, S. 244 bis 259, hier S. 244 f. (i. f. zit.: R. Quaatz: Zur Geschichte).

[241] Wahlrede Hugenbergs für die Grammophonplatte (Masch. Ms.), 20. 3. 1928. — NL Hugenberg, WP.

[242] Karl Helfferich, geb. 1872, gest. 1924, studierte wie Hugenberg bei Knapp Nationalökonomie, wobei er sich im Gegensatz zu seinem Parteifreund der besonderen Wertschätzung Knapps erfreut haben soll. (Vgl. Th. Heuss: Erinnerungen, S. 270.) Zunächst als Privatdozent tätig, trat er 1901 als Referent für wirtschaftliche Angelegenheiten in die Kolonialabteilung des Auswärtigen Amtes ein. 1905 wurde er Direktor der anatolischen Bahnen, 1908 wechselte er in das Direktorium der Deutschen Bank über. 1915 wurde er als Staatssekretär des Reichsschatzamtes berufen, 1917 schied er aus diesem Amt wieder aus. In der DNVP spielte er erst eine Rolle, als er im Juni 1920 in den Reichstag gewählt wurde. Vgl. Kuno Graf Westarp: Helfferich, in: Hans v. Arnim u. Georg v. Below (Hrsg.): Deutscher Aufstieg, Berlin 1925, S. 371–385 (i. f. zit.: K. Westarp: Helfferich).

[243] So heißt es bei Heinrich Claß: „Als Helfferich in den ersten Reichstag gewählt worden war, überließ Hugenberg ihm die politische Arbeit. Er wußte sie in besten Händen, und Helfferich unternahm wohl nichts, ohne sich mit Hugenberg besprochen zu haben." (Denkschrift Heinrich Claß', o. D. [vor 1933]. — FST/MA, 06–5/1.) Auch R. Quaatz berichtete: „Solange Helfferich im Reichstag wirkte, trat Hugenberg dort zurück. Es war eine bewußte und gewollte Zurückhaltung, in dem nahen Verhältnis zu seinem Mitkämpfer begründet." (R. Quaatz: Zur Geschichte, S. 245.) Hugenberg selbst schließlich erklärte einmal, daß ihm gemeinsam mit Helfferich und Hugo Stinnes nach der Revolution „das Werk des wirtschaftlichen und seelischen Wiederfußfassens — rechtzeitig vor dem Abgrunde gelungen" sei. Alfred Hugenberg: Als ich 1928 den Vorsitz der DNVP antrat (Masch. Ms.), o. D. (1949). — NL Schmidt-Hannover (Opr.), S. 28.

b) Hugenbergs Einfluß in der DNVP

Allein für die Wahlen zum Preußischen Landtag stellte Hugenberg 1921 der DNVP mindestens 1,2 Mill. Mark zur Verfügung,[244] eine Summe, deren Größenordnung deutlich wird, wenn man vergegenwärtigt, daß die Hauptgeschäftsstelle der Partei an Einnahmen aus ordentlichen Mitgliedsbeiträgen im ganzen Jahr nur 1,6 Mill. Mark verzeichnen konnte.[245] Die Gelder, die Hugenberg überwies, standen der Hauptleitung der Partei allerdings nicht zur freien Verfügung, überwiegend waren sie zweckgebunden für bestimmte Wahlkreise, in denen industriefreundliche Kandidaten nominiert wurden.[246] So erhielten vor allem Landesverbände des rheinisch-westfälischen Industriegebiets erhebliche Beträge,[247] die zwischen 50 000 und 150 000 Mark schwankten.[248] Ein großer Teil der von Hugenberg gespendeten Gelder kam aus dem Industriellen Wahlfonds,[249] der Rest dürfte aus verschiedenen anderen Quellen gestammt haben, u. a. aus Hugenbergs mittlerweile dividendentragendem Konzern[250] und aus dem ihm zur Verfügung stehenden Fonds des Bergbau- und Zechenverbandes. Darüber hinaus übergaben verschiedene Industrieunternehmen, nicht zuletzt der Stinnes-Konzern, Hugenberg auch direkt, d. h. ohne Zwischenschaltung eines Fonds, Spenden für die DNVP.[251]

---

[244] Hugenberg hatte der Hauptleitung der Partei 1,2 Millionen M. (im Februar 1921 waren das umgerechnet etwa 80.000 Goldmark, vgl. Deutschlands Wirtschaft, Währung und Finanzen, Berlin 1924, S. 59; i. f. zit.: Deutschlands Wirtschaft) zugesagt, was er darüber hinaus noch gesondert an einzelne Landesverbände überwies, ist nur zu vermuten. So waren z. B. in dem genannten Betrag nicht die 125.000 M. eingerechnet, die er dem Landesverband Niederrhein unmittelbar zusenden sollte. Vgl. Schreiben Dryanders an Hugenberg, 23. 2. 1921. — NL Hugenberg, A Bd. 4.

[245] Vgl. Haushaltsplan der Hauptgeschäftsstelle der DNVP für 1922, o. D. (1921). — FST/NL Diller, 11/D 9.

[246] Vgl. die Schreiben Hugenbergs an Dryander, 16. 1. u. 11. 3. 1921. — NL Hugenberg, A Bd. 4.

[247] „Für die Wahlkreise am Rhein" waren „besondere Zuschüsse" verabredet worden, wahrscheinlich wegen der hier besonders zahlreichen Kandidaturen industriefreundlicher Abgeordneter. Vgl. Schreiben Hugenbergs an Dryander, 11. 3. 1921. — NL Hugenberg, A Bd. 4.

[248] Der Wahlkreis Köln Aachen (LV Mittelrhein) erhielt 50.000 M., der Wahlkreis Westfalen-Süd (LV Arnsberg) 100.000 M., die Wahlkreise Westfalen Nord (LV Münster) und Düsseldorf-West (LV Niederrhein) erhielten je 150.000 M. Angaben zusammengestellt aus Schriftwechsel Hugenberg-Flathmann, in: NL Hugenberg, A Bd. 6 u. A Bd. 13.

[249] Mindestens 800.000 M. Ebd.

[250] Wie aus einem späteren Schriftwechsel zwischen Hugenberg und Mann hervorgeht, verfügte Hugenberg über einen Dispositionsfonds für die DNVP, der aus Überschüssen der Konzerngesellschaften gespeist wurde. (Vgl. Schreiben Hugenbergs an Mann, 29. 1. 1941, und Manns an Hugenberg, 2. 5. 1944. — Akten Opriba, H 10.) Wann dieser Fonds angelegt wurde, ist nicht feststellbar, vermutlich aber kurz nach der Revolution, da Hugenberg ja bereits zu diesem Zeitpunkt Zuschüsse für den Fonds des Bergbau- und Zechenverbandes leisten konnte. Vgl. S. 78.

[251] So übersandte der zum Stinnes-Konzern gehörende Mülheimer Bergwerksverein Hugenberg 1919 150.000 M. (umgerechnet etwa 30.000 Goldmark, vgl. Deutschlands Wirtschaft, S. 59) für die DNVP mit der Bitte, den Spender nicht zu nennen, und mit der Aufforderung, „nach Gutdünken über die Geldsumme zu verfügen". (Vgl. die Schreiben des Mülheimer Bergwerk-Vereins an Hugenberg, 20. 9. 1919 u. 26. 9. 1919. — NL Hugenberg, A Bd. 16.) Die Bergbau AG Lothringen überwies Hugenberg im Oktober

Kraft seiner zahlreichen finanzträchtigen Ämter und Verbindungen bildete Hugenberg nicht nur in Wahlzeiten den pekuniären Rückhalt der Partei.[252] Neben der Unterstützung bestimmter industrieller Kandidaturen[253] setzte er seine Mittel auch für den Ausbau von Parteiorganisationen,[254] für die Besoldung von Parteifunktionären[255] und schließlich auch für den Ankauf einer deutschnationalen Presse ein.[256] Mit diesem gut berechneten Subventionssystem ging er über das übliche Maß industrieller Anteilnahme hinaus und machte sich in der Partei als vielfältige Hilfsquelle unentbehrlich.[257] Zudem knüpfte er ein Netz persönlicher Beziehungen an, das zwar durchaus industriellen Interessen dienlich sein konnte, aber in erster Linie seine eigenen politischen Pläne förderte. Im folgenden sollen diese personellen Querverbindungen Hugenbergs in der DNVP, die auf zum Teil sehr unterschiedlichen Voraussetzungen beruhten, umrißartig nachgezeichnet werden. Was es besonders zu zeigen gilt, sind politische und soziale Gruppenzugehörigkeit sowie Parteifunktionen der Verbindungsleute Hugenbergs, um Richtung und Relevanz von Hugenbergs Einflußmöglichkeiten in der DNVP zu demonstrieren.

Die DNVP setzte sich, abgesehen von einer Reihe parteipolitisch bisher nicht festgelegter Mitglieder, im wesentlichen aus fünf politischen Gruppen zusammen, die alle vor der Revolution über eigenständige Organisationen verfügt hatten: Konservative, Christlich-Soziale, Völkische, Nationalliberale und Freikonservative.[258]

1923 300 Goldmark und sagte ihm eine laufende Unterstützung der DNVP in Höhe von 100 Goldmark monatlich zu. Vgl. Schreiben der Zentralverwaltung der Bergbau AG Lothringen an Hugenberg, 17. 10. 1923. — NL Hugenberg, A Bd. 2.

[252] Vgl. Schreiben Lindeiner-Wildaus an Frhr. v. Malzahn, 8. 9. 1932. — BA/NL Lindeiner-Wildau, Nr. 2.

[253] Für die Preußenwahlen 1921 hatte sich Hugenberg der Hauptleitung der Partei gegenüber verpflichtet, folgende industrielle Kandidaturen finanziell zu unterstützen: 1. Ernst Brunk (GBAG), 2. Nehring (Rechtsanwalt, vermutlich im Auftrag Günther Heubels, Generaldirektor Th. Heye GmbH, Annahütte), 3. Fritz Clarfeld (Fabrikant), 4. v. Schaewen (Generaldirektor d. Phoenix), 5. v. Waldthausen (Essener Kreditanstalt). Vgl. Schreiben Hugenbergs an Dryander, 15. 1. 1921. — NL Hugenberg, A. Bd. 4.

[254] Vgl. Schreiben der Hauptgeschäftsstelle des DNVP — LV Münster an Hugenberg, 23. 6. 1920. — NL Hugenberg, A Bd. 4.

[255] So wurden z. B. die Gehälter der Geschäftsführer der Landesverbände Mittel- und Niederrhein 1921 von Hugenberg übernommen. Vgl. Schreiben Dryanders an Hugenberg, 23. 2. 1921. — NL Hugenberg, A Bd. 4.

[256] Hugenberg verfolgte beim Aufbau seines Konzerns zwar in erster Linie seine eigenen Pläne und legte im allgemeinen auf einen gewissen überparteilichen Anstrich der Zeitungen Wert, doch sorgte er mit der Wipro und der Mutuum durchaus auch für eine deutschnationale Presse und ließ sich sogar gelegentlich zum Ankauf unrentabler Unternehmen für Parteizwecke bewegen. Vgl. Schreiben Hugenbergs an Lindeiner-Wildau, 17. 11. 1923. — NL Hugenberg, A Bd. 14.

[257] Der Landesverband Münster sandte Hugenberg 1922 z. B. einen detaillierten Kostenvoranschlag für die Arbeit des Parteiapparates, verbunden mit der Bitte um eine Unterstützung von 100.000 M. (Vgl. Schreiben des DNVP — LV Münster [gez. Kayser] an Hugenberg, 26. 12. 1922. — NL Hugenberg, A Bd. 11.) Der Arbeitsausschuß Deutschnationaler Industrieller (ADI) in Bayern bat Hugenberg im gleichen Jahr erfolgreich um Vermittlung von Spenden aus dem Ruhrrevier für den Ausbau des Parteiapparates der bayerischen DNVP. Vgl. Schreiben des ADI/LV Bayern [gez. Knoll] an Hugenberg, 6. 10. 1922 u. Schreiben Hugenbergs an Flathmann, 10. 10. 1922. — NL Hugenberg, A Bd. 6.

[258] Vgl. W. Liebe: DNVP, S. 12.

Ausgerechnet die letzte Gruppe, die ihre Anhänger aus der höheren Beamtenschaft, Akademikern und mittlerem bis kleinem Grundbesitz rekrutierte und in der DNVP nur eine Minderheit bildete,[259] war mit Hergt als Parteivorsitzendem überdurchschnittlich gut repräsentiert. Allerdings machten es Hergt gerade seine freikonservativen Anschauungen leicht, mit allen politischen Gruppen in der neuen Partei auszukommen, ohne die eigene Basis unbedingt bevorzugen zu müssen.[260] Die Freikonservativen des Kaiserreiches waren zwischen Nationalliberalen und Konservativen angesiedelt. Sie lehnten die Vertretung einseitiger großagrarischer Interessen ebenso ab wie die industrieller. Vielmehr wollten sie beide Anliegen miteinander versöhnen. Ihr Nationalismus war ebenso ausgeprägt wie ihre Frontstellung gegen die SPD und ihr Idol war Otto von Bismarck.[261] Mit diesen Vorstellungen, populär erweitert um den „soziale(n) Gedanke(n), der keinen Kastengeist, keine Volksentfremdung, Überhebung oder Absonderung mehr kennt, wenn die eine Klasse Hand in Hand geht mit der anderen Klasse", hoffte Hergt, die vielschichtige DNVP zusammenzuschweißen.[262]

Mit seinem sozialen Harmonisierungskonzept wie mit seiner politischen Grundanschauung insgesamt befand sich Hergt auch ganz in Übereinstimmung mit Hugenberg,[263] dem er seine Wahl zum Parteivorsitzenden offensichtlich wesentlich mit zu verdanken hatte und mit dem er eng zusammenarbeitete. Hergt engagierte sich nicht nur entschieden für den von Hugenberg vertretenen Plan der Fusion von DNVP und DVP, sondern war auch in Wahlzeiten stets geneigt, Hugenbergs zahlreich präsentierte Kandidatenwünsche zu berücksichtigen.[264] Hergt war, auch wenn hinter ihm keine große innerparteiliche Hausmacht stand, eine Trumpfkarte in Hugenbergs Hand. Seine alterprobte Freundschaft, seine finanzielle Beengtheit, seine vielfältige Einbettung in den Konzern garantierten Zuverlässigkeit,[265] seine politi-

---

[259] Vgl. ebd., S. 16, u. L. Hertzmann: Founding, S. 34.

[260] Daß Hergts fehlende Bevorzugung seiner freikonservativen Freunde auch mit seiner engen Beziehung zu Hugenberg zusammenhing, zeigt der Bericht Schieles an Hugenberg kurz nach der Wahl zum Parteivorsitzenden. (Vgl. S. 74.) Im übrigen verließen die bekanntesten Freikonservativen wegen der deutschnationalen Haltung zum Kapp-Putsch, die wenig Verfassungstreue erkennen ließ, die Partei. Siegfried v. Kardorff, Johann Georg v. Dewitz und Dr. Otto Arendt traten zur DVP über. Vgl. Wolfgang Ruge: Deutschnationale Volkspartei (DNVP) 1918—1933, in: Die bürgerlichen Parteien in Deutschland, Berlin 1968, Bd. I, S. 715—753, hier S. 730 (i. f. zit.: W. Ruge: DNVP).

[261] Vgl. D. Fricke: RFKP, S. 574 f.

[262] Oskar Hergt: Gegenwart und Zukunft der Deutschnationalen Volkspartei. Rede Hergts auf dem Parteitag der DNVP in Berlin am 12./13. 7. 1919, Berlin 1919 (Deutschnationale Flugschrift, Nr. 21), S. 9.

[263] Hugenbergs sozialpolitische Reformvorschläge zielten ganz im Sinne Hergts darauf ab, Klassengegensätze auch in der eigenen Partei zu überwinden. (Vgl. Schreiben Hugenbergs an Krupp v. Bohlen u. Halbach, 27. 10. 1920. — Krupp/FAH, IV C 281.) Ebenso wie Hergt praktizierte er die Klassenversöhnung in den ersten Jahren der Republik auch durch eine enge Zusammenarbeit mit den Christlich-Sozialen (s. u.). Zur sonstigen Übereinstimmung zwischen Hergt und Hugenberg im politisch Grundsätzlichen vgl. S. 76.

[264] Vgl. Schreiben Schieles an Hugenberg, 20. 12. 1918. — NL Hugenberg, M 5; Schreiben Hergts an Hugenberg, 8. 1. 1919, u. Telegramm Hugenbergs an Hergt, 10. 5. 1920. — NL Hugenberg, A Bd. 9.

[265] Vgl. S. 76 f.

sche Übereinstimmung mit Hugenberg im Grundsätzlichen reibungslose Zusammenarbeit, sein taktisches Geschick und sein Ruf als Gemäßigter machten ihn in den ersten Nachrevolutionsjahren nach außen repräsentabel und nach innen zur Integrationsfigur einer nationalen Sammlungspartei,[266] die bemüht war, das Erbe der einst von Hugenberg protegierten Vaterlandspartei anzutreten.[267]

Wenig repräsentabel waren dagegen die Mitglieder der geschlossensten Fraktion in der DNVP, die Deutschkonservativen. Wie keiner anderen politischen Gruppe haftete ihr sowohl in der jungen Republik, wie in der frischgebackenen Partei der Makel der Vergangenheit an.[268] Bildeten die preußischen Junker der Konservativen Partei doch im Kaiserreich die feudale Führungsschicht, die ihre Privilegien unnachgiebig verteidigt, jede Neuerung bekämpft hatte und den keineswegs im ganzen Reich beliebten Hohenzollern eng verbunden war. So wollte kein Wahlkreis der DNVP die beiden Führer der Deutschkonservativen, Ernst v. Heydebrand und der Lasa und Kuno Graf v. Westarp für die Wahlen zur Nationalversammlung nominieren.[269] Die Sorge um den Verlust von Wählerstimmen bei Herausstellung bekannter Konservativer dauerte in der DNVP jedoch nicht allzulange an, bereits 1920 konnte Westarp für den Reichstag kandidieren.[270] Innerhalb der Partei hatten die Konservativen trotz des Widerstandes von christlich-sozialer Seite ihre Position von vornherein mit der ausgehandelten Bedingung abgesichert, in dem 21köpfigen Parteivorstand mit 10 Mitgliedern vertreten zu sein, ohne die geforderte Gegenleistung, den Konservativen Hauptverein aufzulösen, zu erfüllen.[271] Konnte die DNVP unter Umständen die finanzielle Hilfe der Konservativen entbehren,[272] so kaum deren gut eingespielten Apparat in der Provinz.[273] Mochte die Wählerbasis der Konservativen kurz nach der Revolution auch gering sein, so brachten sie doch mit dem ihnen eng verbundenen Bund der Landwirte (BdL) eine von Großgrundbesitzern bestimmte Interessenorganisation in die Partei, die Einfluß auf die Landbevölkerung,[274] vor allem auf Mittel- und Kleinbauern besessen hatte und mit der

---

[266] Vgl. W. Liebe: DNVP, S. 14 f.

[267] Vgl. ebd., S. 15.

[268] Vgl. ebd., S. 25.

[269] Vgl. Schreiben Westarps an Ernst, 16. 5. 1919. — FST/MA, 06—5/2; vgl. auch M. Weiß: Organisation, S. 371.

[270] Vgl. W. Graef: Werdegang, S. 29; Gerhard A. Ritter: Kontinuität und Umformung des deutschen Parteisystems 1918—1920, in: ders. (Hrsg.): Entstehung und Wandel der modernen Gesellschaft, Berlin 1970, S. 342—376, hier S. 358 (i. f. zit.: G. A. Ritter: Kontinuität).

[271] Vgl. W. Liebe: DNVP, S. 27.

[272] W. Liebe (: DNVP, S. 32) irrt, wenn er meint, die Finanzierung der DNVP sei in den ersten Monaten fast ausschließlich von den Konservativen besorgt worden. Hugenbergs Beteiligung war bereits für die Wahlen zur Nationalversammlung mindestens ebenso groß. Vgl. Schreiben Hergts an Hugenberg, 8. 1. 1919. — NL Hugenberg, A Bd. 9.

[273] Vgl. W. Liebe: DNVP, S. 30 ff.

[274] Rein zahlenmäßig waren Mittel- und Kleinbauern im BdL vor 1918 stark vertreten, die wichtigsten Ämter waren jedoch mit ostelbischen Großagrariern besetzt, deren Interessen der BdL vor allem vertrat. Vgl. Dieter Fricke: Bund der Landwirte (BdL) 1893—1920, in: Die bürgerlichen Parteien in Deutschland, Berlin 1968, Bd. I, S. 129 bis 149, bes. S. 133 ff. (i. f. zit.: D. Fricke: BdL).

Zeit wieder erringen konnte.[275] Ohne die Konservativen wäre die nationale Sammlungsideologie der DNVP Fiktion geblieben, zumal die zweite große Rechtspartei des Kaiserreichs, die Nationalliberale Partei, bereits eigene Wege gegangen war. Hugenberg, der schon mit der Kriegszielbewegung und der Vaterlandspartei Nationalliberale und Konservative, Industrie und Landwirtschaft zu versöhnen gehofft hatte, obwohl sich sein Verhältnis zum ostelbischen Adel dank seiner Siedlungs- und Enteignungspläne nicht immer unproblematisch gestaltet hatte,[276] war sich der Bedeutung der Konservativen für die neue Partei bewußt. So knüpfte er erste Kontakte zur DNVP nicht nur über seine vaterlandsparteilichen Freunde Schiele und Traub an, sondern auch über ehemalige Konservative.

Zwei Tage nach Veröffentlichung des deutschnationalen Gründungsaufrufes war der bisherige deutschkonservative Abgeordnete des Preußischen Herrenhauses, Wolfgang von Kries, an Hugenberg mit der Frage herangetreten, ob die Großindustrie zur Unterstützung der neuen Partei bereit sei.[277] In Absprache mit Hugo Stinnes und unter Hinzuziehung des Elektroindustriellen Hans v. Raumer begab sich Hugenberg wenig später in Verhandlungen mit v. Kries und dem konservativen Vorsitzenden des Bundes der Landwirte, Gustav Roesicke.[278] Vereinbart wurde offensichtlich eine industrielle Finanzhilfe für die DNVP, wofür die Konservativen im Gegenzug die Berücksichtigung industrieller Wünsche bei der Aufstellung der deutschnationalen Wahlliste für die Nationalversammlung zusagten.[279] Die sich aus diesem Abkommen ergebenden Einzelverhandlungen führte Hugenberg bis zur Wahl Hergts zum Parteivorsitzenden mit Graf Westarp. Danach übernahm es Hergt, sich mit Hugenberg im Detail über industrielle Subventionen und die deutschnationale Kandidatenliste zu einigen.[280] Damit endeten zwar die Kontakte zwischen Hugenberg und den Konservativen auf parteioffizieller Ebene, Hugenberg war jedoch gewillt, Verbindungen zur konservativen Gruppe der DNVP auf andere Art und Weise aufrechtzuerhalten.

Hugenberg band eine Reihe Konservativer während der ersten Jahre der DNVP in seinen Konzern ein. Bei Gustav Roesicke, mit dem er bereits in der Kriegsziel-

---

[275] Krieg und Revolution schienen den BdL zunächst weitgehend seiner Basis auf dem Lande beraubt zu haben. Der mittlere und kleine Grundbesitz schuf sich eigene regionale Organisationen, die sich im April 1919 zur „Arbeitsgemeinschaft der deutschen Landwirtschaft" zusammenschlossen. Der BdL trat der Arbeitsgemeinschaft jedoch bei, die sich zwei Monate später in „Deutscher Landbund" (DLB) umbenannte. Zum Jahreswechsel 1920/21 vereinigten sich BdL und DLB bereits wieder im Reichslandbund (RLB). Vgl. Jochen Cerny: Reichslandbund (RLB) 1921—1933, in: Die bürgerlichen Parteien in Deutschland, Berlin 1968, Bd. II, S. 521—540, bes. S. 522 ff. (i. f. zit.: J. Cerny: RLB); vgl. ferner Jens Flemming: Großagrarische Interessen und Landarbeiterbewegung, in: H. Mommsen u. a. (Hrsg.): Industrielles System, Düsseldorf 1974, S. 745—762, hier S. 747 f. (i. f. zit.: J. Flemming: Großagrarische Interessen).

[276] Vgl. Kap. I, Anm. 149.

[277] Vgl. Schreiben v. Kries' an Hugenberg, 26. 11. 1918. — NL Hugenberg, A Bd. 13.

[278] Vgl. Schreiben v. Raumers an Stinnes, 14. 12. 1918. — NL Hugenberg, A Bd. 18; Schreiben Stinnes' an Hugenberg, 16. 12. 1918, u. hs. Telegrammentwürfe Hugenbergs an Roesicke, Kries und v. Raumer, o. D. — NL Hugenberg, A Bd. 20.

[279] Vgl. Schreiben v. Raumers an Stinnes, 14. 12. 1918. — NL Hugenberg, A Bd. 18, u. Telegrammentwurf Hugenbergs an v. Raumer, o. D. — NL Hugenberg, A Bd. 20.

[280] Vgl. Schreiben Hergts an Hugenberg, 8. 1. 1919 mit hs. Antwortvermerk Hugenbergs. — NL Hugenberg, A Bd. 9.

bewegung zusammengearbeitet hatte[281] und der schon 1917 in den Verwaltungsrat der zum Konzern gehörenden Deutschen Lichtbild-Gesellschaft gewählt wurde,[282] mußte dies nicht unbedingt mit seiner Zugehörigkeit zum deutschnationalen Parteivorstand zusammenhängen.[283] Gleichwohl dürfte seinem nach 1918 nachweisbaren Verwaltungsratsmandat bei der konzerneigenen VERA[284] mehr Gewicht beizumessen sein, als seinem Sitz bei der DLG.[285] Stand die DLG primär im Dienste der Auslandspropaganda und gehörten ihr daher eine Vielzahl wirtschaftlicher Verbände und Interessenvertreter unterschiedlicher politischer Richtung an,[286] so war die VERA ein ausgesprochen innenpolitisches Instrument Hugenbergs.[287] Ihr Verwaltungsrat war stark mit Parteipolitikern durchsetzt, deren Parteicouleur nur von deutschnational bis zum rechten Flügel der Deutschen Volkspartei reichte.[288] Die Deutschnationalen waren allerdings in fast all ihren Schattierungen vertreten, so daß die VERA nicht nur die Zusammenarbeit von DVP und DNVP fördern konnte, sondern auch die Kooperation verschiedener politischer Gruppen in der DNVP. So fand sich der konservative Roesicke an einem Tisch nicht nur mit dem gemäßigten freikonservativen Parteivorsitzenden, sondern auch mit einem Vertreter des gewerkschaftlichen Flügels der Partei.[289]

Ein weiterer alter Bekannter Hugenbergs aus der Kriegszielbewegung,[290] der gemäßigte Deutschkonservative Hermann Dietrich,[291] war etwa ab 1922 in mehreren Konzerngesellschaften vertreten.[292] Eine Verbindung mit ihm konnte Hugenberg von doppeltem Nutzen sein, da Dietrich, der entscheidend an den Gründungsverhandlungen der DNVP beteiligt war,[293] nicht nur den stellvertretenden Parteivorsitz innehatte, sondern auch den Vorsitz des Generalverbandes der Deutschen Raiffeisengenossenschaften führte.[294] So beteiligte er sich 1922 für die Landwirtschaftliche Zentraldarlehenskasse (Raiffeisenbank) mit 500 000 Mark an der Gründung der Roggenrentenbank AG[295] und hielt ein Aktienpaket von der Ostbank für Handel

[281] Vgl. (Kuno) Graf Westarp: Konservative Politik im letzten Jahrzehnt des Kaiserreiches, Berlin 1935, Bd. 2, S. 42 f. (i. f. zit.: K. Westarp: Konservative Politik); vgl. auch D. Guratzsch: Macht, S. 132.
[282] Vgl. D. Guratzsch: Macht, Anhang 27, S. 438.
[283] Roesicke gehörte bereits dem vorläufigen Parteivorstand der DNVP an. Vgl. M. Weiß: Organisation, S. 365.
[284] Vgl. Mitteilungsblatt der Vera Verlagsanstalt GmbH, o. D. (1919). — (s. Anm. 71).
[285] Seinen Sitz bei der DLG behielt er auch nach der Revolution. Vgl. Mitgliederliste des Verwaltungsrats der Deutschen Lichtbild-Gesellschaft e. V., Stand 1. 5. 1921. — Akten Opriba, G VII, 4.
[286] Vgl. Anhang, 2 b, aa, u. D. Guratzsch: Macht, S. 309 ff.
[287] Vgl. Anhang, 1 b, aa.
[288] Vgl. Mitteilungsblatt der Vera Verlagsanstalt GmbH, o. D. (nach 1918). — (Vgl. Anm. 71)
[289] Vgl. S. 265.
[290] Vgl. K. Westarp: Konservative Politik, Bd. 2, S. 42.
[291] Geh. Justizrat Dr. Hermann Adolf Christian Dietrich, geb. 1856, gest. 1930. Nicht zu verwechseln mit dem demokratischen Minister Hermann Dietrich.
[292] Eine frühere Verbindung mit dem Konzern ist möglich, zumal über Dietrichs genossenschaftliche Verbindungen aber nicht nachweisbar.
[293] Vgl. W. Graef: Werdegang, S. 17.
[294] Vgl. Mitgliederliste der Deutschnationalen Reichstagsfraktion 1920—1933, o. D. — NL Schmidt — Hannover (Opr.), S. 44.
[295] Vgl. Rundschreiben der Gesellschaft zur Förderung der inneren Kolonisation (Einladung z. Gründung der Roggenrentenbank AG), 15. 8. 1922, u. Bericht F. Swarts über seine Reise nach Berlin v. 9.—14. Juli 1923, 18. 7. 1923. — BA/NL Wegener, Nr. 21.

und Gewerbe.[296] Beide Unternehmen, deren Aufsichtsräten Dietrich nun auch angehörte,[297] waren landwirtschaftliche Kreditorganisationen, die bis in die zweite Hälfte der zwanziger Jahre eng mit dem Hugenberg-Konzern verflochten waren.[298] In einem weiteren Institut dieser Art, der Ostdeutschen Privatbank AG (Opriba), hatte Dietrich ebenfalls seit 1922 ein Aufsichtsratsmandat.[299] Das war im Hinblick auf seine parteipolitische Spitzenfunktion von um so größerer Bedeutung, als sich die Opriba ab 1924 von ihrem ländlichen Betätigungsfeld abwandte und zur zentralen Holdinggesellschaft des Konzerns aufrückte.[300] Wer wie Dietrich in diesem Herzstück des Hugenberg-Konzerns saß, der konnte nicht unberührt von den parteipolitischen Absichten und Interessen des Konzernchefs bleiben.[301] Darüber hinaus dürfte aber auch sein Sitz im Aufsichtsrat der Roggenrentenbank nicht frei von parteipolitischen Bezügen gewesen sein. War in diesem Gremium doch noch ein weiterer konservativer Deutschnationaler vertreten, Walter v. Keudell, der es 1927 immerhin zum Reichsinnenminister brachte.[302] Schließlich hatte die Roggenrentenbank selbst wie auch Ostbank und Opriba von ihrer ursprünglichen Zielsetzung her indirekt mit Hugenbergs Einfluß in der Partei zu tun. Hugenberg hatte sie und noch einige weitere Unternehmen[303] im Zuge eines großangelegten Planes gegründet, einen zentralen landwirtschaftlichen Kreditapparat unter weitgehender Zurückdrängung des Staates zu schaffen. Er beabsichtigte, diese Unternehmen mit den Kreditorganisationen des Reichslandbundes (RLB), der 1920 entstandenen Nachfolgeorganisation des Bundes der Landwirte, unter seiner Oberleitung zu einer landwirtschaftlichen Zentralbank zusammenzuschweißen.[304] Der Plan scheiterte jedoch, weil der RLB nicht bereit war, Hugenbergs Forderung nach völliger Handlungsfreiheit und nach einem Sitz in seinem Vorstand zu erfüllen.[305] Nach diesem

[296] Vgl. Anlage zum Schreiben Tetens an Donner, 14. 10. 1930. — Akten Opriba, C IV, 10.

[297] Vgl. ebd. u. Bericht F. Swarts über seine Reise nach Berlin v. 9.—14. Juli 1923, 18. 7. 1923. — BA/NL Wegener, Nr. 21.

[298] Vgl. Anlage z. Schreiben Tetens an Donner, 14. 10. 1930. — Akten Opriba, C IV, 10.

[299] Vgl. Hdb. d. dt. AG, 1923/24, I a, S. 97.

[300] Vgl. Anlage z. Schreiben Tetens an Donner, 14. 10. 1930. — Akten Opriba, C IV, 10.

[301] Ein Aufsichtsratsmandat Dietrichs bei der Opriba ist noch 1929 nachweisbar. Vgl. Anlage z. Schreiben Opriba an Scherl/Dr. Wenglein, 19. 4. 1929. — Akten Opriba, A I, 2; vgl. ferner Hdb. d. dt. AG, 1929, IV, S. 5411.

[302] Vgl. Bericht F. Swarts über seine Reise nach Berlin v. 9.—14. Juli 1923, 18. 7. 1923. — BA/NL Wegener, Nr. 21. Keudell gehörte ferner dem Aufsichtsrat der 1923 gegründeten „Concordia Vermögensverwaltung für Wertpapiere eGmbH" an, die dem Hugenberg-Konzern ebenfalls verbunden war. Vgl. Anlage z. Schreiben Tetens an Donner, 14. 10. 1930. — Akten Opriba, C IV, 10.

[303] Zu den bereits genannten Gesellschaften traten noch der Deutsche Creditverein, die Landbank AG und die oben erwähnte Concordia. Schließlich sollte auch die bereits früher zur Finanzierung des Ostlandsprojektes gegründete Neuland AG als ländliche Kreditorganisation eine Rolle spielen. Vgl. Anlage z. Schreiben Tetens an Donner, 14. 10. 1930. — Akten Opriba, C IV, 10.

[304] Vgl. Schreiben Hugenbergs an Wegener, 15. 11. 1921. — BA/NL Wegener, Nr. 65; „Die gegnerische Presse . . .", Artikelentwurf Hugenbergs, 22. 1. 1930. — NL Schmidt—Hannover (Opr.), S. 26; Schreiben Wegeners an Traub, 6. 1. 1930. — BA/NL Wegener, Nr. 25; L. Wegener: Hugenbergs Wirken, S. 21 ff.

[305] Vgl. Schreiben Hugenbergs an Graf Kalckreuth, 22. 12. 1925. — NL Schmidt-Hannover (Opr.), S. 38, u. „Die gegnerische Presse . . .", Artikelentwurf Hugenbergs, 22. 1. 1930. — NL Schmidt-Hannover (Opr.), S. 26.

Mißerfolg verlor Hugenberg das Interesse an seinen Agrarbanken und stieß sie im Laufe der Zeit mit Ausnahme der Opriba ab.[306] Wäre seiner Konzeption Erfolg beschieden gewesen, hätte er die Politik des RLB mitbestimmen können,[307] dessen Mitglieder zum geringen Teil zur DVP neigten, mehrheitlich aber in der DNVP vertreten waren.[308] Wie früher der BdL war auch der RLB eng mit den Konservativen verbunden und Hugenberg hätte in ihm einen einflußreichen Bundesgenossen in der DNVP zur Seite gehabt. Daß sich die parteipolitische Dimension seiner kreditwirtschaftlichen Pläne mit dem RLB nicht rein zufällig eröffnete, deuten noch andere Tatsachen an.

Zumindest regional hatte Hugenberg die Vorarbeiten für die Gründung des Reichslandbundes unterstützt. Nach der Revolution entstanden zunächst auf Kreis-, dann auf Landesebene scheinbar spontan Organisationen der Klein- und Mittelbauern, die in Wirklichkeit meist von Funktionären des BdL und der Landwirtschaftskammern initiiert oder nachhaltig unterstützt worden waren, um die zeitbedingte Radikalisierung des bäuerlichen Mittelstandes aufzufangen. Bereits 1920 konnten diese Landbünde mit dem BdL in der großagrarisch bestimmten Front des Reichslandbundes zusammengeschlossen werden.[309] Hugenbergs besondere Anteilnahme galt dem Pommerschen Landbund, der nicht nur den bäuerlichen Mittelstand, sondern auch die Landarbeiter zu erfassen suchte, um Arbeitgeber und Arbeitnehmer unter einem Dach zu einen. Tarife sollten auch nicht zwischen gesonderten Interessenorganisationen von Arbeitgebern und Arbeitnehmern ausgehandelt werden, sondern direkt zwischen den Landbundmitgliedern. Dem Pommerschen Landbund gelang es bis 1922 immerhin, 70 000 Landarbeiter für seine wirtschaftsfriedliche Konzeption zu gewinnen und dem Gewerkschaftsgedanken zu entfremden.[310] Hugenbergs Wohlwollen für den Pommerschen Landbund, der den wirtschaftsfriedlichen Gedanken zu einer Zeit aufgriff, als sich die Industrie und der Industrievertreter Hugenberg gerade zur Anerkennung der Gewerkschaften und Ablehnung der „Gelben" hatten bequemen müssen, konkretisierte sich in klingender Münze. Im Frühjahr 1920 bestätigte Hermann v. Dewitz, Direktor des Pommerschen Landbundes und Mitglied der deutschnationalen Reichstagfraktion, Hugenberg dankend den Empfang von 100 000 Mark und stand in Erwartung eines weiteren Be-

---

[306] Die Majorität der Roggenrentenbank verkaufte Hugenberg 1924, 1927 gab er auch seine restlichen Aktien auf. Die Neuland AG schied 1924 aus dem Konzern aus. Im gleichen Jahr zog sich Hugenberg auch weitgehend aus dem Deutschen Creditverein zurück. Von der Landbank trennte er sich 1926 und von der Ostbank für Handel und Gewerbe 1929. Ober er sich schließlich auch aus der Concordia zurückzog, ist ungewiß. Vgl. Anlage z. Schreiben Tetens an Donner, 14. 10. 1930. — Akten Opriba, C IV, 10; vgl. ferner die Schreiben Hugenbergs an Wegener, 18. 6. 1924 u. 22. 12. 1925. — BA/ NL Wegener, Nr. 65.
[307] Vgl. Schreiben Hugenbergs an Graf Kalckreuth, 22. 12. 1925. — NL Schmidt-Hannover (Opr.), S. 38.
[308] Vgl. J. Cerny: RLB, S. 523 ff.
[309] Vgl. J. Flemming: Großagrarische Interessen, S. 747 ff. Flemming wendet sich mit Nachdruck gegen die auch noch in der neuesten Literatur vertretene These, die Landbünde seien spontan ohne Nachhilfe von interessierter großagrarischer Seite entstanden. Vgl. ebd., S. 748, bes. Anm. 6.
[310] Vgl. ebd., S. 753 ff.; bereits im Sommer 1920 waren nach Angaben eines Landbundvertreters 20.000 Landarbeiter in die pommersche Organisation integriert. Vgl. Schreiben v. Dewitz' an Hugenberg, 10. 6. 1920. — NL Hugenberg, A Bd. 4.

trages in gleicher Höhe.[311] Bereits vorher hatten beide miteinander über die Propagierung des pommerschen Modells in anderen Provinzen, u. a. in Hugenbergs lippischem Heimatland, verhandelt.[312] Tatsächlich fand die pommersche Organisation Nachahmung in anderen Provinzen, zwar nicht in Lippe,[313] wohl aber in Mecklenburg, Brandenburg, Schlesien sowie in Ostpreußen, und die wirtschaftsfriedliche Landarbeiterbewegung konnte im Unterschied zu den „gelben" Kollegen in der Industrie Anfang der zwanziger Jahre ihre Basis erheblich verbreitern, trotz heftiger Gegenagitation von sozialdemokratischen und christlichnationalen Landarbeiterverbänden.[314] Der christlichnationale Zentralverband der Land-, Forst- und Weinbergarbeiter Deutschlands (ZdL), auf gewerkschaftliche Organisation ebenso wie auf die Idee der Zentralarbeitsgemeinschaft eingeschworen, bekämpfte den von einem Deutschnationalen geleiteten Pommerschen Landbund,[315] obwohl sein eigener Vorsitzender, Franz Behrens, ebenfalls zur Prominenz der DNVP zählte.[316] Hugenbergs diskrete, keineswegs offizielle Begünstigung des pommerschen Modells hatte

---

[311] Im Januar 1920 erhielt Dewitz 100.000 M. (vgl. Schreiben v. Dewitz' an Hugenberg, 19. 1. 1920. — NL Hugenberg, A Bd. 4) und erwartete im Juni 1920 eine Zahlung in gleicher Höhe, die sich etwas verzögert hatte, von Hugenberg aber fest zugesagt war (100.000 Papiermark waren im Januar 1920 etwa 6.600 Goldmark wert, vgl. Deutschlands Wirtschaft, S. 59). In bezug auf ein die Verzögerung klärendes Schreiben Hugenbergs heißt es bei Dewitz: „Ich fürchtete schon, es wäre von irgendeiner Seite gebremst worden, denn man ist ja dem pommerschen Landbund vielfach nicht grün." (Schreiben v. Dewitz' an Hugenberg, 10. 6. 1920. — NL Hugenberg, A Bd. 4.) Das läßt auf verschiedene Geldgeber und nicht auf den Fonds des Hugenberg-Konzerns schließen, wobei entweder eine Sondersammlung Hugenbergs unter schwerindustriellen Freunden oder der Fonds des Bergbau- und Zechenverbandes als Geldquelle in Frage kommt.

[312] Vgl. Schreiben Dewitz' an Hugenberg, 14. 12. 1919. — NL Hugenberg, A Bd. 4.

[313] Bedauernd heißt es bei Dewitz Anfang Januar 1920: „Daß Ihre Lippischen Freunde sich noch nicht entschließen können, bedaure ich sehr. Ich hätte ihnen gern ein Paradepferd vorgeritten." Schreiben Dewitz' an Hugenberg, 4. 1. 1920. — NL Hugenberg, A Bd. 4.

[314] Vgl. Flemming: Großagrarische Interessen, S. 757.

[315] Vgl. Franz Behrens: Gewerkschaftliche Selbsthilfe der Landarbeiter, Bielefeld 1919, bes. S. 10 (i. f. zit.: F. Behrens: Selbsthilfe), u. ders.: Landarbeiterbewegung und Wirtschaftsfrieden, in: Die christlich-nationale Landarbeiterbewegung und die Hebung der landwirtschaftlichen Produktion als Voraussetzung des deutschen Wiederaufstiegs. Drei Vorträge, Berlin 1922, S. 27—40, hier S. 35 f.

[316] Behrens gehörte sowohl dem vorläufigen als auch dem im Juli 1919 ordnungsgemäß gewählten Parteivorstand an. (Vgl. M. Weiß: Organisation, S. 365, u. Jahrbuch d. DNVP, 1921, S. 3.) Wie stark die Gegensätze zwischen deutschnationalen Landbundvertretern in Pommern und deutschnationalen Repräsentanten des ZdL waren, zeigt ein Schreiben v. Dewitz': „So haben wir uns hier zu Lande mit den Christlichsozialen bei Tarifverhandlungen böse gehakt. Ich muß sagen, sie waren um nichts besser als die Sozi in Gestalt des Landarbeiterverbandes. Wir stehen weiter mit ihnen in Gegensatz, weil sie die Arbeitnehmergruppe des pommerschen Landbundes nicht anerkennen wollen und sie dadurch in holder Gemeinschaft mit den Obergenossen Schmidt und Braun von den Tarifverhandlungen auszuschließen suchen. Wir sind aber gewillt, in diesem Punkt unter keinen Umständen nachzugeben, um so weniger als wir bereits 20.000 Arbeiter in der Arbeitnehmergruppe des Landbundes organisiert haben und den Beweis haben, daß diese im Gegensatz zu der Äußerung des Herrn Behrens ausschließlich deutschnational gewählt haben." Schreiben v. Dewitz' an Hugenberg, 10. 6. 1920. — NL Hugenberg, A Bd. 4.

durchaus eine pikante Note, sowohl in Anbetracht seines öffentlich abgelegten Bekenntnisses zur ZAG als auch der spezifischen Art seiner Beziehungen zum gewerkschaftlichen Flügel der Partei, insbesondere zu Franz Behrens, über die an anderer Stelle noch zu berichten sein wird.

Für Hugenbergs Einfluß auf den konservativen Flügel der DNVP spielte v. Dewitz ebenso eine Rolle wie sein Nachfolger im Amt des Pommerschen Landbunddirektors, der deutschnationale Landtagsabgeordnete Hans-Joachim v. Rohr-Demmin.[316a] Seine Beziehung zu Hugenberg entstand spätestens 1923,[317] als er ehrenamtlich die Betreuung einer Matern-Korrespondenz der Wipro übernahm und versuchte, sie in Landbundkreisen populär zu machen.[318] Parteiintern mit der Zeit an Bedeutung gewinnen sollte auch eine Verbindung, die Hugenberg bereits frühzeitig zu einem jungen Konservativen aus der thüringischen DNVP, Hans v. Goldacker, knüpfte. v. Goldacker, Vorstandsmitglied des RLB,[319] wurde 1920 Aufsichtsratsmitglied der mit dem Hugenberg-Konzern verbundenen Mitteldeutschen Verlagsanstalt.[320] 1924 brachte es v. Goldacker zum deutschnationalen Reichstagsabgeordneten[321] und drei Jahre später berief ihn Hugenberg auch in den Aufsichtsrat der gerade dem Hugenberg-Konzern angegliederten Universum Film AG (UfA).[322] Die Beziehung zwischen v. Goldacker und Hugenberg gestaltete sich so eng, daß sich der Pressezar 1931 bei Vögler für eine finanzielle Unterstützung v. Goldackers verwandte, um dessen verschuldetes Gut zu retten.[323]

Fassen wir die Beziehungen Hugenbergs zu der konservativen Fraktion der Partei zusammen, so läßt sich folgendes feststellen:

1. Seine ursprünglichen Kontakte zu der kurz nach der Gründung einflußreichsten, da arbeitsfähigen politischen Gruppe in der Partei als Mittler schwerindustrieller

---

[316a] Hansjoachim v. Rohr-Demmin, 1888 in Pommern geboren, studierte Rechtswissenschaften. Von 1924 bis 1932 war er Mitglied des Preußischen Landtags, Staatssekretär seit Frühjahr 1933 unter Hugenberg im Reichsministerium für Ernährung und Landwirtschaft. Während Hugenberg im Juni 1933 von seinen Ämtern als Reichswirtschafts- und Ernährungsminister zurücktrat, blieb v. Rohr-Demmin noch bis September des Jahres im Amt. Danach wurde er verfolgt und in den Gefängnissen Greifswald, Stettin und Potsdam inhaftiert. Nach 1945 führte er die agrarisch-politische Opposition im Deutschen Bauernverband an und wurde Mitglied der FDP, die er als Abgeordneter im nordrhein-westfälischen Landtag bis 1954 vertrat. Vgl. Walter Habel (Hrsg.): Wer ist wer?, XII. Ausgabe v. Wer ist's? Berlin 1955, S. 983 (i. f. zit.: W. Habel: Wer ist wer?).

[317] Möglicherweise kam v. Rohr bereits vor der Revolution mit Hugenberg in Kontakt, da er seit 1910/11 an der Deutschen Zeitungs-Gesellschaft mbH beteiligt war, in die sich Hugenberg 1916 über Leo Wegener einkaufte. (Vgl. D. Guratzsch: Macht, S. 299 ff., u. Anhang 24, S. 433.) Auf jeden Fall dürften sich die Beziehungen zwischen beiden gegen Ende der Republik sehr eng gestaltet haben, da Hugenberg v. Rohr 1933 zu seinem Staatssekretär im Reichsministerium für Ernährung und Landwirtschaft ernannte.

[318] Vgl. Schreiben v. Rohrs an Hugenberg, 4. 7. 1930. – NL Hugenberg, P 11.

[319] v. Goldacker trat mit dem erklärten Vorsatz in den Vorstand des RLB ein, die alte Politik des BdL durchzusetzen. Vgl. J. Cerny: RLB, S. 524.

[320] Vgl. Hdb. d. dt. AG, 1921/22, II, S. 1240 f.

[321] Vgl. Cuno Horkenbach (Hrsg.): Das Deutsche Reich von 1918 bis heute, Berlin 1930, S. 426 (i. f. zit.: Horkenbach).

[322] Vgl. Mitgliederverzeichnis des Aufsichtsrates der Ufa, Stand 5. 3. 1928. – Akten Opriba, G XVII, I.

[323] Vgl. Schreiben Vöglers an Hugenberg, 12. 3. 1931. – NL Hugenberg, P 16.

Interessen wurden abgelöst durch ein auf ihn persönlich zugeschnittenes Netz von Beziehungen, obwohl der politische Einfluß der Konservativen mit der Wahl Hergts zum Parteivorsitzenden zumindest bis zu den Reichstagswahlen 1920 im Schwinden begriffen schien.

2. Die quantitative Stärke der Konservativen in der Partei fand ihr Äquivalent in einer zahlreichen Repräsentanz im Hugenberg-Konzern, die von keiner anderen politischen Gruppe, wie es scheint, übertroffen wurde.

3. Die im Konzern vertretenen Konservativen stammten fast ausschließlich aus Landbundkreisen. Nicht alle nahmen wie Roesicke und Dietrich einflußreiche Positionen in der DNVP ein. Doch sollten die jungen, unbekannten Konservativen wie v. Keudell, v. Goldacker und v. Rohr-Demmin in wenigen Jahren erstaunliches politisches Profil gewinnen.[324]

Die zweite große politische Gruppe in der Partei, die Christlich-Sozialen, wiesen im Unterschied zu ihrem Widerpart, den Konservativen, zumindest im Anfangsstadium der DNVP keine so eindeutig homogene politische und soziale Struktur auf. Der „Firmenname" stammte von Stöckers Christlichsozialer Partei (CSP), die sich, gering an Mitgliederzahl, an der Gründung der DNVP beteiligt hatte.[325] Die gern als christliche Arbeiterpartei figurierende CSP hatte entgegen ihren programmatischen Wünschen kaum Arbeiter zu ihren Mitgliedern gezählt, dafür aber eine Reihe von Pfarrern, Lehrern und Landwirten.[326] Eines gewissen Wählerstamms in der Arbeiterschaft erfreute sie sich nur dank ihrer engen personellen Verflechtungen mit dem Gesamtverband der christlichen Gewerkschaften Deutschlands (GCG).[327] So hatte ihr von 1909–1912 amtierender Parteivorsitzender Franz Behrens zugleich den stellvertretenden Vorsitz beim GCG inne.[328] Da er zudem auch an der Spitze des ZdL stand,[329] eröffnete sein Eintritt der DNVP den dringend benötigten Zugang zu (ländlichen) Arbeiterkreisen.[330]

Zu dem christlich-sozialen Lager in der DNVP zählten sich auch die Vertreter des Deutschnationalen Handlungsgehilfenverbandes (DHV).[331] Im Kaiserreich hatte der DHV allerdings weniger mit der CSP als mit der noch stärker antisemitisch ausge-

---

[324] v. Keudell zählte 1920 36 Jahre, v. Goldacker 38 und v. Rohr 32. Mit 43 Jahren wurde v. Keudell Innenminister, v. Rohr mit 45 Jahren Staatssekretär.

[325] Vgl. W. Liebe: DNVP, S. 16, u. Dieter Fricke: Christlichsoziale Partei (CSP) 1878–1918, in: Die bürgerlichen Parteien in Deutschland, Berlin 1968, Bd. I, S. 245–255, hier S. 254 (i. f. zit.: D. Fricke: CSP).

[326] Vgl. D. Fricke: CSP, S. 251.

[327] Vgl. ebd.

[328] Behrens war seit 1905 Generalsekretär des Gewerkschaftvereins Christlicher Bergarbeiter und seit 1906 stellvertretender Vorsitzender des Gesamtverbandes der christlichen Gewerkschaften Deutschlands. Vgl. ebd.

[329] Vgl. Mitgliederliste d. DNVP-Reichstagsfraktion 1920–1933, o. D. — NL Schmidt-Hannover (Opr.), S. 44.

[330] Vgl. W. Graef: Werdegang, S. 20, u. Siegfried Sterner: Untersuchungen zur Stellungnahme der Deutschnationalen Volkspartei zur Sozialpolitik, Freiburg i. Br., Phil. Diss. 1952, S. 13 (i. f. zit.: S. Sterner: Untersuchungen). Nach Sterners Darstellung machten dennoch Arbeiter und Angestellte in der ersten deutschnationalen Reichstagsfraktion zusammen nicht mehr als 7,5 % aus. Vgl. ebd., S. 10.

[331] Vgl. Walter Lambach: Christlich-Soziale und Regierungsbildung, in: Der Deutsche, Nr. 130, 5. 6. 1928.

richteten Deutschsozialen Partei kooperiert,[332] die sich 1914 mit einer anderen Splittergruppe zur Deutschvölkischen Partei zusammenschloß.[333] Diese ging 1918 in der DNVP auf und bildete mit anderen Gruppen ihren völkischen Flügel,[334] zu dem aber die DHV-Vertreter trotz antisemitischer Töne nicht gerechnet wurden.[335] Der DHV hatte sich 1918 mit dem Gesamtverband der christlichen Gewerkschaften Deutschlands im Deutschen Gewerkschaftsbund zusammengeschlossen und DHV- und GCG-Vertreter arbeiteten entsprechend eng in der DNVP zusammen.[336] Der DHV, der zwar auch in anderen Parteien, aber weniger zahlreich vertreten war, verschaffte der DNVP ein großes Wählerreservoir in der rechtsgerichteten Angestelltenschaft und sich selber damit einflußreiche Ämter in der Partei.[337]

En bloc galten die innerhalb der DNVP in der „Christlich-Sozialen Gesellschaft" vereinigten CSP-, DHV- und GCG-Vertreter als linker Flügel der Partei, nicht etwa aufgrund demokratischer Neigungen, sondern wegen ihrer gewerkschaftlichen Orientierung.[338] Normalerweise hätte bei dieser Ausrichtung Alfred Hugenberg, Vertreter der Schwerindustrie und Förderer der wirtschaftsfriedlichen Arbeiterbewegung im Kaiserreich,[339] zur bevorzugten Zielscheibe der Christlich-Sozialen werden müssen. Tatsächlich aber gestaltete sich sein Verhältnis zum linken Flügel der Partei zunächst ausgezeichnet. Seine Mitarbeit in der Zentralarbeitsgemeinschaft,[340] wie sein Vorschlag der „Werksaktien" hatten ihn mehr als akzeptabel für die Christlich-Sozialen gemacht. Hatten sie ihre wirtschaftspolitischen Zielvorstellungen doch gerade in der ZAG verwirklicht gesehen, in der ihrer Gewerkschaft ein der Mitgliederzahl nicht entsprechender, überproportional großer Einfluß gewährt worden war.[341] Gerade mit der ZAG konnten sich die christlichen Gewerkschaften gegenüber den weit mitgliederstärkeren sozialistischen Gewerkschaften behaupten, von denen sie sich besonders in der Ablehnung des internationalen Klassenkampfgedan-

---

[332] Vgl. Siegmar Böttger/Werner Fritsch: Deutschnationaler Handlungsgehilfenverband (DHV) 1893—1933, in: Die bürgerlichen Parteien in Deutschland, Berlin 1968, Bd. I, S. 702—714, hier S. 705 (i. f. zit.: S. Böttger/W. Fritsch: DHV).

[333] Zur Geschichte der Deutschsozialen Partei vgl. Dieter Fricke: Deutschsoziale Partei (DSP) 1900—1914, in: Die bürgerlichen Parteien in Deutschland, Berlin 1968, Bd. I, S. 754—756 (i. f. zit.: D. Fricke: DSP).

[334] Vgl. Uwe Lohalm: Völkischer Radikalismus, Hamburg 1970, S. 70 (i. f. zit.: U. Lohalm: Radikalismus).

[335] Der DHV, der sich nach der Revolution immer stärker weg von einem politischen Verband und hin zu einer gewerkschaftlichen Interessenorganisation entwickelte, distanzierte sich im Interesse seines überparteilichen Charakters von der deutschvölkischen Bewegung. Innerhalb der DNVP traten die DHV-Vertreter vor allem mit sozialpolitischen Forderungen hervor, wohingegen der völkische Flügel, an gewerkschaftlichen Errungenschaften desinteressiert und mit den Wirtschaftsfriedlichen verbündet, die Volkstumsideologie in den Vordergrund stellte. Vgl. Iris Hamel: Völkischer Verband und nationale Gewerkschaft, Frankfurt/M. 1967, S. 193 u. S. 202 f. (i. f. zit.: I. Hamel: Völkischer Verband).

[336] Vgl. ebd., S. 168 ff.

[337] Die DNVP stellte von allen Parteien 1921 die höchste Zahl an DHV-Vertretern in den Parlamenten. Vgl. ebd., S. 201.

[338] Vgl. Walter Lambach: Christlich-Soziale und Regierungsbildung, in: Der Deutsche, Nr. 130, 5. 6. 1928.

[339] Vgl. S. 49.

[340] Vgl. Gustav Lindenberg: Politische Aufgaben der Angestellten, Berlin 1920, S. 9.

[341] Vgl. I. Hamel: Völkischer Verband, S. 198.

kens unterschieden. Die Klassenkampfsituation im eigenen Land wurde von den Christlich-Sozialen nicht geleugnet, doch wollte man sie in Zusammenarbeit mit anderen Interessengruppen überwinden.[342] Deshalb wurde auch Hugenbergs Vorschlag, die Arbeitnehmer mit Kleinaktien an ihren Werken zu beteiligen, von dem deutschnationalen DHV-Führer Walter Lambach ausdrücklich begrüßt.[343] Solange Hugenberg die Notwendigkeit gewerkschaftlicher Organisationen anerkannte und die Wirtschaftsfriedlichen nicht erkennbar unterstützte, bestanden keine Reibungspunkte zwischen ihm und den Christlich-Sozialen.[344] So konnte Hugenberg auch ohne Schwierigkeiten eine organisatorische Verbindung mit ihnen eingehen.

Im Herbst 1919 wurde der Rheinisch-Westfälische Zweckverband gegründet,[345] eine vier Wahlkreise[346] umfassende Organisation, die sowohl der Parteifinanzierung als auch damit verbunden der Koordination und Interessenvertretung der beiden maßgeblichen sozialen Gruppen des industriellen Westens, industriellen Arbeitgebern und Arbeitnehmern, in der DNVP diente.[347] Alfred Hugenberg wurde Schatzmeister des Zweckverbandes, dem von christlich-sozialer Seite u. a. der DHV-Verlagsbuchhändler Otto Rippel[348] und Pfarrer Wilhelm Koch[348a] angehörten.[349] Präsidiert wurde die Organisation von Karl Neuhaus,[350] einem Industriellen, der, früher selbst DHV-Mann, als Förderer der christlich-sozialen Bewegung galt.[351] Der Rheinisch-Westfälische Zweckverband sorgte u. a. für eine starke Repräsentanz seiner Mitglieder

---

[342] Vgl. ebd., S. 197 ff.

[343] Vgl. „Fremde Federn", in: Mitteilungen des Reichs-Angestellten-Ausschusses der DNVP, Nr. 18, 1. 6. 1922. — FST/NL Diller, 11/D 7; vgl. auch R. Behrens: Die Deutschnationalen, S. 131.

[344] Zu den scharfen Auseinandersetzungen zwischen dem DHV und den Wirtschaftsfriedlichen vgl. Schreiben Dillers an d. Hauptgeschäftsstelle d. DNVP, 9. 11. 1922. — FST/ NL Diller, 11/ D 22; Walter Lambach: Fragen zur Werksgemeinschaft, Anlage z. Reichstagsbericht Nr. 19 d. Büros Lambach, 5. 7. 1924. — FST/NL Diller, 11/D 9.

[345] Hugenbergs Duzfreund Professor Hoffmann, Vorsitzender des Landesverbandes Münster der DNVP, hielt sich für die Gründung „unseres Zweckverbandes" den 11. und 12. November 1919 frei. Die Initiative zu dieser Gründung ging wahrscheinlich von ihm und Hugenberg aus. Vgl. Schreiben Hoffmanns an Hugenberg, 31. 10. 1919. — NL Hugenberg, A Bd. 9.

[346] Die Wahlkreise werden namentlich nicht genannt, vermutlich aber sind folgende gemeint: Düsseldorf-Ost (LV Düsseldorf-Ost), Westfalen-Nord (LV Münster), Düsseldorf-West (LV Niederrhein) und Westfalen-Süd (LV Arnsberg). Vgl. Schreiben Neuhaus' an Lindeiner-Wildau, 22. 8. 1921. — NL Hugenberg, A Bd. 17.

[347] Vgl. ebd.; Schreiben Deerbergs an Hugenberg, 14. 4. 1920. — NL Hugenberg, A Bd. 4; Schreiben d. LV Münster d. DNVP an Hugenberg, 16. 6. 1920. — NL Hugenberg, A Bd. 17; Schreiben Hoffmanns an Hugenberg, 26. 12. 1921. — NL Hugenberg, A Bd. 9.

[348] Zu Rippels DHV-Tätigkeit vgl. Walter Lambach: Angestelltenfragen, in: Angestellten- und Arbeiterstimme, 8. Jg. (1928). — FST/NL Diller, 11/D 7. Rippel war zur Zeit der Gründung des Zweckverbandes Vorsitzender des LV Arnsberg der DNVP. Vgl. Schreiben Rippels an Hugenberg, 26. 2. 1921. — NL Hugenberg, A Bd. 4.

[348a] Vgl. Mitgliederliste d. DNVP-Reichstagsfraktion 1920—1933. — NL Schmidt-Hannover (Opr.), S 44; Dieter Fricke: Gesamtverband evangelischer Arbeitervereine Deutschlands (GEA) 1890—1933, in: Die bürgerlichen Parteien in Deutschland, Berlin 1968, Bd. II, S. 150—161, hier S. 150. Koch war ab 1922 stellvertr. Vorsitzender des GEA.

[349] Vgl. Schreiben Neuhaus' an Lindeiner-Wildau, 22. 8. 1921. — NL Hugenberg, A Bd. 17.

[350] Vgl. ebd.

[351] Vgl. Walter Lambach: Neue Aufgaben, in: Angestellten- und Arbeiterstimme, 8. Jg. (1928). — FST/NL Diller, 11/D 7.

im deutschnationalen Parteivorstand.[352] Darüber hinaus nahm er auch Einfluß auf die Aufstellung der Kandidatenlisten für die Reichstagswahlen und sorgte für eine Zusammenarbeit der von ihm repräsentierten Gruppen in den rheinisch-westfälischen Wahlkreisen.[353] So fand Hugenberg 1920 für seine Reichstagskandidatur im Wahlkreis Westfalen-Nord[354] auch die Unterstützung seiner christlich-sozialen Parteifreunde, die hingegen mit den Konservativen erbittert um jeden Listenplatz kämpften.[355]

Eine weitere Verbindung, die Hugenberg zu den Christlich-Sozialen knüpfte, lief über den Gewerkschaftsführer Franz Behrens. Der Vorsitzende des ZdL gehörte seit 1919 als Verwaltungsratsmitglied von Hugenbergs VERA zu jenen „führenden Männer(n) des wirtschaftlichen Lebens", die die Verpflichtung übernommen hatten, „die Volksgemeinschaft über die volkswirtschaftliche Bedeutung von Landwirtschaft, Industrie, Gewerbe und Handel zu unterrichten, sie zu leiten und ihr neue Wege zu weisen."[356] Unter diesem Motto fand er sich mit dem Vertreter des Landbundes, Roesicke, Repräsentant der dem gewerkschaftlichen Flügel in der Partei feindlich gesonnenen Konservativen, zusammen, wie es ihm offenbar auch die Kooperation mit den schwerindustriellen Exponenten Vögler und Hugenberg erleichterte. Gerade seine parteiinternen Beziehungen zu dem Organisator der konzertierten publizistischen Aufklärungsaktion führender Wirtschaftkreise, Alfred Hugenberg, dürften sich sehr eng gestaltet haben.[357] Wie anders hätte Otto Hoffmann, Vorsitzender des LV Münster, seinen Duzfreund Hugenberg Ende 1919 bitten können, dafür zu sorgen, daß Behrens durch Einwirkung auf seine christlich-sozialen Freunde Hoffmanns Anwärterschaft auf einen vorderen Listenplatz bei den Reichstagswahlen unterstütze.[358] Spätestens ab 1921 verbanden Behrens nicht nur gemeinsame publizistische Interessen mit Hugenberg, sondern er war ihm darüber hinaus-

---

[352] So forderte Neuhaus 1921 von der Parteileitung mit Erfolg den Verbleib von vier Zweckverbandsmitgliedern, Hugenberg, Rippel, Koch und sich selbst, im deutschnationalen Parteivorstand. Vgl. Schreiben Neuhaus' an Lindeiner-Wildau, 22. 8. 1921. — NL Hugenberg, A Bd. 17, u. Jahrbuch d. DNVP, 1921, S. 3 f.

[353] Vgl. Schreiben Deerbergs an Hugenberg, 14. 4. 1920. — NL Hugenberg, A Bd. 4, u. Schreiben d. LV Münster d. DNVP an Hugenberg, 16. 6. 1920. — NL Hugenberg, A Bd. 17.

[354] Da Posen nach den Versailler Vertragsbestimmungen weitgehend vom Deutschen Reich abgetrennt wurde, konnte Hugenberg dort nicht mehr kandidieren und ließ sich seit 1920 im Wahlkreis Westfalen-Nord, in dessen Einzugsgebiet sein Gut Rohbraken lag, aufstellen.

[355] Vgl. Schreiben Hoffmanns an Hugenberg, 27. 11. 1919. — NL Hugenberg, A Bd. 9.

[356] Mitteilungsblatt der Vera Verlagsanstalt GmbH, o. D. (1919). — (Vgl. Anm. 71).

[357] Wann und wie die Verbindung Behrens—Hugenberg zustande kam, ist unbekannt. Wir wissen nur, daß beide aus demselben deutschnationalen Landesverband (Münster) kamen.

[358] Vgl. die Schreiben Hoffmanns an Hugenberg, 27. 11. 1919 u. 10. 12. 1919. — NL Hugenberg, A Bd. 9. Einen Monat zuvor, als der Ortsverband Bielefeld des LV Münster, der von Christlich-Sozialen beherrscht wurde, Schwierigkeiten wegen Hugenbergs Kandidatur zu machen drohte, weil der Pressezar, da ihm von fünf (!) anderen Wahlkreisen sichere Listenplätze angeboten worden waren, sich nicht unbedingt im Wahlkreis Westfalen-Nord aufstellen lassen und damit anderen Kandidaten den Platz wegnehmen mußte, fragte Hoffmann bei Hugenberg an: „Kannst Du nicht durch Behrens und Mumm eine Weisung nach Bielefeld ergehen lassen?" Schreiben Hoffmanns an Hugenberg, 26. 10. 1919. — NL Hugenberg, A Bd. 9.

gehend verpflichtet. Hugenberg finanzierte die „Evangelisch-Soziale-Schule e. V." mit, eine hauptsächlich vom Zentralverband der Landarbeiter getragene und von Franz Behrens präsidierte „christlich-nationale" Bildungsstätte für Gewerkschaftsfunktionäre, die gemeinsam mit dem ebenfalls von ihm protegierten „Politischen Kolleg" im Berliner Johannesstift residierte.[359]

Von der Evangelisch-Sozialen-Schule liefen auch Verbindungen zum DHV, wahrscheinlich beschickte er sie mit seinen Funktionären.[360] Darüber hinaus verfügte der DHV aber auch über eigene Bildungsstätten, an deren Finanzierung sich Hugenberg ebenfalls teilweise mitbeteiligte. So unterstützte er zumindest in ihrem Gründungsjahr 1922 gemeinsam mit Paul Reusch die „Fichteschule an der Deutschen Burse zu Marburg",[361] ein von der DHV-Tochter „Fichte-Gesellschaft" ins Leben gerufenes Bildungsinstitut.[362]

Insgesamt läßt sich über Hugenbergs Beziehungen zum christlich-sozialen Flügel der Partei folgendes feststellen:

1. Entgegen der in der Wissenschaft weitverbreiteten Vorstellung, der Industrievertreter Hugenberg wäre stets ein entschiedener Gegner des christlich-sozialen Flügels der DNVP gewesen,[363] unterhielt er zu diesem in der Frühzeit der Partei ausgezeichnete Beziehungen.

2. Fast in einer Parallele zur ZAG, mit der industrielle Arbeitgeber und Arbeitnehmer eine Interessengemeinschaft eingegangen waren, beteiligte sich Hugenberg maßgeblich an einem organisatorischen Bündnis von Industriellen und Gewerkschaftlern der DNVP, das der Durchsetzung eines gemeinsamen Machtanspruchs in der Partei diente.

3. Darüber hinaus knüpfte Hugenberg personelle und finanzielle Kontakte zu beiden Gruppen der Christlich-Sozialen, Arbeitern und Angestellten, an. Mit der Einbeziehung Franz Behrens' in seinen Konzern gelang es ihm, den führenden Repräsentanten der deutschnationalen Arbeiterschaft an sich zu binden. Auch auf die größere Gruppe der Christlich-Sozialen, den Neuen Mittelstand, verschaffte er sich mit der Finanzierung der Fichteschule vermutlich einen gewissen Einfluß.

Waren Hugenbergs gute Beziehungen zum christlich-sozialen Flügel der DNVP ebenso erstaunlich wie in der Öffentlichkeit unbekannt, so schien ein gutes Verhältnis zum völkischen Flügel genauso natürlich wie schwer zu verheimlichen. Rekrutierten sich doch die Völkischen vorwiegend aus den Reihen des einst von ihm gegründeten Alldeutschen Verbandes, in zweiter Linie aus der kleinen Deutschvölki-

---

[359] Die „Evangelisch-Soziale Schule e. V. Christlich-Nationale Führerschule" wurde entweder als Nachfolge- oder als Tochterorganisation der Bielefelder Evangelisch-Sozialen Schule 1921 im Berliner Johannesstift etabliert. Beteiligt waren an ihr neben dem ZdL der Deutsche Evangelische Kirchenausschuß und ein Finanzkonsortium unter Hugenbergs Führung. In den fünfköpfigen Vorstand gelangten drei Vertreter des Politischen Kollegs, über dessen enge Beziehungen zu Hugenberg noch an anderer Stelle zu berichten sein wird. Vgl. Schreiben v. Gleichens an Hugenberg, 16. 7. 1921. — NL Hugenberg, A Bd. 7.

[360] Vgl. Schreiben Broeckers an Spahn, 17. 5. 1924. — BA/R 118, Nr. 35; „Lambachs Brief über Hugenberg", in: P. G. Z., Nr. 201, 29. 8. 1928. — BA/NL Lambach, Nr. 10.

[361] Vgl. Schreiben Brunstäds an Hugenberg, 2. 10. 1922. — Akten Opriba, H 21, u. Schreiben Reuschs an Hugenberg, 6. 8. 1922. — NL Hugenberg, A Bd. 18.

[362] Vgl. Mitteilungsblatt der Fichte-Gesellschaft e. V., April 1922. — FST/461.

[363] So auch J. Leopold: Hugenberg, S. 48.

schen Partei.[364] Dennoch gestalteten sich – trotz Hugenbergs Freundschaft mit dem Verbandsvorsitzenden Claß[365] – seine Beziehungen zu den alldeutschen Parteimitgliedern keineswegs offenkundig eng, noch entwickelte sich sein Verhältnis zum gesamten völkischen Flügel ganz unproblematisch.

Die engste, uns bekannte persönliche Verbindung zu den Völkischen in der DNVP unterhielt Hugenberg zu Georg Schiele-Naumburg, dem Alldeutschen und Vaterlandsparteiler, der Hugenberg bereits bei Gründung der Partei gute Dienste geleistet hatte.[366] Schiele wurde etwa 1920 Mitarbeiter von Hugenbergs TU, in die er seine von dem Pressezaren bereits im Kaiserreich subventionierte Deutsche Volkswirtschaftliche Correspondenz einbrachte.[367] Seine Stellung in der DNVP während ihrer ersten Jahre dürfte – abgesehen von der Gründungszeit – keine hervorragende gewesen sein, da er nicht einmal dem weiteren Parteivorstand angehörte. Nach dem Kapp-Putsch, an dem er sich aktiv beteiligt hatte,[368] verschwand er zunächst völlig von der (partei-)politischen Bühne, machte sich dann als Initiator und Förderer der völkischen „Artamanenbewegung" einen Namen[369] und konnte schließlich erst 1928 als Vorsitzender des Landesverbands Halle-Merseburg der DNVP Hugenberg auch parteiintern wieder von Nutzen sein.[370]

Über den Konzern mit Hugenberg verbunden war auch der alldeutsche Verleger Julius Friedrich Lehmann, der in der Münchener Ortsgruppe der DNVP eine recht einflußreiche Rolle spielte.[371] Lehmann, Mitglied des Geschäftsführenden Ausschusdes des ADV,[372] gab eine Reihe von völkischen Zeitschriften heraus, darunter „Deutschlands Erneuerung".[373] Hugenberg hatte die Publikationen seines alldeutschen Verbandsfreundes bereits im Kaiserreich durch umfangreiche, von seiner ALA

---

[364] Vgl. W. Liebe: DNVP, S. 12.

[365] Hugenberg bezeichnete Claß einmal als einen „meiner ältesten und nächsten Freunde und Mitarbeiter, der in selbstlosester Weise fast sein ganzes Leben hindurch die Politik vertreten hat, deren Nichtbefolgung Deutschlands ins Unglück geführt hat und in der ich seit unserer Jugendzeit mit ihm einig war". Schreiben Hugenbergs an Klitzsch, 5. 11. 1930. – NL Hugenberg, P 16.

[366] Vgl. S. 70 ff.

[367] Vgl. Anm. 32.

[368] Vgl. J. Erger: Kapp-Putsch, S. 94 ff.

[369] Schiele förderte seit 1924 die lokalen Artamanenbewegungen, die sich 1926 zum „Bund Artaman" zusammenschlossen. (Vgl. Werner Kindt [Hrsg.]: Die deutsche Jugendbewegung 1928–1933, Düsseldorf Köln 1974, S. 910 (i. f. zit.: W. Kindt: Jugendbewegung].) Er gründete eine „Gesellschaft der Freunde der Artamanen", der u. a. auch der deutschnationale Minister Schiele und der Krupp-Schwager v. Wilmowsky angehörten. (Vgl. Rundschreiben des Preußischen Ministers des Innern, 10. 12. 1926. – HStA Hannover/Hann. 80 Lüneburg III, XXX, Nr. 176.) Gegen Ende der zwanziger Jahre geriet die Artamanenbewegung stark unter den Einfluß der NSDAP. Vgl. Mitteilungen d. LKPA Berlin, Nr. 3, 1. 2. 1930. – HStA Hannover/Hann. 30 Hann. II, Nr. 771, u. Schreiben d. NSDAP-Propagandaabteilung an d. Gauleitung Süd-Hannover-Braunschweig, 4. 2. 1930. – HStA Hannover/Hann. 310 I, B 2, I.

[370] Vgl. Taschenbuch der Deutschnationalen Volkspartei, Berlin 1929, S. 27 (i. f. zit.: Taschenbuch d. DNVP).

[371] Vgl. Schreiben Traubs an Kapitän Mann, 9. 1. 1923. – NL Hugenberg, M 8.

[372] Vgl. Verhandlungsber. v. d. Sitzg. d. GA d. ADV am 16./17. 2. 1924. – FST/412, ADV (24–25).

[373] Eine vollständige Liste der in Lehmanns Verlag erschienenen Publikationen ist im Anhang, 1 a, bb dieser Arbeit aufgeführt.

vermittelte Anzeigenaufträge unterstützt. In der Republik setzte er diese Politik nicht nur fort, sondern beteiligte Lehmann darüber hinaus auch am Stammkapital einer Tochtergesellschaft der ALA, der Leo Waibel Anzeigenverwaltung GmbH.[374] Lehmann gehörte außerdem zu der deutschnationalen Gesellschaftergruppe, die an der von Hugenberg aufgekauften MAA beteiligt war.[375] Zumindest in den ersten Jahren der DNVP sollte sich Lehmann als treuer Parteigänger des Pressezaren erweisen, obwohl er im Unterschied zu Hugenberg radikaler Antisemit war mit frühzeitigen Neigungen zur NSDAP, zu der er 1931 überwechselte.[376]

Bindungen indirekter Art gab es zwischen Hugenberg und zwei parteiintern zunächst recht einflußreichen Alldeutschen, Max Maurenbrecher und Reinhold Wulle. Maurenbrecher gehörte zu den Mitunterzeichnern des deutschnationalen Gründungsaufrufes[377] und hatte gemeinsam mit Traub und Schiele die Abteilung für das liberale Bürgertum in der DNVP organisiert.[378] Als seit 1920 amtierender Chefredakteur der Deutschen Zeitung (DZ), des von Hugenberg mitfinanzierten Zentralorgans des ADV,[379] dürfte ihm der „Vater des ADV" kein Fremder gewesen sein. Gleiches galt mit Sicherheit für Reinhold Wulle,[380] der vor Maurenbrecher die Chefredaktion bei der DZ innehatte und danach sowohl in den Reichstag wie in den deutschnationalen Parteivorstand einrückte.[381] Dennoch läßt sich über die Relevanz dieser Berührungspunkte nichts Konkretes aussagen. Ebenfalls vage sind schließlich die Anhaltspunkte für enge Kontakte zwischen Hugenberg und dem deutschnationalen Reichstagsabgeordneten Albrecht v. Graefe. Das Mitglied des alldeutschen Vorstands gehörte dem von Hugenberg mitfinanzierten „Nationalen Klub" an[382] und wurde in eingeweihten Kreisen zu den „Hugenberg-Leuten" gerechnet.[383]

---

[374] Vgl. zu den Einzelheiten ebd.

[375] Vgl. Anhang, 1 b, aa.

[376] Vgl. Melanie Lehmann (Hrsg.): Verleger J. F. Lehmann, München 1935, S. 78 (i. f. zit.: M. Lehmann: Verleger).

[377] Vgl. M. Weiß: Organisation, S. 364.

[378] Vgl. Anlage z. Schreiben Traubs an Hugenberg, 18. 2. 1920. — NL Hugenberg, A Bd. 27.

[379] Vgl. Anhang, 1 b, aa.

[380] Hugenberg war an den Vorverhandlungen mit Wulle über dessen Anstellung bei der DZ persönlich beteiligt. Vgl. die Schreiben Hugenbergs an Claß, 27. 3. u. 1. 4. 1918, u. die Schreiben Claß' an Hugenberg, 13. 3. u. 30. 3. 1918. — Alle Unterlagen: FST/MA, 06–5/1.

[381] Wulle war von Oktober 1918 bis Ende 1920 Hauptschriftleiter und politischer Direktor der Deutschen Zeitung. Nach verbandsoffizieller Darstellung schied Wulle aus der DZ aus, weil er ohne Wissen von Claß ein Reichsmandat bei der DNVP angenommen und seine journalistischen Pflichten nicht erfüllt hatte. Trotz angeblich gütlicher Trennung griff Wulle die Verbandsspitze bald heftig an. (Vgl. A. Kruck: Geschichte, S. 149.) Gegenüber seinem neuen Arbeitgeber, Franz Sontag (Pseudonym: Junius Alter), dem Herausgeber der konservativen Zeitschrift „Die Tradition", äußerte sich Wulle dem Sinne nach, er sei nicht „im freundschaftlichen Einvernehmen mit den maßgebenden Stellen gegangen, sondern aus Gründen und unter Umständen, die ihm jede weitere Mitarbeit an dem Blatte unmöglich machen und die auch seinen völligen Bruch mit den Führern des Alldeutschen Verbandes, als den maßgebenden Faktoren der Deutschen Zeitung bedeuten". Schreiben Sontags an Graf Yorck v. Wartenburg, 7. 1. 1921. — BA/NL Alter, Nr. 14.

[382] Vgl. Anlage z. Schreiben d. Kriegswirtschaftlichen Studiengesellschaft an Hugenberg, 8. 8. 1918. — NL Hugenberg, A Bd. 13.

[383] Vgl. Tagebücher Reismann-Grone, Eintrag v. 15. 3. 1921. — (Vgl. Anm. 73).

Die verhältnismäßig spärlichen Anhaltspunkte für Querverbindungen zwischen Hugenberg und dem völkischen Flügel in der Frühzeit der DNVP lassen nicht auf einen plötzlichen Gesinnungswandel, wohl aber auf Vorsicht schließen. Seit seinem Wechsel vom Staatsdienst in das Wirtschaftsleben hatte Hugenberg es aus taktischen Gründen vorgezogen, seine „Eigenschaft als alldeutscher Bazillenzüchter" zu verheimlichen.[384] Nach der Revolution schien diese Taktik im Interesse der DNVP, die nicht als Filiale der radikalen Alldeutschen gelten wollte, mehr denn je angezeigt.[385] So stieß denn auch der Versuch der Völkischen nach den recht erfolgreichen Reichstagswahlen von 1920, die Partei auf ihren Kurs einzuschwören, nicht auf Hugenbergs Wohlwollen. Die Völkischen bemühten sich zunächst, in die DNVP-Satzungen einen „Arierparagraphen" einzufügen.[386] Dies scheiterte am Widerstand Hergts,[387] der sich der Unterstützung des finanzkräftigen Industrieflügels einschließlich Hugenbergs sicher war.[388] Als 1922 eine völkische Gruppe um Wulle, Henning und Graefe zum Angriff auf die Parteileitung blies, um sie an „Haupt und Gliedern" zu reformieren, und im Begriff stand, gegen den Willen Hergts eine völkische Arbeitsgemeinschaft zu gründen, stellte Hugenberg sogar gemeinsam mit einigen anderen prominenten Deutschnationalen einen Antrag auf Parteiausschluß.[389] Da sich weder der DHV, obwohl er selbst keine Juden in seinen Reihen duldete,[390] noch die ursprünglich mit den Völkischen verbündeten Konservativen hinter die Wulle-Gruppe stellten,[391] hatte der Antrag Erfolg.[392] Weniger die Frage des Antisemitismus stand auf dem Spiel, als die der Parteidisziplin.[393] So brachte sich Hugenberg mit seiner Stellungnahme auch nicht in Konflikt mit der alldeutschen Verbandsspitze, die selbst mit Wulle und seinem Anhang in Auseinandersetzungen geraten war und ihr partei- und verbandsschädigendes Verhalten verurteilte.[394] Daher zog der Ausschluß von Henning, Wulle und v. Graefe auch keinen schwächenden „Aderlaß" für die DNVP nach sich.[395] Die in der Partei verbliebenen Völkischen dokumentierten Existenz und Selbstbewußtsein wenig später mit der Gründung eines völkischen Reichsausschusses unter Leitung des Freiherrn Hugo v. Freytagh-Loringhoven.[396]

---

[384] Vgl. Schreiben (Entwurf) Hugenbergs an Claß, 8. 3. 1908. — NL Hugenberg, Nr. 1.
[385] Vgl. W. Liebe: DNVP, S. 12 f.
[386] Vgl. ebd., S. 64 ff.
[387] Vgl. ebd., S. 69.
[388] Vgl. Schreiben Neuhaus' an Lindeiner-Wildau, 22. 8. 1921. — NL Hugenberg, A Bd. 17, u. (Alfred) Hugenberg: Rückblick (Masch. Ms.), o. D. (nach 1945). — NL Schmidt-Hannover (Opr.), S. 23.
[389] Vgl. (Franz) Sontag: Görlitz, in: Die Tradition, 4. Jg. (1922), S. 486—489, hier S. 488; „Deutschnationale und Deutschvölkische", in: Die Freiheit, Nr. 301, 14. 8. 1922.
[390] Vgl. W. Liebe: DNVP, S. 64, Anm. 321.
[391] Initiator der konservativ-völkischen Koalition war der konservative Alldeutsche Franz Sontag. (Vgl. dazu den Schriftwechsel Sontags im BA/NL Alter, Nr. 14.) Westarp stellte sich im Interesse der Parteidisziplin nach erfolglosen Vermittlungsversuchen zwischen den Völkischen und Hergt auf die Seite der Parteileitung. Vgl. W. Liebe: DNVP, S. 69 f.
[392] Vgl. W. Graef: Werdegang, S. 41.
[393] Vgl. J. Leopold: Hugenberg, S. 62.
[394] Vgl. A. Kruck: Geschichte, S. 149 f.
[395] Vgl. R. Behrens: Die Deutschnationalen, S. 326.
[396] Vgl. W. Graef: Werdegang, S. 42.

Hugenberg hatte sich mit seiner Stellungnahme natürlich die Gegnerschaft der völkischen Dissidenten zugezogen und mußte sich ihre Angriffe auch in der Öffentlichkeit gefallen lassen.[397] Bei der etwa zur gleichen Zeit ähnlichen Zerwürfnissen ausgesetzten deutschnationalen Landesorganisation in Bayern,[398] der Bayerischen Mittelpartei (BMP), geriet darüber hinaus nicht nur er persönlich, sondern auch sein Konzern ins Schußfeld der Völkischen. Die von dem Münchener Kreisvorsitzenden Oberst Rudolf Ritter von Xylander und seinem Mitarbeiter Rudolf Buttmann[398a] angeführte Opposition machte Front gegen die bayerische Parteileitung,[399] die die BMP in eine erneute Koalition mit der Bayerischen Volkspartei (BVP) führen wollte. Auf die Seite der Parteileitung stellten sich mit Traub und Professor Walter Otto zwei Gefolgsleute Hugenbergs.[400] Beide waren eng mit Hugenbergs München-Augsburger Abendzeitung verbunden, Traub als Herausgeber, Otto als Gesellschafter. Ebenfalls zu den Gesellschaftern zählten aber auch Xylander und Buttmann im Gesamtblock einer deutschnationalen Gruppe, die, geführt vom alldeutschen Verleger Lehmann, an der MAA beteiligt war.[401] Xylander und Buttmann kritisierten nun Otto, Traub und den von ihnen mit der MAA verfolgten politischen Kurs in einer öffentlichen Versammlung heftig[402] und setzten ihre Angriffe auch in Gesellschaftsversammlungen der MAA fort. Der Kritik an der Berichterstattung der MAA wurde zunächst mit der Zusicherung für die Völkischen begegnet, eigene Stellungnahmen veröffentlichen zu dürfen, sofern sie keine Angriffe gegen die Parteileitung enthielten.[403] Das beruhigte die Völkischen aber keineswegs, wenig später griffen sie Hugenberg persönlich an[404] und bezeichneten einen von seiner Mutuum mit der MAA geschlossenen Vertrag als „wucherische Ausbeutung"[405]. Der bereits mit der BMP/DNVP vollzogene Bruch der Völkischen wurde nun auch bei der MAA unvermeidlich. Da sich die Münchener Dissidenten im Unterschied zu ihren Berliner Kollegen eines beträchtlichen Anhanges erfreuten,[406] verhinderte nur die

---

[397] Vgl. etwa den Kommentar v. Graefes, auszugsweise zit. in: „Deutschnationale und Deutschvölkische", in: Die Freiheit, Nr. 301, 14. 8. 1922, und die Ausführungen des Wulle-Freundes (Franz) Sontag: Görlitz, in: Die Tradition, 4. Jg. (1922), S. 488 f.

[398] Vgl. W. Liebe: DNVP, S. 71 ff.

[398a] Buttmann wurde 1925 Mitglied der NSDAP und Führer ihrer Fraktion im Bayerischen Landtag.

[399] Vgl. ebd., S. 72, u. Schreiben Traubs an Hugenberg, 25. 9. 1922. — NL Hugenberg, M 8.

[400] Vgl. Schreiben Traubs an Kapitän Mann, 9. 1. 1923. — NL Hugenberg, M 8.

[401] Zu diesem Block gehörte auch Otto. Vgl. ebd.

[402] Traub berichtete über diese Versammlung, die Xylander im Namen der Ortsgruppe München d. DNVP einberufen hatte, obwohl er öffentlich erklärte, nicht mehr Mitglied der DNVP zu sein, an Hugenberg folgendes: „In der Versammlung wurden Otto, Dr. Mündler [Hauptschriftleiter d. MAA] scharf angegriffen. Bes. Dr. Mündler wurde von Buttmann verunglimpft, weil er so entschlossen *für* die DNVP eingetreten sei. Die Rede Buttmanns strotzte von Verunglimpfungen, Verdächtigungen, auch Lügen. Ich bat ums Wort, um sie zu widerlegen. Es wurde mir von Oberst von Xylander persönlich verweigert!!" Schreiben Traubs an Hugenberg, 22. 11. 1922. — NL Hugenberg, M 8.

[403] Vgl. Niederschrift über die Gesellschafter-Versammlung d. MAA u. d. München-Augsburger Druckerei u. Verlagsanstalt am 24. 10. 1922. — NL Hugenberg, M 8.

[404] Vgl. Schreiben Traubs an Mann, 9. 1. 1923. — NL Hugenberg, M 8.

[405] Vgl. ebd.

[406] Der Kreisverein München war zunächst völlig zerschlagen. Vgl. W. Liebe: DNVP, S. 73.

Stellungnahme des einflußreichen Alldeutschen Lehmann zugunsten von Parteileitung und MAA,[407] daß diese in bayerischen völkischen Kreisen völlig an Boden verloren.

Insgesamt läßt sich über Hugenbergs Verhältnis zu den Völkischen in den ersten Jahren der DNVP folgendes aussagen:

1. Seine engen Beziehungen zur alldeutschen Verbandsspitze überdauerten unter Vermeidung jeder Publizität Kriegsende und Revolution.

2. Sein Verhältnis zum völkischen Flügel der DNVP war durch Zurückhaltung gekennzeichnet, ohne daß er jegliche Verbindung mied.

3. Als es zu Auseinandersetzungen kam, lagen ihm Parteieinheit, Parteidisziplin und Parteileitung mehr am Herzen, als das Bestreben einiger Völkischer, die DNVP auf einen kompromißlosen politischen Kurs festzulegen. Dank seiner Bindungen an die alldeutsche Führungsspitze verlor er dabei aber nicht die Fühlung mit den in der Partei verbliebenen Völkischen.

Als Exponent einer kleinen Gruppe von Nationalliberalen in der DNVP galt der ehemalige Fortschrittliche Traub.[408] Das Erbe der Nationalliberalen Partei hatten DDP und DVP angetreten, nur einzelne Mitglieder, die zumeist dem ADV oder der Vaterlandspartei verbunden waren, wanderten zur DNVP.[409] Um die nationalliberale Basis in der DNVP zu verbreitern, hatte Traub im Einverständnis mit Hugenberg, wie an anderer Stelle berichtet, gemeinsam mit dem völkisch-konservativen Schiele und dem alldeutsch-liberalen Maurenbrecher die Abteilung für das liberale Bürgertum gegründet.[410] Traubs Verbindung zu Hugenberg reichte wahrscheinlich bis ins Kaiserreich zurück. Der fortschrittliche Pfarrer hatte sich sowohl der 1915 gegründeten und von Hugenberg mitfinanzierten „Auskunftsstelle der Vereinigten Verbände"[411] wie auch dem stark mit Hugenberg-Leuten durchsetzten „Unabhängigen Ausschuß für einen deutschen Frieden"[412] angeschlossen.[413] Als er 1917/18 in die ebenfalls von Hugenberg protegierte Vaterlandspartei eintrat, kam er in engen Kontakt mit dem Essener Handelskammersyndikus Wilhelm Hirsch, einem persönlichen Mitarbeiter Hugenbergs.[414] Hirsch bekehrte den Pfarrer zu der Einsicht, „daß die Feinde die sogenannte Parlamentarisierung nur als Sprengpulver für unseren Kriegswillen benutzen", und war mit dafür verantwortlich, daß sich Traub endgültig von allen „fortschrittlichen" Gedanken löste.[415] Vermutlich war er es auch, der Hugenberg und Traub miteinander bekannt machte. Kurz nach der Revolution war der Kontakt zwischen dem Pressezaren und dem Pfarrer jedenfalls

---

[407] Vgl. Schreiben Traubs an Kapitän Mann, 9. 1. 1923. — NL Hugenberg, M 8.

[408] Vgl. W. Graef: Werdegang, S. 19, u. L. Hertzmann: DNVP, S. 44.

[409] Vgl. W. Graef: Werdegang, S. 19.

[410] An der Gründung war außerdem der liberale Pfarrer Pfannkuche beteiligt. Vgl. G. Traub: Wie ich . . ., S. 438.

[411] Vgl. D. Guratzsch: Macht, S. 140, Anm. 84, u. S. 175, Anm. 284.

[412] Dem Unabhängigen Ausschuß gehörten u. a. Hirsch, Kirdorf und Friedrich v. Schwerin an. Vgl. D. Guratzsch: Macht, S. 140, Anm. 84.

[413] Vgl. G. Traub: Wie ich . . ., S. 427 u. S. 430.

[414] Vgl. Kap. I, Anm. 270.

[415] Vgl. G. Traub: Wie ich . . ., S. 435.

schon so eng, daß Schiele Hugenberg gegenüber Traub als „unseren Freund" bezeichnen konnte.[416]

Hugenberg bediente sich Traubs nicht nur als Organisator eines liberalen Flügels der DNVP, sondern arbeitete mit ihm auch eng in der Nationalversammlung zusammen.[417] Nach der Verwicklung Traubs in den Kapp-Putsch sorgte Hugenberg, obwohl er den Staatsstreich abgelehnt hatte, für den auf der Flucht befindlichen und von der eigenen Partei verurteilten Pfarrer[418] in jeder Weise. Gemeinsam mit Vögler kümmerte er sich um Sicherheit und Unterhalt Traubs und ermöglichte es dem Pfarrer, nach der von seinen Freunden erreichten Einstellung des Strafverfahrens,[419] wieder zu einer bürgerlichen Existenz zurückzukehren. So konnte Traub Anfang des Jahres 1921 nach München übersiedeln, wo Hugenberg ihm sein Haus mitfinanzierte,[420] ihn an die Spitze der MAA stellte,[421] ihm laufend weitere Unterhaltszuschüsse gewährte[422] und sich sogar an der Sanierung der Eisernen Blätter, des Pfarrers eigener Zeitschrift, der vor dem Putsch deutschnationale Gelder zugeflossen waren,[423] beteiligte.[424] Hugenbergs freigiebige Freundschaftsbeweise galten zwar nicht mehr einem Mann, der als Mitglied des Parteivorstandes eine führende Rolle in der DNVP spielte, wohl aber einem unermüdlichen Propagandisten seiner Politik[425] und zuverlässigen Informanten in den Reihen der bayerischen Parteiorganisation.

---

[416] Vgl. Schreiben Schieles an Traub, 6. 12. 1918, Anlage z. Schreiben Schieles an Hugenberg, 6. 12. 1918. — NL Hugenberg, M 5.

[417] Vgl. Schreiben Hugenbergs an Traub, 7. 5. 1920. — BA/NL Traub, Nr. 62.

[418] Vgl. z. Haltung d. DNVP J. Erger: Kapp-Putsch, S. 221 f. Hugenberg, demgegenüber Traub sich offensichtlich über die Stellungnahme der Partei beschwert hatte, nahm Zumindest Hergt in Schutz, wenn er schrieb: „Daß Sie mit Bitterkeit an manche Äußerungen bisheriger Genossen denken, verstehe ich vollkommen. Auch für mich war es ein Schmerz. Entschuldigend bitte ich Sie, — nicht soweit D.[elbrück?] in Betracht kommt, der häßlich war, sondern soweit der Führer in Betracht kommt, — zu bedenken, in welche schlimme Lage wir geraten waren." Schreiben Hugenbergs an Traub, 7. 5. 1920. — BA/NL Traub, Nr. 62.

[419] Vgl. S. 85.

[420] Die Finanzierung von Traubs Haus in München erfolgte über die Deutsche Gewerbehaus GmbH, eine seit dem Kaiserreich mit dem Hugenberg-Konzern verbundene Grundstücks- und Finanzierungsgesellschaft (vgl. D. Guratzsch: Macht, S. 176 ff.), die 1927 in der Deutschen Gewerbehaus AG aufging. (Vgl. Anhang, 3d.) Ob die Zahlungen à fonds perdu oder als Darlehen erfolgten, ist aus den Unterlagen nicht ersichtlich. Vgl. Schreiben Traubs an Hugenberg, 26. 8. 1921. — NL Hugenberg, M 8.

[421] Neben der Funktion des Herausgebers übernahm Traub zeitweilig auch die Chefredaktion der MAA. Vgl. G. Traub: Lebenserinnerungen, o. O., o. J., S. 230. — BA/NL Traub, Nr. 5; ferner Vertragsentwurf zwischen G. Traub und dem Gesellschafter-Ausschuß der Firma Münchener Druck- und Verlagshaus GmbH, 23. 10. 1931. — BA/NL Wegener, Nr. 25.

[422] Vgl. Schreiben Traubs an Hugenberg, 12. 2. 1922. — Akten Opriba, H 21.

[423] Der Verlag der Eisernen Blätter wurde im Mai 1919 gegründet. Die DNVP beteiligte sich über ihren Treuhänder Walter Graef mit 12.000 M. am Stammkapital, Traub selbst setzte 8.000 M ein. Vgl. G. Traub: Lebenserinnerungen, o. O., o. J., S. 172. — BA/NL Traub, Nr. 5.

[424] Vgl. die Schreiben Traubs an Hugenberg, 21. 7. 1921 u. 30. 12. 1922. — NL Hugenberg, M 8.

[425] Neben seinen journalistischen Fähigkeiten, die ihn während des Krieges zu einem vielbeschäftigten Mitarbeiter verschiedener Zeitungen, u. a. auch der Vossischen Zeitung,

Weniger zahlreichen als zahlungskräftigen Zuzug erhielt der nationalliberale Flügel der DNVP aus den Reihe der Industrie. Nach der Revolution hatte die Industrie sich zunächst stärker der DDP aus taktischen und der DVP mit dem Nationalliberalen Stresemann an der Spitze aus traditionellen Gründen zugewandt, als der konservativ bestimmten und zudem mit einem gewerkschaftlichen Flügel belasteten DNVP.[426] Erst ab 1921, nicht zuletzt dank Hugenbergs tatkräftiger Werbung,[427] schlossen sich Industrievertreter besonders aus dem schwerindustriellen Lager in zunehmendem Maße der DNVP an.

Von der exclusiven Finanzierungsgesellschaft des Hugenberg-Konzerns vor 1918, der Wirtschaftlichen Gesellschaft (Viererausschuß), hatte sich neben Hugenberg auch Kirdorf für die DNVP entschieden, der sich aber weder um Amt noch Mandat der Partei bewarb. Als sein Delegierter fungierte wahrscheinlich Ernst Brunk von der GBAG, der 1921 als deutschnationaler Abgeordneter in die Preußische Landesversammlung einrückte,[428] nachdem seine Kandidatur von Hugenberg ausdrücklich unterstützt worden war.[429] Während Stinnes zur DVP ging, scheint der vierte Mann der Wirtschaftlichen Gesellschaft, Beukenberg, der 1921 aus dem Vorstand der Phoenix ausschied und zwei Jahre später starb,[430] in der Parteipolitik keine Rolle gespielt zu haben.[431] Allerdings war es Hugenberg gelungen, seinen Nachfolger im Amt des Generaldirektors, v. Schaewen, 1921 für eine deutschnationale Kandidatur für die Preußischen Landtagswahlen zu gewinnen.[432] Schaewen zog jedoch offenbar im letzten Moment seine Zusage zurück, jedenfalls tauchte er auf den offiziellen Wahlvorschlagslisten der DNVP nicht mehr auf.[433] Dieser wie auch immer begründete Fehlschlag dürfte Hugenberg schmerzlich getroffen haben, knüpfte er doch gerade an Schaewens Kandidatur ganz bestimmte Erwartungen:

    machten (vgl. G. Traub: Wie ich ..., S. 427), verfügte er auch über ein außergewöhnlich rednerisches Talent (vgl. Emil Fuchs: Mein Leben, Leipzig 1957, Bd. I, S. 326), das er vor allem nach dem Kapp-Putsch, nicht nur zu Parteizwecken einsetzte, sondern auch zu Vorträgen an der Universität. (Vgl. Schreiben Traubs an Hugenberg, 12. 2. 1922. — Akten Opriba, H 21.) Zu dieser Tätigkeit ermutigte Hugenberg ihn ganz besonders. Vgl. Schreiben Hugenbergs an Traub, 2. 9. 1920. — BA/NL Traub, Nr. 62.

[426] Die Demokraten konnten dabei besonders einen Zuzug aus den „modernen" Industriezweigen, Elektrotechnik und Chemie, verzeichnen, während die DVP stark von Vertretern der Fertigwaren- und der Schwerindustrie durchsetzt war. Insgesamt verfügte die DVP von allen bürgerlichen Parteien über den proportional größten Anteil an Industrievertretern. Vgl. L. Döhn: Politik, S. 96 f.

[427] Vgl. Schreiben Hugenbergs an d. Vereinigung v. Handelskammern d. niederrhein.-westfälischen Industriebezirks, 29. 2. 1920. — Krupp/WA, IV 2561.

[428] Vgl. Jahrbuch d. DNVP, 1921, S. 9.

[429] Vgl. die Schreiben Hugenbergs an Dryander, 15. 1. 1921. — NL Hugenberg, A Bd. 4, Hugenbergs an Flathmann, 11. 1. u. 8. 2. 1921. — NL Hugenberg, A Bd. 6, u. Schreiben Flathmanns an Hugenberg, 7. u. 10. 2. 1921. — NL Hugenberg, A Bd. 13.

[430] Schriftliche Mitteilung d. Mannesmann AG an die Verfasserin v. 12. 12. 1974.

[431] Nach Angaben seines Biographen Hatzfeld hat Beukenberg die Gründung der DVP unterstützt. Da Hatzfeld seine Darstellung nicht mit Einzelnachweisen belegt, Hinweise auf eine derartige Aktivität Beukenbergs von anderer Seite völlig fehlen, muß dieser Punkt offen bleiben. Jedenfalls spricht auch Hatzfeld nicht von einem dauernden parteipolitischen Engagement Beukenbergs. Vgl. L. Hatzfeld: Beukenberg, S. 213.

[432] Vgl. die Schreiben Hugenbergs an Dryander v. 15. u. 16. 1. 1921. — NL Hugenberg, A Bd. 4.

[433] Vgl. Handbuch für den Preußischen Landtag, Berlin 1921, S. 322 ff.

„Diese Aufstellung bedeutet eine vollständige Veränderung der Sachlage im Industriebezirk zu unseren Gunsten. Denn nunmehr ist nicht nur die Kohle durch mich, sondern
auch die Großeisenindustrie durch Herrn v. Schaewen parlamentarisch vertreten und
wir können damit rechnen, daß die Einseitigkeit der Neigungen der Großeisenindustrie
zur Deutschen Volkspartei aufhört, da man in der Eisenindustrie an dem dann vorhandenen parlamentarischen Vertreter nicht vorbeigehen kann, und da Phoenix in all den
Körperschaften sitzt, die jetzt und in Zukunft in entscheidenden Augenblicken zu bestimmen haben."[434]

Tatsächlich sollten deutschnationale Mandatsträger aus der Großeisenindustrie bis
1924 im Vergleich zur DVP verhältnismäßig rar bleiben. Abgesehen von E. v.
Waldthausen (Essener Creditanstalt), der einen Aufsichtsratssitz bei den Rheinischen
Stahlwerken hatte[435] und mit Hugenbergs Unterstützung 1921 in den Preußischen
Landtag enzog,[436] hatte sich nur noch Jacob Reichert, Geschäftsführer des Vereins
Deutscher Eisen- und Stahlindustrieller (VDESI), 1920 als Reichstagsabgeordneter
für die DNVP exponiert.[437] Reichert war Hugenberg über die DLG verbunden, bei
der er eine Beteiligung des VDESI vertrat.[438] Im Ruhrrevier galt Reichert allge-
mein als Gefolgsmann Hugenbergs.[439]
Gegenüber der Großeisenindustrie war der Bergbau in den deutschnationalen Frak-
tionen des Reichstags und des Preußischen Landtags etwas besser vertreten. Neben
Brunk (GBAG) im Preußischen Landtag saßen im Reichstag Hugenberg (Bergbau-
und Zechenverband) und Bernhard Leopold, Direktor von Stinnes' A. Riebeck'schen
Montanwerken und Vorsitzender des Halleschen Bergwerksvereins.[440] Als Auf-
sichtsratsvorsitzender der dem Hugenberg-Konzern angegliederten Mitteldeutschen
Verlagsanstalt war Leopold dem Pressezaren auch konzernmäßig verbunden.[441]
Nicht zahlreich, wohl aber prominent war schließlich die Sparte Maschinenbau der
Schwerindustrie in der DNVP vertreten. Eine so bekannte Persönlichkeit wie Ernst
v. Borsig (Maschinenbauanstalt A. Borsig), ab 1924 Präsident der Vereinigung der
deutschen Arbeitgeberverbände, hatte sich der Partei angeschlossen und in ihren
Vorstand wählen lassen.[442] Borsig hatte bereits im „Vorläufigen Zentralvorstand"
der ZAG mit Hugenberg zusammengearbeitet[443] und gehörte zum Gesellschafterkreis der VERA.[444]
Im allgemeinen aber fehlte es in Fraktionen und Spitzengremien der Partei an
großen Namen aus der Schwerindustrie. Im Unterschied zur DVP, die mit Persön-

[434] Schreiben Hugenbergs an Dryander, 15. 1. 1921. — NL Hugenberg, A Bd. 4.
[435] Vgl. L. Döhn: Politik, Anhang I, S. 403.
[436] Vgl. Schreiben Hugenbergs an Dryander, 16. 1. 1921. — NL Hugenberg, A Bd. 4.
[437] Vgl. Jahrbuch d. DNVP, 1921, S. 2.
[438] Zumindest für 1919 ist dies belegt. Vgl. D. Guratzsch: Macht, Anhang 27, S. 439.
[439] Vgl. Schreiben Wiedfeldts an Sorge, 7. 11. 1921. — Krupp/WA, IV 2566.
[440] Vgl. Schreiben Hugenbergs an die Mutuum, 17. 11. 1923. — NL Hugenberg, A Bd. 14,
u. Jahrbuch d. DNVP, 1921, S. 8; Leopold war gleichzeitig Vorsitzender der deutschnationalen Industriegruppe Halle. Vgl. Schreiben Leopolds an Hugenberg, 25. 3. 1920.
— NL Hugenberg, A Bd. 14.
[441] Vgl. Hdb. d. dt. AG, 1921/22, II, S. 1240 f.
[442] Vgl. Jahrbuch d. DNVP, 1921, S. 3. Borsig leitete auch den berufsständischen Ausschuß
für Handel und Industrie in der DNVP. Vgl. M. Weiß: Organisation, S. 387.
[443] Vgl. D. Guratzsch: Macht, S. 390; Borsig gehörte zudem auch dem Reichsausschuß
der Vaterlandspartei an. Vgl. ebd., S. 148.
[444] Vgl. Mitteilungsblatt d. Vera, o. D. (1919). — (Vgl. Anm. 71).

lichkeiten wie Stinnes, Vögler, Sorge (Krupp) aufwarten konnte, blieb der öffentlich exponierte schwerindustrielle Flügel der DNVP bis 1924 eher blaß.[445] Dabei fehlte es der Partei nicht an prominenten Mitgliedern, wie, abgesehen von Emil Kirdorf, etwa Friedrich Springorum (Eisen- und Stahlwerke Hoesch) und Jacob Haßlacher (Rheinische Stahlwerke),[446] die zum Kreis der Ausland GmbH, der zweiten Finanzierungsgesellschaft des Hugenberg-Konzerns, zählten.[446a] Sie traten zwar der DNVP bei und unterstützten sie großzügig,[447] überließen es aber anderen, ihre Interessen im einzelnen zu vertreten.[448] Das machte es dem Koordinator schwerindustrieller Interessen, Hugenberg, leicht, ihm persönlich verbundene Personen als industrielle Interessenvertreter zu deklarieren und sie, ausgerüstet mit industriellen Geldern, in die deutschnationalen Fraktionen zu schleusen, so z. B. den Düsseldorfer Rechtsanwalt Friedrich Deerberg[449] und den Münsteraner Professor Otto Hoffmann. Deerberg ließ sich bereits 1920 mit Hugenbergs Unterstützung für die Reichstagswahlen nominieren.[450] Einen Teil von Hugenbergs zugesagter „Unkostenbeihilfe" forderte er ausdrücklich für sein persönliches Konto an: „damit ich dieserhalb von der hiesigen Landesverbandsleitung unabhängig bin."[451] Als er bei der Wahl durchfiel, erfüllte es ihn mit „tiefem Bedauern, daß der Ausgang mir nicht die Möglichkeit bietet, Ihnen, sehr geehrter Herr Geheimrat, im neuen Reichstag eine Stütze sein zu können".[452] Deerbergs Befürchtungen, Hugenberg könne ihn nach diesem Mißerfolg fallenlassen und ihr vor der Wahl getroffenes Abkommen als hinfällig erklären,[453] erfüllten sich nicht. Hugenberg unterstützte den um seine Existenz besorgten Rechtsanwalt finanziell und sorgte für seine erneute Aufstellung

---

445 Vgl. L. Döhn: Politik, S. 84, Anm. 354.
446 Zur Mitgliedschaft Springorums in der DNVP vgl. Manfred Doerr: Die Deutschnationale Volkspartei 1925 bis 1928, Marburg/Lahn, Phil. Diss. 1964, Anlage Nr. 43, S. 591 ff. (i. f. zit.: M. Doerr: DNVP); Haßlacher ließ sich 1928 für den Reichstag von der DNVP aufstellen, die er seit ihrer Gründung finanziell unterstützt hatte (s. u.). Vgl. Horkenbach, S. 454.
446a Vgl. D. Guratzsch: Macht, Anhang VI, S. 394.
447 So unterstützte z. B. Haßlacher den Wahlkreis Düsseldorf-West der DNVP. Vgl. Schreiben Deerbergs an Hugenberg, 14. 4. 1920. — NL Hugenberg, A Bd. 4.
448 So nominierte Hugenberg beispielsweise den Rechtsanwalt Nehring als „industriellen Kandidaten" für die Preußenwahlen, dessen Finanzierung von „einer anderen Seite übernommen" wurde. (Vgl. Schreiben Hugenbergs an Dryander, 11. 3. 1921. — NL Hugenberg, A Bd. 4.) Hintermann Nehrings war vermutlich Heubel (Th. Heye GmbH, Annahütte). Vgl. Schreiben Hugenbergs an Dryander, 29. 3. 1921. — NL Hugenberg, A Bd. 4.
449 Dr. Friedrich Deerberg, geb. 1876 in Oberhausen. Studierte Jura in Bonn, Halle und Berlin. 1919 wurde er DNVP-Abgeordneter in der Preußischen Landesversammlung, 1921 Mitglied des Preußischen Landtags. Ende der zwanziger Jahre wurde er Senatspräsident am Berliner Kammergericht. Vgl. Taschenbuch d. DNVP, 1929, S. 212; H. Degener: Wer ist's, 1928, S. 277.
450 Für seinen Wahlkreis hatten, abgesehen von Hugenberg, der rheinisch-westfälische Zweckverband und Haßlacher finanzielle Unterstützung zugesagt. Vgl. Schreiben Deerbergs an Hugenberg, 14. 4. 1920. — NL Hugenberg, A Bd. 4.
451 Schreiben Deerbergs an Hugenberg, 18. 4. 1920. — NL Hugenberg, A Bd. 4.
452 Schreiben Deerbergs an Hugenberg, 9. 6. 1920. — NL Hugenberg, A Bd. 4.
453 „Die offene Aussprache, die ich s. Zt. mit Ihnen, Herr Geheimrat, zu führen die Ehre hatte, ist, dessen bin ich mir bewußt — durch den Ausfall meiner Kandidatur in ihrer damaligen Grundlage verschoben und das Abkommen hinfällig geworden." Ebd.

bei den preußischen Landtagswahlen.[454] Gegenüber dem widerstrebenden Geschäftsführer des Industriellen Wahlfonds, Flathmann,[455] erklärte er Deerberg zum industriellen Interessenvertreter,[456] um mit Erfolg 150 000 Mark für dessen Kandidatur zu verlangen.[457] Gegenüber der deutschnationalen Parteileitung, die aus optischen Gründen keine zu hohe Zahl von Industrievertretern auf den vorderen Listenplätzen dulden konnte, bezeichnete Hugenberg Deerbergs Kandidatur allerdings als das, was sie tatsächlich war: die Aufstellung eines „freiberuflichen" persönlichen Protegé.[458]

Mehr Freund noch als Schützling war Professor Hoffmann. Wahrscheinlich ein Schulkamerad aus Hugenbergs Jugendjahren in Hannover,[459] hatte der an der Universität Münster lehrende Altphilologe bei Kriegsbeginn eine Professorengruppe aufgebaut, die, ab 1915 im ständigen Kontakt mit Hugenberg, zu einer „Zentrale für Kriegszielpropaganda unter der Hochschullehrerschaft" wurde.[460] Hugenberg vermittelte die Bekanntschaft mit dem Dreierausschuß, der sein Vorgehen mit der professoralen Agitation koordinierte und sie finanzierte.[461] So fungierte Hoffmann auch als Verbindungsmann des Dreierausschusses zum Schäferschen Unabhängigen Ausschuß in Berlin,[462] beteiligte sich an dessen Organisation im rheinisch-westfälischen Gebiet[463] und führte schließlich den gesamten Unterverband in die von Hugenbergs industriellen Freunden finanzierte Vaterlandspartei.[464] Politisch dem rechten Flügel der Nationalliberalen zugeneigt,[465] fürchtete er wie sein gleichaltriger Freund bereits 1917,

„daß wir mit diesem Kriege und seinen Folgen all das zu Grabe tragen werden, was uns sechsjährigen Buben als etwas uns noch ganz Unverständliches geschenkt wurde und was uns von Jahr zu Jahr mehr in seiner Größe aufging".[466]

So setzte sich Hoffmann auch nach der Niederlage ganz im Sinne Hugenbergs für eine Außenpolitik der Stärke, eine von staatlicher Beeinflussung freie Privatwirt-

---

[454] Deerberg fühlte sich Hugenberg daraufhin zutiefst verpflichtet: „Ich danke Ihnen geehrter Geheimrat, daß Sie in Augenblicken, wo ich in materieller Sorge wankend wurde, sich in solch unverdienter Weise meiner angenommen haben. Das werde ich Ihnen niemals vergessen." Schreiben Deerbergs an Hugenberg, 9. 8. 1920. — NL Hugenberg, A Bd. 4.

[455] Flathmann hielt Deerbergs Kandidatur für völlig aussichtslos. Vgl. Schreiben Flathmanns an Hugenberg, 7. 2. 1921. — NL Hugenberg, A Bd. 13.

[456] Vgl. die Schreiben Hugenbergs an Flathmann v. 7. u. 8. 2. 1921. — NL Hugenberg, A Bd. 6.

[457] Vgl. Schreiben Flathmanns an Hugenberg, 10. 2. 1921. — NL Hugenberg, A Bd. 13.

[458] Vgl. Schreiben Hugenbergs an Dryander, 15. 1. 1921. — NL Hugenberg, A Bd. 4.

[459] Hoffmann war im gleichen Jahr wie Hugenberg in Hannover geboren. Hugenberg duzte sich mit Hoffmann, eine Gepflogenheit, die er nur bei Freunden aus der Jugendzeit hatte. Selbst bei einem so langjährigen Vertrauten aus späteren Jahren, wie Leo Wegener, blieb er beim förmlichen „Sie".

[460] D. Guratzsch: Macht, S. 141.

[461] Vgl. ebd., S. 142; Hoffmann sprach von „unserem industriell-professoralen Kreise". Schreiben Hoffmanns an Hugenberg, 27. 8. 1917. — NL Hugenberg, A Bd. 9.

[462] Vgl. D. Guratzsch: Macht, S. 143.

[463] Vgl. Schreiben Hoffmanns an Hugenberg, 16. 5. 1917. — NL Hugenberg, A Bd. 9.

[464] Vgl. Schreiben Hoffmanns an Hugenberg, 22. 9. 1917. — NL Hugenberg, A Bd. 9.

[465] Vgl. D. Guratzsch: Macht, S. 143.

[466] Schreiben Hoffmanns an Hugenberg, 16. 5. 1917. — NL Hugenberg, A Bd. 9.

schaft, ein „unpolitisches, pflichttreues Beamtentum", eine vom Parlament unabhängige Regierung und für die „einmütige und ernste Zusammenarbeit aller derjenigen Volkskreise, die bereit sind, aufbauende Arbeit in unserem Staate zu leisten", ein.[467] Unter diesem Motto leitete er den Landesverband Münster der DNVP, suchte Gegensätze zwischen Konservativen, Christlich-Sozialen und Liberalen zu glätten,[468] beteiligte sich maßgebend an der Gründung des Rheinisch-Westfälischen Zweckverbandes[469] und kämpfte für die von Hugenberg angestrebte Einheitsfront von DNVP und DVP auf provinzieller Ebene.[470] Dem Spitzenkandidaten Hugenberg hielt er im Wahlkreis seines Landesverbandes politisch den Rücken frei,[471] wurde für ihn in Pressegeschäften tätig[472] und stellte sich selbst entsprechend Hugenbergs Wünschen 1921 als Kandidat für die preußischen Landtagswahlen zur Verfügung.[473] Auch ihn bezeichnete Hugenberg gegenüber Flathmann als „so gut wie Industrieller",[474] um seine Aufstellung zumindest teilweise mit industriellen Geldern abdecken zu können.[475] Mochte Hoffmanns langjährige Zusammenarbeit mit

[467] Alle Zitate aus einem von Hoffmann und Quaatz gemeinsam entworfenen Wirtschaftsprogramm, das als Basis für ein gemeinsames Vorgehen aller Wirtschaftsverbände gedacht war. Anlage z. Schreiben Hoffmanns an Hugenberg, 4. 12. 1922. — NL Hugenberg, A Bd. 9.

[468] Vgl. die Schreiben Hoffmanns an Hugenberg v. 5. 11., 27. 11., 10. 12. u. 18. 12. 1919. — NL Hugenberg, A Bd. 9.

[469] Vgl. Anm. 345.

[470] Vgl. die Schreiben Hoffmanns an Hugenberg v. 26. 10. u. 31. 10. 1919. — NL Hugenberg, A Bd. 9.

[471] So bei Versuchen von konservativer und christlich-sozialer Seite, anstelle des auch anderweitig unterzubringenden Hugenberg einen ihrer Leute auf den ersten Platz der Reichstagsliste zu stellen. Vgl. Schreiben Hoffmanns an Hugenberg, 18. 12. 1919. — NL Hugenberg, A Bd. 9.

[472] So trat Hoffmann beispielsweise als Unterhändler Hugenbergs beim Ankauf der Bergisch-Märkischen Zeitung auf. (Vgl. Anhang, 1 b, cc.) Hugenberg konnte sich, was für ihn bei all seinen Pressegeschäften von größter Wichtigkeit war, auf Hoffmanns Diskretion verlassen: „Selbstverständlich wird die Sache streng vertraulich behandelt, und es liegt durchaus im Interesse der Herren, daß Dein Name auch späterhin in der ganzen Angelegenheit nicht genannt wird." Schreiben Hoffmanns an Hugenberg, 9. 7. 1920. — NL Hugenberg, A Bd. 9.

[473] Hoffmann wollte ursprünglich, nachdem er bei den Reichstagswahlen durchgefallen war, nicht wieder kandidieren, schrieb aber dann an Hugenberg: „Wenn Du meine Aufstellung an dritter Stelle für erwünscht hältst, dann wich ich mich nicht sträuben und den Wahlkampf noch einmal führen." Schreiben Hoffmanns an Hugenberg, 10. 12. 1919. — NL Hugenberg, A Bd. 9.

[474] Schreiben Hugenbergs an Flathmann, 7. 2. 1921. — NL Hugenberg, A Bd. 6.

[475] Hoffmann kandidierte nicht im Wahlkreis seines Landesverbandes Münster (später in Westfalen-West umbenannt), sondern im Wahlkreis Weser-Ems (LV Osnabrück). (Vgl. ebd.) Nach den uns verfügbaren Unterlagen überwies Flathmann für diesen Wahlkreis 50.000 M. (etwa 3.300 Goldmark, vgl. Deutschlands Wirtschaft, S. 59), eine im Vergleich zu anderen Wahlbeihilfen verhältnismäßig geringe Summe. (Vgl. Schreiben Flathmanns an Hugenberg, 10. 2. 1921. — NL Hugenberg, A Bd. 13.) Vermutlich unterstützte Hugenberg Hoffmanns Kandidatur noch aus anderen Fonds, da er beispielsweise auch für den Unterhalt von Hoffmanns Geschäftsstelle laufend sorgte. (Vgl. Schreiben Hoffmanns an Hugenberg, 5. 11. 1919. — NL Hugenberg, A Bd. 9.) Denkbar ist auch, daß ein Teil der 150.000 M., die Flathmann dem LV Münster (Wahlkreis Westfalen-Nord) auf Wunsch Hugenbergs zur Verfügung stellte (vgl. Schreiben Flathmanns an Hugenberg, 10. 2. 1921. — NL Hugenberg, A Bd. 13), für

dem Dreierausschuß ihn eher noch zum industriellen Interessenvertreter qualifiziert haben als Deerberg, so war er gleichzeitig sicherer noch als der Rechtsanwalt ein folgsamer Verbündeter Hugenbergs, an den ihn nicht nur finanzielle Interessen, sondern auch langjährige Freundschaft und Übereinstimmung im politisch Grundsätzlichen banden. Hoffmann in der Preußischen Landtagsfraktion und später im Parteivorstand,[476] das bedeutete eine solide und zukunftsträchtige „Kapitalanlage" Hugenbergs.

Fassen wir die Beziehungen Hugenbergs zum nationalliberalen Flügel der Partei zusammen, so läßt sich folgendes feststellen:

1. Die Existenz eines zahlenmäßig kleinen, aber wohlorganisierten und in der Parteihierarchie einflußreichen liberalen Flügels ging auf die Hugenberg-Schützlinge Schiele und Traub zurück, die im Einverständnis mit dem Pressezaren handelten.

2. Die traditionell nationalliberal ausgerichtete Schwerindustrie hatte sich in ihrer Mehrheit der DVP angeschlossen. Hugenberg versuchte aber, offensichtlich besonders, nachdem sich sein Projekt einer liberal-konservativen Einheitspartei von DNVP und DVP als undurchführbar erwiesen hatte, die Anteilnahme der Schwerindustrie an der DNVP zu erhöhen.

3. Zwar gelang es Hugenberg bei den Wahlen zum Preußischen Landtag 1921, die deutschnationale Landtagsfraktion mit Repräsentanten der Schwerindustrie, u. a. des Bergbaus, aufzufüllen, doch handelte es sich überwiegend um Vertreter der zweiten Garde. Einige prominente Schwerindustrielle, die zu den Mitfinanziers des Hugenberg-Konzerns gehörten, waren zwar Mitglieder der DNVP geworden, übernahmen aber keine parlamentarischen Mandate.

4. Das mangelnde parlamentarische Engagement der deutschnationalen Industrieführer und Hugenbergs einzigartige Stellung im Bereich des industriellen Parteisubventionssystems ermöglichten es ihm, als industrielle Interessenvertreter Männer zu deklarieren, die aus dem Bildungsbürgertum stammend, weniger wirtschaftspolitische Experten, als seine persönlichen Gefolgsleute waren.

Hugenbergs schon bei der Gründung des ADV ausgeprägte Neigung, Vertreter des „gebildeten Bürgertums" mit Zugang zur Jugend als politische Meinungsführer besonders zu schätzen,[477] drückte sich nicht nur in seinen engen Beziehungen zum Hoffmannschen Professorenkreis aus. Wie er nach der Revolution schrieb, bedeutete „die Möglichkeit der Wirkung auf die Jugend (. . .) in diesen Tagen einen Zukunftstrost und Hoffnungsanker".[478] So war er maßgeblich am Aufbau des Politischen Kollegs, einer mit dem Juni-Klub eng verbundenen Jugendbildungsstätte, beteiligt. Über diese Einrichtung wird noch an anderer Stelle eingehend zu berichten sein. Wichtig im parteipolitischen Zusammenhang ist zunächst nur die Tatsache, daß die von Hugenberg selbst für das Politische Kolleg gewonnenen Professoren Martin

---

Hoffmanns Kandidatur verwendet wurde, da, soweit uns bekannt ist, die Landtagsanwärter des LV Münster Hugenberg nicht besonders nahestanden, schon gar nicht als Industrievertreter galten.

[476] Hoffmann gehörte spätestens ab 1926 dem deutschnationalen Parteivorstand an. Vgl. Mitgliederverzeichnis d. Parteileitung d. DNVP, o. D. (1926). — FST/NL Diller, 11/D 9.

[477] Vgl. Rundschreiben Hugenbergs u. Wislicenus', 13. 3. 1891, gedr. in: O. Bonhard: Geschichte, Anlage 4, S. 246.

[478] Schreiben Hugenbergs an Traub, 2. 9. 1920. — BA/NL Traub, Nr. 62.

Spahn und Friedrich Brunstäd über ihre dortige Tätigkeit in erhebliche finanzielle Abhängigkeit von ihm gerieten.[479] Der evangelische Theologe Brunstäd spielte als Mitglied des Parteivorstandes in der Frühzeit der DNVP eine Rolle.[480] Auf dem Münchener Parteitag hielt er 1921 über „Völkisch-Nationale Erneuerung" eines der Hauptreferate,[481] das zur Abgrenzung der Partei gegenüber den radikalen Antisemiten diente.[482] Der katholische Historiker Spahn, von 1910–1912 Reichstagsabgeordneter für das Zentrum,[483] hatte sich 1921, möglicherweise von Hugenberg mitbeeinflußt, der DNVP angeschlossen[484] und trat in ihr ab 1924 als Reichstagsabgeordneter,[485] später auch als Mitglied des Parteivorstandes,[486] hervor.

Zur kleinen katholischen Gruppe in der evangelisch bestimmten Partei pflegte Hugenberg nicht nur über Spahn, sondern auch über den Leiter des 1920 gegründeten Reichskatholikenausschusses, Freiherr von Landsberg,[487] gute Kontakte. Landsberg kannte Hugenberg bereits vor der Revolution, da er mit der Hoffmann-Gruppe im Unabhängigen Ausschuß zusammengearbeitet hatte;[488] vermutlich hatte er auch an den Sitzungen des „industriell-professoralen Kreises" teilgenommen.[489] Nach Gründung der DNVP arbeitete er mit Hoffmann eng im Landesverband Münster zusammen[490] und gehörte vermutlich auch zum Gesellschafterkreis der von Hugenberg und Vögler aufgekauften Westfälischen Landeszeitung in Münster,[491] die deutschnationalen und volksparteilichen Interessen dienen sollte. Warum Hugenberg, obwohl selbst evangelisch, auch zur katholischen Minderheit in der DNVP gute Beziehungen pflegte, brachte er in einem umfassenderen Sinne anläßlich einer Geburtstagsrede für Emil Kirdorf zum Ausdruck:

„Sicherlich, – in allem, was das Verhältnis zwischen den deutschen Konfessionen, Weltauffassungen, Ständen und Berufen angeht, ist heute für Radikalismus weniger denn je

[479] Die Gehälter von Spahn und Brunstäd für ihre Tätigkeit am Politischen Kolleg und einigen anderen angeschlossenen Bildungsstätten zahlte ein von Hugenberg geführtes industrielles Konsortium. Zu den Einzelheiten s. u.
[480] Vgl. Jahrbuch d. DNVP, 1921, S. 3.
[481] Vgl. W. Graef: Werdegang, S. 30.
[482] Vgl. U. Lohalm: Radikalismus, S. 20.
[483] Zum Werdegang Spahns vgl. Hans-Joachim Schwierskott: Arthur Moeller van den Bruck und der revolutionäre Nationalismus in der Weimarer Republik, Göttingen 1962, S. 61 f., Anm. 80 (i. f. zit.: H.-J. Schwierskott: Moeller v. d. Bruck).
[484] Laut schriftlicher Mitteilung Frau Maria Kummrows, einer langjährigen Mitarbeiterin Spahns, an die Verf. v. 15. 1. 1977. Der Sohn Spahns, Carl Peter Spahn, hält dagegen die Gründe für den Parteiwechsel seines Vaters für weitaus vielschichtiger. Nach seiner Ansicht hatte M. Spahn den Parteiwechsel vor allem mit Adam Stegerwald besprochen, „denn er rechnete bestimmt damit, daß Stegerwald den gleichen Schritt tun werde". Er wolle allerdings nicht ausschließen, so C. P. Spahn weiter, daß sein Vater vorher auch mit Hugenberg gesprochen habe. Schreiben Carl Peter Spahns an die Verf. v. 5. 3. 1977.
[485] Vgl. Horkenbach, S. 410.
[486] Spahn gehörte dem deutschnationalen Parteivorstand spätestens ab 1926 an. Vgl. Mitgliederverzeichnis d. Parteileitung d. DNVP, o. D. (1926). – FST/NL Diller, 11/D 9.
[487] Vgl. W. Graef: Werdegang, S. 31 f.
[488] Vgl. Schreiben Hoffmanns an Hugenberg, 16. 5. 1917. – NL Hugenberg, A Bd. 9.
[489] Vgl. ebd.
[490] Vgl. Schreiben Hoffmanns an Hugenberg, 20. 4. 1920. – NL Hugenberg, A Bd. 9.
[491] Vgl. die Schreiben Hoffmanns an Hugenberg v. 5. 11. u. 18. 12. 1919. – NL Hugenberg, A Bd. 9.

Platz; denn wir sind mehr denn je darauf angewiesen, uns alle als Brüder zu fühlen. Aber wenn es sich um die Wahrung der gemeinsamen nationalen Interessen handelt, um die Läuterung des deutschen Geistes von den Schlacken, die ihn durchsetzt haben, so können wir gar nicht radikal genug sein."[492]

Hatte Hugenberg im Sinne dieser radikalen nationalen Idee praktisch zu jeder festgefügten politischen, sozialen oder konfessionellen Gruppe in der DNVP persönliche Beziehungen anknüpfen können, so bildete sie auch den Brückenschlag zur zukunftsträchtigsten, da keiner älteren partei- oder verbandspolitischen Tradition verhafteten Gruppe, deren gemeinsamer Nenner primär auch nicht in Konfession und sozialer Zugehörigkeit, sondern einfach im Geburtsdatum lag: der Jugend.[493] Hugenberg, der im außerparlamentarischen Raum über Hochschullehrer Einfluß auf die politische Entwicklung der jungen Generation zu gewinnen suchte, zog in der Partei einige Vertreter der späten 8oer Jahrgänge an sich heran und baute sie regelrecht auf. Diese Protektion galt im besonderen Maße – abgesehen von den bereits erwähnten jungen Großagrariern v. Keudell, v. Rohr und v. Goldacker – Hans-Erdmann v. Lindeiner-Wildau, Gottfried Reinhold Treviranus, Paul Lejeune-Jung und Hans Schlange-Schöningen.

Die Bekanntschaft Hugenbergs mit einem dieser vier Schützlinge, Lindeiner-Wildau,[494] reichte vermutlich bis 1916 zurück, als sich der damalige Amtsrichter um eine Stellung bei Hugenbergs Deutschem Überseedienst bewarb.[495] Ob Lindeiner-Wildau tatsächlich im DÜD, möglicherweise als freier Mitarbeiter,[496] Verwendung fand, ist ungewiß. Sicher ist aber, daß er nach 1918 dem Konzernchef seine hohe Plazierung im deutschnationalen Parteiapparat mitzuverdanken hatte. So beteiligte sich Hugenberg mit an der Finanzierung des eigens für Lindeiner-Wildau 1921 von Hergt geschaffenen Amts des Politischen Beauftragten des Parteivorsitzenden.[497] Lindeiner-Wildau war Hugenberg darüber hinausgehend verpflichtet, weil er nun auch für drei auf deutschnationale Pressezwecke zugeschnittene Gesellschaften des Hugenberg-Konzerns tätig wurde: die 1921 gegründete Weimarische Verlags- und Treuhandgesellschaft, die 1922 ins Leben gerufene Wipro und die im selben Jahr entstandene Mutuum. Bei der Weimarischen Treuhand GmbH, die ähnliche Auf-

---

[492] A. Hugenberg: Etwas mehr Treue! Auszug aus einer Ansprache Hugenbergs an Herrn Geh. Rat Emil Kirdorf zu seinem 75. Geburtstag (1922), gedr. in: A. Hugenberg: Streiflichter, S. 108—110, hier S. 109.

[493] Die Gruppenbildung „Jugend" ist nicht nachträglich konstruiert, sondern von den Betroffenen wie auch deren Gegnern damals so empfunden worden. Vgl. Schreiben Lindeiner-Wildaus an Westarp, 3. 2. 1927. — BA/NL Lindeiner-Wildau, Nr. 3; vgl. auch Schreiben Freytagh-Loringhovens an Vietinghoff-Scheel, 24. 11. 1928. — FST/MA, 06—5/4.

[494] Hans-Erdmann von Lindeiner-Wildau, geb. 1883, gest. 1947, studierte Jura, wurde 1911 zunächst Assessor, dann Amtsrichter in Muskau, schied 1919 aus dem Staatsdienst aus und widmete sich, zunächst als Hauptgeschäftsführer der DNVP (1919—1921), dann als Politischer Beauftragter des Parteivorsitzenden (1921—1925), ganz der Parteipolitik. Vgl. H. Degener: Wer ist's, 1928, S. 954, u. M. Weiß: Organisation, S. 376.

[495] Vgl. Schreiben Mertons an Hugenberg, 1. 11. 1916. — NL Hugenberg, A Bd. 15.

[496] Da Lindeiner-Wildau zu diesem Zeitpunkt noch hauptberuflich als Amtsrichter tätig war (vgl. Anm. 494), kann es sich nur um eine freie Mitarbeitertätigkeit für den DÜD gehandelt haben.

[497] Vgl. Schreiben Lindeiner-Wildaus an Klitzsch, 22. 12. 1922. — Akten Opriba, H 3; vgl. auch Schreiben Hergts an Hugenberg, 29. 12. 1923. — NL Hugenberg, A Bd. 14.

gaben wie die VERA erfüllte und die für Hugenberg eine größere Beteiligung an der MAA hielt,[498] betätigte sich Lindeiner-Wildau als Geschäftsführer.[499] Für die Wipro scheint er nur kurzfristig in der Gründungszeit der Gesellschaft Werbung getrieben zu haben,[500] wohingegen dieselbe Tätigkeit für die Mutuum durch regelmäßige Bezüge in feste Formen gebracht[501] und überdies durch ein Aufsichtsratsmandat abgesichert worden war.[502] An der Konzeption und Entstehung der Mutuum war Lindeiner-Wildau, der sich berufen fühlte, unter Hugenbergs Flagge „einen nationalen Pressetrust in Deutschland zu schaffen, wie ihn Lord Northcliffe in England geschaffen hat",[503] nach seiner Darstellung selbst stark beteiligt gewesen.[504] Seinen Wunsch, selbst an die Spitze der Mutuum gestellt zu werden und Klitzschs Stellung bei der Scherlschen Großstadtpresse in etwa bei der Provinzpresse zu erreichen,[505] erfüllte Hugenberg jedoch nicht. Wieweit Lindeiner-Wildaus enttäuschte Hoffnungen auf einen hochdotierten Posten im Konzern zu seinen späteren politischen Auseinandersetzungen mit Hugenberg beitrugen, läßt sich nicht sagen. Im Frühjahr 1924 fühlte er sich jedenfalls seinem Protektor noch für dessen großes Interesse und Wohlwollen dankbar verbunden.[506] Hugenberg besaß in dem Politischen Beauftragten des Parteivorsitzenden und Abgeordneten des Preußischen Landtags einen finanziell abhängigen, einflußreichen Vertrauten in der Partei, der trotz seiner adeligpreußischen Herkunft gute Beziehungen zum christlich-sozialen Flügel unterhielt[507] und sich ungeachtet seiner Zugehörigkeit zum Reichslandbund weniger großagrarischen als kleinbäuerlichen Interessen verpflichtet fühlte.[508] Politisch als gemäßigt geltend, gehörte er wie sein Freund Treviranus[509] zu den Mitgliedern des Juni-Klubs,[510] die sich als Jungkonservative verstanden und auf intellektueller Ebene einer neuen nationalistisch-autoritären Staatsidee zum Siege verhelfen wollten.[511]

---

[498] Vgl. Anhang, 1 b, aa u. 1 b, bb.

[499] Vgl. Schreiben Lindeiner-Wildaus an Hugenberg, 21. 9. 1922. — NL Hugenberg, A Bd. 14.

[500] So auf einer deutschnationalen Verlegerversammlung 1922. Vgl. Bericht Ammenns über die deutschnationale Verlegerversammlung am 10. Dezember 1922, 12. 12. 1922. — Akten Opriba, H 3.

[501] Vgl. Schreiben Klitzschs an Hugenberg, 21. 12. 1922. — Akten Opriba, H 3 u. Schreiben Lindeiner-Wildaus an Hugenberg, 14. 5. 1923. — NL Hugenberg, A Bd. 14.

[502] Vgl. Schreiben Lindeiner-Wildaus an Hugenberg, 19. 12. 1923. — NL Hugenberg, A Bd. 14; vgl. auch Hdb. d. dt. AG 1923/24, II a, S. 42.

[503] Schreiben Lindeiner-Wildaus an Hugenberg, 19. 12. 1924. — NL Hugenberg, A Bd. 14.

[504] Vgl. ebd.

[505] Vgl. ebd. u. Schreiben Lindeiner-Wildaus an Hugenberg, 11. 1. 1924. — NL Hugenberg, A Bd. 14.

[506] Vgl. Schreiben Lindeiner-Wildaus an Hugenberg, 11. 1. 1924. — NL Hugenberg, A Bd. 14.

[507] Vgl. Schreiben Neuhaus' an Lindeiner-Wildau, 22. 8. 1921. — NL Hugenberg, A Bd. 17.

[508] Vgl. Schreiben Lindeiner-Wildaus an Westarp, 3. 2. 1927. — BA/NL Lindeiner-Wildau, Nr. 3.

[509] Vgl. ebd. u. Gottfried Reinhold Treviranus: Das Ende von Weimar, Düsseldorf Wien 1968, S. 100 (i. f. zit.: G. Treviranus: Ende v. Weimar).

[510] Vgl. Gerhard Feldbauer: Juniklub 1919—1924, in: Die bürgerlichen Parteien in Deutschland, Berlin 1968, Bd. II, S. 244—249, hier S. 245 (i. f. zit.: G. Feldbauer: Juniklub).

[511] Vgl. H.-J. Schwierskott: Moeller v. d. Bruck, S. 88 ff.

Hugenbergs frühzeitiger Kontakt zu dem erst in der zweiten Hälfte der zwanziger Jahre prominent werdenden Treviranus[512] erwuchs aus gutsnachbarlichen Beziehungen der beiderseitigen Familien. Hugenbergs Stammsitz war das Gut Rohbraken bei Rinteln, in dessen Nähe die Domäne Varenholz der Familie Treviranus lag. Mit dem Vater Treviranus' hatte Hugenberg bereits 1917 eine kleine finanzielle Transaktion getätigt, als er ihm Wertpapiere verkaufte.[513] Die geschäftlichen Beziehungen zum Sohn Gottfried Reinhold Treviranus hatten dann schon größeres Format. Als dieser in seiner Eigenschaft als Direktor der Landwirtschaftskammer Lippe in der Inflationszeit die auf Roggenwertbasis arbeitende Westdeutsche Landbank AG gründete,[514] beteiligte sich Hugenberg am Grundkapital.[515] Schon vorher hatte sich die Beziehung zwischen beiden so eng gestaltet, daß der Ältere den jungen deutschnationalen Abgeordneten des Lippischen Landtags auffordern konnte, bestimmte Gesichtspunkte bei der anstehenden Behandlung eines landwirtschaftlichen Gesetzes zu berücksichtigen und „in dieser Sache auf die uns nahestehenden Herren und möglichst auch andere einzuwirken".[516]

Konnten Hugenbergs „Denkanstöße" für Treviranus in den frühen zwanziger Jahren nur im provinziellen Rahmen wirksam werden, so gewann ihre Beziehung an Brisanz und Dimension, als der junge Landwirtschaftskammerdirektor in Hugenbergs Wahlkreis Westfalen-Nord 1924 für den Reichstag kandidierte.[517] Erstmalig nach den Frühjahrswahlen in den Reichstag eingerückt, schulte Treviranus bereits im Herbst 1924 für die erneut anstehenden Reichstagswahlen minder begabte Parteimitglieder in Rede und Argumentation, um, wie er Hugenberg schrieb, „die Versager des Aprils zu unterbinden, wo unsere Herren auf eigene Faust losredeten".[518] Der eloquente Jungparlamentarier fiel nun auch bei der Berliner Parteizentrale auf, und als Graf Westarp 1926 den Vorsitz der DNVP übernahm, berief er Treviranus zu seinem Politischen Beauftragten.[519] Allerdings dürften weder Treviranus' persönliche Qualitäten noch seine Eigenschaft als Landbundvertreter allein die Ernennung bewirkt haben. Denn nicht die Partei bezahlte 1926 den Politischen Beauftragten des Parteivorsitzenden, sondern allein Hugenberg.[520] Ihm unterbreitete

---

[512] Gottfried Reinhold Treviranus, geb. 1891, gest. 1968, wurde 1921 Direktor der Landwirtschaftskammer Lippe und Vorstandsmitglied des Landbundes von Minden-Ravensburg und Paderborn. Von 1921–1924 führte Treviranus die deutschnationale Fraktion im Lippischen Landtag. Im ersten Kabinett Brüning wurde Treviranus Minister für die besetzten Gebiete, im zweiten Kabinett Brüning Reichsverkehrsminister. 1934 emigrierte Treviranus, von den Nazis verfolgt, in die USA. Vgl. G. Treviranus: Ende v. Weimar, S. 63 u. 95.

[513] Es handelte sich um den Verkauf einer Reichsanleihe. Vgl. Schreiben Treviranus' an Hugenberg, 18. 2. 1917, u. Antrag Hugenbergs auf Löschung eines Teiles einer Reichsschuldbuchforderung, 23. 3. 1917. – NL Hugenberg, A Bd. 18.

[514] Vgl. G. Treviranus: Ende v. Weimar, S. 64.

[515] Vgl. Schreiben d. Westdeutschen Landbank AG an Hugenberg, 24. 3. 1924. – NL Hugenberg, A Bd. 22.

[516] Schreiben Hugenbergs an Treviranus, 22. 6. 1923. – NL Hugenberg, A Bd. 22.

[517] Treviranus stand als Landbund-Kandidat auf der DNVP-Liste an zweiter Stelle, nachdem er „die Forderung des Landvolkes, anstelle Hugenbergs die erste Stelle zu besetzen", abgelehnt hatte. G. Treviranus: Ende v. Weimar, S. 95.

[518] Schreiben Treviranus' an Hugenberg, 28. 10. 1924. – NL Hugenberg, A Bd. 22.

[519] Vgl. G. Treviranus: Ende v. Weimar, S. 98.

[520] Vgl. Schreiben Treviranus' an Hugenberg, 13. 4. 1926, mit hs. Randbemerkungen Hugenbergs. – Akten Opriba, H 21.

Treviranus seine Gehaltsforderungen und Wünsche in bezug auf Repräsentationskosten, die Hugenberg alle erfüllte[521] im Vertrauen auf die Anstrengungen seines jungen Schützlings, „den Laden in Ordnung zu bringen".[522] Ebenfalls mit Hugenberg verbunden, wenn auch nicht durch ein derartiges Abhängigkeitsverhältnis wie Treviranus, war Paul Lejeune-Jung.[523] Der junge Syndikus des Vereins Deutscher Zellstoff-Fabrikanten gehörte dem Aufsichtsrat der Mutuum seit ihrer Gründung an.[524] Hugenberg machte er sich besonders dadurch nützlich, daß er sich bemühte, in den ihm zugänglichen Industrie-Kreisen weitere Kapitalgeber für die Mutuum zu gewinnen.[525] Lejeune-Jung war wie seine Freunde Treviranus und Lindeiner-Wildau Mitglied des Juni-Klubs und gehörte überdies zum Mitarbeiterkreis des von Hugenberg protegierten Politischen Kollegs.[526] In der DNVP trat er ab 1924 als Mitglied der Reichstagsfraktion,[527] später auch als Angehöriger des Parteivorstandes,[528] hervor.

Der vierte im Bunde der „Nachwuchszöglinge" Hugenbergs, Hans Schlange-Schöningen,[529] gehörte bereits 1921 dem Preußischen Landtag an, trat wie Treviranus und Lejeune-Jung 1924 in den Reichstag ein,[530] lernte aber im Unterschied zu seinen Altersgenossen ihren gemeinsamen Protektor erst zu diesem Zeitpunkt kennen.[531] Anders als Treviranus, Lejeune-Jung und Lindeiner-Wildau, galt Schlange-Schöningen in der DNVP zunächst keineswegs als Vertreter der gemäßigten Rich-

---

[521] Hugenberg sagte eine monatliche Zahlung von 1.600 M. zu, Rücktritt vom Vertrag sollte für beide Seiten auch vor Ablauf eines Jahres möglich sein. Vgl. ebd.

[522] Ebd.

[523] Dr. Paul Lejeune-Jung, geb. 1882, gest. 1944, studierte zunächst katholische Theologie, später Geschichte, Philosophie und Nationalökonomie. Seit 1910 war er in der Zellstoffindustrie tätig, 1921 wurde er Syndikus beim Verein Deutscher Zellstoff-Fabrikanten. Im Dritten Reich gehörte Lejeune-Jung zur Widerstandsbewegung, nahm am Aufstand des 20. Juli teil und wurde von den Nazis im September 1944 in Plötzensee hingerichtet. Vgl. H. Degener: Wer ist's?, 1928, S. 930; Günther Weisenborn (Hrsg.): Der lautlose Aufstand, Hamburg 1962, S. 223.

[524] Vgl. Hdb. d. dt. AG, 1923/24, II a, S. 41 f.

[525] Vgl. Schreiben Lejeune-Jungs an Hugenberg, 31. 10. 1922. — NL Hugenberg, A Bd. 14.

[526] Vgl. H.-J. Schwierskott: Moeller v. d. Bruck, S. 64, Anm. 88.

[527] Vgl. Horkenbach, S. 420.

[528] Vgl. Mitgliederverzeichnis d. Parteileitung d. DNVP, o. D. (1926). — FST/NL Diller, 11/D 9.

[529] Hans Schlange-Schöningen, geb. 1886, gest. 1960, Rittergutsbesitzer. 1920—1928 DNVP-Abgeordneter im Preußischen Landtag, 1924—1930 RT-Abgeordneter (bis 1929 d. DNVP, dann d. Christlich-Nationalen Bauern- und Landvolkpartei). 1931—1932 Reichskommissar f. d. Osthilfe u. Reichsernährungsminister im Brüning-Kabinett. Nach 1945 Leiter d. Zentralamts f. Ernährung u. Landwirtschaft in d. britischen Zone u. stellvertretender Vorsitzender d. Ernährungs- u. Landwirtschaftsrates f. d. amerikanische u. britische Besatzungsgebiet. 1947—1949 Direktor d. Zweizonenverwaltung f. Ernährung, Landwirtschaft u. Forsten in Frankfurt. 1949—1950 Bundestagsabgeordneter der CDU. 1950 Generalkonsul in London, ab 1953 Botschafter der Bundesrepublik in Großbritannien. Vgl. H. Degener: Wer ist's?, 1928, S. 1356; W. Habel: Wer ist wer?, 1955, S. 1036 f.

[530] Vgl. Hans Schlange-Schöningen: Am Tage danach, Hamburg 1946, S. 22 (i. f. zit.: H. Schlange-Schöningen: Am Tage danach).

[531] Vgl. Schreiben Schlange-Schöningens an Hugenberg, 19. 5. 1924. — NL Hugenberg, A Bd. 21.

tung.[532] Als Vorsitzender des großagrarisch bestimmten Landesverbands Pommern[533] steuerte er zu dieser Zeit einen scharfen Rechtskurs und sollte sich erst gegen Ende der zwanziger Jahre zum Jungkonservatismus bekennen. So empfahl er sich Hugenberg, dessen politische Ansichten er als die seinen empfand, und den er kurz zuvor kennengelernt hatte,[534] im Mai 1924 mit einer „streng vertraulichen" Denkschrift, die von einem radikalen Systemveränderungswillen zeugte. Zum Problem des Regierungseintritts hieß es darin u. a.:

> „Die Partei darf als Machtfaktor also nur dann eingesetzt werden, wenn
> 1. Die politische Lage mit mehr als 50 % den Erfolg verbürgt, oder
> 2. die Leitung entschlossen ist, aus den eingenommenen Regierungsstellen unter keinen Umständen wieder zu weichen, die kommenden Erschütterungen auch mit außerparlamentarischen Mitteln zu überwinden und den Kampf bis zum schließlichen Erfolge durchzufechten.
> Zu 1: Den sicheren Erfolg, begründet mit mehr als 50 % in der politischen Lage, sehe ich augenblicklich nicht. (...) Aus diesen Erwägungen heraus, die auf den Erfahrungen der letzten Jahre beruhen, muß der Eintritt in eine Regierung heute abgelehnt werden, wenn wir nur parlamentarisch regieren wollen. (...) Dann herein noch einmal in eine große nationale Opposition, bei der wir uns eine Schärfe angewöhnen müssen, wie wir sie bisher leider noch nicht gehabt haben, jede Regierung mit jedem Mittel zum Sturz bringen, den nationalen Willen des Volkes mit allen uns zur Verfügung stehenden Mitteln wecken.
> (...) Oder der andere Weg (...), wir müssen den parlamentarischen Weg mißbrauchen, um in die Machtstellungen des Staates zu kommen mit der festen Absicht, eines Tages von diesen Machtstellungen aus das Parlament zu vernichten.
> (...) Die Diktatur, von der man möglichst wenig sprechen soll, die man aber wollen muß, kann und muß nach der Lage der Dinge in Deutschland nur kommen vom preußischen Ministerium des Innern in Verbindung mit der Reichswehr."[535]

Schlange-Schöningens radikales politisches Konzept verfehlte seinen Eindruck auf Hugenberg nicht. Der einflußreiche Pressezar legte den draufgängerischen Junker seinem Freund und Parteivorsitzenden Hergt mit dem Erfolg ans Herz, daß Schlange-Schöningen sich in den engsten Verhandlungsausschuß des deutschnationalen Parteivorstandes einreihen konnte,[536] der nach den Reichstagswahlen im Mai 1924 für die Koalitionsverhandlungen mit den anderen bürgerlichen Parteien gebildet worden war. Anders aber als seine Altersgenossen Lindeiner-Wildau, Lejeune-Jung und Treviranus, mit denen er übrigens keineswegs auf freundschaftlichem Fuß stand,[537] scheint Schlange-Schöningen sich weder in eine direkte, noch eine indirekte

---

[532] Vgl. Schreiben Sohnreys an Hugenberg, 18. 10. 1922. — NL Hugenberg, A Bd. 20; Schreiben Lindeiner-Wildaus an Westarp, 3. 2. 1927. — BA/NL Lindeiner-Wildau, Nr. 3.

[533] Vgl. H. Schlange-Schöningen: Am Tage danach, S. 22.

[534] Vgl. Schreiben Schlange-Schöningens an Hugenberg, 19. 5. 1924. — NL Hugenberg, A Bd. 21.

[535] Hans Schlange-Schöningen: Streng vertrauliche Denkschrift, 19. 5. 1924, Anlage z. Schreiben Schlange-Schöningens an Hugenberg, 19. 5. 1924. — NL Hugenberg, A Bd. 21.

[536] Vgl. Schreiben Schlange-Schöningens an Hugenberg, 25. 5. 1924. — NL Hugenberg, A Bd. 21.

[537] Als Lindeiner-Wildau 1927 von Kreisen d. DNVP für ein Ministeramt in Aussicht genommen wurde, bekämpfte Schlange-Schöningen diese Kandidatur und soll nach Lindeiner-Wildaus Darstellung im Fraktionsvorstand und in der Fraktion erklärt haben, daß er „für den gesamten Osten schlechthin untragbar sei". Schreiben Lindeiner-Wildaus an Westarp, 3. 2. 1927. — BA/NL Lindeiner-Wildau, Nr. 3.

(z. B. über Aufsichtsratsmandate) finanzielle Abhängigkeit von Hugenberg begeben zu haben.[538] Die Protektion seines Gönners blieb offenbar eine rein politische, keine, die sich in klingender Münze auszahlte.

Betrachten wir das Netzwerk an persönlichen Beziehungen insgesamt, das Hugenberg in der DNVP knüpfte, so scheinen folgende Punkte besonders bemerkenswert:

1. Der gegen Ende der zwanziger Jahre in seiner eigenen Partei als stramm alldeutsch und stur reaktionär geltende Hugenberg hielt sich in der Frühzeit der DNVP von einseitiger Festlegung zurück und sorgte für Verbindungen zu jeder politischen, sozialen und konfessionellen Gruppe in der DNVP.

2. Die DNVP – als Parlamentspartei eine Neuschöpfung – nahm wie die von Hugenberg protegierten nationalen Sammlungsbewegungen im Kaiserreich (Kartell der Schaffenden Stände, Kriegszielbewegung, Vaterlandspartei) Kräfte der politischen Rechten aller Schattierungen auf, konnte aber darüber hinausgehend ihre soziale Basis um einen gewerkschaftlich orientierten Arbeitnehmerflügel erweitern. Der Industrievertreter und einstige Förderer der wirtschaftsfriedlichen Bewegung, Hugenberg, verschloß sich dieser Entwicklung nicht, öffnete sich mit dem Bekenntnis zur ZAG und bestimmten sozialen Reformen den Zugang zum Arbeitnehmerflügel und war zudem parteiintern – wie extern über den Rheinisch-Westfälischen Zweckverband und die VERA – bestrebt, eine „nationale Gemeinschaft von Kapital und Arbeit" herzustellen.

3. Trotz seiner ausgezeichneten Beziehungen zum gewerkschaftlichen Flügel der Partei protegierte Hugenberg unter der Hand wirtschaftsfriedliche Bestrebungen wie die des Pommerschen Landbunds. Von einem echten Bruch Hugenbergs mit seinen früheren antiemanzipatorischen und in diesem Sinne auch sozialreaktionären Vorstellungen konnte somit nicht die Rede sein, wohl aber von einem taktischen, zeitkonformen Vorgehen.

4. Hugenbergs Verhältnis zum industriellen Flügel der Partei gestaltete sich bis 1924 unproblematisch. Da sich die Großen des Ruhrreviers von Parteiinterna fernhielten, konnte er einige, ihm persönlich verbundene Nichtindustrielle als Industrievertreter auf Abgeordnetensitze lancieren.

5. Die Relevanz des Systems von Freundschaft und finanzieller Abhängigkeit, das Hugenberg schuf, lag nicht nur in Vielfältigkeit und Ausdehnung, sondern auch in seinen qualitativen Schwerpunkten. Hugenberg hatte es verstanden, die wichtigsten Spitzenfunktionäre der DNVP, den Parteivorsitzenden Hergt, den stellvertretenden Vorsitzenden Dietrich und den Politischen Beauftragten Lindeiner-Wildau auf mehrfache Weise an sich zu binden. Der stets und gern als gemäßigt bezeichnete Kurs Hergts vollzog sich damit auch nicht im Widerspruch zu Hugenberg, sondern mit dessen Unterstützung.

6. Hugenbergs Protektion des Nachwuchses in der Partei war eine erfolgversprechende Anlage für die Zukunft. Sie entsprang ebenso kühler Kalkulation, wie einem euphemistischen Jugendbild,[539] das in nationalen Kreisen weit verbreitet

---

[538] Jedenfalls ist für einen solchen Vorgang kein Beleg überliefert.

[539] Vgl. Alfred Hugenberg: Die große Frage (1921), gedr. in: ders.: Streiflichter, S. 118 bis 119 (i. f. zit.: A. Hugenberg: Frage, gedr. in: ders.: Streiflichter); vgl. ferner Rede Hugenbergs vor Wirtschaftsvertretern in Frankfurt, 7. 4. 1932. — FST/MA, 06—5/1.

war. Die besonders von ihm geförderten, überwiegend aus großagrarischen Kreisen stammenden, aber nicht altkonservativer Ideologie verpflichteten Schützlinge Lindeiner-Wildau, Lejeune-Jung, Treviranus und Schlange-Schöningen[540] gehörten oder entwickelten sich zu Anhängern der intellektuellen jungkonservativen Rechten.

4. Hugenberg und die außerparlamentarische Nationale Rechte

Die „Nationale Bewegung" oder „Nationale Opposition", die sich erstmalig 1929 geschlossen formierte, war zu Beginn der Republik nicht weniger vielfältig als an ihrem Ende. Es fehlte ihr auch am Anfang der zwanziger Jahre im Unterschied zu den Abspaltungen und Auseinandersetzungen während der Weimarer Stabilisierungsphase von 1924–1928 nicht der innere Zusammenhalt, wohl aber ein gemeinsames Konzept.[541] Erst als dies mit der Volksbegehraktion gegen den Young-Plan 1929 für einen bestimmten großen Teil der gesamten Rechten gefunden war, wurden Nationale Bewegung und Nationale Opposition bei Freund und Feind zu stehenden Begriffen.[542] Es erscheint daher sinnvoll, für das weniger fest umrissene Spektrum der rechten Gruppierungen in der Frühphase der Republik die damals gebräuchlichen Ausdrücke „Vaterländische Bewegung" oder „Nationale Rechte" zu verwenden.[543] Zur Nationalen Rechten oder Vaterländischen Bewegung wurden, abgesehen von den parlamentarischen Rechtsparteien, die gesamten außerparlamentarischen Vereinigungen rechter Couleur, vom Jugend- bis zum Wehrverband und vom politischen Verein bis zum akademischen Debattierklub, gezählt.[544]

---

[540] Schlange-Schöningen vertrat zunächst zwar eine radikal-nationale, nicht aber eine preußisch-altkonservative Ideologie.

[541] In der relativ konsolidierten Phase der Republik von 1924–1928 war die Nationale Rechte ähnlich wie die ihr verbundenen nationalen Parlamentsparteien über die Frage der begrenzten pragmatischen Mitarbeit in der Republik zerstritten, was z. B. bei den Auseinandersetzungen um den Jungdeutschen Orden besonders deutlich wurde. (Vgl. Klaus Hornung: Der Jungdeutsche Orden, Düsseldorf 1958, S. 60 ff. [i. f. zit.: K. Hornung: Orden].) Während der ersten Jahre der Republik war sich die Nationale Rechte in der prinzipiellen Ablehnung und Bekämpfung der demokratischen Verfassung weitgehend einig, nur fehlte es, wie Kapp-Putsch und Hitler-Putsch zeigten, an einem gemeinsamen taktischen Konzept. Dagegen blieben am Anfang und am Ende des Weimarer Staates, wie Hoepke zu Recht betont, die weltanschaulichen Leitbilder und Motive der Nationalen Rechten die gleichen. Vgl. Klaus-Peter Hoepke: Die deutsche Rechte und der italienische Faschismus, Düsseldorf 1968, S. 21 (i. f. zit.: K.-P. Hoepke: Deutsche Rechte).

[542] Vgl. „Die nationale Opposition", in: Die Tat, 23. Jg. (1931/32), S. 668–670, hier S. 668.

[543] So noch 1926 der deutschnationale Abgeordnete und spätere Hugenberg-Intimus Otto Schmidt-Hannover in der dreiteiligen Artikelserie: Die Vaterländische Bewegung, in: Wesermünder Neueste Nachrichten, 17., 18. u. 20. 9. 1926, und 1928 der deutschnationale Geschäftsführer Max Weiß in seinem Beitrag: Wir und die Vaterländische Bewegung, in: ders. (Hrsg.): Der nationale Wille, Detmold 1928, S. 351–361.

[544] Vgl. O. Schmidt-Hannover: Die Vaterländische Bewegung II, in: Wesermünder Neueste Nachrichten, 18. 9. 1926.

Hugenberg, der bereits im Kaiserreich die schwerindustrielle Vereinssubventionierung kontrolliert hatte, unterstützte auch in der Republik zielbewußt bestimmte Gruppen der außerparlamentarischen Nationalen Rechten. Allerdings war er dabei – wenn die lückenhafte Quellenüberlieferung nicht ein falsches Bild vermittelt[545] – stärker in Absichten und Wünsche seines schwerindustriellen Freundeskreises eingebunden, als es früher der Fall war. Während Hugenberg 1912/13 erstmalig eine Kontrollinstanz für den schwerindustriellen Spendenstrom beim Bergbauverein geschaffen und damit die Initiative für ein gezieltes Subventionsprogramm an sich gerissen hatte, begannen 1918 zwei seiner bisherigen Geldgeber, Paul Reusch und Albert Vögler (Stinnes), selbst aktiv zu werden und Hugenberg für die Unterstützung ihrer Pläne zur Kasse zu bitten.[546] Hugenbergs Zusammenarbeit mit Albert Vögler, dessen Betätigung auf dem politischen Feld parallel zu Stinnes' Alleingängen auf dem Pressesektor immerhin eine gewisse Verselbständigung der mit dem Hugenberg-Konzern eng verflochtenen leitenden Männer des Stinnes-Konzerns dokumentierte, hatte sich trotz auftretender Spannungen bereits bei der koordinierten Parteiarbeit in DVP und DNVP als einigermaßen tragbar erwiesen und sollte sich auch in Zukunft über den Tod von Stinnes hinaus bewähren.[547] Partnerschaft mit dem eigenwilligen Reusch, der nie zu Hugenbergs engstem schwerindustriellen Freundeskreis zählte, aber zusehends im rheinisch-westfälischen Industriegebiet an Einfluß gewann,[548] mußte sich dagegen auf Dauer als problematisch erweisen.

Zunächst sorgten jedoch Hugenberg, Vögler und Reusch, teils als „Dreiergespann", teils zu zweit für die Vaterländische Bewegung. Ihre Unterstützung galt, jedenfalls soweit erkennbar, drei größeren Gruppierungen: dem „Nationalen Klub", der

---

[545] Neben den überlieferungsbedingten Quellenlücken macht sich stärker noch als im Bereich der Parteienfinanzierung die außerordentliche Vorsicht Hugenbergs und seiner Verbindungsleute bemerkbar. Abgesehen davon, daß vermutlich viele Kontakte mit den vaterländischen Verbänden nur über mündliche oder telefonische Absprachen liefen, wurden in Briefwechseln Namen und Informationen häufig so verschlüsselt oder abgekürzt, daß eine Identifizierung kaum möglich ist.

[546] Ob die von Hugenberg zur Verfügung gestellten Gelder aus einem gemeinsamen Fonds, etwa dem des Bergbauvereins, stammten, oder aus Überschüssen des Konzerns, bleibt unklar.

[547] Vögler erreichte nach Stinnes' Tod im Jahre 1924 gegenüber dessen Erben offenbar eine weitreichende Selbständigkeit. Jedenfalls setzte er seine Zusammenarbeit mit Hugenberg fort, obwohl Hugo Stinnes jun. „eine entschiedene Ablehnung bis zur Gereiztheit gegen Hugenberg und alles was mit diesem Manne zusammenhängt" zum Ausdruck brachte. (Schreiben Oswald Spenglers an Paul Reusch, 6. 8. 1924, gedr. in: Oswald Spengler: Briefe 1913–1936, hrsg. v. Anton M. Koktanek in Zusammenarbeit mit Manfred Schröter, München 1963, S. 343 [i. f. zit.: O. Spengler: Briefe].) Ab 1926 löste sich allerdings auch das Vorgesetztenverhältnis zwischen Stinnes jun. und Vögler weitgehend auf, weil Vögler Generaldirektor der Vereinigten Stahlwerke wurde, eines Fusionsunternehmens der größten Stahlwerke des Ruhrreviers (GBAG, Phoenix, Rheinelbe-Union [Stinnes], Thyssen u. Co AG), bei dem Stinnes jun. nicht Mehrheitsaktionär, sondern ein Anteilseigner unter anderen war. Vgl. Kurt Pritzkoleit: Das kommandierte Wunder, Frankfurt/M. Wien Zürich 1962, S. 581 f. (i. f. zit.: K. Pritzkoleit: Wunder), u. Kurt Gossweiler: Ökonomie und Politik in Deutschland, 1914 bis 1932, Berlin (Ost) 1971, S. 300 ff. (i. f. zit.: K. Gossweiler: Ökonomie).

[548] Reusch war nicht nur der Initiator der unter Ausschluß Hugenbergs gegründeten „Ruhrlade", sondern auch der Mitorganisator ihrer Vorläuferin, der „Montagsgesellschaft", die ab 1918 in Essen tagte und zu deren Mitgliedern Hugenberg noch zählte. S. u.

„Organisation Escherich" (Orgesch) und den mit ihr verbündeten Verbänden sowie der „Ring-Bewegung". Von diesen drei auf verschiedenen Ebenen operierenden Gruppen war der Ring die vielseitigste und für die Republik relativ bedeutungsvollste. Interessanterweise hatte sich Hugenberg gerade bei diesem „Projekt" am stärksten engagiert. Die Verbindungen nach Bayern hatten dagegen Albert Vögler und Paul Reusch geknüpft, als deren spiritus rector und Mittelsmann Oswald Spengler agierte. Am undurchsichtigsten lagen die Verhältnisse beim Nationalen Klub, wie im folgenden zu zeigen sein wird.

a) Hugenberg und der „Nationale Klub von 1919"

Die Wurzeln des Nationalen Klubs reichten bis ins Kaiserreich zurück. Bereits im Januar 1918 war eine auf wenige Mitglieder beschränkte „Donnerstags-Vereinigung" als Vorläuferin für einen aufzubauenden Nationalen Klub gegründet worden.[549] Zu den Mitgliedern dieses exklusiven Kreises, der wöchentlich einmal zusammentraf, zählte auch Hugenberg.[550] Die Donnerstags-Vereinigung war vermutlich eine Untergründung der „Kriegswirtschaftlichen Studiengesellschaft",[551] deren Vorsitzender, Prinz Karl zu Löwenstein, und deren Geschäftsführer, Dr. Freyer, die Organisation des Nationalen Klubs in die Hand nahmen.[552]

Nachdem die Vorbereitungen für die Gründung des Nationalen Klubs zunächst durch die für die Mitglieder der Donnerstags-Vereinigung überraschenden Revolutionsereignisse unterbrochen worden waren,[553] begann im Februar 1919 eine Wer-

---

549 Vgl. Schreiben Salm-Horstmars an Hugenberg, 24. 4. 1919. — NL Hugenberg, A Bd. 20, u. „Nationaler Klub" (Werbeschrift), o. D., Anlage z. Schreiben Vöglers an Hugenberg, 26. 8. 1919. — NL Hugenberg, M 7.

550 Außer Hugenberg und Salm-Horstmar sind die weiteren Mitglieder des „lose zusammengefaßten und engen Kreis(es)" der Donnerstags-Vereinigung nicht mit Sicherheit zu bestimmen. (Vgl. Schreiben Salm-Horstmars an Hugenberg, 24. 4. 1919. — NL Hugenberg, A Bd. 20.) Über den Zweck der Donnerstags-Vereinigung ist nur bekannt, daß „der Wunsch nach regelmäßigem Gedankenaustausch im Kreise Gesinnungsverwandter eine Anzahl von Herren, die auf nationalem Boden stehen" zusammenführte. „Nationaler Klub", o. D., Anlage z. Schreiben Vöglers an Hugenberg, 26. 8. 1919. — NL Hugenberg, M 7.

551 Den Vorstand der Kriegswirtschaftlichen Studiengesellschaft bildeten Prinz Karl zu Löwenstein (Vorsitzender), Dr. Gustav Roesicke und Staatssekretär Dr. v. Lindequist. (Vgl. „Kriegswirtschaftliche Studiengesellschaft", o. D., Anlage z. Schreiben d. Kriegswirtschaftlichen Studiengesellschaft an Hugenberg, 8. 8. 1918. — NL Hugenberg, A Bd. 13.) — Alle drei gehörten auch dem Gründungsausschuß des Nationalen Klubs an, der aus der Donnerstags-Vereinigung hervorging.

552 Prinz zu Löwenstein wurde von Traub als „der geistige Leiter" des Nationalen Klubs bezeichnet. (Vgl. Mitgliederverzeichnis des Nationalen Klubs mit hs. Randbemerkungen Traubs, o. D. (1919). — BA/NL Traub, Nr. 8.) Die Beitragsspenden für den Nationalen Klub wurden zunächst auf das Konto der Kriegswirtschaftlichen Studiengesellschaft erbeten. Der Geschäftsführer der Kriegswirtschaftlichen Studiengesellschaft, Dr. Freyer, wurde auch Geschäftsführer des Nationalen Klubs. Vgl. „Kriegswirtschaftliche Studiengesellschaft", o. D., Anlage z. Schreiben d. Kriegswirtschaftlichen Studiengesellschaft an Hugenberg, 8. 8. 1918. — NL Hugenberg. A Bd. 13, u. Schreiben d. Kriegswirtschaftlichen Studiengesellschaft an Hugenberg, 1. 7. 1919. — NL Hugenberg, M 7, ferner Mitgliederverzeichnis des Nationalen Klubs, o. D. (1919). — BA/NL Traub, Nr. 8.

553 Vgl. „Nationaler Klub" (Werbeschrift), o. D., Anlage z. Schreiben Vöglers an Hugenberg, 26. 8. 1919. — NL Hugenberg, M 7.

bekampagne anzulaufen. Als repräsentatives Aushängeschild stellte sich vorderhand der langjährige Präsident des Flottenvereins und Mitglied des ADV, Otto Fürst zu Salm-Horstmar, zur Verfügung.[554] Unter den Mitgliedern der Donnerstags-Vereinigung wie in weiteren nationalen Kreisen wurde nun für den Nationalen Klub als Gegenstück zu dem bereits von linksliberalen Kräften konstituierten „Demokratischen Klub" geworben:

> „Er [d. Nat. Klub] soll, ohne ein Parteiklub zu sein, wohl aber in Zusammensetzung wie Sinnesrichtung einen wahrhaft deutschen Klub darstellend, ein Vereinigungspunkt aller der Kreise werden, in denen der nationale Gedanke in Schärfe und Klarheit lebt, die überzeugt sind, daß ein Wiederaufstieg des deutschen Volks nur auf der Grundlage des nationalen Gedankens möglich ist und die deshalb den heute herrschenden, zersetzenden, international gerichteten Kräften entgegenzuwirken entschlossen sind."[555]

Hugenberg trat im Mai 1919 dem Gründungsausschuß des Nationalen Klubs bei,[556] dem sich zudem mit Beukenberg, A. v. Rieppel, Roesicke, Rötger und Traub eine Reihe von Personen anschlossen, die eng mit dem Hugenberg-Konzern verbunden waren.[557] Vögler, der offenbar erst etwas später zu diesem Kreis stieß, fragte Hugenberg im August 1919, ob er gemeinsam mit ihm bereit sei, den Organisatoren des Klubs 50 000 Mark für die Pachtung von Klubräumen vorzustrecken, die später aus Mitglieds- und Eintrittsbeiträgen erstattet würden.[558] Eine Antwort ist nicht überliefert, doch fiel sie vermutlich positiv aus. Einen Monat nach Vöglers Fürbitte fand die Gründungssitzung des Nationalen Klubs statt. Zum stellvertretenden Vorsitzenden wurde der Hugenberg-Intimus Pfarrer Traub gewählt.[559] Im Vorstandsbeirat war mit Stinnes, Beukenberg, Kirdorf und Hugenberg der gesamte Kreis der ehemaligen Wirtschaftlichen Gesellschaft vertreten. Überdies gehörten ihm mit Becker und Vögler zwei weitere Mitglieder der neugegründeten Wirtschaftsvereinigung des Hugenberg-Konzerns an. Der Posener Freundeskreis Hugenbergs war durch Regierungspräsident Friedrich v. Schwerin vertreten. Schließlich gehörten dem Klub-Vorstand – abgesehen von weiteren Hugenberg nahestehenden Personen

---

[554] Salm-Horstmar hatte sich zunächst bereiterklärt, an die Spitze eines Gründungsausschusses zu treten, und sandte an Hugenberg im April 1919 die Entwürfe zweier Werbeschreiben (an die übrigen Mitglieder der Donnerstags-Vereinigung und an fremde Adressen), tauchte aber bereits im August 1919 nicht mehr in der Liste der Gründungsausschußmitglieder auf und spielte im weiteren Leben des Nationalen Klubs keine Rolle mehr. Vgl. Schreiben Salm-Horstmars an Hugenberg nebst Anlagen, 24. 4. 1919. – NL Hugenberg, A Bd. 20, u. „Nationaler Klub" (Werbeschrift), o. D., Anlage z. Schreiben Vöglers an Hugenberg, 26. 8. 1919. – NL Hugenberg, M 7.

[555] Ebd.; Text weitgehend identisch mit „Entwurf eines Schreibens an die übrigen Mitglieder der Donnerstags-Vereinigung", Anlage z. Schreiben Salm-Horstmars an Hugenberg, 24. 4. 1919. – NL Hugenberg, A Bd. 20.

[556] Vgl. Schreiben d. Nationalen Klubs an Hugenberg, 26. 5. 1919. – NL Hugenberg, M 7.

[557] Vgl. „Nationaler Klub" (Werbeschrift), o. D., Anlage z. Schreiben Vöglers an Hugenberg, 26. 8. 1919. – NL Hugenberg, M 7.

[558] Vgl. Schreiben Vöglers an Hugenberg, 26. 8. 1919. – NL Hugenberg, M 7.

[559] Vgl. Schreiben d. Nationalen Klubs (gez. Freyer) an Hugenberg, 17. 9. 1919. – NL Hugenberg, M 7.

Der Vorstand des Nationalen Klubs (Stand 1919) und seine Beziehungen zu Hugenberg

Präsidium

Partei	Verein*		Beziehungen zu Hugenberg**
		Vorsitzender: Gen. d. I. Oskar v. Hutier	
DNVP	Nationale Vereinigung	1. Stellvertreter: Pfarrer Gottfried Traub, M.d.N.	Hug.-Protegé, ab 1921 Hrsg. d. MAA
DVP	Deutscher Ostmarkenverein	2. Stellvertreter: Oberpräsident Dr. Ernst v. Richter, M.d.Pr.L.	

Vorstand

Partei	Verein*		Beziehungen zu Hugenberg**
DNVP		Armin Graf v. Arnim-Muskau	
		Dr. Ing. Wilhelm Beumer (Gf. d. Nordwestl. Gruppe d. VDESI)	
	ADV	Admiral Max v. Grapow	
DVP		Staatsminister Rudolf Heinze, M.d.N.	
		Franz Joseph Fürst zu Isenburg	
DNVP	Vors. d. Deutschen Seevereins, Mg. d. Deutschen Kolonialgesellschaft u. d. Deutschen Schutzbundes	Wirkl. Geh. Rat Friedrich v. Lindequist	
		Karl Prinz zu Löwenstein	
DNVP	ADV	Dr. Gustav Roesicke, M.d.N. (Präs. d. BdL)	VR-Mg. d. VERA und d. DLG
		Landrat a. D. Max Rötger	VR-Vors. d. DLG und d. DÜD
DNVP (?)	Preußenbund	Dr. phil. Max Wildgrube	
DNVP	Gf. d. ADV	Leopold Baron v. Vietinghoff-Scheel	

Partei	Verein*		Beziehungen zu Hugenberg**
DNVP	ADV	Oberfinanzrat Dr. jur. Paul Bang	
DVP		Staatsminister a. D. Dr. Johann Baptist Becker, M.d.N.	Mg. d. WV
		Dir. Behrens (Imperator Motorenwerke)	
	Bund der Aufrechten	Wirkl. Geh. Rat Friedrich Wilhelm v. Berg	
DVP		Geh. Baurat Dr. Wilhelm Beukenberg (Phoenix)	Mg. d. WG
DNVP		Wirkl. Geh. Rat Herbert v. Dirksen	
DVP		Prof. Dr. Alexander Georg Graf zu Dohna, M.d.N.	
DNVP	ADV	Hauptmann Hermann v. Dewitz	Direktor d. Pommerschen Landbunds
DNVP		Hauptschriftleiter Major Georg Foertsch (Neue Preußische (Kreuz-)Zeitung)	
DNVP		Dr. Cl. C. Freyer (Gf. d. Nationalen Klubs)	
DNVP		Andreas Gildemeister	
DNVP		Zeitungsverleger Walter Graef, M.d.Pr.L.	
DNVP (ab 1922 DVFP)	ADV	Major Albrecht v. Graefe, M.d.N.	?
DNVP		Regierungsrat Ulrich v. Hassell	
DNVP	ADV	Prof. Dr. Otto Hoetzsch, M.d.N.	?
DNVP	ADV	Geh. Finanzrat Dr. Alfred Hugenberg, M.d.N.	

Partei	Verein*		Beziehungen zu Hugenberg**
DNVP (ab 1920 DVP)		Dr. Siegfried v. Kardorff, M.d.Pr.L.	
DVP		Rechtsanwalt Dr. Adolf Kempkes, M.d.N.	
DNVP	ADV	Geh. Rat Dr. Ing. Emil Kirdorf (GBAG)	Mg. d. WG u. d. WV
DNVP	ADV	Prof. Dr. Ing. Max Kloss, M.d.Pr.L.	
DNVP (ab 1930 NSDAP)	ADV	Verlagsbuchhändler Julius Friedrich Lehmann	Ges. d. MAA und d. L. Waibel GmbH
		Ingenieur Lessel	
DNVP		Amtsrichter Hans-Erdmann v. Lindeiner-Wildau	Gf. d. Weimar., AR-Mg. d. Mutuum
	ADV	Reinhard Mannesmann (Mannesmann-Werke)	
DVP		Oberbürgermeister Dr. Otto Most, M.d.N.	
DNVP		Oberreg.Rat Dr. Karl Georg Negenborn, M.d.Pr.L.	
		Major v. Rautter	
	Vors. d. Vereins f. d. Deutscht. i. Ausl. u. d. Dt. Schutzbunds	Kaiserl. Gesandter Dr. Franz v. Reichenau	VR-Mg. d. DÜD u. d. DLG
DNVP (ab 1922 DVFP)	ADV	Ernst Graf zu Reventlow	?
	ADV	Reichsrat Dr. Anton v. Rieppel (MAN)	Ges. d. Ausland GmbH u. d. VERA
DNVP		Verlagsbuchhändler Otto Rippel, M.d.Pr.L.	Mg. d. Rhein.-Westfäl. Zweckverbands
DVP	ADV	Hauptschriftleiter Heinrich Rippler (Tägliche Rundschau)	
DNVP	ADV, Nationale Vereinigung	Dr. Georg-Wilhelm Schiele-Naumburg	Informant Hugenbergs, Mitarbeiter d. TU

Partei	Verein*		Beziehungen zu Hugenberg**
		Geh. Reg.Rat Ferdinand Schweighoffer (Gf. d. CDI)	VR-Mg. d. DLG
	Kyffhäuser-Verband d. Vereins Deutscher Studenten	Reg.Präs. Friedrich v. Schwerin	Posener Freundeskreis
DVP		Hugo Stinnes	Mg. d. WG
DVP		Generaldirektor Albert Vögler, M.d.N. (Deutsch-Lux.)	Mg. d. WV
		Justizrat Dr. Wagner	
DNVP	ADV	Konrad Freiherr v. Wangenheim (BdL)	Zusammenarbeit i. d. Kriegszielbewegung
DVP		Geheimrat Dr. Weidtmann, M.d.N.	
DNVP		Kuno Graf v. Westarp, Oberverwaltungsgerichtsrat	Zusammenarbeit i. d. Kriegszielbewegung
		Direktor Wiegand	
DNVP	ADV	Hauptschriftleiter Reinhold Wulle	Chefredakteur d. Deutschen Zeitung

Zeichenerklärung:

* Unter Verein werden hier nur politische Vereine gezählt, nicht die reinen Interessenorganisationen.

** Bei den Mitgliedern der Wirtschaftlichen Gesellschaft (WG) bzw. der Wirtschaftsvereinigung (WV) werden die zahlreichen weiteren Ämter, die sie im Hugenberg-Konzern innehatten, nicht genannt.

? Hinweise auf Verbindungen zu Hugenberg sind vorhanden, lassen sich aber nicht eindeutig klassifizieren.

Quellen:

„Nationaler Klub", Mitgliederverzeichnis, (1919). – BA/NL Traub, Nr. 8; Mitgliederliste d. Wirtschaftsvereinigung, o. D. (Stand 1919–1928). – BA/NL Wegener, Nr. 37; Mitgliederliste d. Verwaltungsrats d. DLG. – Akten Opriba, G VII, 4; Mitteilungsblatt d. VERA, o. D. (1919) vgl. Anm. 71; Verhdlgsber.v. d. Sitzg. d. GA d. ADV am 16./17. 2. 1924. – FST/412 ADV (24–25); Abgeordnetenverzeichnis d. DNVP, o. D. – NL Schmidt-Hannover (Opr.), S 44; Jahrbuch d. DNVP, 1919; Hdb. d. dt. AG, 1919 ff.; Hdb. d. bürgerl. Parteien, Bd. I u. II; L. Döhn: Politik, Anhang, S. 401 ff.; D. Guratzsch: Macht, Anhang, S. 394 ff.

aus dem ADV und aus dem Umkreis des Konzerns – auch die deutschnationalen Protegé Hugenbergs, v. Lindeiner-Wildau und Schiele-Naumburg, an.[560] Der Nationale Klub wurde nicht zum intellektuellen Zentrum der Nationalen Rechten, noch konnte er seiner Struktur nach zu den aktivistischen Elementen der Vaterländischen Bewegung gehören, allerhöchstens diese koordinieren.[561] Gleichwohl ging seine Bedeutung über die zahlreichen geselligen Clubs des Kaiserreiches hinaus. Handelte es sich dort zweifellos auch um gesellschaftspolitisch relevante Kommunikationszentren einer sozial privilegierten, standesbewußten Oberschicht, so war der Nationale Klub eine stark politisch akzentuierte Vereinigung, die sich als Treffpunkt aller „nationalen", d. h. aller gegen Versailles und das demokratische System von Weimar gerichteten Kräfte verstand.[562] Die Pforten des Nationalen Klubs öffneten sich nicht nur Vertretern des Adels, des Militärs und der Industrie, sondern allen Personen, die im rechten Spektrum des politischen Lebens eine Rolle spielten, auch wenn sie (christliche) Gewerkschaftsfunktionäre waren.[563] Die Klubspitze war stark mit Parteipolitikern durchsetzt. Abgesehen von einigen Vertretern des rechten Flügels der DVP wie Heinze, Becker, Stinnes und Vögler, dominierten die Deutschnationalen. Beispielhaft seien hier nur Graef, Graefe, Hoetzsch, Hugenberg, Rippel und Westarp genannt.[564] Viele Klubmitglieder gehörten auch einer Reihe verschiedener nationaler Verbände an, so daß der Nationale Klub tatsächlich, wie viele andere von Hugenberg geförderte Unternehmen, als „ein Kartell der stillen, aber großen nationalen Front in der Gesellschaft"[565] zu bezeichnen ist.

Stand der Klub in den zwanziger Jahren unter deutschnationalem Einfluß, so geriet er gegen Ende der Republik in nationalsozialistisches Fahrwasser.[566] Interessiert an der NSDAP und Hitler zeigte sich der Nationale Klub allerdings schon wesentlich früher. Der Vorsitzende der NSDAP hielt sowohl 1921 als auch 1922 je einen Vortrag vor dem bürgerlich-nationalen Publikum des Klubs. Die Einladungen vermittelten Heinrich Lammers, später Chef der Reichskanzlei, und Hans Pfundtner, Ministerialrat im Reichswirtschaftsministerium und 1933 Staatssekretär im Reichsinnenministerium.[567] Pfundtner gehörte der DNVP an und unterhielt enge Beziehungen zu Hugenberg, wobei es allerdings zweifelhaft ist, ob diese bereits vor Hitlers Vorträgen im Nationalen Klub bestanden. Aktenkundig wurden sie jedenfalls im Herbst 1922, als Paul Lejeune-Jung im Auftrag Hugenbergs mit Pfundtner

---

[560] Vgl. Mitgliederverzeichnis des Nationalen Klubs, o. D. (1919). – BA/NL Traub, Nr. 8. Vollständige Übersicht in Anlage 1.

[561] Vgl. K.-P. Hoepke: Deutsche Rechte, S. 297 f.

[562] Vgl. Gerhard Schulz: Der „Nationale Klub von 1919" zu Berlin, in: ders.: Das Zeitalter der Gesellschaft, München 1969, S. 299–322, hier S. 304. (i. f. zit.: G. Schulz: Nationaler Klub).

[563] So gehörte dem Vorstandsbeirat des Nationalen Klubs auch der DHV-Funktionär Otto Rippel an. Vgl. Mitgliederverzeichnis des Nationalen Klubs, o. D. (1919). – BA/NL Traub, Nr. 8.

[564] Vgl. Anlage 1.

[565] G. Schulz: Nationaler Klub, S. 307.

[566] Nachdem 1932 Carl Eduard Herzog von Sachsen-Coburg Präsident und Pfundtner sein Stellvertreter geworden waren, bemühte sich der Klub um Anschluß an die NSDAP. Pfundtner selbst trat 1932 zur NSDAP über, der Herzog war Schirmherr der „Gesellschaft zum Studium des Faschismus" und verstand sich als Mittler zwischen NSDAP und DNVP. Vgl. ebd., S. 307 ff., u. K.-P. Hoepke: Deutsche Rechte, S. 298 f.

[567] Vgl. G. Schulz: Nationaler Klub, S. 307 f.

über dessen Aufnahme in den Aufsichtsrat der konzerneigenen Mutuum verhandelte.[568] 1923 trat er dann tatsächlich in den Aufsichtsrat der Mutuum ein[569] und agierte politisch und publizistisch bis 1932 als engagierter Anhänger Hugenbergs.[570]

Läßt sich somit über mögliche von Pfundtner zwischen Hugenberg und Hitler hergestellte Querverbindungen in der Frühphase der NSDAP lediglich spekulieren, so wissen wir auch wenig über Hugenbergs Politik in und mit dem Nationalen Klub im Laufe der zwanziger Jahre. Für Hugenbergs dauernde Anteilnahme am Klubgeschehen spricht sowohl seine bis zum Ende der Republik bestehende Mitgliedschaft[571] wie auch die Tatsache, daß der Nationale Klub eng mit dem 1929 gegründeten „Nationalen Deutschen Automobilklub" (NDA) kooperierte,[572] dessen Verbandszeitschrift von einem Verlag herausgegeben wurde, an dem Hugenberg beteiligt war.[573] Vermutlich blieb der Klub eines der nationalen Sammlungszentren Hugenbergscher Provenienz, doch hat sich dann auch hier Hugenbergs Taktik des „Handelns in der Stille" selbst gegenüber der nachfolgenden Historie bewährt.

b) Schwerindustrielle Verbindungen zu den paramilitärischen Kampfbünden

Zahlreiche paramilitärische Kampfbünde, politische Vereine und nationale Interessenorganisationen fanden sich Anfang des Jahres 1923 unter dem Dach der „Vereinigten vaterländischen Verbände Deutschlands" (VvVD) zusammen.[574] Vorsitzender dieser losen, rund 60 Verbände umfassenden Organisation wurde Fritz Geisler, Exponent der wirtschaftsfriedlichen Arbeiterbewegung, bis 1924 Reichstagsabgeordneter der DVP, dann der DNVP.[575] Die VvVD, aufgrund ihrer amorphen Struktur selten zu einheitlichem politischen Vorgehen fähig, verfügten immerhin über eine zentrale Propagandastelle, die ihren Sitz beim „Deutschen Creditverein" in Berlin gehabt haben soll.[576] Der Deutsche Creditverein war eine zu dieser Zeit zum Hugenberg-Konzern gehörige Bank.[577] Die gegen Parlamentarismus wie Massen-

[568] Vgl. Schreiben Lejeune-Jungs an Hugenberg, 31. 10. 1922. — NL Hugenberg, A Bd. 14.
[569] Vgl. Hdb. d. dt. AG, 1923/24, II a, S. 41 f. u. Schreiben Lindeiner-Wildaus an Hugenberg, 19. 12. 1923. — NL Hugenberg, A Bd. 14.
[570] Vgl. G. Schulz: Nationaler Klub, S. 307, u. bes. Anm. 20.
[571] Vgl. ebd., Anm. 46.
[572] Der Nationale Klub gehörte zu den Trägern des NDA, der Präsident des NDA, der Herzog v. Sachsen-Coburg trat 1932 an die Spitze des Nationalen Klubs. Vgl. Rundschreiben d. LKPA Berlin, Nr. 19, 28. 10. 1929. — HStA Hannover/Hann. 80, Hann. II, Nr. 770.
[573] Das Organ des NDA hieß „Motorschau — Nationale Deutsche Motorfahrt-Zeitung" und wurde von der Neudeutschen Treuhand- und Verlagsgesellschaft herausgegeben. (Vgl. Rundschreiben d. LKPA Berlin, Hann. II, Nr. 773.) Die Neudeutsche Treuhand- und Verlagsgesellschaft war der Verlag des ADV, an dem Hugenbergs VERA beteiligt war. Vgl. Anhang, 1 b, aa.
[574] Vgl. Kurt Finker: Vereinigte Vaterländische Verbände Deutschlands (VvVD), in: Die bürgerlichen Parteien in Deutschland, Berlin 1968, Bd. II, S. 743—749 (i. f. zit.: K. Finker: VvVD).
[575] Vgl. ebend., S. 745.
[576] Vgl. Horst G. W. Nusser: Konservative Wehrverbände in Bayern, Preußen und Österreich 1918—1933, mit einer Biographie von Forstrat Georg Escherich 1870—1941, München 1973, S. 283 (i. f. zit.: H. Nusser: Wehrverbände).
[577] Vgl. Anlage z. Schreiben Tetens' an Donner, 14. 10. 1930. — Akten Opriba, C IV, 10. Vgl. auch Anm. 303 u. 306.

herrschaft und für eine nationale Diktatur agitierende Propagandazentrale der VvVD arbeitete eng mit einem eigenständigen Propagandabüro der Vereinigung der Deutschen Arbeitgeberverbände zusammen.[578] Diese Public-Relations-Zentrale der Arbeitgeber leitete ihr Material sowohl über die VvVD wie über die amtliche „Reichszentrale für Heimatdienst" und die „Rhein-Ruhr-Stelle Berlin" an die Öffentlichkeit.[579]

Über den Verteiler „Rhein-Ruhr" lief wiederum eine Verbindung zu Hugenberg. Aller Wahrscheinlichkeit nach war die Berliner Rhein-Ruhr-Stelle eine Filiale der einen Tag nach dem Ruhreinbruch im Jahre 1923 von Hugenbergs Bergbauverein in Essen gegründeten „Pressestelle Ruhr-Rhein".[580] Die auf Abwehrpropaganda konzipierte Essener Pressestelle Ruhr-Rhein stand unter Leitung Gerhard v. Jansons, der einst als Offizier im Nachrichtenbüro Tirpitz' tätig gewesen war und seine Stellung bei „Ruhr-Rhein" durch Vermittlung Kapitän Humanns, Stinnes' Fachmann für Presseangelegenheiten, erhalten hatte.[581] Als die Pressestelle, um sie vor dem Zugriff der Franzosen zu schützen, nach Bielefeld verlegt wurde, übernahm ihre Leitung Geheimrat Klingenberg.[582] Janson schied bei „Ruhr-Rhein" nicht aus, doch scheint er fortan mehr für den Ausbau des Unternehmens auf Reichsebene bzw. für den Aufbau verwandter Organisationen der Schwerindustrie tätig geworden zu sein. Janson stand in engem Kontakt mit Oswald Spengler,[583] der auf die Arbeit der Pressestelle Ruhr-Rhein, spätestens als sie nach Bielefeld übersiedelte, Einfluß nahm und ihren Aktionsradius zu verbreitern wünschte.[584] Offenbar mit Erfolg suchte er Reusch, Vögler bzw. dessen Beauftragten Arthur Freundt und Hugenberg für seine Pläne zu gewinnen, denn Anfang September 1923 berichtete er v. Janson:

> „In den letzten Tagen haben Besprechungen stattgefunden, an denen Knittel[585], Klit[z]sch, Reusch, Freundt teilnahmen und die, wovon ich jetzt überzeugt bin, die Angelegenheit dem Ziele nahegebracht haben. Gleich darauf hatte ich Gelegenheit, auch

---

[578] Vgl. H. Nusser: Wehrverbände, S. 281 ff.

[579] Vgl. ebd., S. 281.

[580] Vgl. H. Tötter: Warum wir den Ruhrkampf verloren, Köln 1940, S. 62 f. (i. f. zit.: H. Tötter: Ruhrkampf).

[581] Vgl. ebd., S. 62.

[582] Vgl. K. Koszyk: Deutsche Presse, S. 93.

[583] Vgl. dazu die Korrespondenz zwischen v. Janson und Spengler, gedr. in: O. Spengler: Briefe.

[584] Martin Blank, Leiter der Berliner Außenstelle der GHH, berichtete Spengler im März 1923, daß vermutlich „die Organisation Klingenberg in der von uns gedachten Form sich durchsetzen und die nötigen Mittel erhalten wird. (...) Ich besprach heute mit Herrn Dr. Freundt die schwebenden Fragen, und wir waren beide der Ansicht, daß es außerordentlich begrüßenswert wäre, wenn Sie noch einmal nach Berlin kämen, um nun mitzuhelfen, der geschaffenen äußeren Form auch kräftig Leben einzublasen." (Schreiben Blanks an Spengler, 5. 3. 1923, gedr. in: O. Spengler: Briefe, S. 239 f.) Der von Blank genannte Freundt war ein Beauftragter Vöglers, der sich ebenso wie Reusch offenbar direkt um die Pressestelle Rhein-Ruhr kümmerte und Hugenberg nicht allein das Feld überließ. Vgl. auch die Schreiben Spenglers an Reusch v. 15. 3., 30. 3. u. 8. 4. 1923 u. von Reusch an Spengler v. 18. 3. u. 10. 4. 1923, gedr. in: O. Spengler, Briefe, S. 241 ff.

[585] Albert Knittel, Geschäftsführer d. G. Braunschen Hofdruckerei, Verlag der Karlsruher Zeitung in Karlsruhe.

noch mit Hugenberg zu sprechen, der durch die allerletzte Entwicklung zu dem Entschluß gekommen ist, sich viel energischer für die Durchführung des Nachrichtendienstes einzusetzen, als es sonst wohl der Fall gewesen wäre. (...) Ich möchte nur erwähnen, daß für Ihr Büro im Scherlhause große Räume zur Verfügung stehen."[586]

Noch im gleichen Monat tauchte v. Janson unter den Tantieme-Empfängern der leitenden Angestellten des Hugenberg-Konzerns auf.[587] Vermutlich wurde sein Büro in Hugenbergs Scherl-Verlag zu jener eingangs erwähnten „Rhein-Ruhr-Stelle Berlin", die eng mit der Arbeitgebervereinigung zusammenarbeitete.

Ähnlich wie die Verbindungen zum VvVD waren auch die Kontakte der Schwerindustriellen zu den bayerischen Wehrverbänden kompliziert und kaum zu durchschauen. Sicher ist aber, daß Oswald Spengler bei ihrem Vorgehen in Bayern eine zentrale Rolle spielte. Der Verfasser des berühmten kulturpessimistischen Werkes „Der Untergang des Abendlandes" wurde nach der Revolution politisch aktiv und hielt im Ruhrgebiet „aufklärende" Vorträge über „nationale Interessen", zu denen ihn zunächst Albert Vögler einlud.[588] Spenglers Forum war u. a. die Essener „Montags-Gesellschaft",[589] eine regelmäßig tagende, etwa 40 Spitzenvertreter der Ruhrindustrie umfassende Vereinigung, der auch Vögler und Hugenberg angehörten.[590] Vorsitzender der Montags-Gesellschaft war Paul Reusch,[591] den Spengler bei seinen Vorträgen kennenlernte, und mit dem sich eine enge Freundschaft entwickelte, die bis zu Spenglers Tod andauerte.[592] Reusch, der sich für die politischen Ideen und Anregungen des Kulturphilosophen als sehr zugänglich erwies, begann diesen etwa ab Frühjahr 1922 zu protegieren.[593] Ob aber Reusch dafür sorgte, daß Spengler regelmäßige Bezüge aus einem Fonds Hugenbergs erhielt, oder ob Vögler feste Bindungen solcher Art bereits früher geknüpft hatte, läßt sich nicht sagen. Vögler schrieb Hugenberg im Dezember 1922:

„Herr Spengler bittet sehr um weitere Überweisungen. Er wäre seit November ohne Unterstützungen. Hatte das Herr Mann [Konzernmitarbeiter Hugenbergs] nicht ein für allemal übernommen? Diese Summen sind wie die für M.[artin] Sp.[ahn] ein für allemal doch von uns gesichert."[594]

Spenglers vermutlich selbstgewählte Aufgabe[595] im Dienste des schwerindustriellen Kreises um Hugenberg bestand vor allem darin, Kontakt mit bayerischen nationa-

---

586 Schreiben Spenglers an v. Janson, 9. 9. 1923, gedr. in: O. Spengler: Briefe, S. 266 f.
587 v. Janson erhielt im September 1923 450 Goldmark. Vgl. Tantiemeübersicht, hs. Notizzettel Hugenbergs, o. D. (1923). — Akten Opriba, H 21.
588 Vgl. Schreiben Vöglers an Spengler, 10. 3. 1921, gedr. in: O. Spengler: Briefe, S. 181, u. Bodo Herzog: Die Freundschaft zwischen Oswald Spengler und Paul Reusch, Sonderdruck (1965), S. 89, Anm. 29 (i. f. zit.: B. Herzog: Freundschaft).
589 Vgl. Rundschreiben Quaatz', 26. 1. 1922. — Krupp/FAH, IV E 797.
590 Vgl. Schreiben Reuschs an Krupp v. Bohlen u. Halbach, 25. 11. 1921, mit Anlage Teilnehmerverzeichnis d. Essener Montags-Gesellschaft. — Krupp/FAH, IV E 797.
591 Vgl. Schreiben der HK Essen (gez. Redlich) an die Firma Krupp (gez. Homann), 18. 6. 1921. — Krupp/FAH, IV E 797.
592 Vgl. B. Herzog: Freundschaft, S. 84, u. O. Spengler: Briefe, S. 195 ff.
593 Vgl. B. Herzog: Freundschaft, S. 81 f.
594 Schreiben Vöglers an Hugenberg, 22. 12. 1922. — NL Hugenberg, M 7.
595 Der außerordentlich selbstbewußte Ton, den Spengler gegenüber seinen schwerindustriellen Freunden anschlug, legt diese Vermutung nahe, die auch der Darstellung Herzogs über das Verhältnis von Reusch und Spengler entspricht. Vgl. B. Herzog: Freundschaft, S. 82.

len Kreisen zu halten, Informationen zu liefern und bestimmte Gruppen zu unterstützen. Dabei ging es ihm, wie seinen Geldgebern, um Stärkung der auf den Reichsgedanken verpflichteten nationalen Verbände in Bayern.

Hervorragender Vertreter einer starken reichstreuen Gruppe in Bayern war Forstrat Georg Escherich, mit dem Spengler befreundet war.[596] Escherich, Leiter der bayerischen Einwohnerwehren, gründete am 9. Mai 1920 die Organisation Escherich (Orgesch), einen angeblich waffenlosen Wehrverband, dessen programmatische Ziele lauteten:

„1. Sicherung der Verfassung.

2. Schutz von Personen, Arbeit und Eigentum.

3. Erhaltung des Deutschen Reiches und Kampf gegen jede Abtrennungsbestrebungen.

4. Aufrechterhaltung von Ruhe und Ordnung und Abwehr jedes Rechts- oder Linksputsches."[597]

Tatsächlich bildete die Orgesch in Preußen mit regional unterschiedlichem Erfolg eine Auffangorganisation für die im April 1920 per Reichserlaß aufgelösten, realiter aber noch bis 1921 als Notschutzverbände weiterexistierenden Einwohnerwehren.[598] In Bayern, wo die Einwohnerwehren noch bis Mitte des Jahres 1921 legal tätig sein konnten, waren Orgesch und Einwohnerwehren eng miteinander verfilzt. Das kam sowohl in der Doppelstellung Escherichs als Leiter der bayerischen Einwohnerwehren und Reichshauptmann der Orgesch zum Ausdruck als auch durch die Tatsache, daß eine Reihe von Angestellten der bayerischen Einwohnerwehrzentrale ihr Gehalt von der Orgesch bezogen.[599] Die Orgesch verfügte zeitweise über umfangreiche finanzielle Mittel, deren Herkunft nicht ganz geklärt ist, wenn auch Nusser die These vertritt, daß sie in der Hauptsache vom grundbesitzenden Adel stammten.[600] Immerhin spendeten Stinnes' A. Riebeck'sche Montan-Werke gemeinsam mit zwei anderen Unternehmen der Orgesch 1920 zwei Millionen Mark.[601] Auch gibt es weitere Hinweise auf direkte Unterstützung der Orgesch durch Hugenbergs schwerindustriellen Freundeskreis.[602] Grundsätzlich scheint aber eine planmäßige,

---

[596] Vgl. Schreiben Behns an Spengler, 3. 12. 1929, gedr. in: O. Spengler: Briefe: S. 599.

[597] Zit. n. H. Nusser: Wehrverbände, S. 177.

[598] Diese Information verdanke ich Conny Stamm, Hamburg, der in seiner Dissertation „Einwohnerwehren in Norddeutschland 1918—1921. Zur Entwicklung der innenpolitischen Machtkonstellation in der Frühphase der Weimarer Republik" das Problem der unter amtlicher Duldung weiterexistierenden illegalen Selbstschutzverbände intensiv behandeln wird.

[599] Vgl. H. Nusser: Wehrverbände, S. 176 f.

[600] Vgl. ebd., S. 182.

[601] Vgl. Erwin Könnemann: Organisation Escherich (Orgesch) 1920—1921 in: Die bürgerlichen Parteien in Deutschland, Berlin 1968, Bd. II, S. 459—463, hier S. 460 (i. f. zit.: E. Könnemann: Orgesch). Im August 1920 entsprachen 2 Millionen Papiermark etwa 181 800 Goldmark. Vgl. Deutschlands Wirtschaft, S. 59.

[602] An der Gründung der Orgesch beteiligten sich eine Reihe rechtsgerichteter Politiker, u. a. auch der Hugenberg nahestehende Direktor des Pommerschen Landbundes v. Dewitz. H. Nusser (: Wehrverbände, S. 175) nennt ferner einen „Dr. Anring-Hannover". Möglicherweise war dieser identisch mit „Dr. Arning-Hannover", der an einer von Hugenberg mitfinanzierten Nachrichtenstelle in Hannover beteiligt war und als Hugenbergs Verbindungsmann fungierte. (Vgl. Schreiben Dr. Arnings an Hugenberg, 18. 12. 1919. —

von Hugenberg mitgelenkte Protektion Escherichs erst dann eingesetzt zu haben, als des Forstrats Einfluß in Bayern zu schwinden drohte.

Escherichs Stern begann in dem Moment zu sinken, als die Orgesch, ebenso wie die bis dahin noch legalen bayerischen Einwohnerwehren, im Juni 1921 auch in Bayern verboten wurden.[603] Einen Tag nach der Auflösungsorder gründete der zweite Stellvertreter Escherichs in der Orgesch, Sanitätsrat Otto Pittinger, die „Geheimorganisation Pittinger". Unter diesem Dach sollten die Mitglieder der ehemaligen bayerischen Einwohnerwehr gesammelt und zu einer Reservearmee für die Reichswehr ausgebildet werden. Der Leiter des neuen Wehrverbandes, Pittinger, konnte das gesamte Vermögen der Einwohnerwehr an sich ziehen und sich damit eine außerordentliche Machtstellung schaffen.[604] So ausgerüstet, suchte er nunmehr den seinen separatistischen Plänen abgeneigten Escherich mit der weiter existierenden illegalen Orgesch aus Bayern hinauszudrängen. Das sich lang hinziehende Ringen zwischen beiden drohte endgültig zuungunsten des mit dem Verlust der bayerischen Einwohnerwehr seiner Basis beraubten Forstrats zu enden, als Pittinger seine Organisation im Juni 1922 in den legalen, politisch akzentuierten Verein „Bund Bayern und Reich" umwandelte.[605]

Spengler, der diese Entwicklung mit Besorgnis beobachtet hatte, suchte nun Hugenberg, Reusch und Vögler für eine Stützungsaktion zugunsten Escherichs zu gewinnen.[606] Seiner Meinung nach mußte vor allem die Popularität des „illegalen" Escherich in Bayern erhöht werden. Dazu war die Presse das geeignete Mittel und Hugenberg der geeignete Mittelsmann.[607] Spengler wollte sich aber nicht allein auf den bereits bestehenden Apparat Hugenbergs verlassen, sondern strebte die Organisation eines speziellen bayerischen Nachrichtendienstes an, der vermutlich nicht nur die Presse mit Material beliefern, sondern auch vertraulichere Informationen in nationalen Kreisen verbreiten sollte.[608] Nach Besprechungen zwischen Hugenberg, Vögler, Spengler und Escherich im September 1922[609] begann bereits einen Monat später die von Spengler gewünschte Organisation anzulaufen.[610] Leiter des Nach-

---

NL Hugenberg, A B. 1.) Ende Mai 1920 unternahme Orgesch-Vertreter eine Reise ins Ruhrgebiet, um bei den Industriellen Geld zu erbitten. Kirdorf verwies sie an den für diese Fragen zuständigen Hugenberg, der die Herren auch empfing und ihnen finanzielle Unterstützung zusagte. (Vgl. H. Nusser: Wehrverbände, S. 181.) Auch Reusch soll nach Nusser (S. 329) Summen für die Orgesch bereitgestellt haben.

[603] Vgl. E. Könnemann: Orgesch, S. 462 f.

[604] Vgl. H. Nusser: Wehrverbände, S. 215 ff.

[605] Vgl. ebd., S. 220.

[606] Vgl. Schreiben Spenglers an Escherich, 27. 9. 1922, gedr. in: O. Spengler: Briefe, S. 215 f.; Schreiben Spenglers an Reusch, 7. 10. 1922, gedr. in: ebd., S. 216 f.; Schreiben Spenglers an Hugenberg, 17. 11. 1922. — NL Hugenberg, A Bd. 20.

[607] Hugenberg hatte sich bereits im Mai 1921, bevor Spengler an ihn herantrat, publizistisch für die Orgesch eingesetzt. So verbreitete seine TU „Propagandanotizen für die Orgesch". Vgl. „Republik", Nr. 111, 14. 5. 1921.

[608] Vgl. Schreiben Spenglers an Hugenberg, 12. 10. 1922. — NL Hugenberg, A Bd. 20, u. Schreiben Spenglers an Reusch, 7. 10. 1922, gedr. in: O. Spengler: Briefe, S. 216 f.

[609] Vgl. die Schreiben Hugenbergs an Spengler u. Spenglers an Escherich v. 2. u. 5. 9. 1922, gedr. in: O. Spengler: Briefe, S. 211 f.; vgl. ferner Schreiben Escherichs an Hugenberg, 5. 9. 1922. — NL Hugenberg, A Bd. 5.

[610] Vgl. Schreiben Spenglers an Reusch, 7. 10. 1922, gedr. in: O. Spengler: Briefe, S. 216.

richtendienstes wurde Major Wäninger,[611] Führer des bayerischen Stahlhelms.[612] Organisatorisch mit Hugenbergs Deutschem Überseedienst verbunden,[613] wurde der Nachrichtendienst hauptsächlich von Vögler, Reusch und Hugenberg finanziert.[614] Zweck und Wert dieses Unternehmens brachte Spengler in einem Schreiben an Hugenberg zum Ausdruck, als die Geldzufuhr für Wäninger zunächst nicht geklappt hatte:

> „Die Lage hier unten hängt wesentlich von einer ganz kleinen Zahl von Personen ab, deren Wichtigkeit sich aus der Ferne manchmal nicht erkennen läßt. Das Verhältnis zwischen Esch.[erich] und Pi.[ttinger] ist, wie Sie wissen, so gespannt geworden, daß die Niederlage des einen unvermeidlich ist. Es handelt sich aber hier nicht um zwei Personen, sondern um den Reichsgedanken und die Separation. Die Stellung von E.(scherich) ist keinegswegs sicher, und seine Stützung durch Wä.(ninger) fällt ganz erheblich ins Gewicht. Fällt diese fort, so kann die Folge ohne weiteres die sein, daß bei der nächsten Krise Ereignisse erfolgen, von denen man sich im Norden nichts träumen läßt."[615]

Wäningers nachrichtendienstliche Tätigkeit im Sinne Escherichs wurde ergänzt durch seine verbandspolitischen Aktivitäten. Die Stahlhelmleitung hatte kurz nach Gründung der Orgesch ihre bayerischen Landesorganisation dem Forstrat unterstellt[616] und ihn zugleich zum Ehrenmitglied des Stahlhelms ernannt.[617] Zwar spielte dieser „preußische" Wehrverband rein zahlenmäßig in Bayern keine große Rolle, doch verfügte er dank seiner starken Stellung im Norden über zahlreiche finanz- und prestigeträchtige Verbindungen,[618] die Wäninger auch in bayerischen nationalen Kreisen zu einer einflußreichen Figur machten.[619]

Verbandspolitische Unterstützung fand Escherich gelegentlich auch bei dem „Bauerndoktor" Georg Heim, dem langjährigen Leiter des „Bayerischen Christlichen Bauernvereins" und Gründer der „Bayerischen Volkspartei" (BVP).[620] Heim war

---

[611] Carl Wäninger, geb. 3. 8. 1877, gest. 29. 1. 1929, Führer des bayerischen Stahlhelms, der vorwiegend in der Coburger Gegend beheimatet war. Wäninger gehörte der DVP an und war mit Escherich befreundet. Vgl. H. Nusser: Wehrverbände, S. 279, u. Volker R. Berghahn: Der Stahlhelm. Bund der Frontsoldaten 1918—1935, Düsseldorf 1966, S. 47 u. Anm. 5 (i. f. zit.: V. Berghahn: Stahlhelm).

[612] Vgl. Schreiben Spenglers an Hugenberg, 12. 10. 1922. — NL Hugenberg, A Bd. 20.

[613] Vgl. Schreiben Hugenbergs an Spengler, 25. 8. 1923, gedr. in: O. Spengler: Briefe, S. 263 f.

[614] Vgl. die Schreiben Spenglers an Reusch, 3. 1. 1923, u. Reuschs an Spengler, 10. 1. 1923, gedr. in: O. Spengler: Briefe, S. 234 ff., u. Schreiben Hugenbergs an Spengler, 25. 8. 1923, gedr. in: ebd., S. 263 f.

[615] Schreiben Spenglers an Hugenberg, 12. 10. 1922. — NL Hugenberg, A Bd. 20.

[616] Vgl. H. Nusser: Wehrverbände, S. 289; nach V. Berghahn (: Stahlhelm, S. 30) soll sogar die Initiative zur Gründung der Orgesch von Stahlhelmleiter Seldte ausgegangen sein.

[617] Vgl. H. Nusser: Wehrverbände, S. 294.

[618] So hatte der Stahlhelm eine starke Stellung innerhalb der VvVD, denen auch die meisten bayerischen Verbände angeschlossen waren. (Vgl. ebd., S. 283.) Viele prominente Mitglieder der DVP und DNVP gehörten dem Stahlhelm an. Wäningers nachrichtendienstliche Tätigkeit verdeutlichte schließlich auch die guten Beziehungen des Stahlhelms zur Schwerindustrie.

[619] Vgl. ebd., S. 289 f.

[620] Heim unterstützte Escherich allerdings nicht, um den Reichsgedanken zu stärken, sondern im Gegenteil, weil er die Orgesch als Kampftruppe gegen das „rote Berlin"

wiederum mit Hugenberg bekannt. Beide erholten sich regelmäßig in einem Sanatorium des oberbayerischen Ortes Bad Kreuth.[621] Kreuth war für Hugenberg jedoch nicht allein Kurbad, sondern auch geheimes Domizil für diskrete politische Gespräche.[622] Als Hausherr wie als Kontaktperson stand ihm zunächst der Leiter des Sanatoriums, Dr. May, zur Verfügung, bis Hugenberg für seinen Freund Leo Wegener 1925 in Kreuth ein großes Haus errichten ließ,[623] in dem für ihn selbst ständig Zimmer reserviert waren.[624] Wie weit nun Hugenbergs Gespräche mit dem stark föderalistisch, aber ebenso antisozialistisch orientierten Heim Einfluß auf dessen Haltung Escherich gegenüber nahmen, läßt sich nur vermuten. Hugenberg selbst verlor das Interesse an Escherich, jedenfalls soweit eine Unterstützung via Wäninger in Betracht kam, etwa ab August 1923, als er Spengler schrieb:

„Sowohl von seiten des Herrn Forstrats Escherich, wie von seiten des Herrn Dr. Kulenkampff[625] erhielt ich in diesen Tagen Zuschriften betr. Herrn Major Wäninger. Ich werde dadurch an unsere seinerzeitigen Unterhaltungen erinnert und empfinde aufs neue, wie sehr die Vereinbarung, die wir bezüglich W.[äninger] getroffen haben, außerhalb desjenigen Kreises von Dingen liegt, für deren ordnungsmäßige Abwicklung ich eine Gewähr übernehmen kann. Ich werde in nächster Zeit 50 Ztr. Roggenrentenbriefe zur Verfügung stellen, die ausschließlich für die Deckung der Bedürfnisse des Herrn W.[äninger] bestimmt sein sollen. (...) Ich möchte mich aber gern mit dieser Zahlung von der Weiterverfolgung der Angelegenheit W.[äninger] loskaufen, aus der mir persönlich immer neue Verdrießlichkeiten erwachsen und die, wie oben schon gesagt, außerdem sehr außerhalb des Kreises von Dingen liegt, für die ich eine Verantwortung übernehmen kann. Die gegenwärtigen Verhältnisse zwingen dazu, an dieser und jener Stelle abzubauen und auf die Durchführung an sich erwünschter Dinge zu verzichten."[626]

Hugenbergs Entschluß stand möglicherweise mit der wachsenden Erkenntnis in Zusammenhang, daß Escherich die Schlacht gegen Pittinger verloren hatte und in der turbulenten bayerischen Szene des Jahres 1923 keine Rolle mehr spielen konnte.[627] Stellte Hugenberg die finanzielle Unterstützung für Escherich via Wäninger auch ein, ging sein Interesse an den reichstreuen nationalen Verbänden doch nicht verloren. So hatte die dynamischste politische Kraft in Bayern, die NSDAP, seine Aufmerksamkeit bereits erregt, bevor sie mit ihrem Theatercoup im November 1923 im ganzen Reich von sich reden machte.

Der „Führer" der neuen nationalen und gegenüber den herkömmlichen vaterländischen Verbänden als „revolutionär" geltenden Bewegung, Adolf Hitler, hatte Hugenbergs Freund Claß bereits 1920 besucht und sich als Anhänger alldeutscher

---

ansah. Vgl. Falk Wiesemann: Die Vorgeschichte der nationalsozialistischen Machtübernahme in Bayern 1932/33, Berlin 1975, S. 27.

[621] Vgl. dazu den Schriftwechsel zwischen Hugenberg u. Dr. May, in: NL Hugenberg, A Bd. 15.

[622] So traf sich Hugenberg z. B. auch mit Escherich in Kreuth. Vgl. Schreiben Escherichs an Hugenberg, 5. 9. 1922. — NL Hugenberg, A Bd. 15.

[623] Vgl. Kap. I, Anm. 136.

[624] Vgl. Schreiben Erika Wegeners an Hugenberg, 26. 12. 1948. — BA/NL Wegener, Nr. 68.

[625] Dr. Walter Dietrich Kulenkampff, geb. 1883, gest. 1929, Reichstagsabgeordneter d. DVP, Mitglied d. Präsidiums des Zentralverbandes d. Großhandels und des Hansabundes. Vgl. H. Degener: Wer ist's, 1928, S. 893.

[626] Schreiben Hugenbergs an Spengler, 25. 8. 1923, gedr. in: O. Spengler: Briefe, S. 663 f.

[627] H. Nusser: Wehrverbände, S. 233 u. 246.

Ideen bekannt.[628] Gleichwohl kam eine Begegnung mit dem eigentlichen Schöpfer des ADV, Alfred Hugenberg, in den ersten Jahren der NSDAP nicht zustande, obwohl der Geheimrat sich im Februar 1923 über Dr. May um eine Zusammenkunft bemühte.[629] Warum Hitler Hugenbergs Verlangen nicht nachkam, ist unbekannt. Daß er sich durch Kontakte mit einem Industrievertreter nicht kompromittieren wollte, ist unwahrscheinlich, da er im gleichen Monat mit Hugo Stinnes zusammentraf.[630] Möglicherweise verfolgte Hugenberg sein Vorhaben auch nach der Unterredung Stinnes – Hitler nicht mehr nachdrücklich, zumal ihm aus nahestehenden bayerischen Kreisen abgeraten wurde.[631] Dennoch blieb sein Interesse an der stetig wachsenden NSDAP, die zwar mit der Orgesch konkurrierte, gleichzeitig aber die separatistische Pittinger-Gruppe bekämpfte,[632] bestehen. So ließ er sich weiterhin von Dr. May und auch von Pfarrer Traub über die Hitler-Bewegung orientieren.[633] Sowohl May wie Traub befürchteten in der ersten Hälfte des Jahres 1923, daß sich der unerfahrene Hitler von Kreisen der BVP, die sich einerseits nationalsozialistische Parolen zu eigen machten, andererseits die Nazis als staatsgefährliche Putschisten denunzierten, ausmanövrieren lassen würde.[634] Hugenberg, der im März 1923 von dem erbosten Heim die Version des Hitler bekämpfenden BVP-Flügels zu hören bekam, stimmte May – allerdings nur zurückhaltend – in einem Schreiben zu:

> „Auch mir ist dieser Eifer derjenigen um Heim etwas verdächtig. Andererseits gibt sich Hitler mit seinem Programm und der Zusammensetzung seiner Bewegung anscheinend aber soviel Blößen, daß seine Bekämpfung dadurch sehr erleichtert wird."[635]

Bei der München-Augsburger Abendzeitung sorgte Traub mit Wissen Hugenbergs für eine gemäßigte publizistische Unterstützung der NSDAP.[636] Im Juni 1923 bat er Chefredakteur Eugen Mündler sogar dringend,

---

[628] Vgl. D. Stegmann: Verhältnis, S. 404.

[629] Vgl. hs. Notiz Wegeners, o. D. — BA/NL Wegener, Nr. 73.

[630] Vgl. Georg W. F. Hallgarten: Hitler, Reichswehr und Industrie 1918—1933, Frankfurt/M. 1962, S. 25 f. (i. f. zit.: G. Hallgarten: Hitler).

[631] Wie Wegener notierte, war Hugenberg wenig später nochmals in München, wo sich gegen eine Zusammenkunft mit Hitler der deutschnationale Gesellschafter d. MAA, Geheimrat Otto, Vorsitzender d. LV Bayern-Süd d. DNVP, „scharf aussprach". Vgl. hs. Notiz Wegeners, o. D. — BA/NL Wegener, Nr. 73.

[632] Vgl. H. Nusser: Wehrverbände, S. 246.

[633] May empfahl Hugenberg im März 1923 einen Rittmeister v. Douglas zu empfangen, der ihm „Einiges über Hit(t)ler u. unseren Nationalsozialismus" berichten könne. „Er ist ziemlich versiert in dieser Materie u. kann Ihnen über Manches Aufschluß geben, über welches ich nicht so unterrichtet war." Schreiben Dr. Mays an Hugenberg, 5. 3. 1923. — NL Hugenberg, A Bd. 15.

[634] Vgl. ebd. u. Schreiben Traubs an Hugenberg, 12. 5. 1923. — NL Hugenberg, M 8.

[635] Schreiben Hugenbergs an Dr. May, 13. 3. 1923. — NL Hugenberg, A Bd. 15.

[636] Am 12. 5. sandte er Hugenberg „einen Artikel der gestrigen Sonntagsausgabe, der mir viel Kopfzerbrechen machte. Prof. Otto wird schelten, weil ich die Nationalsozialisten nicht ganz verdammte. Aber ich fürchte, wenn diese Bewegung jetzt mit Hilfe der Bayerischen Volkspartei lahmgelegt wird, haben wir in Deutschland überhaupt nichts mehr an aktivem Gemeinschaftsmaterial. Auf der anderen Seite wird mich der Völkische Beobachter wieder zerzausen. Ich habe eine leise Hoffnung, daß Sie mit dem Artikel einigermaßen zufrieden sein könnten, das würde mich herzlich freuen." (Schreiben Traubs an Hugenberg, 12. 5. 1923. — NL Hugenberg, M 8.) Vier Tage später berich-

„(...) daß wir die Linie der München-Augsburger Abendzeitung ganz konsequent inne-halten, gegen Hitler nicht hetzen, wie die Bayer. Volkspartei es jetzt tut, und vielleicht sogar die Mittelpartei zu diesem Waidwerk benutzt, um sie nachher auch zum Teufel zu jagen. Ebensowenig brauchen wir für die Hitlerei irgendwie Stimmung zu machen. Wir wollen sie auch zurechtweisen, wo sie die Grenzen überschreitet und sie immer daran erinnern, daß sie die staatliche Autorität in erster Linie zu stützen hat."[637]

Erst als Hitler mit seinem Putsch diese Grenze überschritt, rückte Traub von ihm ab, ohne ihn freilich ganz fallenzulassen.[638] Auch für Hugenbergs Politik in Berlin kam Hitlers „Staatsstreich" recht ungelegen. Wie sein Mitarbeiter, Kapitän Mann, an Traub schrieb,

„(...) war gerade vor dem Münchener Putsch manches recht gut in Gang gekommen, was nun alles wieder zerstört ist. Stresemann und Ebert überwinden durch ihre tak-tische Geschicklichkeit alle Schwierigkeiten. Die Opposition in der Deutschen Volks-partei zeichnet sich nicht durch Mannesmut aus, abgesehen von ganz wenigen."[639]

Zerstört war zunächst der breit angelegte, von Oswald Spengler ausgehende Ver-such, Stresemann von seiner eigenen Partei stürzen zu lassen.[640] Spengler hatte im Oktober 1923 seine sämtlichen schwerindustriellen Freunde, neben Hugenberg vor allem Reusch, Quaatz und Freundt, für dieses Ziel aktiviert,[641] um die DVP aus dem Bündnis mit der SPD zu lösen und Generalstaatskommissar Gustav v. Kahr in Bayern durch eine rechtsbürgerliche Berliner Regierung stützen zu lassen.[642] Nach diesem von Hitler mitverschuldeten Mißerfolg verlor Hugenberg offenbar für meh-rere Jahre das Interesse an der zeitweise zur Bedeutungslosigkeit verurteilten NSDAP und begann sich ihrer erst unter günstigeren Umständen wieder zu er-innern und anzunehmen.

---

tete er Hugenberg: „Die jetzt einsetzende große Hetze gegen Hitler mache ich nicht mit." Schreiben Traubs an Hugenberg, 17. 5. 1923. — NL Hugenberg, M 8.

[637] Schreiben Traubs an Dr. Mündler, 14. 6. 1923. — BA/NL Traub, Nr. 12.

[638] Während des Hitler-Putsches hatte sich Traub auf die Seite v. Kahrs gestellt. (Vgl. G. Traub: Lebenserinnerungen, o. O., o. J., S. 284 ff. — BA/NL Traub, Nr. 5.) Im Oktober 1924 schrieb Traub „ohne jeden Auftrag und ohne eine Parteiinstanz gehört zu haben" an Hitler: „Halten Sie es nicht für richtig, jetzt mit ein paar kurzen klaren Worten Ihre Freunde öffentlich zum Kampf gegen Marxismus, Bolschewismus und Pazifismus aufzurufen und sie aufzufordern, den Kampf gegen die Deutschnationalen zu unterlassen. (...) Gehen diese Wahlen wieder ohne klare Machtverhältnisse aus, so sitzt Ebert wieder fest und Severing dazu. Und auch für Ihre Führerrolle draußen wäre es nicht schlecht, wenn Sie ein solches Wort sich überlegten. Ich komme gern, wenn es gewünscht wird." Schreiben Traubs an Hitler, Oktober 1924. — BA/NL Traub, Nr. 57.

[639] Schreiben Kapitän Manns an Traub, 19. 11. 1923. — BA/NL Traub, Nr. 8.

[640] Am 5. Oktober 1923 schrieb Spengler an v. Janson: „Auf meine Veranlassung er-öffnen morgen die MNN und München-Augsburger Abendzeitung eine scharfe Pole-mik gegen die Person Str.[esemann]. Bitte setzen Sie alles in Bewegung, damit die Sache in der Berliner Presse und der Provinz aufgefangen wird." Schreiben Spenglers an v. Janson, 5. 10. 1923, gedr. in: O. Spengler: Briefe, S. 273; vgl. auch Schreiben Spenglers an v. Janson, 30. 10. 1923, gedr. in: ebd., S. 281 f.

[641] Vgl. die Schreiben Spenglers an Quaatz, 30. 10. 1923, Quaatz an Spengler, 31. 10. 1923, Spenglers an Reusch, 31. 10. 1923, gedr. in: ebd., S. 282 ff.

[642] Vgl. Schreiben Spenglers an Quaatz, 30. 10. 1923, gedr. in: ebd., S. 282—283.

c) Schwerindustrie und intellektuelle Rechte: Hugenberg und die Ring-Bewegung

Im Unterschied zur heutigen Zeit spielte die intellektuelle Rechte im politisch-kulturellen Leben der Weimarer Demokratie eine bedeutende Rolle. War es gegen Ende der Republik der Tat-Kreis um Hans Zehrer, der das geistige Klima mit-prägte, so in den frühen zwanziger Jahren der Juni-Klub mit Arthur Moeller van den Bruck als Wortführer. Tat-Kreis wie Juni-Klub verstanden sich als intellek-tuelle Zentren der „konservativen Revolution". Ihre Anhänger fühlten sich als „Jungkonservative" und wollten sich von den reaktionären Nationalisten wilhelmi-nischer Prägung deutlich unterschieden wissen.[643] Beim Tat-Kreis entsprach diese ideelle Abgrenzung weit eher den Tatsachen als beim Juni-Klub.

Der Juni-Klub, im Juni 1919 gegründet, ging aus drei politischen Gruppierungen hervor: dem „Verein für nationale und soziale Solidarität", der „Antibolschewisti-schen Liga" und dem „Verein Kriegerhilfe Ost".[644] Der im Oktober 1918 ins Leben gerufene Verein für nationale und soziale Solidarität stand unter dem Vorsitz Heinrich v. Gleichens, der während des Krieges den „Bund deutscher Gelehrter und Künstler" geleitet hatte. Zu den wenigen, „Solidarier" genannten Mitgliedern des Vereins zählten u. a. Moeller van den Bruck und Eduard Stadtler.[645] Stadtler, nach russischer Kriegsgefangenschaft Mitarbeiter Helfferichs an der Moskauer Botschaft, gründete im Dezember 1918 die Antibolschewistische Liga, in deren Aktionsaus-schuß auch von Gleichen eintrat.[646] Die sich rasch ausbreitende Bewegung fand zu-nächst aktive, u. a. auch finanzielle Unterstützung bei Friedrich Naumann,[647] der sich aber zurückzog, als Stadtler ihn aufforderte, gegen seine eigene Partei, die DDP, zu arbeiten. Gleichwohl blieb Stadtler Naumanns Wohlwollen erhalten, da dieser zwar die parteipolitische Stoßrichtung der Antibolschewistischen Liga ablehnte, nicht aber das Solidarier-Programm eines „nationalen Sozialismus".[648] Das von Moeller van den Bruck und von Gleichen entwickelte ideologische Konzept, das die Solidarier innerhalb der Antibolschewistischen Liga durchzusetzen suchten, stieß jedoch wiederum auf Ablehnung anderer Geldgeber.

Stadtler hatte Anfang Januar 1919 nach einer Rede über den „Bolschewismus als Weltgefahr" vor einer Versammlung von rund 50 Industriellen und Bankiers 500 Millionen Mark in Form einer Versicherungspolice für seine und verwandte Organi-sationen erhalten.[648a] Zu seinen Gönnern zählten u. a. Ernst Borsig, Carl F. v. Sie-

---

[643] Vgl. Kurt Sontheimer: Antidemokratisches Denken in der Weimarer Republik, Mün-chen 1962, S. 34 ff. (i. f. zit.: K. Sontheimer: Antidemokratisches Denken).

[644] Vgl. G. Feldbauer: Juni-Klub, S. 244.

[645] Vgl. Klemens von Klemperer: Konservative Bewegungen zwischen Kaiserreich und Nationalsozialismus, München Wien 1957, S. 115 (i. f. zit.: K. v. Klemperer: Bewegun-gen) u. H.-J. Schwierskott: Moeller v. d. Bruck, S. 45 ff.

[646] Vgl. H.-J. Schwierskott: Moeller v. d. Bruck, S. 47 f.

[647] Naumann spendete 3.000 M. Vgl. ebd., S. 48.

[648] Vgl. Theodor Heuß: Friedrich Naumann, Stuttgart Berlin 1937, S. 651 f. (i. f. zit.: Th. Heuß: Naumann).

[648a] Beantragt wurde diese Summe, die etwa 250 Millionen Goldmark entsprach (vgl. Deutschlands Wirtschaft, S. 59) von Hugo Stinnes. Laut Stadtler wurde das Geld durch ein Umlageverfahren bei allen deutschen Industrie-, Bank- und Handelsorgani-sationen zusammengebracht. Vgl. Eduard Stadtler: Als Antibolschewist 1918–1919, Düsseldorf 1935, S. 48 (i. f. zit.: E. Stadtler: Als Antibolschewist).

mens, Geheimrat Felix Deutsch (AEG), Vögler und vor allem Hugo Stinnes, der sich nachdrücklich für die Unterstützung Stadtlers eingesetzt hatte.[649] Von einer naheliegenden Beteiligung Hugenbergs an dieser Förderungsaktion ist dagegen nichts bekannt geworden. Als sich die innenpolitischen Verhältnisse konsolidiert hatten, wurden Stadtlers „sozialistische" Parolen seinen Geldgebern jedoch unbequem, was zu Auseinandersetzungen und schließlich zum Ausscheiden Stadtlers samt seinem Anhang aus der Antibolschewistischen Liga führte. Einzig Stinnes und Vögler hielten an Stadtler fest und protegierten ihn weiter.[650]

Der „Verein Kriegerhilfe Ost" (VKO), der sich mit der Stadtler-Gruppe aus der Antibolschewistischen Liga und den Solidariern zum Juni-Klub zusammentat, ohne sein organisatorisches Eigenleben aufzugeben, war während der östlichen Grenzkämpfe Ende 1918 unter dem Protektorat F. W. v. Willisens, Chef der Zentralstelle des Grenzschutzes Ost, als sogenannte Arbeitsgemeinschaft zur politischen und wirtschaftlichen Verteidigung der deutschen Ostgebiete gegründet worden. Maßgeblich an der Entstehung des VKO beteiligt waren Mitglieder des Vereins Deutscher Studenten (VDST), vor allem Alexander Ringleb.[651] Ringleb war nach Kontakten mit dem Preußischen Kriegsministerium im November 1918 an Willisen herangetreten und hatte ihm die Gründung des VKO vorgeschlagen, dessen Hauptaufgabe vermutlich die Ansiedlung heimkehrender Soldaten in den östlichen Grenzgebieten sein sollte.[652] Die als Verhandlungsgrundlage dienenden Pläne stammten von Erich Keup,[653] Geschäftsführer der „Gesellschaft für Innere Kolonisation" (GFK), einer vom Posener Freundeskreis Hugenbergs beherrschten Zentrale für das Siedlungswesen. Keup war ferner Vorstandsmitglied dreier ländlicher Kreditorganisationen des Hugenberg-Konzerns: der Neuland AG, der Opriba und der Roggenrentenbank AG.[654] Besonders zwischen der Neuland und Keups Siedlungsplänen dürfte ein enger Zusammenhang bestanden haben, gehörte sie doch zu jenen Gesellschaften, die im Zuge von Hugenbergs großangelegtem „Ostland"-Programm im Frühjahr

---

[649] Mit dem Geld, von Stadtler „Antibolschewismus-Fonds" genannt, wurden verschiedenste Organisationen, auch die Freikorps, unterstützt. Laut Stadtler sollen sogar Mittel an Sozialdemokraten gegangen sein, denn „sofern die betreffende Gruppe ‚antibolschewistisch' wirken sollte, mit welchen Mitteln auch immer, durfte sie auf Unterstützung aus dem Fonds rechnen." (Ebd., S. 49.) Auch die Orgesch soll erhebliche Mittel aus der Großspende erhalten haben. (Vgl. K. v. Klemperer: Bewegungen, S. 117, Anm. 49, u. H.-J. Schwierskott: Moeller v. d. Bruck, S. 50.) Stadtler unterhielt noch 1922 enge Beziehungen zu Escherich und beeinflußte ihn, sehr zum Unwillen Oswald Spenglers. Vgl. Schreiben Spenglers an Escherich, 22. 9. 1922, gedr. in: O. Spengler: Briefe, S. 215 f.

[650] Vgl. H.-J. Schwierskott: Moeller v. d. Bruck, S. 52. Nach Hallgarten soll Stadtler sogar eine feste Position im Stinnes-Konzern erhalten haben. Vgl. George F. Hallgarten u. Joachim Radkau: Deutsche Industrie und Politik von Bismarck bis heute, Frankfurt/M. Köln 1974, S. 149 f. (i. f. zit.: G. Hallgarten/J. Radkau: Dt. Industrie).

[651] Vgl. Dorothea Fensch: Deutscher Schutzbund (DtSB) 1919—1933/34, in: Die bürgerlichen Parteien in Deutschland, Berlin 1968, Bd. I, S. 554—570, hier S. 558 (i. f. zit.: D. Fensch: Deutscher Schutzbund (DtSB) u. H.-J. Schwierskott: Moeller v. d. Bruck, S. 54.)

[652] Dafür spricht sowohl der Name „Verein Kriegerhilfe Ost" als auch die Tatsache, daß der VKO Siedlungspläne verfolgte.

[653] Vgl. H.-J. Schwierskott: Moeller v. d. Bruck, S. 70, Anm. 113.

[654] Vgl. Anlage z. Schreiben Tetens an Donner, 14. 10. 1930. — Akten Opriba, C IV, 10.

1918 gegründet worden waren.[655] Mit der Kriegsniederlage war zwar Hugenbergs offensives Siedlungsprogramm für neue östliche Gebiete hinfällig geworden, doch galt es nun die deutschen Minderheiten in den Grenzgebieten zu stärken, „deutsche Volkstumsarbeit" zu leisten. Diese Aufgabe übernahm im größeren Rahmen der „Deutsche Schutzbund für das Grenz- und Auslandsdeutschtum", der im Mai 1919 aus dem VKO hervorging.[656] Schatzmeister des Schutzbundes, dem sich zahlreiche Verbände als kooperative Mitglieder anschlossen, wurde Alexander Ringleb.[657] Den Vorsitz übernahm Franz von Reichenau,[658] der als Verwaltungsratsmitglied des Deutschen Überseedienstes und der Deutschen Lichtbildgesellschaft Hugenberg eng verbunden war.[659]

Noch vor Gründung des Deutschen Schutzbundes war es im März 1919 zu Kontakten zwischen VKO-Vertretern und der gerade aus der Antibolschewistischen Liga ausgeschiedenen Stadtler-Gruppe, deren Kern die Solidarier ausmachten, gekommen. Zunächst schlossen sie sich zu einer „Vereinigung für parteifreie Politik" zusammen, um sich wenig später aus Protest gegen den Versailler Vertrag in „Juni-Klub" umzubenennen.[660] Alexander Ringleb, der bereits für die Bestrebungen der VKO finanzielle Unterstützung von der Industrie erhalten hatte,[661] wurde nicht nur erfolgreicher Schatzmeister des Deutschen Schutzbundes, sondern auch des Juni-Klubs. Durch seine Vermittlung erhielten die journalistischen Mitarbeiter des Juni-Klubs regelmäßige Zuwendungen von Hugenberg und Stinnes.[662] Ringleb selbst stand etwa ab Herbst des Jahres 1920 in einem besonderen Dienstverhältnis zu Hugenberg. Vermutlich zunächst im Anschluß an den VKO hatte Ringleb den „Zweckverband Ost" gegründet,[663] einen internen Nachrichtendienst für die Industrie, der entgegen seinem Namen mehr innen- als grenzpolitische Informationen vermittelte.[664] Im August 1920 hoffte Ringleb, daß sein personal- und finanzschwaches Unternehmen dem Reichsverband der Deutschen Industrie angegliedert und mit reichlichen Mitteln ausgestattet würde.[665] Wenig später berichtete jedoch Vögler Hugenberg:

---

[655] Vgl. ebd.
[656] Vgl. D. Fensch: DtSB, S. 558.
[657] Vgl. ebd., S. 554.
[658] Vgl. ebd.
[659] Vgl. D. Guratzsch: Macht, Anhang 11, S. 407 f., u. Mitgliederliste d. Verwaltungsrats der DLG, Stand 1. 5. 1921. — Akten Opriba, G VII, 4.
[660] Vgl. G. Feldbauer: Juni-Klub. S. 244.
[661] Vgl. H.-J. Schwierskott: Moeller v. d. Bruck, S. 70 f.
[662] Vgl. ebd., S. 71.
[663] Ringleb plante eine „tatsächliche Konstituierung" des Zweckverbandes Ost erst im August 1920, obwohl er bereits einen Monat vorher Berichte an die Industrie geliefert hatte. (Vgl. Schreiben Ringlebs an Hugenberg, 10. 8. 1920, u. Bericht Ringlebs über die „Deutsch-Nordische Gesellschaft", 23. 7. 1920. — NL Hugenberg, A Bd. 18.) Die Vermutung liegt nahe, daß sich sein Nachrichtendienst zunächst auf den Apparat des VKO stützte. H.-J. Schwierskott (: Moeller v. d. Bruck, S. 54) hält Zweckverband Ost und VKO sogar für identisch.
[664] Vgl. dazu die Berichte Ringlebs, in: NL Hugenberg, A Bd. 18 u. A Bd. 23.
[665] Ringleb lag, wie an Hugenberg schrieb, eine organisatorische Verbindung mit dem RDI mehr als eine von Hugenberg u. Vögler zu diesem Zeitpunkt geplante feste Verbindung mit der TU: „Die vertraulichen Informationen, die ich über einzelne Persönlichkeiten, Gruppen, Vorgänge, politische und wirtschaftliche Transaktionen

„Zur Frage Ringleb kann ich nur mitteilen, daß die Rundfragen des Vorstandes über Zeichnungserklärungen je 100 000 Mark bisher nur einen sehr bescheidenen Erfolg gehabt haben. Ich glaube, außer Hugo Stinnes und Deutsch-Luxemburg, je 100 000 Mark, hat nur Herr Frowein noch 50 000 Mark genannt. Soweit die Zeichnung von D.[eutsch] L.[uxemburg] in Frage kommt, müßte ich sie zurückziehen, wenn die Beteiligung keine bessere wird."[666]

Tatsächlich scheint der RDI für den Zweckverband Ost kein nachdrückliches finanzkräftiges Interesse aufgebracht zu haben, da Ringleb im Oktober des Jahres eine organisatorische Verbindung mit dem Hugenberg-Konzern einging. Ausgerüstet mit einem für drei Jahre geltenden Etat von 300 000 Mark sollte er seine vertraulichen Informationen fortan Kapitän Widenmann liefern, dem Direktor des Deutschen Überseedienstes, der sie an von Hugenberg und Vögler benannte Stellen weiterzuleiten hatte.[667] Ringlebs Berichte befaßten sich hauptsächlich mit Vereinen und Persönlichkeiten der Nationalen Rechten und waren meist mit Empfehlungen für oder gegen eine finanzielle Unterstützung versehen.[668] Es muß bezweifelt werden, daß selbst die Spitze des Juni-Klubs über Ringlebs geheime nachrichtendienstliche Tätigkeit für Hugenberg informiert war, da Ringleb sogar Dossiers über ein hervorragendes Mitglied ihres Kreises, Walter Schotte, zusammenstellte. Schotte zählte zu den intellektuellen Solidariern innerhalb des Juni-Klubs und gab ab 1920 die Preußischen Jahrbücher heraus.[669] Im Anschluß an frühere Mitteilungen sandte Ringleb seinem Auftraggeber im September 1920 einen ausführlichen Bericht, in dem es u. a. hieß:

„Am 24. 8. folgte ich einer Einladung Sch's [Schottes] zum Tee. Anwesend waren neben dem Hausherrn Frau Schotte und die in den Hausstand anscheinend aufgenommene Fürstin Tumanoff geborene Prizessin Andronikoff, eine Georgierin, die über eine Reihe politischer Beziehungen zu exponierten russischen Persönlichkeiten verfügt. (...) Jedenfalls hat Schotte z. Zt. Hemmungen gegenüber Jäckh, die ich auf opportunistische Bindungen für die Deutsche Volkspartei zurückführen möchte. Wie hoch letztere einzuschätzen sind, ergibt sich u. a. daraus, daß Schotte vor kurzem das Erscheinen eines Aufsatzes gegen Erzberger in den Preußischen Jahrbüchern zu verhindern gewußt hat, mit der Begründung, daß Erzberger im wesentlichen durch den ‚sympathischen' Finanz-

---

geben kann, werden in der ausschlaggebenden Anzahl der Fälle dergestalt sein, daß eine pressemäßige Verwendung mehr Schaden als Nutzen stiften kann." Schreiben Ringlebs an Hugenberg, 10. 8. 1920. — NL Hugenberg, A Bd. 18.

[666] Schreiben Vöglers an Hugenberg, 28. 8. 1920. — NL Hugenberg, M 7.

[667] Vgl. Schreiben Kapitän Manns an Hugenberg, 7. 10. 1920. — Akten Opriba, H 21. Im Oktober 1920 waren 300.000 Papiermark etwa 18.750 Goldmark wert. Vgl. Deutschlands Wirtschaft, S. 59.

[668] So empfahl Ringleb z. B. die Deutsch-Nordische Gesellschaft finanziell nicht zu unterstützen, sondern sie zu einer Fusion mit der Antibolschewistischen Liga zu veranlassen, deren Zielsetzungen sie teilte. (Vgl. Bericht Ringlebs über die Deutsch-Nordische Gesellschaft, 23. 7. 1920. — NL Hugenberg, A Bd. 13.) Löwenstein, Hugenbergs Adlatus im Bergbauverein, schrieb nach Lektüre des Ringlebschen Berichtes an Hugenberg: „Den in Aussicht genommenen Betrag habe ich noch zurückbehalten. Bei der Gleichheit der Arbeitsgebiete von Liga und Deutsch-Nordischer Gesellschaft wäre ja deren Verschmelzung sicherlich das Richtigste. Wenn man Monteton und Funk, den beiden hauptwerbenden Kräften (...) zusagende Beschäftigung in der Liga anbieten könnte, so wäre die Fusion vielleicht schon halbwegs vollzogen." Schreiben Löwensteins an Hugenberg, 5. 8. 1920. — NL Hugenberg, M 6.

[669] Vgl. K. v. Klemperer: Bewegungen, S. 117.

minister Dr. Wirth kaltgestellt sei. (...) Es zeigte sich, daß es dem Taktiker Schotte im wesentlichen und eigentlichen auf die Förderung seiner russisch-deutschen Gesellschaft ankommt, die für ihn nicht nur eine ganz besondere Informationsquelle (...) darstellt, sondern auch den Hintergrund für eine ganze Reihe rein geschäftlicher Projekte (Lapp!) Schotte's darstellt. (...) Es erscheint mir nach Vorstehendem angezeigt, trotz allen gegen Schotte bestehenden Bedenken ihn zu unterstützen."[670]

Wie weit sich Hugenberg tatsächlich auf eine Förderung von Schottes Deutsch-Russischer Gesellschaft und den mit ihr verbundenen Projekten einließ, ist unbekannt. Sicher ist aber, daß Hugenberg 1924, als Schotte und v. Gleichen nach dem Auseinanderfallen des Juni-Klubs den „Deutschen Herrenclub" zu organisieren begannen, Schottes Büro finanziell unterstützte.[671] Schotte dürfte allerdings verborgen geblieben sein, daß sein zeitweiliger Gönner Jahre vorher von einem führenden Mitglied des Juni-Klubs intensiv über ihn informiert worden war.

Ringlebs geheime nachrichtendienstliche Beziehungen zu Hugenberg waren in ihrer Art beim Juni-Klub vermutlich einmalig. Typisch jedoch für das Subventionssystem Alfred Hugenbergs war es, daß er den Juni-Klub einerseits zentral und in einer der Führungsspitze bekannten Weise unterstützte, andererseits aber noch gesonderte Verbindungen zu einzelnen Mitgliedern pflegte. Die Struktur des Juni-Klubs bzw. der mit ihm verbundenen Ring-Bewegung kam allerdings Hugenbergs Bestreben, die von ihm geförderten Verbände über verschiedene Einflußkanäle zu kontrollieren und zu beeinflussen, besonders entgegen.

Der Juni-Klub war das Zentrum verschiedener, nicht per Satzung, sondern durch Personalunionen locker miteinander verbundener Organisationen, der Ring-Bewegung. Der Ausdruck „Ring" stammte von Heinrich v. Gleichen, symbolisch gemeint als Zusammenschluß Gleichgesinnter.[672] Zur engeren Ring-Bewegung wurden die direkt mit dem Juni-Klub verbundenen Organisationen gezählt, wie die Juni-Klubs in Königsberg, München und Stuttgart, „Die Neue Front" (Vereinigung von Publizisten des Juni-Klubs), die „Gesellschaft der Freunde des Gewissens" (Förderkreis der Klubzeitschrift „Das Gewissen"), ein Lesering des Gewissens, eine Schule (das Politische Kolleg) und eine Vortragsgesellschaft. Im weiteren Sinne gehörten zur Ring-Bewegung der Deutsche Schutzbund, der VDST und der „Deutsche Hochschulring", die mit dem Juni-Klub in einem Haus in der Berliner Motzstraße residierten, sowie der DHV.[673] Hugenberg verfügte über persönliche Verbindungen zu den meisten Gliedern der Ring-Kette. Zum „Dreizehnerausschuß", dem Führungsorgan des Juni-Klubs, unterhielt er sowohl über Ringleb wie über v. Gleichen Beziehungen.[674] Persönlichen Kontakt mit Moeller van den Bruck, dem geistigen Oberhaupt des Juni-Klubs, hatte er, wiewohl er den Autor des „Dritten Reiches" sehr

---

670 Bericht über Dr. Walter Schotte, Anlage z. Schreiben Ringlebs an Hugenberg, 3. 9. 1920. — NL Hugenberg, A Bd. 23.

671 Vgl. Schreiben Kapitän Manns an Wegener, 27. 12. 1926. — BA/NL Wegener, Nr. 65.

672 Vgl. Walter Schotte: Das Kabinett Papen-Schleicher-Gayl, Leipzig 1932, S. 19 (i. f. zit.: W. Schotte: Kabinett Papen).

673 Vgl. G. Feldbauer: Juni-Klub, S. 245 f.

674 Wann Hugenberg die Beziehungen zu v. Gleichen anknüpfte, ist unklar. 1921 war v. Gleichen bereits als Vertrauensmann Hugenbergs in der Evangelisch-Sozialen Schule tätig. Vgl. Schreiben v. Gleichens an Hugenberg, 16. 7. 1921. — NL Hugenberg, A Bd. 7.

schätzte, wahrscheinlich nicht.[675] Im Juni-Klub verkehrten, trotz betonter Über-parteilichkeit, zahlreiche Deutschnationale, besonders solche aus dem Umkreis Hu-genbergs, wie Hergt, Lindeiner-Wildau, Lejeune-Jung und Bernhard Leopold.[676] Der Industrielle Leopold zählte ebenso wie Reinhold Quaatz auch zum Autoren-kreis der Neuen Front.[677] In der Gesellschaft der Freunde des Gewissens hatte Hugenberg in Martin Spahn einen dauernden Verbindungsmann, der seine laufen-den Unterstützungsbeiträge für die Klubzeitschrift in Empfang nahm und an den Herausgeber, v. Gleichen, weiterleitete.[678] v. Gleichen, der ja selbst wiederum enge Kontakte zu Hugenberg unterhielt, wurde außerdem bei der Leitung der Zeitschrift in kaufmännischen Fragen von Hugenbergs VERA beraten.[679] Hugenbergs beson-dere Anteilnahme galt aber dem Politischen Kolleg, an dessen Entwicklung er maß-geblich beteiligt war.

Das Politische Kolleg wurde am 1. November 1920 in Nachahmung der von den Franzosen nach der Kriegsniederlage von 1871 gegründeten „Ecole Libre des Sciences Politiques" ins Leben gerufen. Die Leitung übernahmen v. Gleichen, Rudolf v. Bracker und Professor Martin Spahn.[680] Alfred Hugenberg wurde Kuratoriums-mitglied.[681] Zweck und Ziel des Politischen Kollegs umriß v. Gleichen 1921 in der „Deutschen Rundschau":

> „Der deutsche politische Mensch in seinem Anfang und Werden, der künftige Träger der ersehnten deutschen Staatsgemeinschaft, kann nur durch die Schulung eines bestimm-ten deutschen politischen Willens wirklich herangebildet werden. Das ist möglich, wenn sich dieser Wille als das Lebensgesetz einer inneren deutschen Gemeinschaft ergibt, deren Sinn mit vollster Kraft auf bestimmte politische Tat gerichtet wird. Jegliche Art Lehre kann auf fruchtbaren Boden nur in einer solchen Gemeinschaft fallen. Wenn diese fehlt, verliert sich die Lehre im unbestimmten Raum und wirft für das politische Leben kaum etwas ab. Diese Gedanken sind die geistige Grundlage, auf der das *Politische Kolleg* beruht.[682]

Im Politischen Kolleg wurden zunächst fünf, später sieben Arbeitsstellen geschaffen, die mit der Herbeischaffung und Sichtung von Material zu bestimmten politischen Themenkomplexen befaßt waren. So beschäftigte sich eine Arbeitsstelle mit Be-völkerungs- und Siedlungsproblemen, eine andere unter Leitung Spahns untersuchte die zeitgenössische Außenpolitik, eine dritte stellte sich unter Beteiligung von Ge-werkschaftskreisen das „Studium des Parteienwesens" zur Aufgabe.[683] Mit der

---

[675] In einem Artikelentwurf bedauerte Hugenberg 1932 den frühen Tod Moeller van den Brucks. (Vgl. Artikelentwurf Hugenbergs, o. D., Anlage z. Schreiben Hugenbergs an Brosius, Ostern 1932. — NL Hugenberg, P 17.) Hinweise auf persönliche Kontakte mit Moeller finden sich in den Quellen jedoch nicht.

[676] Vgl. K. v. Klemperer: Bewegungen, S. 120, u. H.-J. Schwierskott: Moeller v. d. Bruck, S. 60.

[677] Vgl. Moeller v. d. Bruck, Heinrich v. Gleichen u. Max Hildebert Boehm (Hrsg.): Die Neue Front, Berlin 1922 (i. f. zit.: Moeller v. d. Bruck u. a.: Neue Front).

[678] Vgl. die Schreiben Hugenbergs an Spahn, 4. 10. 1923 u. 20. 12. 1924. — BA/R 118, Nr. 36; Schreiben Kapitän Manns an Hugenberg, 24. 9. 1932. — NL Hugenberg, P 17.

[679] Vgl. die Schreiben v. Gleichens an Spahn, 16. 4. u. 18. 6. 1925. — BA/R 118, Nr. 35.

[680] Vgl. „Politisches Kolleg, E. V." in: Paul Herre, Kurt Jagow (Hrsg.): Politisches Hand-wörterbuch, Leipzig 1923, Bd. II, S. 333 (i. f. zit.: Polit. Handwörterbuch).

[681] Vgl. Schreiben v. Gleichens an Hugenberg, 16. 7. 1921. — NL Hugenberg, A Bd. 7.

[682] Heinrich v. Gleichen: Das Politische Kolleg, in: Deutsche Rundschau (DR), CIXXXVII (1921) S. 104—109, hier S. 104. (i. f. zit.: H. v. Gleichen: Politisches Kolleg).

[683] Vgl. ebd., S. 107, u. H.-J. Schwierskott: Moeller v. d. Bruck, S. 63, Anm. 88.

eigentlichen politischen Schulung einer heranzubildenden nationalen Elite begann das Politische Kolleg allerdings erst im Oktober 1921, als Spahn „nationalpolitische Lehrkurse" im Spandauer Johannesstift abhielt.[684] Das Politische Kolleg hatte seinen Sitz wie der Juni-Klub im Haus des Schutzbundes in der Motzstraße. Das der Evangelischen Kirche gehörende Johannesstift verfügte über die nötigen Räumlichkeiten, um auch auswärtige Teilnehmer der nationalpolitischen Lehrkurse unterbringen zu können.[685] Außerdem beherbergte es die Evangelisch-Soziale Schule, das vom Zentralverband der Landarbeiter mit Franz Behrens an der Spitze getragene Unternehmen. Auf Betreiben Hugenbergs gingen Politisches Kolleg und Evangelisch-Soziale Schule enge Bindungen miteinander ein. Der Vorstand der Evangelisch-Sozialen Schule, die nunmehr den Beinamen „Christlich-Nationale Führerschule" erhielt, wurde neu besetzt. Zum Vorstandsvorsitzenden Franz Behrens und seinem Vertreter Pastor Philipps, einem Beauftragten der evangelischen Kirche, gesellten sich mit v. Gleichen, Malletke und dem Theologen Dr. Karl Bernhard Ritter drei Delegierte des Politischen Kollegs. v. Gleichen, dem Vertrauensmann Hugenbergs, wurde dabei als einzigem Vorstandsmitglied eine Wohnung im Johannesstift zugestanden, so daß er die weitere Entwicklung der schulischen Angelegenheiten dauernd unter Beobachtung hatte.[686]

Die weitreichende Kontrolle, die das Politische Kolleg über die gewerkschaftliche Bildungsstätte ausüben konnte, beruhte, abgesehen von bereits bestehenden Querverbindungen zwischen Behrens und Hugenberg,[687] auf einer soliden finanziellen Basis. Das aus Hugenberg, Vögler, Stinnes und Thyssen bestehende industrielle Konsortium im Kuratorium des Politischen Kollegs[688] sorgte für die Schulung nationaler Gewerkschaftsbeamter mit einem Jahreszuschuß von 250 000 Mark.[689] Hugenberg beschränkte sich jedoch nicht allein darauf, über Mittelsmänner den Verwaltungsapparat der Evangelisch-Sozialen Schule in den Griff zu bekommen, sondern kümmerte sich darüber hinausgehend selbst um die Anstellung von Lehrpersonal. So bemühte er sich 1922, den deutschnationalen Erlanger Philosophieprofessor Friedrich Brunstäd als Direktor der Evangelisch-Sozialen Schule zu gewinnen.[690] Brunstäd, der ein staatlich garantiertes Gehalt und unter Umständen sein Prestige zu verlieren hatte, versuchte neben dem Direktorposten mit Unterstützung Hugenbergs und des Parteivorsitzenden Hergt gleichzeitig einen Ruf an die Universität Berlin zu erhalten.[691] Das Vorhaben scheiterte nicht etwa an der Preußischen Regierung, sondern am Widerstand der Mitglieder der Philosophischen Fakultät. Diese, geführt von Ernst Troeltsch, wollten – laut Brunstäd – den Parteienproporz

---

[684] Vgl. Politisches Kolleg, in: Polit. Handwörterbuch, S. 333.

[685] So Frau Maria Kummrow in einem Schreiben an d. Verf., 15. 1. 1977.

[686] Zu dem gesamten Vorgang vgl. das Schreiben v. Gleichens an Hugenberg, 16. 7. 1921. – NL Hugenberg, A Bd. 7.

[687] Vgl. S. 115 f.

[688] Laut Schreiben Frau Kummrows an d. Verf., 18. 11. 1976.

[689] Vgl. Schreiben v. Gleichens an Hugenberg, 16. 7. 1921. – NL Hugenberg, A Bd. 7.

[690] Die Verhandlungen begannen im Frühjahr 1922 und zogen sich bis in den Herbst des Jahres hinein. Neben Hugenberg selbst drängte auch die Parteileitung, u. a. Lindeiner-Wildau, vermutlich durch Hugenberg veranlaßt, Brunstäd zur Übersiedlung nach Berlin. Vgl. Schreiben Brunstäds an Hugenberg, 26. 4. 1922. – NL Hugenberg, A Bd. 3.

[691] Vgl. Schreiben Brunstäds an Hugenberg, 2. 10. 1922. – Akten Opriba, H 21.

innerhalb ihres Bereiches nicht zugunsten der DNVP geändert sehen.[692] Die Ersatz-
lösung, die Brunstäd von regierungsamtlicher Seite angeboten wurde, war eine
Honorarprofessur an der Theologischen Fakultät.[693] Angesichts einer materiell nicht
verlockenden Honorarprofessur schraubte Brunstäd seinen Preis für die Evangelisch-Soziale Schule in die Höhe und verlangte zusätzlich, nicht „Angestellter der
Gewerkschaften" zu werden, d. h. er wollte sein Gehalt direkt von Hugenberg beziehen.[694] Dieser ging auf Brunstäds Bedingungen ein und sicherte ihm für fünf
Jahre eine feste Summe von 10 000 Schweizer Franken (= Oktober 1922 vier Millionen Mark) zu, die auf einem nur Brunstäd und Hugenberg zugänglichen Schweizer Konto deponiert werden sollte. Für das wohlbemessene Entgelt sollte der Professor allerdings nicht allein an der Evangelisch-Sozialen Schule tätig werden, sondern auch Vorlesungen am Politischen Kolleg bzw. an der neu angegliederten, im
November 1922 eröffneten „Hochschule für nationale Politik" übernehmen.[695]
Das Problem des Politischen Kollegs hatte im ersten Jahr darin gelegen, daß der
erwünschte Hörerzustrom ausgeblieben war. Vor allem die akademische Jugend,
die als „nationale Elite" besonders in Betracht kam,[696] war, obwohl Verbindungen
zwischen studentischen Organisationen und Politischem Kolleg bereits bestanden,
nicht ausreichend vertreten. Die Ursache dafür hatten Hugenberg und seine schwerindustriellen Freunde wohl zu Recht in der fehlenden staatlichen Legitimation des
Politschen Kollegs gesehen.[697] Deshalb war Hugenberg zunächst bemüht gewesen,
eine organisatorische Verbindung mit der „Deutschen Hochschule für Politik" (heute
Otto-Suhr-Institut an der FU Berlin) herzustellen. Sein Versuch, sich in die von
Naumann-Schüler Ernst Jäckh 1920 eröffnete Hochschule einzukaufen, scheiterte
jedoch. Weder wollte man, daß Hugenbergs schwerindustrieller Freundeskreis ein
Kontrollrecht über die Schulleitung erhielt, noch, wie Hugenberg forderte, Martin
Spahn zum Leiter der Deutschen Hochschule ernennen.[698] Daher entschlossen sich
Hugenberg und seine Freunde, das kostspieligere Projekt einer eigenen Hochschule
in Angriff zu nehmen. Spahn, der Direktor der „Hochschule für Nationale Politik"
werden sollte, wurde der Abschied von seiner bisherigen hauptamtlichen Lehrtätigkeit an der Kölner Universität mit einem hohen Gehalt und einem Darlehen für

---

[692] Nachdem keine „etatmäßige Stelle erschiebbar" war, hatte Staatssekretär Becker vom
Kultusministerium Brunstäd zunächst die Ernennung zum Honorarprofessor in der
Philosophischen Fakultät vorgeschlagen. Die Initiative dazu sollte jedoch formell von
der Philosophischen Fakultät ausgehen, da sich die Regierung „die Oktroyierung eines
Deutschnationalen (...) doch nicht recht leisten" konnte. (Schreiben Brunstäds an
Hugenberg, 2. 10. 1922. — Akten Opriba, H 21.) Ein diesbezüglicher über die deutschnationalen Mitglieder der Fakultät eingeleiteter Versuch scheiterte jedoch. Vgl. Schreiben Brunstäds an Hugenberg, 21. 11. 1922. — NL Hugenberg, A Bd. 3.
[693] Vgl. ebd. 1925 übernahm Brunstäd einen Lehrstuhl für Systematische Theologie an der
Universität Rostock.
[694] Brunstäd stellte seine erhöhten Forderungen bereits, als er feststellen mußte, daß eine
etatmäßige Stelle außerhalb der Diskussion stand. Vgl. Schreiben Brunstäds an Hugenberg, 2. 10. 1922. — Akten Opriba, H 21.
[695] Vgl. Schreiben Hugenbergs an Brunstäd, 9. 10. 1922. — Akten Opriba, H 21.
[696] Vgl. H. v. Gleichen: Politisches Kolleg, S. 108 f.
[697] Vgl. Schreiben Vöglers an Hugenberg, 11. 10. 1921. — NL Hugenberg, M 7.
[698] Vgl. Ernst Jäckh: Weltsaat. Erlebtes und Erstrebtes, Stuttgart 1960, S. 88. Die Deutsche
Hochschule war allerdings keineswegs von industriellen Einflüssen frei, finanziell unterstützt wurde sie insbesondere von dem Elektroindustriellen Robert Bosch. Vgl. ebd.

ein eigenes Haus in Berlin leicht gemacht.[699] Gleichwohl spielten für Spahn finanzielle Interessen keine allein ausschlaggebende Rolle, war er doch selbst von der Notwendigkeit nationaler Jugendarbeit überzeugt.[700] Das enge Verhältnis, das sich zwischen ihm und Hugenberg entwickelte,[701] beruhte vor allem auf Übereinstimmung im politisch Grundsätzlichen.[702] In der DNVP gehörte Spahn zu den treuesten Anhängern Hugenbergs, auch nachdem dieser den Parteivorsitz übernommen hatte.[703] Der Hochschullehrer Spahn soll über eine große persönliche Ausstrahlungskraft verfügt und damit etwas besessen haben,[704] was Hugenberg völlig abging: „die Möglichkeit der Wirkung auf die Jugend".[705] Nachdem mit Brunstäd ein zweiter bekannter Wissenschaftler gewonnen und die staatliche Anerkennung der Hochschule erwirkt worden war, konnte der Vorlesungsbetrieb am 1. November 1922 aufgenommen werden. Student konnte an der Hochschule für Nationale Politik allerdings nur der werden, der neben dem Abgangszeugnis einer höheren Schule auch die deutsche Staatsangehörigkeit besaß.[706] Das unterschied die Hochschule des Politischen Kollegs auch deutlich von der Deutschen Hochschule, mit der es doch noch zu einer lockeren Verbindung kam, da das Juni-Klub-Mitglied Hans Roeseler in ihren Verwaltungsrat aufgenommen wurde.[707]

Die Beschränkung der Hochschule für Nationale Politik auf deutsche Hörer kam den Bestrebungen der mit ihr verbundenen studentischen Organisation, dem Deut-

---

[699] Spahn erhielt das 1¹/₃fache seines bisherigen Professorengehaltes. Ferner wurde auf seinen Namen in Berlin ein Haus angekauft, für das er nur eine jährliche Zinsentschädigung zu zahlen hatte. (Vgl. Schreiben Hugenbergs an Spahn, 25. 9. 1922. — Akten Opriba, H 21.) Später ging das Haus allerdings in den Besitz der „Außendienst GmbH", einer Gesellschaft des Hugenberg-Konzerns, über. (Vgl. Zusammenstellung über die Liquidität des Hugenberg-Konzerns, Anlage z. Schreiben Kapitän Manns an Hugenberg, 18. 2. 1932. — NL Hugenberg, P 17.) Trotz seiner Übersiedlung nach Berlin und seiner starken Inanspruchnahme durch die Hochschule für Nationale Politik gab Spahn aber die Kölner Lehrtätigkeit nicht völlig auf, eine Tatsache, die sowohl zu Spannungen innerhalb der Hochschule als auch zwischen Hugenberg und Spahn führte. Vgl. Schreiben (Entwurf) Spahns an Hugenberg, 14. 4. 1925. — BA/R 118, Nr. 56.

[700] Vgl. Martin Spahn: 1648 und 1918, in: Moeller v. d. Bruck u. a.: Neue Front, Berlin 1922, S. 1—4, bes. S. 3.

[701] Vgl. Schreiben Spahns an Hugenberg, 17. 6. 1925. — BA/R 118, Nr. 36.

[702] Laut Schreiben Frau Kummrows an d. Verf., 18. 11. 1976.

[703] Der Nationalsozialist Henschel schrieb seinem Parteigenossen Krebs 1932 erbittert über Spahn: „Die Strömung gegen ihn [Spahn] gerade unter denen, die jahrelang mit ihm gearbeitet haben und ihn daher gut kannten, hätte ihn längst weggeschwemmt, wenn nicht Hugenberg ihn gehalten hätte, wofür er sich durch besonders maßlose Gehässigkeit gegen alle Gegner Hugenbergs bedankte." (Fernschreiben Henschels an Krebs, 16. 2. 1932. — BA/NL Krebs, Nr. 4.) Das Engagement des publikumswirksamen Spahn für Hugenberg dürfte der NSDAP gerade zu diesem Zeitpunkt, als sie sich in Auseinandersetzungen mit der DNVP befand, unangenehm gewesen sein.

[704] So Dr. Harald Laeuen, ehemaliger Leiter einer Arbeitsstelle des Politischen Kollegs, in einem Schreiben an d. Verf., 30. 10. 1976. Aufgrund der völligen „Wesensverschiedenheit" von Spahn und Hugenberg glaubt Dr. Laeuen im Unterschied zu Frau Kummrow an „wirkliche Freundschaft" zwischen den beiden nicht. Vgl. Schreiben Dr. Laeuens an d. Verf., 29. 12. 1976.

[705] Schreiben Hugenbergs an Traub, 2. 9. 1920. — BA/NL Traub, Nr. 62.

[706] Vgl. Polit. Kolleg, in: Polit. Handwörterbuch, S. 333, u. H.-J. Schwierskott: Moeller v. d. Bruck, S. 65.

[707] Vgl. ebd., S. 62.

schen Hochschulring, sehr entgegen. Er war am 22. Juli 1920 als Dachorganisation aller an den einzelnen Universitäten bereits entstandenen „Hochschulringe deutscher Art" gegründet worden. Maßgeblich an der Entstehung des Hochschulrings wie seiner lokalen Unterorganisationen beteiligt waren der VDST, ferner Fichte-Hochschulgemeinden, katholische Studentenvereine und Burschenschaften.[708] Die politische Couleur des Hochschulrings, der zur stärksten studentischen Vereinigung wurde und in den studentischen Kammern im Schnitt etwa 60 % der Sitze erringen konnte, reichte von deutschnational bis demokratisch.[709] Doch setzte sich der deutschnationale Einfluß schnell durch, zumal er von einflußreichen Geldgebern gefördert wurde. Schon durch die Beteiligung des VDST an der Gründung des Hochschulrings war eine Verbindung zum Juni-Klub hergestellt worden, die u. a. darin zum Ausdruck kam, daß der Hochschulring seinen Sitz im Schutzbundhaus in der Motzstraße aufschlug. Die im Oktober 1921 beginnenden nationalpolitischen Erziehungskurse Spahns wurden bereits gemäß entsprechenden Absprachen von Mitgliedern des Hochschulrings besucht.[710]

Etwa zur gleichen Zeit begann Hugenberg den Hochschulring gemeinsam mit denselben Geldgebern, die auch das Politische Kolleg und die Hochschule für Nationale Politik unterstützten, massiv zu subventionieren.[711] Hugenberg leitete seine Zuschüsse und die seiner schwerindustriellen Freunde für die studentische Organisation über die „Altherrenschaft des Deutschen Hochschulrings". Dabei arbeitete er nicht nur eng mit dem Vorsitzenden der Altherrenschaft, Senatspräsident a. D. Gottfried Flügge, zusammen, sondern auch mit den beiden Schriftführern Otto de la Chevallerie und v. Lölhöffel.[712] Insbesondere de la Chevallerie, von 1920–1921 erster Vorsitzender des Deutschen Hochschulrings,[713] besaß auch noch als „alter Herr" maßgeblichen Einfluß auf die studentische Organisation und wußte diesen im Sinne Hugenbergs zu nutzen,[714] in dessen Konzern er 1922 als leitender Angestellter eintrat.[715] Hugenbergs Interesse an dem Deutschen Hochschulring ging so weit, daß er auch dessen Hauptorgan, die zunächst in Erlangen, dann in München erscheinenden „Deutschen Akademischen Stimmen", an deren Entwicklung Professor Brunstäd besonderen Anteil hatte, finanziell unterstützte.[716]

---

[708] Vgl. Gerhard Fließ: Deutscher Hochschulring (DHR) 1920–1923, in: Die bürgerlichen Parteien in Deutschland, Berlin 1968, Bd. I, S. 469–475, hier S. 470 f. (i. f. zit.: G. Fließ: DHR).

[709] Vgl. Anselm Faust: Der Nationalsozialistische Studentenbund, Düsseldorf 1973, Bd. I, S. 128 (i. f. zit.: A. Faust: Studentenbund).

[710] Vgl. Schreiben v. Gleichens an Hugenberg, 16. 7. 1921. — NL Hugenberg, A Bd. 7. Auch Brunstäd hielt bereits vor Eröffnung der Hochschule f. Nationale Politik Vorträge für Hochschulringstudenten in Spandau. Vgl. Schreiben Brunstäds an Hugenberg, 26. 4. 1922. — NL Hugenberg, A. Bd. 3.

[711] Vgl. Denkschrift Spahns „Meine Stellung zum Deutschen Hochschulring, zur Altherrenschaft und zu Herrn Geheimrat Hugenberg", 16. 3. 1925. — BA/R 118, Nr. 56.

[712] Vgl. ebd. u. Aktennotiz de la Chevalleries, 18. 7. 1923. — BA/R 118, Nr. 56.

[713] Vgl. G. Fließ: DHR, S. 469.

[714] Vgl. Anm. 711 u. Schreiben Spahns an Vögler, 21. 4. 1925. — BA/R 118, Nr. 56.

[715] De la Chevallerie wurde Mitarbeiter im Büro Kapitän Manns, der rechten Hand Hugenbergs im Konzern, der u. a. Geschäftsführer der Außendienst GmbH war. Vgl. Aktennotiz de la Chevalleries, 18. 7. 1923. — BA/R 118, Nr. 56 u. Tantiemeübersicht, hs. Notizzettel Hugenbergs, o. D. (1923). — Akten Opriba, H 21; vgl. ferner Anm. 711.

[716] Wie Brunstäd 1922 an Hugenberg schrieb, hatte der Förderkreis (Altherrenschaft) des

Der für die „Volksgemeinschaft" und gegen den Klassenkampf agitierende Hochschulring wurde 1923 in den Hitler-Putsch verwickelt.[717] Seine Münchener Filiale, d. h. der Münchener Hochschulring deutscher Art, hatte sich während des Putsches gegen v. Kahr gestellt und Hitler offen unterstützt.[718] Der Vorsitzende und Wortführer des Hochschulringes, Kleo Pleyer, Redakteur der Deutschen Akademischen Stimmen, wurde im Dezember des Jahres wegen seiner ständigen Angriffe auf die Staatsregierung aus München ausgewiesen.[719] Obwohl Pleyer mit seinem Münchener Anhang aus dem Hochschulring ausschied, verblieb eine starke nationalsozialistische Minderheit im Gesamtverband. Diese geriet mit den katholischen Vertretern in heftige Auseinandersetzungen, so daß de la Chevallerie 1924 den Zerfall des Deutschen Hochschulrings befürchtete, der selbst in diesem Jahr noch den gesamten Vorstand der Deutschen Studentenschaft (DST), der Dachorganisation aller Studenten, stellen konnte. De la Chevallerie bezeichnete die gespannten Verhältnisse im Hochschulring Hugenberg gegenüber als „völlige[n] Bankrott der Motzstraßen-Politik" und schlug folgenden Sanierungsplan vor:

„a) Verzicht auf tagespolitische Agitation,
 b) Wiederherstellung der Überparteilichkeit im Sinne der Zielformel des Deutschen Hochschulrings,
 c) Rückeroberung des Vertrauens der Korporationen und Verbände,
 d) Stellung praktischer Aufgaben für die Hochschulringe deutscher Art,
 e) Wiederübernahme der Verantwortung der Hochschulpolitik in der Deutschen Studentenschaft im Sinne einer Regierungspartei,
 f) wirksame Bekämpfung der zur Zeit in bester Blüte befindlichen Reaktion des Bierstudententums, das die schlimmste Gefahr für die kulturelle, politische und körperliche Erziehung der deutschen Studentenschaft bedeutet."[720]

Der Plan de la Chevalleries, sofern er überhaupt noch verwirklicht werden konnte, scheiterte offensichtlich. Ein Jahr später verlor der Deutsche Hochschulring rapide an Einfluß und wurde gegen Ende der zwanziger Jahre von dem Nationalsozialistischen Studentenbund völlig an die Wand gedrückt.[721] Gleichwohl bleibt über Hugenbergs Politik gegenüber dem Hochschulring wie der Ring-Bewegung überhaupt folgendes festzuhalten:

1. Ungeachtet seines programmatischen Anspruchs, Zentrum einer „neuen" jungkonservativen Bewegung zu sein, waren der Juni-Klub und die ihm angeschlosse-

---

Hochschulrings 200.000 M. (im August 1922 waren das umgerechnet etwa 3186 Goldmark, vgl. Deutschlands Wirtschaft, S. 59) jährlich für die Akademischen Stimmen zugesagt. Für die Finanzierung der Verlegung der Zeitschrift nach München, die fortan bei der MAA gedruckt werden sollte, wünschte Brunstäd von Hugenberg bzw. der Altherrenschaft einen erhöhten Betrag. Offensichtlich kam Hugenberg dieser Bitte nach, da er auf Brunstäds Brief notierte: „50.000 gezahlt." Schreiben Brunstäds an Hugenberg mit hs. Randbemerkungen Hugenbergs, 26. 4. 1922. — NL Hugenberg, A Bd. 3.

[717] Vgl. A. Faust: Studentenbund, Bd. I, S. 127 f.
[718] Zu den Einzelheiten vgl. ebd., S. 26 f.
[719] Vgl. Bericht d. Vertretung d. Reichsregierung München (gez. Haniel) an die Reichskanzlei, 29. 12. 1923. — BA/R 43 I, Nr. 2679.
[720] Schreiben de la Chevalleries an Hugenberg, 2. 10. 1924. — NL Hugenberg, A Bd. I.
[721] Vgl. die Darstellung in: W. Kindt: Jugendbewegung, S. 1318, die auf einer Aufzeichnung de la Chevalleries beruht.

nen Organisationen finanziell stark von Vertretern eines „alten" reaktionären Nationalismus wilhelminischer Prägung abhängig.

2. Gemeinsam mit seinen schwerindustriellen Freunden finanzierte Hugenberg die gesamte Ring-Bewegung, bemühte sich aber darüber hinaus, feste persönliche Verbindungen zu den einzelnen Gliedern der Ring-Kette anzuknüpfen und damit ständig Einfluß auf ihre Entwicklung zu nehmen.

3. Die breit und langfristig angelegte Erziehung einer „nationalen" Jugend lag ihm besonders am Herzen, was sich sowohl an seinem starken Engagement beim Politischen Kolleg bzw. der Hochschule für Nationale Politik wie an seinen engen Beziehungen zum Deutschen Hochschulring zeigte.

4. Mit der Unterstützung des Juni-Klubs und der ihm angeschlossenen Organisationen, insbesondere der Jugendbildungsstätten, zeichnete Hugenberg schließlich auch mitverantwortlich für die Verbreitung eines ideologischen Konzeptes, das, wie von anderer Seite nachgewiesen,[722] mit der Parole von der Volksgemeinschaft, dem Programm des nationalen Sozialismus und der „Dritte-Reich-Vision" wegbereitend für den Nationalsozialismus wirkte, ohne daß die meist aus dem Bildungsbürgertum stammenden und auf hohem intellektuellem Niveau argumentierenden führenden Köpfe des Juni-Klubs selbst unbedingt zu Anhängern der NSDAP wurden.

*

Betrachten wir die Rolle Alfred Hugenbergs im politisch-sozialen Kräftefeld der frühen Weimarer Republik noch einmal insgesamt, so kristallisieren sich deutlich Einflußbereich, politische Methodik und politische Zielsetzungen des „Mann[s] im Dunkeln"[723] heraus. Ungebrochen von Kriegsniederlage, Revolution und seinem Abschied von Krupp, sorgte Hugenberg nicht nur für die Kontinuität seines Einflusses in den industriellen Interessenorganisationen und für den Ausbau seines publizistischen Konzerns, sondern verstand es darüber hinaus, ein vielfältiges Verbindungsnetz zu der sich neu gruppierenden politischen Rechten zu knüpfen. Im Unterschied zur Zeit vor 1918 schien er lediglich den Kontakt zur Regierungsbürokratie verloren zu haben.[724] Seine besondere Anteilnahme an den Rechtsparteien, speziell an der DNVP, glich diesen Mangel insoweit aus, als das Parlament und die Parlamentsparteien im demokratischen System von Weimar gegenüber der Vorrevolutionszeit an politischer Bedeutung gewonnen hatten.

Die Methoden, mit denen sich Hugenberg politischen Einfluß in der Republik zu sichern wußte, unterschieden sich nicht von denen, die er bereits im Kaiserreich erprobt hatte. Auch in der demokratisch verfaßten, keineswegs aber in allen Bereichen transparenten Republik von Weimar war es ihm möglich, mit finanziellen Mitteln der Schwerindustrie, mit Mandaten und Posten in seinem Konzern und unter Ausnutzung alter Freundschaften Parteien und Verbände „unsichtbar" mitzulenken.

---

[722] Vgl. K. Sontheimer: Antidemokratisches Denken, bes. S. 300 ff., S. 307, S. 357 ff.

[723] Julius Elbau: Der Mann im Dunkeln, in: Vossische Zeitung, 15. 8. 1926.

[724] Abgesehen von Hugenbergs Beziehungen zu Hans Meydenbauer, der 1919 Ministerialdirektor im Reichswirtschaftsministerium war, sind keine bedeutsamen Verbindungen Hugenbergs zur Regierungsbürokratie nachweisbar.

Dieses „System Hugenberg", das auf dem kombinierten und massierten Einsatz aller traditionellen Mittel politischer Einflußnahme hinter den Kulissen beruhte, wurde von einem modernen, umfangreichen publizistischen Apparat ergänzt, der auf die Wählermassen einwirkte.

Das politische Konzept, das Hugenberg verfolgte, war denkbar einfach. Alle politischen Kräfte, die sich selbst dem „nationalen Lager" zurechneten, den Sozialismus bekämpften und das System von Weimar grundsätzlich ablehnten, sollten gestärkt, und, wie Hugenbergs Fusionspläne für DNVP und DVP zeigen, zu einer großen bürgerlichen Front zusammengeschlossen werden. Die grundsätzliche Ablehnung des Systems von Weimar bedeutete für Hugenberg aber keineswegs, daß dieses ad hoc per Staatsstreich geändert werden könne und müsse. Vielmehr scheint er bei seiner Sammlungspolitik in den ersten Jahren der Republik gerade jene Gruppen der Rechten, wie etwa den Juni-Klub, besonders gefördert zu haben, die keine Alles-oder-nichts-Strategie verfolgten, sondern auf langfristige Überwindung des Systems abzielten.

Hugenbergs flexible Anpassung an die neuen Verhältnisse unter Wahrung seiner politischen Grundanschauung zeigte sich auch an der sozialen Zusammensetzung der von ihm geförderten rechten Gruppierungen. So unterstützte er in der DNVP nicht nur jene Kräfte des Bildungs- und Besitzbürgertums und des Adels, die schon im Kaiserreich den Kern der von ihm protegierten Sammlungsbewegungen ausgemacht hatten, sondern nahm sich auch der Vertreter des gewerkschaftlich organisierten neuen Mittelstands und der Arbeiterschaft an, jener Gruppen also, die im Zeichen der Massendemokratie auch in einer Rechtspartei Bedeutung besaßen. Hugenbergs Bündnis mit den Christlich-Sozialen hieß aber nicht, wie seine diskrete Protektion des Pommerschen Landbunds zeigt, daß er endgültig von seinen antiemanzipatorischen und wirtschaftsfriedlichen Überzeugungen Abschied genommen hätte. Die Einbeziehung der Christlich-Sozialen in sein Sammlungsprogramm war vielmehr ein den neuen Verhältnissen angepaßter Versuch, auf Teile der Mittel- und Unterschichten Einfluß zu gewinnen und sie in eine von Vertretern der sozialen Oberschicht beherrschte bürgerliche Front zu integrieren. Diese Politik Hugenbergs entsprach auch den Interessen seiner schwerindustriellen Freunde, die ihre Machtpositionen in Staat und Gesellschaft durch eine kompromißbereite Bündnispolitik gegenüber der nunmehr politisch gleichberechtigten Arbeiterschaft zu wahren suchten. Anders aber als Hugenberg waren sie darüber hinaus zunächst auch zu einer partiellen Kooperation mit der größten parteipolitischen Vertretung der Arbeiterschaft, der SPD, bereit. Das führte zu Spannungen zwischen ihnen und Hugenberg, keineswegs aber zum Bruch. Hugenberg blieb aufs engste mit der rheinisch-westfälischen Schwerindustrie und deren Geldquellen verbunden.

III. Vom „Brei zum Block"
Die Neuformierung der politischen Basis Alfred Hugenbergs
in der Stabilisierungsphase der Republik

Zwei Monate, bevor Alfred Hugenberg den Vorsitz der DNVP übernahm, legte er mit dem berühmt-berüchtigten Artikel „Block oder Brei" im August 1928 sein politisches Credo ab.[1] Der ehemalige Krupp-Direktor distanzierte sich darin mit Schärfe von denjenigen, die „Berufs- oder Interessenvertretung und Politik miteinander verwechseln".[2] Den aktuellen Anlaß für Hugenbergs im Berliner Lokalanzeiger veröffentlichten Angriff auf die Interessenten in der Politik lieferte die in der DNVP schwelende Lambach-Krise. Mit seinem bekannten „Monarchismus"-Artikel hatte der DHV-Vertreter Walter Lambach das monarchische Bekenntnis der Partei in Frage gestellt[3] und damit erhebliche Verwirrung im deutschnationalen Lager gestiftet.[4] Hugenberg, an König und Kaiser im Grunde desinteressiert,[5] nutzte Lambachs Aufsatz als Angriffswaffe gegen den DHV, mit dem er schon seit einiger Zeit in Auseinandersetzungen stand. Gleichwohl galt seine Attacke nicht allein dem gewerkschaftlichen Flügel der Partei, sondern allen Gruppen, die sich seit der ersten im Januar 1925 erfolgten deutschnationalen Regierungsbeteiligung aus kurzfristigen und kurzsichtigen Motiven, wie Hugenberg meinte, in zunehmendem Maße mit der Republik arrangiert hatten.[6] Die politische Taktik bestimmter (schwer-)industrieller Kreise mißbilligte er damit ebenso, wie er die konservative Parteispitze unter Westarp kritisierte,[7] deren politisches Selbstverständnis durch Lambachs Artikel doch viel stärker in Frage gestellt worden war als das des „liberalen" Hugenberg. Statt den Konservativen Schützenhilfe zu leisten, wollte er diese vielmehr von der

---

[1] A.(lfred) Hugenberg: Block oder Brei, in: BLA, 26. u. 28. 8. 1928 (auch als Sonderdruck, in: FST/7533, DNVP-Ztg., Bd. 3); i. f. wird daraus zitiert.

[2] Ebd.

[3] Vgl. Walter Lambach: Monarchismus, in: Politische Wochenschrift, IV. Jg. (14. 6. 1928), S. 495—497.

[4] Vgl. M. Dörr: DNVP, S. 395 ff.; Erasmus Jonas: Die Volkskonservativen 1928—1933, Düsseldorf 1965, S. 33 (i. f. zit.: E. Jonas: Die Volkskonservativen); J. Leopold: Hugenberg, S. 106 ff.

[5] Hugenberg hatte sich nie für die Wiedereinführung der Monarchie eingesetzt. Seine Äußerungen über etwaige zukünftige Staatsformen blieben zumeist vage. So forderte er z.B. „aus den *Kraftquellen* der deutschen Vergangenheit" zu schöpfen, jedoch nicht durch „künstlichen Wiederaufbau seiner alten Formen". (A. Hugenberg: Untergang, in: ders.: Streiflichter, S. 52—53.). Sicher ist nur, daß er an ein autoritäres Regime dachte, das „seinen Bürgern die Freiheit" läßt, „die ein deutscher Vater den Kindern gibt, die in seinem Garten spielen". (Rede Hugenbergs im Berliner Sportpalast am 3. 11. 1932, auszugsweise gedr. in: J. Borchmeyer: Hugenbergs Ringen, H. 1, S. 67.) War Hugenberg der monarchische Gedanke schon verhältnismäßig gleichgültig, so hegte er gegen die Person des letzten deutschen Kaisers ausgesprochene Abneigung. Wegener gegenüber sprach er 1924 von dem „leider immer noch lebende[n] Kaiser Wilhelm". Schreiben Hugenbergs an Wegener, 23. 7. 1924. — BA/NL Wegener, Nr. 65.

[6] Vgl. Anm. 1.

[7] Vgl. ebd.

Parteiherrschaft verdrängen. Schon vor längerer Zeit hatte er den Kampf um den Parteisitz aufgenommen, sein Aufsatz war Fanal und Programm zugleich:

> „Bebel hat einmal von dem großen *bürgerlichen Brei*, gesprochen, in dem schließlich alles, was vom Bürgertum noch übrig sei, in der Angst vor der Sozialdemokratie zusammenlaufen werde. Ein solcher Brei ist weder Schutzdamm noch Wehr noch Waffe. Was wir brauchen, ist nicht ein *Brei*, sondern ein *Block*. Im Brei werden wir untergehen, mit dem Block ist der Sieg und Wiederaufbau eine Kleinigkeit. (...) Wir werden ein Block sein, wenn die eiserne Klammer der Weltanschauung uns zusammenschließt und in ihrer Umarmung alles, was weich und flüssig ist, zum Felsen gerinnen und zusammenwachsen läßt. Wer uns auf dem Wege dazu hindern könnte, muß beiseite treten oder sich einschmelzen lassen."[8]

Knüpfte Hugenberg mit diesen Ausführungen zwar an seine alte, bereits im Kaiserreich wie in der Nachrevolutionszeit erprobte bürgerliche Sammlungsparole an, so deutete doch die militante Diktion auf den taktischen Kurswechsel hin: nicht mehr Quantität, sondern Qualität zählte für ihn. Er, der in den frühen zwanziger Jahren organisierte soziale Gruppen verschiedenster Provenienz und politisch differierende Gruppierungen durch ein vielfältiges Netz von Kontakten und Verbindungen in den Dienst der nationalen Sache gestellt hatte, forderte nun die reine Gesinnungsgemeinschaft, die kompromißlos und unter Hintansetzung partikularer Interessen geschlossen marschieren sollte. Warum, wann und mit welchen Konsequenzen Hugenberg diese Kursänderung vollzog, wird im folgenden zu klären sein.

1. Die Abstimmung über den Dawes-Plan und ihre Folgen

a) Vorgänge in und um die DNVP während der Entscheidung über den Dawes-Plan

Das Jahr 1924 brachte der DNVP zunächst den größten Triumph ihrer Parteigeschichte. Mit 103 Abgeordneten und drei Hospitanten ging sie als stärkste Reichstagsfraktion aus den Maiwahlen hervor.[9] Ein Vorbeiregieren an ihr schien kaum noch möglich, zumal die Wählerbasis der Mittelparteien geschrumpft war und eine Koalition mit der stark dezimierten SPD nicht in Aussicht stand.[10] Zur alles beherrschenden politischen Frage war zu dieser Zeit das Reparationsproblem geworden. Die Minderheitenregierung unter Zentrums-Kanzler Wilhelm Marx hatte grundsätzlich bereits im April 1924 den Dawes-Plan angenommen, mußte aber für eine Zweidrittelmehrheit im Reichstag sorgen. Die Alliierten hatten die Gewährung eines 800-Millionen-Kredites nicht nur mit der Annahme des Dawes-Planes verknüpft, sondern die englischen und amerikanischen Bankiers verlangten darüber hinausgehend Sicherheiten in Form einer breiten Reichstagsmehrheit für das Sachverständigen-Gutachten.[11] Die Reichsregierung benötigte deshalb ebenso die Unterstützung der SPD, wie sie zumindest Teile der DNVP für die Annahme des Reparationsplanes gewinnen mußte. Da die Sozialdemokraten ihre positive Einstellung

---

[8] Ebd.
[9] Vgl. C. Horkenbach, S. 25.
[10] Vgl. Michael Stürmer: Koalition und Opposition in der Weimarer Republik 1924 bis 1928, Düsseldorf 1967, S. 41 ff. (i. f. zit.: M. Stürmer: Koalition).
[11] Vgl. ebd., S. 49.

bereits zu erkennen gegeben hatten, spielte die nunmehr erstarkte DNVP die eigentliche Schlüsselrolle.

Die Deutschnationalen, an der Spitze Hergt, Helfferich und Westarp, hatten sich vor der Wahl strikt gegen den Dawes-Plan ausgesprochen und ihn als „zweites Versailles" gebrandmarkt.[12] Auch nach der Wahl blieb die Partei bei ihrer ablehnenden Haltung, milderte aber den Ton und begann Verhandlungsbereitschaft zu zeigen. Je näher der Abstimmungstermin heranrückte, um so deutlicher zeigte sich das Dilemma, in das sie geraten war. Das Wahlergebnis und das Interesse der Reichsregierung am deutschnationalen Plazet für das Sachverständigen-Gutachten boten der Partei erstmalig die Möglichkeit, sich an einer rein bürgerlichen Koalition zu beteiligen. Schwerer aber noch wog die Tatsache, daß aus den eigenen Reihen zusehends Druck auf die Parteileitung ausgeübt wurde, um ein Ja zu erzwingen. Das Junktim zwischen Dawes-Plan und Auslandsanleihen veranlaßte Vertreter von Industrie, Landwirtschaft und Gewerkschaften, für die Annahme des Sachverständigen-Gutachtens einzutreten.[13]

Der Arbeitnehmerflügel in der Partei, geführt von Lambach und Behrens, befürchtete, wie die christlichen Gewerkschaften insgesamt, vom Ausbleiben ausländischer Kredite Massenarbeitslosigkeit und den Abbau sozialer Errungenschaften.[14] Hinzu kamen politisch-taktische Erwägungen sowohl in Hinblick auf eine mögliche Regierungsbeteiligung wie auf die bei einem Nein gefährdete Wählerbasis in den besetzten Gebieten.[15]

Die stärker in der Partei vertretene Landwirtschaft setzte sich zwar nicht geschlossen, wohl aber mehrheitlich für das Ja ein, da sie weder auf die dringend benötigten Kredite noch auf die Möglichkeiten agrarischer Interessenvertretung durch einen deutschnationalen Regierungseintritt verzichten wollte.[16] Die Spitzen des Reichslandbundes, u.a. Kalckreuth und Kriegsheim, setzten Hergt deshalb massiv unter Druck.[17] Auf eine öffentliche Kundgebung verzichtete die Verbandsführung allerdings, weil es in ihren Reihen eine vorwiegend alldeutsch orientierte Gruppe von Nein-Sagern gab.[18]

---

[12] Das Schlagwort vom „zweiten Versailles" stammte von Helfferich. (Vgl. Kuno Graf Westarp: Am Grabe der Parteienherrschaft, Berlin (1932), S. 65 [i. f. zit.: Westarp: Am Grabe].) Wie M. Stürmer (: Koalition, S. 39, Anm. 27) aber betont, war sich Helfferich trotz aller Polemik der Tragweite einer endgültigen Ablehnung bewußt. Nachdem er noch vor der Abstimmung bei einem Eisenbahnunglück ums Leben gekommen war, nahmen ihn sowohl Befürworter wie Gegner des Dawes-Plans für ihre Position in Anspruch. Vgl. Schreiben Reicherts an Cuno, 10. 3. 1928, u. Cunos an Reichert, 16. 3. 1928. — Hapag Lloyd-Archiv/NL Cuno A 12; vgl. ferner R. Quaatz: Zur Geschichte, S. 252.

[13] Vgl. o. L.(indeiner-Wildau): Nach der Entscheidung, Sonderdruck aus: Der deutsche Führer, 3. Jg. (2. 9. 1924). — FST/7533, DNVP-Ztg., Bd. 2; W. Liebe: DNVP, S. 81 ff.

[14] Vgl. W. Liebe: DNVP, S. 83, u. Stubbendorf-Zapel: Der „Zerfall" der Deutschnationalen, in: Deutscher Schnelldienst, 12. 9. 1929. — NL Schmidt-Hannover (Opr.), S. 35.

[15] Vgl. Büro Lambach: Reichstagsbericht Nr. 21, 3. 9. 1924. — FST/NL Diller, 11/D 8.

[16] Vgl. W. Liebe: DNVP, S. 82 f.

[17] Vgl. M. Stürmer: Koalition, S. 65. Leo Wegener sah später in Übereinstimmung mit Stahlhelmführer Duesterberg in Arno Kriegsheim (Direktor d. RLB) den eigentlichen Drahtzieher, „der die Rechte zwang, für den Dawes-Plan zu stimmen". Schreiben Wegeners an Schimpff, 13. 12. 1929. — BA/NL Wegener, Nr. 22; vgl. auch Schreiben Wegeners an Hugenberg, 31. 7. 1928. BA/NL Wegener, Nr. 65.

[18] Vgl. W. Liebe: DNVP, S. 82 f.

Die Stellungnahme des Reichsverbandes der Deutschen Industrie fiel ebenso eindeutig wie spektakulär aus. Gegen den Widerstand einer Minderheit faßten die Spitzengremien bereits am 24. April eine Entschließung, in der es u. a. hieß:

„Präsidium und Vorstand des Reichsverbandes der Deutschen Industrie erkennen an, daß das Gutachten des Ersten Sachverständigen-Komitees eine auf volkswirtschaftlichen Erkenntnissen aufgebaute und geeignete Grundlage zur Lösung des Reparationsproblems darstellt und billigen den Standpunkt der Reichsregierung, auf der Grundlage dieses Gutachtens zu verhandeln."[19]

Ein einschränkender Passus in der Erklärung, der „die sofortige Wiederherstellung der vollen administrativen und wirtschaftlichen Souveränität des Deutschen Reiches in den besetzten Teilen Deutschlands" forderte,[20] wurde später stillschweigend fallen gelassen.[21] Aus Protest gegen die so bekundete Zustimmung des RDI zum Dawes-Plan formierte sich ein Gegenverband, die „Deutsche Industriellen-Vereinigung" (DI). Gründer war der Alldeutsche Paul Bang,[22] ein vorzeitig aus dem Staatsdienst ausgeschiedener Beamter,[23] der dem RDI selbst nicht angehörte. Die zu Bang stoßenden Opponenten der RDI-Führung stammten so gut wie ausschließlich aus dem mittleren und kleinen Unternehmertum, das als Empfänger des mit dem Dawes-Plan verbundenen Dollarsegens nicht in Betracht kam.[24] Gleichwohl war die Industriellen-Vereinigung, an deren Spitze sich neben Bang auch Eduard Stadtler, der einstige Gründer der Antibolschewistischen Liga, stellte,[25] weniger interessen-

---

[19] Geschäftliche Mitteilungen für die Mitglieder des Reichsverbandes der Deutschen Industrie, 6. Jg. (1924), S. 72.

[20] Ebd.

[21] In einer gemeinsamen Sitzung faßten die Vorstände des RDI, des Deutschen Industrie- und Handelstages und des Wirtschaftsausschusses für die besetzten Gebiete am 22. 8. 1924 eine Entschließung, in der es u. a. hieß: „Die Voraussetzungen, unter denen die von uns vertretenen Wirtschaftskreise sich mit der Annahme des Dawes-Gutachtens abgefunden hatten, sind im Londoner Abkommen im wesentlichen unerfüllt geblieben. Unerfüllt geblieben ist insbesondere die Vorbedingung der Wiederherstellung der wirtschaftlichen und finanziellen Souveränität Deutschlands. (...) Trotz alledem glauben wir, unter dem schweren Druck der gegenwärtigen wirtschaftlichen und politischen Lage, vor allem bei der Unhaltbarkeit der Zustände im besetzten Gebiet, die Verantwortung für eine Ablehnung des Londoner Abkommens und die sich ergebenden außen- und innerpolitischen Folgen nicht übernehmen zu können und müssen uns daher zur Empfehlung der Annahme entschließen." Ebd. S. 147—148.

[22] Dr. Paul Bang (Pseudonym: Wilhelm Meister), Geheimer Oberfinanzrat, geb. 1879, gest. 1945, studierte Jura und Volkswirtschaft, wurde 1911 politischer Sachbearbeiter im sächsischen Finanzministeruim, aus dem er 1919 wieder ausschied. Seit 1915 Mitglied des ADV, rückte Bang 1920 in die Hauptleitung des Verbandes ein und wurde zu einem der engsten Mitarbeiter von Claß. Seit 1921 war Bang außerdem Präsidiumsmitglied der VvVD. In der Kapp-Regierung war Bang Finanzminister. Vgl. FST/Personalia: Paul Bang; Schreiben Bangs an d. ADV, 8. 2. 1922. — FST/MA, 06—5/4; H. Degener: Wer ist's, 1928, S. 57.

[23] Vgl. Schreiben Bangs an d. sächsische Finanzministerium, 29. 7. 1919. — FST/MA, 06—5/4.

[24] Vgl. Christa Thieme: Deutsche Industriellen-Vereinigung (DI) 1924—1934, in: Die bürgerlichen Parteien in Deutschland, Berlin 1968, Bd. I, S. 387—389, hier S. 387 (i. f. zit.: Ch. Thieme: DI).

[25] Stadtler und Bang waren geschäftsführende Vorstandsmitglieder, 1. Vorsitzender wurde Alfred Möllers. Vgl. ebd.

spezifisch als politisch motiviert. Mit der Ablehnung des Dawes-Plans von seiten „der" Industrie sollte die gesamte Stresemannsche „Erfüllungspolitik" desavouiert und durchkreuzt werden.[26] Die spätere Umbenennung der Industriellen-Vereinigung in „Bund für Nationalwirtschaft und Werksgemeinschaft" macht die innenpolitische und sozialreaktionäre Stoßrichtung dieser Gründung deutlich,[27] die jedoch nie über den Rang einer unbedeutenden Splittergruppe hinauskam.[28] Kurzfristiger Prestige-gewinn erwuchs ihr nur aus der Tatsache, daß im RDI verbliebene prominente Industrielle die Kritik der Vereinigung am Dawes-Plan teilten und Ernst v. Borsig sogar auf einer ihrer Versammlungen als Diskussionsredner auftrat.[29] Trotz Sympathiebezeugungen wechselten aber weder Borsig noch andere erlauchte RDI-Mitglieder zum Bangschen Verein über.[30]

Selbst Alfred Hugenberg stellte sich seinem alldeutschen Verbandsfreund Bang nicht als Aushängeschild zur Verfügung, obwohl er sich in einer Anfang Mai veröffentlichten Erklärung von dem am 26. April gefaßten RDI-Beschluß in folgender Weise distanziert hatte:

„An dem Beschlusse des Präsidiums und des Vorstandes des Reichsverbandes der Deutschen Industrie, der in bedingter Form das Sachverständigen-Gutachten als Grundlage für die Lösung der ‚Entschädigungsfrage' anerkennt, bin ich nicht beteiligt gewesen. Ich stehe gegenüber dem Gutachten auf dem gleichen ablehnenden Standpunkt wie unser verstorbener Freund und Führer Helfferich. Da ich weiß, daß in den Kreisen der deutschen Industrie die Auffassungen über den Gegenstand weit auseinander gehen, habe ich – wenn auch ohne Erfolg – den Wunsch ausgesprochen, daß der Reichsverband die Stellungnahme zu dem Gutachten bis in die ruhigere Zeit nach den Wahlen verschieben möge, insbesondere auch mit Rücksicht darauf, daß wir zur Zeit nach parlamentarischen Begriffen keine handlungsfähige Regierung besitzen. Nachdem die lediglich geschäfts-

[26] So wurde auf einer Versammlung der DI folgende Entschließung gefaßt: „Die auf Einladung der Deutschen Industriellen-Vereinigung am 19. Mai im Hotel Esplanade zu Berlin versammelten etwa 500 Industriellen erklären, daß sie *keineswegs ein-verstanden* sind mit der Haltung, die die *Leitung des Reichsverbandes der Deutschen Industrie seit Jahren zu den Fragen der amtlichen deutschen Erfüllungspolitik* ein-genommen hat." Entschließung vom 19. 5. 1924, gedr. in: Eduard Stadtler: „Reichs-verband der Deutschen Industrie" und „Deutsche Industriellen-Vereinigung", Berlin, o. J., S. 23 f. [i. f. zit.: E. Stadtler RDI und DI]. „Die Abwehr gegen den Dawes-Plan war aber schließlich nur der äußere Anlaß für einen Kreis deutscher Industrieller, sich zusammenzuschließen, um überhaupt gegen alle Bestrebungen, die auf Internatio-nalisierung, Marxisierung und im Wege des Dawes-Planes auf Versklavung der Deut-schen Industrie hinausliefen, Stellung zu nehmen und durch Aufstellung positiver Ziele auf Rettung einer *unabhängigen deutschen Wirtschaft* hinzuarbeiten." Zit. n. Alfred Möllers: Deutsche Industriellen-Vereinigung, in: DZ, 16. 5. 1926.
[27] Die Umbenennung erfolgte 1926, um das „positive Programm" — die Propagierung von Werksgemeinschaft und Nationalwirtschaft — der Vereinigung stärker in den Vordergrund zu stellen. Wie der Vorsitzende Möllers betonte, verstand man sich nun nicht mehr als rivalisierende Interessenorganisation zum RDI, sondern als politischer Verein. Vgl. Alfred Möllers: Deutsche Industriellen-Vereinigung, in: DZ, 16. 5. 1926.
[28] Vgl. Rainer Tross: Die Wirtschaftspolitik des Reichsverbandes der Deutschen Industrie, in: Der Weg zum Industriellen Spitzenverband, Darmstadt 1956, S. 144—226, hier S. 189 (i. f. zit.: R. Tross: Wirtschaftspolitik).
[29] Vgl. E. Stadtler: RDI u. DI, S. 24. Die Propaganda, die die DI mit Borsigs Auftritt betrieb, veranlaßte den RDI zu einer Richtigstellung, in der bestritten wurde, daß Borsigs Kritik am Dawes-Plan mit einer prinzipiellen Ablehnung identisch sei. Vgl. Geschäftl. Mittlg. d. RDI, 6. Jg. (1924), S. 132.
[30] Vgl. R. Tross: Wirtschaftspolitik, S. 189.

führende Reichsregierung – (. . .) es für richtig und ihren Zwecken für förderlich erachtet hat, als Reichsregierung den Versuch einer Einwirkung auf die bevorstehende Wahlentscheidung zu machen, gewinnt die Stellungnahme des Reichsverbandes der Deutschen Industrie in einer sicher nicht beabsichtigten Richtung doppelte politische Bedeutung. Ich muß deshalb heute meiner Überzeugung Ausdruck geben, daß weiteste Kreise der deutschen Industrie es sich auf das heftigste verbitten würden, auf Grund des Beschlusses des Reichsverbandes in einer irgendwie gearteten Form für die politischen Folgerungen mitverantwortlich gemacht zu werden, die nicht in der Form, aber der Sache nach – die ‚Reichsregierung‘ daraus zieht.‘‘[31]

Hugenberg setzte sich mit dieser in der Diktion milden, aber dennoch demonstrativen Absage nicht nur in Widerspruch zur RDI-Spitze, sondern geriet im ganzen Ruhrrevier ins wirtschaftspolitische Abseits. Sowohl Karl Haniel, Paul Reusch und Krupp v. Bohlen u. Halbach wie auch Albert Vögler, Hugenbergs bedeutendster Verbündeter im schwerindustriellen Freundeskreis, votierten für die Annahme des Sachverständigen-Gutachtens.[32] Stinnes, dessen Stellungnahme unsicher geblieben war, starb im April, sein Sohn und Thronerbe setzte sich nachdrücklich für das Ja ein.[33]

Nur zwei Monate früher hatte es noch so ausgesehen, als ob sich Hugenbergs politische Linie im Ruhrrevier stärker durchsetzen könnte. Im März 1924 gründete der rechte Flügel der DVP innerhalb der Partei eine „Nationalliberale Vereinigung“.[34] Die am Altnationalliberalen Reichsverband des Kaiserreiches orientierte neue Organisation[35] wollte die Parteispitze zwingen, unter allen Umständen eine Koalition mit der DNVP einzugehen und einen harten Konfrontationskurs gegen die SPD zu steuern.[36] Sie drängte auf Realisierung eines in diesem Sinne bereits am 24. Januar gefaßten Beschlusses der DVP-Reichstagsfraktion, in dem es u. a. hieß:

„Ziel deutscher Innenpolitik muß die *Volksgemeinschaft* sein. (. . .) Das taktische Zusammengehen mit der Sozialdemokratie hat übrigens niemals etwas geändert an der grundsätzlichen Einstellung der Partei auf Bekämpfung der Sozialdemokratie, eine Bekämpfung, die den Grundsätzen des Parteiprogramms der Deutschen Volkspartei entspricht. Nachdem die ‚Große Koalition‘ im Reiche *durch die Politik der U.S.P.D. zerstört*

---

[31] „Dem Kabinett Marx ins Stammbuch — Eine Erklärung Geheimrats Hugenberg“, in: MAA, Nr. 124, 8. 5. 1924. Hugenberg gab diese Erklärung als Vorsitzender des Arbeitsausschusses Deutschnationaler Industrieller ab. Auf der Sitzung des Hauptausschusses des RDI am 2. 7. 1924 wiederholte er seine Kritik an der Politik des Verbandes. Vgl. Geschäftl. Mittlg. d. RDI, 6. Jg. (1924), S. 115.

[32] Vgl. F. Günther u. M. Ohlsen: RDI, S. 594.

[33] Vgl. M. Stürmer: Koalition, S. 33.

[34] Die Gründung fand am 12. 3. 1924 statt. Vgl. Archiv f. publizistische Arbeit, 15. 5. 1924. — FST/759.

[35] Dies zeigte sich sowohl am Programm wie an der personellen Kontinuität: Eines der Vorstandsmitglieder der Nationalliberalen Vereinigung war Paul Fuhrmann, einstiger Gründer und Geschäftsführer des Altnationalliberalen Reichsverbandes. Vgl. „Die Scheidung in der Deutschen Volkspartei“, in: Hamburger Fremdenblatt, 10. 4. 1924.

[36] Einer der Gründer der Nationalliberalen Vereinigung, Dr. Maretzky, erklärte in einem Artikel, daß zwar ein „vorübergehendes Zusammengehen mit der Sozialdemokratie aus taktischen Gründen notwendig“ gewesen sei, „um wichtige Positionen im Staate zu halten“, daß aber nunmehr die SPD, „die sich in einem Zustand unaufhaltsamer Zersetzung befände, kein „maßgebender Faktor“ sei, „auf den sich ein Staatsmann einzustellen hat“. Dr. Maretzky: Die Nationalliberale Vereinigung in der Deutschen Volkspartei, in: Berliner Börsenzeitung, 15. 3. 1924.

worden ist, erwächst der Reichstagsfraktion der Deutschen Volkspartei die Aufgabe, an der Bildung einer tragfähigen bürgerlichen Koalition zu arbeiten."[37]

Die Nationalliberale Vereinigung, die den Fraktionsbeschluß auch auf die Koalitionsverhältnisse in Preußen angewandt wissen wollte,[38] wirkte ihrer personellen Struktur nach wie eine politische Zweigstelle der rheinisch-westfälischen Schwerindustrie. An ihrer Gründung waren, um nur die wichtigsten zu nennen, u. a. beteiligt: Freundt (Deutsch-Lux), Vögler (Deutsch-Lux), Dr. Oskar Sempell (Deutsch-Lux), Dr. Moritz Klönne (Fabrikant, Kgl. Bulgarischer Generalkonsul), Heinrich Vielhaber (Krupp), Dr. Kurt Sorge (Krupp) und Robert Hoesch (Eisen- u. Stahlwerke Hoesch). Hinzu kamen Vertreter der schlesischen und Berliner Schwerindustrie, ferner einige industrienahe Abgeordnete, wie der Essener Handelskammersyndikus Geheimrat Quaatz und Johann Becker.[39]

Als der Zentralvorstand und der Parteitag der DVP am 30. März die Neugründung verurteilten und die Mitglieder der Nationalliberalen Vereinigung mit Parteiausschluß bedrohten, zogen sich zwar die Reichstagsabgeordneten Sorge und Becker sowie einige andere von der Nationalliberalen Vereinigung zurück,[40] doch blieb die Organisation mit einem so einflußreichen Mann wie Vögler an der Spitze bestehen und gab eine Wahlempfehlung für die DNVP ab.[41] Die Abgeordneten Klönne und Quaatz wechselten sogar direkt zur DNVP über, die sie mit sicheren Reichslistenplätzen empfing.[42]

Die Formierung der Nationalliberalen Vereinigung hätte Hugenbergs Position im Ruhrrevier erheblich stärken können, übernahmen doch schwerindustrielle Spitzenvertreter wie Vögler und Krupp-Direktor Sorge, Vorsitzender des RDI, in demonstrativer Form seine ständig erhobene Forderung nach einer rein bürgerlichen Regierung.[43] Der Übertritt von Quaatz und Klönne wie auch die nationalliberale

---

[37] Gedr. in: „Zur Gründung der sogenannten Nationalliberalen Vereinigung der Deutschen Volkspartei", in: Nationalliberale Correspondenz, 13. 3. 1924.

[38] Vgl. Anzeige der Nationalliberalen Vereinigung zur Reichstagswahl (ZA), o. D. (1924). — FST/7533, DNVP-Ztg., Bd. 2; „Der Konflikt in der Deutschen Volkspartei", in: FZ, 22. 3. 1924; „Die Scheidung in der Deutschen Volkspartei", in: Hamburger Fremdenblatt, 10. 4. 1924.

[39] Vgl. „Die Nationalliberale Vereinigung", in: Archiv f. Publizistik, 15. 5. 1924 — FST/759; „Die Nationalliberalen", in: Vossische Zeitung, 21. 3. 1924; „Die Scheidung in der Deutschen Volkspartei", in: Hamburger Fremdenblatt, 10. 4. 1924.

[40] Vgl. H. A. Turner: Stresemann, S. 157.

[41] Zunächst wollte sich die Nationalliberale Vereinigung als unabhängige Gruppe zur Reichstagswahl stellen. Quaatz und Vögler waren bereits in Westfalen-Süd nominiert, zogen aber dann ihre Kandidatur zurück. Statt dessen gab die Nationalliberale Vereinigung eine Wahlempfehlung für die DNVP ab. Vgl. „Die Scheidung in der Deutschen Volkspartei", in: Hamburger Fremdenblatt, 10. 4. 1924, u. Anzeige der Nationalliberalen Vereinigung zur Reichstagswahl (ZA), o. D. (1924). — FST/7533, DNVP-Ztg., Bd. 2.

[42] Vgl. „Die Deutschnationalen und die Nationale Vereinigung", in: Archiv f. Publizistik, 31. 7. 1924. — FST/7533 — DNVP-Ztg., Bd. 2. 1925 wechselte Dr. Maretzky, Vorsitzender der inzwischen in Nationalliberale Reichspartei umbenannten Vereinigung, ebenfalls zur DNVP über. Vgl. „Die Spaltung der Nationalliberalen Reichspartei", in: Archiv f. Publizistik, 20. 3. 1925. — FST/759.

[43] „Befreiung und Gesundung von Staat und Volk erfordern den Neuaufbau der Verfassung auf deutsch-rechtlicher Grundlage in Anknüpfung an die großen Bismarck'schen

Wahlempfehlung mußten zudem seine eigene, deutschnationale Parteicouleur im rheinisch-westfälischen Industriegebiet aufwerten. Hugenbergs Haltung in der Dawes-Plan-Frage hob jedoch den Effekt dieses Vorgangs völlig auf. Obwohl er die Kreditbedürfnisse der Industrie kannte und auch die wirtschaftspolitischen Vorteile des Sachverständigengutachtens einzuschätzen wußte, sah er in der Abstimmung über den Dawes-Plan vorrangig eine eminent politische Entscheidung.[44] Bestärkt durch das glänzende Abschneiden der DNVP bei den Maiwahlen, erhoffte er vom definitiven Nein seiner Partei einen Einbruch in das sozialdemokratische Wahllager, verbunden mit einem überwältigenden Wahlsieg, der im Ausland als Volksentscheid gegen den Dawes-Plan gewertet und folglich die Streichung des „neuen Versklavungsaktes" erzwingen würde.[45] Seine schwerindustriellen Freunde hielten zwar zu dieser Zeit – da die SPD weder als „Bollwerk gegen den Bolschewismus" benötigt wurde, noch als stärkste politische Kraft in eine bürgerliche Regierung eingebunden werden mußte – eine Rechtsregierung im Reich für günstig und wünschenswert, sahen aber das Sachverständigen-Gutachten keineswegs als Angelpunkt einer innenpolitischen Wende. Vielmehr beurteilten sie es als wirtschaftspolitisches Problem vom reinen Interessenstandpunkt aus, den sie auch gegen bzw. ohne Hugenberg durchzusetzen gewillt waren. Da die DNVP das Züngleinan der Waage bei der Reichstagsabstimmung spielen sollte, der traditionelle Mittler schwerindustrieller Interessen, Hugenberg, aber ausfiel, setzten sie die Parteileitung direkt unter Druck.

Besonders engagiert zeigte sich die Firma Krupp, die infolge der Umstellung auf Friedensproduktion wie der Inflation in eine schwere Finanzkrise geraten war.[46] Der Direktoriumsvorsitzende Otto Wiedfeldt, als Botschafter in Washington akkreditiert, war an der Entstehung des Sachverständigen-Gutachtens maßgeblich be-

Überlieferungen, die Ausschaltung des Klassenkampfes, (...) die Zusammenführung der nationalen Parteien und der deutschen Berufsstände auf einem gemeinsamen politischen Boden. Die Ziele können nur erreicht werden durch bewußte Abkehr vom Marxismus, durch entschlossene Bekämpfung der Sozialdemokratie, welche die deutschen Arbeiter den Grundlagen deutschen Volkstums entfremdet. Unverträglich mit diesen Zielen ist namentlich die in Preußen noch bestehende Koalition mit der Sozialdemokratie. Diese Koalition muß unverzüglich beseitigt werden." Anzeige der Nationalliberalen Vereinigung zur Reichstagswahl (ZA), o. D. (1924). — FST/7533, DNVP-Ztg., Bd. 2; vgl. auch „Die Lostrennung der Nationalliberalen Vereinigung", in: Archiv f. Publizistik, 30. 4. 1924. — FST/759.

44 „Im Grunde läuft bei der scharfen Verurteilung, der sachlich die Londoner Verträge seitens fast des ganzen Volkes ausgesetzt sind, (...) die gleichwohl erfolgende Annahme darauf hinaus, daß die Sorge um die Kredit- und Wirtschaftsverhältnisse des Landes alle anderen Erwägungen ertötet." (Schreiben Hugenbergs an Hergt, 26. 8. 1924, gedr. in: A. Hugenberg: Streiflichter, S. 96—97, hier S. 97.) „Die Stellungnahme der Wirtschaft zu den öffentlichen Angelegenheiten krankt leicht daran, daß sie die Welt unter dem Gesichtswinkel des Augenblicks betrachtet, statt eine Politik von langer Hand zu treiben. Das ergibt sich naturgemäß aus ihren Bedürfnissen und Interessen. Ein Beispiel ist die Behandlung des Dawes-Planes." Alfred Hugenberg: Locarno, in: BLA, 15. 11. 1925, gedr. in: ders.: Streiflichter, S. 88—91, hier S. 88 (i. f. zit.: A. Hugenberg: Locarno, in: ders.: Streiflichter).

45 Vgl. Schreiben Hugenbergs an Hergt, 26. 8. 1934, gedr. in: A. Hugenberg: Streiflichter, S. 97.

46 Vgl. E Schröder: Wiedfeldt, S. 167.

teiligt.[47] Krupp-Direktor Sorge wurde zu einem der ersten und nachdrücklichsten Befürworter des Dawes-Plans.[48] Sowohl Sorge wie auch der Firmenchef selbst bemühten sich, die deutschnationale Parteileitung umzustimmen.[49] Krupp v. Bohlen u. Halbach stand dabei in engem Kontakt mit Karl Haniel, der ebenfalls „alles" versuchte, „um auf maßgebende Mitglieder der Fraktion einzuwirken".[50] Überdies wurde auch in der deutschnationalen Reichstagsfraktion ein industrieller „Ersatzmann" Hugenbergs, sein bisheriger Verbündeter Jakob Reichert, Geschäftsführer des VDESI, für das Ja tätig.[51] Reichert arbeitete eng mit Reichskanzler a. D. Cuno zusammen,[52] der sich als Exponent der Hamburger Schiffahrtsindustrie und als Vertrauter des Ende April 1924 verstorbenen Helfferich u. a. bei dem frischgebackenen Reichstagsabgeordneten v. Tirpitz erfolgreich für die Annahme einsetzte.[53] Auch der Industrielle Klönne, der gerade über die Nationalliberale Vereinigung zur DNVP gestoßen war, engagierte sich ganz im Sinne der Kruppschen Generallinie.[54] Zwar stimmte der mit ihm zur DNVP übergewechselte Quaatz gegen den Dawes-Plan,[55] doch war er kein Exponent einer bedeutenden Industriefirma.

Hugenberg konnten die massiven Pressionsversuche seiner schwerindustriellen Freunde auf die Parteileitung, speziell auf den ihm verbundenen Hergt, nicht verborgen bleiben. Es scheint, daß er ihnen zwar entgegenarbeitete,[56] jedoch verhältnismäßig frühzeitig resignierte. Vier Tage vor der Abstimmung und nur einen Tag, nachdem Hergt im Reichstag, wenn auch mit Unsicherheit, die ablehnende Haltung seiner Fraktion bestätigt hatte,[57] hielt Hugenberg in einem Schreiben an den Parteivorsitzenden die Annahme des Dawes-Plans bereits für sicher.[58] In dem später publizierten Brief erklärte er, an der Abstimmung wegen eines Herzanfalls nicht teilnehmen zu können und begründete noch einmal sein Nein.[59] An dem entscheidenden

---

[47] Vgl. Ernst Schröder (Hrsg.): Otto Wiedfeldt als Politiker und Botschafter der Weimarer Republik. Eine Dokumentation zu Wiedfeldts 100. Geburtstag, in: Beiträge z. Geschichte v. Stadt u. Stift Essen, H. 86, Essen 1971, S. 159—238, hier S. 221 ff. (i. f. zit.: E. Schröder: Wiedfeldt als Politiker).

[48] Vgl. R. Tross: Wirtschaftspolitik, S. 188 f.

[49] Vgl. Telegramm Krupps v. Bohlen u. Halbach an Haniel, 25. 8. 1924. — Krupp/FAH, IV E 789.

[50] Telegramm Haniels an Krupp v. Bohlen u. Halbach, 24. 8. 1924. — Krupp/FAH, IV E 789.

[51] Reichert formierte u. a. mit seinem Freund Otto Hoetzsch (vgl. Schreiben Reicherts an Cuno, 13. 8. 1924. — Hapag Lloyd A./NL Cuno, A 12) „hinter dem Rücken der Fraktion", wie es einer der Nein-Sager ausdrückte, „im Stillen eine Art Ja-Sager-Front". Vgl. Schreiben Schmidt-Hannovers an Ritgen, 17. 10. 1924. — BA/NL Schmidt-Hannover, Nr. 32.

[52] Vgl. den Schriftwechsel zwischen Reichert und Cuno, in: Hapag Lloyd A./NL Cuno, A 12.

[53] Vgl. Schreiben Reicherts an Cuno, 13. 8. 1924. — Hapag Lloyd A./NL Cuno, A 12.

[54] Vgl. M. Stürmer: Koalition, S. 66.

[55] Vgl. W. Liebe: DNVP, S. 169, Anm. 422.

[56] Wieweit er neben seinen öffentlichen Verlautbarungen auch hinter den Kulissen versuchte, die Partei, speziell den Parteiführer, auf das Nein einzuschwören, ist unbekannt.

[57] Vgl. W. Liebe: DNVP, S. 84.

[58] Vgl. Schreiben Hugenbergs an Hergt, 26. 8. 1924, gedr. in: A. Hugenberg: Streiflichter, S. 97.

[59] Vgl. ebd. Daß Hugenbergs Herzanfall kein politischer Infarkt war, wird durch einen Privatbrief bestätigt. Vgl. Schreiben Hugenbergs an Huxholl, 2. 9. 1924. — NL Hugenberg, A Bd. 10.

Tauziehen, das sich während der nächsten drei Tage in der deutschnationalen Fraktion abspielte,[60] nahm er nicht teil. Er verzichtete auf diese letzte Kraftprobe ebenso, wie er sich trotz seiner eindeutigen Stellungnahme zum RDI-Beschluß nicht für die Bangsche Industriellen-Vereinigung entschieden hatte, deren Argumentation nicht der Diktion, wohl aber dem Inhalt nach mit seiner identisch war. Den Bruch mit seinen industriellen Freunden hatte er somit vermieden, gleichzeitig aber jenen besonderen politischen Kredit verspielt, den ihm ein Teil der rheinisch-westfälischen Industrie mit Gründung der Nationalliberalen Vereinigung eingeräumt hatte.[61]

Bei der am 29. 8. stattfindenden Abstimmung zerfiel nicht nur die deutschnationale Fraktion in zwei Teile, sondern auch die in ihr vertretene Gruppe von Vertrauensmännern Hugenbergs. Von den 16 ihm verbundenen Abgeordneten stimmten neun mit Ja und sieben mit Nein.[62] Neben den Industrievertretern Leopold, Reichert und Lejeune-Jung, den Gewerkschaftsführern Behrens, Koch, Neuhaus und Rippel hatten sich auch der junge Landwirtschaftsvertreter v. Keudell und Professor Martin Spahn für die Annahme entschieden. Dagegen votierten die alldeutsch orientierten Großagrarier v. Dewitz und v. Goldacker wie auch Reinhold Quaatz, ferner der mit dem Hugenberg-Konzern vielfach verbundene Hermann Dietrich, der Parteivorsitzende Hergt und schließlich die „Schützlinge" Schlange-Schöningen und Treviranus.

Für massive Pressionsversuche Hugenbergs auf seine Verbindungsleute in der Fraktion fehlen konkrete Anhaltspunkte. Seine Haltung zum Dawes-Plan hatte er jedoch öffentlich deutlich gemacht. Da das „System Hugenberg" auch auf antizipatorische Reaktionen[63] baute, hatte es, unabhängig davon, ob spezifische Beeinflussungsversuche Hugenbergs auf seine Verbindungsleute stattgefunden hatten oder nicht, versagt. Ebensowenig wie Hugenberg innerhalb industrieller Interessenorganisationen politische Grundsätze gegen handfeste Interessen durchzusetzen vermochte, konnte er seine nur bedingt von ihm abhängigen Verbindungsmänner in der deutschnationalen Fraktion direkt oder indirekt veranlassen, die von ihnen repräsentierten Gruppeninteressen (Gewerkschaften, Landwirtschaft, Industrie) zugunsten einer von ihm markierten politischen Leitlinie fallenzulassen.[64] Die ihm nahestehende

---

[60] Zwei Tage vor der Abstimmung teilte eine von Hoetzsch geführte Delegation Hergt mit, daß sich 30 Fraktionskollegen für die Annahme entschieden hätten. Hinzu kam, daß die DVP nunmehr auch schriftlich erklärte, auf den Eintritt der DNVP in die Reichsregierung mit allen Mitteln zu bestehen. Hergt gab dem Druck von innen und außen schließlich nach und gab die Abstimmung eine Stunde vor Beginn der Plenarsitzung frei. Vgl. Schreiben Schmidt-Hannovers an Ritgen, 17. 10. 1924. — BA/NL Schmidt-Hannover Nr. 32; v. L(indeiner-Wildau): Nach der Entscheidung, in: Der deutsche Führer, 3. Jg. (2. 9. 1924). — FST/7533, DNVP-Ztg., Bd. 2; W. Liebe: DNVP, S. 86 ff.

[61] Symptomatisch dafür war, daß Vögler, der sich gerade von der Volkspartei getrennt hatte, nicht zur DNVP übertrat und später sogar wieder zur DVP zurückkehrte. Vgl. R. Quaatz: Zur Geschichte, S. 254.

[62] Vgl. Anlage 2.

[63] Zum Begriff der antizipatorischen Reaktion vgl. Werner Link: Der amerikanische Einfluß auf die Weimarer Republik in der Dawesplanphase, in: Aus Politik und Zeitgeschichte, Beilage zur Wochenzeitung Das Parlament, B 45/73 (10. 11. 1973), S. 3—12, hier S. 7.

[64] Ein halbes Jahr nach der Abstimmung schrieb Hugenberg: „Wer die Zeit seit Weimar erlebt hat, wird von dem Wunsch geheilt sein, in dem damals eine Rettung zu

Das Abstimmungsverhalten Hugenberg nahestehender Abgeordneter in der DNVP-Reichstagsfraktion

1. Mit Ja stimmten insgesamt 48 deutschnationale Abgeordnete, darunter neun Hugenberg nahestehende Personen:

Reichstagsabgeordnete	Beziehung zu Hugenberg
Franz Behrens	VR-Mg. d. VERA, Vors. d. Evangel.-Sozialen Schule
Walter v. Keudell	AR-Mg. d. Roggenrentenbank AG, VR-Mg. d. Concordia Vermögens-Verwaltung f. Wertpapiere eGmbH
Wilhelm Koch – Düsseldorf	Mg. d. Rhein.-Wesıfäl. Zweckverbandes
Paul Lejeune-Jung	AR-Mg. d. Mutuum
Bernhard Leopold	AR-Mg. d. Mivag
Karl Neuhaus	Mg. d. Rhein.-Westfäl. Zweckverbandes
Jakob Reichert	VR-Mg. d. DLG
Otto Rippel	Mg. d. Rhein.-Westfäl. Zweckverbandes
Martin Spahn	Direktor d. Polit. Kollegs u. d. Hochschule f. Nationale Politik

2. Mit Nein stimmten insgesamt 52 deutschnationale Abgeordnete, darunter sieben Hugenberg nahestehende Personen:

Reichstagsabgeordnete	Beziehung zu Hugenberg
Hermann v. Dewitz	Direktor d. Pommerschen Landbunds
Hermann Dietrich	AR-Mg. d. Opriba, Roggenrentenbank AG, Ostbank f. Handel u. Gewerbe
Hans v. Goldacker	AR-Mg. d. Mivag
Oskar Hergt	Mg. d. WV, VR-Mg. d. VERA, AR-Mg. d. Mutuum
Reinhold Quaatz	AR-Mg. d. Alterum, Mitarbeiter des Scherl-Verlages
Hans Schlange-Schöningen	Protegé
Gottfried Reinhold Treviranus	Protegé

Quellen:

„Die Ja- und Nein-Sager", in: Archiv f. Publizistik, 15. 9. 1924. – FST/7533, DNVP-Ztg., Bd. 2; Mitgliederliste d. Wirtschaftsvereinigung, o. D. (Stand 1919–1928). – BA/NL Wegener, Nr. 37; Anlage z. Schreiben Klitzschs an Hugenberg, 5. 10. 1922. – NL Hugenberg, A Bd. 18; Mitteilungsblatt d. VERA, o. D. (1919); Schreiben Neuhaus' an Lindeiner-Wildau, 22. 8. 1921. – NL Hugenberg, A Bd. 17; Rundschreiben d. Gesellschaft zur Förderung der inneren Kolonisation, 15. 8. 1922, u. Bericht Swarts über „Reise Berlin 9.–14. Juli 1923", 18. 7. 1923. – BA/NL Wegener, Nr. 21; Anlage z. Schreiben Tetens an Donner, 14. 10. 1930. – Akten Opriba, C IV, 10; Schriftwechsel Hugenberg – Treviranus, in: NL Hugenberg, A Bd. 18 u. A Bd. 22; Korrespondenz Schlange-Schöningen mit Hugenberg, in: NL Hugenberg, A Bd. 21; Hdb. d. dt. AG, 1919 ff.; D. Guratzsch: Macht, Anhang, S. 394 ff.

Gruppe von Nein-Sagern gehörte in der Mehrzahl zum weltanschaulich harten Kern der DNVP, der nie bereit gewesen war, wegen kurzfristiger Interessenvorteile taktische Kompromisse zu schließen.[65] Ausnahmen hiervon bildeten Dietrich, Hergt und möglicherweise Treviranus, dessen politische Haltung bis 1924 nicht eindeutig fixierbar ist. Lediglich bei diesen dreien könnte die enge geschäftliche Verbindung mit Hugenberg im Entscheidungsprozeß eine Rolle gespielt haben, wobei allerdings Hergts Nein in Anbetracht der Tatsache, daß er die Abstimmung freigegeben und damit die Voraussetzungen zur Annahme des Dawes-Plans geschaffen hatte, allerhöchstens als eine persönliche, politisch irrelevante Reverenz gegenüber Hugenberg gewertet werden kann.

b) Nach der Abstimmung – Rückzug aus der Politik?

Hugenbergs Verhältnis zur DNVP. Die sogenannte „Mampe-Abstimmung" (halb und halb) [66] erzeugte eine tiefgreifende Vertrauenskrise in der DNVP. Der Parteianhang in der Provinz, über den Stimmungsumschwung in der Fraktion nicht rechtzeitig informiert, reagierte auf das gespaltene Votum mit Unsicherheit und Verärgerung.[67] Gegen Hergt, dessen Haltung von alldeutsch-völkischen Kreisen als Führungsschwäche gebrandmarkt wurde,[68] formierte sich eine Fronde in den Landesverbänden. Besonders die ostelbischen Parteiorganisationen, geführt von dem Vorsitzenden des Pommerschen Landesverbandes, Schlange-Schöningen, attackierten Hergt und dessen engsten Mitarbeiter, Lindeiner-Wildau, scharf.[69] Hergt, der zum geforderten Rücktritt nicht bereit war, baute seine Verteidigungsstrategie auf der zugesagten Regierungsbeteiligung und den schwebenden Koalitionsverhandlungen auf. Als diese im Oktober scheiterten und der Reichstag aufgelöst wurde, konnte er sich nicht länger im Amt halten.[70]

Alfred Hugenberg scheint an der Kampagne gegen Hergt nicht teilgenommen zu haben.[71] Sein alter Beamtenkollege blieb ihm konzernmäßig weiterhin verbunden[72] und sollte sich später, als Hugenberg selber den Parteivorsitz übernahm, auch nicht den Sezessionisten um Westarp anschließen, deren gouvernementales Staatsverständ-

---

liegen schien — nämlich von dem Wunsch, durch die Wirtschaftsverbände regiert zu werden." A. Hugenberg: Untergang (1925), in: ders.: Streiflichter, S. 53.

[65] Eine Ausnahme bildete Martin Spahn, der keiner organisierten sozialen Interessengruppe nahestand.

[66] V. Dietrich: Hugenberg, S. 97.

[67] In einem Verteidigungsschreiben an den ostpreußischen Landesverband, der seinen Rücktritt gefordert hatte, begründete Hergt das Stillschweigen der Parteileitung gegenüber den Landesorganisationen sowohl mit der Unvorhersehbarkeit der Ereignisse wie mit den taktischen Nachteilen, die aus der vorherigen Bekanntgabe der Zustimmungsbereitschaft entstanden wären. Vgl. W. Liebe: DNVP, S. 173, Anm. 449.

[68] Vgl. M. Dörr: DNVP, S. 73 f., Anm. 34.

[69] Vgl. ebd., S. 75, Anm. 36.

[70] Vgl. die ausführliche Darstellung bei W. Liebe: DNVP, S. 92 ff.

[71] Sofern nicht Schlange-Schöningen in seinem Auftrag handelte, was aber auch K.-P. Hoepke (: Hugenberg, S. 913) zweifelhaft ist.

[72] Zumindest blieb Hergt Mitglied der Wirtschaftsvereinigung (vgl. Kap. II, Anm. 70). Aus der Mutuum schied er hingegen im Verlauf der zweiten Hälfte der zwanziger Jahre aus. (Vgl. Hdb. d. dt. AG, 1929, IV, S. 5409). Ob er VR-Mitglied der VERA blieb, läßt sich nicht sagen, da Mitgliederverzeichnisse aus der Zeit nach 1924 nicht überliefert sind.

nis er durchaus teilte.[73] Auch Lindeiner-Wildau blieb zunächst Hugenbergs deutsch-nationaler Beauftragter in Presseangelegenheiten.[74] Überhaupt zog Hugenberg aus der Dawes-Abstimmung vorläufig keine personellen Konsequenzen, noch bemühte er sich offensichtlich, auf die neue Parteileitung Einfluß zu gewinnen. Zu dem interimistisch mit dem Vorsitz betrauten Landrat a. D. Johann Friedrich Winckler, Fraktionsführer im Preußischen Abgeordnetenhaus, knüpfte er keine engeren Beziehungen an. Der ihm eng verbundene Hermann Dietrich trat aus Altersgründen noch 1924 vom Amt des stellvertretenden Parteivorsitzenden zurück, das erst 1926 neu besetzt wurde.[75] 1925 gab schließlich auch Lindeiner-Wildau seinen Posten als Politischer Beauftragter des Parteivorsitzenden auf,[76] so daß Hugenberg über keinen direkten Draht zur Parteileitung mehr verfügte.

Der Konzernchef, dessen politisches Konzept nicht zuletzt von seinen schwerindustriellen Freunden durchkreuzt worden war, schien im Oktober 1924 von Resignation nicht weit entfernt.[77] Für die erneut anstehenden Reichstagswahlen entschloß er sich erst „nach einigen Bedenken (...), noch einmal wieder zu kandidieren".[78] Allein die Überlegung, daß es nach wie vor „den Kampf zwischen Rechts und Links" zu führen galt,[79] veranlaßte ihn zum Weitermachen. Um die DNVP in diesem Kampf nicht zu schwächen, schloß Hugenberg sich nicht der öffentlich geführten Kampagne des ADV gegen die deutschnationalen Ja-Sager an. Ebenfalls im Unterschied zum ADV, der jede Regierungsbeteiligung der DNVP bekämpfte, solange sie nicht selbst den Reichskanzler stellen und das parlamentarische System in eine „völkische Diktatur" überleiten konnte,[80] war Hugenberg kein prinzipieller Gegner eines deutschnationalen Regierungseintritts. Lediglich eine Koalition oder auch nur indirekte Zusammenarbeit mit Sozialdemokraten lehnte er, hierin aber ganz in Übereinstimmung mit der überwiegenden Mehrheit seiner deutschnationalen Parteifreunde, nach wie vor entschieden ab. Zwar erschien ihm darüber hinaus auch die DDP als Koalitionspartner wenig verlockend.[81] Das hinderte ihn jedoch nicht, im Januar 1925 den Eintritt von Deutschnationalen in Luthers „Kabinett der Köpfe" zunächst zu begrüßen,[82] obwohl darin auch Demokraten vertreten waren. Bis zu den Locarno-Verhandlungen verhielt er sich gegenüber der neuen Regierung unter dem parteilosen, aber DVP-nahen Reichskanzler Hans Luther durchaus loyal.

[73] Vgl. Protokoll der Parteivorstandssitzung d. DNVP am 24. 7. 1930. — NL Schmidt-Hannover (Opr.), S 23. Vermutlich spielte bei Hergt die persönliche Loyalität gegenüber Hugenberg eine große Rolle. Der Konzernchef bezeichnete ihn auch noch 1932 als seinen Freund. Vgl. Schreiben Hugenbergs an Dingeldey, 16. 7. 1932. — BA/NL Dingeldey, Nr. 38.
[74] Vgl. Schreiben Hugenbergs an Eisenlohr, 15. 6. 1925. — NL Hugenberg, A Bd. 5, u. Hdb. d. dt. AG, 1929, IV, S. 5409.
[75] Vgl. W. Ruge: DNVP, S. 715.
[76] Vgl. M. Weiß: Organisation, S. 376.
[77] Vgl. K.-P. Hoepke: Hugenberg, S. 913.
[78] Schreiben Hugenbergs an May, 30. 10. 1924. — NL Hugenberg, A Bd. 15.
[79] Ebd.
[80] Vgl. Erklärung des Gesamtvorstandes des ADV, 27. 4. 1924. — FST/412, ADV (19—39) u. Max Maurenbrecher: Die große Stunde der Deutschnationalen, in: DZ, Nr. 198, 5. 5. 1924.
[81] Vgl. Schreiben Hugenbergs an May, 6. 5. 1924. — NL Hugenberg, A Bd. 15.
[82] Vgl. Protokoll d. Sitzung d. deutschnationalen Reichstagsfraktion am 12. 6. 1928. — NL Schmidt-Hannover (Opr.), S. 35.

Eine kritische Rede, die er im Juni 1925 zum Unfallversicherungsgesetz im Reichstag halten wollte, ließ er auf Bitten seiner Fraktion als „überzeugter Anhänger der Disziplin" fallen.[83] Dies fiel ihm um so leichter, als „mehrjähriges Miterleben der Reichstagsredeflut und die Überzeugung von der Ergebnislosigkeit dieser von der Presse kaum noch beachteten Reden"[84] seine grundsätzliche Abneigung gegen Parlamentsdebatten vertieft hatte. Dagegen veranlaßte ihn die außenpolitische Entwicklung während der zweiten Hälfte des Jahres 1925

> „in der Stille organisatorisch dasjenige zu tun, was nötig ist, um die lebendigen und zukunftsverheißenden Kräfte zusammenzufassen, und zu meinem Teil mitzuhelfen, um das zu verhindern, was mir die größte Gefahr für Deutschland zu sein scheint, nämlich daß wir zwar weiter Deutsche heißen (...), in Wirklichkeit aber all das verlieren, was eigentlich deutsches Wesen und deutschen Charakter ausmacht."[85]

Bei der Reaktivierung seiner alterprobten Taktik des „Handelns in der Stille" mußte Hugenberg aber andere Wege gehen als früher. Weder unterhielt er enge Beziehungen zur Parteileitung, noch kamen seine bereits 1924 unzuverlässig reagierenden Verbündeten in den verschiedenen Interessenlagern als Helfer gegen den anstehenden Sicherheitspakt mit Frankreich in Frage. Die DNVP befand sich angesichts von Locarno in einem ähnlichen Dilemma wie bei der Abstimmung über den Dawes-Plan. Einerseits wünschte sie keineswegs, Garantien auf den territorialen Status quo im Westen abzugeben, andererseits wollte sie die errungene Regierungsmacht nicht wieder aus den Händen geben. Wiederum waren es die organisierten Interessengruppen, voran die Landwirtschaft, die besonders auf Verbleib in der Regierung drängten.[86] Um diesen Forderungen zu entsprechen, zeigten sich die deutschnationalen Minister einesteils verhandlungsbereit, suchten aber zugleich durch Verzögerungen und überhöhte Forderungen im Laufe des Sommers 1925 Stresemanns Verständigungspolitik zu torpedieren.[87] Als das mißlang und der Termin für die geplante Ministerkonferenz Frankreichs, Englands, Italiens, Belgiens, Polens und Deutschlands bereits feststand, griff Hugenberg ein. In der Fraktion forderte er den sofortigen Regierungsaustritt, falls Stresemann nach Locarno entsandt würde, und drohte, „in der ihm zur Verfügung stehenden Presse den schärfsten Kampf gegen Stresemann und auch gegen Luther aufzunehmen".[88] Daraufhin verlangten die deutschnationalen Unterhändler, daß lediglich der Reichskanzler als „Mann des allgemeinen Vertrauens" an den Ministerverhandlungen teilnehmen dürfe.[89] Bekanntermaßen reiste Stresemann dann doch nach Locarno, weil sich auch die Deutschnationalen nicht dem Argument verschließen konnten, daß sein Fernbleiben von den Verhandlungspartnern als Wechsel der deutschen Außenpolitik interpretiert und die deutsche Verhandlungsposition erheblich schwächen würde.[90]

---

83 „Eine ungehaltene Rede", in: Der Tag, 28. 6. 1925, gedr. in: A. Hugenberg: Streiflichter, S. 94 f.
84 Schreiben Hugenbergs an Rickert, 3. 10. 1925. — NL Hugenberg, A Bd. 18.
85 Ebd.
86 Vgl. die ausführlichen Darstellungen von Dörr, S. 134 ff, und M. Stürmer: Koalition, S. 107 ff.
87 Vgl. M. Dörr: DNVP, S. 137, u. H. A. Turner: Stresemann, S. 185.
88 Bericht Claß' über die politische Lage, in: Verhdlgsber. v. d. Sitzg. d. GA d. ADV am 4. 9. 1925. — FST/412, ADV (24—25).
89 Vgl. M. Dörr: DNVP, S. 156.
90 Vgl. ebd.

Hugenberg setzte seine Drohung insofern in die Tat um, als seine Presse noch vor Beginn der Verhandlungen ununterbrochen gegen das beabsichtigte Vertragswerk polemisierte.[91] Das deutschnationale Fußvolk mußte den Eindruck gewinnen, daß eine Zustimmung seiner Partei nicht in Frage kam. Dadurch geriet die Parteileitung, die sich eine erneute Kehrtwendung nach der gerade überstandenen Vertrauenskrise nicht leisten konnte, erheblich in Zugzwang. Auch der Alldeutsche Verband, der seit der Dawes-Abstimmung seine Position in den Landesverbänden systematisch verstärkt hatte, arbeitete auf die Mobilisierung der Provinz hin.[92] Das Bündnis mit seinen alldeutschen Ziehkindern, die er jahrelang vernachlässigt hatte, drängte sich Hugenberg jetzt direkt auf. Einerseits hatte er sich, wie Claß erfreut im September 1925 feststellte, felsenfest in den Gedanken eingelebt, „die Fraktion unter keinen Umständen die Stresemannsche Politik mitmachen zu lassen",[93] andererseits fehlte ihm bei Fraktion und Parteileitung der Rückhalt,[94] um eben diese Absicht durchzuführen. Zwar hatte sich zwischen ihm und dem mittlerweile zum Fraktionsvorsitzenden aufgerückten Westarp, der die Locarno-Politik ebenso ablehnte wie einst den Dawes-Plan,[95] eine gewisse Zusammenarbeit entwickelt,[96] doch war es zweifelhaft, ob der konservative Graf dem Druck der Interessengruppen, speziell der Landwirtschaft, standhalten und den Rückzug aus der Regierung riskieren würde.[97] So wählte Hugenberg den Umweg über die Landesverbände und das Bündnis mit dem AVD. Er war damit, wie Claß befriedigt konstatierte, „an die Spitze des starken Flügels" in der DNVP getreten.[98]

Als Luther und Stresemann aus Locarno mit Ergebnissen zurückkehrten, die nicht den zuvor ausgehandelten Kabinettsrichtlinien entsprachen,[99] stellte die neue Allianz ihr Durchsetzungsvermögen unter Beweis. Das zentrale Basisgremium der DNVP, die von den Landesverbänden beherrschte Parteidelegiertenversammlung (= Parteivertretung), forderte die Reichstagsfraktion auf, ihre Minister aus der Re-

---

[91] Vgl. Aufzeichnungen Stresemanns v. 20. 9. 1925, gedr. in: Gustav Stresemann: Vermächtnis, Bd. 3, S. 25, u. H. A. Turner: Stresemann, S. 203.

[92] Vgl. Verhdlgsber. v. d. Sitzgn. d. GA d. ADV am 25./26. 10. 1924 u. 4. 9. 1925. — FST/412, ADV (24—25); vgl. auch M. Dörr: DNVP, S. 159; M. Stürmer: Koalition, S. 191; A. Kruck: Geschichte, S. 168 f.

[93] Verhdlgsber. v. d. Sitzg. d. GA d. ADV am 4. 9. 1925. — FST/412, ADV (24—25).

[94] Vgl. M. Stürmer: Koalition, S. 191.

[95] Westarps entschlossene Haltung bei den Dawes-Verträgen veranlaßte die Alldeutschen, ihn als wünschenswerten Nachfolger Hergts zu proklamieren. Vgl. Verhdlgsber. v. d. Sitzg. d. GA d. ADV am 25./26. 10. 1924. — FST/412, ADV (24—25). Dies scheiterte zwar, doch wurde Westarp zur Genugtuung des ADV im Frühjahr 1925 Fraktionsvorsitzender. (Vgl. Verhdlgsber. v. d. Sitzg. d. GA d. ADV am 1. 2. 1925 — FST/412, ADV [24—25].) Anläßlich einer gemeinsamen Unterredung mit Westarp und Hugenberg konnte Claß feststellen, daß der Graf ebenso wie Hugenberg entschlossen war, die Locarno-Politik scheitern zu lassen. Vgl. Verhdlgsber. v. d. Sitzg. d. GA d. ADV am 4. 9. 1925. — FST/412, ADV (24—25).

[96] Westarp und Hugenberg trafen mehrmals im Laufe des Jahres 1925 als gemeinsame deutschnationale Unterhändler mit dem alldeutschen Verbandsvorsitzenden zusammen. Vgl. Verhdlgsber. v. d. Sitzg. d. GA d. ADV am 4. 9. 1925. — FST/412, ADV (24—25).

[97] Vgl. M. Dörr: DNVP, S. 163 ff. u. S. 170 f.

[98] Vgl. Verhdlgsber. v. d. Sitzg. d. GA d. ADV am 4. 9. 1925. — FST/412, ADV (24—25).

[99] Vgl. M. Dörr: DNVP, S. 166 ff.

gierung abzuziehen. Die Veröffentlichung des Beschlusses in der parteioffiziellen Korrespondenz sorgte für den notwendigen Nachdruck. Die Fraktion, im Bewußtsein, daß sich die Partei eine erneute, nunmehr auch öffentlich geführte Auseinandersetzung nicht leisten konnte, übernahm den Delegiertenbeschluß und zwang ihre widerstrebenden Minister zum Rücktritt.[100]

Mit großer Befriedigung stellte Claß zwei Monate später auf einer Ausschußsitzung seines Verbandes fest, daß es „das Verdienst unserer Freunde und nächsten Gesinnungsgenossen" gewesen sei, „die Fraktion einhellig dazu zu bringen, gegen den Sicherheitspakt zu stimmen und ihre Minister abzuberufen".[101] Adressiert war Claß' Lobeshymne vor allem an den persönlich anwesenden „Gesinnungsgenossen" Hugenberg, der erstmalig seit Bestehen der Republik eine Sitzung des Verbandes mit seiner Anwesenheit beehrte.[102] Diese bisher so sorgfältig vermiedene demonstrative Geste deutete Hugenbergs zukünftige politische Strategie bereits an: Bei der Reorganisation des „Systems Hugenberg" in der DNVP würde der ADV eine gewichtige Rolle spielen.

Hugenbergs Beziehungen zur Schwerindustrie.   Setzte auf die Abstimmung über den Dawes-Plan ein, wenn auch nur kurzfristiger, Machtverlust Hugenbergs in der DNVP ein, so schien sich eine ähnliche Entwicklung auch im rheinisch-westfälischen Industriegebiet anzubahnen. Der ehemalige Krupp-Direktor gab im Frühjahr 1925 den Vorsitz des Bergbau- und des Zechenverbandes ab. So symbolisch dieser Vorgang aber wirken mochte,[103] erschütterte er Hugenbergs Position, soweit der Bergbau in Betracht kam, tatsächlich kaum.[104] In beiden, in Personalunion geführten Verbänden wurde er zum zweiten stellvertretenden Vorsitzenden ernannt. Der neue Spitzenmann, Fritz Winkhaus (Generaldirektor des Köln-Neuessener Bergwerkvereins – Hoesch-Konzern), zählte, ebenso wie der erste und der dritte stellvertretende Vorsitzende, Eugen Wiskott und Albert Vögler, zum Kreis der Wirtschaftsvereinigung,[105] und der Hugenberg treu ergebene v. Löwenstein blieb weiterhin als Geschäftsführer im Amt.[106] Dagegen hatten bereits 1923 im gesamten schwerindustriellen Verbandssystem personelle Veränderungen eingesetzt, die im Zusammenhang mit den politischen Ereignissen der Jahre 1924/25 Hugenbergs Position im rheinisch-westfälischen Industriegebiet nachhaltig schwächen sollten.

---

[100] Vgl. zu dem gesamten Vorgang M. Dörr: DNVP, S. 173 ff., und M. Stürmer: Koalition, S. 125.

[101] Verhdlgsber. v. d. Sitzg. d. GA d. ADV am 12. 12. 1925. – FST/412, ADV (24–25).

[102] Hugenberg nahm als Gast an der Sitzung teil. Formellen Anlaß dazu dürfte das „Dienstjubiläum" Claß' geboten haben, der 25 Jahre zuvor in die Hauptleitung des ADV gewählt worden war. Vgl. ebd.

[103] Der ansonsten gut informierte anonyme Verfasser eines Artikels über Hugenberg und seinen Rücktritt glaubte, daß mit dem neuen Vorsitzenden des Bergbau- und Zechenverbandes „ein neues Kapitel in der Geschichte der Beziehungen des Ruhrbergbaues zum Staate beginnen" würde. „Alfred Hugenberg. Ein deutschnationaler Wirtschaftsführer. Zum Wechsel im Vorsitz des Bergbaulichen Vereins", in: FZ, Nr. 179, 8. 3. 1925.

[104] So auch K.-P. Hoepke: Hugenberg, S. 907.

[105] Vgl. Kap. II, Anm. 70. Winkhaus, Wiskott und Vögler gehörten auch dem Aufsichtsrat der 1927 gegründeten „Deutschen Gewerbehaus AG" an. Vgl. Hdb. d. dt. AG, 1929, IV, S. 5505 f.

[106] Vgl. P. Osthold: Zechenverband, Verzeichnis d. Verbandsvorsitzenden.

Hugenbergs verbandsinterne Macht hatte stets im besonderen Maße auf Zusammenarbeit mit den Mitgliedern des Viererausschusses, Beukenberg, Stinnes und Kirdorf, beruht. Einerseits sicherten sie, vor allem nach 1918, Hugenbergs (Wieder-)Wahl in Spitzengremien schwerindustrieller Interessenorganisationen ab,[107] andererseits besetzten sie selbst derartige Schlüsselpositionen auch in Verbänden, in denen der deutschnationale Konzernchef nicht vertreten war.[108] In Kooperation mit diesen drei Männern konnte Hugenberg seinen Einfluß in allen relevanten schwerindustriellen Spitzenorganisationen geltend machen. Eine erste Lücke in sein verbandsinternes Machtsystem riß 1923 der Tod von Wilhelm Beukenberg, der an der Spitze des Langnamvereins wie der Nordwestlichen Gruppe des VDESI gestanden, im Verein deutscher Eisenhüttenleute den stellvertretenden Vorsitz besetzt hatte[109] und schließlich auch im Zechenverband als Mitglied des Vorstandes und des geschäftsführenden Ausschusses vertreten gewesen war.[110] Als Hugo Stinnes 1924 ebenfalls starb, verlor Hugenberg seinen wichtigsten Bundesgenossen im Ruhrrevier. Abgesehen von den zahlreichen Funktionen, die Stinnes u. a. beim Bergbauverein und beim Zechenverband (1. Stellvertreter), beim RDI (Präsidiums- und Vorstandsmitglied) oder beim Stahlwerkverband (Aufsichtsrat) ausübte,[111] waren es vor allem Finanzkraft und Prestige,[112] die den „Kaufmann aus Mülheim" unersetzlich machten.[113] Sein „junger Mann", Albert Vögler, folgte zwar der Tradition und hielt Hugenberg in ähnlich eigenwilliger Art die Treue wie einst sein Dienstherr,[114]

---

[107] Daß Hugenberg seine Posten beim Bergbau- und Zechenverband nach dem Abschied von Krupp bestimmten Repräsentanten der Ruhrindustrie, namentlich Stinnes, verdankte, hob auch der anonyme Artikelschreiber in der FZ hervor. Vgl. „Alfred Hugenberg", in: FZ, Nr. 179, 8. 3. 1925.

[108] Hugenberg war z. B. im Langnamverein, im VDESI und im Verein deutscher Eisenhüttenleute an maßgeblicher Stelle nicht vertreten, in allen drei Verbänden besetzte aber Beukenberg Spitzenpositionen.

[109] Beukenberg wurde 1911 stellvertretender Vorsitzender des Vereins Deutscher Eisenhüttenleute und 1914 Vorsitzender des Langnamvereins wie der Nordwestlichen Gruppe des VDESI. Vgl. L. Hatzfeld: Beukenberg, S. 207 f.

[110] Vgl. Hugenbergs Gedächtnisrede auf Beukenberg u. Stinnes auf der Hauptversammlung d. Zechenverbandes am 12. 4. 1924, in: A. Hugenberg: Streiflichter, S. 101–104, hier S. 101.

[111] Vgl. Mitgliederliste d. Vorstands des RDI (sämtliche Mitglieder seit Bestehen), o. D., u. „Präsidium des RDI — Daten über Zuwahl u. Ausscheiden", o. D. — Krupp/WA, IV f 1361; vgl. D. Guratzsch: Macht, S. 99.

[112] Vgl. F. Pinner: Wirtschaftsführer, S. 21. Welch überragende Stellung Stinnes im Ruhrrevier besaß, macht auch folgender Vorgang deutlich: Im Zusammenhang mit der Sozialisierungsdiskussion sandte Otto Wiedfeldt, immerhin Direktoriumsvorsitzender von Krupp, Vögler einen von ihm ausgearbeiteten Vorschlag mit der Bitte, Stinnes dafür zu gewinnen. Als Begründung führte er an: „(...) denn darüber bin ich mir klar, wenn Herr Stinnes bei seinem großen Einfluß im Bergbau in dieser Sache nicht mit uns geht, ist die Sache nicht durchzuführen." Schreiben Wiedfeldts an Vögler, 9. 9. 1920. — Krupp/WA, IV 1999.

[113] So ist wohl auch Hugenbergs pathetischer Nachruf zu versstehen: „Ein Blitz ist durch unsere Reihen gefahren. Er hat den hinweggenommen, den er uns am wenigsten nehmen durfte (...). A. Hugenberg: Hugo Stinnes. Ein Nachruf, 14. 4. 1924, gedr. in: ders.: Streiflichter, S. 105.

[114] Trotz immer wieder auftretender Spannungen bei politisch-taktischen Fragen blieb das freundschaftliche Verhältnis zwischen beiden bis zu Vöglers Tod bestehen. (Vgl. Alfred Hugenberg: Als ich 1928 den Vorsitz der DNVP antrat [Masch. Ms.], o. D.

besaß aber nicht Stinnes' Einfluß in Industriekreisen. Zweifellos gehörte Vögler, der 1926 an die Spitze des größten Stahlkonzerns Deutschlands, der neugegründeten Vereinigten Stahlwerke (Aufsichtsratsvorsitzender: Fritz Thyssen) treten konnte und einige wichtige Verbandsposten, wie etwa den Vorsitz des Vereins deutscher Eisenhüttenleute, besetzte,[115] zur ersten Garde der rheinisch-westfälischen Großindustriellen. Doch machten ihn all seine Posten nicht zu dem, was Stinnes einst war: der Schwerindustrielle schlechthin. Der verbliebene dritte Mann, Emil Kirdorf, zählte 1924 bereits 77 Jahre und nahm am Verbandsleben nur noch „ehrenhalber" teil.[116] Politischen Kompromissen stets abhold, stand er Hugenberg nunmehr besonders nahe und trat in den nächsten Jahren mehr denn je für ihn ein.[117] Sein nicht zu unterschätzendes, im Laufe von Jahrzehnten erworbenes Prestige reichte jedoch verbandsintern gegenüber den nachgewachsenen Managerkollegen einer jüngeren und flexibleren Generation – selbst in Verbindung mit Vögler – nicht aus,[118] um der „Spinne" jene beherrschende Stellung im schwerindustriellen Organisationsnetz zu erhalten, die sie bis in die Anfänge der zwanziger Jahre hinein besessen hatte. Die stetige Protektion von seiten Kirdorfs und die etwas unsichere Unterstützung durch Vögler hätten für Hugenberg allenfalls dann jenen Nützlichkeitswert besessen, der einst in der Zusammenarbeit des kompletten Viererausschusses gelegen hatte, wenn es gelungen wäre, jene Managerpersönlichkeit hinzuzugewinnen, die im Ruhrrevier über wachsenden Einfluß verfügte: Paul Reusch.

Paul Reusch stand seit 1909 – dem Jahr, in dem auch der nur wenig ältere Hugenberg Direktoriumsvorsitzender bei Krupp wurde – als Generaldirektor an der Spitze der Gutehoffnungshütte. Im Unterschied zu seinem Managerkollegen, der ein breitgefächertes Studium und zwei vielversprechende Karrieren als Beamter und als Genossenschaftsdirektor hinter sich hatte, steuerte Reusch nach einem technischen Studium geradlinig in die rheinisch-westfälische Industrie.[119] Die Position, die der Vierzigjährige 1909 erreichte und Zeit seines Lebens nicht mehr aufgeben sollte, war die Krönung einer zäh und zielstrebig vorangetriebenen Laufbahn. Dennoch konnte der Generaldirektor der GHH, eines der führenden gemischten (Kohle und Eisen) und in Familienbesitz (Haniel) befindlichen Betriebe des Ruhrreviers dem Direktoriumsvorsitzenden der Firma Krupp, des größten, traditionsreichsten und

---

[1949]. – NL Schmidt-Hannover [Opr.], S 28.) Konzernmäßig war Vögler Hugenberg ununterbrochen verbunden und gehörte auch noch 1940, als der Hugenberg-Konzern von den Nationalsozialisten bereits stark demontiert worden war, dem „Vertrauensausschuß", einer Nachfolgeorganisation der Wirtschaftsvereinigung, an. Vgl. Protokoll der Sitzung des Vertrauensausschusses, Anlage z. Schreiben Hugenbergs an Kapitän Mann, 3. 9. 1940. – Akten Opriba, H 9.

115 Vögler war außerdem, wie oben erwähnt, dritter stellvertretender Vorsitzender des Bergbau- und Zechenverbandes, ferner Hauptvorstandsmitglied d. VDESI und Vorstandsmitglied d. Langnamvereins. Vgl. H. Degener: Wer ist's, 1928, S. 1613.

116 Vgl. Walter Bacmeister: Emil Kirdorf. Der Mann und sein Werk, Essen ²1936, S. 78 (i. f. zit.: W. Bacmeister: Kirdorf).

117 Vgl. H. A. Turner: Faschismus, S. 64 f.

118 Kirdorf war bereits, wie Pinner zu Recht feststellt, dem jüngeren und agileren Stinnes nicht gewachsen, an dessen Unternehmen er seine ursprünglich überlegene GBAG anlehnte. Vgl. F. Pinner: Wirtschaftsführer, S. 71.

119 Vgl. Bodo Herzog: Paul Reusch und die Niederrheinische Industrie- und Handelskammer Duisburg-Wesel, in: Duisburger Forschungen, Jg. 14 (1970), S. 91—103, hier S. 91 f. (i. f. zit.: B. Herzog: Reusch).

mit kaiserlicher Gnade ausgezeichneten Unternehmens Deutschlands, an Einfluß und Prestige nicht das Wasser reichen. Erst der Kriegsausgang und Hugenbergs Abschied von Krupp verbesserten die Ausgangsposition des ehrgeizigen Reusch, der an Presse und Politik ebenso auffällig interessiert war wie sein berühmter Kollege.

Die Umstellung auf Friedensproduktion und die Abdankung der Hohenzollern hatten die Firma Krupp in Reih und Glied zurücktreten, fast zu einem „normalen" Unternehmen werden lassen.[120] Hugenbergs Wechsel in die Politik hatte ihn zwar nicht seiner zahlreichen Ämter und damit seines Einflusses beraubt, doch mußte er nun weit mehr Geschick aufwenden, um diese Position zu halten oder gar auszubauen. Die Tatsache, daß er in den Interessenorganisationen nicht mehr durch eine Firma legitimiert, überdies noch Parteipolitiker war, verschaffte seinen Gegnern Angriffspunkte. Hugenberg konnte diese Hindernisse in den ersten Jahren der Republik mit Hilfe des Viererausschusses, eines eingespielten und finanzkräftigen Apparats im Anschluß an den Bergbau- und Zechenverband, sowie zunächst auch einer flexiblen politischen Taktik (ZAG, Zusammenarbeit mit der DVP), die den Bedürfnissen der Industrie entsprach, überwinden. Zu dieser Zeit begann aber Reusch, der zum zweiten Finanzierungskreis des Hugenberg-Konzerns, der Ausland GmbH,[121] gehörte, bereits eigene verbandspolitische Initiativen zu entwickeln. Der Generaldirektor der GHH übernahm zunächst die Organisation der Montagsgesellschaft. Die Montagsgesellschaft, Vorläuferin der Ruhrlade, war aus einer bereits seit 1916 unregelmäßig tagenden Gruppe von Ruhrindustriellen hervorgegangen,[122] zu der u. a. auch Krupp v. Bohlen u. Halbach zählte.[123] Ab 1920 nahm Reusch im Verein mit der Essener Handelskammer, besonders mit dem Hugenberg nahestehenden Syndikus Quaatz, die Reorganisation dieser durch Kriegsende und Revolution unterbrochenen Tagungen in die Hand.[124] Unter seinem Vorsitz[125] trafen sich die Spitzenvertreter der Wirtschaftsverbände, Handelskammern und Großunternehmen des rheinisch-westfälischen Industriegebietes zu (wirtschafts-)politi-

---

[120] Ein Krupp-Vertreter äußerte gegenüber einem Beauftragten Hugenbergs nach der Revolution: „(...) z. B. sei die Firma F.[riedrich] K.[rupp] keineswegs mehr das, was sie früher vor dem Umsturz war. Die alte überragende Machtstellung auf Grund ihrer monopolartigen Beherrschung der Rüstungsindustrie sei völlig dahin. Heute sei F. K. eine Fabrik wie jede andere, die Geschäfte mache und Geld verdienen und sich dabei einem sehr scharfen Wettbewerb aussetzen muß." Bericht des Herrn Dr. Schleich über seinen Besuch bei der Fried. Krupp AG Essen am 9. Mai 1919. — NL Hugenberg, A Bd. 13.

[121] Vgl. D. Guratzsch: Macht, Anhang 1, S. 394.

[122] Zu diesen Zusammenkünften wurden öfter Vortragsredner geladen. So sollte im November 1916 Reinhold Wulle, zu der Zeit Chefredakteur der Rheinisch-Westfälischen Zeitung (RWZ) über seine Reise durch Kurland und Litauen berichten, die er auf Einladung des Oberbefehlshabers Ost unternommen hatte. Vgl. Schreiben Brandi/Olfe/Paas/Strunk/Vielhaber an Krupp v. Bohlen u. Halbach, 17. 11. 1916. — Krupp/FAH, IV E 797.

[123] Vgl. die Einladungen an Krupp v. Bohlen u. Halbach betr. Montags-Gesellschaft. — Krupp/FAH, IV E 797.

[124] Meist versandte Quaatz, gelegentlich auch sein Stellvertreter Redlich, die Einladungen für die Zusammenkünfte, wobei es öfters hieß: „Auf Veranlassung des Herrn Kommerzienrats Dr. Paul Reusch (...)". Vgl. den Schriftwechsel, in: Krupp/FAH, IV E 797.

[125] Vgl. Schreiben d. HK Essen (gez. Redlich) an Homann, 18. 6. 1921. — Krupp/FAH, IV E 797.

schen Ausprachen und zu Vorträgen von Referenten aus Politik und Wissenschaft.[126] Zu dem 1921 bereits 45 Mitglieder zählenden Kreis der Montagsgesellschaft gehörte als Vertreter des Bergbau- und Zechenverbandes auch Alfred Hugenberg.[127] Im Laufe der Ruhrbesetzung wurde die Montags-Gesellschaft aufgelöst,[128] um von Reusch fünf Jahre später in stark modifizierter Form als „Ruhrlade" wieder ins Leben gerufen zu werden, dann aber unter Ausschluß Hugenbergs. Während die Ruhrlade, mit starken finanziellen Mitteln ausgestattet, aktiv ins Partei- und Verbandsleben eingreifen sollte, war die Montagsgesellschaft mehr Nachrichtenbörse und Diskussionsforum gewesen. Immerhin war sie seit 1913 die erste zwischeninstanzliche, politisch relevante Organisation der Schwerindustrie, die nicht unter Führung Alfred Hugenbergs stand. Vor den Spitzen des Ruhrreviers hatte Paul Reusch mit ihr eine Probe seines organisatorischen Talents geliefert, ohne Hugenberg jedoch von dieser Vorführung auszuschließen,[129] noch ihn damit von seinem angestammten Platz als *der* Organisator schlechthin verdrängen zu können.

Die Chance, mit Hugenberg gleichzuziehen, bot sich Reusch 1923, als er anstelle des verstorbenen Beukenberg zum Vorsitzenden des Langnamvereins und der Nordwestlichen Gruppe des VDESI gewählt wurde. Der Langnamverein, von seiner Zielsetzung her als Vertretung der gesamten Wirtschaft Rheinlands und Westfalens gedacht, war realiter stets ein Organ der Eisen- und Stahlindustrie gewesen, was sich u. a. in der ständigen Personalunion mit der Nordwestlichen Gruppe des VDESI gezeigt hatte.[130] Kaum hatte Reusch seinen neuen Posten angetreten, tat er sich auch schon mit einem breit angelegten Reorganisationsplan für das schwerindustrielle Verbandswesen im Ruhrrevier hervor.[131] Um die Interessenvertretung des schwerindustriellen Westens sowohl gesamtgesellschaftlich als auch innerhalb des RDI zu verbessern, schlug er, selbst Präsident der Duisburger Handelskammer,[132]

---

[126] So wurde z. B. im Mai 1920 über die Gründung des nordwestlichen Wirtschaftsverbandes und die Bildung eines nordwestlichen Landwirtschaftsrates diskutiert. Im Dezember des gleichen Jahres stand ein „Meinungsaustausch" über die anstehenden Preußenwahlen auf dem Programm. Geheimrat Kraepelin aus München referierte im Juni 1921 über Arbeitspsychologie. Oswald Spengler hielt schließlich mehrmals Vorträge. Vgl. die Schreiben Quaatz' an Krupp v. Bohlen u. Halbach v. 22. 5. u. 7. 12. 1920 sowie an die Mitglieder der Montags-Gesellschaft v. 7. 6. 1921 u. 26. 1. 1922. — Krupp/FAH, IV E 797.

[127] Vgl. Verzeichnis der Teilnehmer der Essener Montags-Gesellschaft, Anlage z. Schreiben Reuschs an Krupp v. Bohlen u. Halbach, 25. 11. 1921. — Krupp/FAH, IV E 797.

[128] Vgl. H. A. Turner: Faschismus, S. 114. Die letzte, im Krupp-Archiv (FAH, IV E 797) überlieferte Einladung zu einer Zusammenkunft ist mit dem 26. 5. 1922 datiert.

[129] Als die Montags-Gesellschaft 1921 ihre Mitgliederzahl auf 45 erhöhte, wählte Reusch gemeinsam mit v. Löwenstein und Quaatz die neu einzuladenden Personen aus. Diese Mitwirkung der beiden Gefolgsleute Hugenbergs läßt darauf schließen, daß Hugenbergs Einfluß bei der Organisation der Montags-Gesellschaft nicht völlig ausgeschaltet war. Vgl. Schreiben Reuschs an Krupp v. Bohlen u. Halbach, 25. 11. 1921. — Krupp/FAH, IV E 797.

[130] Vgl. Kap. I, Anm. 254.

[131] Vgl. hierzu und zum folgenden die detaillierte Darstellung von Bernd Weisbrod: Zur Form schwerindustrieller Interessenvertretung in der zweiten Hälfte der Weimarer Republik, in: H. Mommsen u. a. (Hrsg.): Industrielles System, Düsseldorf 1974, S. 674—691, hier S. 686 f. (i. f. zit.: B. Weisbrod: Interessenvertretung).

[132] Vgl. B. Herzog: Reusch, S. 95.

u. a. die Zusammenlegung der Ruhrkammern (Bochum, Dortmund, Essen, Duisburg, Münster) zu einer einzigen vor. Die Riesenkammer, an deren Spitze sich Reusch vermutlich selbst sah, sollte den aufzulösenden Langnamverein ersetzen. Auch die Nordwestliche Gruppe des VDESI sollte unter der Voraussetzung, daß ihr Vertreter (Reusch) zum Vorsitzenden des Gesamtverbandes gewählt würde, aufgelöst werden. Schließlich sah sein Plan eine organisatorische Verbindung zwischen dem Arbeitgeberverband der Nordwestlichen Gruppe und dem Zechenverband in Form einer Personalunion vor. Bezeichnenderweise erhielt der von diesem Punkt besonders betroffene Hugenberg zunächst keine Einladung, als Reusch die Vertreter der Verbände und Kammern zur Aussprache über sein Projekt zusammenrief. Erst auf Drängen Vöglers wurde Hugenberg hinzugezogen.[133]

Reusch scheiterte zwar mit seinem Plan am Widerstand der Handelskammern, doch setzte er sein Vorhaben in anderer Weise durch. Anstelle der Einheitskammer machte er nun den Langnamverein zum zentralen Interessenverband der rheinisch-westfälischen (Schwer-) Industrie. Als er Paul Silverberg als Exponenten der Braunkohleindustrie wie der Kölner Industrie insgesamt zur Mitarbeit gewann, konnte der Langnamverein bis in den Kölner Raum expandieren. Gemeinsam mit dem von ihm berufenen Geschäftsführer Max Schlenker baute Reusch die Position des Langnamvereins als des größten Regionalverbands im RDI systematisch aus.[134] Gleichzeitig wurde der VDESI, da Reusch den Hauptgeschäftsführer Reichert – Hugenbergs bisherigen Gefolgsmann[135] – für sich gewinnen konnte, zum Exekutivorgan der mitgliederstärksten Nordwestlichen Gruppe.[136] Da der VDESI ebenfalls dem RDI angehörte, konnte Reusch über ihn sein Gewicht im Reichsverband weiter verstärken. So war der Generaldirektor der GHH bereits 1924 zu einer verbandsinternen Macht sowohl im schwerindustriellen Westen wie im RDI geworden, an dem kaum noch vorbeiregiert werden konnte.[137]

---

[133] Vgl. B. Weisbrod: Interessenvertretung, S. 680, Anm. 21.

[134] Vgl. ebd., S. 687 f. Schlenker, der DVP zugehörig, erfreute sich der besonderen Wertschätzung Stresemanns, der ihn 1924 für eine Reichstagskandidatur gewinnen wollte, was aber am Widerstand Reuschs scheiterte. Vgl. L. Döhn: Politik, S. 122, u. A. Heinrichsbauer: Schwerindustrie, S. 24.

[135] Reicherts Agitation für die Annahme des Dawes-Plans innerhalb der DNVP stand möglicherweise mit einer zu dieser Zeit bereits bestehenden Verbindung mit Reusch in Zusammenhang. Von Cuno, mit dem Reichert nachweislich in der Dawes-Plan-Angelegenheit zusammenarbeitete, lief auch wiederum eine Verbindung zur GHH: Karl Haniel saß im Aufsichtsrat der Hapag Lloyd. Vgl. Hdb. d. dt. AG 1925, II, S. 3909.

[136] Reichert hatte sich Reusch bereits bei seinem ursprünglichen Plan, die Nordwestliche Gruppe aufzulösen, als Verbindungsmann des Reviers zur VDESI-Spitze angeboten. Reusch hatte das abgelehnt, weil er an der Spitze des VDESI einen Vertreter der Nordwestlichen Gruppe (sich selbst) sehen wollte. Als Reuschs Plan scheiterte und er statt dessen Langnamverein und Nordwestliche Gruppe weiter ausbaute, stellte sich die Frage nach einem Verbindungsmann zur Berliner Spitze des VDESI erneut. Diese Funktion übernahm Reichert nun weitgehend, unterstützt von dem Leiter des Berliner GHH-Büros, Dr. Martin Blank. Vgl. B. Weisbrod: Interessenvertretung, S. 683 f. u. S. 690 f.

[137] In diesem Sinne auch K.-P. Hoepke: Hugenberg, S. 914, u. Gerald D. Feldmann: The Social and Economic Politics of German Big Business, in: American Historical Review, LXXV (1969), S. 47–55, hier S. 53 (i. f. zit.: G. Feldmann: Social and Economic Politics).

Für Hugenberg mußte deshalb jetzt, wollte er seinen Einflußbereich nicht auf den Bergbau- und Zechenverband beschränkt sehen, der Zeitpunkt gekommen sein, Reusch enger an sich zu binden. In Anbetracht ihrer langjährigen Zusammenarbeit auf dem Gebiet der Presse und ihrer abgestimmten Stützungsaktionen für nationale Verbände hätte dies möglich sein müssen, selbst wenn ihre Beziehungen nie spannungsfrei und stets von einem gewissen Konkurrenzverhältnis geprägt waren.[138] Die außenpolitische Entwicklung verschärfte jedoch ihre Gegensätze. In Übereinstimmung mit der überwiegenden Mehrheit der rheinisch-westfälischen Schwerindustrie hatte Reusch bereits die Annahme des Dawes-Plans unterstützt. Als die DNVP aus Protest gegen die Locarno-Verträge aus der Regierung ausschied, sprach sich Reusch, selbst kein Mitglied der DNVP, aber ihr nahestehend, öffentlich gegen das Vorgehen der Partei und damit auch gegen die Haltung Hugenbergs aus. Gemeinsam mit seinem Firmenchef Karl Haniel und einigen konservativen Deutschnationalen mit bekanntem Adelsprädikat, wie Graf Bismarck, Fürst zu Fürstenberg und Graf Keßler, veröffentlichte er eine Erklärung, in der es u. a. hieß:

> „Wir müssen den zerrütteten Wohlstand Deutschlands wieder aufbauen in einer Aera dauernden Friedens. Wir können uns nicht vom Ausland abschließen, sondern müssen namentlich die deutsche Wirtschaft im Verein mit dem Ausland wieder zu Kräften bringen. (...) Durch die Schwächung der Regierung ist ihre *außenpolitische Situation gefährdet*, die innerpolitische Situation aber in eine Richtung getrieben, die von keinem konservativ denkenden Manne gebilligt werden kann. Wir halten uns daher für verpflichtet, vor der deutschen Öffentlichkeit zu erklären, daß es die *Pflicht aller staatserhaltenden Kräfte in Deutschland ist, die Regierung bei ihrem schweren Werk zu unterstützen, und wir fordern alle unabhängigen Persönlichkeiten auf, unbeschadet ihrer Zugehörigkeit zur Deutschnationalen Volkspartei, dies zu tun und nicht an die Stelle der Führung des Reiches durch Persönlichkeiten, Mehrheitsbeschlüsse von Parteiinstanzen zu stellen.* Wir halten uns vor dem Vaterland für verpflichtet, diese unsere Anschauung durch unsere Unterschrift zu bekunden."[139]

Vier Tage nach dieser Aufforderung an die deutschnationalen Parteigenossen, im Reichstag für den Locarno-Vertrag und gegen die Parteibeschlüsse zu stimmen, antwortete Alfred Hugenberg im Berliner Lokalanzeiger mit einem Grundsatzartikel.[140] Zum einen sprach er Locarno seinen friedenssichernden Charakter ab, weil nach seiner Ansicht Deutschland, einseitig festgelegt und von Rußland entfremdet, zum Kriegsschauplatz zwischen West und Ost werden könnte, zum anderen lehnte er die Auslandsverschuldung als untaugliches Mittel zur Bekämpfung der Kreditnot ab. Apokalyptisch sah er Deutschland als ausländische „Plantage" und eine zukünftige deutsche

> „Sklavenhalterschicht, die als Beauftragte und Vertreter des Auslandes die deutsche Wirtschaft leitet und naturgemäß keine deutschen, sondern ausländische Interessen hat.

---

[138] Vgl. D. Guratzsch: Macht, S. 280, Anm. 556.

[139] „Die voreiligen Deutschnationalen. Eine scharfe Kritik aus dem eigenen Lager" (ZA), 11. 11. 1925, Text auszugsweise auch gedr. in: „Eine Kundgebung zur Locarnofrage. Scharfe Front gegen die Parteiinstanzen" (ZA), 11. 11. 1925. — FST/7533, DNVP-Ztg., Bd. 2. Dieser Vorgang fand in der Literatur bisher keine Beachtung. H. A. Turner (: Stresemann, S. 81) vermerkt lediglich, daß eine „Gruppe prominenter Geschäftsleute, die mit der DNVP verbunden war", Anfang November gegen den DNVP-Beschluß protestierte.

[140] Vgl. A. Hugenberg: Locarno, in: ders.: Streiflichter, S. 88—91.

(. . .) Zum Glück sind wir heute noch nicht so weit, und in dem überwiegenden Teile nicht nur der deutschen Landwirtschaft, sondern auch der übrigen deutschen Wirtschaft, ist das Gefühl lebendig, daß die Wirtschaft nicht *Alles*, daß sie vielmehr *Nichts* ist, wenn nicht die Seele nationaler Eigenart und nationalen Sichauswirkens dahinter steht. Aber der Druck der Kreditsorgen führt weite Kreise der Wirtschaft leicht dahin, im einzelnen Falle diesen großen Gesichtspunkt zu vergessen und Augenblickspolitik zu treiben. Den Spuren Rathenaus folgend, der von Priorität der Wirtschaft gegenüber der Politik sprach, verkennt mancher, daß unser gegenwärtiges wirtschaftliches Elend nicht wirtschaftliche, sondern politische Ursachen hat: den Verlust des Krieges, die Revolution und die Abhängigkeit allen Geschehens in Deutschland vom Stimmzettel. (. . .) Der Weg der Abhilfe kann nur im Innern, nicht mit ausländischen Krediten und überhaupt nicht mit Hilfe des Auslandes, gefunden werden. In der Politik liegt ebenso wie die Wurzel des Übels auch die Möglichkeit der Abhilfe. Es bedarf keiner Worte, daß es verhängnisvoll wäre, wenn unter diesen Umständen deutsche Wirtschaftskreise unter wirtschaftlichen Gesichtspunkten darauf drücken wollten, eine Annahme des Vertrages von Locarno herbeizuführen."[141]

Die Industrie setzte die Deutschnationalen während der letzten Tage vor der Abstimmung tatsächlich nicht unter „verhängnisvollen" Druck – einfach, weil es nicht nötig war. Eine Woche vor der Abstimmung erbrachten von der Reichsregierung in Auftrag gegebene Gutachten den Beweis, daß die einfache Mehrheit im Reichstag zur Annahme des Vertragswerkes genügen würde.[142] Reusch und Hugenberg waren unnötig vorgeprescht. Der Generaldirektor der GHH befand sich mit seiner Stellungnahme aber in Übereinstimmung mit den Spitzen der Groß- und Schwerindustrie,[143] die die Lösung ihrer Kreditprobleme eben nicht in der Innen-, sondern in der Außenpolitik sahen.[144] Zudem hielt es selbst ein Hugenberg politisch so ver-

---

[141] Ebd., S. 89—90.
[142] Vgl. M. Dörr: DNVP, S. 198.
[143] Vgl. Schreiben Dr. Franks an Cuno, 19. 11. 1925. — Hapag Lloyd A./NL Cuno, A 13.
[144] Zu den auch 1925 noch bestehenden Kreditbedürfnissen der Industrie vgl. Dirk Stegmann: Deutsche Zoll- und Handelspolitik 1924/5 – 1929 unter besonderer Berücksichtigung agrarischer und industrieller Interessen, in: H. Mommsen u. a. (Hrsg.): Industrielles System, Düsseldorf 1974, S. 499—513, hier S. 500 (i. f. zit.: D. Stegmann: Zoll- und Handelspolitik). Arnold Rechberg, Bruder des Kaliindustriellen Fritz Rechberg, beschwor im August 1925 Hugenberg, sich nicht gegen das beabsichtigte deutschfranzösische Abkommen zu stellen und begründete dies u. a. wie folgt:
1. „Die Wirtschaft des rheinisch-westfälischen Industriegebietes ist am Erliegen.
2. Ein wesentlicher Grund der Katastrophe ist die gegebene Knappheit an flüssigem Kapital. Durch die Inflation ist das flüssige Kapital in Deutschland zerrieben worden. Die deutschen Industrien bedürfen daher mit wenigen Ausnahmen ausländischer, insbesondere amerikanischer Kredite.
3. Autoritative Vertreter der amerikanischen Hochfinanz haben wiederholt erklärt, daß sie bei weiterer Fortdauer der französisch-deutschen Divergenz kein Vertrauen in die Zukunft der deutschen Industrien haben können. Werde dagegen eine *tatsächliche* französisch-deutsche Verständigung auf der Basis industrieller Interessengemeinschaft getätigt, dann würde ihr Vertrauen in die Zukunft sowohl der französischen wie der deutschen Wirtschaft und in die des französischen wie des deutschen Staates geradezu unbegrenzt sein. Sie, die Amerikaner, würden dann insbesondere den deutschen Industrien Kapital in jeder Höhe und unter günstigen Bedingungen zur Verfügung stellen. (. . .)
4. Wenn zahlreiche deutsche Industrie-Unternehmen schon ganz allein aus Mangel an flüssigem Kapital zum Stilliegen kommen, werden viele Tausende von deutschen Arbeitern erwerbslos und die für ihre Unterstützung notwendigen Summen steigern den Steuerdruck in Deutschland." Schreiben Rechbergs an Hugenberg, 7. 8. 1925. — BA/NL Rechberg, Nr. 43.

wandter Geist wie Ernst v. Borsig für eine verfehlte Politik der DNVP, „übereilt die Stellung" aufzugeben, „um deren Besitz im Interesse von Staat und Wissenschaft jahrelang schwer gekämpft worden ist".[145] Hugenberg hatte sich erneut ins politische Abseits manövriert. Seine schwerindustriellen Freunde waren nicht bereit, kurzfristige Interessen zugunsten politischer Grundsatzüberlegungen fallenzulassen, selbst wenn diese Überlegungen mit darauf abzielten, langfristig unternehmerische Interessenvertretung in Staat und Gesellschaft zu optimieren. Im Angesicht dieser Stimmung im Ruhrrevier und seiner bereits geschwächten Verbandsposition war es ein gravierender Fehler Hugenbergs, gegen Reusch öffentlich aufzutreten.

Überdies legte sich Hugenberg im gleichen Jahr auch noch auf dem Pressesektor mit Reusch an. Die Wurzeln dieses Konfliktes reichten bis in das Jahr 1920 zurück. Damals hatt die konzerneigene VERA eine Beteiligung am Verlag Knorr & Hirth (Münchener Neueste Nachrichten) erworben.[146] Bereits ein Jahr später zog sich die VERA wieder zurück und an ihre Stelle trat eine andere, von Hugenberg geführte Gesellschaft, die „Süddeutsche Treuhand AG".[147] Die GHH stellte jetzt für die Beteiligung an Knorr & Hirth drei Millionen Mark bereit, die offiziell der Zechenverband zu treuen Händen erhielt, der sie aber an Hugenberg weiterzuleiten hatte.[148] Reusch und Haniel ließen jedoch Hugenberg insoweit keine freie Hand, als sie selbst den Aufsichtsratsvorsitz und den stellvertretenden Vorsitz bei Knorr & Hirth in Anspruch nahmen.[149] Aus dieser persönlichen Anteilnahme entstanden mehrfach Reibereien mit dem in seinem Herrschaftsbereich eingeschränkten Pressezaren.[150] 1925 kam es schließlich zum Eklat, weil Hugenberg die Erträge aus der GHH-Beteiligung an die Opriba abgeführt wissen wollte,[151] die zentrale Holdinggesellschaft seines Konzerns, in deren Aufsichtsrat nur ein einziger Industrievertreter unter lauter Posener Freunden Hugenbergs saß.[152] Er vertrat dabei den Standpunkt, daß die drei Millionen dem Zechenverband als Darlehen und nicht lediglich treuhänderisch zur Verfügung gestellt worden waren. Im Klartext sollte das heißen: Die entsprechenden Anteile am Verlag Knorr & Hirth gehören nicht der GHH, sondern dem Zechenverband, der sie wiederum an die Opriba abgetreten hat. Hugenberg hätte bei Durchsetzung seines Standpunktes die ihm mißliebige Verwendung der

---

[145] Schreiben Borsigs an Westarp, 13. 11. 1925, zit. n. M. Dörr: DNVP, S. 186.

[146] Vgl. K. Koszyk: Deutsche Presse, S. 184.

[147] Vgl. ebd., S. 186, u. K. Piepenstock: Tagespresse, S. 138. Die von Piepenstock in den fünfziger Jahren noch eingesehenen Handelsregisterakten der Süddeutschen Treuhand AG sind laut Auskunft des Münchener Handelsregisters vom 11. 12. 1975 u. 16. 2. 1977 nicht mehr auffindbar.

[148] Vgl. K. Koszyk: Deutsche Presse, S. 185.

[149] Vgl. Kurt A. Holz: Münchener Neueste Nachrichten (1848—1945), in: Heinz-Dietrich Fischer (Hrsg.): Deutsche Zeitungen des 17. bis 20. Jahrhunderts, Pullach b. München 1972, S. 191—207, hier S. 200 (i. f. zit.: K. Holz: MNN).

[150] Klitzsch, Generaldirektor des Hugenbergschen Scherl-Verlags, für den die Rentabilität der Presseunternehmungen stets an erster Stelle stand, verdroß es besonders, daß die MNN mit der ganz in Hugenbergs Hand befindlichen, aber defizitären MAA, konkurrierten, statt mit ihr zusammenzuarbeiten. „Ich bin überzeugt, durch eine geeignete Verlagspolitik ließe sich die Unterbilanz der M.A.A. mit Leichtigkeit beseitigen, ohne daß der Gewinn der M.N.N. zu stark beeinträchtigt wird." Schreiben Klitzschs an Hugenberg, 27. 12. 1922. — Akten Opriba, H 3.

[151] Vgl. K. Koszyk: Deutsche Presse, S. 185.

[152] Vgl. Anhang, 3 c.

recht erheblichen Erträge aus der GHH-Beteiligung für andere, von Reusch und Haniel bestimmte politische Zwecke unterbinden können.[153] Unter Umständen wäre es ihm sogar möglich gewesen, beide völlig aus dem Verlag hinauszudrängen.[154] Reusch und Haniel ließen sich natürlich nicht auf Hugenbergs Forderung ein, was zu einem langandauernden Rechtsstreit führte und die Feindschaft zwischen dem deutschnationalen Konzernchef und dem Top-Manager der GHH besiegelte.[155] Damit hatte Hugenberg einen der einflußreichsten, wenn auch stets mißtrauischen Verbündeten im rheinisch-westfälischen Industriegebiet endgültig verloren und sich einen mächtigen Gegner verschafft. Überdies dachte Vögler – als Vorsitzender des Vereins deutscher Eisenhüttenleute ein geeigneter verbandspolitischer Gegenspieler Reuschs in der Eisen- und Stahlindustrie – gar nicht daran, gegen diesen Front zu machen.[156] Er mischte sich nicht in den Konflikt ein und unterhielt weiterhin gute Beziehungen sowohl zu Reusch wie zu Hugenberg.[157] Das ermöglichte ihm, von Fall zu Fall jeweils die eine oder andere Seite zu favorisieren. Allerdings konnte Hugenberg auf dem Pressesektor stets auf Vöglers Rückhalt rechnen, zumindest soweit der Konzern als Ganzes oder der Ankauf neuer Gesellschaften in Betracht kamen.[158] Dagegen stand Vögler in der Tages- bzw. Parteipolitik durchaus nicht dauernd auf Hugenbergs Seite.[159] Eine ähnliche Haltung, wenn auch schärfer akzentuiert, herrschte unter den Spitzen der gesamten rheinisch-westfälischen Schwerindustrie vor: Hugenbergs Pressekonzern wurde, da sich nichts Vergleichbares anbot,[160] als unersetzlich und stützenswert betrachtet.[161] Seine (partei-)politische Tätigkeit, die allzu oft mit unternehmerischen Tagesinteressen kollidierte, stieß dagegen in zunehmendem Maße auf Kritik oder sogar wie im Falle Reusch auf unverhohlene Abneigung.

---

[153] So beschwerte sich Hugenberg im Frühjahr 1926 bei Vögler, daß aus dem Gewinn der MNN 300.000 Mark für politische Zwecke ohne Vollmacht ausgegeben worden seien. Vgl. K. Koszyk: Deutsche Presse, S. 476, Anm. 44.

[154] Hugenberg hätte Haniel und Reusch aus dem Verlag verdrängen können, wenn es ihm gelungen wäre, das „Darlehen" zurückzuzahlen.

[155] Vgl. K. Koszyk: Deutsche Presse, S. 185.

[156] So gehörte Vögler z. B. zu den Mitgliedern der Ruhrlade, deren Beschlüsse sich z. T. direkt gegen Hugenberg richteten. S. u.

[157] Vögler versuchte Ende 1931, als Hugenberg mit seinen Presseunternehmen in finanzielle Schwierigkeiten geraten war, zwischen ihm und Reusch zu vermitteln. Vgl. Schreiben Hugenbergs an Vögler, 6. 11. 1931. – NL Hugenberg, P 17.

[158] So stellten die von Vögler geleiteten Vereinigten Stahlwerke aller Wahrscheinlichkeit nach auch 1927 für den Ankauf der Ufa Gelder zur Verfügung. Vgl. Anhang, 2 b, bb.

[159] Hugenberg schrieb z. B. 1926 an Wegener: „Vögler ist leider in Köln wieder bei der Deutschen Volkspartei erschienen und hat dort in einer Weise gesprochen, die mir recht bedauerlich erscheint. Es ist mir unverständlich, wie er vergessen kann, was Stinnes und zum Teil er selber mit Str.[esemann] erlebt hat." Schreiben Hugenbergs an Wegener, 5. 10. 1926. – BA/NL Wegener, Nr. 65.

[160] Die Presseunternehmen Paul Reuschs, der als einziger namhafter Industrieller mehrere Zeitungen über einen längeren Zeitraum kontrollierte (Verlag Knorr u. Hirth, Fränkischer Kurier), konnten sich mit dem vielverzweigten Hugenberg-Konzern niemals messen.

[161] So blieb etwa auch die Firma Krupp, obwohl ihr Firmenchef zum „gemäßigten" Flügel der Schwerindustrie gerechnet wurde, aufs engste mit den Hugenbergschen Presseunternehmen verbunden. Vgl. Anhang, 3 c u. 3 d.

Hugenbergs Verhältnis zur rheinisch-westfälischen Schwerindustrie hatte gegen Ende des Jahres 1925 somit etwa folgenden Stand erreicht:

1. Seine überragende Stellung als einflußreichster Verbandsfunktionär im rheinisch-westfälischen Industriegebiet ging verloren.
2. Seine Einflußmöglichkeiten im Verbandswesen der Eisen- und Stahlindustrie waren dezimiert.
3. Im Bereich des Bergbaus konnte er seine Position dank starken personellen Rückhalts und eines auf ihn eingespielten Verbandsapparates halten.
4. Sein Pressekonzern fand weiterhin Unterstützung bei den meisten führenden Unternehmen der rheinisch-westfälischen Schwerindustrie.[162]

2. Auf dem Weg zum Parteivorsitz

a) Der Freundeskreis

„Bonaparte wäre nie Kaiser geworden, wenn nicht seine Freunde und Verwandten für ihn Stimmung gemacht hätten, als er in Ägypten wirkte. Ähnlich verhielt es sich mit Julius Cäsar, als er in Gallien weilte. Und auch Bismarck wäre ohne seine Freunde vom König nicht gefunden worden."[163]

Ergo sei es Aufgabe der Freunde Hugenbergs – so schrieb Leo Wegener im Januar 1926 an Generaldirektor Klitzsch –, die Parole auszugeben: „Hugenberg Reichskanzler".[164] Gut zweieinhalb Jahre später, am 20. 10. 1928, wurde Hugenberg zwar nicht zum Reichskanzler, wohl aber zum Vorsitzenden der DNVP gekürt. Maßgeblich für diesen Erfolg mitverantwortlich zeichnete eine Personengruppe, die sich im Frühjahr 1926 zu formieren begann: ein neuer Freundeskreis Hugenbergs. Inspirator und Koordinator dieses Kreises war nicht Hugenberg selbst, sondern Leo Wegener. Der langjährige Direktor der deutschen Genossenschaften in Polen hatte sich im Sommer des Jahres 1925 aus gesundheitlichen Gründen von seinem östlichen Aufgabengebiet getrennt und in Bad Kreuth zur Ruhe gesetzt. Das „Sonnenhaus", sein von der Opriba finanzierter Alterssitz, wurde ständiges Urlaubsrefugium Hugenbergs, in das er häufig politische Prominenz zu diskreten Gesprächen einlud.[165] Seit langem schon der engste und zuverlässigste Freund, rückte Wegener nun, von der beruflichen Tätigkeit entlastet und jederzeit greifbar, zum bevorzugten politischen Berater Hugenbergs auf.[166]

---

[162] Selbst die GHH schied nicht völlig aus dem Hugenberg-Konzern aus, sondern blieb an einer Gesellschaft, der Gewerbehaus AG, beteiligt. Da die Gewerbehaus AG sowohl Finanzierungs- als auch Holdinggesellschaft war, kann die andauernde Vertretung der GHH in ihr allerdings auch als Versuch gewertet werden, eine gewisse Kontrolle über die einmal mitfinanzierten Unternehmen auszuüben. Vgl. Anhang, 3 d.

[163] Schreiben Wegeners an Klitzsch, 9. 1. 1926. – BA/NL Wegeners, Nr. 20.

[164] Ebd.

[165] U. a. empfing Hugenberg in Kreuth auch Hitler. Vgl. Schreiben Hugenbergs an Hitler, 28. 1. 1932. – BA/NL Schmidt-Hannover, Nr. 29.

[166] Vgl. Schreiben Hugenbergs an Schmidt-Hannover, 10. 2. 1949. – BA/NL Schmidt-Hannover, Nr. 9.

Um die Jahreswende 1925/26 griff Wegener den im Zusammenhang mit der Regierungskrise aus Rechtskreisen laut werdenden Ruf nach einem „starken Mann"[167] auf und warb unter Freunden und Mitarbeitern Hugenbergs für den Plan, diesen als berufenen Führer herauszustellen.[168] Während Generaldirektor Klitzsch zunächst Bedenken äußerte, sowohl wegen des Zeitpunktes wie hinsichtlich der möglichen Doppelbelastung Hugenbergs durch Konzern- und Reichsleitung,[169] fand Wegener wärmste Zustimmung bei Claß und dessen Mitarbeiter Bang, die ihn im Februar in Kreuth besuchten.[170] Seit den Locarno-Kämpfen sah Claß in Hugenberg die politische Macht, mit deren Hilfe das Hauptanliegen des im Laufe der zwanziger Jahre stark geschrumpften ADV[171] doch noch zu erreichen sei[172]: die Überwindung des parlamentarischen Systems.[173] Sein treuer Gefolgsmann Bang, Teilnehmer am Kapp-Putsch und Gründer der Deutschen Industriellen-Vereinigung, hatte schon seit Jahren darauf gehofft, daß Hugenberg, mit dem er 1918 in Kontakt,[174] nicht aber in engere Verbindung gekommen war, ihn zur Mitarbeit heranziehen würde.[175] Gemeinsam mit Claß und Wegener bildete er nun den harten Kern des neuen Freundeskreises, der nur eine Aufgabe kannte: Hugenberg an die Spitze des Staates zu bringen.[176] Die zu diesem Zweck zunächst entwickelten und besonders von Claß

---

[167] Die Forderung, eine Regierung unter Ausschaltung des Reichstages zu bilden, wurde besonders von seiten der Schwerindustrie erhoben, so von Reichert, Borsig und Reusch. Vgl. Tagebucheintragung Stresemanns v. 16. 12. 1925, in: G. Stresemann: Vermächtnis, Bd. II, S. 380 f., u. Dirk Stegmann: Die Silverberg-Kontroverse 1926, in: Hans-Ulrich Wehler (Hrsg.): Sozialgeschichte heute, Göttingen 1974, S. 594—611, hier S. 600 (i. f. zit.: D. Stegmann: Silverberg-Kontroverse).

[168] Vgl. Schreiben Wegeners an Klitzsch, 9. 1. 1926. — BA/NL Wegener, Nr. 20; Schreiben Meydenbauers an Wegener, 2. 1. u. 6. 1. 1926. — BA/NL Wegener, Nr. 6; Schreiben Wegeners an Bernhard, März 1926. — BA/NL Wegener, Nr. 8.

[169] „Die eine Überlegung besteht darin, ob gegenwärtig wohl schon der richtige Zeitpunkt gekommen ist. Ich habe in dieser Beziehung meine Zweifel. Das deutsche Volk muß nach meinem Empfinden noch mehr Experimente über sich ergehen lassen, bis es klug und urteilsfähig wird. Deshalb muß das Ergebnis unserer bisherigen Politik, die von den 14 Punkten Wilsons bis nach Locarno gradlinig in unser Unglück geführt hat, noch mehr in Erscheinung treten. (...) Die andere Sorge, die ich habe, betrifft den Gesundheitszustand des betreffenden Herrn. Wird er physisch in der Lage sein, die große Bürde zu tragen? Wer wird während dieser Zeit an seiner Statt an unserem internen Steuer stehen? (...) Es wäre doch jammerschade, wenn unter der neuen Bürde der Mensch uneinbringlichen Schaden erleiden würde, und wenn wir ihn alsdann darüber hinaus noch für unseren engeren Kreis verlieren sollten, der seinen Rat und seine Führung zunächst ganz bestimmt nicht entbehren kann." Schreiben Klitzschs an Wegener, 12. 1. 1926. — BA/NL Wegener, Nr. 20.

[170] Vgl. Gedächtnisprotokoll Wegeners über seine Vernehmung durch den Untersuchungsrichter am 9. 7. 1926, 9. 7. 1926. — BA/NL Wegener, Nr. 69; Schreiben Bangs an Wegener, 5. 1. 1931. — BA/NL Wegener, Nr. 23.

[171] 1918 betrug die Mitgliederzahl noch 36.000, 1926 nur noch 17.000. Vgl. Verhdlgsber. v. d. Sitzg. d. GA d. ADV am 4./5. 12. 1926. — FST/412, ADV (26—29).

[172] Vgl. Schreiben Claß' an Wegener, 22. 10. 1928. — BA/NL Wegener, Nr. 23.

[173] Vgl. Verhdlgsber. v. d. Sitzg. d. GA d. ADV am 26./27. 11. 1927. — FST/412, ADV (26—29).

[174] Claß vermittelte im Sommer 1918 ein Gespräch zwischen beiden. Vgl. Schreiben Claß' an Bang, 1. 8. 1918, u. Bangs an Claß, 6. 8. 1918. — FST/MA, 06—5/4.

[175] Vgl. die Schreiben Bangs an Wegener v. 14. 3. u. 4. 10. 1927. — BA/NL Wegener, Nr. 23.

[176] Vgl. Schreiben Bangs an Wegener, 4. 10. 1927. — BA/NL Wegener, Nr. 23.

verfolgten Pläne,[177] die im Prinzip die Billigung Hugenbergs fanden – vermutlich im März, als er in Kreuth mit Wegener, möglicherweise auch mit Bang und Claß zusammentraf[178] –, wurden, noch bevor sie zur Ausführung gelangen konnten, von der preußischen Polizei durchkreuzt.

Als die preußischen Behörden im Mai 1926 Hausdurchsuchungen bei Hugenberg und Claß sowie einer Reihe prominenter Persönlichkeiten vorwiegend aus der Schwerindustrie und den Wehrverbänden veranlaßten,[179] gingen sie davon aus, daß ein von diesem Kreis geplanter Putsch unmittelbar bevorstände.[180] Für diese Annahme, die hauptsächlich auf Informationen eines ehemaligen alldeutschen Mitarbeiters namens Dietz und einer Denkschrift von Arthur Mahraun, dem Leiter des Jungdeutschen Ordens, beruhte,[181] fand sich jedoch kein ausreichendes Belastungsmaterial.[182] Ein gegen Claß angestrengtes Hochverratsverfahren mußte aus

---

[177] Vgl. ebd.

[178] Hugenberg beendete Mitte März seinen Urlaub in Kreuth. Ein Brief von Klitzsch an Wegener deutet darauf hin, daß Hugenberg einen positiven Entschluß zu diesem Zeitpunkt bereits gefaßt hatte. (Vgl. Schreiben Klitzschs an Wegener, 12. 3. 1926. – BA/NL Wegener, Nr. 20.) Bei seinem Verhör gab Wegener zu, Hugenberg im Anschluß an Besprechungen mit Claß vorgeschlagen zu haben, Reichskanzler zu werden. Nach Wegeners Darstellung hätte Hugenberg aber aus gesundheitlichen Gründen abgelehnt. (Vgl. Gedächtnisprotokoll Wegeners über seine Vernehmung durch den Untersuchungsrichter am 9. 7. 1926. – BA/NL Wegener, Nr. 69). Wegeners Aussage hinsichtlich Hugenbergs Ablehnung ist schon deshalb zweifelhaft, weil es sein natürliches Bestreben sein mußte, Hugenberg aus der Putschaffäre herauszuhalten. Nach wie vor bestand die Absicht des Freundeskreises – wie sich in den nächsten Monaten zeigen sollte –, Hugenberg zumindest an die Spitze der nationalen Bewegung zu bringen. Deshalb durfte er in der Öffentlichkeit nicht durch eine Hochverratsaffäre belastet werden.

[179] Unter Verdacht standen außer Claß und Hugenberg: Ritter v. Möhl (Bayerntreue), Admiral v. Schröder, Frhr. v. Lüninck (Vors. d. rhein. Landwirtschaftskammer), Oberst a. D. v. Nicolai (VvVD), Oberst a. D. Friedrichs (ADV, VvVD), Oberst a. D. v. Luck (VvVD), Major a. D. v. Sodenstern (AVD, VvVD), Dr. Eduard Stadtler, Walter Tourneau (VvVD), Paul Prochnow, Dr. Vögler (WV), Geheimrat Kirdorf (WV), Geheimrat Winkhaus (WV), Generaldirektor Wiskott (WV), Frhr. v. u. z. Löwenstein (WV), Kapitän Mann (Mitarbeiter Hugenbergs), Prof. Bernhard (WV), Leo Wegener (WV), Baurat Ludwig Witthoeft, Bürgermeister Neumann (WV). Vgl. „Straffreie Verleumdung oder der Putsch im amtlichen Film", in: MAA, Nr. 69, 13. 11. 1927. Die meisten Mitglieder der Wirtschaftsvereinigung (WV) des Hugenberg-Konzerns gerieten vermutlich irrtümlich unter Verdacht. Die Polizei hatte bei Claß eine Liste der Wirtschaftsvereinigung gefunden, die sie – da ihr der wahre Zweck der Vereinigung unbekannt war – mit den Putschplänen in Verbindung brachte. Vgl. Berichte der Lübeckischen Gesandtschaft an den Lübecker Senat, 12. 5. 1926. – SA Lübeck Senatsakt., III 2 C/33; vgl. auch Schreiben Wegeners an Traub, 14. 1. 1927. – BA/NL Wegener, Nr. 24.

[180] Vgl. Niederschrift Stresemanns, o. D., in: G. Stresemann: Vermächtnis II, S. 403 ff.

[181] Vgl. dazu die hs. u. stenographischen Auszüge Wegeners aus den Untersuchungsakten. – BA/NL Wegener, Nr. 69. Wegener erhielt die Untersuchungsakten von Pfarrer Traub. (Vgl. Schreiben Wegeners an Traub, 14. 1. 1927. – BA/NL Wegener, Nr. 24.) Die Deutsche Zeitung veröffentlichte 1927 eine zehnteilige Artikelserie über den Claß-Putsch, wobei sie sich ausdrücklich auf die Polizeiakten berief. Vgl. E. Fritz Baer: Die Geschichte einer Putsch-Aktion. Auf Grund amtlicher Feststellungen, in: DZ, Nr. 255–265, 30. 10. – 11. 11. 1927.

[182] Jedenfalls reichte es in den Augen des Oberreichsanwalts, der als deutschnational orientiert galt, nicht aus. Vgl. Otto Braun: Von Weimar zu Hitler, Hamburg 1949, S. 100 f.

Mangel an Beweisen im Herbst 1927 eingestellt werden.[183] Lediglich die Wehrverbände Wiking und Olympia wurden verboten.[184] Auch heute ist eine zweifelsfreie Rekonstruktion der damaligen Vorgänge, vor allem, soweit militärische Operationen in Betracht kommen, nicht möglich. Feststellbar sind jedoch folgende Absichten und Vorgänge:

1. Claß wollte Hindenburg veranlassen, Hugenberg mit Hilfe des § 48 RV zum Reichskanzler zu ernennen. Zwei von ihm beauftragte Mittelsmänner, Fürst Salm-Horstmar und General a. D. Wilhelm v. Dommes, verhandelten mit dem Reichspräsidenten in diesem Sinne.[185]
2. Hindenburg weigerte sich und versprach nur, Hugenberg gegebenenfalls zum Finanzminister zu ernennen.[186]
3. Claß änderte daraufhin mit Zustimmung Hugenbergs seine Pläne. Als Reichskanzler sollte Hindenburg nun der Lübecker Bürgermeister Neumann, zu dem der Generalfeldmarschall seit dem Weltkrieg persönliche Beziehungen unterhielt,[187] präsentiert werden.[188] Neumann, altgedienter Alldeutscher und Mitglied verschiedener Führungsgremien des Hugenberg-Konzerns, u. a. der Wirtschaftsvereinigung, hätte Hugenberg in seinem Kabinett freie Hand gelassen.
4. Nach längeren Verhandlungen weigerte sich Neumann Ende April definitiv, die ihm zugedachte Rolle zu übernehmen, weil er sich seinem Lübecker Amt stärker verpflichtet fühlte.[189] Als die Polizei knapp vierzehn Tage später zugriff, war wahrscheinlich noch kein Ersatzmann für ihn gefunden worden.

[183] Vgl. Verhdlgsber. v. d. Sitzg. d. GA d. ADV am 26./27. 11. 1927. — FST/412, ADV (26—29).
[184] Vgl. K. Hornung: Orden, S. 64.
[185] Vgl. A. Kruck: Geschichte, S. 173 f. M. Stürmer (: Koalition, S. 191) nennt als Mittelsmann ebenfalls v. Dommes, ferner aber abweichend von Kruck Elard v. Oldenburg-Januschau und August v. Cramon.
[186] Vgl. Andreas Dorpalen: Hindenburg in der Weimarer Republik, Berlin Frankfurt/M. 1966, S. 104 (i. f. zit.: A. Dorpalen: Hindenburg).
[187] Vgl. A. Kruck: Geschichte, S. 174.
[188] Claß trat Anfang April an Neumann mit der Frage heran, ob er u. U. bereit sei, dem Reichskanzlerposten zu übernehmen, falls Hindenburg eine „parlamentarisch nicht abgestempelte Persönlichkeit" zu ernennen wünschte. Direkt im Anschluß an dieses in Hamburg stattfindende Gespräch reiste Claß nach Rohbraken, um Hugenberg „in der gleichen Angelegenheit" aufzusuchen. (Vgl. Rede Neumanns in der Lübecker Bürgerschaft. Stenograph. Bericht v. d. 10. Sitzung am 26. 5. 1926, gedr. in: Stenographische Berichte über die Verhandlungen der Bürgerschaft zu Lübeck im Jahre 1926, Lübeck 1926.) Am 23. 4. schrieb Claß an Neumann: „Auf Ihr Schreiben vom 18. d. Mts. teile ich Ihnen mit, daß ich richtig dahin verstanden zu haben glaube, daß Sie im äußersten Falle zur Verfügung stehen. Unser Rohbrakener Freund [Hugenberg] war von dieser Aussicht sehr eingenommen und hat eine derartige Lösung für sehr glücklich erklärt. Im übrigen gehen unsere Bemühungen, wie ich glaube, erfolgreich weiter und ich wage zu hoffen, daß wir doch ans Ziel kommen, besonders wenn sich gewisse Dinge jetzt zuspitzen, wie es jetzt den Anschein hat." Schreiben Claß' an Neumann, o. D. (23. 4. 1926), Anlage zum Bericht der Lübeckischen Gesandtschaft an den Lübecker Senat, 12. 5. 1926. — SA Lübeck/ Senatsakt., III 2 C/33.
[189] Vgl. Schreiben Neumanns an Claß, 25. 4. 1926, gedr. in: Stenograph. Bericht v. d. 9. Sitzg. d. Lübecker Bürgerschaft am 17. 5. 1926; vgl. auch Rede Neumanns in der Lübecker Bürgerschaft. Stenograph. Bericht v. d. 10. Sitzg. am 26. 5. 1926, beide gedr. in: Stenographische Berichte über die Verhandlungen der Bürgerschaft zu Lübeck im Jahre 1926, Lübeck 1926.

5. Die dem Dachverband VvVD angeschlossenen Wehrverbände entwickelten im Frühjahr 1926 verstärkte Aktivitäten sowohl hinsichtlich ihrer Zusammenarbeit untereinander als auch in Richtung militärischer Aufrüstung.[190] Zwischen dem VvVD, speziell den Wehrverbänden Wiking und Olympia, und dem Alldeutschen Verband bestanden enge Beziehungen.[191] Bei Oberst a. D. Hans v. Luck, Leiter der Organisation Olympia, wurde von der Polizei ein Mobilisierungsplan für einen Marsch auf Berlin gefunden.[192] Der Führer des Wiking-Bundes und Hauptschriftleiter der alldeutschen DZ, Hans v. Sodenstern, hatte im März bei einer Besprechung zwischen Vertretern verschiedener rechter Gruppen und Verbände von der Möglichkeit gesprochen, Arbeiterunruhen zu provozieren, um ein Eingreifen der Wehrverbände und die Zerschlagung des Parlamentarismus zu ermöglichen.[193]

Die Annahme, daß die Wehrverbände den Anlaß liefern sollten, um Hindenburg unter Anwendung des § 48 RV die Berufung eines von Hugenberg beherrschten Rechtskabinetts zu ermöglichen, hat bei diesem Sachverhalt einige Wahrscheinlichkeit für sich, beweisbar ist sie jedoch nicht. Gesichert und in unserem Zusammenhang relevant bleibt jedoch der Tatbestand, daß Claß unter Zustimmung Hugenbergs auf eine nichtparlamentarische Regierung hinarbeitete, in der Hugenberg zumindest als Minister vertreten sein sollte. Das signalisiert eine Änderung in Hugenbergs politischer Strategie, die für die nächsten Jahre richtungweisend werden sollte. Während der Konzernchef politischen Einfluß bisher stets anonym und indirekt auszuüben suchte, strebte er jetzt die politische Exekutivmacht und damit verbunden eine baldige Änderung des politischen Systems an. Die Gründe für diesen Sinneswandel lagen vor allem in der gesamtpolitischen Entwicklung der Republik. Seit den Maiwahlen 1924, aus denen die explizit antidemokratische DNVP als zweitstärkste Parlamentspartei hervorgegangen war, glaubte Hugenberg, daß das parlamentarische System in weiten Kreisen der Bevölkerung an Ansehen verloren hätte.[194] Die Wahl des Monarchisten Hindenburg zum Reichspräsidenten, die Tatsache, daß die DNVP an der Regierungsgewalt teilhaben konnte, ohne Arbeiterunruhen zu provozieren, die Offenheit, mit der in der Rechtspresse – vor allem in seiner eigenen – über die Abschaffung des parlamentarischen Systems diskutiert werden konnte, ver-

---

[190] Vgl. hs. Notizen Wegeners aus den Untersuchungsakten der Polizei, o. D. — BA/NL Wegener, Nr. 69; vgl. Bericht d. Lübeckischen Gesandtschaft an den Lübecker Senat, 12. 5. 1926. — SA Lübeck/Senatsakt., III 2 C/33.

[191] Vgl. „Vertrauliche Information", Pressedienst d. Ring-Verlags, 15. 5. 1926. — BA/NL Wegener, Nr. 69. Der hervorragend informierte Pressedienst trat der Behauptung einer Putschabsicht der Wehrverbände entgegen, kritisierte aber gleichzeitig „Unvorsichtigkeiten", die der Preußischen Polizei die Arbeit erleichtert hätten.

[192] Vgl. ebd. und Bericht der Lübeckischen Gesandtschaft an den Lübecker Senat, 12. 5. 1926. — SA Lübeck/Senatsakt., III 2 C/33.

[193] Vgl. K. Hornung: Orden, S. 63. Sodenstern interpretierte seine Äußerungen — die er u. a. auch vor dem Mitglied des Jungdeutschen Ordens, Käsehage, machte, der sie an Mahraun weitergab — bei der polizeilichen Vernehmung dahingehend, daß er nur seine Besorgnis zum Ausdruck gebracht hätte, die Wirtschaftslage könne Arbeiterentlassungen und infolgedessen kommunistische Unruhen provozieren. Vgl. E. F. Baer: Die Geschichte einer Putsch-Aktion, 9. Forts., in: DZ Nr. 264, 10. 11. 1927.

[194] Vgl. Alfred Hugenberg: Der Dritte Tributplan. Rede Hugenbergs beim deutschnationalen Parteitag in Stettin (Masch. Ms.), 25. 10. 1930. — NL Hugenberg, P 11; vgl. auch Schreiben Hugenbergs an Hergt, 26. 8. 1924, gedr. in: A. Hugenberg: Streiflichter, S. 97.

stärkten diesen Eindruck, den er im Januar 1926 in den Worten zusammenfaßte:

> „Von der Albernheit der Parteien und des Parlamentarismus reden – das ist heute – papperlapapp. Das tun auch die Kommunisten, das tut heute jeder – so wie jeder die Nase rümpft, wenn etwas erst stinkfaul geworden ist."[195]

Ergo war die Zeit reif, um das wieder abzuschaffen, was von Hugenberg bis zur Revolution schon in seinen Ansätzen bekämpft, dann in richtiger Erkenntnis der Macht- und Stimmungsverhältnisse im Lande akzeptiert worden war: die „Herrschaft des Stimmzettels"[196], repräsentiert durch ein Parlament, das die Exekutive jederzeit zu Fall bringen konnte.[197] Statt aber die antidemokratische Konjunktur zu nutzen – so befand Hugenberg nach den Erfahrungen mit dem ersten, von ihm zunächst befürworteten deutschnationalen Regierungseintritt –, arbeitete die politische Rechte ihr entgegen. Einmal in der Regierung, hätte die DNVP eine Verfassungsreform einleiten müssen, statt unter dem Druck der Interessenverbände „Augenblickspolitik" zu betreiben, die das am Rand einer wirtschaftlichen Katastrophe stehende System wieder kurzfristig stabilisierte und damit das antidemokratische Wählerpotential reduzierte.[198] In den wirtschaftlichen Interessengruppen bestand nach Hugenbergs Ansicht

> „(...) die Neigung, die wir auch vor dem Krieg gehabt haben – und das ist mit ein Grund unseres Unglückes gewesen – den großen Fragen, den zwingenden Erfordernissen großer Politik auszuweichen, um in Ruhe unsere Geschäfte machen zu können."[199]

Gleichwohl seien Landwirtschaft und Industrie nicht demokratisch gesonnen:

> „Nirgends ist im Grunde, trotz aller Kompromisse des Augenblicks das Gefühl dafür, wie unmöglich – nicht etwa der Parlamentarismus irgendwo in der Welt, sondern der heutige deutsche Staat ist, tiefer verankert als in der Wirtschaft."[200]

Die Konsequenz, die Hugenberg aus diesen Erkenntnissen zog, war naheliegend: Eine entschlossene politische Führung, frei von interessenspezifischen Bindungen, mußte die Exekutivmacht erobern, die Verfassung ändern und die Wirtschaftsverbände damit vor vollendete, ihnen dann sehr genehme Tatsachen stellen.[201]

---

[195] Alfred Hugenberg: Parteien und Parlamentarismus, in: Der Tag, 9. 1. 1926, gedr. in: ders.: Streiflichter, S. 79–83, hier S. 81 (i. f. zit.: A. Hugenberg: Parteien, in: ders.: Streiflichter).

[196] Ebd., S. 82.

[197] Hugenberg plädierte besonders für die Abschaffung des Artikels 54 der Reichsverfassung. Vgl. Schreiben Hugenbergs an Frowein, 24. 6. 1928. – Krupp/FAH, IV E 46.

[198] Vgl. ebd.; Protokoll d. Sitzung d. deutschnationalen Reichstagsfraktion am 12. 6. 1928. – NL Schmidt-Hannover (Opr.), S 35; Schreiben Hugenbergs an Westarp, 17. 9. 1927. – FST/MA, 06–5/1.

[199] (Alfred) Hugenberg: Mehr Willen zur Tat, in: M. Weiß (Hrsg.): Der Nationale Wille, Essen 1928, S. 260–268, hier S. 260 (i. f. zit.: A. Hugenberg: Mehr Willen).

[200] Schreiben Hugenbergs an Westarp, 17. 9. 1927. – FST/MA, 06–5/1.

[201] Kurz nach seiner Wahl erklärte Hugenberg vor der berufsständischen Vertretung der deutschnationalen Arbeiterschaft: „Als Parteivorsitzender ... darf ich mich nicht als Unternehmer oder Beamter oder Arbeiter, nicht als Landwirt oder Handwerker fühlen, sondern nur als Deutscher ... Unabhängigkeit ist die beste Grundlage für einen wirklichen Dienst am Volke. Darum bin ich es auch gewesen, der in den letzten Jahren innerhalb der Partei am schärfsten die Strömungen abzuwehren versucht hat, die aus

Davon, daß er selbst der geeignete Kopf einer solchen politischen Führungsequipe sein würde, überzeugten ihn Claß und Wegener. Seine vielseitige berufliche Laufbahn wies Hugenberg – im Verständnis seiner Freunde – sowohl als interessenunabhängig wie erfahren in allen Sparten der Wirtschaft aus.[202] Überdies rechneten sie vermutlich damit, daß sich die kapitalkräftigste und einflußreichste Interessengruppe, die Industrie, dem politischen Diktat einer ihrer Spitzenfunktionäre eher beugen würde, als der Alleinherrschaft eines „Nur-Politikers". Schließlich verfügte Hugenberg über die finanziellen und publizistischen Machtmittel, um seiner eigenen Herrschaft die Wege zu ebnen. Diesen kam erhöhte Bedeutung zu, nachdem das Eingreifen der preußischen Polizei jeden Gedanken an einen coup d'état auf absehbare Zeit unmöglich gemacht hatte und Hugenberg sich nun auf eine, vermutlich seinen ursprünglichen Plänen stärker entsprechende, langfristige Machtergreifung einstellen mußte. Der legale Weg zur Regierungsmacht lief nach parlamentarischen Gebräuchen über die Parteien. Hugenbergs Ziel mußte es deshalb sein, die DNVP unter seine Führung zu bringen. Es scheint, daß der Konzernchef dieses Ziel schon alternativ zu Claß' illegalen Plänen vor Augen hatte, als er im März 1926 zwei Männer seines Vertrauens in die Parteispitze lancierte: Gottfried Reinhold Treviranus und Kapitän Wilhelm Widenmann.

Um „den Laden in Ordnung zu bringen", wurde Treviranus auf Kosten seines Gönners Politischer Beauftragter des neuen Parteivorsitzenden, Graf Westarp.[203] Kapitän Widenmann,[204] Generaldirektor des mit dem Hugenberg-Konzern eng verflochtenen Deutschen Überseedienstes, rückte zum Schatzmeister der Partei auf.[205] Mit dieser Maßnahme zielte Hugenberg zumindest auf Beobachtung, wenn nicht

---

den großen Wirtschaftsverbänden aller Art heraus die Partei, und damit die nationale Bewegung im Lande ... in die Gefahr hineingezogen, *für das Linsengericht der Augenblickspolitik die große deutsche Zukunft zu verscherzen* ... Es muß auch in Zukunft unsere Aufgabe, und in erster Linie die Aufgabe Ihres Parteivorsitzenden sein, ... *jedem Stande, jedem Berufe* ... gegenüber die beiden Dinge offen und scharf nebeneinander zu stellen und nicht verschwimmen zu lassen: ‚Nur im Rahmen *unserer* politischen Grundauffassungen könnt ihr wieder gesund werden', und andererseits: ‚Dazu gehört aber, daß ihr nicht durch Augenblickserwägungen, durch zu kurz gesehene Tagesforderungen den Rahmen dieser politischen Grundauffassungen sprengt und eine erfolgreiche weitausschauende Politik unmöglich macht'." Rede Hugenbergs vor der berufsständischen Vertretung der deutschnationalen Arbeiterschaft am 5. 11. 1928, auszugsweise gedr. in: „Macht den rechten Flügel stark", Vortragsentwurf Nr. 15, o. D. (April 1930). — FST/7533, DNVP, Bd. 3.

[202] Vgl. Schreiben Wegeners an Klitzsch, 9. 1. 1926. — BA/NL Wegener, Nr. 20.

[203] Vgl. S. 132 f.

[204] Wilhelm Widenmann, Kapitän z. See, war von 1907–1912 Marine-Attaché in London und von 1915–1916 Chef des Nachrichtenbüros des Reichsmarineamtes. (Vgl. D. Guratzsch: Macht, S. 241.) Widenmann stand schon vor dem Krieg mit der Familie Krupp auf freundschaftlichem Fuß, fuhr für sie Regatten und versorgte Krupp v. Bohlen u. Halbach gelegentlich mit wirtschaftlichen Nachrichten. Im Frühjahr 1917 schied er aus der Marine aus und wurde auf Empfehlung Krupps zunächst Geschäftsführer, ab 1920 dann Generaldirektor des zum Hugenberg-Konzerns gehörenden Deutschen Überseedienstes. Neben verschiedenen Tochtergesellschaften des DÜD gehörte Widenmann auch der TU als Aufsichtsratsmitglied an. Vgl. den Schriftwechsel zwischen Krupp v. Bohlen u. Halbach u. Widenmann, in: Krupp/FAH, IV E 1174, u. die Gehaltsübersichten in: Akten Opriba, H 21.

[205] Vgl. M. Weiß: Organisation, S. 377.

auf Kontrolle von Parteifinanzen und Parteiapparat[206] ab. Allerdings sollte ihr kein vollständiger Erfolg beschieden sein, da sich Treviranus bereits ein Jahr später den Gegnern seines Gönners in der Partei anschloß. Dagegen erwiesen sich die finanziellen Daumenschrauben, die der Konzernchef kraft seines Informationsstandes und seiner Mittel der Partei anlegen konnte, als so eindrucksvoll, daß sich Westarp 1927 hilfesuchend an Schwerindustrielle wie Thyssen wandte.[207] Im Jahr 1926 sah sich der Graf zu solchen drastischen – wie an anderer Stelle noch zu zeigen sein wird, keineswegs erfolgreichen[208] – Aktionen jedoch nicht veranlaßt. Abgesehen von der Lancierung zweier Verbindungsmänner, für deren Gehalt er angenehmerweise z. T. selbst aufkam, unternahm Hugenberg parteiintern nichts, was auf seine Absicht schließen ließ, den Parteivorsitz zu übernehmen. Die Beziehungen, die er gemeinsam mit seinen alldeutschen Freunden zu Westarp unterhielt, waren bis zum erneuten deutschnationalen Regierungseintritt im Januar 1927 durchaus freundlicher Natur.[209] Offensichtlich sah Hugenberg den konservativen Grafen als annehmbare Zwischenlösung an, während dessen Regentschaft er „in aller Stille" seinen persönlichen Aufstieg vorbereiten konnte.

Die Struktur des deutschnationalen Parteiapparates war dezentralistisch und „reichlich demokratisch", wie ihr Hauptgeschäftsführer in einer parteiamtlichen Darstellung 1928 befand.[210] Die Willensbildung verlief de jure von unten nach oben.[211] Der Parteivorsitzende wurde von der Parteivertretung (= Parteidelegiertenversammlung) gewählt, in der die Landesverbände stärker repräsentiert waren als die Zentralinstanzen. Neben ihren Vorsitzenden konnten die 45 Landesverbände weitere Delegierte gemäß ihrem Stimmenanteil bei der jeweils letzten Reichstagswahl in die Parteivertretung entsenden. Die Reichstags- und Landtagsabgeordneten durften dagegen nur beratend an den Parteivertretersitzungen teilnehmen. De facto ließ sich jedoch die „Provinz" lange Zeit von der politisch routinierten Zentrale

---

[206] Obwohl der Politische Beauftragte des Parteivorsitzenden laut Geschäftsplan nur für die politischen Angelegenheiten der Parteileitung zuständig sein sollte, während der Hauptgeschäftsführer alles „Organisatorische" und „Propagandistische" zu betreuen hatte (vgl. M. Weiß: Organisation, S. 374), sah Hugenberg als wichtige Tätigkeitsbereiche von Treviranus die „Geschäftsführung" und die „Presse" an. Vgl. Schreiben Treviranus' an Hugenberg, 13. 4. 1926, mit hs. Bemerkungen Hugenbergs. – Akten Opriba, H 21.

[207] Vgl. J. Leopold: Hugenberg, S. 86 ff.

[208] Thyssen zahlte nur die erste Rate der vereinbarten Summe, weil Westarp die von ihm empfohlene politische Linie nicht einhielt. Vgl. ebd., S. 86 f.

[209] Als im Dezember 1926 die Regierungskrise akut wurde, traf Westarp mehrmals zu Besprechungen mit Claß zusammen, der ihn mit Billigung Hugenbergs zu veranlassen suchte, sich als Reichskanzler zur Verfügung zu stellen und eine reine Rechtsregierung (Minderheitenkabinett: DNVP u. Völkische) zu bilden. Hugenberg, so argumentierte Claß, könne wegen der Hochverratsaffäre nicht in Vorschlag gebracht werden, Westarp aber erfreue sich der Gunst des Reichspräsidenten und habe es in der Hand, die politischen Verhältnisse grundsätzlich zu ändern. Der konservative Graf gab Claß zwar recht, trug dessen Vorschlag auch in der Parteileitung vor, führte dann aber doch die DNVP in ein vom Zentrum geleitetes Kabinett. Von diesem Zeitpunkt an standen Hugenberg und der ADV in Opposition zum offiziellen Parteikurs. Vgl. Verhdlgsber. v. d. Sitzg. d. GA d. ADV am 12./13. 2. 1927. – FST/412, ADV (26–29) u. Schreiben Hugenbergs an Wegener, 31. 1. 1926. – BA/NL Wegener, Nr. 65.

[210] M. Weiß: Organisation, S. 363.

[211] Vgl. hierzu und zum folgenden ebd., S. 363 ff., u. W. Ruge: DNVP, S. 727 f.

lenken. Gleichwohl konnte eine entschlossene, organisierte Gruppe – wie der ADV im Herbst 1925 bewies – unter Ausnutzung der natürlichen Unmutsgefühle, die aus der Diskrepanz zwischen programmatischem Anspruch der Partei und pragmatischer Politik der Reichstagsfraktion entstanden, die Basis gegen die Berliner Zentrale mobilisieren.

Da Hugenberg davon ausging, daß ihm die eng mit der Reichstagsfraktion verflochtene Parteispitze nicht freiwillig die Führung zur Verwirklichung seines nunmehr kompromißlosen Kurses überlassen würde, mußte er die „Provinz" für sich gewinnen.[212] Das Problem bestand nun darin, daß er eben hier keine klar konturierte politische Persönlichkeit war, sondern eher als undurchsichtiger Geschäftsmann galt.[213] Der Konzernchef, der stets die Anonymität bevorzugt hatte, verdankte eine gewisse Publizität überwiegend den wenig schmeichelhaften Angriffen seiner demokratischen Gegner. Seine potentielle Wählerschaft mußte er deshalb erst einmal über sich und sein Programm aufklären. Dabei durfte aber ein offener Führungsanspruch, der vorzeitig einen Gegenfeldzug der Berliner Parteispitze ausgelöst hätte, nicht zum Ausdruck kommen. Die Hugenberg-Presse, so hatte Leo Wegener im Januar 1926 an Generaldirektor Klitzsch geschrieben, dürfe sich nur „verschleiert" für ihren Konzernchef einsetzen: „Erst muß sich eine Stimmung für ihn entwickelt haben."[214] Nachdem die Enthüllung der alldeutschen Putschpläne ein unliebsames Interesse von Polizei- und Justizbehörden auf Hugenbergs Tun gelenkt hatte, wurde diese Forderung zum Generalmotto Hugenbergscher Öffentlichkeitsarbeit, an der sich wiederum Mitglieder des von Wegener organisierten Freundeskreises beteiligten.

Wegener hatte im Frühjahr 1926 außer Bang und Claß auch Professor Ludwig Bernhard und Hans Meydenbauer für seine „Führer-Ideen" interessiert.[215] Dem Posener Freunde gegenüber weitaus kritischer eingestellt als die alldeutschen Kollegen, schrieb Meydenbauer auf Wegeners erste Anfrage:

---

[212] Eine Einschätzung der unterschiedlichen politischen Stimmungslage von Fraktion und Basis der DNVP lieferte Hugenberg 1927 in einem Schreiben an Westarp: „Der Zwiespalt, daß unsere Partei oder zumindest die ‚Weltauffassung', die man immer als ihre eigentliche Grundlage bezeichnet hat, — in ihrem innersten Wesen eine antiparlamentarische ist, und daß sie trotzdem in einem parlamentarischen Staate mitarbeiten muß, ist im Augenblick als eine Tatsache zu würdigen und darf nicht vergessen werden. Die innere Unbequemlichkeit dieses Zustandes — (...) — führt heute offenbar manchen — wenigstens in den Parlamenten — zu der Neigung, sich mit dem heutigen parlamentarischen Staate überhaupt abzufinden (...). Innerlich parlamentarisch Gesonnene sind in Deutschland überhaupt nur die Nutznießer des heutigen parlamentarischen Systems, nämlich die Parlamentarier selbst und ihre Mitglieder der Macht (...). Geben sie der Partei ein wirkliches Eigenleben neben den Fraktionen und lassen sie die unparlamentarische Partei das Gewissen der in den heutigen Parlamenten mitarbeitenden Fraktionen sein oder werden! Dann wird wenigstens zunächst eine formale Linie vorgezeichnet sein, von der aus wir die Kräfte zur Lösung der wirklichen Aufgabe der Partei freimachen und sammeln können." Schreiben Hugenbergs an Westarp, 17. 9. 1927. — FST/MA, 06—5/1.
[213] Vgl. Schreiben Wegeners an Claß, 17. 9. 1927. — BA/NL Wegener, Nr. 23.
[214] Schreiben Wegeners an Klitzsch, 9. 1. 1926. — BA/NL Wegener, Nr. 20.
[215] Vgl. den Schriftwechsel zwischen Wegener und Bernhard und Wegener und Meydenbauer, in: BA/NL Wegener, Nr. 6 u. Nr. 8.

„Auf Ihre guten Zeilen will ich doch gleich danken und Ihnen auch bestätigen, daß ich niemand kenne, dem ich eine Besserung unseres Elends zutraue. Sachlich ist A.[lfred Hugenberg] unter meinen Bekannten fraglos der Bedeutendste. Ich glaube, daß er sich langsam von dem unglücklichen Gedankenkreis Stinnes und seiner Leute losmacht. Ich wenigstens fühle seit Monaten deutlich, daß ich eine tiefgehende Meinungsverschiedenheit in den Grundfragen mit ihm nicht habe und auch kaum noch haben werde."[216]

Trotz dieser eher kühlen Beurteilung Hugenbergs, der sich eine weit kritischere Analyse seiner Erfolgsaussichten anschloß, fand sich Meydenbauer zur Mitarbeit bereit.[217] Mochte er auch Zweifel an der Eignung oder wenigstens am Durchsetzungsvermögen Hugenbergs zum plebiszitären Führer haben, so hielt er den Führergedanken im Prinzip für richtig. Ebenso wie Bernhard, der 1924 eine Arbeit über das „System Mussolini" veröffentlicht hatte,[218] sympathisierte Meydenbauer mit dem italienischen Faschismus.[219] Die Posener Freunde waren sich mit den alldeutschen Gefolgsleuten Hugenbergs darin einig, daß das „im Schlamm des Parlamentarismus versinkende Volk" gerettet werden müsse.[220] Was Bernhard und Meydenbauer von Claß und Bang unterschied, war ihr intellektuelles Niveau und, damit verbunden, die kritische Distanz zum „auserwählten Führer". Für die notwendig subtile Propaganda in der ersten Phase Hugenbergscher Öffentlichkeitsarbeit waren sie, die gemeinsam mit Wegener und Hugenberg im Posener Freundeskreis Bedeutung und Manipulierbarkeit der öffentlichen Meinung analysiert und die Grundlagen des späteren Pressekonzerns miterarbeitet hatten,[221] besser geeignet als die alldeutschen „Holzhammerstrategen".

Weniger theoretische als praktische Erfahrung in der subtilen Meinungsmache konnte Generaldirektor Klitzsch beisteuern, der trotz seiner formal von Hugenberg abhängigen Stellung sozusagen als gleichberechtigtes Mitglied von Wegener für den Freundeskreis gewonnen wurde.[222] Der von ihm geleitete Scherl-Verlag hatte die von Hugenberg an den Gesamtkonzern gestellte Forderung, sowohl wirtschaftlich gesund als auch politisch funktionstüchtig zu sein,[223] stets vorbildlich gelöst. Die hohen Auflagenziffern der Scherl-Blätter,[224] besonders des Berliner Lokal-Anzei-

---

[216] Schreiben Meydenbauers an Wegener, 2. 1. 1926. — BA/NL Wegener, Nr. 6.

[217] Vgl. ebd. u. Schreiben Meydenbauers an Wegener v. 6. 1. 1926. — BA/NL Wegener, Nr. 6.

[218] Vgl. Ludwig Bernhard: Das System Mussolini, Berlin 1924. Bernhard, der, ebenso wie Meydenbauer, mehrfach Reisen nach Italien unternahm, veröffentlichte 1931 noch eine weitere Arbeit über den italienischen Faschismus: Der Staatsgedanke des Faschismus, Berlin 1931. Zu Bernhards Sympathien für den italienischen Faschismus vgl. auch L. Wegener: Erinnerungen, S. 192.

[219] Meydenbauer schrieb kleinere Abhandlungen und Artikel über den italienischen Faschismus, die u. a. auch in der MAA veröffentlicht wurden. Vgl. die Schreiben Meydenbauers an Wegener, 23. 7. 1925, 2. 1. und 6. 1. 1926, sowie Schreiben Wegeners an Meydenbauer, 22. 9. 1928. — BA/NL Wegener, Nr. 8.

[220] Schreiben Meydenbauers an Wegener, 2. 1. 1926. — BA/NL Wegener, Nr. 6; vgl. zu Bernhard: L. Wegener: Erinnerungen, S. 192.

[221] Vgl. L. Bernhard: Hugenberg-Konzern, S. 4.

[222] Vgl. den Schriftwechsel zwischen Wegener und Klitzsch, in: BA/NL Wegener, Nr. 20.

[223] Vgl. L. Bernhard: Hugenberg-Konzern, S. 222.

[224] Das auflagenstärkste Blatt des Verlags war der alteingeführte BLA, der in einer Morgen- und einer Abend-Ausgabe erschien. Seine Auflage stand 1926 bei 390.000 Exemplaren und stieg bis 1928 auf 410.000. Die 1922 neueingeführte Berliner Illu-

gers (BLA) und der Berliner Illustrierten Nachtausgabe, rührten daher, daß politische Aussage geschickt dosiert und „unpolitisch" verpackt wurden.[225] Wie Klitzsch die von Wegener geforderte „verschleierte" Propaganda praktisch umzusetzen verstand, zeigt folgendes Zitat:

> „Sie haben mit Ihrem Hinweis auf die Abstempelung unserer Presse als Hugenberg-Presse einen interessanten Punkt berührt. Ich glaube, daß unsere Gegner damit das Gegenteil von dem erreichen werden, was sie beabsichtigen. Wir deuten allmählich das Wort ‚Hugenberg-Presse' als eine Generalbezeichnung für die gesamte nationale Presse um. Sie begreifen, was hierin steckt. Herr Geheimrat Hugenberg wird dann allmählich ganz von selbst der Inbegriff der gesunden nationalen Bewegung sein. Eine Anschauung, die für die persönlichen Pläne sehr viel bedeutet."[226]

Klitzschs Rezept, die Angriffe der Gegner positiv umzuwerten, wurde bald zu einem zentralen Stilmittel im Propagandakonzept des Freundeskreises. Die scheinbar offenherzigen Enthüllungen in Ludwig Bernhards 1927 verfaßter und Anfang 1928 erschienener Arbeit über den Hugenberg-Konzern, die das bestätigten, was gegnerische Publizisten bisher nur behauptet hatten, beruhten auf diesem Prinzip.[227] Der Nationalökonom, der im Interesse des Freundes seinen wissenschaftlichen Ruf einsetzte[228] oder aufs Spiel setzte, wie Krititiker meinten,[229] sprach eine bestimmte

---

stierte Nachtausgabe brachte es bis 1928 auf eine Auflage von 100.000. Vgl. Geschäftsberichte d. August Scherl GmbH für die Jahre 1926—1928. — Akten Opriba, CIV, 27—29.

[225] Seine von eigenen Parteifreunden wegen ihrer „Unmoral" angegriffene Nachtausgabe verteidigte Hugenberg mit den bezeichnenden Worten: „Boulevardblatt ist in allen Großstädten der Welt ein durch besondere Aufmachung wirkendes Blatt — nicht Sonntagsblatt. Sonst kaufen es eben diese Großstädter nicht. Sie kaufen es — wegen der Sensation, die darin steht — und nehmen die Politik, die dazwischen steht, mit in sich auf." Alfred Hugenberg: Von heiligen und unheiligen Dingen. Vortrag Hugenbergs vor dem Ev. Reichsausschuß der DNVP im April 1930. — NL Schmidt-Hannover (Opr.), S 4.

[226] Schreiben Klitzschs an Wegener, 12. 3. 1926. — BA/NL Wegener, Nr. 20.

[227] Indirekt bringt Bernhard das seiner Veröffentlichung zugrundeliegende Prinzip selbst zum Ausdruck, wenn er sagt: „Ein ungeschriebenes Gesetz der Zeitungstaktik bestimmt, daß ein mit Hilfe der Presse auftretender Gegner totzuschweigen sei. Nachdem also zuerst Hugenbergs Name kaum erwähnt worden war, brach plötzlich ein Hagel von Angriffen gegen ihn los. Seit dieser Zeit kann man fast täglich in den führenden Blättern seiner Gegnerschaft, insbesondere im ‚Berliner Tageblatt', in der ‚Frankfurter Zeitung' und in den Ullsteinblättern Angriffe gegen ihn lesen. Es ist sehr merkwürdig, daß so erfahrene und kluge Zeitungsleiter, wie Theodor Wolff, Georg Bernhard, nicht erkannten, daß sie mit diesen Angriffen nicht nur die gewaltige Wirkung des Hugenberg-Trustes bewiesen, sondern seine Wirkung noch steigerten. Im Auslande begann man nämlich jetzt erst über das Auftreten eines ‚gewissen Hugenberg' zu berichten, um ihn bald den ‚ungekrönten König', ‚uncrowned king', ‚roi sans couronne' zu nennen. Im Inland aber begann unter der Wucht der Angriffe allmählich ein mystischer Glanz den Organisator zu verklären. *Alle, die an dem Planen und Durchführen Hugenbergs in den letzten Jahren teilnahmen, empfanden, wie sehr die Aktionen durch die Angriffe erleichtert worden sind.*" (Hervorhebung durch d. Verf.) L. Bernhard: Hugenberg-Konzern, S. 105.

[228] Hugenberg zeigte sich allerdings über die Wirkung des Buches enttäuscht: „Auch Bernhards Buch nutzt nichts. Man sucht sich die Punkte heraus, von denen aus man weiterhetzen kann. Leider hat Bernhard dies den Feinden an einigen Stellen leicht gemacht (. . .)." (Schreiben Hugenbergs an Wegener, 23. 5. 1928. — BA/NL Wegener,

Leserschaft an: die potentielle deutschnationale Wählerschaft Hugenbergs.[230] Ihr gegenüber brauchte sein immenses Lebenswerk keineswegs verkleinert, wohl aber mußte seine Zweckbestimmung erläutert werden. Was Hugenberg besonders in den östlichen Hochburgen der DNVP bei einem latent antikapitalistischen bäuerlichen Mittelstand und industriefeindlichen Großagrariern schaden konnte, war das Bild vom „Schlotbaron" oder gar das Odium des Inflationsgewinnlers. Demgemäß zitierte Bernhard aus publizistischen Attacken gegen den Konzernchef, die sein geniales Organisationstalent wie die gefährliche Größe seiner Unternehmen bezeugten, um daran anschließend festzustellen, daß die demokratischen Gegner Hugenbergs wohl die Struktur, nicht aber den Daseinszweck seines Konzerns erfaßt hätten.[231] Weder „Inflationskönig" noch publizistischer Statthalter der Industrie, habe Hugenberg aus politischer Überzeugung seinen Konzern als Bollwerk gegen die „internationalen Tendenzen" in der Öffentlichkeit errichtet. Zwar sei die „bodenständige", national denkende Schwerindustrie am Aufbau finanziell beteiligt gewesen, habe aber – dank Hugenberg – auf jenen ausschlaggebenden Einfluß verzichten müssen, der den Konzern zum Sprachrohr ihrer ökonomischen Interessen gemacht hätte.[232]

Bernhards mit dem Anstrich der Wissenschaftlichkeit versehenem Versuch, Hugenberg von dem Makel des Nur-Geschäftsmannes zu befreien, war bereits eine umfangreiche politische Selbstdarstellung Hugenbergs vorangegangen. Um die Jahreswende 1926/27 veröffentlichte er seine „Streiflichter aus Vergangenheit und Gegenwart",[233] eine Zusammenstellung von politischen Briefen, Reden, zum Teil bisher unveröffentlichten oder speziell für diesen Band verfaßten Aufsätzen, nebst einer Kostprobe seines frühen lyrischen Talents. Das Sammelwerk, das unter Beratung von Wegener und Klitzsch entstand,[234] war, wie Hugenberg an den Kreuther Freund schrieb:

> „(...) ein öffentlich abgelegtes Bekenntnis zu alle den Scheußlichkeiten, die uns seitens der Linken immer vorgeworfen werden – nur mit der Maßgabe, daß diese Scheußlichkeiten in der richtigen Beleuchtung oder besser im richtigen Zusammenhang und in ihrer wirklichen Gestalt wiedergegeben werden, statt in der von der anderen Seite beliebten Verzerrung."[235]

Hugenberg bekannte sich – nach dem bewährten Rezept seines Generaldirektors –

Nr. 65.) Meydenbauer fand dagegen, daß Bernhard „die persönliche Seite (...) sehr geschickt nach vorn geschoben" habe. (Schreiben Meydenbauers an Wegener, 16. 4. 1928. – BA/NL Wegener, Nr. 6.) Wegener fand ebenfalls lobende Worte, machte ihm für die 2. Auflage aber detaillierte Vorschläge, um Hugenbergs Persönlichkeit noch positivere Konturen zu verleihen. Vgl. die Schreiben Wegeners an Bernhard v. 7. 12. 1928 u. 11. 1. 1929. – BA/NL Wegener, Nr. 8.

[229] Vgl. etwa die ausführliche Besprechung von Ernst Posse: Hugenberg, in: Kölnische Zeitung, Nr. 213, 18. 4. 1928.

[230] Vgl. Schreiben Wegeners an Bernhard, 7. 12. 1928. – BA/NL Wegener, Nr. 8.

[231] Vgl. L. Bernhard: Hugenberg-Konzern, S. 103 ff.

[232] Vgl. ebd., S. 59 f. u. S. 106 ff.

[233] Exemplare der Streiflichter wurden bereits im Dezember 1926 an die Rezensenten ausgeliefert (vgl. Schreiben Wegeners an Herrmann, 26. 12. 1926. – BA/NL Wegener, Nr. 65), das in der 1. Auflage angegebene Erscheinungsjahr ist aber 1927.

[234] Vgl. Schreiben Hugenbergs an Wegener, 15. 11. 1926. – BA/NL Wegener, Nr. 65.

[235] Ebd.

zu seiner Vaterschaft am ADV,[236] seiner antipolnischen Enteignungs- und Kolonisationspolitik,[237] seinem Eintreten für die Kriegszielbewegung,[238] seiner prinzipiellen Gegnerschaft zur Sozialdemokratie und seiner Ablehnung des parlamentarischen Systems.[239] Seine Vergangenheits- und Gegenwartsbewältigung schloß allerdings eine Darstellung jener Finanzierungspraktiken nicht mit ein, mit denen er u. a. den Kampf gegen die „Schieber-Republik"[240] zu führen pflegte. Dagegen machte er aus seinen weithin bekannten, durch seinen beruflichen Werdegang bedingten engen Beziehungen zur Schwerindustrie und seiner freundschaftlichen Verbundenheit mit dem verstorbenen Hugo Stinnes kein Hehl.[241] Zugleich stellte er aber seine politische Unabhängigkeit mit dem Abdruck seines Briefes an Hergt aus der Zeit der Dawes-Plan-Krise[242] und der Veröffentlichung von Aufsätzen jüngsten Datums,[243] in denen er die kurzsichtige Interessenpolitik der Industrie kritisierte, unter Beweis. Schließlich wandte er sich an einer Stelle expressis verbis gegen jenen Vorwurf, der ihm am meisten schaden konnte und dessen Entkräftung die Herausgabe der Streiflichter vor allem diente:

> „Mit Vorliebe wird da von dem Kriegs- und Inflationsgewinnler Hugenberg geschrieben, der sein schlechtes Geld in Zeitungen und anderen Unternehmungen angelegt, von der Not anderer profitiert und sich ein Riesenvermögen zusammengescharrt habe. *Das ist alles ein Riesenschwindel, eine politische Zwecklüge. Was ich da verwalte, ist nicht mein Vermögen* und auch kein Inflationsvermögen. Wofür ich arbeite, sind nicht *meine* Interessen, sind überhaupt nicht die Interessen irgend jemands oder irgendeiner Gruppe, sondern die Interessen unseres Volkes, so wie sie mir vor Augen stehen."[244]

Während Hugenberg solchermaßen politisches Profil zeigte, ein bewährter Redakteur seines Hauses, Adolf Stein alias Rumpelstilzchen, im selben Jahr mit der aufklärenden Broschüre „Hugenberg und die anderen"[245] seine politische Berufung bestätigte und Ludwig Bernhard für die wissenschaftliche Vertiefung dieses Führerbildes sorgte, bemühte sich Leo Wegener, Hugenberg qualifizierte Publizität in der vom Konzern unabhängigen oder zumindest nicht als abhängig geltenden rechts-

---

[236] Vgl. Auszug aus Rundschreiben Hugenbergs vom 1. 8. 1890 (betr. Gründungsvorbereitungen ADV), gedr. in: A. Hugenberg: Streiflichter, S. 306 ff.

[237] Vgl. „Der Preußische Staat als Polonisator", Auszug aus einer Artikelserie Hugenbergs in den Alldeutschen Blättern v. 15. 8., 19. 8. u. 14. 10. 1894, gedr. in: A. Hugenberg: Streiflichter, S. 300, u. Schreiben Hugenbergs an Hasse, 12. 1. 1902, gedr. in: ebd., S. 280 ff.

[238] Vgl. A. Hugenberg: Rückblick, in: ebd., S. 195 ff.

[239] Vgl. A. Hugenberg: Parteien, in: ebd., S. 79 ff, u. ders.: Untergang, in: ebd., S. 51 ff.

[240] A. Hugenberg: Untergang, in: ebd., S. 52.

[241] Vgl. Hugenbergs Gedächtnisrede auf Beukenberg u. Stinnes auf d. Hauptversammlung des Zechenverbandes am 12. 4. 1924 u. Hugenbergs Nachruf auf Stinnes, 14. 4. 1924, gedr. in: ebd., S. 105 ff.

[242] Vgl. Schreiben Hugenbergs an Hergt, 26. 8. 1924, gedr. in: ebd., S. 96 f.

[243] Vgl. „Das Rathaus", „Die Wiederaufrichtung eines wirklichen Bundesstaates", „Die Bürokratie des Sozialismus", „Selbstverwaltung", „Der deutsche Wald", in: ebd., S. 1 ff.

[244] Alfred Hugenberg: Hugenberg vor seinen Wählern. Eine Abrechnung mit den Zwecklügen der Linken, in: Der Tag, 28. 5. 1926, gedr. in: ders.: Streiflichter, S. 77–79, hier S. 78.

[245] A(dolf) Stein: Hugenberg und die anderen, Berlin 1927 (i. f. zit.: A. Stein: Hugenberg).

stehenden Presse zu verschaffen. Die von Hugenberg selbst, Rumpelstilzchen und später von Bernhard gemachten und Aktualitätswert besitzenden Enthüllungen erleichterten Wegener die Aufgabe, Redakteure in der Provinz zu veranlassen, sich mit dem politischen Glaubensbekenntnis des bisher so publikumsscheuen Zeitungszaren ausführlich zu befassen.[246] So sandte Wegener im Dezember 1926 ein druckfrisches Exemplar der „Streiflichter" an einen Redakteur der Schlesischen Zeitung, die nicht zu den Publikationsorganen des Hugenberg-Konzerns zählte, ihm aber wahrscheinlich über die VERA verbunden war,[247] mit folgenden empfehlenden Zeilen:

> „Als ich im November bei Ihnen war, besprach ich mit Dr. Schottky [Chefredakteur d. Schles. Ztg.] die Aufgabe der Zeitung, der Herde Hirten oder Führer zu zeigen und anzupreisen: ohne die Macht der Presse würden die Deutschnationalen keinen Führer hochbekommen. (...) Herr Dr. Schottky fragte mich, wen ich als Führer ansähe. ‚Hugenberg' war meine Antwort. Nun erscheint dieses Buch als willkommener Beleg. Sie würden mich zu Dank verpflichten, wenn Sie es nicht nur besprechen, sondern auch einige Aufsätze daraus ganz oder teilweise bringen würden, z. B. den Aufsatz über den Wald für die Grundbesitzer und für die Ärzte das Stück, das über sie in dem Aufsatz über die Krankenkassen steht. Sie werden noch viel mehr finden, was für die Schlesier geeignet ist."[248]

Wegener bemühte sich nicht allein, Hugenberg neue Zeitungsspalten zu öffnen,[249] sondern wirkte auch bei den Redakteuren der konzerneigenen Blätter mit ständigen detaillierten Anregungen auf die Einhaltung des einmal mit Klitzsch verabredeten „verschleierten" Propagandakurses hin.[250] Überdies versorgte er alle ihm zugänglichen Zeitungen und Zeitungsdienste mit selbstverfaßten, aber nicht namentlich gekennzeichneten Lobesartikeln auf Hugenberg.[251] Schon im Posener Freundeskreis hatte der Schüler Max Webers unermüdlich, wie Bernhard schreibt,[252] sein Steckenpferd „Zeitungswesen" geritten und damit Entscheidendes zur Gründung des Hugenberg-Konzerns beigetragen. Ebenso unermüdlich versuchte er jetzt, den vorhandenen Apparat für das gesteckte Ziel zu nutzen.

In gleicher Richtung arbeitete auch Hans Meydenbauer, der als Aufsichtsratsmitglied zahlreicher Gesellschaften des Hugenberg-Konzerns, u. a. der Opriba, angehörte.[253] Meydenbauers Ratschläge und Artikel stießen bei Klitzsch und den ver-

---

[246] Vgl. Schreiben Wegeners an Hugenberg, 22. 4. 1928. — BA/NL Wegener, Nr. 65, u. Schreiben Wegeners an Rojahn, 25. 7. 1928. — BA/NL Wegener, Nr. 11.

[247] Vgl. Anhang 1 b, aa.

[248] Schreiben Wegeners an Herrmann, 26. 12. 1926. — BA/NL Wegener, Nr. 65.

[249] Wegener veranlaßte offensichtlich auch andere Personen, so den Arzt Dr. May, Redakteuren ihnen bekannter Zeitungen positive Artikel über Hugenberg zuzuspielen. Vgl. Schreiben Mays an Redakteur Eck (Oberländische Zeitung), 9. 1. 1927. — BA/NL Wegener, Nr. 11.

[250] Vgl. Schriftwechsel zwischen Wegener u. Fessmann und Wegener u. Goldschmied, in: BA/NL Wegener, Nr. 15; vgl. auch Schriftwechsel zwischen Wegener und Traub, in: BA/NL Wegener, Nr. 25.

[251] Wegener benutzte gelegentlich das Pseudonym Michael Mümmelmann, wünschte aber meist überhaupt keine namentliche Kennzeichnung. Vgl. Schreiben Wegeners an Kapitän Mann, 1. 1. 1927. — BA/NL Wegener, Nr. 65.

[252] Vgl. L. Bernhard: Hugenberg-Konzern, S. 10.

[253] Meydenbauer kümmerte sich besonders um die mit dem Genossenschaftswesen befaßten Konzerngesellschaften, wie die Ostbank f. Handel u. Gewerbe. Vgl. Briefwechsel zwischen Meydenbauer und Wegener. — BA/NL Wegener, Nr. 6.

antwortlichen Redakteuren allerdings nicht immer auf ungeteilte Zustimmung.[254] Während Wegener mit seinen Verbesserungsvorschlägen ganz im Sinne der Konzernpolitik auf die Beeinflussung der Durchschnittsleser abzielte, „die man gewinnt, wenn man ihre Vorurteile schont und ihre Schwächen streichelt",[255] kritisierte der promovierte Kirchenrechtler gerade die für den Massengeschmack zubereitete Zeitungskost.[256] Seine Artikel erschienen daher kaum in den auflagestärksten Organen des Scherl-Verlags, wie der Familienzeitung BLA oder dem Boulevardblatt Berliner Illustrierte Nachtausgabe, sondern vornehmlich im anspruchsvolleren „Tag",[257] in dem auch Hugenberg häufig Aufsätze veröffentlichte. Mehr Anklang als beim Scherl-Verlag fand Meydenbauer mit seiner stilvollen, mit griechischen Zitaten versehenen Schreibkunst bei Pfarrer Traub, der seine Artikel im Feuilleton der MAA wie in den Eisernen Blättern wohl zu plazieren wußte.[258] Gute Beziehungen unterhielt der ehemalige Mitarbeiter Moellendorffs auch zu demokratischen Blättern. Doch kam die seiner Feder sonst durchaus geneigte Vossische Zeitung, mit deren Chefredakteur Georg Bernhard er „auf sehr freundschaftlichem Fuß" stand,[259] für die Propagandakampagne zugunsten Hugenbergs, wie Meydenbauer bedauernd an Wegener schrieb, nicht in Frage:

> „Jeder kennt meine engen Beziehungen. Tante Voss druckt mich nicht, da sie im Stank gegen Hu[genberg] in vorderster Linie und Kritik fürchtet, wenn sie mich zu Worte läßt."[260]

An außerhalb des Konzerns stehenden Zeitungen boten sich Meydenbauer deshalb für den spezifischen Zweck, Hugenberg populär zu machen, fast nur die Publikationsorgane des Deutschen Herrenclubs bzw. der mit ihm verbundenen Ring-Bewegung an.

Der Herrenclub war eine auf Initiative Heinrich v. Gleichens und Walter Schottes entstandene Nachfolgeorganisation des mit dem Tode Moeller v. d. Brucks zerfallenden Juni-Klubs. Gleichen und Schotte hatten bereits während des Ruhrkampfes den

---

[254] Bereits auf Wegeners erste Anfrage, ob er zur Propagandatätigkeit für Hugenberg bereit sei, schrieb Meydenbauer, daß eine von ihm auf Hugenberg verfaßte Lobeshymne vom Scherl-Verlag zurückgewiesen worden sei. Vgl. Schreiben Meydenbauers an Wegener, 2. 1. 1926. — BA/NL Wegener, Nr. 6.

[255] Leo Wegener: Der Käufer der Zeitung. Denkschrift, 27. 7. 1927. — BA/NL Wegener, Nr. 19.

[256] Meydenbauer kritisierte besonders die Kulturpolitik des Scherl-Verlages. Über eine diesbezügliche Unterredung mit Klitzsch berichtete er Wegener: „Ich war vorgestern bei Klitzsch. Er übergoß mich mit einer großen und offenbar vorbereiteten Rede über die Politik der Scherl-Unternehmungen und über die sehr großen Erfolge dieser Politik und lehnte, wie es so seine Art ist, zunächst alles ab. (...) Klitzsch mag in seiner Ablehnung einer folgerichtigen Pflege ethisch und künstlerisch bedeutender Literatur recht haben. Seine Unternehmungen sind in erster Linie auf die Masse abgestellt und können deren Wünschen Rechnung tragend, nur sehr langsam an der Hebung des Niveaus arbeiten. (...) Meine Hoffnungen auf nachhaltige Förderung einer gegen den demokratischen Literaturbetrieb — (...) — gerichteten Arbeit schreibe ich also in den Mond." Schreiben Meydenbauers an Wegener, 21. 9. 1927. — BA/NL Wegener, Nr. 6.

[257] Vgl. ebd. u. Schreiben Meydenbauers an Wegener, 10. 3. 1927. — BA/NL Wegener, Nr. 6.

[258] Vgl. Schreiben Wegeners an Meydenbauer, 22. 9. 1928. — BA/NL Wegener, Nr. 6.

[259] Schreiben Kapitäns Manns an Wegener, 17. 3. 1927. — BA/NL Wegener, Nr. 65.

[260] Schreiben Meydenbauers an Wegener, 6. 1. 1926. — BA/NL Wegener, Nr. 6.

„Ring der Tausend" gegründet, eine lose Zusammenfassung führender politischer Persönlichkeiten. Hieraus entwickelte sich im Herbst 1924 der Herrenclub, nach dem Willen seiner Schöpfer die „clubmäßige Sammlung der verantwortlichen Oberschicht (...) im englischen Stil".[261] Demgemäß dominierte an den Casinoabenden des Clubs auch nicht wie bei Moellers Forum das Bildungsbürgertum, sondern der altkonservative Adel, ergänzt um Vertreter völkischer und paramilitärischer Organisationen.[262] Das geistige Erbe des Juni-Klubs verwaltete ein dem Herrenclub angegliederter Jungkonservativer Klub, der dazu bestimmt war, das Gedankengut Moeller v. d. Brucks in die Reihen des reaktionären Adels zu tragen.[263] Um das Berliner Zentrum gruppierten sich neugegründete Herrenclubs und Jungkonservative Vereinigungen im Reich; Arbeitsgemeinschaften entstanden mit den Nationalen Klubs von Hamburg und Dresden.[264] Die Verbindung zwischen den einzelnen Gliedern der Ring-Kette hielt die „Mittelstelle des Ringes" aufrecht, ein unter Schottes Leitung stehendes Büro, das von Alfred Hugenberg regelmäßig finanzielle Zuwendungen erhielt.[265] Als Sprachrohr fungierte neben dem „Ring" vor allem das von Heinrich v. Gleichen herausgegebene „Gewissen",[266] das aber mit einer Auflage von 4000 Exemplaren keine Breitenwirkung erzielte.[267]
Meydenbauer war gemeinsam mit v. Gleichen stellvertretender Vorsitzender des Berliner Herrenclubs[268] und teilte Gleichens Überzeugung von der notwendigen Herrschaft einer aristokratisch denkenden Elite.[269] Die organisatorisch wie politisch bedingte Zusammenarbeit mit v. Gleichen gab ihm die Möglichkeit, nicht nur eigene Lobeshymnen auf Hugenberg,[270] sondern auch solche Leo Wegeners in das Gewissen zu lancieren,[271] obwohl der Konzernchef die Zeitschrift nicht mehr finanziell unterstützte. Bereits 1924 hatte Hugenberg im Zusammenhang mit v. Gleichens Ausscheiden aus dem Politischen Kolleg seine Zuwendungen an das Gewissen eingestellt.[272] Prinzipielle politische Differenzen lagen diesem Vorgang nicht zugrunde, wohl aber persönliche Auseinandersetzungen zwischen v. Gleichen und Hugenbergs Protegé Martin Spahn.[273] Überdies hatte v. Gleichen auch bei der redaktionellen Gestaltung des Gewissens für Hugenbergs Geschmack zu sehr auf seiner Unabhängigkeit bestanden.[274] Die Bereitschaft v. Gleichens, seine Zeitschrift dennoch in

[261] W. Schotte: Kabinett Papen, S. 18.
[262] Vgl. H.-J. Schwierskott: Moeller v. d. Bruck, Anhang B, S. 167 ff.
[263] Vgl. ebd., S. 74.
[264] Vgl. W. Schotte: Kabinett Papen, S. 18.
[265] Vgl. Schreiben Kapitän Manns an Wegener, 27. 12. 1926. — BA/NL Wegener, Nr. 65, u. Schreiben Meydenbauers an Wegener, 3. 1. 1927. — BA/NL Wegener, Nr. 6.
[266] Vgl. Mitteilungen des LKPA Berlin, Nr. 20, 15. 11. 1929. — HStA Hannover/Hann. 80 Hann. II, Nr. 770.
[267] Vgl. Schreiben Meydenbauers an Hartlieb, 10. 3. 1927. — BA/NL Wegener, Nr. 6.
[268] Vgl. Mitteilungen des LKPA Berlin, Nr. 20, 15. 11. 1929. — HStA Hannover/Hann. 80 Hann. II, Nr. 770.
[269] Vgl. Schreiben Meydenbauers an Hartlieb, 10. 3. 1927. — BA/NL Wegener, Nr. 6.
[270] Vgl. Schreiben Meydenbauers an Wegener, 11. 1. 1927. — BA/NL Wegener, Nr. 6.
[271] Vgl. Schreiben Wegeners an v. Gleichen, 8. 3. 1927. — BA/NL Wegener, Nr. 18.
[272] Vgl. Schreiben Kapitän Manns an Hugenberg, 24. 9. 1932. — NL Hugenberg, P 17.
[273] Vgl. die Schreiben v. Gleichens an Spahn, 25. 11. 1924 u. 25. 11. 1925. — BA/R 118, Nr. 35.
[274] Vgl. Schreiben Hugenbergs an Spahn, 12. 12. 1923. — BA/R 118, Nr. 36, u. Schreiben Kapitän Manns an Hugenberg, 24. 9. 1932. — NL Hugenberg, P 17.

den Dienst der Hugenbergschen Popularitätskampagne zu stellen, hielt etwa bis zum Dezember 1927 an.[275] Danach wechselte er zwar nicht in das Lager der ausgesprochenen Gegner Hugenbergs über, begann aber dessen politisches Vorgehen zu kritisieren. So veröffentlichte er 1928 in der Schwesterzeitschrift des Gewissens, dem Ring, einen Aufsatz zur „deutschen Führerfrage", in dem es u. a. hieß:

> „Unter denen, die mit aller Leidenschaft und Konsequenz gegen das System anzugehen versuchen, spielt Alfred Hugenberg eine besondere Rolle. Er ist heute der von den Demokraten bestgehaßte Mann. Aber er hat auch Gegner im eigenen Lager. Von wenigen Freunden abgesehen, steht er im Grunde ziemlich allein. Zum Teil mag darin seine harte niederdeutsche Art Schuld sein, zum größeren Teil waltet hier ein Verhängnis. Der in seinem Denken durchaus realpolitische Mann ist blickbeschränkt in Bezug auf Verbindungen und Wege, sobald er vom Denken und Wollen zur Tat übergeht."[276]

Blickbeschränkt war Hugenberg nicht nur nach dem Urteil v. Gleichens, sondern auch dem Meydenbauers vor allem gegenüber der Ring-Bewegung.[277] Bereits Ende 1926 hatte Hugenberg die regelmäßigen Zahlungen für die „Mittelstelle des Ringes" storniert und nur noch gelegentliche Beihilfen in Aussicht gestellt, „da man (...) mit diesem System weiterkommt".[278] Die restriktive Haltung gegenüber den konservativen Intellektuellen hat er in der Folgezeit, wahrscheinlich unter dem Einfluß seiner alldeutschen Freunde, noch verstärkt[279] und damit den Abfall dieser Bundesgenossen heraufbeschworen.[280] Der Posener Freund Meydenbauer blieb ihm zwar trotz aller Kritik treu, trat aber gegenüber den Hugenberg bedingungslos ergebenen alldeutschen Freunden nunmehr in den Hintergrund. Mittlerweile hatte Hugenberg den offenen Kampf um den Parteivorsitz aufgenommen, bei dem es weniger auf subtile vorbereitende Publizität als auf Mobilisierung der Basis in der Provinz ankam. Hierfür war niemand besser geeignet als seine alldeutsche Gefolgschaft.

b)) Die Hilfstruppen

Die im Januar 1927 erfolgende deutschnationale Regierungsbeteiligung lieferte Hugenberg den Ansatzpunkt für die Formierung einer Oppositionsbewegung in der DNVP, mit deren Hilfe er schließlich den Parteivorsitz eroberte.

Die DNVP bezahlte den Eintritt in das bürgerliche Marx-Kabinett (Zentrum, BVP, DVP, DNVP) mit weitreichenden Zugeständnissen an die Koalitionspartner. Sie akzeptierte die vom Zentrum entworfenen Kabinettsrichtlinien, die u. a. den Schutz der Verfassung, speziell der Reichsfarben, und die Fortführung der bisherigen Außenpolitik unter Anerkennung des Locarno-Vertrages zum Regierungsprogramm erhoben.[281] In der Fraktion hatten jedoch außer Hugenberg nur zwölf Abgeord-

---

[275] Vgl. hs. Notiz Wegeners, 6. 12. 1927. — BA/NL Wegener, Nr. 19.

[276] Heinrich v. Gleichen: Alfred Hugenberg. Ein Beitrag zur deutschen Führerfrage, in: Der Ring, 1. Jg. (1928), S. 106—107, hier S. 106 (i. f. zit.: H. v. Gleichen: Hugenberg).

[277] Vgl. die Schreiben Meydenbauers an Wegener, 4. 10. 1926 u. 3. 1. 1927. — BA/NL Wegener, Nr. 6.

[278] Schreiben Kapitän Manns an Wegener, 27. 12. 1926. — BA/NL Wegener, Nr. 65.

[279] Besonders Bang kritisierte Meydenbauer und die angeblich unzuverlässige, nur persönliche Interessen berücksichtigende „Motz-Straßen-Politik". Vgl. die Schreiben Bangs an Wegener, 14. 3. u. 4. 10. 1927. — BA/NL Wegener, Nr. 23.

[280] Vgl. Schreiben Meydenbauers an Wegener, 4. 10. 1926. — BA/NL Wegener, Nr. 6.

[281] Vgl. M. Dörr: DNVP, Anlage 22, S. 541 ff.

nete gegen den Eintritt in das vom Zentrum beherrschte Kabinett gestimmt.[282] Auch auf dem Parteitag der DNVP im September 1926 hatte sich bereits eine Mehrheit grundsätzlich für eine Regierungsbeteiligung ausgesprochen.[283] Dennoch war es zweifelhaft, ob die Koalitionsvereinbarungen, besonders wenn sie sich in der Regierungsarbeit realisierten, die volle Zustimmung des Parteivolkes finden würden. Heinrich Claß prognostizierte jedenfalls kurz nach der Regierungsbildung ein „neues Auflehnen" in der Partei und gab für seinen Verband die wahrscheinlich mit Hugenberg abgesprochene Parole aus:[284]

> „Wir lassen uns nicht herausdrängen, wir sehen als Aufgabe an, im Lande draußen die Partei gegen die Fraktion mobil zu machen."[285]

Das unter diesem Motto stehende Arbeitskonzept des Verbandsvorsitzenden sah eine verstärkte Werbung unter den alldeutschen Mitgliedern für den Parteieintritt vor. Zum gleichen Vorgehen veranlaßte Claß auch die VvVD,[286] in deren Gremien Alldeutsche wie Bang (Präsidiumsmitglied der VvVD)[287] und Oberst a. D. Friedrichs (Geschäftsführer der VvVD)[288] einflußreiche Posten besetzten. Während Claß die Unzufriedenheit mit der Berliner Parteizentrale in den Landesverbänden mit Hilfe von zahlreichen und zuverlässig oppositionellen lokalen Funktionären zu schüren suchte, entfesselte Hugenberg einen breit angelegten Pressefeldzug gegen die Regierung.[289] Seine Blätter polemisierten nicht nur ständig gegen Person und Politik des Reichsaußenministers, sondern attackierten in zunehmendem Maße, besonders im Zusammenhang mit der von den Deutschnationalen im Reichstag unterstützten Verlängerung des Republikschutzgesetzes,[290] die Innenpolitik der Regierung.[291] Einer der demagogisch begabtesten Journalisten des Hugenberg-Konzerns, Adolf Stein, dessen „Deutscher Pressedienst" zahlreiche Provinzblätter mit Korrespondenzen versorgte, wurde in seiner Kritik an Fraktion und Parteileitung so deutlich, daß sich Westarp persönlich über ihn bei Hugenberg beschwerte.[292] Der Konzernchef dachte aber gar nicht daran, den in seinem Sinne vorzüglich arbeitenden Publizisten zu maßregeln. Leo Wegeners Aufforderung, „was Stein anbetrifft,

---

[282] Vgl. Schreiben Hugenbergs an Wegener, 31. 1. 1927. — BA/NL Wegener, Nr. 65.

[283] Vgl. K. Westarp: Am Grabe, S. 77 f.

[284] Claß war bei Sitzungen des GA des ADV, an denen auch Gäste teilnahmen, mit Namensnennungen bei diskreteren politischen Angelegenheiten stets zurückhaltend. So sprach er in diesem Falle auch nur von „wertvollsten Angehörigen der DNVP, die noch mehr unter den Dingen zu leiden haben als wir", mit denen er die Parole abgesprochen hätte. Vgl. Verhdlgsber. v. d. Sitzg. d. GA d. ADV am 12./13. 2. 1927. — FST/412, ADV (26—29).

[285] Ebd.

[286] Vgl. ebd. u. Verhdlgsber. v. d. Sitzg. d. GA d. ADV am 26./27. 11. 1927. — FST/412, ADV (26—29).

[287] Bang war 1921 Präsidiumsmitglied der VvVD. Vgl. Anm. 22.

[288] Oberst Friedrichs war seit 1925 Geschäftsführer der VvVD. Vgl. Völkische Organisationen, Leipzig 1931, S. 94 (i. f. zit.: Völk. Organisationen).

[289] Vgl. Schreiben v. Kardorffs an Stresemann, 26. 8. 1927. — BA/NL Kardorff, Nr. 13.

[290] Hugenberg blieb gemeinsam mit einer starken Minderheit von 35 Fraktionskollegen der Abstimmung fern. Vgl. Archiv f. publizistische Arbeit, 23. 10. 1927. — FST/7533, DNVP-Ztg., Bd. 3.

[291] Vgl. E. Jonas: Die Volkskonservativen, S. 31.

[292] Vgl. J. Leopold: Hugenberg, S. 82.

(...) festzubleiben und nicht zuzugeben, daß die Partei ihn kritisieren oder gar ihm Anweisungen geben darf"[293], war überflüssig. Konziliant im Ton, aber eindeutig in der Sache, wies Hugenberg die Beschwerde des Parteivorsitzenden mit Hinweis auf die „überparteiliche Haltung" seines Konzerns zurück. Seine Presse sei einer nationalen, bürgerlichen Politik, nicht aber der DNVP verpflichtet.[294]

Sah Hugenberg seine Presse keineswegs der Partei verpflichtet, so sorgte er umgekehrt dafür, daß die schwache parteiamtliche Presse seinem Konzern verpflichtet wurde. Das bedeutendste und aktuellste Organ der DNVP war der „Tägliche Dienst für Nationale Zeitungen" (TDNZ), eine Korrespondenz, die sowohl an alle Parteiinstitutionen und zahlreiche Parteimitglieder wie an parteinahestehende Zeitungen geliefert wurde.[295] Ende 1927 kaufte Hugenberg die defizitär arbeitende Korrespondenz auf und vereinigte sie mit dem in seinem Patria-Verlag erscheinenden Deutschen Schnelldienst (DS).[296] Ab 1. 1. 1928 erschien die vereinigte Korrespondenz mit einer neugegründeten Beilage, den „Amtlichen Mitteilungen der DNVP". Für die redaktionelle Gestaltung der Beilage zeichnete der deutschnationale Pressechef verantwortlich, während die umfangreichere DS/TDNZ unter Leitung des Konzernjournalisten A. W. Kames stand.[297] Parteioffiziös waren nur die Mitteilungen, da sie aber mit dem DS/TDNZ gemeinsam an die alten Bezieher des TDNZ ausgeliefert wurden, galt auch die von Hugenberg gelenkte „neue" Korrespondenz als Sprachrohr der Partei.[298] Hugenberg erreichte die deutschnationalen Mitglieder somit nicht mehr nur über den Umweg der von ihm direkt oder indirekt abhängigen rechtslastigen Provinzpresse, sondern konnte seine potentielle Wählerschaft direkt und quasi parteiamtlich mit seinem Oppositionskurs vertraut machen. Die Parteispitze, deren Publikationsmöglichkeiten außerhalb der DNVP sowieso ungleich geringer waren als die Hugenbergs,[299] sah sich dagegen auf die nur halbmonatlich erscheinende Zeitschrift „Unsere Partei" (UP) und die Verlautbarungscharakter tragenden „Amtlichen Mitteilungen" verwiesen.

Für den Zwangsverkauf des TDNZ war die finanzielle Misere der Partei[300] und damit indirekt Hugenberg verantwortlich. Der Parteiapparat trug sich trotz verstärkter Bemühungen Westarps im Frühjahr 1927 niemals aus den Mitgliedsbeiträgen, sondern war auch außerhalb der Wahlzeiten stets auf großzügige Spenden angewiesen. Die finanzielle Hauptstütze der Partei war seit ihrer Gründung Hugenberg gewesen, der neben seinen eigenen Unternehmen die kapitalkräftige Schwerindustrie für Parteizwecke „schröpfte". Der von ihm gelenkte Spendenstrom floß

[293] Schreiben Wegeners an Hugenberg, 14. 6. 1927. — BA/NL Wegener, Nr. 65.
[294] Vgl. J. Leopold: Hugenberg, S. 92.
[295] Vgl. Schriftsatz Rechtsanwalt Hampes in der Privatklagesache Westarp gegen v. Lüttichau, 27. 9. 1930. — NL Schmidt-Hannover (Opr.), S 35.
[296] Vgl. M. Weiß: Organisation, S. 385, u. TU-Revisionsbericht Nr. 4 per 31. 12. 1929, Anhang Nr. 19. — Akten Dorow.
[297] Vgl. M. Weiß: Organisation, S. 385.
[298] Vgl. Otto Groth: Die Zeitung, Mannheim Berlin Leipzig 1928, Bd. 2, S. 462 (i. f. zit.: O. Groth: Zeitung).
[299] An namhaften Organen standen Westarp die Neue Preußische (Kreuz-) Zeitung, deren Aufsichtsratsvorsitz er inne hatte, und die Deutsche Tageszeitung, die 1926 eine Interessengemeinschaft mit der Kreuzzeitung eingegangen war, zur Verfügung. Vgl. dazu die Unterlagen, in: BA/NL Rechberg, Nr. 69, u. die Hdb. d. dt. AG, 1926 ff.
[300] Vgl. M. Weiß: Organisation, S. 385.

jedoch seit dem deutschnationalen Regierungseintritt immer spärlicher. Westarp unternahm deshalb im März 1927 einen direkten Vorstoß bei der Schwerindustrie und erreichte von Fritz Thyssen die Zusage für eine 100 000-Mark-Spende. Tatsächlich erhielt die Partei nur die erste Rate der versprochenen Gesamtsumme, da Thyssen in der deutschnationalen Regierungspolitik – mittlerweile war das von großen Teilen der Industrie abgelehnte Arbeitszeitnotgesetz verabschiedet worden – keinen seinen finanziellen Zuwendungen entsprechenden Gegenwert erblickte.[301] Hugenberg aber, der von Westarps Alleingang erfuhr, verlangte nun eine grundsätzliche Regelung für die Sammlung industrieller Spenden. Die schließlich im Herbst 1927 zwischen dem Schatzmeister der Partei und Generaldirektor des zum Hugenberg-Konzerns gehörigen DÜD, Kapitän Widenmann,[302] und Hugenbergs persönlichem Beauftragten, Kapitän Mann, ausgehandelten Vereinbarungen kamen einem Knebelungsvertrag gleich.[303] Hugenberg erhielt für die Zeit außerhalb der Wahlen ein exklusives Verhandlungsrecht für die Kohle-, Eisen- und Stahlindustrie, für die Kommission zur Sammlung, Verwaltung und Verwendung des Industriellen Wahlfonds und sogar für das von der Berliner Elektroindustrie beherrschte „Kuratorium zum Wiederaufbau des deutschen Wirtschaftslebens".[304] Nur an die übrigen Branchen und Verbände sollte die Partei direkt herantreten dürfen. Die Verhandlungen über die Aufstellung und Finanzierung industrieller Parlamentskandidaturen sollten überdies durch den von Hugenberg geleiteten „Arbeitsausschuß Deutschnationaler Industrieller" (ADI) geführt werden.

Die Parteileitung, deren finanzieller und publizistischer Bewegungsspielraum durch Hugenberg zunehmend eingeengt wurde, sah sich gleichzeitig mit einer wachsenden innerparteilichen Opposition konfrontiert. Die Gesetzestätigkeit der Regierung (Arbeitszeitnotgesetz, Republikschutzgesetz) in Verbindung mit der gegen sie gerichteten Polemik der Hugenberg-Presse und der alldeutschen Agitation in den Landesverbänden hatte die oppositionellen Kräfte so rasch vermehrt, daß Westarp bereits um den störungsfreien Ablauf des für den September 1927 in Königsberg geplanten Parteitages fürchten mußte. Hugenberg hielt er allerdings zu diesem Zeitpunkt noch für einen loyalen Kritiker der Regierungspolitik. Deshalb forderte er ihn – entsprechend einem gemeinsam mit dem 1926 zum stellvertretenden Parteivorsitzenden aufgerückten Schlange-Schöningen entwickelten Plan – dazu auf, in Königsberg ein Referat zu halten, das der Opposition als ungefährliches Ventil dienen sollte.[305] An Hugenbergs Stelle formulierte jedoch der Alldeutsche v. Dommes einen keineswegs loyalen Protest gegen die Parteiführung.[306] Der Konzernchef selbst war der Veranstaltung demonstrativ ferngeblieben und hatte Westarp statt Parteitagsdramaturgie folgendes Rezept anempfohlen:

[301] Vgl. zu dem gesamten Vorgang J. Leopold: Hugenberg, S. 86 f.
[302] J. Leopold (: Hugenberg, S. 87) nennt Widenmann fälschlich „Widermann".
[303] Vgl. M. Dörr: DNVP, S. 354 f., u. J. Leopold: Hugenberg, S. 87.
[304] J. Leopold (: Hugenberg, S. 87) u. M. Dörr (: DNVP, S. 354) bezeichnen das „Kuratorium zum Wiederaufbau des deutschen Wirtschaftslebens" ungenau als „Wahlfonds des Berliner Kuratoriums".
[305] Vgl. Schreiben Hugenbergs an Westarp, 17. 9. 1927. – FST/MA, 06–5/1, u. M. Dörr: DNVP, S. 353 f.
[306] Vgl. Verhdlgsber. v. d. Sitzg. d. GA d. ADV am 26./27. 11. 1927. – FST/412, ADV (26–29).

„Geben Sie der Partei ein wirkliches Eigenleben neben den Fraktionen und lassen Sie die unparlamentarische Partei das Gewissen der in den heutigen Parlamenten mitarbeitenden Fraktionen sein oder werden. Dann wird wenigstens eine formelle Linie vorgezeichnet sein, von der aus wir die Kräfte zur Lösung der wirklichen Aufgaben der Partei freimachen und sammeln können."[307]

Wer und zu welchen Zwecken die Partei um sich sammelte, dürfte Westarp zwei Monate später endgültig klargeworden sein. Im Dezember 1927 beschloß die von den Landesverbänden beherrschte Parteivertretung Grundsätze zur Verfassungsreform, die ihr von Hugenberg anempfohlen worden waren.[308] Der Parteileitung hatte Hugenberg seine Vorschläge bereits im Herbst 1926 unterbreitet. Da Westarp um die beabsichtigte Regierungsbeteiligung fürchtete, hatte er den Konzernchef gebeten, von einer Veröffentlichung abzusehen.[309] Anfang 1927 erschienen jedoch Hugenbergs „Streiflichter" mit einem Aufsatz über die „Wiederaufrichtung eines wirklichen Bundesstaates".[310] Allerdings beschränkte sich Hugenberg hierin auf das Verhältnis von Reich und Preußen, das er durch Personalunionen auf Präsidenten-, Minister- und Abgeordnetenebene vereinfacht wissen wollte. Auf den Kern seiner Verfassungsreformpläne ging er dabei noch nicht ein: die Abschaffung des Artikels 54 RV, der die Regierung von Vertrauens- bzw. Mißtrauensvoten des Parlaments abhängig machte.[311] Innerhalb der DNVP dürfte er aber etwa in der zweiten Hälfte des Jahres 1927 mit der Agitation für diese zentrale Verfassungsänderung begonnen haben, denn die im Dezember tagende Parteivertretung, die, wie eine offizielle Darstellung der DNVP vermerkt, Hugenbergs Vorschlägen weitgehend folgte, nahm die Forderung nach Abschaffung des Artikels 54 in ihr Reformprogramm mit auf.[312] Für die Parteileitung und die deutschnationalen Minister, die sich mit Anerkennung der Kabinettsrichtlinien pragmatisch auf den Schutz der Verfassung verpflichtet hatten, war der Beschluß – auch wenn sie grundsätzlich eine Überwindung des parlamentarischen Systems wünschten – zu diesem Zeitpunkt ein Schlag ins Gesicht.[313]

[307] Schreiben Hugenbergs an Westarp, 17. 9. 1927. — FST/MA, o6—5/1.
[308] Vgl. Zur Lage, Vertraulicher Bericht des ADI, Nr. 7, Dezember 1927. — FST/7533, DNVP-Ztg., Bd. 3, u. Max Weiß: Politisches Handwörterbuch (Führer-ABC), Berlin 1928, S. 944 ff. (i. f. zit.: M. Weiß: Führer-ABC).
[309] Vgl. M. Dörr: DNVP, S. 253.
[310] Vgl. A. Hugenberg: Streiflichter, S. 20 ff. Ohne Namensnennung polemisierte die Angestellten- und Arbeiterstimme der DNVP im September 1928 gegen jenen Abgeordneten, „der seine Arbeit über den Einheitsstaat gegen den ausdrücklichen Willen von Parteileitung und Parteivorstand veröffentlicht hat (...)". Angestellten- und Arbeiterstimme, 8. Jg. (Sept. 1928). — FST/NL Diller, 11/D 7.
[311] Vgl. Schreiben Hugenbergs an Frowein, 24. 6. 1928. — Krupp/FAH, IV E 46.
[312] Vgl. M. Weiß: Führer-ABC, S. 944—948. Das Publikationsorgan des von Hugenberg geleiteten ADI bewertet Hugenbergs Anteil am Parteivertretungsbeschluß ebenso hoch, stellt aber die organisatorischen Voraussetzungen anders als Weiß dar. Während Weiß von einem Verfassungsausschuß unter der Leitung des Abgeordneten Berndt spricht, der Vorschläge Hugenbergs übernommen und an die Parteivertretung weitergeleitet hätte, ist in „Zur Lage" von einem zweiten, unter Hugenbergs Leitung stehenden Verfassungsausschuß die Rede, in dessen Namen Hugenberg seine Vorschläge der Parteivertretung direkt unterbreitet hätte. Vgl. Zur Lage, Vertraulicher Bericht des ADI, Nr. 7, Dezember 1927. — FST/7533, DNVP-Ztg., Bd. 3.
[313] Im Widerspruch zum Parteivertretungsbeschluß erklärte Westarp Teilnehmern einer deutschnationalen Schulungswoche wenige Monate später: „Sie können diesen Artikel

Nachdem die alldeutschen Verbindungsmänner in der DNVP gemeinsam mit der Hugenberg-Presse zunächst nur die Unzufriedenheit mit der Parteispitze geschürt hatten, waren sie im Herbst 1927 dazu übergegangen, den Konzernchef als den kommenden Mann zu propagieren.[314] Deutete der Dezemberbeschluß der Parteivertretung bereits auf eine wachsende bzw. aktualisierte Popularität der Alles-oder-nichts-Strategie Hugenbergs hin, so konnte der Konzernchef ein halbes Jahr später, bei einer erneuten Tagung der Parteivertretung am 8./9. Juli 1928 als Führer einer fünfzehn Landesverbände umfassenden Parteiopposition auftreten. Hauptsächlicher Verhandlungsgegenstand dieser Tagung, bei der es zum offenen Konflikt zwischen Hugenberg und Westarp kommen sollte, war der Fall Lambach.

c) Die Gegner

Der bekannte DHV-Vertreter Walter Lambach, Geschäftsführer der deutschnationalen Reichstagsfraktion, hatte in einem Zeitungsartikel für die Niederlage der DNVP (33 Mandats-Verluste) bei den Reichstagswahlen im Mai 1928 die parteiamtliche Festlegung auf die monarchische Staatsform mitverantwortlich gemacht, programmatische wie personelle Konsequenzen gefordert und den Slogan formuliert: „Monarchisten und Republikaner, tretet in unsere Reihen."[315] Während die Reichstagsfraktion den „Monarchismus-Artikel" lediglich scharf mißbilligte,[316] stellte der satzungsmäßig gar nicht zuständige, aber unter alldeutschem Einfluß stehende Landesverband Hamburg einen Ausschlußantrag gegen Lambach.[317] Bezeichnend für den Hintergrund der Lambach-Krise war die Tatsache, daß dem DHV-Vertreter im Laufe des Verfahrens nicht nur sein provokativer Artikel zum Vorwurf gemacht wurde, sondern auch sein Verhalten gegenüber dem Fraktionsneuling Bang,[318] der auf Betreiben Hugenbergs als Spitzenkandidat des Landesverbandes Ostsachsen in den Reichstag eingezogen war.[319]

Kurz nach seiner Mandatsübernahme hatte Bang auf einer Tagung seines Bundes für Nationalwirtschaft und Werksgemeinschaft in scharfer Form Reparationen und Soziallasten für die herrschende wirtschaftliche Misere verantwortlich gemacht. Zeitungsnachrichten zufolge sollte er sogar die Einführung des 14-Stunden-Tags ge-

nicht in Bausch und Bogen beseitigen wollen." Nur der zweite Satz, das Mißtrauensvotum betreffend, müsse fallen, nicht aber das bereits in der Bismarckschen Reichsverfassung enthaltene Vertrauensvotum. Vgl. Rede Westarps am 28. 3. 1928 auf einer deutschnationalen Schulungswoche. — FST/7533, DNVP-Ztg., Bd. 2.

[314] Vgl. die Schreiben Wegeners an Claß, 17. 9. 1927, Claß' an Wegener, 25. 9. 1927, u. Bangs an Wegener, 4. 10. 1927. — BA/NL Wegener, Nr. 23.

[315] Walter Lambach: Monarchismus, in: Politische Wochenschrift (PW), IV. Jg. (14. 6. 1928), S. 495–497, hier S. 497.

[316] Vgl. „Erklärungen zum Fall Lambach", in: Der Tag, Nr. 158, 3. 7. 1928.

[317] Der Antrag des LV Hamburg kam unter maßgeblichem Einfluß des Alldeutschen Gok, Direktor von Blohm u. Voß, zustande. (Vgl. „Der Ausschlußantrag gegen Hugenberg, Industriellen-Gruppe gegen Gewerkschaftssekretäre — Lambach der ‚Klassenkämpfer'", in: Der Deutsche, 4. 8. 1928, u. M. Dörr: DNVP, S. 401.) Der Firmenchef Goks, Dr. Hermann Blohm, war Gesellschafter von Hugenbergs VERA. Vgl. Mitteilungsblatt d. VERA, o. D. (1919). — (Vgl. Anm. 71).

[318] Vgl. „Der Fall Lambach", in: Hamburger Deutschnationale Monatsschrift, 9. Jg. (1928), S. 8—9.

[319] Vgl. Verhdlgsber. v. d. Sitzgn. d. GA d. ADV am 21. 4. 1928 u. 19. 1. 1929. — FST/412, ADV (26—29), u. M. Dörr: DNVP, S. 384.

fordert haben.[320] Daraufhin bezeichnete ihn der Verbandsvorsteher des DHV, der Volksparteiler Hans Bechly, in einer öffentlichen Versammlung als „dämlich" und als „demagogischen Hanswurst".[321] Bang, der den 14-Stunden-Tag nur als zwangsläufige Folge der „Erfüllungspolitik" verstanden wissen wollte, wandte sich an Lambach mit der Aufforderung, Bechly zu einer öffentlichen Richtigstellung zu veranlassen. Für die Annahme bzw. Verweigerung des Vermittlungsauftrags setzte er Lambach eine Frist von acht Tagen.[322] Statt einer privaten Rückäußerung erhielt er seine Antwort aus der Zeitung. Im Gewerkschaftsorgann „Der Deutsche" setzte sich Lambach unter der Überschrift „Herrn Dr. Bangs Forderungen" mit Bangs Stellungnahme gegen Tarifverträge, Arbeitszeitbegrenzung und Arbeitslosenversicherung auseinander und polemisierte gegen den pensionierten Beamten:

> „Seine [Bangs] ganze Rede als neuer Abgeordneter ist (...) eine *Absage an die bisherige Wirtschafts- und Sozialpolitik dieser Fraktion.* (...) Die Fraktion, in die Herr Oberfinanzrat Bang eingetreten ist, kämpft auch dauernd darum, für einige Millionen den Zustand der Risikolosigkeit, den er hinter der Arbeitslosenversicherung wittert und verdammt, zu erhalten, nämlich für die Beamtenschaft mit ihrer Pensionsberechtigung. Will Herr Bang der Beamtenschaft die Pensionsberechtigung nehmen? Oder hat nach seiner Meinung nur die Arbeiter- und Angestelltenschaft ein Leben voll ungedeckter Risiken nötig, damit es uns wohl ergehe?"[323]

Lambachs Artikel gegen Bang galt in Wirklichkeit dem hinter ihm stehenden Hugenberg[324] und trug die bereits seit Monaten schwelenden Flügelkämpfe um die Vorherrschaft in der Partei in die Öffentlichkeit.

Im Zeichen einer generellen „Refeudalisierungstendenz" von Staat und Gesellschaft kämpften die Angestellen- und Arbeitnehmervertreter in der DNVP ebenso wie ihre Kollegen in den anderen bürgerlichen Parteien seit Aufkündigung der ZAG im Jahre 1924 gegen eine wachsende unternehmerische Interessendominanz.[325] Die auf den Abbau sozialer Errungenschaften gerichtete Offensivstrategie (Aussperrungen, Lohnabbau, Arbeitszeitverlängerung) der (schwer-)industriellen Arbeitgeber[326] schloß eine erneute Protektion der wirtschaftsfriedlichen Arbeitnehmerverbände mit ein.[327] Die Position der in der DNVP personell zunächst nur geringfügig bzw. durch den völkischen Flügel relativ einflußlos vertretenen „Gelben" hatte 1924 mit dem

---

[320] Vgl. Anm. 318.
[321] Vgl. ebd. u. Zusatz der Redaktion zum Artikel Lambachs: Herrn Dr. Bangs Forderungen, in: Der Deutsche, Nr. 114, 21. 6. 1928.
[322] Vgl. Schreiben Bangs an Lambach, 16. 6. 1928. — BA/NL Lambach, Nr. 10.
[323] Walter Lambach: Herrn Dr. Bangs Forderungen. Eine notwendige Feststellung, in: Der Deutsche, Nr. 144, 21. 6. 1928.
[324] Vgl. Max Habermann: Querverbindungen. Eine politische Betrachtung zum „Fall Lambach", in: Deutsche Handels-Wacht (DHW), 35. Jg. (25. 7. 1928), S. 281—282, hier S. 281.
[325] Vgl. D. Stegmann: Kapitalismus, S. 25.
[326] Vgl. „8. deutsche Reichstagung in Bielefeld", in: Angestellten- und Arbeiterstimme, 8. Jg. (Sept. 1928). — FST/NL Diller, 11/D 7, u. L. Albertin: Faktoren, S. 671.
[327] Vgl. D. Stegmann: Silverberg-Kontroverse, S. 599 u. 606; Claß stellte im September 1927 fest: „Doch habe ich die Befriedigung, gerade in diesen Tagen aus Rheinland-Westfalen gehört zu haben, daß die dortigen Wirtschaftsführer der Schwerindustrie je länger je mehr sich der von Bang und der Deutschen Zeitung vertretenen Wirtschaftspolitik genähert hätten." Vgl. Verhdlgsber. v. d. Sitzg. d. GA d. ADV am 26./27. 11. 1927. — FST/412, ADV (26—29).

Fraktionseintritt der wirtschaftsfriedlichen Spitzenfunktionäre Fritz Geisler (Vorsitzender d. Nationalverbandes Deutscher Berufsverbände u. d. VvVD)[328] und Johannes Wolf (Vorsitzender des Reichslandarbeiterbundes)[329] sowie des sie protegierenden alldeutschen Industrievertreters Gottfried Gok eine erhebliche Aufwertung erfahren.[330] Den Vormarsch der Alldeutschen an der Basis und damit auch der ihnen organisatorisch (VvVD) wie ideologisch eng verbundenen Gelben signalisierte im Dezember 1925 der von der Parteivertretung erzwungene Regierungsaustritt. Alarmierend auf die christlich-sozialen Arbeiter und Angestellten in der DNVP wirkte dann schließlich das sich in der zweiten Hälfte des Jahres 1927 immer deutlicher abzeichnende Bündnis zwischen Hugenberg und dem ständig an Boden gewinnenden völkischen Flügel der Partei.

Hugenberg galt, trotz seiner abweichenden Haltung in der Dawes-Plan- und Locarno-Frage noch immer als der bedeutendste deutschnationale Repräsentant der Schwerindustrie. Tatsächlich hatte er 1926 mit fast einhelliger Unterstützung der

---

[328] Fritz Geisler war von 1920—1924 Mitglied der DVP-Reichstagsfraktion. Die Spitzenorganisation der wirtschaftsfriedlichen Verbände, den Nationalverband Deutscher Berufsverbände, leitete er seit ihrer im Jahre 1919 zunächst unter dem Namen „Nationalverband Deutscher Gewerkschaften" erfolgten Gründung. Von 1922 bis 1924/25 war Geisler Vorsitzender der VvVD. (Vgl. Hans-Alexander Apolant: Die wirtschaftsfriedliche Arbeitnehmerbewegung Deutschlands, Berlin 1928, S. 44 f. [i. f. zit.: H. A. Apolant: Arbeitnehmerbewegung]; Völk. Organisationen, S. 84; J. Hamel: Völkischer Verband, S. 199 f.) 1924 zog er als Hospitant der DNVP in den Reichstag ein. Gegen seine Kandidatur im Wahlkreis Potsdam II hatten die Christlich-Sozialen, vor allem die DHV-Vertreter, monatelang massiven, aber erfolglosen Widerstand geleistet. Vgl. Schreiben Dillers an Könnicke, 1. 3. 1924, und die Rundschreiben aus dem Büro Lambach: E. K. Nr. 2, 19. 2. 1924, E. K. Nr. 5, 26. 2. 1924, E. K. Nr. 6, 27. 2. 1924, E. K. Nr. 9, 19. 3. 1924 u. E. K. Nr. 10, o. D. (1924). — Alle Unterlagen in: FST/NL Diller, 11/D 7.

[329] Johannes Wolf, Vorsitzender des wirtschaftsfriedlichen Reichslandarbeiterbundes, der bis 1926 dem Nationalverband Deutscher Berufsverbände angegliedert war, sich dann aber als eigenständige Spitzenorganisation konstituierte (vgl. H.-A. Apolant: Arbeitnehmerbewegung, S. 53). Wolf war am Aufbau des Pommerschen Landbundes maßgeblich beteiligt. Er gründete zunächst im Kreise Greifenberg wirtschaftsfriedliche Landarbeiterverbände, gliederte sie dann in den Landbund ein und wurde Mitglied des Landbunddirektoriums und Leiter der „Arbeitnehmergruppe des Pommerschen Landbundes". (Vgl. Claus v. Eickstedt: Wiederaufbau und wirtschaftsfriedliches Prinzip, Berlin 1923, S. 37 f. [i. f. zit.: C. v. Eickstedt: Wiederaufbau.] Wolf wurde ebenfalls von DHV-Vertretern hart attackiert, bezeichnenderweise besonders, nachdem Hugenberg Parteivorsitzender geworden war. Zwei prominente DHV-Vertreter im Landesverband Hamburg, Zimmermann u. Irwahn, begründeten ihren im Dezember 1929 vollzogenen Austritt aus der DNVP u. a. damit, daß ein Mann wie Wolf noch Mitglied der Reichstagsfraktion sei und von Hugenberg besonders gefördert werde. (Vgl. die Schreiben Zimmermanns und Irwahns an den Vorstand d. LV Hamburg, 16. 12. u. 19. 12. 1929, gedr. in: Irwahn/Zimmermann: Unser Austritt aus der Deutschnationalen Volkspartei [Druckschrift], o. D. [Dezember 1929]. — FST/7533 DNVP, Bd. 2.) Da Hugenberg den Aufbau des Pommerschen Landbundes finanziell unterstützt hatte und gute Beziehungen zum 1. Direktor, v. Dewitz, unterhielt, ist eine frühe Querverbindung zu Wolf nicht ausgeschlossen.

[330] Vgl. J. Hamel: Völkischer Verband, S. 206 f. Gustav Wischnewski, von Hamel (S. 207) als weiteres neues wirtschaftsfriedliches Mitglied der DNVP-Reichstagsfraktion genannt, wurde in den Preußischen Landtag gewählt. Vgl. Handbuch für den Preußischen Landtag, Berlin 1925, S. 225.

Schwerindustrie sowohl namens der ADI wie des Bergbau- und Zechenverbandes einen außerordentlich scharfen Protest gegen Äußerungen des Braunkohlenindustriellen Silverberg formulieren können. Silverberg hatte sich bei einer Tagung des RDI für eine Neuauflage der ZAG, Anerkennung der Weimarer Verfassung sowie, unter bestimmten Voraussetzungen, für eine Regierungsbeteiligung der SPD ausgesprochen.[331] Auch Hugenbergs Kritik an der Marx-Regierung fand, besonders nach Verabschiedung des Arbeitszeitnotgesetzes, die Zustimmung weiter Kreise der Schwerindustrie und entsprach dem im Ruhrrevier vorherrschenden Trend wachsender sozial- und innenpolitischer Kompromißlosigkeit.[332] Hugenbergs Griff nach dem Parteivorsitz war für den gewerkschaftlichen Flügel der Partei deshalb der offene Herrschaftsanspruch eines sie existentiell bedrohenden, von der partnerschaftlichen Konzeption der ZAG nunmehr weit entfernten Unternehmertums.[333]

Da der konservative Westarp, großagrarischen Interessen besonders verpflichtet[334] und in der Vergangenheit alldeutschen Einflüssen nicht unzugänglich, nur ein schwaches Bollwerk gegen den Ansturm der völkisch-schwerindustriellen Allianz zu sein schien, begann der gewerkschaftliche Flügel nun seinerseits um die Parteiherrschaft bzw. für seine verstärkte personelle und ideelle Repräsentanz in der Parteiführung zu kämpfen.[335] Dabei verbündete er sich, geführt vom DHV-Vertreter Lambach, mit einer kleinen, aber bereits einflußreiche Posten besetzenden Personengruppe, der sogenannten Jugend. Hugenbergs Schützlinge, Treviranus, Lindeiner-Wildau, Lejeune-Jung, v. Keudell und Schlange-Schöningen, die in einer insgesamt überalterten Parteihierarchie mit ihren durchschnittlich 40 Lenzen tatsächlich immer noch die „Jugend" repräsentierten,[336] hatten sich ihrem Gönner in der Mehrzahl seit dem Eintritt der DNVP in das Marx-Kabinett entfremdet.

Mitte Januar 1927 hatte Hugenberg gegenüber Wegener die Befürchtung geäußert, daß auch Lindeiner-Wildau und Treviranus den Parteivorsitzenden zur Regierungsbeteiligung drängen würden.[337] Drei Monate später mußte er bereits das „Ausbre-

[331] Vgl. D. Stegmann: Silverberg-Kontroverse, S. 605 f.

[332] Vgl. M. Dörr: DNVP, S. 298 ff.

[333] Vgl. „Der Ausschlußantrag gegen Hugenberg", in: Der Deutsche, 4. 8. 1928; „8. deutsche Reichstagung in Bielefeld", in: Angestellten- und Arbeiterstimme, 8. Jg. (Sept. 1928). — FST/NL Diller, 11/D 7; Rede Hartwigs auf der Parteivorstandssitzung am 3. 12. 1929, Anlage z. Rundschreiben Hartwigs an Kollegen, 11. 12. 1929. — FST/NL Diller, 11/D 9; Schreiben Zimmermanns u. Irwahns an den Vorstand d. LV Hamburg, 16. 12. u. 19. 12. 1929, gedr. in: Irwahn/Zimmermann: Unser Austritt aus der DNVP (Druckschrift), o. D. (Dezember 1929). — FST/7533, DNVP, Bd. 2.

[334] Vgl. Emil Hartwig: Vorwärts! Trotz alledem!, in: Angestellten- und Arbeiterstimme, 8. Jg. (November 1928). — FST/NL Diller, 11/D 7.

[335] Lambachs „Monarchismus-Artikel", in dem er u. a. auch für die Auswahl der neuen Fraktionsleitung Ansprüche der hinter ihm stehenden Gruppe anmeldete (vgl. W. Lambach: Monarchismus, in: PW, IV. Jg. [14. 6. 1928], S. 197), war nur der vorläufige Höhepunkt dieses Kampfes. Vgl. dazu auch: „Der Kampf um die Macht bei den Deutschnationalen. Rück- und Ausblick auf den Fall Lambach", in: Hamburger Fremdenblatt, Nr. 190 a, 10. 7. 1928.

[336] Vgl. Schreiben Freytagh-Loringhovens an Vietinghoff-Scheel, 24. 11. 1928. — FST/MA, 06—5/4 u. Schreiben Wegeners an Meydenbauer, o. D. (1928). — BA/NL Wegener, Nr. 6.

[337] Vgl. Schreiben Hugenbergs an Wegener, 15. 1. 1927. — BA/NL Wegener, Nr. 65.

chen" seiner Schützlinge eingestehen,[338] woraufhin ihm der Posener Freund den guten Rat gab:

> „Aber ich glaube, Sie lassen Treviranus zuviel freie Hand. Solche Herren müssen doch alle 8 Tage antreten, um die Generalideen in Empfang zu nehmen, das andere freilich bleibt ihnen überlassen."[339]

Gerade aber zum Befehlsempfang nach alldeutschem Muster waren die nach politischer Verantwortung strebenden[340] und meist aus der intellektuellen Schule des Juni-Klubs (Treviranus, Lindeiner-Wildau, Lejeune-Jung) stammenden Jungkonservativen nicht bereit. Den Eintritt der DNVP in das Marx-Kabinett hat Treviranus später als sein „Gesellenstück" bezeichnet.[341] Sein Versuch, den ihm befreundeten Lindeiner-Wildau als Innenminister zu lancieren, schlug allerdings fehl.[342] Doch an dessen Stelle wurde immerhin Walter v. Keudell Innenminister, kein Juni-Klub-Schüler, aber dem Jungkonservatismus nahestehend.[343] Erfolgreichen und wahrscheinlich von Hugenberg organisierten Widerstand gegen die sowohl vom Reichspräsidenten wie vom Koalitionspartner erwünschte Ernennung Lindeiner-Wildaus hatte der rechte Flügel der Fraktion geleistet, als dessen Sprecher v. Goldacker[344] und Schlange-Schöningen auftraten.[345]

Während der altersmäßig ebenfalls zur „Jugend" zählende Alldeutsche v. Goldacker auch nach dem Regierungseintritt Parteigänger Hugenbergs blieb, schwenkte Schlange-Schöningen noch im Laufe des Jahres 1927 auf die ausgleichsbemühte Linie des Grafen Westarp ein.[346] Anschluß an die Gruppe um Treviranus fand er

---

[338] Hugenberg in einem Schreiben an Traub, das Wegener zitiert. Vgl. Schreiben Wegeners an Hugenberg, 22. 4. 1927. — BA/NL Wegener, Nr. 65.

[339] Schreiben Wegeners an Hugenberg, 22. 4. 1927. — BA/NL Wegener, Nr. 65.

[340] Nach Lindeiner-Wildaus Darstellung hatte er gemeinsam mit seinen Freunden und Altersgenossen in der Fraktion schon zwei Jahre zuvor das Ziel aufgestellt, „den Eintritt in die Reichsregierung zu erzwingen". Schreiben Lindeiner-Wildau an Westarp, 3. 2. 1927. — BA/NL Lindeiner-Wildau, Nr. 3.

[341] Vgl. G. Treviranus: Ende v. Weimar, S. 98.

[342] Vgl. ebd., S. 100.

[343] Die Ernennung v. Keudells kam auf Vorschlag Lindeiner-Wildaus und mit Unterstützung Treviranus' zustande. Vgl. Schreiben Lindeiner-Wildau an Westarp, 3. 2. 1927. — BA/NL Lindeiner-Wildau, Nr. 3, u. G. Treviranus: Ende v. Weimar, S. 100.

[344] Daß v. Goldacker mit Hugenberg während der Koalitionsgespräche und den parteiinternen Verhandlungen engen Kontakt hielt, wird durch ein Schreiben Hugenbergs an Wegener belegt. Vgl. Schreiben Hugenbergs an Wegener, 15. 1. 1927. — BA/NL Wegener, Nr. 65.

[345] Für die These, daß Hugenberg den Widerstand gegen Lindeiner-Wildau organisiert hatte, spricht sowohl das Engagement seiner Schützlinge v. Goldacker und Schlange-Schöningen als auch die Tatsache, daß Hergt sich als Kandidat des alldeutschen Flügels gegen Lindeiner-Wildau, seinen ehemaligen Mitarbeiter, aufstellen ließ. Hergts Kandidatur für die Radikalen, die ihn doch um den Parteivorsitz gebracht hatten, bzw. umgekehrt die Tatsache, daß der rechte Flügel den „gemäßigten" Hergt als seinen Kandidaten präsentierte, wird nur im Zusammenhang mit Hergts jahrelangen freundschaftlichen Beziehungen zu Hugenberg verständlich. Vgl. zu dem gesamten Vorgang Schreiben Lindeiner-Wildaus an Westarp, 3. 2. 1927. — BA/NL Lindeiner-Wildau, Nr. 3, u. M. Dörr: DNVP, S. 270 ff.

[346] Die Aussage M. Dörrs (: DNVP, S. 219) Schlange-Schöningen habe schon wenige Wochen nach seiner Wahl zum stellvertretenden Parteivorsitzenden (März 1926) jedem Radikalismus abgeschworen und sich die Politik Westarps zu eigen gemacht, ist an-

jedoch erst im Zusammenhang mit der Lambach-Krise, in deren Verlauf auch Westarp immer stärker auf die Seite der entschiedenen Gegner Hugenbergs gedrängt wurde.

Die Kluft zwischen der Treviranus-Gruppe und ihrem bisherigen Gönner verbreiterte sich während des Jahres 1927 proportional zu Hugenbergs sich laufend verschärfender Agitation gegen die Regierungspolitik. In seinem anläßlich des Königsberger Parteitags an Westarp gerichteten Brief, den er zwanzig weiteren prominenten Deutschnationalen zusandte,[347] übte Hugenberg bissige Kritik an der „mitarbeitenden Jugend":

> „Wer theoretisch auf dem Boden der Notwendigkeit völligen Neu- und Umbaus unseres jetzigen Staatslebens steht – und das ist der in die Zukunft weisende Geist, der uns vereinigt hat – und demnach den heutigen Staat verachtet und trotzdem auf die Mitarbeit am Parlamentarismus seine persönliche Laufbahn und Zukunft aufbaut, ist innerlich Krüppel und wird bald seinen Ehrgeiz über alle Theorien und Überzeugungen siegen lassen (...). Ein ‚Deutschnationaler', der innerlich Parlamentarier geworden ist, ist genau dasselbe wie ein deutscher Demokrat."[348]

Im Zuge der von ihm forcierten Polarisierung in der DNVP war Hugenberg offensichtlich nicht mehr bereit, eine von seiner politischen Linie abweichende Taktik zu tolerieren. Seine (partei-)öffentlichen Aussagen dürften seinen Schützlingen auch ohne den psychologischen und finanziellen Druck, den er möglicherweise individuell ausübte,[349] hinreichend deutlich gemacht haben, daß eine Option gegen seine Politik den Verlust seiner Gönnerschaft und sogar seine Feindschaft nach sich ziehen würde, die Feindschaft eines auf den Parteivorsitz aspirierenden, finanzstarken und sich wachsender Gefolgschaft erfreuenden Mannes.[350] Im Hinblick auf ihre parlamentarische wie parteiamtliche Karriere wurde deshalb für die zur politischen Kehrtwende nicht bereite „Jugend" der Anschluß an eine gut organisierte, Hugenbergs

---

gesichts Schlanges Auftreten gegen Lindeiner-Wildau, dessen Kandidatur von Westarp unterstützt wurde, nicht haltbar. Vgl. Schreiben Lindeiner-Wildaus an Westarp, 3. 2. 1927. – BA/NL Wegener, Nr. 3.

[347] J. Leopold (: Hugenberg, S. 95) führt die zwanzig Deutschnationalen namentlich auf.

[348] Schreiben Hugenbergs an Westarp, 17. 9. 1927. – FST/MA, 06–5/1.

[349] Ob Hugenberg versuchte, im einzelnen auf seine Schützlinge einzuwirken und ihnen mit Sanktionen drohte, ist unbekannt.

[350] Hugenberg zog, nachdem er zum Parteivorsitzenden gewählt worden war, gegenüber seinen einstigen Protegés offensichtlich alle Konsequenzen. Treviranus beurlaubte er sofort seines Amtes. Zwei Monate später wurde die Stelle des Politischen Beauftragten auf Beschluß der Parteivertretung gänzlich gestrichen. (Vgl. „Neue Parteisatzungen der Deutschnationalen", ZA, 8. 12. 1928, in: FST/7533, DNVP-Ztg., Bd. 3, u. TU-Meldung, 13. 12. 1928, gedr. in: Archiv f. publizistischen Arbeit, 23. 12. 1928. – FST/7533, DNVP-Ztg., Bd. 3.) Lindeiner-Wildau und Lejeune-Jung verloren ihre Aufsichtsratsposten bei Hugenbergs Mutuum etwa Ende 1928/Anfang 1929. (Vgl. Hdb. d. dt. AG, 1929, IV, S. 5409, u. 1930, IV, S. 5314; die Angaben in den Handbüchern beziehen sich auf das jeweils vorausgegangene Jahr.) Seinen Geschäftsführerposten bei der Weimarischen Verlags- u. Treuhand GmbH verlor Lindeiner-Wildau vermutlich ebenfalls. Seine Tätigkeit als freier Mitarbeiter der TU wußte Hugenberg jedenfalls 1928 zu beenden. Vgl. Schreiben Freytagh-Loringhovens an Vietinghoff-Scheel, 24. 11. 1928. – FST/MA, 06–5/4.

wachsenden Einfluß entschieden bekämpfende Gruppe, wie es der gewerkschaftliche Flügel der Partei war, zwingende Notwendigkeit.[350a] Zum Auftakt des Wahljahres 1928 präsentierten sich Jungkonservative und Gewerkschaftler mit einem gemeinsamen „Bekenntnis zur christlich-nationalen Selbsthilfe" als Bündnispartner der Öffentlichkeit.[351] Fast alle Verbindungsleute Hugenbergs im Lager der Christlich-Sozialen (Behrens, Neuhaus, Koch, Rippel) und der Jungkonservativen (Lejeune-Jung, Lindeiner-Wildau, Treviranus)[352] hatten das auf der Reichsangestellten-Tagung der DNVP am 29. 1. 1928 verkündete und gleichzeitig der Presse übergebene „Bekenntnis"[353] unterzeichnet.[354] Auch Professor Brunstäd, einst von Hugenberg hochdotierter Dozent am Politischen Kolleg, schloß sich, im Gegensatz zu Martin Spahn, der neuen parteiinternen Gruppierung an, für die sich jetzt zunehmend die Bezeichnung „volkskonservativ" einbürgerte.[355] Die mit dem „Bekenntnis" vertretenen politischen Grundsätze unterschieden sich nicht generell,[356] dennoch aber in einem Punkt entscheidend und in einem weiteren zumindest graduell von denen Hugenbergs. Im volkskonservativen Manifest wurden die Gewerkschaften ausdrücklich als notwendige gemeinschaftsbildende Organisationen der Arbeitnehmer, besonders in einer Zeit der „unpersönlichen modern-kapitalistischen Form der Unternehmung", bezeichnet, die Parallelverbände der Arbeitgeber als Sozialpartner akzeptiert, und indirekt wurde eine Neuauflage der ZAG gefordert.[357] Hugenberg aber hatte sich bereits 1926 anläßlich der Silverberg-Rede gegen die Wiederbelebung der ZAG ausgesprochen, in den „Streiflichtern" die Werksge-

---

[350a] Die dürftige Quellenlage läßt nur eine grobe Skizzierung des Entfremdungsprozesses zwischen Hugenberg und seinen Schützlingen zu. Insbesondere die individuellen Handlungsmotive der einzelnen Gruppenmitglieder bedürfen noch weiterer Erforschung.

[351] Vgl. „Bekenntnis zur christlich-nationalen Selbsthilfe", Sonderdruck aus der PW, o. D. (Januar 1928).

[352] Der Name v. Keudell fehlt auf der ersten veröffentlichten Unterschriftenliste; ob er später unterzeichnete, ist unbekannt. Auf der gemeinsamen Kandidatenliste von Gewerkschaften und Jungkonservativen wird v. Keudell dagegen aufgeführt. (Vgl. Schreiben Lambachs an Westarp, 1. 2. 1928. — FST/NL Diller, 11/D 7.) Von den Volkskonservativen wurde v. Keudell stets als einer der ihren bezeichnet, er gehörte auch der ersten, im Dezember 1929 aus der DNVP ausscheidenden Gruppe um Treviranus an und zählte zu den Mitbegründern der Volkskonservativen Vereinigung. (Vgl. Walter Lambach: Vertraulich, in: Volkspolitische Stimmen, Nr. 1 [Januar 1929]. — FST/NL Diller, 11/7, u. E. Jonas: Die Volkskonservativen, S. 56 ff.) Allerdings scheint der Hugenberg-Kreis v. Keudell bis zur Parteivorsitzendenwahl am 20. 10. 1928 noch nicht ganz aufgegeben zu haben, denn Wegener schrieb in bezug auf diese Wahl an Claß: „Was für eine große Enttäuschung ist v. Keudell wieder am 20. 10. gewesen." Schreiben Wegeners an Claß, 1. 11. 1928. — BA/NL Wegener, Nr. 23.

[353] Vgl. die Rundschreiben Lambachs an Mitglieder des deutschnationalen Angestelltenbundes, Januar 1928 u. 12. 2. 1928. — FST/NL Diller, 11/D 7.

[354] Vgl. Anm. 351.

[355] Vgl. E. Jonas: Die Volkskonservativen, S. 20 ff.

[356] So bedauerten die Verfasser des Bekenntnisses, wie Hugenberg, daß eine ausreichende Besiedlung der deutschen Ostgebiete im Kaiserreich nicht gelungen sei, plädierten, wie Hugenberg, für eine Stärkung der Landwirtschaft und gegen den „Nahrungsborg beim Auslande" und wandten sich, wie Hugenberg, gegen die internationalen Einflüsse in der deutschen Wirtschaft. Vgl. Anm. 351. u. A. Hugenberg: Mehr Willen, S. 265 ff.

[357] Vgl. Anm. 351.

meinschaft befürwortet[358] und seine Abneigung gegen die „wirtschaftlichen Kampf-verbände" deutlich zum Ausdruck gebracht.[359] Ein weiterer, aber schwer fixier-barer, da nur aus Nuancen bestehender Unterschied zwischen Hugenberg und den Volkskonservativen lag in der Verfassungsfrage. Die Unterzeichner des „Bekennt-nisses" verurteilten den gewaltsamen Umsturz und forderten die Weiterentwick-lung der geltenden Verfassung zu einer konstitutionellen Regierungsform.[360] Sie zielten dabei, so ist anderen Quellen zu entnehmen, nur auf die Revision des Artikels 54 RV, und zwar auf die Aufhebung des Mißtrauensvotums, ab.[361] Faktisch reali-siert wurden ihre Vorstellungen später von der Regierung Brüning, die vom Parla-ment nicht mehr zu stürzen, dennoch auf dessen mehrheitliches Vertrauen, sprich Mitarbeit, angewiesen war.[362] Hugenberg hingegen hatte die völlige Abschaffung des Artikels 54 (Abschaffung von Mißtrauens- *und* Vertrauensvoten) gefordert und sah seine Absichten in der Regierungsform des Papen-Kabinetts verwirklicht, das sich nur noch auf die Autorität des Reichspräsidenten stützte und sich in Preußen illegal die Regierungsmacht aneignete.[363]

Das „Bekenntnis" war mehr noch durch die Form der öffentlichen Bekanntgabe als durch die inhaltliche Aussage eine bewußte Demonstration der Stärke einer eigen-ständigen, mit dem Hugenberg-Flügel um die Macht rivalisierenden Gruppe in der Partei. Walter Lambach, Hauptorganisator der neuen Gruppe, hatte die Aktion sorgfältig geplant und für eine schlagartige Publizität am 29. Januar 1928 (Reichs-angestelltentagung der DNVP) gesorgt.[364] Zwei Tage später präsentierte er dem Parteivorsitzenden – offiziell namens des Reichsangestelltenausschusses und des Deutschnationalen Angestelltenbundes[365] – die Mandatsforderungen der Volks-konservativen für die Reichstagswahlen,[366] obwohl deren Termin noch nicht einmal feststand.[367] Dem erwarteten Ansturm des Hugenberg-Flügels auf die sicheren Reichslistenplätze sollte durch dieses Vorgehen frühzeitig entgegengewirkt wer-

---

[358] Vgl. A. Hugenberg: Rathaus, in: ders.: Streiflichter, S. 9.

[359] Vgl. A. Hugenberg: Untergang, in: ders.: Streiflichter, S. 69.

[360] Vgl. Anm. 351.

[361] Vgl. Rede Westarps am 28. 3. 1928 auf einer deutschnationalen Schulungswoche. – FST/7533, DNVP, Bd. 2; Emil Hartwig: Vorwärts, in: Angestellten- und Arbeiter-stimme, 8. Jg. (Nov. 1928). – FST/NL Diller, 11/D 7; E. Jonas: Die Volkskonserva-tiven, S. 149.

[362] Die Tatsache, daß der erste Vorsitzende der im Januar 1930 gegründeten „Volks-konservativen Vereinigung", G. R. Treviranus, intimster und engster Vertrauter Brü-nings wurde, ist hier durchaus symbolisch zu werten. Vgl. auch E. Jonas: Die Volks-konservativen, S. 153 ff.

[363] Vgl. Alfred Hugenberg: Als ich 1928 den Vorsitz der DNVP antrat (Masch. Ms.), o. D. (1949). – NL Schmidt-Hannover (Opr.), S 28, u. ders.: Rückblick (Masch. Ms.), o. D. (nach 1945). – NL Schmidt-Hannover, S 23.

[364] Vgl. Rundschreiben Lambachs an Mitglieder des Deutschnationalen Angestelltenbundes, Januar 1928. – FST/NL Diller, 11/D 7.

[365] Es war üblich, daß die verschiedenen Interessengruppen, nicht aber divergierende politische Gruppierungen, die es ja parteioffiziell gar nicht gab, ihre Mandatswünsche anmeldeten (vgl. M. Dörr: DNVP, S. 381 f.). Deshalb meldete Lambach die volks-konservativen Wünsche namens der Reichsangestelltenschaft an.

[366] Vgl. Schreiben Lambachs an Westarp, 1. 2. 1928. – FST/NL Diller, 11/D 7.

[367] Vgl. Rundschreiben Lambachs an Mitglieder des Deutschnationalen Angestelltenbundes, 12. 2. 1928. – FST/NL Diller, 11/D 7.

den.[368] Tatsächlich aber nutzten, wie sich bald zeigte, eine geschickte Regie, einige prominente Namen (Innenminister v. Keudell, Verkehrsminister Koch, der Politische Beauftragte des Parteivorsitzenden, Treviranus),[369] eine begrenzte Publizität in den Lambach und dem DHV nahestehenden Mitteilungsblättern und Zeitungen, ja selbst das Argument mit dem großen Stimmanteil der Angestelltenschaft am deutschnationalen Wählerpotential[370] gegenüber Hugenbergs Finanzkraft und seinem Presseapparat wenig. Während Hugenbergs Anhänger sichere Listenplätze erhielten, wurden Volkskonservative, besonders Vertreter des gewerkschaftlichen Flügels, zum Teil schlecht plaziert, zum Teil überhaupt nicht wieder aufgestellt.[371] In der März-Ausgabe seiner „Politischen Monatsbriefe", die er regelmäßig an nahestehende Parteimitglieder versandte, berichtete Walter Lambach über die Kandidatenaufstellung:

„Es geht scharf her. Man spürt überall großkapitalistischen Kampf gegen die kleinen Leute, insbesondere gegen die Christlich-Sozialen und die Arbeitnehmer."[372]

Drei Wochen vor der Wahl schrieb er:

„Für jemanden, der an der Aufstellung der Wahlvorschlaglisten beteiligt war, kann der eigentliche Wahlkampf nicht schwerer werden, als es diese Listenvorbereitungszeit gewesen ist. Noch niemals sind dabei die Gegensätze der großen wirtschaftlichen Organisationen so aufeinandergeprallt wie diesmal."[373]

Die Wahlniederlage der DNVP am 20. Mai 1928 traf infolge der schlechten Plazierungen besonders die Volkskonservativen. So konnten u. a. die langjährigen Abgeordneten und Förderer der christlich-sozialen Bewegung, Neuhaus und Vordemfelde, wie auch DHV-Vertreter Otto Rippel, nicht wieder in den Reichstag einziehen.[374] Besonders Rippel war ein Opfer Hugenbergs geworden, mit dem er früher im Rheinisch-Westfälischen Zweckverband zusammengearbeitet hatte. Im Interesse des Schwerindustriellen Jakob Haßlacher hatte Hugenberg der Parteileitung mit finanziellen Sanktionen gedroht, als der gewählte Spitzenkandidat des Wahlkreises Westfalen-Süd, der Christlich-Soziale Reinhard Mumm, seinen Platz auf der Reichsliste in Anspruch nehmen wollte, um dem in Westfalen-Süd hinter ihm plazierten und nicht gewählten Rippel doch noch den Einzug in den Reichstag zu

---

[368] Vgl. ebd.
[369] Auf Lambachs Vorschlagsliste stand interessanterweise auch Hergt (vgl. Schreiben Lambachs an Westarp, 1. 2. 1928. — FST/NL Diller, 11/D 7), obwohl er das „Bekenntnis" nicht unterschrieben hatte und als Kandidat des rechten Flügels Justizminister geworden war. Hergt betrieb offensichtlich eine „Sowohl-als-auch-Politik", hielt dann aber letzten Endes, wie sich bei den späteren Parteispaltungen zeigte, zu Hugenberg.
[370] Vgl. Schreiben Lambachs an Westarp, 1. 2. 1928, u. Rundschreiben Lambachs an Mitglieder des Deutschnationalen Angestelltenbundes, 12. 2. 1928. — FST/NL Diller, 11/D 7.
[371] Vgl. „Die nicht wiedergewählten Arbeiterabgeordneten", in: Angestellten- u. Arbeiterstimme, 8. Jg. (Juni 1928). — FST/NL Diller, 11/D 7, u. M. Dörr: DNVP, S. 381 ff.
[372] Walter Lambach: März-Brief, 16. 3. 1928. — FST/NL Diller, 11/D 7.
[373] Walter Lambach: April-Brief und Mai-Brief, 1. 5. 1928. — FST/NL Diller, 11/D 7.
[374] Vgl. Walter Lambach: Neue Aufgaben, in: Angestellten- u. Arbeiterstimme, 8. Jg. (Juni 1928); „Die nicht wiedergewählten Arbeiterabgeordneten", in: ebd.; Walter Lambach: Angestelltenfragen, in: Mitteilungen d. Reichs-Angestelltenausschusses d. DNVP, Beilage z. Angestellten- u. Arbeiterstimme, 8. Jg. (Oktober 1928). — Alle Unterlagen, in: FST/NL Diller, 11/D 7.

ermöglichen. Durch dieses Manöver hätte Hasslacher, wäre Hugenbergs Intervention nicht erfolgreich gewesen, seinen Abgeordnetensitz verloren, weil er auf der Reichsliste hinter Mumm plaziert war.[375] Der Kampf um die Mandate, der insoweit zugunsten Hugenbergs endete, als seine Gegenspieler an Sitzen verloren, ohne daß aber von einer Vorherrschaft der Hugenberg-Gruppe in der Reichstagsfraktion die Rede sein konnte,[376] hatte die Fronten weiter verhärtet. Nach den Wahlen suchten sich beide die Schuld an der Niederlage der DNVP zuzuschieben. Während die Hugenberg-Presse den systemimmanenten Kurs der Regierungsbeteiligung als Ursache des Wählerschwundes anprangerte,[377] machten die Volkskonservativen umgekehrt die ständige Polemik gegen den offiziellen Kurs der Partei für die Wahlniederlage verantwortlich.[378] In der öffentlichen Auseinandersetzung – für Hugenberg eine Möglichkeit unter vielen – sah die Gruppe um Lambach und Treviranus trotz vergleichsweise bescheidener Publikationsmöglichkeiten noch das erfolgversprechendste Mittel,[379] den Vormarsch des Gegners zu stoppen. In Gewerkschaftsorganen wie „Der Deutsche"[380] und die „Deutsche Handelswacht" (DHW),[381] in Hermann Ullmanns intellektueller „Politischer Wochenschrift"[382] sowie in den von Lambach herausgegebenen standespoliti-

---

[375] Vgl. M. Dörr: DNVP, S. 385 ff.

[376] Vgl. Schreiben Wegeners an Vosberg, 13. 2. 1929. – BA/NL Wegener, Nr. 27.

[377] Vgl. z. B. Alfred Walter Kames: Der Mann — die Sache, in: Parlamentarische Beilage z. DS/TDNZ, 26. 7. 1928. – BA/NL Lambach, Nr. 10.

[378] Vgl. „8. deutsche Reichstagung in Bielefeld", in: Angestellten- u. Arbeiterstimme, 8. Jg. (September 1928). – FST/NL Diller, 11/D 7.

[379] Anfang 1929 schrieb Lambach rückblickend auf die Kämpfe des vergangenen Jahres: „Unser zähes Ringen um den tiefsten Gehalt der politischen Arbeit unserer Zeit, das den Gegnern einer wahrhaft christlich-sozialen volkskonservativen Entwicklung schon lange eine Gefahr geworden zu sein schien, hat im abgelaufenen Jahr den Gegenangriff hervorgelockt und im Verlauf des Kampfes die Fronten klar gegeneinander abgesetzt. (...) ,Wir erleben eine rückwärts gewandte, man möchte sagen kalte Revolution gegen die Arbeiterschaft und ihr Wollen nach vorwärts', so umreißt der junge Georg Wieber in dem ,Deutschen Metallarbeiter' die politische Strömung unserer Zeit. Anstatt ,Arbeiterschaft' könnte man ebensogut sagen, gegen den aufsteigenden ,kooperativen' Menschen, der Berufs- und Schicksals-, aber auch Tatgemeinschaft erlebt hat und dadurch ein Anderer, innerlich Stärkerer geworden ist, als er vorher war. Gegen solche ,kalte' Abschneidungs-, Erdrosselungs-, Kaltstellungsmaßnahmen, die natürlich stets unter anderen Vorwänden vor sich gehen, kann man sich nur wehren, wenn man dafür sorgt, daß vor aller Öffentlichkeit die innersten Gesinnungen sichtbar werden. Wer das tut, der schafft sich zwar Feinde, denn er zerstört ja feingesponnene Pläne, aber er macht auch die Kräfte frei zu einem reinlichen Austrag der Gegensätze." Walter Lambach: Vertraulich, in: Volkspolitische Stimmen, Nr. 1 (Januar 1929). – FST/NL Diller, 11/D 7.

[380] „Der Deutsche" war das Hauptorgan des Deutschen Gewerkschaftsbundes, des Dachverbandes der christlichnationalen Gewerkschaften. Vgl. K. Koszyk: Deutsche Presse, S. 295 ff.

[381] Die Deutsche Handelswacht war die Zeitschrift des DHV.

[382] Dr. Hermann Ullmann war von 1921—1924 Chefredakteur des Deutschen. (Vgl. K. Koszyk: Deutsche Presse, S. 296.) Ab 1924 gab er die Politische Wochenschrift heraus, wurde aber gleichzeitig Mitarbeiter in Hugenbergs Scherl-Verlag, aus dem er erst im Frühjahr 1929 ausschied. (Vgl. Hermann Ullmann: Publizist in der Zeitenwende, hrsg. v. Hans Schmid-Egger, München 1965, S. 117 ff [i. f. zit.: H. Ullmann: Publizist].) Walter Lambach empfahl seinen Angestelltenkollegen bereits 1925 die regelmäßige Lektüre der PW, die er — so kündigte er es an — als sein „eigenes Organ"

schen Mitteilungsblättern und Kleinkorrespondenzen für Parteifreunde[383] versuchten sie, die sozialreaktionäre und an Unternehmerinteressen orientierte Gesinnung der Hugenberg-Gruppe offenzulegen, z. B. mit Artikeln wie dem Lambachs gegen Bang („Herrn Dr. Bangs Forderungen"); zugleich bemühten sie sich, den von der Gegenseite erhobenen Vorwurf des interessenpolitischen Opportunismus zu entkräften.[384] Sollte vermutlich bereits mit dem „Bekenntnis zur christlich-nationalen Selbsthilfe" die Vereinbarkeit von Pragmatismus in der Tagespolitik und langfristiger Vertretung eines politischen Grundsatzprogramms angedeutet werden, so steckte in Walter Lambachs „Monarchismus"-Artikel unverkennbar die Absicht, die systemimmanente Taktik ideologisch zu untermauern und fortzuschreiben.

Aus einer politischen Situationsanalyse entwickelte Lambach in seinem Artikel die Forderung, einen der programmatischen Grundsätze der Partei, das monarchische Bekenntnis, preiszugeben.[385] Am Beispiel Hindenburgs suchte er zu beweisen, daß die zunächst nur als Notlösung verstandene Übernahme staatlicher Spitzenfunktionen durch entschiedene Antirepublikaner neue politische Werte erzeugt und beim antirepublikanischen Wähler einen Gesinnungswandel in Richtung auf Anerkennung der legalen Staatsform geschaffen hätte:

> „Als dann Hindenburg gewählt war, vollzog sich unbewußt, aber gründlich eine Wandlung in der Einstellung der mindestens 10 Millionen Monarchisten, die durch seine Wahl ein Bekenntnis zur Monarchie hatten ablegen wollen. Der hinter dem Reichspräsidenten aufragende Schatten des Kaisers und Königs, der jeden anderen überragt hatte, überragte einen Hindenburg nicht mehr. Im Gegenteil, Wilhelm II. verschwand hinter dem großen frommen alten Herrn, der jetzt das Reich repräsentiert. (...)
> *Einen Funktionär und Platzhalter hatte man gewählt und einen Träger eigener Größe hatte man zum Reichspräsidenten bekommen.* (...) Der Volksentscheid über die Fürstenvermögen zeigte bereits eindeutig das Sterben des monarchistischen Gedankens, trotzdem erst so kurz vorher der Republik der Kandidat der Monarchisten als würdiger Repräsentant erstanden war. Die jüngste Reichstagswahl hat ein weiteres Absinken der monarchistischen Stimmen gebracht. Der ganze Verlust der Deutschnationalen ist ein Verlust des Monarchismus."[386]

Die sich an diese Darstellung anschließende Wendung gegen Ersatzlösungen wie „Diktatur, Wahlmonarchie, Monarchie von Volkes Gnaden", wie auch die Behauptung, Jugend wolle handeln und lasse sich nicht mit Utopien vertrösten,[387] machte

benutzen wollte. Lejeune-Jung und Treviranus waren zu diesem Zeitpunkt schon ständige Mitarbeiter bei der PW. Vgl. Rundschreiben Lambachs an die Empfänger der Mitteilungen des Büro Lambach, 23. 10. 1925. — FST/NL Diller, 11/D 8.

[383] Das Büro Lambach gab eine Reihe von Korrespondenzen und Mitteilungsblättern mit häufig wechselnden Namen heraus. Die Auflage dieser Publikationen dürfte etwa, wie die 1925 erscheinenden „Mitteilungen des Büro Lambach", bei 700 Exemplaren gelegen haben. (Vgl. Rundschreiben Lambachs an die Empfänger der Mitteilungen des Büro Lambach, 23. 10. 1925.) — FST/NL Diller, 11/D 7.) Wer das Büro Lambach finanzierte, ist unbekannt, eine Unterstützung durch den DHV läßt nur vermuten.

[384] Vgl. Anm. 323, u. Walter Lambach: Christlich-Soziale und Regierungsbildung, in: Der Deutsche, Nr. 130, 5. 6. 1928.

[385] „Aus unserer praktischen Neueinstellung zu den Fragen der Staatsform muß die programmatische Folgerung gezogen werden." Walter Lambach: Monarchismus, in: PW, IV. Jg. (14. 6. 1928), S. 497.

[386] Ebd., S. 495 (Hervorhebung durch d. Verf.).

[387] Ebd., S. 496.

deutlich, daß für Lambach das Gegensatzpaar Republik–Monarchie für System-immanenz–Systemverweigerung stand.[388] Mit der namentlichen Erwähnung des all-deutsch gesonnenen Monarchisten Friedrich Everling,[389] eines Hugenberg-Anhän-gers,[390] sorgte Lambach vollends dafür, daß zumindest in wohlinformierten Ber-liner Parteikreisen sein Artikel als das verstanden wurde, was er wirklich war: kein Angriff auf den Monarchisten Westarp, der seit Übernahme des Parteivor-sitzes einen gouvernementalen Kurs eingeschlagen hatte, sondern ein provokatives Gegenprogramm zu den radikalen Systemveränderungsparolen der Gruppe um Hugenberg.[391] Zweck und Zielrichtung des Monarchismus-Artikels hatte der eigentliche Adressat sehr gut verstanden. So hieß es in einem Artikel von Hugenbergs Deutschem Schnelldienst:

> „Herr Lambach hat ohne jede Rücksichtnahme auf die Grundsätze seiner Partei und ohne jede Fühlungnahme mit dem Parteivorstand, der ihm den zweiten Platz auf der Reichsliste eingeräumt hatte, die Brandfackel in die Zelte der Deutschnationalen ge-schleudert. *Dabei war Herrn Lambach, wie aus seinem Verhalten hervorgeht, die monarchische Frage ziemlich gleichgültig.* In der Tat spielt diese gar nicht die aus-schlaggebende Rolle, wie vielfach angenommen wird. Herr Lambach glaubte nur, auf dieser Kampfbahn die meiste Gefolgschaft für seine gegen die Parteigrundsätze ver-stoßenden Zwecke gewinnen zu können. Was unter diesen Zwecken zu verstehen ist, soll klar und deutlich ausgesprochen werden. Schon seit Jahren sind innerhalb der Deutschnationalen Volkspartei Kräfte am Werke, welche die Partei aus ihrer grund-sätzlichen Gegnerschaft gegenüber dem heute herrschenden Parlamentarismus heraus-drängen wollen. Mit welchem *Erfolge diese Bestrebungen hier verlaufen sind, zeigt der zweimalige Eintritt der Deutschnationalen in die Reichsregierung, der jedesmal mit einem Mißerfolg für die Partei endete,* ohne daß damit für das große Ganze eine ent-scheidende Wendung zum Guten erreicht worden wäre. Die Wahlniederlage vom 20. Mai lehrt, daß es für die Deutschnationale Volkspartei höchste Zeit ist, sich wieder zu ihrem ursprünglichen Ziele rückhaltlos zu bekennen. Deutschland kann nie und nimmer durch den unverantwortlichen Parlamentarismus von heute aus seiner Not befreit werden. Wer sich dennoch mitführend an diesem System beteiligt, *ohne die Macht zu haben, eine Wandlung herbeizuführen,* wird mitschuldig an dem zu befürchtenden Ende."[392]

Hugenbergs Reaktion beschränkte sich jedoch nicht allein auf die vom DHV-Ver-treter gewählte Form des öffentlichen Austausches von Grundsatzpositionen. Viel-mehr nutzte er Lambachs rhetorischen Verstoß gegen das Parteiprogramm zu einem Versuch, den unbequemsten seiner Gegner aus der Partei zu drängen, die Position

---

[388] Vgl. Max Habermann: Querverbindungen, in: DHW, 35. Jg. (25. 7. 1928), S. 282, u. „Rücktritt und Wiederbestätigung Westarps", in: Hamburger Fremdenblatt, Nr. 189, 9. 7. 1928.

[389] Vgl. Walter Lambach: Monarchismus, in: PW, IV. Jg. (14. 6. 1928), S. 495.

[390] Dr. Friedrich Everling, Mitglied des Deutschkonservativen Hauptvereins und Ge-schäftsführer des monarchistischen Preußenbundes, galt als der Sprecher der Altkonser-vativen in der Partei, besonders nachdem Westarp im April 1928 aus dem Deutsch-konservativen Hauptverein ausgeschieden war. (Vgl. „Zum altkonservativen Parteitag", in: Pressedienst des Ring-Verlags, 15. 5. 1926. — BA/NL Wegener, Nr. 69, u. TU-Meldung, 13. 4. 1928, gedr. in: Archiv f. publizistische Arbeit, 30. 4. 1928. — FST/ 759.) Zwischen den Altkonservativen und dem ADV bestanden spätestens ab 1927 enge Verbindungen.

[391] Vgl. dazu auch Anm. 388.

[392] „Aufschluß und Ausschluß", in: DS/TDNZ, 4. 8. 1928. — BA/NL Lambach, Nr. 10 (Hervorhebungen durch d. Verf.).

des Parteivorsitzenden zu erschüttern und sich selbst als berufener Führer der DNVP zu profilieren.

Nachdem der satzungsmäßig nicht zuständige Landesverband Hamburg gegen Lambach einen Antrag auf Parteiausschluß gestellt, die Reichstagsfraktion sich aber nur zu einer Rüge entschlossen[393] und die Parteileitung gerade definitiv ein weiteres Vorgehen abgelehnt hatte,[394] forderte Hugenberg auf der am 8./9. Juli 1928 stattfindenden Tagung der Parteivertretung den sofortigen Ausschluß Lambachs.[395] Nach erregten Debatten, bei denen Westarp unmißverständlich sein Festhalten am monarchischen Bekenntnis der Partei, zugleich aber auch seinen Widerstand gegen einen Ausschluß Lambachs zum Ausdruck brachte, kam es schließlich zu einem Kompromiß. Dieser sah die Weiterleitung des Ausschlußverfahrens an die zuständigen Parteiinstanzen vor. Am zweiten Sitzungstag stellte Hugenberg jedoch im Namen von fünfzehn Landesverbänden einen neuen Antrag, mit dem der A u s s c h l u ß Lambachs durch die zuständigen Parteiinstanzen sichergestellt werden sollte. Ultimativen Charakter erhielt der Antrag durch die gleichzeitige Mitteilung, daß die fünfzehn Landesverbände sich zusammengeschlossen hätten und Fraktionsstärke besäßen. Die Abstimmung endete bei 67 zu 64 Stimmen mit einem Sieg Hugenbergs.[396] Daraufhin legte Westarp den Parteivorsitz nieder. Da ihm die Versammlung nun aber fast einstimmig[397] ihr Vertrauen aussprach, kehrte Westarp an seinen Platz zurück, konnte Hugenberg jedoch nicht zur Rücknahme seines Antrages bewegen. Immerhin gelang es ihm jetzt, einen Beschluß durchzusetzen, mit dem alle Parteimitglieder auf die Anerkennung der von den „zuständigen Instanzen zu treffenden E n t s c h e i d u n g e n" verpflichtet wurden.[398]

Die Tagung endete somit formal, da zwei inhaltlich kontroverse Anträge zur Annahme gelangt waren, mit einem Patt zwischen Hugenberg und Westarp. Faktisch aber hatte der Parteivorsitzende einen schweren Prestigeverlust erlitten. Es war ihm nicht gelungen, einen Verzicht auf weitere disziplinarische Maßnahmen gegen Lambach durchzusetzen. Überdies hatte er eine herbe Abstimmungsniederlage hinnehmen müssen. Damit hatte sich die noch nicht bereinigte Lambach-Krise zu einer Westarp-Krise erweitert.

d) Verbündete

Auf der Juli-Tagung der Parteivertretung war es Hugenberg gelungen, im Antragsfall Lambach eine Mehrheit gegen den Parteivorsitzenden zu gewinnen. In den folgenden Monaten zielten seine Aktivitäten darauf ab, bis zur erneuten, für den

---

[393] Vgl. „Erklärungen zum Fall Lambach", in: Der Tag, Nr. 158, 3. 7. 1928, u. „Abgeordneter Lambach zum Fraktionsbeschluß", in: DAZ, Nr. 308, 4. 7. 1928.

[394] Die Parteileitung faßte diesen Beschluß am 7. 7. 1928, einen Tag bevor die Parteivertretung zusammentrat. Vgl. E. Jonas: Die Volkskonservativen, S. 34.

[395] Vgl. hierzu und zum folgenden: „Rücktritt und Wiederbestätigung Westarps", in: Hamburger Fremdenblatt, Nr. 189, 9. 7. 1928; „Der Kampf um die Macht bei den Deutschnationalen", in: Hamburger Fremdenblatt, Nr. 190 a, 10. 7. 1928; Archiv f. publizistische Arbeit, 23. 8. 1928. — FST/7533, DNVP-Ztg., Bd. 3; M. Dörr: DNVP, S. 403 ff.

[396] Vgl. Auszug aus „Der Jungdeutsche", 9. 7. 1928, gedr. in: Archiv f. publizistische Arbeit, 23. 8. 1928. — FST/7533, DNVP-Ztg., Bd. 3, u. „Der Kampf um die Macht bei den Deutschnationalen", in: Hamburger Fremdenblatt, Nr. 190 a, 10. 7. 1928.

[397] Laut Hamburger Fremdenblatt stimmte lediglich Hugenberg dagegen. Vgl. ebd.

[398] Zit. n. M. Dörr: DNVP, S. 407.

Herbst des Jahres geplanten Zusammenkunft der Parteivertretung,[399] bei der auf Antrag seiner Freunde ein neuer Parteivorstand gewählt werden sollte,[400] aus der einmaligen Mehrheit gegen Westarp in einer Sachfrage eine persönliche Mehrheit für sich zu schmieden.

Eine zuverlässige Stütze für Hugenbergs Pläne bildeten jene 15 Landesverbände, als deren Sprecher er bei der Juli-Tagung der Parteivertretung aufgetreten war. Im einzelnen handelte es sich um folgende Landesverbände: Berlin, Bremen, Grenzmark, Hamburg, Hannover-Ost, Hannover-Süd, Hessen-Darmstadt, Mecklenburg-Schwerin, Oldenburg, Osnabrück, Potsdam I, Potsdam II, Thüringen, Westfalen-Ost und Westfalen-West.[401] Überwiegend waren diese Organisationen in ihren Spitzen mit ADV- bzw. VvVD-Mitgliedern durchsetzt.[402] Nachdem ihr wahrscheinlich von langer Hand vorbereiteter Zusammenschluß auf der Parteivertretungstagung verkündet worden war, trafen sich die fünfzehn, zu denen bald auch die Landesverbände Lübeck und Ostfriesland stießen, im Laufe der folgenden Monate mehrmals zu gemeinsamen Besprechungen. Unter Leitung des Alldeutschen v. Dommes koordinierten sie hierbei ihr Vorgehen zugunsten Hugenbergs.[403]

Dieser gutorganisierten Hausmacht Hugenbergs[404] standen 28 weitere deutschnationale Landesverbände gegenüber, die aber keinen festgefügten, auf Westarp eingeschworenen Block bildeten. Als langjähriger Vorsitzender der deutschnationalen Reichstagsfraktion unterhielt Westarp ausgezeichnete Beziehungen zur Mehrheit seiner Parteifreunde im Parlament. Dagegen hatte er es versäumt, sich in der von den Landesverbänden beherrschten Parteivertretung, der die Wahl des Parteivorsitzenden oblag, eine feste persönliche Gefolgschaft heranzuziehen. Auch nach der spektakulären Juli-Tagung der Parteivertretung unternahm er keine nennenswerten Anstrengungen, die 28 nicht zum Hugenberg-Lager zählenden Landesverbände zu einer „Westarp-Front" zusammenzuschweißen.[405] Erst am 8. 10. 1928, zwölf Tage vor der geplanten Neuwahl des Parteivorstandes, kam es unter Leitung von Schlange-Schöningen und Bernhard Leopold zu einer gemeinsamen Besprechung der mit Westarp sympathisierenden Landesverbände. An der Zusammenkunft, bei der Westarp selbst nicht einmal anwesend war, nahmen nur 17 Landesverbände teil.[406] Allerdings handelte es sich, im Unterschied zu den von Hugenberg geführten regionalen Organisationen, überwiegend um Verbände aus Provinzen mit hohen deutschnationalen Wahlquoten, wie z. B. Pommern, Ostpreußen und Schlesien. Da

---

[399] Während der Juli-Tagung hatte die Parteivertretung ihren erneuten Zusammentritt für den Herbst des Jahres beschlossen. Vgl. „Rücktritt u. Wiederbestätigung Westarps", in: Hamburger Fremdenblatt, Nr. 189, 9. 7. 1928.

[400] Fünf hinter Hugenberg stehende Landesverbände beantragten am 5. 9. 1928 die Neuwahl der Körperschaften der Partei für den Oktober des Jahres. Vgl. M. Dörr: DNVP, Anlage Nr. 47, S. 601 f.

[401] Vgl. ebd., S. 444, Anm. 125.

[402] Vgl. Anlage 3 a.

[403] Vgl. M. Dörr: DNVP, S. 444 ff., u. die von einem anonymen DNVP-Mitglied verfaßte Broschüre: „Absplitterungen von der DNVP", Kassel, o. J. (1930). — NL Schmidt-Hannover (Opr.), S 23.

[404] Vgl. hierzu das Urteil des langjährigen Geschäftsführers der DNVP in Pommern, Passarge. Tagebucheintragung Passarges v. 14. 10. 1928. — BA/NL Passarge, Nr. 1.

[405] Vgl. ebd.

[406] Vgl. J. Leopold: Hugenberg, S. 121.

sich die Delegiertenzahl der Landesverbände in der Parteivertretung nach ihrem Stimmenanteil bei den Reichstagswahlen richtete, war die Unterstützung durch eine Organisation wie Pommern, die 11 Vertreter entsenden konnte, weitaus wertvoller als beispielsweise die Gefolgschaft eines Landesverbandes wie Bremen (2 Vertreter).[407] Westarps Sympathievorsprung in den östlichen (deutsch-)konservativen Hochburgen der DNVP bildete für Hugenbergs Marsch auf den Parteivorsitz das größte Hindernis.[408] Deshalb hatten er und seine alldeutschen Freunde sich von Anfang an in diesen Provinzen besonders engagiert und ihre Anstrengungen nach der Juli-Tagung der Parteivertretung noch verstärkt. Die Erfolgsaussichten blieben für Hugenberg aber bis zum Tag der Parteivorsitzendenwahl, wie noch die Teilnahme vieler östlicher Landesverbände an der Tagung vom 8. 10. 1928 zeigte, unberechenbar. Allerdings gab es seit Frühjahr 1928 einige Anzeichen, daß Westarp auch in den vom (deutsch-)konservativen Adel beherrschten Hochburgen der DNVP nicht unbesiegbar war.

Am April 1928 hatte Westarp seinen Austritt aus dem Deutschkonservativen Hauptverein erklären müssen. Westarp gehörte bis dahin, wie viele andere Deutschkonservative, die in die DNVP eingetreten waren, praktisch zwei Parteien an. Der Hauptverein hatte sich nach Gründung der DNVP, entgegen den ursprünglichen Absprachen, nicht aufgelöst. Konflikte waren aber aus diesen Doppelmitgliedschaften lange Jahre nicht entstanden, weil der Hauptverein keine eigenen Kandidaten zur Wahl aufgestellt und stets Wahlempfehlungen zugunsten der DNVP ausgesprochen hatte.[409] Im Frühjahr 1928 gab jedoch der Hauptverein seinen Mitgliedern die Abstimmung bei den Reichstagswahlen frei, um, wie der Vorsitzende, Graf v. Seydlitz-Sandrecki, an Westarp schrieb, „die leider weitverbreitete Wahlunzufriedenheit zu bekämpfen und möglichst alle Stimmen wenigstens einer der Rechtsparteien zuzuführen".[410] Nahm Westarp diese die DNVP schädigende Kundgebung seiner alten Partei noch hin, so machte ein weiterer Affront sein Verbleiben im Vorstand des Hauptvereins untragbar. Die lokalen deutschkonservativen Organisationen in Berlin und Westarps eigenem Wahlkreis, Potsdam II, gingen über die neutrale Haltung ihrer Zentrale hinaus und erließen am 7. April einen Aufruf für den Völkisch-Nationalen Block.[411] Westarp erklärte daraufhin in einem von der Presse veröffentlichten Schreiben an den Grafen Seydlitz-Sandrecki seinen Austritt aus dem Deutschkonservativen Hauptverein.[412] Die ebenfalls publizierte Antwort des deutschkonservativen Parteivorsitzenden fiel äußerst kühl aus:

„Ich kann völlig verstehen, daß Euer Hochwohlgeboren aus unserem Vorstand ausgeschieden sind, mußten wir doch schon seit langer Zeit auf die Ehre der Teilnahme Euer Hochwohlgeboren an unseren Sitzungen und Veranstaltungen verzichten."[413]

[407] Vgl. Anlage 3 b.
[408] Vgl. Schreiben Wegeners an Rojahn, 25. 7. 1928. — BA/NL Wegener, Nr. 11.
[409] Vgl. Schreiben Seydlitz-Sandreckis an Westarp, 18. 4. 1928, gedr. in: Archiv f. publizistische Arbeit, 15. 5. 1928. — FST/759.
[410] Ebd.
[411] Vgl. „Die Deutschkonservativen für den Völkisch-Nationalen Block vor den Reichstagswahlen 1928", in: Archiv für publizistische Arbeit, 30. 4. 1928. — FST/759.
[412] Vgl. Schreiben Westarps an Seydlitz-Sandrecki, 13. 4. 1928, gedr. in: Archiv für publizistische Arbeit, 30. 4. 1928. — FST/759.
[413] Schreiben Seydlitz-Sandreckis an Westarp, 18. 4. 1928, gedr. in: Archiv f. publizistische Arbeit, 15. 5. 1928. — FST/759.

Der Bruch zwischen Westarp und dem Hauptverein bildete nur den Abschluß eines bereits länger währenden Entfremdungsprozesses, der seinen Anfang mit der 1927 erfolgten deutschnationalen Regierungsbeteiligung genommen hatte. Die Deutschkonservativen, starr am Hohenzollernreich orientiert, waren dem systemimmanenten Kurs der DNVP nie sehr gewogen.[414] Besonders aber die 1927 von Westarp befürwortete Koalition mit dem Zentrum und die daraus resultierende Zustimmung der Fraktion zur Verlängerung des Republikschutzgesetzes, das dem Kaiser die Rückkehr nach Deutschland untersagte, brachte sie in kritische Distanz zur deutschnationalen Parteispitze.[415] Da Westarp mit seiner Politik auch innerhalb der DNVP keine rückhaltlose Zustimmung bei seinen konservativen Freunden fand, begann er zwangsläufig enger mit jenen deutschnationalen Gruppierungen zusammenzuarbeiten, die die Politik der Regierungsbeteiligung voll bejahten. Weil es sich dabei vor allem um die Gewerkschaftsvertreter handelte, mit denen die Altkonservativen stets auf gespanntem Fuß gelebt hatten, verschlechterten sich ihre Beziehungen zu Westarp weiter. Bewußt vorangetrieben wurde der Konflikt schließlich von den Alldeutschen, die engen Kontakt zu den Deutschkonservativen gesucht und 1927 auch gefunden hatten.[416] Eine besondere Rolle spielte hierbei wahrscheinlich der alldeutsch orientierte Dr. Everling, der sowohl Mitglied der deutschnationalen Reichstagsfraktion als auch des Vorstands des Hauptvereins war. Everling war überdies 2. Vorsitzender des monarchistischen Preußenbundes, dem zahlreiche Deutschkonservative ebenfalls angehörten und der unter Leitung eines entschiedenen Hugenberg-Anhängers, des Alldeutschen, General a. D. v. Dommes, stand.[417] Da Westarp ab 1926 den deutschkonservativen Parteitagen fernblieb, übernahm Everling die Rolle des Verbindungsmannes zwischen Hauptverein und DNVP.[418] Seine Berichterstattung über deutschnationale Vorgänge dürfte in einer Zeit zunehmender Spannungen zwischen dem alldeutschen Hugenberg-Flügel und der Parteispitze kaum zugunsten Westarps ausgefallen sein und dessen politisches Ansehen bei den Deutschkonservativen weiter untergraben haben.

Ob die im Laufe des Jahres 1927 sich verfestigende Gesinnungsgemeinschaft zwischen Alldeutschen und Deutschkonservativen mit zu der neutralen Wahlempfehlung des Hauptvereins und dem provokativen Aufruf der Berliner und Potsdamer Deutschkonservativen beitrug, ist ungewiß. Immerhin kam der daraus resultierende, öffentlich bekanntgegebene Bruch Westarps mit dem Hauptverein Hugenbergs Plänen sehr gelegen. Wenn der Hauptverein als Parteiorganisation im politischen Leben auch keine Rolle mehr spielte, so galt er doch als symbolträchtiger Hüter preußisch-konservativer Traditionen, denen sich vor allem die ältere Generation der in der DNVP vertretenen ostelbischen Großagrarier verbunden fühlte. Westarps Austritt aus dem Hauptverein konnte als Bruch mit eben diesen Traditionen interpretiert werden, zumal Graf Seydlitz-Sandrecki in seinem der Presse übergebenen Schreiben keinen Zweifel an der von Westarp schon seit längerem auch innerhalb

[414] Vgl. M. Dörr: DNVP, S. 371.
[415] Vgl. Anm. 411.
[416] Vgl. Verhdlgsber. v. d. Sitzg. d. GA d. ADV am 26./27. 11. 1927. — FST/412, ADV (26—29).
[417] Vgl. Rundschreiben d. LKPA Berlin, o. D. (1930). — HStT Hannover/Hann. 80 Hann. II, Nr. 773.
[418] Vgl. Pressedienst d. Ring-Verlags, 15. 5. 1926. — BA/NL Wegener, Nr. 69.

der DNVP geübten Distanz zu den Deutschkonservativen ließ. Wenn nichts weiter, so hinterließ Westarps Affäre mit dem Hauptverein in den Reihen der altkonservativen Deutschnationalen des Ostens zumindest Unsicherheit darüber, ob der Parteivorsitzende noch unbedingt als Repräsentant ihrer politischen Auffassungen und Interessen zu betrachten sei.

Verstärkt wurde diese Unsicherheit wenig später durch das schlechte Wahlergebnis der DNVP, das die Hugenberg-Presse geschickt als Rechnung für Westarps politischen Kurs interpretierte.[419] Entscheidenden Auftrieb aber erhielt das Mißtrauen gegen Westarp durch die im Juni ausbrechende Lambach-Krise, die, geschürt von der Hugenberg-Gruppe, erst Ende August 1928 einen vorläufigen Abschluß fand. Hugenbergs Ausschlußantrag gegen Lambach zwang Westarp zu der bisher von ihm vermiedenen Stellungnahme für eine der beiden sich offen bekämpfenden Flügelgruppierungen der Partei. Hätte er Lambach fallengelassen, wäre ihm die Gegnerschaft jener Gruppe sicher gewesen, die seinen Kurs der Regierungsbeteiligung am nachhaltigsten unterstützt hatte, die Herrschaftsansprüche des Hugenberg-Flügels am entschiedensten bekämpfte und, da ein Kandidat ihrer Wahl kaum Aussicht auf Erfolg hatte, mehr und mehr bereit schien, ihn im Amt zu halten.[420] Sein Festhalten an Lambach auf der Parteivertretungstagung war deshalb notwendig, brachte ihm aber zugleich einen weiteren Vertrauensverlust in konservativen Kreisen ein. Die ohnehin bestehende, vor allem sozial- und wirtschaftspolitisch begründete Abneigung der ostelbischen Großagrarier gegen den gewerkschaftlichen Flügel der Partei hatte sich durch Lambachs Monarchismus-Artikel weiter verstärkt. Dem DHV-Vertreter ging es zwar, wie eingeweihte Berliner Parteikreise wußten, nur vordergründig um die politisch gar nicht aktuelle monarchische Frage. In der konservativen Provinz aber, wo das monarchische Bekenntnis der Partei noch sakrosankt war, wurde sein Artikel gerade unter diesem Aspekt gelesen und entsprechend bewertet.[421] Deshalb konnte sich Hugenberg des (alt-)konservativen Beifalls sicher sein, als er seinen Auschlußantrag gegen Lambach stellte. Während er, der Industrievertreter und „Liberale"[422] als unnachgiebiger Anwalt konservativer Ideale auftrat, wurde der konservative Westarp in die Verteidigung liberaler Positionen gedrängt.

[419] Vgl. Alfred Walter Kames: Der Mann — die Sache, in: Parlamentarische Beilage z. DS/TDNZ, 26. 7. 1928. — BA/NL Lambach, Nr. 10.

[420] Vgl. Protokoll der deutschnationalen Fraktionssitzung am 12. 6. 1928. — NL Schmidt-Hannover (Opr.), S 35, u. Schreiben Lambachs an Rippel, 11. 10. 1928. — FST/MA, 06—3/2.

[421] Hugenberg selbst sorgte in der Provinz für Verbreitung und entsprechende Interpretation des Monarchismus-Artikels. Namens des Arbeitsausschusses Deutschnationaler Industrieller (ADI) sandte er an die Landesverbandsvorsitzenden wenige Tage vor der Parteivertretungssitzung Lambachs Artikel nebst einem Gegenartikel von Adolf Stein (Rumpelstilzchen). Vgl. Schreiben des ADI an die Vorsitzenden der Landesverbände, 28. 6. 1928, gedr. in: Angestellten- u. Arbeiterstimme, 8. Jg. (Sept. 1928). — FST/NL Diller, 11/D 7.

[422] Von seinen volkskonservativen Gegnern wurde Hugenberg noch 1930 als „Liberaler" etikettiert, eine Bezeichnung, die zu dieser Zeit in Rechtskreisen fast als Beleidigung gelten konnte. In seiner Entgegnung distanzierte sich Hugenberg zwar von dem im Weimarer Staat herrschenden „entarteten Liberalismus", leugnete gleichwohl seine liberale Vergangenheit nicht. Vgl. Alfred Hugenberg: Von heiligen und unheiligen Dingen. Vortrag Hugenbergs vor dem Evangelischen Reichsausschuß der DNVP im April 1930. — NL Schmidt-Hannover (Opr.), S 4.

Mit der Weiterverfolgung des Falles Lambach setzte Hugenberg diese, das Ansehen des Parteivorsitzenden außerordentlich schädigende Taktik auch nach der Parteivertretungstagung fort.

Bereits am 10. Juli 1928, nur einen Tag nach Beendigung der Parteivertretungstagung, eröffnete der von Hugenbergs alldeutschen Freunden beherrschte, satzungsmäßig zuständige Landesverband Potsdam II ein Ausschlußverfahren gegen Lambach.[423] Vierzehn Tage später wurde der DHV-Vertreter aus der DNVP ausgeschlossen. Voller Befriedigung brachte die Hugenberg-Presse das Urteil ihren Lesern zur Kenntnis und nutzte die Gelegenheit gleichzeitig zu einem Seitenhieb auf die Politik der Parteiführung:

> „Der Spruch ist hart, aber nach den Bestimmungen, an die sich der Vorstand des Landesverbandes halten mußte, nicht anders als gerecht. Er ist gefällt worden und mußte gefällt werden, weil der Abgeordnete Lambach sich allerschwerste Disziplinwidrigkeiten zuschulden kommen ließ, und weil die Form und die Art seines Verstoßes die Lebensinteressen der Partei direkt gefährdete. (...) Es ist doch nun einmal Tatsache, daß die Politik der Deutschnationalen Partei in den letzten Jahren vielfach bedenkliche Schwankungen gezeigt hat, und daß sie nicht immer entschlossen und fest der klaren Richtlinie folgte, die im Programm gegeben ist und die dem Willen ihrer Wählerschaft entspricht."[424]

Die Westarp nahestehenden Organe wie die Kreuzzeitung und die Deutsche Tageszeitung reagierten auf den Beschluß von Potsdam II mit vorsichtiger Kritik.[425] Weniger zurückhaltend verhielten sich die Lambach nahestehende Presse und die in der Partei organisierte Angestelltenschaft. Sie brachten ihre Empörung unmißverständlich zum Ausdruck und attackierten Hugenberg als eigentlichen Urheber des Urteils.[426] Die deutschnationale Angestelltenschaft in Hugenbergs Wahlkreis Westfalen-Nord forderte auf einer öffentlichen Versammlung nun umgekehrt seinen Ausschluß aus der Partei.[427] Der Parteileitung fehlte für ein solches Vorgehen gegen Hugenberg jedoch die Handhabe. Um aber die Unruhe in der Angestelltenschaft, die sich leicht zu einer Parteispaltung ausweiten konnte, einzudämmen, begann sie sich um eine Änderung des Potsdamer Urteils zu bemühen.

Nach den Satzungen mußte der Verurteilte selbst Berufung einlegen, um eine Wiederaufnahme des Falles durch die nächste Instanz, das Parteigericht, zu erreichen. In Übereinstimmung mit seinen Gewerkschaftsfreunden war Lambach zunächst entschlossen, diesen Weg nicht zu gehen, weil er befürchtete, daß das Parteigericht, beeinflußt von der Hugenberg-Gruppe, das Potsdamer Urteil bestätigen würde. Als ihn Westarp und Treviranus jedoch zur Berufung drängten, gab er nach. Westarp gelang es auch tatsächlich, ein von der Hugenberg-Gruppe unabhängiges Parteigericht zusammenzustellen.[428] Nicht verhindern konnte er dagegen die massive

[423] Vgl. M. Dörr: DNVP, Anlage 34, S. 560 ff.

[424] Alfred Walter Kames: Der Mann — die Sache, in: Parlamentarische Beilage z. DS/TDNZ, 26. 7. 1928. — BA/NL Lambach, Nr. 10.

[425] Vgl. die Zusammenstellung der Pressestimmen, in: DHW, 35. Jg. (25. Jg. 1928), S. 306 bis 307.

[426] Vgl. Angestellten- und Arbeiterstimme, 8. Jg. (September 1928). — FST/NL Diller, 11/D 7.

[427] Vgl. „Der Ausschlußantrag gegen Hugenberg", in: Der Deutsche, 4. 8. 1928.

[428] Vgl. zu dem gesamten Vorgang M. Dörr: DNVP, S. 422 f.

Pressekampagne, die Hugenberg in den Wochen vor der Berufungsverhandlung entfachte. Ein Widerruf des Potsdamer Urteils, so stand u. a. in seinem Deutschen Schnelldienst zu lesen, würde nicht nur die Disziplinlosigkeit eines Abgeordneten ungestraft lassen, sondern die Politik jenes von ihm repräsentierten Flügels der Partei rechtfertigen, der die Wahlniederlage vom 20. Mai zu verantworten hätte.[429] Als Höhepunkt der Kampagne veröffentlichte Hugenberg am 26. und 28. August – am 29. 8. fand die Verhandlung statt – seinen berühmten Artikel „Block oder Brei".[430] Er verlangte darin nicht nur die Aufrechterhaltung des Potsdamer Urteils, sondern profilierte sich erneut als entschlossener Vertreter eines an den programmatischen Grundsätzen der Partei orientierten politischen Kurses. Unverhohlen kritisierte er die Parteileitung. Sie sei offensichtlich zu schwach, um den nach der Wahlniederlage allgemein als notwendig erkannten rigorosen Kurs durchzusetzen. Sein Artikel gipfelte in der provokativen Forderung:

> „Aber unsere Jugend und die deutsche Zukunft darf nicht an schlechter Führung zugrunde gehen. Nur eine Weltanschauungspartei, die geführt wird und führt, kann Seele und Wirtschaft des deutschen Volkes retten."[431]

Als das Parteigericht einen Tag später den Ausschluß Lambachs widerrief, hatte Westarp nur einen vordergründigen Sieg errungen. Allzusehr hatte Hugenbergs Presse ihre Leser in der Provinz auf diesen Fall vorbereitet und eine Rehabilitierung Lambachs von vornherein als ungerechtfertigte Schwäche der Parteileitung respektive des von ihr eingesetzten Parteigerichtes gegenüber den gewerkschaftlichen Interessenorganisationen diskreditiert. Überdies hatte sich Westarp tatsächlich mit der Begünstigung des Revisionsverfahrens so offensichtlich für den Gewerkschaftsvertreter engagiert, daß selbst gemäßigte Konservative für die Polemik der Hugenberg-Presse empfänglich wurden.[432] Die Affären und Krisen, mit denen Westarp in der ersten Hälfte des Jahres 1928 zu kämpfen hatte – sein Bruch mit dem Hauptverein, die Wahlniederlage, der Abstimmungssieg Hugenbergs auf der Parteivertretungstagung wie die Lambach-Krise insgesamt – hatten seine Position in den östlichen Landesverbänden erschüttert, aber noch nicht vernichtet. Sie bereiteten jedoch den Boden für die massive und gezielte Agitation, die Hugenbergs Verbündete in den letzten Monaten vor der Neuwahl des Parteivorsitzenden entfalteten.[433] Zu diesen Verbündeten zählte nicht nur Hugenbergs Freundeskreis, der ADV und die VvVD, sondern seit Juli des Jahres auch der Stahlhelm.

---

[429] Vgl. „Aufschluß und Ausschluß", in: DS/TDNZ, 4. 8. 1928. – BA/NL Lambach, Nr. 10.

[430] Vgl. Anm. 1.

[431] Ebd.

[432] Die Folgen, die die gleiche Haltung Schlange-Schöningens bei den gemäßigten Konservativen in Pommern bewirkte, vermerkte Passarge mit Sorge. Vgl. Tagebucheintragung Passarges v. 30. 8. 1928. – BA/NL Passarge, Nr. 1.

[433] Lambach schrieb im Oktober 1928 an seine volkskonservativen Freunde: „Ich habe in der letzten Zeit eine ganze Menge schriftlicher und mündlicher Berichte über die Verhältnisse in der Partei im ganzen Reich bekommen. Danach entfesseln die Alldeutschen mit einem ungeheuren Apparat eine richtige Werbearbeit für die Festlegung der Partei im Sinne Hugenbergs." – Schreiben Lambachs an Rippel, Treviranus, Lejeune-Jung, Hartwig, Hülser u. Lindner, 11. 10. 1928. – FST/MA, 06–3/2.

Von Franz Seldte Ende 1918 als „Bund der Frontsoldaten" gegründet,[434] hatte sich der Stahlhelm in der zweiten Hälfte der zwanziger Jahre mit 300 000 Mitgliedern zum stärksten der zahlreichen Wehrverbände der Weimarer Republik entwickelt.[435] Seine Hochburgen lagen in Mittel- und Ostdeutschland, auch im Norden und Westen konnte er Fuß fassen, nur im Süden fand er als „preußischer" Verband wenig Zulauf.[436] Während sich das Führerkorps des Stahlhelms überwiegend aus Offizieren, meist adeliger Herkunft, rekrutierte, war die Sozialstruktur der Basis heterogener.[437] Unterschiede zwischen Führungsspitze und Basis bestanden auch in der Altersstruktur, besonders nachdem sich der Verband 1924 mit Gründung eines Jungstahlhelms der nicht fronterprobten Jugend geöffnet hatte. Während die Führungsspitze, die weiterhin fast ausschließlich von den Frontkämpfern beherrscht wurde, überalterte, verjüngte sich die Basis zusehends: 1928 stellte die Nachkriegsgeneration bereits 50 % aller Mitglieder.[438]

Der Stahlhelm, dem Hindenburg als Ehrenmitglied angehörte, verstand sich als überparteilich, fühlte sich aber den Parteien der Rechten besonders verbunden. Stahlhelmmitglieder waren in DVP und DNVP stark vertreten.[439] Der erste Bundesführer des Verbandes, Franz Seldte, gehörte zu den Mitbegründern der DVP.[440] Sein langjähriger Stellvertreter, Theodor Duesterberg, der 1927 zum zweiten gleichberechtigten Bundesführer aufrückte,[441] war einige Zeit Geschäftsführer des Landesverbandes Halle-Merseburg der DNVP gewesen.[442]

Duesterbergs Aufstieg zum zweiten gleichberechtigten Bundesführer signalisierte den Vormarsch des rechten Stahlhelmflügels, der den Verband in eine kompromißlosere Haltung gegen das „System" zu drängen suchte.[443] Begünstigt wurde die Radikalisierung des Stahlhelms durch eine in allen Wehrverbänden wachsende Parteiverdrossenheit, die ihre Ursache vor allem in der scheinbar zunehmenden Systemimmanenz der beiden großen Rechtsparteien hatte. Gefördert wurde die Radikalisierung aber auch durch einige Juni-Klub-Intellektuelle, wie Ernst Jünger, Franz

---

[434] Vgl. Sigmund Graff: Gründung und Entwicklung des Bundes, in: Der Stahlhelm. Erinnerungen und Bilder aus den Jahren 1918—1933, hrsg. i. A. Franz Seldtes, Berlin ²1933, Bd. 1, S. 15—103, hier S. 18 ff. (i. f. zit.: S. Graff, Gründung).

[435] Vgl. V. Berghahn: Stahlhelm, S. 286.

[436] Vgl. die graphische Darstellung bei V. Berghahn: Stahlhelm, S. 287.

[437] Genaue Angaben über Sozial- und Altersstruktur des Stahlhelms macht Alois Klotzbücher: Der politische Weg des Stahlhelm, Bund der Frontsoldaten, in der Weimarer Republik, Erlangen 1964, Phil. Diss., S. 39 ff. (i. f. zit.: A. Klotzbücher: Stahlhelm).

[438] Vgl. ebd., S. 42.

[439] Vgl. ebd., S. 53.

[440] Vgl. „DNVP und nationale Organisationen". Vertrauliches Material für die DNVP-Landesverbandsvorsitzenden, Anlage zum Rundschreiben Schmidt-Hannover, Juni 1932. — NL Schmidt-Hannover (Opr.), S. 23.

[441] Vgl. V. Berghahn: Stahlhelm, S. 104 ff.

[442] Vgl. Anm. 440.

[443] Vgl. V. Berghahn: Stahlhelm, S. 104 f. An dem Vormarsch des rechten Stahlhelmflügels dürften auch die im Wehrverband vertretenen Alldeutschen nicht ganz unbeteiligt gewesen sein. Claß hatte Ende 1926 im Geschäftsausschuß des ADV erklärt: „Aus dem politischen Verhalten der Spitze [d. Stahlhelms] sei zu erkennen, daß für den entscheidenden Zweck kein Verständnis vorhanden sei. Aufgabe unserer Freunde sei es, darauf zu drücken, daß entsprechend der politischen Aufgabe die Spitze beschaffen sein muß." Verhdlgsber. v. d. Sitzg. d. GA d. ADV am 4./5. 12. 1926. — FST/412, ADV (26—29).

Schauwecker und Heinz Brauweiler, die ab 1925 in den publizistischen Organen des Stahlhelms eine führende Rolle spielten und sie zur Verbreitung ihrer diffusen, am italienischen Faschismus orientierten politischen Ideen nutzen.[444] Empfänglich hierfür zeigten sich vor allem die Jungstahlhelmer, die wiederum Druck auf eine stärkere und schärfere politische Akzentuierung des Verbandes ausübten. Im Zuge dieser Entwicklung trat Seldte Ende 1927 aus der DVP aus.[445] Ein dreiviertel Jahr später veranlaßte Stresemann die DVP-Abgeordneten, aus dem Stahlhelm auszutreten.[446] Das Verhältnis des Stahlhelms zur DNVP, in deren Reichstagsfraktion 1928 34 Stahlhelmmitglieder saßen,[447] gestaltete sich dagegen differenzierter. Trotz ihrer Koalition mit dem Zentrum galt die DNVP als noch nicht so hoffnungslos in die Republik integrierte Partei wie die von Stresemann beherrschte DVP. Die Wahlniederlage verwies sie überdies wieder zurück in die Opposition. Außerdem bot sich mit dem erstarkenden Hugenberg-Flügel ein Bündnispartner für das von den radikalen, an Boden gewinnenden Kräften des Stahlhelms angestrebte Ziel: die Überwindung des parlamentarischen Systems.[448]

Hugenberg umgekehrt konnte an einer Zusammenarbeit mit dem Stahlhelm nur interessiert sein. Genoß der Verband, der gute Beziehungen zum Reichslandbund unterhielt,[449] doch hohes Ansehen in jenen adelig-großagrarischen Kreisen des Ostens, auf deren Stimmen Hugenberg bei der Parteivorsitzendenwahl besonders angewiesen sein würde. Erste Fühlung mit der Stahlhelmführung nahm Hugenberg im Laufe des Frühjahrs 1928 über seinen Posener Freund Hans Meydenbauer, der seine guten Beziehungen zum Hauptschriftleiter der Wehrzeitschrift „Stahlhelm"[450] und gleichzeitigen langjährigen Mitarbeiter des Gewissens,[451] Heinz Brauweiler, aktivierte.[452] Die entscheidende Verbindung aber knüpfte Leo Wegener, der den Bundesführer des Stahlhelms, Oberstleutnant a. D. Duesterberg, am 30. Juli 1928 zu einer ausführlichen Besprechung empfing. Das Ergebnis der Zusammenkunft meldete Wegener einen Tag später an Hugenberg:

> „Für Sie will D.[uesterberg] werben. Freilich noch nicht in der Öffentlichkeit, weil Ihnen das jetzt nur schaden könnte. Ich bat ihn, seinen Einfluß jetzt nur dahin wirken zu lassen, daß die Landesverbände sich für Sie einsetzen. Das will er tun."[453]

---

[444] Vgl. A. Klotzbücher: Stahlhelm, S. 72 ff., u. V. Berghahn: Stahlhelm, S. 92 ff.

[445] Nach V. Berghahn (: Stahlhelm, S. 115) wurde gleichzeitig auch der Austritt Duesterbergs aus der DNVP ohne dessen Zustimmung bekanntgegeben.

[446] Stresemann war der Initiator eines entsprechenden Beschlusses der DVP-Reichstagsfraktion. Vgl. ders.: Vermächtnis, Bd. III, S. 319 ff.

[447] Vgl. A. Klotzbücher: Stahlhelm, S. 158. 1932 saßen noch 26 Stahlhelmer in der auf 41 Abgeordnete zusammengeschrumpften DNVP-Reichstagsfraktion. Vgl. Anm. 440.

[448] Vgl. A. Klotzbücher: Stahlhelm, S. 165 f.

[449] Vgl. Schreiben Wegeners an Hugenberg, 31. 7. 1928. — BA/NL Wegener, Nr. 65.

[450] Vgl. S. Graff: Gründung, S. 60.

[451] Vgl. H.-J. Schwierskott: Moeller v. d. Bruck, S. 68 f. Meydenbauer bewegte sich in seinen Arbeiten über den italienischen Faschismus in der Gedankenwelt des ihm durch die gemeinsame Arbeit für das „Gewissen" wohlbekannten Brauweiler. Vgl. Schreiben Meydenbauers an Wegener, 2. 1. 1926. — BA/NL Wegener, Nr. 6.

[452] Vgl. Schreiben Meydenbauers an Wegener, 29. 9. 1928. — BA/NL Wegener, Nr. 6.

[453] Schreiben Wegeners an Hugenberg, 31. 7. 1928. — BA/NL Wegener, Nr. 65. Leopolds These, Duesterberg hätte nicht zu dem Personenkreis gezählt, der für die Wahl Hugenbergs zum Parteivorsitzenden eine entscheidende Rolle spielte, dürfte somit hinfällig sein. Vgl. J. Leopold: Hugenberg, S. 95, Anm. 36.

Im August traf Hugenberg dann persönlich mit Duesterberg wie auch mit Brauweiler zusammen[454] und im Oktober, wenige Tage vor der Parteivorsitzendenwahl, kam es zu einer zweitägigen, von Wegener arrangierten Besprechung zwischen dem hoffnungsvollen Kandidaten und dem 1. Bundesführer des Stahlhelms, Franz Seldte.[455] Der „gemäßigte" Seldte bestätigte hierbei die von Duesterberg gemachten Zusagen.[456] Für die Bereitschaft des Stahlhelms, sich in der letzten Phase des Kampfes ganz unverhohlen für Hugenberg auszusprechen, forderte er aber offensichtlich Gegenleistungen. Für die „Grünen Briefe für Politik und Wirtschaft", eine vom Stahlhelm diskret unterstützte Zeitschrift, wünschte er einen 60 000-Mark-Kredit von Hugenberg.[457] Bereits im Juli-August 1928 hatten die Grünen Briefe, kein sehr auflagenstarkes, aber nach Seldtes Meinung ausbaufähiges Organ,[458] eine achtteilige Artikelserie über Hugenberg veröffentlicht, in der es u. a. hieß:

> „Ohne die Deutschnationalen erst lange zu fragen, haben ihn [Hugenberg] seine Gegner zum eigentlichen Führer dieser Partei gemacht, wiewohl sie seit Wochen und Monaten auf der Suche nach einem Führer ist. Hugenberg ist der ungekrönte König der Rechten geworden. Denn die Linke will es so und nicht anders. (...) Sie erblickt in Hugenberg nicht bloß den allmächtigen Schirmherrn der Rechten, der sie zur *Einigung* bringen will, sondern der Linken liegt auch die Furcht vor den bisherigen *Erfolgen Hugenbergs* in den Gliedern. Er hat nun einmal viel Glück in seinen Unternehmungen gehabt, wenn sie auch nur wirtschaftlicher Art sind. Weil er vieles saniert hat, was krank war, vor allem den *Scherl-Verlag,* der schon auf dem Totenbett lag, heißt er in seinen Kreisen der Sanitätsrat. Am Ende könnte *er auch das Deutsche Reich sanieren...?"*[459]

Hugenberg gab Seldte zunächst eine Zusage.[460] Nach der erfolgreich verlaufenen Parteivorsitzendenwahl scheint diese Abmachung aber nicht verwirklicht worden zu sein,[461] weil der Stahlhelmführer seine Forderungen in die Höhe schraubte. Hugenberg schrieb jedenfalls Anfang November an Leo Wegener:

> „Ob ich mich der Grünen Briefe annehmen kann, ist mir zweifelhaft. Jetzt handelt es sich nicht um die einmalige Summe, sondern um den gleichen Betrag jährlich. Nach Mitteilung von Mann hätte ich in den ersten acht Tagen, seit ich Parteivorsitzender bin, unsere Gesellschaften schon bankrott machen können, so viele Wünsche sind von allen Seiten gekommen."[462]

Auf eine weitere, auf anderer Ebene liegende Gegenleistung Hugenbergs für die

---

[454] Vgl. Schreiben Hugenbergs an Wegener, 3. 9. 1928. — BA/NL Wegener, Nr. 65.

[455] Vgl. Schreiben Wegeners an Hugenberg, 31. 8. 1928. — BA/NL Wegener, Nr. 65, u. Schreiben Seldtes an Wegener, 19. 10. 1928 (I) — da noch ein weiterer Brief Seldtes an Wegener mit dem 19. 10. 1928 datiert ist — wahrscheinlich fälschlich —, wird der zuerst zitierte mit I, der andere mit II gekennzeichnet. Beide befinden sich in: BA/NL Wegener, Nr. 28.

[456] Vgl. Schreiben Seldtes an Wegener, 19. 10. 1928 (I). — BA/NL Wegener, Nr. 28.

[457] Vgl. Schreiben Seldtes an Wegener, 19. 10. 1928 (II). — BA/NL Wegener, Nr. 28. Schreiben Wegeners an Hugenberg, 29. 10. 1928. — BA/NL Wegener, Nr. 65.

[458] Vgl. Schreiben Seldtes an Wegener, 19. 10. 1928 (II). — BA/NL Wegener, Nr. 28.

[459] „Hugenberg und seine Gegner", Sonderdruck aus Grüne Briefe für Politik und Wirtschaft, Nr. 172, 177, 179, 180, 183, 186, 192, 195, Juli—August 1928. — BA/NL Wegener, Nr. 71.

[460] Vgl. Schreiben Seldtes an Wegener, 19. 10. 1928 (II). — BA/NL Wegener, Nr. 28.

[461] Seldte drängte Hugenberg via Wegener wiederholt zur Einlösung seiner Zusage. Vgl. Schreiben Wegeners an Hugenberg, 29. 10. 1928. — BA/NL Wegener, Nr. 65, u. Schreiben Seldtes an Wegener, 16. 11. 1928. — BA/NL Wegener, Nr. 28.

[462] Schreiben Hugenbergs an Wegener, 1. 11. 1928. — BA/NL Wegener, Nr. 65.

Werbetätigkeit des Stahlhelms verzichtete Seldte „nach sorgfältigem Überlegen": seine und Duesterbergs Berufung „in die Reihe der 88 des großen Vorstands". Vermutlich war damit der deutschnationale Parteivorstand gemeint. Als Begründung für die Ablehnung führte er an:

> „Wir halten es für erheblich stärker und schlagkräftiger, wenn Due.[sterberg] und ich draußen bleiben und in der Lage sind, auf anderen Gebieten frei und ohne Abstempelung zu erscheinen und doch wieder als Bundesgenossen auftreten zu können."[463]

Die politisch bedeutendste Vereinbarung aber, die Seldte und Hugenberg trafen, sollte sich verwirklichen: die Teilnahme der DNVP am Volksbegehren des Stahlhelms.[464] Bereits am 22. 9. 1928 hatte der Bundesvorstand des Stahlhelms beschlossen, ein Volksbegehren zur Revision der Verfassung, speziell zur Aufhebung des Artikels 54 RV, einzuleiten.[465] Für die erfolgreiche Durchführung des Vorhabens benötigte der Stahlhelm aber die Unterstützung zumindest einer der großen Rechtsparteien mit ihrer Millionenwählerschaft und einen „propagandistischen Apparat".[466] Beides konnte Hugenberg, nachdem er mit Hilfe des Stahlhelms zum Parteivorsitzenden gewählt worden war, liefern. Die außenpolitische Entwicklung machte dann allerdings aus dem Volksbegehren gegen die Verfassung ein Volksbegehren gegen den Young-Plan.

Während der zweitägigen Besprechung hatten Hugenberg und Seldte das Vorgehen des Stahlhelms in den letzten Tagen vor der Parteivorsitzendenwahl offensichtlich bis ins einzelne besprochen. So sollte Duesterberg zugunsten Hugenbergs besonders auf den Landesverband Halle-Merseburg, in dem er einst als Landesgeschäftsführer tätig gewesen war, einwirken.[467] Obwohl an der Spitze des Landesverbandes mit G. W. Schiele-Naumburg ein entschiedener Parteigänger Hugenbergs stand,[468] zählte die Organisation zum Westarp-Lager. Verantwortlich hierfür zeichnete Bernhard Leopold, der als Vorsitzender des Halleschen Bergwerksvereins den Landesverband mit großzügigen industriellen Spenden versorgte und über dementsprechenden Einfluß verfügte.[469] Als Stinnes-Direktor, Alldeutscher und Vorsitzender der zum Hugenberg-Konzern gehörenden Mitteldeutschen Verlagsanstalt, hatte Leopold dem Pressezaren in den ersten Jahren der Republik nahegestanden, sich ihm aber ab 1924 politisch zu entfremden begonnen.[470] Im September 1925 trat er aus Protest

---

[463] Schreiben Seldtes an Wegener, 19. 10. 1928 (I). — BA/NL Wegener, Nr. 28.

[464] Vgl. Schreiben Seldtes an Wegener, 19. 10. 1928 (II). — BA/NL Wegener, Nr. 28.

[465] Vgl. S. Graff: Gründung, S. 70 f. Initiator des Beschlusses soll nach A. Klotzbücher (: Stahlhelm, S. 174) und V. Berghahn (: Stahlhelm, S. 119) Brauweiler gewesen sein.

[466] Vgl. die Schreiben Seldtes an Wegener, 19. 10. 1928 (II) u. 16. 11. 1928. — BA/NL Wegener, Nr. 28.

[467] Vgl. Schreiben Seldtes an Wegener, 19. 10. 1928 (I). — BA/NL Wegener, Nr. 28.

[468] Schiele-Naumburg gehörte auch noch 1928 zu den Mitarbeitern von Hugenbergs TU (vgl. TU-Revisionsbericht Nr. 4 per 31. 12. 1929, Anhang Nr. 17. — Akten Dorow); zur Haltung Schieles gegenüber Hugenberg in der Partei vgl. Protokoll einer Parteivorstandssitzung der DNVP, o. D. (1929). — FST/7533, DNVP, Bd. 2.

[469] Vgl. zum Einfluß Leopolds als Vorsitzender des Halleschen Bergwerksvereins den Briefwechsel zwischen Wegener und Frenzel (Mitarbeiter Duesterbergs), in: BA/NL Wegener, Nr. 22.

[470] Gegenüber v. Gleichen erklärte Leopold betont kritisch im Sommer 1924, daß auf Hugenberg „nicht so viel politischer Verlaß sei, wie vielleicht auf andere Industrielle". Bericht v. Gleichens über eine Reise vom 9.—11. 8. 1924, 12. 8. 1924. — BA/R 118, Nr. 35.

gegen die öffentlich geübte Kritik des ADV an der deutschnationalen Regierungspolitik aus dem Verband aus.[471] In den Ende 1927 einsetzenden parteiinternen Machtkämpfen vertrat er die mittlere Linie des Grafen Westarp.[472] An der von ihm gemeinsam mit Schlange-Schöningen organisierten Besprechung der mit Westarp sympathisierenden Landesverbände am 8. 10. 1928 nahm er als Vertreter von Halle-Merseburg teil.[473] Seine Stellung im Landesverband war offensichtlich so stark, daß es auch Duesterberg nicht mehr gelang, die Organisation im letzten Moment auf Hugenbergs Seite zu ziehen bzw. sie wenigstens für den sogenannten Triumviratsplan zu gewinnen.[474]

Die Idee, anstelle eines Parteivorsitzenden ein Triumvirat an die Spitze der DNVP zu stellen, war kurz vor der Wahl von den Hugenberg-Anhängern Quaatz und Stadtrat Werner Steinhoff (Vorsitzender des LV Potsdam II) in die Debatte geworfen worden. Bereits im Juni des Jahres hatten sie sich von der Parteileitung mit einer Untersuchung über den Zustand der Parteiorganisation beauftragen lassen.[475] Ohne Westarp vorher über das Ergebnis ihrer Nachforschungen zu informieren, sandten sie Anfang Oktober an alle maßgeblichen Mitglieder der Parteivertretung und Fraktionen eine „Denkschrift zur Reform der Parteiorganisation", mit der sie scharfe Kritik am schwerfälligen Parteiapparat übten, die Trennung von Parteivorsitz und Fraktionsleitung forderten und schließlich ein Dreimännerkollegium für die Parteiführung empfahlen.[476] In der Denkschrift nannten sie keine Namen, aber in den anschließenden parteiinternen Diskussionen machten sie und andere Anhänger des Pressezaren deutlich, daß ein Mitglied des Triumvirats auf jeden Fall Hugenberg heißen würde. Als weitere Kandidaten wurden Westarp und Dr. Friedrich v. Winterfeld, ein Anhänger Hugenbergs, genannt.[477] Offensichtlich wollte der seines Sieges keineswegs sichere Hugenberg[478] damit jenen, vor allem in den östlichen Landesverbänden stark vertretenen konservativen Kräften eine Brücke bauen, die einerseits ihren traditionellen Repräsentanten Westarp nicht fallenlassen wollten, andererseits aber einen schärferen politischen Kurs der DNVP wünschten.

471 Vgl. Verhdlgsber. v. d. Sitzg. d. GA d. ADV am 4. 9. 1925. — FST/412, ADV (24—25).
472 Im Juni 1928 ließ er sogar noch einige Sympathien für Hugenbergs Politik durchblicken, vor allem soweit die Wirtschaftspolitik in Betracht kam. Vgl. Protokoll der DNVP-Fraktionssitzung am 12. 6. 1928. — NL Schmidt-Hannover (Opr.), S 35.
473 Vgl. M. Dörr: DNVP, S. 448.
474 Seldtes Mitteilung an Wegener vom 19. 10. 1928 „Duesterberg konnte im besprochenen Sinne auf den mitteldeutschen Wahlkreis einwirken" quittierte Hugenberg am 22. 10. mit der Bemerkung: „aber ohne Erfolg". Schreiben Seldtes an Wegener, 19. 10. 1928 (I) mit hs. Randbemerkungen Hugenbergs v. 22. 10. 1928. — BA/NL Wegener, Nr. 28.
475 Vgl. hierzu u. zum folgenden M. Dörr: DNVP, S. 444 ff.
476 Vgl. Quaatz/Steinhoff: Denkschrift zur Reform der Parteiorganisation, 1. 10. 1928. — FST/7533, DNVP, Bd. 2.
477 Vgl. M. Dörr: DNVP, S. 457; Lambach sprach sogar von einem fünfköpfigen Kollegium, das in der Diskussion wäre. Als Kandidaten nannte er Westarp, Hugenberg sowie einen von dessen Freunden. Von der Gewerkschaftsseite sollten v. Stauffenberg und Dr. Wilhelm Koch in Vorschlag gebracht werden. Vgl. Schreiben Lambachs an Rippel u. a., 11. 10. 1928. — FST/MA, 06—3/2.
478 Hugenberg spielte Anfang Oktober sogar mit dem Gedanken, aus der Partei auszutreten, „da sie ihm keine Mitarbeit an der Führung gönne". Vgl. hs. Notiz Wegeners über ein Gespräch mit Hugenberg am 3. 10. 1928, 4. 10. 1928. — BA/NL Wegener, Nr. 65.

Obwohl der Plan dann scheiterte, weil sich Westarp gegen ihn aussprach[479] und auch der als sein Ersatzmann vorgeschlagene Schlange-Schöningen am Tag der Wahl eine Nominierung ablehnte,[480] gewann Hugenberg durch seine Propagierung weitere Anhänger. So sprachen sich die Landesverbände Ostpreußen (Vors. v. Restorff), Bayern-Nord (Vors. Dr. Hans Hilpert) und Bayern-Süd (Vors. Prof. Otto), die an der Tagung der mit Westarp sympathisierenden Landesverbände vom 8. 10. 1928 teilgenommen hatten, für die Triumviratslösung aus[481] und votierten, als sich diese am Wahltag endgültig zerschlug, für Hugenberg.[482] Mitverantwortlich für diese Schwenkung zeichneten allerdings auch einflußreiche Freunde Hugenbergs, die die Landesverbandsspitzen in den letzten Tagen vor der Wahl massiv unter Druck setzten. So engagierten sich in Bayern mit Traub, dem Herausgeber des auflagenstärksten deutschnationalen Organs in Bayern, Maximilian v. Dziembowski, dem Schatzmeister der Münchener DNVP, Dr. Robert Riemerschmidt, dem Vorsitzenden des Arbeitsausschusses Deutschnationaler Industrieller in Bayern, und mit Justizminister Franz Gürtner mindestens vier über Einfluß und Prestige verfügende Personen kompromißlos für Hugenberg.[483]

Auch in anderen zum Westarp-Lager zählenden Landesverbänden versuchten Hugenberg-Anhänger mit unermüdlichem Einsatz, das Blatt zugunsten ihres Kandidaten zu wenden. So wahrscheinlich mit Erfolg in Schlesien,[484] um das sich Leo Wegener besonders bemüht hatte. Bereits Ende Juli hatte er an einen schlesischen Rittergutsbesitzer geschrieben:

> „Sie und alle, die so wie Sie denken, müssen an v. Gossler [Vors. d. LV Mittelschlesien] schreiben und verlangen, daß der schlesische Landesverband für Hugenberg eintritt."[485]

Im September unternahm Wegener dann eine vierzehntägige Reise durch Schlesien, um, wie er Claß berichtete, „einigen einflußreichen Leuten etwas das Rückgrat gegen die Parteileitung zu stärken".[486]

Um den größten deutschnationalen Landesverband, Pommern, auf Hugenbergs Seite zu ziehen, hatten seine Freunde und Verbündeten ebenfalls große Anstrengungen unternommen. Zu ihnen zählte auch der Direktor des Pommerschen Landbundes, Hans-Joachim v. Rohr-Demmin, der seit 1923 eine Korrespondenz des Hugenberg-Konzerns betreute.[487] Einer seiner Gegner, der langjährige Geschäftsführer

---

[479] Vgl. Auszug aus der Kreuzzeitung, 25. 10. 1928, gedr. in: Archiv f. publizistische Arbeit, 15. 11. 1928. — FST/7533, DNVP-Ztg., Bd. 3.

[480] Schlange-Schöningen hoffte zeitweise, Nachfolger Westarps als alleiniger Parteivorsitzender zu werden. (Vgl. Tagebucheintragung Passarges v. 30. 8. 1928. — BA/NL Passarge, Nr. 1.) Mitglied des Triumvirats wollte er nicht werden, denn, so schrieb er an Passarge, „zum Aushängeschild bin ich mir zu gut". Schreiben Schlange-Schöningens an Passarge, 21. 10. 1928. — BA/NL Passarge, Nr. 11.

[481] Vgl. H. Schlange-Schöningen: Am Tage danach, S. 33, u. M. Dörr: DNVP, S. 450 f.

[482] Vgl. Schreiben Hugenbergs an Wegener, 29. 10. 1928. — BA/NL Wegener, Nr. 65.

[483] Vgl. Schreiben Traubs an Gürtner, 17. 5. 1929. — BA/NL Traub, Nr. 60.

[484] 1929 erklärte v. Gossler, nicht nur sein LV Mittelschlesien, sondern ganz Schlesien stehe geschlossen hinter Hugenberg. Vgl. Protokoll der DNVP-Parteivorstandssitzung, o. D. (1929). — FST/7533, DNVP, Bd. 2.

[485] Schreiben Wegeners an Rojahn, 25. 7. 1928. — BA/NL Wegener, Nr. 11.

[486] Schreiben Wegeners an Claß, 2. 9. 1928. — BA/NL Wegener, Nr. 23.

[487] Vgl. S. 111.

der pommerschen DNVP, Karl Passarge, charakterisierte diesen entschiedenen Anhänger Hugenbergs wie folgt:

„Blaßer Theoretiker, der alles mit Statistiken totschlagen möchte, Intrigant, von krankhaftem Ehrgeiz besessen, an sich aber mäßige (✕). Trotzdem der große Mann in Pommern, denn er ist einmal von einwandfreiem Adel (oder man tut doch so), zweitens ‚Landvolkmann‘ (sein Lieblingswort), d. h. verbissenster Junker, drittens noch Junggeselle, also die Hoffnung aller Adelsfamilien, die noch über eine sitzengebliebene Tochter verfügen."[488]

Im Juni 1928 gelang es einer von v. Rohr geführten Fronde, zu der u. a. der ebenfalls dem Hugenberg-Konzern verbundene Graf v. Behr[489] und der in Hinterpommern besonders einflußreiche Ewald v. Kleist-Schmenzin[490] gehörten, Passarge, den engsten Mitarbeiter des Landesverbandsvorsitzenden Schlange-Schöningen, zu stürzen.[491] Der Landesverbandsvorsitzende aber, dem dieser Angriff eigentlich galt und der auch prompt seinen Rücktritt anbot,[492] konnte dadurch in seiner Position noch nicht erschüttert werden. Die überwiegende Mehrheit des Verbandes sprach ihm ihr Vertrauen aus und bestätigte ihn in seinem Amt.[493] In den folgenden Monaten zielten die Aktivitäten der Fronde deshalb auch nicht mehr darauf ab, Schlange-Schöningen von seinem Posten zu entfernen, sondern ihn durch Druck von der Basis her zu einer Stellungnahme für Hugenberg zu zwingen.[494] Im August 1928 bemühte Hugenberg sich persönlich nach Pommern, um sich vor einem ausgewählten Personenkreis, zu dem der Landesverbandsvorsitzende nicht zählte, als berufener Führer der DNVP zu profilieren.[495] Trotz wachsender Popularität Hugenbergs in Pommern konnte Schlange-Schöningen noch am 8. 10. 1928 namens seiner Organisation an der Tagung der mit Westarp sympathisierenden Landesverbände teilnehmen.[496] Sechs Tage später aber kündigte ihm ein Teil des Landesverbandes die Gefolgschaft. Sieben Kreisvorsitzende teilten Schlange-Schöningen schriftlich mit, daß sie bei der Parteivorsitzendenwahl für Hugenberg stimmen würden. Diese „offene Revolte" bedeutete den Sieg Hugenbergs in Pommern.[497]
Einige Tage später errang Hugenberg mit wenigen Stimmen Mehrheit auch den Sieg in der Gesamtpartei.[498] Ein Gegenkandidat war überhaupt nicht mehr aufge-

---

[488] Tagebucheintragung Passarges v. 5. 1. 1928. — BA/NL Passarge, Nr. 1. (Die mit ✕ gekennzeichnete Stelle ist unleserlich.) Diese außerordentlich bissige Charakteristik schrieb Passarge einige Monate *bevor* v. Rohr ihn zum Rücktritt zwang.

[489] Graf v. Behr war mit 6.840,— RM am Stammkapital der Telegraphen-Union beteiligt. Vgl. TU-Revisionsbericht Nr. 4 per 31. 12. 1929, Anhang, Nr. 1 e. — Akten Dorow.

[490] Vgl. Tagebucheintragungen Passarges v. 30. 6. u. 21. 11. 1928. — BA/NL Passarge, Nr. 1.

[491] Vgl. Tagebucheintragungen Passarges v. 30. 6., 14. 10. u. 21. 10. 1928. — BA/NL Passarge, Nr. 1; vgl. auch Protokoll d. Jahreshauptversammlung d. LV Pommern d. DNVP am 23. 6. 1928. — BA/NL Schlange-Schöningen, Nr. 19.

[492] Vgl. Protokoll d. Jahreshauptversammlung d. LV Pommern d. DNVP am 23. 6. 1928. — BA/NL Schlange-Schöningen, Nr. 19.

[493] Vgl. ebd.

[494] Vgl. Tagebucheintragung Passarges v. 14. 10. 1928. — BA/NL Passarge, Nr. 1.

[495] Vgl. Tagebucheintragung Passarges v. 30. 8. 1928. — BA/NL Passarge, Nr. 1.

[496] Schlange glaubte zu diesem Zeitpunkt auch ernsthaft, er hätte die Fronde endgültig besiegt. Vgl. Tagebucheintragung Passarges v. 14. 10. 1928. — BA/NL Passarge, Nr. 1.

[497] Vgl. ebd. M. Dörrs Darstellung (: DNVP, S. 413 f.), Pommern wäre mit der Wiederwahl Schlanges endgültig auf das Westarp-Lager festgelegt worden, ist also irrig.

[498] Nach Treviranus, der sich auf eine vertrauliche Mitteilung einer der Stimmzähler beruft, hatte Hugenberg nur eine Stimme Mehrheit. (Vgl. G. Treviranus: Ende v. Wei-

stellt worden, nachdem Westarp freiwillig verzichtet und Schlange-Schöningen den Triumviratsplan abgelehnt hatte.[499] Nach Passarge war Hugenbergs Wahl „taktisch, technisch und persönlich so genial vorbereitet, daß alles auf die Knie fiel".[500] In der Hugenberg-Presse stand zu lesen:

> „Die Gefolgschaft im Lande, die Provinz hat Hugenberg auf den Schild gehoben. Die Provinz ist dem Berliner Vernebelungsprozeß nicht unterworfen. Die Provinz hat sich gewehrt gegen die Auflösung, die von der Reichshauptstadt her das ganze nationale Deutschland zu ergreifen drohte. Die Provinz hat sich durchgesetzt gegen ehrgeizige Parlamentarier. Die Provinz erkannte in Hugenberg das Wesensverwandte, das Gesunde, das Jugendliche, – Eigenschaften, deren sich jene greisenhaften Vierzigjährigen, die ohne Idealismus um Ministersessel kämpfen, nicht rühmen können."[501]

Hugenbergs Plan, die Parteiherrschaft von der Provinz her zu erobern, hatte sich, wenn auch weit weniger glatt als seine Presse wahrhaben wollte, bewährt. Seine Anhängerschaft in den Landesverbänden hatte sich dank einer gezielten Agitation und der schwachen, konzeptionslosen Abwehrmaßnahmen seines Rivalen, Graf Westarp, in wenigen Monaten zu einer knappen, aber ausreichenden Mehrheit verbreitet. Hugenbergs Sieg war zugleich der Sieg des rechten Flügels der Partei, der von seiner Zielsetzung her entschieden antiparlamentarisch und seiner personellen Struktur nach außerparlamentarisch war. Im Kern bestand er aus Spitzenvertretern des ADV, des Stahlhelms und der in den VvVD zusammengeschlossenen Verbände. Hugenbergs weitere Gefolgschaft rekrutierte sich, wenn auch in unterschiedlicher Stärke, aus fast allen in der DNVP vertretenen Vorkriegsparteien, nicht aber aus den Reihen der Christlich-Sozialen. Damit aber fehlte in seinem Gefolge eine nennenswerte Anzahl von gewerkschaftlich organisierten Arbeitern und Angestellten. Seine soziale Basis setzte sich vielmehr in der Hauptsache, ähnlich dem einst von ihm protegierten Kartell der Schaffenden Stände,[502] aus grundbesitzendem Adel,[503] ehemaligen Offizieren,[504] Beamten,[505] Vertretern des gewerblichen[506] und bäuer-

---

mar, S. 100.) Die deutschnationale Landtagsabgeordnete Else Ulbrich sprach nach ihrem Austritt aus der DNVP von einer „knappen Zufallsmehrheit", die Hugenberg an die Macht gebracht hätte. Vgl. Schreiben Else Ulbrichs an Hugenberg, o. D., gedr. in: P. G. Z., Nr. 22, 27. 1. 1930. – FST/NL Diller, 11/D 9.

[499] Zu den Vorgängen am Wahltag vgl. die ausführliche Darstellung bei M. Dörr: DNVP, S. 458 ff.

[500] Tagebucheintragung Passarges v. 21. 10. 1928. – BA/NL Passarge, Nr. 1.

[501] F. C. Marwede: Hugenberg und die „Provinz", in: DS/TDNZ, 18. 6. 1930. – FST/MA, 06–5/1.

[502] Als Hugenberg vor seiner Wahl erwog, aus der DNVP auszutreten, besprach er mit Wegener auch die Möglichkeit, eine eigene Partei zu gründen. Zu den von ihnen erörterten Namen für eine derartige Partei zählte bezeichnenderweise auch ein „Volksblock der Schaffenden". Vgl. hs. Notiz Wegeners über ein Gespräch mit Hugenberg am 3. 10. 1928, 4. 10. 1928. – BA/NL Wegener, Nr. 65.

[503] In den östlichen Landesverbänden, die Hugenberg zum Teil für sich gewinnen konnte, war der grundbesitzende Adel vorherrschend.

[504] Ehemalige Offiziere stießen vor allem über den Stahlhelm zu Hugenbergs Gefolgschaft.

[505] Beamte, vor allem Lehrer, waren im ADV stark vertreten. Vgl. E. Hartwig: Alldeutscher Verband, S. 5.

[506] Während der Lambach-Krise leisteten die Vertreter des gewerblichen Mittelstandes Hugenberg erhebliche Schützenhilfe. Vgl. dazu etwa den Artikel des Präsidenten d. Deutschen Handwerkerbundes, Voigt: „Fall Lambach und wir Mittelständler", in:

lichen Mittelstandes[507] und schließlich auch des industriellen Unternehmertums[508] zusammen. Brach aber deshalb mit Hugenbergs Amtsantritt, wie seine christlich-sozialen Gegner behaupteten, die Herrschaft eines sozialreaktionären Unternehmertums an,[509] oder, spezifischer gefragt: gelangte Hugenberg als Repräsentant der rheinisch-westfälischen Schwerindustrie an die Spitze der DNVP?

e) Hugenbergs Wahl zum Parteivorsitzenden und die (Schwer-)Industrie
Der Plan, Hugenberg an die Spitze der DNVP zu bringen, war von einem eng begrenzten Personenkreis entwickelt worden, zu dem kein Industrieller zählte. Auch an der mit diesem Plan notwendig verbundenen Wahlkampagne war an führender Stelle lange Zeit kein Industrieller beteiligt. Erst im Laufe des Jahres 1928, als Hugenberg immer offener seinen Anspruch auf den Parteivorsitz geltend machte, setzten sich Industrievertreter wie der Direktor der Hamburger Werft Blohm & Voss, Gok, und der Vorsitzende des bayerischen ADI, Riemerschmidt, parteiintern nachhaltig für ihn ein. Gleichzeitig schlossen sich einige wenige Industrievertreter wie der Stinnes-Direktor Bernhard Leopold und der Geschäftsführer des VDESI, Reichert,[510] der Hugenberg bekämpfenden Gruppe an. Die Großen des Ruhrreviers selbst hielten sich bis zur Wahl von (partei-)öffentlichen Aussagen zurück. Auch nach dem 20. Oktober 1928 gab nur einer von ihnen seine Zustimmung zum Führungswechsel in der DNVP demonstrativ zu erkennen: Emil Kirdorf. Der greise Ehrenvorsitzende der GBAG und der Vereinigten Stahlwerke[511] war lange Jahre Mitglied der DNVP gewesen, 1927 aber zur NSDAP übergetreten.[512] Bei Hugen-

---

BLA, 2. 9. 1928. Hugenberg war seiner Grundüberzeugung nach ausgesprochen mittelstandsfreundlich, was nach seiner Wahl zum Parteivorsitzenden auch stark zum Tragen kam. Vgl. R. Behrens: Die Deutschnationalen, S. 286 f.

[507] Vgl. dazu Verhdlgsber. v. d. Sitzg. d. GA d. ADV am 19. 1. 1929. — FST/412, ADV (26—29). Hugenbergs besonderes Interesse an der Erhaltung des bäuerlichen Mittelstandes hatte sich sowohl theoretisch wie praktisch schon im Kaiserreich gezeigt. Vgl. S. 26 u. 39 f.

[508] Wie etwa Gok, Riemerschmidt und auch Fritz Thyssen. Zu Thyssens Stellung zu Hugenberg vgl. D. Stegmann: Verhältnis, S. 417, u. ders.: Kapitalismus, S. 30.

[509] So erklärte der christlich-soziale Reichstagsabgeordnete Hartwig kurz vor seinem Ausschluß aus der DNVP: „Es ist an sich schon psychologisch eine starke Belastung für weite Kreise der nationalen, christlich-sozialen Arbeitnehmerschaft, einen Generaldirektor a. D. (...) zum Führer einer Partei der Volksgemeinschaft zu machen. (...) Er [Hugenberg] hat immer auf der Seite derer gestanden, die sich gegen den Ausbau der Sozialpolitik, die Sozialgesetze, (...) gewandt haben, sofern sie eine Belastung für die Industrie etc. mit sich gebracht haben." Rede Hartwigs auf der Parteivorstandssitzung am 3. 12. 1929, Anlage z. Schreiben Hartwigs an Kollegen, 11. 12. 1929. — FST/NL Diller, 11/D 9; vgl. auch Schreiben Lambachs an Hugenberg, 3. 12. 1929, gedr. in: Mitteilungen d. Reichs-Angestelltenausschusses d. DNVP, o. D. — FST/NL Diller, 11/D 7; Schreiben Zimmermanns u. Irwahns an d. Vorstand d. LV Hamburg, 16. 12. u. 19. 12. 1929, gedr. in: Irwahn/Zimmermann: Unser Austritt aus der DNVP (Druckschrift), o. D. (Dezember 1929). — FST/7533, DNVP, Bd. 2.

[510] Reichert erklärte später, er hätte gemeinsam mit anderen „mit offenem Visier gegen die Wahl Hugenbergs zum Parteivorsitzenden gekämpft". (J. W. Reichert: Warum fort von Hugenberg? [Druckschrift], o. D., Anlage z. Schreiben Reicherts an Krupp v. Bohlen u. Halbach, 8. 9. 1930. — Krupp/FAH, IV E 962.)

[511] Vgl. W. Bacmeister: Kirdorf, S. 78.

[512] Vgl. H. A. Turner: Faschismus, S. 68 ff., u. D. Stegmann: Verhältnis, S. 412 f.

a) Die personelle Verflechtung der Hugenberg unterstützenden Landesverbände mit ADV und VvVD

Landesverband	ADV- u. VvVD-Mitglieder im Vorstand
Berlin	Vorsitzender Wilhelm Laverrenz (VvVD)
Bremen	Vorsitzender Bürgermeister Dr. Clemens Buff (ADV), Erich Vagts (ADV)
Grenzmark	– –
Hamburg	RT-Abgeordneter Carl Gottfried Gok (ADV), Geschäftsführendes Vorstandsmitglied Heinrich Otto Sieveking (VvVD)
Hannover-Ost	– –
Hannover-Süd	Vorsitzender Otto v. Feldmann (ADV)
Hessen-Darmstadt	– –
Mecklenburg-Schwerin	RT-Abgeordneter Dr. Friedrich Everling (ADV)
Oldenburg	– –
Osnabrück	– –
Potsdam I	– –
Potsdam II	Vorsitzender Stadtrat Werner Steinhoff (ADV), General a. D. Wilhelm v. Dommes (ADV)
Thüringen	Vorsitzender Dr. Schneider (ADV), RT-Abgeordneter Hans v. Goldacker (VvVD)
Westfalen-Ost	– –
Westfalen-West	Vorsitzender Prof. Dr. Otto Hoffmann (ADV?)
Lübeck	– –
Ostfriesland	– –

Quellen:

Verhdlgsber. v. d. Sitzgn. d. GA d. ADV. – FST/412, ADV (1924–1925) u. (1926–1929); Verzeichnis d. Parteileitungs- u. Parteivorstandsmitglieder d. DNVP (1926). – FST/NL Diller, 11/D 9; FST/Personalia; Mitgliederverzeichnis der DNVP-Reichstagsfraktion 1920–1933, o. D. – NL Schmidt-Hannover (Opr.), S. 44; Taschenbuch d. DNVP, 1929; Die bürgerlichen Parteien in Deutschland, Bd. I u. II, Berlin 1968; M. Doerr: DNVP, S. 444.

b) Die Stimmenzahl der Landesverbände in der Parteivertretung

In der 288 stimmberechtigte Mitglieder umfassenden Parteivertretung* stellten die 45 Landesverbände 186 Delegierte.**

Die am 8. 10. 1928 noch hinter Westarp stehenden 17 Landesverbände (vgl. M. Dörr: DNVP, S. 448, Anm. 130) verfügten im einzelnen über folgende Stimmenzahl:

Bayern-Nord:	7 Vertreter
Bayern-Süd:	4 Vertreter
Düsseldorf-Ost:	5 Vertreter
Frankfurt/Oder:	6 Vertreter
Halle-Merseburg:	5 Vertreter
Koblenz-Trier:	2 Vertreter
Magdeburg:	4 Vertreter
Mecklenburg-Strelitz:	2 Vertreter
Mittelrhein:	3 Vertreter
Mittelschlesien:	7 Vertreter
Niederrhein:	4 Vertreter
Niederschlesien:	5 Vertreter
Ostpreußen:	9 Vertreter
Pommern:	11 Vertreter
Rheinpfalz:	2 Vertreter
Schleswig-Holstein:	6 Vertreter
Württemberg:	8 Vertreter
Insgesamt	90 Vertreter

* Diese Zahl wird vom Vorsitzenden des Deutschnationalen Arbeiterbundes, Emil Hartwig, genannt. (Vgl. Emil Hartwig: Vorwärts! Trotz alledem! in: Angestellten- und Arbeiter-Stimme, 8 Jg., November 1928 — FST/NL Diller, 11/D 7). In den Organisationshandbüchern der DNVP fehlen exakte Angaben über die Gesamtzahl der stimmberechtigten Mitglieder der Parteivertretung. Nach den allgemeinen Richtlinien für die Zusammensetzung der Parteivertretung wurde eine der genannten Zahl Hartwigs angenäherte Größe (280) errechnet.

** Die Delegiertenzahl der Landesverbände errechnet sich wie folgt: je eine Stimme pro Landesverbandsvorsitzenden plus jeweils einen weiteren Vertreter für jede angefangenen 40 000 Wählerstimmen bei den letzten Reichstagswahlen.

Die seit Juli/August 1928 auf Hugenberg festgelegten 17 Landesverbände hatten in der Parteivertretung folgende Stimmenzahl:

Berlin:	6 Vertreter
Bremen:	2 Vertreter
Grenzmark:	3 Vertreter
Hamburg:	4 Vertreter
Hannover-Ost:	3 Vertreter
Hannover-Süd:	3 Vertreter
Hessen-Darmstadt:	2 Vertreter
Lübeck:	2 Vertreter
Mecklenburg-Schwerin:	3 Vertreter
Oldenburg:	2 Vertreter
Osnabrück:	2 Vertreter
Ostfriesland:	2 Vertreter
Potsdam I	7 Vertreter
Potsdam II	7 Vertreter
Thüringen:	4 Vertreter
Westfalen-Ost:	3 Vertreter
Westfalen-West:	3 Vertreter
Insgesamt	58 Vertreter

Die als unentschieden geltenden 11 Landesverbände verfügten in der Parteivertretung über folgende Stimmenzahl:

Anhalt:	2 Vertreter
Arnsberg:	4 Vertreter
Baden:	3 Vertreter
Braunschweig:	2 Vertreter
Danzig:	3 Vertreter
Hessen-Nassau:	4 Vertreter
Saargebiet:	2 Vertreter
Sachsen-Ost:	6 Vertreter
Sachsen-Süd:	4 Vertreter
Sachsen-West:	4 Vertreter
Oberschlesien:	4 Vertreter
Insgesamt	38 Vertreter

Quelle: Taschenbuch der DNVP, 1929.

bergs Amtsantritt kehrte er zu seiner alten Partei zurück und sicherte dem neuen Vorsitzenden seine vollste Unterstützung zu.[513]

Die Zurückhaltung, mit der die Mehrzahl der Industriellen an Rhein und Ruhr Hugenbergs stetigem Aufstieg und seinem schließlichen Sieg in der DNVP begegnete, kann jedoch kaum als Indiz der Ablehnung gewertet werden. Da Hugenberg ohnehin gegen den Ruf des Inflationsgewinnlers und Schlotbarons zu kämpfen hatte, wäre eine offenkundige Unterstützung von seiten der Schwerindustrie Wasser auf die Mühlen seiner Gegner gewesen. Überdies entsprachen direkte Stellungnahmen zu parteiinternen Vorgängen generell nicht dem politischen Stil der Großindustrie, die über subtilere Mittel verfügte, ihre Vorstellungen und Absichten durchblicken zu lassen. Die am nachhaltigsten wirkende und deshalb meistgenutzte Möglichkeit, auf die Parteien einzuwirken, war finanzieller Druck. Hätten maßgebliche Kreise der rheinisch-westfälischen Schwerindustrie Hugenbergs ambitionierte Pläne durchkreuzen wollen, was hätte nähergelegen, als dem traditionellen Mittler schwerindustrieller Parteispenden den Geldhahn zuzudrehen? Tatsächlich hat es einen derartigen, von Paul Reusch ausgehenden Versuch gegeben.

Nachdem Hugenberg im Herbst 1927 Westarp das Alleinverhandlungsrecht für die maßgeblichen Finanzierungsstellen der Industrie abgerungen hatte,[514] wandte sich der konservative Graf hilfesuchend an Reusch. Dieser führte daraufhin gemeinsam mit seinem stellvertretenden Vorsitzenden im Langnamverein, Fritz Springorum, eine Sondersammlung in der Eisen- und Stahlindustrie zugunsten Westarps durch.[515] Reusch gab sich jedoch mit der einmaligen, Hugenberg bereits stark brüskierenden Aktion nicht zufrieden. Mit Hilfe einer neuen Institution hoffte er, sowohl die weitreichenden Kompetenzen seines alten Rivalen bei der schwerindustriellen Vereins- und Parteiensubventionierung beschneiden wie dessen ehrgeizige Parteiführerpläne durchkreuzen zu können: der Ruhrlade.

Im November 1927 gewann Reusch Krupp v. Bohlen u. Halbach und Fritz Thyssen für seinen Plan eines zwischeninstanzlichen Gremiums, das den Spitzenvertretern der rheinisch-westfälischen Kohle-, Eisen- und Stahlindustrie ermöglichen sollte, ihre wirtschaftlichen Interessen und politischen Absichten diskret, unbürokratisch und kurzfristig zu koordinieren.[516] Gemeinsam beschlossen sie, den Teilnehmerkreis des neuen, fortan „Ruhrlade" genannten Gremiums auf zwölf Personen zu begrenzen und luden für die Gründungsversammlung folgende Personen ein: Erich Fickler, Generaldirektor der Harpener Bergbau AG und Aufsichtsratsvorsitzender des Rheinisch-Westfälischen Kohlesyndikats, Karl Haniel, Aufsichtsratsvorsitzender der GHH, Peter Klöckner, Leiter der Klöckner-Werke AG, Arthur Klotzbach, Direktoriumsmitglied der Fried. Krupp AG, Ernst Poensgen, stellvertretender Vorstandsvorsitzender der Vereinigten Stahlwerke, Paul Silverberg, Aufsichtsratsvorsitzender der Rheinischen AG f. Braunkohlenbergbau und Brikettfabrikation, Fritz Springorum, Generaldirektor der Eisen- und Stahlwerke Hoesch-Dortmund und stellvertretender Vorsitzender des Langnamvereins, Albert Vögler, Generaldirektor

---

[513] Die Öffentlichkeit wurde allerdings erst 1930 mit dieser demonstrativen Geste bekannt gemacht, als Kirdorf mit Hilfe einer Pressenotiz Gerüchten entgegentrat, er sei immer noch Nationalsozialist. Vgl. H. A. Turner: Faschismus, S. 73.
[514] Vgl. S. 211.
[515] Vgl. H. A. Turner: Faschismus, S. 124.
[516] Vgl. ebd., S. 114 f.

der Vereinigten Stahlwerke und Vorsitzender des Vereins deutscher Eisenhüttenleute, und Fritz Winkhaus, Generaldirektor des Köln-Neußener Bergwerksvereins (Hoesch-Konzern), bis Dezember 1927 auch Vorsitzender des Bergbau- und Zechenverbandes.[517] Alle aufgeforderten Personen nahmen die Einladung an. Am 9. 1. 1928 konstituierte sich in Krupps Villa Hügel die Ruhrlade.[518] Paul Reusch wurde zu ihrem Vorsitzenden mit dem Titel eines Schriftführers ernannt. Die Funktion des Schatzmeisters übernahm Fritz Springorum.[519]

Paul Reusch war es somit gelungen, unter Ausschaltung Alfred Hugenbergs die profiliertesten Vertreter der rheinisch-westfälischen Kohle-, Eisen- und Stahlindustrie in einer Art „Geheimkabinett"[520] unter seiner Führung zu einen. Ein weiterer Schlag gegen den noch immer einflußreichen Vorsitzenden der Fachgruppe Bergbau im RDI und stellvertretenden Vorsitzenden des Bergbau- und Zechenverbandes gelang Reusch zwei Monate später. Auf seinen Vorschlag hin beschlossen die Ruhrladenmitglieder am 5. 3. 1928, die verschiedenen politischen Finanzierungsfonds der rheinisch-westfälischen Schwerindustrie unter die Verwaltung ihres Gremiums zu stellen. Die getroffenen Durchführungsbestimmungen zeigen allerdings, daß Reusch zwar Hugenbergs Verfügungsgewalt über die Mittel des Bergbau- und Zechenverbandes nunmehr einzuschränken, nicht aber völlig aufzuheben vermochte. Während die politischen Spenden der Eisen- und Stahlseite künftig von der Ruhrlade selbst in ihrer Höhe bestimmt und auch eingesammelt werden sollten, blieb die Festlegung und Einsammlung der an die Ruhrlade abzuführenden Mittel des Bergbaus dem Bergbauverein vorbehalten.[521] Eigenständigkeit und Substanz der von Hugenberg in jahrzehntelanger Arbeit aufgebauten verschiedenen Fonds des Bergbau- und Zechenverbandes wurden somit unangetastet gelassen.[522] Hugenbergs Zugriff entzogen wurden nur „frisch" und speziell für die Zwecke der Ruhrlade gesammelte Beträge, deren Höhe von ihm mitbestimmt werden konnte.

Dennoch reichten die Kompetenzen und finanziellen Mittel der Ruhrlade aus, um Hugenberg bei den Reichstagswahlen im Mai 1928 einige Ungelegenheiten zu bereiten. Erstmalig überließ es die rheinisch-westfälische Schwerindustrie nicht allein Hugenberg, über die Aufstellung industrieller Kandidaten mit der deutschnationalen Parteispitze zu verhandeln. Bereits einen Tag nach Gründung der Ruhrlade hatte ihr Schatzmeister, Springorum, Kontakte mit Westarp wegen der anstehenden Reichstagswahlen aufgenommen.[523] Nach dem März-Beschluß der Ruhrlade traten die Verhandlungen in ein konkreteres Stadium. Die Ruhrlade bot der deutschnationalen Parteispitze rund 200 000 Mark für sichere Reichslistenplätze folgender Industrieller: Jakob Haßlacher (Vorstandsvorsitzender d. Rheinischen Stahlwerke), Bernhard Leopold (Direktor d. A. Riebeck'schen Montanwerke und Vorsitzender

---

[517] Vgl. Verzeichnis der zur Gründungsversammlung der Ruhrlade eingeladenen Personen, 1. 12. 1927. – Krupp/FAH, IV E 797.

[518] Vgl. Schreiben Reuschs an Krupp v. Bohlen u. Halbach, 28. 12. 1927. – Krupp/FAH, IV E 797.

[519] Vgl. H. A. Turner: Faschismus, S. 117.

[520] Ebd., S. 114.

[521] Vgl. ebd., S. 125.

[522] Erst nach 1933 wurde im Zusammenhang mit der politischen Umwälzung ein Teil der Fonds aufgelöst. Vgl. A. Heinrichsbauer: Schwerindustrie, S. 19.

[523] Vgl. J. Leopold: Hugenberg, S. 97.

des Halleschen Bergwerksvereins), Moritz Klönne (Fabrikant, Kgl. Bulgarischer Generalkonsul) und Jakob Reichert (Geschäftsführer des VDESI).[524] Hugenberg, der zu diesen Verhandlungen möglicherweise hinzugezogen, zumindest aber über ihr Ergebnis informiert worden war, sollte ebenfalls einen Zuschuß aus der Ruhrladenkasse erhalten. Als Gegenleistung wurde aber offensichtlich von ihm erwartet, daß er die von der Ruhrlade favorisierten Kandidaten in der Partei nachdrücklich unterstützen würde.[525] Damit aber geriet Hugenberg in ein Dilemma. Zunächst konnte ihm in Anbetracht seiner persönlichen Pläne an Reichstagsmandaten von zwei der genannten Kandidaten, Reichert und Leopold, nichts gelegen sein, da sie zu seinen Gegnern zählten. Überdies gefährdete der Anspruch der Ruhrlade auf vier sichere Reichslistenplätze die Interessen seines Protegé Quaatz, der ebenfalls über die Reichsliste sein Mandat erringen wollte. Als „sicher" galten die ersten zehn Plazierungen. Fünf davon Industrievertretern bzw. als Industrievertreter geltenden Kandidaten (Quaatz) zu überlassen, konnte sich die Parteileitung kaum erlauben. Da Westarp mehr an den Wünschen der Ruhrlade als an denen Hugenbergs gelegen sein mußte, war das Mandat von Quaatz in Gefahr. Hugenberg konnte sich aber auf der anderen Seite nicht ohne weiteres den Absichten der Ruhrlade entgegenstellen und eine Kraftprobe mit ihr riskieren. Immerhin bestand die Möglichkeit, daß ihm die Ruhrlade dann ein für allemal finanzielle Mittel der Eisen- und Stahlseite verweigern und seine Verfügungsgewalt über die Fonds des Bergbau- und Zechenverbandes weiter einschränken würde. Überdies hätte eine derartige Kontroverse mit den Großen des Ruhrreviers Hugenbergs politischem Prestige in der gesamten Industrie (RDI) außerordentlich schaden können.

Aus dieser Zwangslage heraus entschloß sich Hugenberg zu einem Kompromiß. Einerseits sorgte er mit allem Nachdruck für eine gute Plazierung von Quaatz[526] und nahm dabei in Kauf, daß zwei der von der Ruhrlade protegierten Kandidaten, seine Gegner Reichert und Leopold, auf einen sicheren Reichslistenplatz verzichten und sich direkt zur Wahl stellen mußten.[527] Andererseits engagierte er sich entschieden und mit Erfolg für den ebenfalls von der Ruhrlade unterstützten Jakob Haßlacher, der sein Mandat zu verlieren drohte, als der vor ihm plazierte Christlich-Soziale Reinhard Mumm seinen Reichslistenplatz in Anspruch nehmen wollte.[528] Das „Geheimkabinett" der rheinisch-westfälischen Schwerindustrie zeigte sich jedoch keineswegs von Hugenbergs Vorgehen befriedigt und zögerte nach der Wahl, die zugesagten Gelder auszuzahlen. Hugenberg erwog daraufhin zeitweilig, seinen Vorsitz der Fachgruppe Bergbau im RDI niederzulegen.[529] Schließlich aber einigte er sich doch mit der Ruhrlade. Springorum sagte ihm in einer Aussprache, an der

[524] Vgl. H. A. Turner: Faschismus, S. 129.

[525] Daß Hugenberg Gelder zugesagt und mit gewissen Auflagen verbunden wurden, ergibt sich aus der Tatsache, daß Hugenberg nach der Wahl Auseinandersetzungen mit der Ruhrlade über vorher zugesagte Gelder hatte. Vgl. K. Koszyk: Deutsche Presse, S. 226.

[526] Vgl. M. Dörr: DNVP, S. 384 f.

[527] Leopold kandidierte im Wahlkreis Merseburg, Reichert in Düsseldorf-Ost. Vgl. Taschenbuch d. DNVP, Jg. 1929, S. 202 f.

[528] Vgl. S. 222.

[529] Vgl. Schreiben Hugenbergs an Wegener, 23. 5. 1928. — BA/NL Wegener, Nr. 65.

auch Hugenbergs Vertrauter, Kapitän Mann, und der neue Vorsitzende des Bergbau- und Zechenverbandes, Brandi,[530] teilnahmen, die Auszahlung der verabredeten Gelder zu. Hugenberg versprach dafür, in Zukunft wieder enger mit den in seiner Fraktion vertretenen Industrieabgeordneten zusammenzuarbeiten.[531] Die Kompromißbereitschaft der Ruhrlade mag in Anbetracht der unbestrittenen Feindseligkeit, die ihr Vorsitzender Reusch Hugenberg und seinen ehrgeizigen Plänen entgegenbrachte,[532] erstaunen, aber die Ruhrlade war alles andere als ein willenloses Werkzeug Paul Reuschs. In diesem Kreis von Spitzenvertretern der rheinisch-westfälischen Schwerindustrie war Reusch bestenfalls primus inter pares, und seine persönlichen Antipathien gegen Hugenberg wurden durchaus nicht von allen Mitgliedern geteilt. Einige von ihnen waren eng mit dem Pressekonzern Alfred Hugenbergs liiert. Albert Vögler und Fritz Winkhaus gehörten der Wirtschaftsvereinigung, der Dachgesellschaft des Hugenberg-Konzerns, an. Im Aufsichtsrat der „Deutschen Gewerbehaus AG", die 1927 die Nachfolge der Ausland GmbH als zweite Finanzierungsgesellschaft des Konzerns angetreten hatte,[533] waren sie ebenfalls vertreten.[534] In diese als Grundstücksunternehmen getarnte Finanzierungsgesellschaft hatte auch Krupp v. Bohlen u. Halbach mit Geheimrat Heinrich Cuntz einen Delegierten entsandt.[535] Cuntz, Vorstandsmitglied d. Fried. Krupp AG, gehörte überdies als einziger Industrievertreter dem Aufsichtsrat der Ostdeutschen Privatbank an, der zentralen Holdinggesellschaft des Hugenberg-Konzerns.[536] Fritz Thyssen schließlich war Aufsichtsratsmitglied der Universum Film AG,[537] die Hugenberg 1927 unter Mithilfe der August Thyssen-Hütte seinem Unternehmen angegliedert hatte.[538] Vögler war überdies seit Jahren mit Hugenberg befreundet, Winkhaus hatte eng mit ihm im Bergbau- und Zechenverband zusammengearbei-

---

[530] Brandi trat im Oktober 1927 die Nachfolge Winkhaus' als Vorsitzender des Bergbau- und Zechenverbandes an. (Vgl. P. Osthold: Zechenverband, Verzeichnis d. Verbandsvorsitzenden.) 1934 wurde er Mitglied der Wirtschaftsvereinigung. (Vgl. Verzeichnis d. Mitglieder u. Ersatzmitglieder d. Wirtschaftsvereinigung, 30. 8. 1934. — BA/NL Wegener, Nr. 37.) Seine Beziehungen zu seinem 2. Stellvertretenden Vorsitzenden im Bergbau- und Zechenverband dürften demnach durchaus freundlicher Natur gewesen sein. Zu den Sitzungen der Ruhrlade wurde Brandi mehrfach hinzugezogen, offensichtlich aber nicht in den Mitgliederkreis aufgenommen. Vgl. dazu die Einladungslisten, in: Krupp/FAH, IV E 797.
[531] Vgl. K. Koszyk: Deutsche Presse, S. 226.
[532] Reusch schrieb im Juli 1928 an Springorum über Hugenberg: „Ich verfolge die Tätigkeit dieses Mannes seit mehr als 20 Jahren, die weder für seine Partei noch für die Industrie irgendwo frucht- oder nutzbringend gewesen ist, im Gegenteil: Ich stehe und stand immer auf dem Standpunkt, daß die Tätigkeit Hugenbergs der westlichen Industrie enormen Schaden zugefügt hat." Schreiben Reuschs an Springorum, 11. 7. 1928, zit. n. K. Koszyk: Deutsche Presse, S. 223.
[533] Vgl. Anhang, 3 d.
[534] Vgl. Hdb. d. dt. AG, 1929, IV, S. 5505 f.
[535] Vgl. ebd.
[536] Cuntz gehörte dem Aufsichtsrat der Ostdeutschen Privatbank seit ihrer Gründung an. Vgl. Anlage z. Schreiben d. Ostdeutschen Privatbank an die Scherl GmbH, 19. 4. 1929. — Akten Opriba, A I, 2, u. Protokoll d. Generalversammlung d. Ostdeutschen Privatbank, 29. 1. 1931. — Akten Opriba, A I, 1.
[537] Vgl. Mitgliederverzeichnis d. AR d. Ufa, 5. 3. 1928. — Akten Opriba, G XII, 1.
[538] Vgl. Anhang, 2 b, bb.

tet,[539] und Thyssen gehörte zu den Parteigängern Hugenbergs in der DNVP.[540] Trotz dieser guten geschäftlichen und persönlichen Beziehungen, die einige gewichtige Ruhrladenmitglieder mit Hugenberg verbanden, hätte Reusch aller Wahrscheinlichkeit nach drastischere Maßnahmen gegen seinen alten Rivalen durchsetzen können, wenn der Ruhrladenkreis mehrheitlich von der Wahl Hugenbergs zum Parteivorsitzenden eine ernsthafte Schädigung seiner Interessen erwartet hätte. Dazu aber bestand wenig Anlaß. Zunächst einmal war der einstige Krupp-Direktor als Vorsitzender der Fachgruppe Bergbau im RDI und stellvertretender Vorsitzender des Bergbau- und Zechenverbandes noch immer ein maßgeblicher verbandspolitischer Sprecher der rheinisch-westfälischen Schwerindustrie und somit zumindest formal deren Interessen verpflichtet. Daran änderte sich auch kaum etwas, als Hugenberg nach seiner Wahl zum Parteivorsitzenden seinen Vorsitz der Fachgruppe Bergbau im RDI niederlegte,[541] weil er zugleich, unbemerkt von der Öffentlichkeit, sein Amt als zweiter stellvertretender Vorsitzender des Bergbau- und Zechenverbandes[542] sowie sein Aufsichtsratsmandat bei der GBAG beibehielt.[543] Der von Reusch favorisierte amtierende Parteivorsitzende hingegen gehörte nach Herkunft und politischer Laufbahn in das Lager der ostelbischen Landwirtschaft. Allerdings hatte sich Westarp seit seinem Amtsantritt um eine ausgleichende Politik zwischen den verschiedenen Interessenorganisationen in der Partei bemüht. Das machte ihn zwar für industrielle Belange zugänglich, ebenso aber auch für gewerkschaftliche Forderungen ansprechbar. Im Zeichen einer wachsenden Kampfstimmung zwischen industriellen Arbeitgebern und organisierten Arbeitnehmern konnte für die Ruhrladenmitglieder ein neutraler Parteivorsitzender nur die zweitbeste Lösung sein. Hugenberg dagegen war alles andere als neutral. Hatte er in den Anfangsjahren der Republik das von seinen schwerindustriellen Freunden befürwortete Konzept der ZAG mitverwirklicht, so trat er nun, wiederum in Übereinstimmung mit den Industriellen von Rhein und Ruhr, als dessen schärfster Kritiker auf.[544] Auch seine offenkundigen Sympathiebezeugungen für die wirtschaftsfriedliche Arbeitnehmerbewegung bzw. deren Protagonisten (Bang) entsprachen ganz dem im Ruhrrevier vorherrschenden gewerkschaftsfeindlichen Trend. Besonders Albert Vögler hatte sich etwa seit 1925 für die Idee der Werksgemeinschaft exponiert,[545] aber auch andere Industrievertreter sprachen sich offen für sie aus. So erklärte Krupp-Direktor Vielhaber 1927 auf einer Tagung des RDI in bezug auf die Zusammenarbeit von Arbeitgebern und Arbeitnehmern laut Protokoll:

---

[539] Winkhaus schätzte Hugenberg sehr. Vgl. dazu Schreiben Wegeners an Hugenberg, 17. 9. 1930. — BA/NL Wegener, Nr. 65.

[540] Vgl. D. Stegmann: Verhältnis, S. 417, u. ders.: Kapitalismus, S. 30.

[541] Hugenberg legte sein Amt im RDI fünf Tage nach seiner Wahl zum Parteivorsitzenden nieder. Vgl. den Bericht über die Präsidialsitzung des RDI am 25. 10. 1928, in: GM d. RDI, 10 (1928), S. 205, u. das Verzeichnis sämtlicher Präsidiumsmitglieder des RDI seit Bestehen, o. D. (Stand 1931). — Krupp/WA, IV f., 1361.

[542] Vgl. P. Osthold: Zechenverband, Verzeichnis d. Verbandsvorsitzenden.

[543] Vgl. Hbd. d. dt. AG, 1929, II, S. 3768. Einen Aufsichtsratsitz bei der Deutsch-Lux konnte Hugenberg nicht mehr besetzen, da diese 1926 völlig in den Vereinigten Stahlwerken aufgegangen war.

[544] Vgl. S. 215 f.

[545] Vgl. Stegmann: Silverberg-Kontroverse, S. 599.

„Der richtige Weg hierfür würde vielfach nicht in einer Arbeitsgemeinschaft im Sinne der alten Zentralarbeitsgemeinschaft gesehen, sondern in der Verwirklichung der Idee der Vöglerschen Werksgemeinschaft."[546]

Im gleichen Jahr berichtete Heinrich Claß auf einer alldeutschen Verbandstagung über die Stimmung im Ruhrrevier, „daß die dortigen Wirtschaftsführer je länger je mehr sich der von Bang und der Deutschen Zeitung vertretenen Wirtschaftspolitik genähert hätten".[547] Hugenberg wußte sich auch in der Kritik an der von den Deutschnationalen mitverantworteten Sozialgesetzgebung, etwa am Knappschafts- und Arbeitszeitnotgesetz, mit den rheinisch-westfälischen Schwerindustriellen einig.[548] Überdies breitete sich spätestens nach Verabschiedung des Arbeitszeitnotgesetzes ein tiefes Unbehagen im Ruhrrevier an der bisher befürworteten deutschnationalen Regierungsbeteiligung aus.[549] Hugenbergs ablehnende Haltung gegenüber der Politik der kleinen Schritte und seine Forderung, mit Verfassungsänderungen einen grundsätzlichen politischen Wandel herbeizuführen, stießen hier auf wachsende Sympathien.[550] Als symptomatisch kann in diesem Zusammenhang die Resonanz gewertet werden, die der 1928 gegründete „Bund zur Erneuerung des Reiches" (Luther-Bund) in schwerindustriellen Kreisen fand.

Der Bund zur Erneuerung des Reiches war auf Initiative Hamburger und Bremer Schiffahrtsindustrieller, an ihrer Spitze Hapag-Generaldirektor Cuno, entstanden. Bereits Ende 1926 hatten sie Reichskanzler a. D. Hans Luther für die Leitung eines zu gründenden Vereins gewonnen, der Vorschläge für eine Verfassungsreform entwickeln und aktiv vertreten sollte.[551] Im Gründungsaufruf des Bundes zur Erneuerung des Reiches, der sich am 6. 1. 1928 konstituierte, hieß es:

---

[546] Zit. n. GM d. RDI, 9. Jg. (1927), S. 3.

[547] Verhdlgsber. v. d. Sitzg. d. GA d. ADV am 26./27. 11. 1928. — FST/412, ADV (26—29.)

[548] Hugenberg stimmte sowohl gegen das Knappschafts- wie gegen das Arbeitszeitnotgesetz. (Vgl. Rundschreiben Büro Lambach, Juni 1926. — FST/NL Diller, 11/D 8, u. Rede Hartwigs auf der DNVP-Vorstandssitzung am 3. 12. 1929, Anlage z. Schreiben Hartwigs an Kollegen, 11. 12. 1929. — FST/NL Diller, 11/D 9.) Zur übereinstimmenden Haltung der Schwerindustriellen mit Hugenberg vgl. M. Stürmer: Koalition, S. 205 ff., u. D. Stegmann: Kapitalismus, S. 27 f.; vgl. ferner die Rede Vielhabers auf der Tagung des RDI, gedr. in: GM d. RDI, 9. Jg. (1927), S. 2 f.

[549] Frohlockend berichtete das Publikationsorgan des von Hugenberg geleiteten ADI im Dezember 1927: „Noch vor Jahresfrist forderte die Wirtschaft fast einhellig mit allem Nachdruck den Eintritt der Deutschnationalen Volkspartei in die Regierungskoalition, offenbar in der Auffassung, die praktische Mitwirkung unserer Partei an verantwortlicher Stelle werde in der Arbeit des Reichsparlamentes bei der Entscheidung wirtschaftlicher Fragen die wirtschaftliche Vernunft zum Siege führen und damit grundlegenden Wandel schaffen. Heute dagegen beginnt die Erkenntnis durchzudringen, daß diese Mitarbeit zwar vielleicht bei der Gestaltung der Gesetze im einzelnen Schlimmeres zu verhüten vermochte, daß indessen ein Parlament, gewählt auf Grund des allgemeinen, gleichen, direkten Wahlrechts mit seinen nach dem uneingeschränkten Majoritätsprinzip gefaßten Beschlüssen nach Lage der Dinge weitergehende Hoffnungen *enttäuschen mußte*." Zur Lage, Vertraulicher Bericht d. ADI, Nr. 7, Dezember 1927. — FST/7533, DNVP-Ztg., Bd. 3.

[550] Vgl. dazu z. B. die Rede Vielhabers auf der Tagung des RDI, gedr. in: GM d. RDI, 9. Jg. (1927), S. 2 f.; vgl. ferner D. Stegmann: Verhältnis, S. 408 f.

[551] Vgl. Hans Luther: Vor dem Abgrund 1930—1933, Berlin (1964), S. 33 f. (i. f. zit.: H. Luther: Abgrund).

„Überall im deutschen Volke muß der Wille aufflammen zur *Überwindung von Streit und Vielregiererei.* Das *dritte Reich* gilt es zu zimmern, das die ganze Nation zusammenschweißt nach dem Worte des Freiherrn v. Stein: ‚Ich habe nur ein Vaterland, das heißt Deutschland'."[552]

Dieser Aufruf trug die Unterschriften der namhaftesten Industrievertreter Deutschlands, darunter die Thyssens, Vöglers, Springorums, Reuschs und Krupp v. Bohlen u. Halbachs.[553] Die besondere Wertschätzung, die der Bund und sein Vorsitzender Luther, ehemals Oberbürgermeister von Essen,[554] in Kreisen der rheinisch-westfälischen Schwerindustrie genossen, dokumentierte sich in großzügigen finanziellen Spenden[555] und in der Tatsache, daß der Krupp-Schwager Tilo Frhr. v. Wilmowsky den stellvertretenden Vorsitz des Bundes übernahm.[556]

Die Gründer des Bundes hatten mit ihrem ersten Aufruf angedeutet, daß ihr eigentliches Ziel die Revision des parlamentarischen Systems war.[557] Dennoch konzentrierten sich die vom Bund entwickelten und in der Öffentlichkeit diskutierten Reformvorschläge zunächst auf das Verhältnis Reich–Preußen. Die Kritik am aufgeblähten Berliner Verwaltungsapparat, entstanden aus der Dualität von Reichs- und preußischen Staatsbehörden, war in politischen Kreisen weit verbreitet. Um eine generelle Revision der Verfassung einzuleiten, waren deshalb Verbesserungsvorschläge auf diesem Gebiet der erfolgversprechendste Anknüpfungspunkt. Konkret forderte der Bund, Preußen in „Reichslandprovinzen" aufzuteilen und die Kompetenzen der bisherigen preußischen Staatsbehörden weitgehend dem Reich zu übertragen.[558] Damit sollten sowohl eine kostensparende und steuersenkende Verwaltungsvereinfachung als auch eine politische Gleichschaltung von Reich und Preußen erreicht werden.[559] Seit Bestehen der Republik führten in Preußen, das etwa zwei Drittel des Reichsgebietes umfaßte, Sozialdemokraten in Verbindung mit den sogenannten Weimarer Koalitionsparteien die Regierung, wohingegen die Reichskabinette meist aus Vertretern der bürgerlichen Parteien und ohne sozialdemokratische Beteiligung gebildet wurden. Mit dem Wegfall einer eigenständigen preußischen Staatsregierung wäre dieser politische Dualismus automatisch beseitigt

---

[552] Zit. n. Kurt Gossweiler: Bund zur Erneuerung des Reiches (BER) 1928–1933, in: Die bürgerlichen Parteien in Deutschland, Berlin 1968, Bd. I, S. 195–200, hier S. 197 (i. f. zit.: K. Gossweiler: BER). (Hervorhebungen durch d. Verf.)

[553] Vgl. ebd., S. 197.

[554] Luther kam durch diese Tätigkeit in engen Kontakt mit der Firma Krupp. Vgl. Hans Luther: Zusammenbruch und Jahre nach dem ersten Krieg in Essen, Essen 1958, u. T. v. Wilmowsky: Rückblickend, S. 115.

[555] So etwa von Krupp v. Bohlen u. Halbach. Vgl. Erinnerungsnotiz v. Wilmowskys f. Krupp v. Bohlen u. Halbach, 5. 7. 1933. — Krupp/FAH, IV E 46. Reusch setzte sich nach Darstellung H. Luthers (: Abgrund, S. 39 f.) für die „Mittelsammlung" in der Industrie ein. Möglicherweise handelte es sich bei diesen Sammlungen um Spenden der Ruhrlade.

[556] Vgl. H. Luther: Abgrund, S. 38, u. T. v. Wilmowsky: Rückblickend, S. 115 ff.

[557] In ihren nach 1945 erschienenen Erinnerungswerken deuten Luther und v. Wilmowsky nur sehr zurückhaltend an, daß es dem Bund eigentlich um die Reform des parlamentarischen Systems in Richtung auf eine autoritäre Regierungsform ging. Vgl. H. Luther: Abgrund, S. 41, u. T. v. Wilmowsky: Rückblickend, S. 118.

[558] Vgl. H. Luther: Abgrund, S. 41 f., u. T. v. Wilmowsky: Rückblickend, S. 117.

[559] Vgl. H. Luther: Abgrund, S. 34 ff., u. T. v. Wilmowsky: Rückblickend, S. 118 f.

und den Sozialdemokraten überdies ein wichtiges machtpolitisches Instrument entzogen worden: die preußische Polizei.[560]

Alfred Hugenberg wurde wenige Monate nach Gründung des Bundes von seinem Parteikollegen, dem Textilindustriellen und stellvertretenden RDI-Vorsitzenden Abraham Frowein, aufgefordert, die Bestrebungen des neuen Vereins durch Mitunterzeichnung seiner Leitsätze zu unterstützen.[561] Statt zu unterzeichnen, wie es von ihm, dem bislang profiliertesten Vorkämpfer für eine Reichsreform erwartet wurde,[562] kritisierte Hugenberg in einem ausführlichen Schreiben an Frowein das Vorgehen des Bundes. Duplikate dieses Schreibens sandte Hugenberg u. a. an Luther, Krupp v. Bohlen u. Halbach und an die Mitglieder des RDI-Präsidiums. U. a. hieß es darin:

„Einige wesentliche Grundgedanken der Leitsätze des Bundes sind von mir ausgesprochen worden, bevor die Erörterung über diese Dinge in Fluß gekommen war, und da könnte mir deshalb jemand (...) den Vorwurf der Eigenbrödelei machen, wenn ich Ihnen sage, daß ich die Vorschläge, wie sie nunmehr vorliegen, in keiner Weise befürworten kann, sondern auch öffentlich dagegen Stellung nehmen muß. (...) Auch ich habe, als ich auf die Unmöglichkeit des jetzigen Verhältnisses zwischen Reich und Preußen hinwies, zunächst nicht von den Fragen unserer Parlamente gesprochen, um die Erörterung vorläufig einmal ohne Rücksicht auf die hochpolitische Frage der parlamentarischen Verfassung in Fluß zu bringen. Heute ist das Stadium längst überholt, in dem man die Frage Reich und Preußen gesondert von der Frage des alles vernichtenden deutschen Parlaments- und Parteisystems betrachten könnte. (...) Heute, unter der Geltung eines entarteten Verfassungs- und Parteisystems, kann der Rückweg und die Rettung nur gefunden werden, wenn man ohne Rütteln an Einzelheiten zunächst nur das Funktionieren einer gesunden Willensbildung im Zentrum der Politik wieder ermöglicht. Zu dem Zwecke muß vor allem anderen der Artikel 54 der Reichsverfassung und die entsprechende Bestimmung der preußischen Verfassung, also die Abhängigkeit jedes Regiments von den wechselnden Vertrauens- und Mißtrauensvoten wechselnder Parlamentskoalitionen, mit anderen Worten die Grundlage unseres Parteiensystems durch eine Volksabstimmung – dies ist der einzige Weg – beseitigt werden. Dann kann sich unmittelbar die Gesundung des nunmehr allerseits als unmöglich erkannten Verhältnisses zwischen Reich und Preußen anschließen, indem der Reichspräsident zugleich preußischer Staatspräsident wird und dann gleichzeitig die Minister im Reich und Preußen ernennt. Alles weitere ist spätere Sorge. Sich heute mit diesem weiteren beschäftigen und die Öffentlichkeit mit der Kasuistik künftiger Verfassungsphantasien befassen, heißt: mit Kartenhäusern spielen. Man kann *auch nicht hinter dem Spiel mit solchen Dingen etwaige Zukunftsabsichten hinsichtlich des Artikels 54 verbergen.* Denn diese Frage ist *nicht mit taktischen Winkelzügen* und nicht in Klubzimmern zu lösen, sondern nur vor dem ganzen Volke. Dieses ist von der Entrüstung über unser heutiges Parlaments- und Parteiensystem schon in solchem Maße erfüllt, daß es nur der *einheitlichen Losung* seitens der führenden Köpfe und Kräfte bedürfte, um rettenden Taten in absehbar naher Zukunft die Wege zu ebnen."[563]

Hugenbergs ablehnende Stellungnahme wurde in schwerindustriellen Kreisen mit Enttäuschung, nicht aber mit Verständnislosigkeit quittiert. So schrieb ihm sein ehemaliger Firmenchef Krupp v. Bohlen u. Halbach:

---

[560] Vgl. H. Luther: Abgrund, S. 46, u. T. v. Wilmowsky: Rückblickend, S. 118.
[561] Vgl. Schreiben Hugenbergs an Frowein, 24. 6. 1928. — Krupp/FAH, IV E 46 (Hervorhebungen durch d. Verf.).
[562] Vgl. H. Luther: Abgrund, S. 44.
[563] Schreiben Hugenbergs an Frowein, 24. 6. 1928. — Krupp/FAH, IV E 46.

„Es tut mir sehr leid, daß Sie sich nicht entschließen können, die Leitsätze des Bundes zur Erneuerung des Reiches zu unterschreiben. Ich habe dies getan, obwohl auch mir klar war, wie schwer eine Durchführung derselben zu erreichen sein wird, was ich erneut in Ihren Ausführungen bestätigt finde."[564]

Diese Vorbehalte wiederholte Krupp trotz seiner Mitgliedschaft im Bund auch gegenüber anderen Persönlichkeiten.[565] Das macht deutlich, wie gering letztlich die innenpolitischen Differenzen zwischen Hugenberg und selbst solchen Repräsentanten der rheinisch-westfälischen Schwerindustrie waren, die als politisch gemäßigt galten.

Die überwiegende Mehrheit der rheinisch-westfälischen Schwerindustrie hielt ebenso wie Hugenberg sowohl eine Verfassungsreform hinsichtlich der parlamentarisch-demokratischen und der föderativen Struktur für wünschenswert als auch die Zeit für gekommen, vorbereitende Schritte zur Erreichung dieses Zieles einzuleiten. Hiervon zeugt die massive Unterstützung, die der Luther-Bund bei der rheinisch-westfälischen Schwerindustrie fand. Während aber Hugenberg den offenen Kampf für das größere Ziel – die Abschaffung des Artikels 54 – forderte, glaubten die meisten Schwerindustriellen, im Anschluß an den Bund zur Erneuerung des Reiches, sich mit Aussicht auf Erfolg zunächst nur für eine Teilreform – die Aufhebung des Dualismus Reich–Preußen – einsetzen zu können. Gleichwohl zollten selbst sogenannte gemäßigte Schwerindustrielle Hugenbergs radikalerem Vorgehen Respekt, wobei vermutlich auch die Tatsache eine Rolle spielte, daß wenige Monate nach Gründung des Bundes eine sozialdemokratisch geführte Reichsregierung an die Macht kam, wodurch die Erfolgsaussichten der vom Bund vertretenen Reformvorhaben erheblich herabgemindert wurden.

Hugenberg dagegen war kaum bereit, das vorsichtigere Taktieren seiner schwerindustriellen Freunde zu tolerieren. So erklärte er auch in seinem Schreiben an Frowein bezüglich des Bundes unverblümt:

„Ich bedaure außerordentlich, daß ich der Taktik so mancher hervorragender Männer unserer Wirtschaft auch in diesem Punkte nicht folgen kann. In beängstigendem Maße komme ich mehr und mehr zu der Auffassung, daß der Grundzug unserer heutigen bürgerlichen Welt die Angst vor dem Anpacken der wirklichen Probleme und Zusammenhänge des Augenblicks ist. Indem man die ganze Psychologie des Menschen verkennt, fühlt man sich von Schritt zu Schritt als zu schwach, um den Mißständen an den Punkten zu Leibe zu gehen, wo man den Hebel ansetzen kann. Man übersieht, daß diese Schwäche eigentlich nur in der Schwäche des eigenen Willens beruht und wie stark und lang in Wirklichkeit der Hebelarm zur Überwindung der allseits empfundenen Schwierigkeiten schon sein würde, wenn nur die *führenden Köpfe des Bürgertums und der Wirtschaft dem Grundproblem nicht immer aus dem Wege gehen*, sondern Kopf und Willen auf das klare Ziel des Druckes auf diesen Hebelarm vereinen würden."[566]

Diese Kompromißlosigkeit Hugenbergs in Fragen des taktischen Vorgehens war der eigentlich belastende Faktor in seinen Beziehungen zur rheinisch-westfälischen

---

[564] Schreiben Krupp v. Bohlen u. Halbachs an Hugenberg, 2. 7. 1928. — Krupp/FAH, IV E 46.

[565] Vgl. Schreiben Krupp v. Bohlen u. Halbachs an v. Gayl, 13. 7. 1928. — Krupp/FAH, IV E 46.

[566] Schreiben Hugenbergs an Frowein, 24. 6. 1928. — Krupp/FAH, IV E 46 (Hervorhebungen durch d. Verf.).

Schwerindustrie und erklärt das widerspruchsvolle Verhalten der Ruhrlade ihm gegenüber. In seiner langjährigen politischen Laufbahn hatte sich Hugenberg niemals als bloßes Vollzugsorgan der rheinisch-westfälischen Schwerindustrie verstanden. In groben Zügen hatte sein politisches Vorgehen zwar meist dem taktischen Konzept seiner schwerindustriellen Freunde entsprochen, doch in wichtigen Detailfragen (Koalition DVP-SPD) hatte sich Hugenberg schon als frischgebackener Abgeordneter eine abweichende, meist kompromißlosere Haltung vorbehalten. Während diese Differenzen in den ersten Jahren der Republik diskret und privatim ausgetragen wurden, begann Hugenberg etwa ab 1924/25, von seiner eigenen Situationseinschätzung abweichende politische Stellungnahmen schwerindustrieller Freunde (Reusch-Locarno) in aller Öffentlichkeit zu kritisieren, vor allem wenn sie, wie er meinte, nur an kurzfristigen ökonomischen Interessen orientiert waren. Nachdem er sich, beeinflußt von seinen alldeutschen Freunden, entschlossen hatte, den Vorsitz der DNVP zu erobern und die Partei auf eine kompromißlose Linie festzulegen, zeigte er überdies eine wachsende Neigung, nur mit jenen Industrieabgeordneten zu kooperieren (Kandidatenaufstellung), die seine Politik und seine persönlichen Pläne vorbehaltlos unterstützten. Letztlich zielte das Verhalten des Industrieabgeordneten Hugenberg auf eine politische Bevormundung der Großen des Ruhrreviers ab. Paul Reusch, bereits seit längerem mit Hugenberg verfeindet, hielt diesen Zustand für so unerträglich, daß er den Anspruch seines alten Rivalen auf den deutschnationalen Parteivorsitz mit allen Mitteln zu hintertreiben versuchte. Die Mehrheit der schwerindustriellen Ruhrladenmitglieder hingegen fand sich lediglich dazu bereit, Hugenbergs Handlungsspielraum innerhalb des schwerindustriellen Subventionssystems einzuschränken, um ihn dadurch ihren Wünschen wieder zugänglicher und sozusagen lenkbarer zu machen.[567] Als Niederlage, wie Turner behauptet,[568] dürften sie Hugenbergs Wahl zum Parteivorsitzenden daher kaum betrachtet haben. Mochte sich der ehemalige Krupp-Direktor auch unter Umständen über kurzfristige Profitinteressen hinwegsetzen, langfristig entsprachen seine politischen Ansichten und Absichten durchaus ihren politisch-ökonomischen Interessen. So konnte Hugenberg wenige Monate nach seiner Wahl zum Parteivorsitzenden Wegener berichten:

„(...) mit der westlichen Industrie bin ich augenblicklich so einig wie je zuvor."[569]

---

[567] Turner gibt im Widerspruch zu seiner ganzen Argumentation selbst zu: „Lediglich Reusch opponierte im Alleingang gegen Hugenbergs Anspruch auf den Parteivorsitz und ermutigte innerparteilichen Widerstand." H. A. Turner: Faschismus, S. 131.
[568] Vgl. ebd., S. 130.
[569] Schreiben Hugenbergs an Wegener, 31. 5. 1929. — BA/NL Wegener, Nr. 65.

Schlußbetrachtung

Versuchen wir die eingangs gestellten Fragen nach sozialer Repräsentanz, politischem Einflußbereich und Technik der politischen Einflußnahme Alfred Hugenbergs in der Zeit von 1918 bis 1928 abschließend zu beantworten, so muß dabei deutlich zwischen zwei verschiedenen Phasen Hugenbergscher Politik unterschieden werden. In der Zeit von 1918 bis 1924 unterstützte er alle die politischen Kräfte, die grundsätzlich den Sozialismus und, ohne pragmatische Anpassung auszuschließen, das System von Weimar ablehnten. Hugenbergs Ziel war es zunächst nur, diese Kräfte zu stärken und in einer breiten bürgerlichen Einheitsfront zu sammeln, bürgerlich in den Sinn, daß das Bekenntnis zur bürgerlich-kapitalistischen Gesellschafts- und Wirtschaftsordnung, nicht aber unbedingt die soziale Herkunft der einende Faktor war. In der Zeit von 1925 bis 1928, nach einer kurzen resignativen Periode, steuerte Hugenberg dagegen einen politischen Kurs, der ganz konkret auf die baldige Überwindung des parlamentarischen Systems unter seiner Führerschaft abzielte. Die Änderung seiner politischen Strategie führte zu einer Veränderung seiner politisch-sozialen Basis und auch zu Korrekturen an der Technik seiner politischen Einflußnahme.

In Anknüpfung an seine Aktivitäten im Kaiserreich hatte Hugenberg in den ersten Jahren der Republik das „System Hugenberg" perfektioniert. Mit Geldern der Schwerindustrie, mit Mandaten und Posten in seinem Konzern und unter Ausnutzung persönlicher Beziehungen lenkte er Parteien und Verbände unsichtbar mit und suchte zugleich die Wählermassen mit Hilfe eines umfangreichen publizistischen Apparats zu beeinflussen. Das „System Hugenberg" beruhte somit auf der hochgradig organisierten und konsequenten Anwendung aller traditionellen Mittel der Politik hinter den Kulissen und wurde von einem modernen, auf die Massengesellschaft eingestellten Pressekonzern ergänzt. Hugenberg nutzte dabei sein System zum Teil, wie Einzelbeispiele zeigen, in Form konkreter politischer Handlungsanweisungen, zum Teil baute er auch auf antizipatorische Reaktionen. Nachdem sich aber 1924 anläßlich der Entscheidung über den Dawes-Plan erwiesen hatte, daß mit diesem Vorgehen gegen den Widerstand organisierter Interessengruppen politische Absichten nicht unbedingt durchzusetzen waren, begann er sein System in zweierlei Hinsicht zu ändern. Zum einen wollte er sich nun nicht mehr allein damit begnügen, die Fäden hinter den Kulissen zu ziehen, sondern strebte die politische Exekutivmacht über den Umweg des deutschnationalen Parteivorsitzes an. Zum anderen suchte er eine Gefolgschaft zu rekrutieren, die sich nicht mehr nur durch Geld, Posten und Mandate sowie eine sehr weitgefaßte gemeinsame Grundanschauung an ihn gebunden fühlte, sondern sich in völliger politischer Übereinstimmung mit ihm befand und einen kompromißlosen, an ideologischen und nicht an kurzfristigen tagespolitischen Interessen orientierten Systemveränderungskurs zu verfolgen bereit war. Gleichwohl bedeutete das nicht, daß Hugenberg auf die traditionelle Technik seiner politischen Einflußnahme ganz verzichtet hätte. Gerade sein Kampf um die Vorherrschaft in der DNVP zeigt deutlich, daß er nach wie vor seine bisherigen Machtmittel, insbesondere das Geld, einsetzte, und sogar rücksichtsloser als bisher, denn nun baute er kaum noch auf antizipatorische Reaktionen, sondern schlicht auf Repressionen.

Die schärfere Gangart, die Hugenberg zur Durchsetzung seiner politischen Ziele anschlug, zeigte sich auch in seinem Verhalten gegenüber den außerparlamentarischen Organisationen der bürgerlichen Rechten. Gefördert wurden nur noch solche Gruppen, die sich seinen Wünschen bedingungslos unterordneten. Dieses Vorgehen in der DNVP und gegenüber den mit ihr durch personelle Querverbindungen vielfach verschwisterten nationalen Verbänden hatte zwar einerseits den Erfolg, daß Hugenberg nun tatsächlich Teile der weitgefächerten bürgerlichen Rechten zu einem einheitlichen „Block" unter seiner Führung zusammenschweißen konnte, andererseits aber auch den Effekt, daß bereits bestehende Differenzen im nationalen Lager verschärft wurden und eine weitere Polarisierung zwischen „Pragmatikern" und „Ideologen" stattfand. Im Zuge der Blockbildung vergrößerte sich Hugenbergs politisch-soziale Basis auch keineswegs, sondern verengte sich.

In den ersten Jahren der Republik hatte Hugenberg mit seinem breit angelegten Sammlungskonzept vom militanten Wehrverband bis zum intellektuellen Debattierklub alles zu erfassen gesucht, was in der rechten Szenerie Rang und Bedeutung besaß. So hatte er sich sogar bemüht, in die bürgerliche Einheitsfront gewerkschaftlich organisierte christlich-soziale Arbeiter und Angestellte einzubeziehen, Kräfte also, die zwar grundsätzlich auf dem Boden des Kapitalismus und im nationalen Lager standen, gleichwohl aber sozialen Kampforganisationen angehörten, die Hugenberg vor 1918 entschieden abgelehnt hatte. Sein im Zeichen des allgemeinen und gleichen Wahlrechts geschlossenes Bündnis mit den Christlich-Sozialen war aber nur so lange praktikabel, wie er sich sowohl inhaltlich als auch formal an das partnerschaftliche Konzept der ZAG hielt. Als er sich ab 1925 wieder offen zu seinen nie aufgegebenen, zeitweise aber nicht ausgesprochenen wirtschaftsfriedlichen Überzeugungen bekannte und überdies auch noch die politische Exekutivmacht anzustreben begann, war eine weitere Zusammenarbeit mit den Christlich-Sozialen nicht mehr möglich. So reduzierte sich seine soziale Basis wieder auf die Kräfte, auf die er sich bereits im Kaiserreich gestützt bzw. die er unterstützt hatte: Vertreter des Bildungs- und Besitzbürgertums, des grundbesitzenden Adels und des Alten Mittelstandes.

Hugenbergs in der zweiten Hälfte der zwanziger Jahre offen demonstrierte gewerkschaftsfeindliche Haltung war innerhalb der bürgerlichen Rechten keineswegs ein Einzelfall, sondern symptomatisch für das wiedererstarkte Selbstbewußtsein jener Vertreter der sozialen Oberschicht, deren gesellschaftliche Machtpositionen durch die Revolution von 1918 zwar eingeengt, nicht aber ernsthaft angetastet worden waren. Hugenberg befand sich mit seiner sozialreaktionären Einstellung insbesondere in Übereinstimmung mit der überwiegenden Mehrheit der rheinisch-westfälischen Schwerindustrie. Hatte sie gemeinsam mit ihm in der Revolutions- und Nachrevolutionszeit durch Verhandlungsbereitschaft und Anpassung an die neuen Verhältnisse nicht nur die Sozialisierung zu verhindern, sondern auch die sozialpolitischen Zugeständnisse auf das notwendige Minimum zu reduzieren gesucht, so steuerte sie jetzt, nachdem die Wirtschaftsstruktur weitgehend unverändert geblieben und ihre Position stabilisiert war, einen harten Konfrontationskurs gegen die Arbeiterschaft und die ursprünglich aus opportunistischen Gründen akzeptierten sozialpolitischen Errungenschaften der Republik. Auch Hugenbergs nunmehr kompromißloser Systemveränderungskurs stieß bei der Schwerindustrie, die das parlamentarisch-demokratische System nie gewünscht, in Angesicht von Rätebewegung und kommunistischen Unruhen aber zeitweise unterstützt hatte, auf wachsende Sympathien, da im Staat von Weimar selbst unter einer rechtsbürgerlichen Regierung im Zeichen des allgemeinen und gleichen Wahlrechts unternehmerische Interessen zwar vertretbar, nicht aber optimal durchsetzbar waren. Allerdings gab es eine starke Fraktion im Ruhrrevier, die bei aller grundsätzlichen Übereinstimmung mit Hugenberg doch zu einem vorsichtigen Taktieren tendierte und den Zeitpunkt für eine radikale Verfassungsänderung noch nicht für gekommen hielt, sondern nur vorbereitende Schritte hierzu befürwortete. Von ernsthaften Differenzen zwischen Hugenberg und Teilen der Schwerindustrie kann aber nur im Bereich der Außenpolitik gesprochen werden. Während viele Schwerindustrielle, trotz ihrers bereits im Kaiserreich demonstrierten und in der Republik verbal fortgesetzten Einsatzes für eine Außenpolitik der Stärke, aus ihrem Interesse an ausländischen Krediten heraus Stresemanns Verständigungspolitik zum Teil diskret, zum Teil offen unterstützten, war Hugenberg nicht bereit, zugunsten kurzfristiger Interessenvorteile auf außenpolitische Prinzipien zu verzichten. Überdies, und das war entscheidend, spekulierte er darauf, nationale Emotionen bei den Wählermassen in Ressentiments gegen das demokratische System ummünzen und so für eine weitere Destabilisierung des Weimarer Staates sorgen zu können.

Hugenbergs besonders in der zweiten Hälfte der zwanziger Jahre offenkundig zutage tretende Tendenz, dem politischen Grundsatzziel der Systemveränderung alles andere, auch unternehmerische Tagesinteressen, unterzuordnen, machte ihn zu einem Sonderfall innerhalb der Schwerindustrie. Die Mehrheit der Großen an Rhein und Ruhr neigte dazu, kurzfristige Interessenvorteile politischen Fernzielen überzuordnen, auch wenn diese wiederum interessenspezifisch geprägt waren. Trotz seiner von der Mehrheit der Schwerindustriellen abweichenden, stark ideologieorientierten Haltung kann aber kaum davon gesprochen werden, daß Hugenberg kein Repräsentant der Schwerindustrie war. Schon seine Ämter in den industriellen Verbänden, von denen er nach Übernahme des deutschnationalen Parteivorsitzes immerhin noch den stellvertretenden Vorsitz des Bergbau- und Zechenverbandes behielt, wiesen ihn als industriellen Interessenvertreter aus. Überdies gründeten sich auch seine politischen und publizistischen Einflußmöglichkeiten in ihren Ursprüngen auf seine Verfügungsgewalt über industrielle Gelder. Ohne die Millionenbeträge der Schwerindustrie hätte er weder seinen publizistischen Konzern errichten, noch einen derartigen Einfluß auf Parteien und Verbände der bürgerlichen Rechten nehmen können. Allerdings war es Hugenbergs persönliches Verdienst, industrielle Gelder in bisher unbekanntem Ausmaß in organisierte politisch-publizistische Macht umgesetzt zu haben. Damit machte er sich der Schwerindustrie unentbehrlich und entwickelte sich von einem leitenden Angestellten und Verbandsfunktionär zu einem politischen Manager der Schwerindustrie, der über einen großen persönlichen Handlungsspielraum verfügte und nur noch unvollkommen zu kontrollieren war. Die mangelnden Kontrollmöglichkeiten, in der Hauptsache verursacht durch die Kapitalstruktur des Hugenberg-Konzerns, machen deutlich, warum der Manager Hugenberg, der nie Eigentümer-Unternehmer war, sich von der Schwerindustrie partiell politisch verselbständigen konnte. Seine Verselbständigung hatte allerdings dort ihre

Grenzen, wo er einerseits einen ausschließlichen politischen Führungsanspruch erhob, andererseits aber nicht bereit war, unternehmerische Tagesinteressen adäquat zu berücksichtigen. Unter diesen Gegebenheiten begann die Schwerindustrie in der zweiten Hälfte der zwanziger Jahre, geführt von Paul Reusch, Hugenbergs Handlungsspielraum auf den Gebieten einzuengen, auf denen es ihr noch möglich war: in den industriellen Interessenverbänden und, damit verbunden, im Bereich der Parteienfinanzierung. Hugenberg wurde dadurch wieder zu einem schwerindustriellen Verbandsfunktionär unter anderen und war nicht mehr der politische Sprecher der Schwerindustrie schlechthin.

War Hugenberg somit zweifellos auch noch 1928 ein Repräsentant der Schwerindustrie, wenn auch nicht *der* Repräsentant, so bleibt zu fragen, warum er sich, anders als die Mehrheit seiner Freunde an Rhein und Ruhr, stärker an politischen Fernzielen als an praktischen ökonomischen Tagesinteressen orientierte. Eine Erklärung hierfür mag mit in Hugenbergs beruflichem Werdegang liegen. Sein Aufstieg zum Vorsitzenden des größten deutschen Rüstungsunternehmens, der Fried. Krupp AG, vollzog sich weder im Ruhrrevier noch in der Industrie überhaupt. Vielmehr hatte er, als er 1909 den Posten bei Krupp antrat, bereits mehrere vielversprechende Karrieren als Beamter, Genossenschaftsdirektor und Bankdirektor hinter sich. Seine politischen Leitbilder lagen längst fest. Beeinflußt vom nationalliberalen Elternhaus, einem kathedersozialistischen Studium und Erfahrungen mit der preußischen Ansiedlungspolitik im Grenzland Posen, hatte er sich zu einem wilhelminischen Bildungs- und Besitzbürger entwickelt, für den die Erhaltung der bürgerlich-kapitalistischen Gesellschafts- und Wirtschaftsordnung und die außenpolitische Stärke des Reiches Leitmotive seines politischen Denkens waren, der sich aber darüber hinaus der Bedrohung, die von der heraufziehenden Massengesellschaft für die Welt des wilhelminischen Bürgertums ausging, in besonderem Maße bewußt war und ihr frühzeitig durch aktives politisches Handeln entgegenzuwirken trachtete.

Als Hugenberg im Ruhrrevier tätig wurde, unterschied er sich von der Mehrzahl der in der Industrie großgewordenen Eigentümer-Unternehmer und Manager nicht durch seine politischen Anschauungen, wohl aber dadurch, daß er mehr an der Politik als am Profit interessiert war. Diese Neigung verstärkte sich noch, als er wie andere Industrielle 1919 in das Parlament einzog, anders aber als sie seinen Posten als Leiter eines Industriewerkes aufgab und im Hauptberuf Politiker wurde. Mehr denn je fühlte er sich nun als Interessenvertreter des gesamten Bürgertums, innerhalb dessen die Schwerindustrie zwar eine Gruppe war, der er sich besonders, nicht aber ausschließlich verpflichtet fühlte. Deshalb weigerte er sich auch, kurzfristige gruppenspezifische Tagesinteressen der Industrie zu berücksichtigen, als diese nicht in sein Konzept der Systemveränderung paßten, das seiner Meinung nach im langfristigen Interesse des gesamten Bürgertums einschließlich der Industrie lag.

Greifen wir der Zeit voraus, so läßt sich abschließend noch folgende These aufstellen: der Geheime Finanzrat Dr. Alfred Hugenberg war geradezu prädestiniert, als erster führender Vertreter der bürgerlichen Rechten ein Bündnis mit Hitler einzugehen. Innerhalb einer im Verlauf der scheinbaren Stabilisierung der Republik gesamtgesellschaftlich erstarkenden bürgerlichen Rechten gehörte er nicht nur dem Flügel an, der den Zeitpunkt für einen konsequenten Systemveränderungskurs für gekommen hielt, sondern er war auch gewillt, die Führung der gesamten bürgerlichen Rechten zu übernehmen. Da er aber seine Systemveränderungsstrategie nicht nur rigoros durchzusetzen versuchte, sondern auch mit einer sozialreaktionären Konfrontationsstrategie koppelte, reduzierte sich tatsächlich seine politisch-soziale Basis und er verlor seinen Einfluß auf rechtsstehende Arbeiter- und Angestelltenkreise, deren Unterstützung für eine „legale" Machtergreifung notwendig war. Dadurch wurde Hugenberg, der sich der Bedeutung der Massen für die Durchsetzbarkeit seiner Ziele durchaus bewußt, aber nicht zu Abstrichen am sozialpolitischen Gehalt dieser Ziele bereit war, auf das Bündnis mit jenem Mann verwiesen, der nicht im Geruch des Sozialreaktionärs stand und die Massen zu mobilisieren vermochte, mit seinen Volksgemeinschaftsparolen aber durchaus in Hugenbergs sozialpolitisches Konzept paßte. Umgekehrt konnte Hugenberg als schwerindustrieller Interessenvertreter Hitler auch die Wege zu jenen Kreisen ebnen, die gesellschaftliche Machtpositionen besetzten und einerseits zwar die Systemveränderung wünschten, andererseits aber wegen kurzfristiger Interessenvorteile immer wieder zu pragmatischer Anpassung neigten. Überdies hatte Hugenberg auch seinen umfangreichen publizistischen Apparat anzubieten, mit dem er seit Beginn der Republik auf die Wählermassen im Sinne bürgerlicher Sammlungspolitik eingewirkt und zusammen mit seinen Aktivitäten in Verbänden und Parteien in besonderer Weise für die strukturelle Instabilität der Weimarer Republik gesorgt hatte, die den Boden für Hitlers Aufstieg bereitete.

Anhang

Systematische Darstellung des Hugenberg-Konzerns

Mit dem Ankauf der Universum Film AG und einigen sich daran anschließenden konzerninternen Transaktionen schloß Alfred Hugenberg im Lauf des Jahres 1927 weitgehend,[1] jedenfalls für die Dauer der Republik,[2] den langjährigen Auf- und Umbau seines Lebenswerkes ab. Zu Beginn des Jahres 1928 hatte der Hugenberg-Konzern somit seine maximale Ausdehnung erlangt und stand seinem Schöpfer für die politischen, die Existenz der Republik bedrohenden Auseinandersetzungen der kommenden Jahre als voll funktionsfähiges Machtinstrument zur Verfügung. Mit dem folgenden systematischen Überblick sollen deshalb Struktur und Umfang des Hugenberg-Konzerns in der seit 1928 erreichten prägnantesten Form veranschaulicht werden. Einige Gesellschaften, die nur zeitweise dem Konzern angehörten, können bei diesem Vorgehen nicht berücksichtigt werden. Dabei handelt es sich aber fast ausschließlich um jene im Textteil erwähnten ländlichen Kreditorganisationen, die für den Ausbau des publizistischen Machtbereichs Alfred Hugenbergs nur eine untergeordnete Rolle spielten.[3]

1. Pressebeeinflussende Unternehmungen

a) Anzeigenbüros

aa) ALA Anzeigen AG, Berlin

Gründungs- und Besitzverhältnisse:
Mit Hilfe der Ausland GmbH, einer von ihm am 6. 3. 1914 ins Leben gerufenen Finanzierungsgesellschaft der rheinisch-westfälischen Schwerindustrie, gründete Hugenberg[4] am 30. 4. 1914 die Ausland Anzeigen GmbH. 1917 wurde die Ausland Anzeigen GmbH in die Allgemeine Anzeigen GmbH umgewandelt. Die Allgemeine Anzeigen GmbH erwarb 1918 die Aktienmehrheit des Annoncenbüros Haasenstein und Vogler AG und dessen Tochter, der Daube und Co. GmbH. Am 22. 10. 1919 entstand aus dem Zusammenschluß dieser drei Gesellschaften (Interessengemeinschaftsvertrag) die ALA Vereinigte Anzeigengesellschaften Haasenstein und Vogler

---

[1] Es fanden nach 1927 noch einige konzerninterne Verschiebungen statt, die aber nicht mehr von grundsätzlicher Bedeutung waren.

[2] Nach 1933 änderten sich Struktur und Umfang des Hugenberg-Konzerns unter dem Druck der Verhältnisse grundlegend.

[3] Vgl. S. 107 ff.

[4] Vgl. hierzu und zum folgenden die detaillierten Darstellungen von W. Hermann: Ala, S. 10 ff., und D. Guratzsch: Macht, S. 202 ff.

AG, Daube u. Co. GmbH. 1923 wurde diese GmbH schließlich in eine AG, die ALA Anzeigen AG, umgewandelt. Das Grundkapital der ALA Anzeigen AG betrug seit 1924 zwei Millionen RM. Als Mehrheitsaktionärin trat im Laufe der zwanziger Jahre an die Stelle der Ausland GmbH die Ostdeutsche Privatbank, die zentrale Holdinggesellschaft des Hugenberg-Konzerns.[5] Etwa ab 1930 wurde sie von zwei anderen Konzerngesellschaften abgelöst,[6]

die August Scherl GmbH übernahm: 836 000 RM

die Außendienst GmbH übernahm: 831 020 RM

zusammen 1 667 020 RM

Außendienst und Scherl GmbH verfügten somit über rund 83 % des zwei Millionen RM betragenden Grundkapitals der ALA.[7] Weitere 6 % befanden sich wahrscheinlich in Händen anderer Gesellschaften des Hugenberg-Konzerns.[8] Mindestens 11 % aber entfielen auf Kleinaktionäre, vor allem aus Verlegerkreisen, die auf diese Weise eng an die Interessen der ALA gebunden wurden.[9]

Presseeinfluß:

Zweck der ALA war laut Handbuch der deutschen Aktiengesellschaften:

„Betrieb des Anzeigenvermittlungsgeschäftes im Inlande und nach dem Auslande, sowie Beteiligung an solchen oder ähnlichen Unternehmen."[10]

Die mit diesem Geschäft verbundenen politischen Einflußmöglichkeiten auf die Presse sind von Ludwig Bernhard beschrieben worden:

„Inseratenaufträge zu erhalten, ist für jede Zeitung eine Lebensfrage. (...) Politischer Einfluß eines Annoncenbüros bedeutet nicht Inseratenbestechung, politischer Einfluß eines Annoncenbüros bedeutet auch nicht Untreue gegen den Auftraggeber, der mit seinem Inserat nicht Politik treiben, sondern den größtmöglichen geschäftlichen Nutzen erzielen will. Politischer Einfluß eines Annoncenbüros bedeutet vielmehr *eine suggestive Wirkung,* die notwendig ausströmen wird von einem Unternehmen, das erstens bedeu-

---

[5] Vgl. L. Bernhard: Hugenberg-Konzern, S. 95.

[6] Der genaue Zeitpunkt war nicht feststellbar. W. Hermann (: Ala, S. 100) spricht lediglich davon, daß Außendienst und Scherl GmbH vor 1931 an die Stelle der Opriba traten.

[7] Angaben laut Vermögensaufstellung der Wirtschaftsvereinigung zur Förderung der geistigen Wiederaufbaukräfte per 15. 11. 1931, 19. 11. 1931. — NL Hugenberg, P 17; Scherl-Revisionsbericht Nr. 4 per 31. 12. 1932, Anhang Nr. 55. — Akten Opriba, C II, 39—40.

[8] L. Bernhard (: Hugenberg-Konzern, S. 95) führt für das Jahr 1927 neben der ebenfalls 83 % betragenden Beteiligung der Ostdeutschen Privatbank Beteiligungen anderer, namentlich nicht genannter Konzerngesellschaften in Höhe von 6 % auf. Es ist äußerst unwahrscheinlich, daß Hugenberg den Konzernanteil an der Ala zugunsten anderer Interessenten in den nächsten Jahren verringerte, da seine Politik besonders ab der zweiten Hälfte der zwanziger Jahre darauf abzielte, Konzernmajoritäten noch zu verbreitern.

[9] Vgl. Gerd F. Heuer: Entwicklung der Annoncen-Expeditionen in Deutschland, Limburg a. L. 1937, S. 34 (i. f. zit.: G. Heuer: Entwicklung); vgl. auch Walter Heide (Hrsg.): Handbuch der Zeitungswissenschaft, Leipzig 1940, Bd. 1, Sp. 43 (i. f. zit.: Hdb. d. Ztgswiss.).

[10] Hdb. d. dt. AG, 1929, IV, S. 6334 f.

tende Inseratenaufträge zu vergeben hat, zweitens Verfügung über die Annoncenteile von zahlreichen Zeitungen hat und drittens mitten in einer entschieden politischen Sphäre steht."[11]

Der suggestiven Wirkung der ALA unterlagen im Jahre 1922 bereits 75 Zeitungsverleger, die Gesellschafter der ALA geworden waren. Ohne bei den herrschenden Majoritätsverhältnissen Einfluß auf deren (Geschäfts-)Politik nehmen zu können, räumten die Verleger umgekehrt der ALA eine monopolartige Stellung bei der Anzeigenversorgung ihrer Zeitungen ein.[12] Einem tendenziellen politischen Einfluß der ALA waren somit u. a. folgende Zeitungen zugänglich:[13]

Name der Zeitung	Erscheinungs-ort*	Auflage*	Politische Richtung n. eigenen Angaben*
Berliner Börsen-Courier	Berlin	—	demokratisch
Deutsche Tageszeitung	Berlin	—	rechts-agrarisch
Deutsche Zeitung	Berlin	—	national
Hamburger Nachrichten	Hamburg	—	national
Karlsruher Zeitung	Karlsruhe	—	—
Kölnische Zeitung	Köln	—	Zentrum
Nürnberger Zeitung	Nürnberg	75 000	parteilos
Schlesische Zeitung	Breslau	—	rechtsstehend christlich
Stuttgarter Neues Tagesblatt	Stuttgart	65 000	liberal-demokratisch
Tremonia	Dortmund	50 000	Zentrum
Weser-Zeitung	Bremen	—	unabhängig national

* Die Angaben sind dem von der Rudolf Mosse Annoncenexpedition hrsg. Zeitungskatalog, 55. Ausg. 1929, entnommen (i. f. zit.: Mosses Ztgs-Katalog).

In der zweiten Hälfte der zwanziger Jahre ging die ALA, hierin ihrem größten Konkurrenten, der Rudolf Mosse Annoncenexpedition folgend, dazu über, die Anzeigenseiten der von ihr belieferten Zeitungen zu pachten. Genaue Zahlen über die so noch tiefer in die Abhängigkeit von der ALA geratenen Zeitungen waren nicht zu ermitteln. Für 1927 liegt lediglich die Angabe vor, daß die ALA zu diesem Zeitpunkt „etwa 100 Pachtungen von Kalendern, Zeitschriften, Zeitungsringen wie der VERBO, ZENO usw." übernommen hatte.[14]

---

[11] L. Bernhard: Hugenberg-Konzern, S. 76.
[12] Mit einem abgestuften System von Verpflichtungsscheinen sorgte die Ala dafür, daß sie für die Zeitungen ihrer Gesellschafter eine Monopolstellung, mindestens aber eine Vorrangstellung erhielt. Vgl. W. Hermann: Ala, S. 27.
[13] Die Angaben über die Bindung an die Ala finden sich verstreut in G. Guratzsch: Macht, S. 210—211, u. S. 267; Hdb. d. Ztgswiss., Bd. 1, Sp. 43; W. Hermann: Ala, S. 22, S. 70 u. S. 73; K. Koszyk: Deutsche Presse, S. 220 f.
[14] W. Hermann: Ala, S. 83.

bb) *Leo Waibel Anzeigenverwaltung GmbH, München*

Gründungs- und Besitzverhältnisse:[15]

Gegründet: 3. 9. 1924

Stammkapital: 5 000 RM

Gründer: Wilhelm Leupold[16] als Treuhänder der ALA mit einer Bareinlage von 3000 RM, Leopold Waibel mit einer Sacheinlage von 2000 RM.

Am 3. 9. 1924, also noch am Gründungstag, trat Waibel seinen Stammanteil von 2000 RM an die Ostdeutsche Privatbank ab, die als Treuhänderin der ALA fungierte. Am 1. 10. 1924 trat Leupold seinen Stammanteil von 3000 RM an die ALA ab. Am 17. 12. 1925 trat die ALA einen Stammanteil von 1000 RM an den J. F. Lehmann Verlag ab. Die ALA, die nunmehr ihre sämtlichen Waibelanteile der Ostdeutschen Privatbank zu treuen Händen gab, verfügte somit über 4000 RM, d. h. 80 % des Stammkapitals der Leo Waibel Anzeigenverwaltung GmbH.

Presseeinfluß:

Zweck des Unternehmens war die Vermittlung von Anzeigen- und Reklamegeschäften. Die Waibel GmbH nahm, wie die ALA und andere Anzeigenbüros, Anzeigenseiten von Zeitungen in Pachtung. Wie viele Blätter von ihr betreut wurden, ist unbekannt. Vermutlich bestand aber die Hauptaufgabe der Waibel GmbH in der Annoncenversorgung der vom J. F. Lehmann Verlag herausgegebenen Zeitschriften. Bereits im Kaiserreich hatte Hugenberg die „völkischen" Zeitschriften seines alldeutschen Verbandsfreundes J. F. Lehmann, vor allem „Deutschlands Erneuerung", mit umfangreichen Anzeigenaufträgen der ALA, damals noch Ausland Anzeigen GmbH, unterstützt.[17] Jetzt nahm seine Waibel GmbH die Anzeigenseiten der Lehmannschen Blätter in Pachtung.[18] Im einzelnen handelte es sich um folgende Publikationen:[19]

Deutschlands Erneuerung (Vaterländische Monatsschrift)
Bayerischer Vorgeschichtsfreund
Volk und Rasse (Illustrierte Vierteljahresschrift für deutsches Volkstum)
Kunststoffe (Zeitschrift für Erzeugung und Anwendung veredelter und chemisch hergestellter Stoffe)
Archiv für Rassen- und Gesellschaftsbiologie
Zeitschrift für Rassenphysiologie
Zeitschrift für Biologie
Jahreskurse für ärztliche Fortbildung
Münchener Medizinische Wochenschrift

Durch Überlassung eines Geschäftsanteils der Waibel GmbH vertiefte Hugenbergs ALA, wie oben erwähnt, ihre Beziehungen zu dem rassekundlichen Lehmann-Ver-

---

[15] Die Angaben sind W. Hermann: Ala, S. 98 f., entnommen.

[16] Wilhelm Leupold, früher bei den MNN tätig, wurde im November 1926 Vorstandsmitglied der Scherl GmbH. Vgl. Schreiben Klitzschs an Hugenberg, 17. 4. 1925. — Akten Opriba, H 21.

[17] Vgl. die Schreiben Hugenbergs an Claß, 1. 8., 10. 8. u. 30. 10. 1916. — FST/MA, 06—5/1; vgl. auch D. Guratzsch: Macht, S. 268.

[18] Vgl. W. Hermann: Ala, S. 98.

[19] Die Angaben sind den Briefköpfen Lehmannscher Korrespondenz entnommen, wie sie sich etwa im BA/NL Wegener, Nr. 18, findet.

lag. Der wütende Antisemit Lehmann,[20] der 1923 den Hitler-Putsch unterstützte[21] und 1931 von der DNVP zur NSDAP überwechselte,[22] war dem Hugenberg-Konzern überdies auch noch als Gesellschafter der MAA verbunden.

cc) Österreichische Anzeigen-Gesellschaft AG (ÖAG), Wien

Gründungs- und Besitzverhältnisse:
1918 gründete Hugenberg unter Beteiligung der ALA die Österreichische Anzeigen GmbH.[23] 1921 wurde die GmbH in die Österreichische Anzeigen-Gesellschaft AG (ÖAG) umgewandelt.

Das Grundkapital betrug 1928:	700 000 S.
Aktionäre: August Scherl GmbH (H.-K.)	369 750 S.
ALA (H.-K.)	129 980 S.
Diverse nicht zum Hugenberg-Kreise zählende Aktionäre	200 270 S.

Die August Scherl GmbH verfügte zusammen mit der ALA somit über 71,3 % des Grundkapitals der ÖAG.[24]

Presseeinfluß:
Zweck des Unternehmens war nicht nur die Annoncenvermittlung, sondern auch „der Betrieb von Verlagsgeschäften aller Art".[25] Dazu zählte sowohl die Herausgabe von Adreßbüchern[26] als auch die Beteiligung an Zeitungen und Zeitschriften.[27] Wie viele und welche Publikationen von der ÖAG abhängig waren, ist unbekannt.

b) Zeitungsberatungs- und Beteiligungsgesellschaften, Zeitungsbanken

Die in diesem Abschnitt aufgeführten Gesellschaften dienten Hugenberg vor allem als Instrumente zur Beeinflussung der Provinzpresse und arbeiteten eng zusammen. Die bedeutendsten dieser Unternehmen, die VERA Verlagsanstalt GmbH, die Mutuum Darlehens-AG und die Alterum Kredit-AG, residierten in einem gemeinsamen Haus in der Berliner Markgrafenstraße und wurden konzernintern nur die

---

[20] Lehmann kritisierte auch Hugenbergs wenig „rassereine" Personalpolitik, etwa bei der Ufa, hart. Vgl. Schreiben Lehmanns an Wegener, 21. 12. 1932. — BA/NL Wegener, Nr. 18.
[21] Vgl. Schreiben Lehmanns an seine Tochter, 11. 11. 1923, gedr. in: M. Lehmann: Verleger, S. 188—190.
[22] Vgl. M. Lehmann: Verleger, S. 78.
[23] Vgl. W. Hermann: Ala, S. 28.
[24] Angaben laut Österreichische Anzeigen-Gesellschaft AG (Übersicht), o. D. (nach 1933). — Akten Opriba, G XX, 2; Scherl-Revisionsbericht Nr. 4 per 31. 12. 1932, Anhang Nr. 55. — Akten Opriba, C II, 39—40; Geschäftsbericht d. Scherl GmbH f. 1928. — Akten Opriba, C II, 13.
[25] Statuten der ÖAG, 1927. — Akten Opriba, G XX, 1.
[26] Vgl. Bericht Klitzschs über seine Wiener Reise v. 9.—13. 12. 1922, 13. 12. 1922. — Akten Opriba, H 3, u. Scherl-Revisionsbericht Nr. 4 per 31. 12. 1932. — Akten Opriba, C II, 39—40.
[27] Vgl. ebd.

Markgrafengesellschaften genannt.[28] Alle diese Gesellschaften übernahmen neben anderen Aufgaben auch Zeitungsbeteiligungen, die sie häufig sogar untereinander austauschten. Allerdings scheint die VERA diejenige Gesellschaft gewesen zu sein, die die meisten Beteiligungen übernahm und für die die anderen Gesellschaften, insbesondere die Alterum, Zubringerdienste leistete.[29] Im nachhinein war es aber angesichts einer nur lückenhaften Quellenüberlieferung[30] nicht immer möglich, diese Verschiebungen bzw. ihren 1928 erreichten Stand zu erfassen. Bei den folgenden Angaben über die von diesen Gesellschaften abhängigen Zeitungen ist deshalb eine gewisse Fehlerquote in der einzelnen Zuordnung nicht auszuschließen.

aa) VERA Verlagsanstalt GmbH

Gründungs- und Besitzverhältnisse:
Am 29. 10. 1917 gründete Hugenberg über Mittelsmänner, die als Treuhänder der Ausland GmbH fungierten, die VERA Verlagsanstalt GmbH.[31]

Das Stammkapital betrug zunächst	2 000 000 M.
wurde aber nach der Inflation auf	1 500 000 RM
zusammengelegt.[32] Davon übernahmen:	
die August Scherl GmbH (H.-K.)	764 250 RM
die Ostdeutsche Privatbank (H.-K.)	446 000 RM
	1 210 250 RM

Der Scherl Verlag und die Ostdeutsche Privatbank verfügten somit über rund 81 % des Stammkapitals der VERA.[33] Die restlichen 19 % verteilten sich auf Gesellschafter aus Handel und Industrie.[34]

Verwaltungsrat:
Die Zusammensetzung des Verwaltungsrates der VERA ist nur für das Jahr 1919 überliefert:[35]
Vorsitzender: Hermann Weck
1. Stellvertr. Vorsitzender: Dr. Alfred Hugenberg (DNVP)
2. Stellvertr. Vorsitzender: Geheimer Baurat Otto Schrey (DNVP)
Becker, Dr. Johann (DVP)
Behrens, Franz (DNVP)
v. Eichborn, Dr. Kurt
Fuchs, Marc

---

[28] Mündl. Mittlg. der Herren Hasse und Schwedler an d. Verf. im August 1972.
[29] Vgl. Walter Aub: Der Fall Hugenberg, in: Die Weltbühne, Nr. 8 (1926), S. 286–293, hier S. 288.
[30] Unterlagen über diese Gesellschaften finden sich nur verstreut in verschiedenen Beständen; Verzeichnisse der von ihnen abhängigen Zeitungen sind nicht überliefert.
[31] Zu den Einzelheiten vgl. D. Guratzsch: Macht, S. 256.
[32] Vgl. Hdb. d. dt. GmbH, 1925, S. 951.
[33] Angaben laut Geschäftsbericht d. Scherl GmbH f. 1928, Anlage B. — Akten Opriba, C II, 13; Scherl-Revisionsbericht Nr. 4 per 31. 12. 1932, bes. Anhänge 21 und 55. — Akten Opriba, C II, 39–40, und L. Bernhard: Hugenberg-Konzern, S. 95.
[34] Vgl. Mitteilungsblatt der VERA, o. D. (1919). — (Vgl. Kap. II, Anm. 71).
[35] Angaben laut ebd.

Gertung, Dr. Otto
Hergt, Oskar (DNVP)
Jordan, Dr. Hans (DVP)
Noltenius, Fr. H.
Roesicke, Dr. Gustav (DNVP)
Vögler, Dr. Albert (DVP)
Weber, Horst

Presseeinfluß:

Ihren Daseinszweck umriß die VERA in einem Mitteilungsblatt wie folgt:

> „Die ‚VERA' stellt den Zeitungen diejenigen Hilfsmittel gegen angemessene den Ertrag der Gesellschaft sichernde Vergütung zur Verfügung, die namentlich der kleineren Presse so oft fehlen: Einrichtungen zur Verbesserung des geschäftlichen Betriebes, der einzelnen Unternehmungen, insbesondere der Vertriebs- und Anzeigen-Organisation, zur Hebung ihres Handelsteils und Nachrichtenwesens, besonders auch zur Förderung eines unabhängigen Auslandsdienstes, also kurz fachtechnische Beratung und Förderung. Daneben ist auch der Einschuß von Minderheitsbeteiligungen in Aussicht genommen."[36]

Ihre vertraglich zumindest auf drei Jahre festgelegte Beratungstätigkeit ermöglichte es der VERA, auch andere Konzernunternehmen, wie etwa die ALA oder die Telegraphen-Union, durch nachhaltige Empfehlungen bei den von ihr betreuten Zeitungen ins Geschäft zu bringen.[37] Wie viele Zeitungen sie mit dieser Zulieferarbeit in die Abhängigkeit vom Hugenberg-Konzern brachte, ist unbekannt. Dagegen liegen verschiedene Angaben über die Anzahl ihrer eigenen Zeitungsbeteiligungen vor. Während Ludwig Bernhard lediglich von 14 Zeitungsbeteiligungen wissen wollte,[38] ist in einer ebenfalls in den zwanziger Jahren erschienenen Dissertation, die sich auf Auskünfte der VERA berufen konnte, von 60 Blättern die Rede.[39] Konzernmitarbeiter sprachen nach dem Krieg von 20–30 Zeitungsbeteiligungen der VERA.[40] Welche der Angaben die richtige ist, kann auch hier nicht entschieden werden. Mit Sicherheit läßt sich allerdings sagen, daß Bernhards Zahl zu niedrig ist.

Namentlich identifiziert werden konnten folgende Zeitungsunternehmen, an denen die VERA entweder nachweislich oder mit großer Wahrscheinlichkeit beteiligt war:

Verlag*	Erscheinungsort	Auflage**	Politische Tendenz n. eig. Angaben***
(41) C. G. Hendess GmbH:			
Kösliner Ztg.	Köslin	12 000	deutschnational
(N) Stargarder Ztg.	Stargard	—	deutschnational

---

[36] Ebd.; vgl. auch Rundschreiben der VERA, Februar 1918. — FST/MA, 06—5/1.
[37] Mündl. Mittlg. der Herren Hasse und Schwedler an d. Verf. im August 1972.
[38] Vgl. L. Bernhard: Hugenberg-Konzern, S. 82.
[39] Vgl. Alfred Gremm: Unternehmensformen im Zeitungsgewerbe, Heidelberg, Diss. 1922, S. 59.
[40] Laut V. Dietrich: Hugenberg, S. 30.
[41] Vgl. Schreiben Karl Schmidts an Klitzsch, 4. 7. 1925. — Akten Opriba, G IX, 2. Der Chefredakteur der Kösliner Zeitung, F. C. Marwede, schrieb auch für Hugenbergs DS/TDNZ. Vgl. Kap. III, Anm. 501.

Verlag*	Erschei-nungsort	Auflage**	Politische Tendenz n. eig. Angaben***
(42) W. Jänecke K.G.: Hannoverscher Kurier	Hannover	–	nationalliberal
(43) (?) W. G. Korn GmbH: Schlesische Ztg.	Breslau	–	rechtsstehend christlich
(44) (?) Lippische Tagesztg. GmbH: Lippische Tagesztg.	Detmold	–	vaterländisch
(o) Mitteldeutsche Verlags-AG: Mitteldeutsche Ztg.	Erfurt	28 000	vaterländisch
Merseburger Tageblatt	Merseburg a. d. Saale	–	vaterländisch
Saale-Ztg.	Halle	35 000	parteilos national
Weimarische Ztg.	Weimar	–	vaterländisch
(o) Münchener Druck- u. Verlagshaus GmbH: München-Augsburger Abendztg.	München	15 000	national
Eiserne Blätter (Zs.)	Solln b. München		deutschnational
(o) Neudeutsche Verlags- u. Treuhand GmbH: Deutsche Ztg.	Berlin	25 000	national
Motorschau-Nationale Deutsche Motorfahrt Ztg. (Zs.)	Berlin	–	–

---

[42] Die VERA verfügte mit 200.000 RM offiziell nur über ein Zwölftel des Gesellschafts-kapitals der Jänecke KG. Gleichzeitig war aber ihr Aufsichtsratsmitglied, der DVP-Landtagsabgeordnete Ewald Hecker (Aufsichtsratsvorsitzender der Ilseder Hütte, Auf-sichtsratsmitglied der Vereinigten Stahlwerke) nach Angaben des Kurier-Verlegers Jänecke mit „einem größeren Betrag" an dem Zeitungsunternehmen beteiligt. Vgl. Schreiben Jäneckes an die Verlagsleitung der Hannoverschen Landeszeitung, 31. 3. 1921. – HStA Hann./VVP 466, Nr. 2721; vgl. ferner Schreiben Klitzschs an Hugenberg, 15. 12. 1922. – Akten Opriba, H 3; Protokoll d. VR-Sitzung d. VERA, 4. 5. 1921. – (Vgl. Kap. II, Anm. 160).

[43] Der Generaldirektor der VERA, Karl Schmidt, wechselte 1930 als Generalbevoll-mächtigter zur W. G. Korn GmbH über. Schmidt ersetzte einen erheblichen Teil der bisherigen Redakteure durch Journalisten des Hugenberg-Konzerns. (Vgl. Norbert Conrads: Schlesische Zeitung, in: H.-D. Fischer [Hrsg.]: Deutsche Zeitungen des 17. bis 20. Jahrhunderts, Pullach b. München 1972, S. 115 ff, hier S. 127.) Schmidt blieb mit Hugenberg in enger Verbindung und erstattete ihm offensichtlich Bericht über die Entwicklung der Schlesischen Zeitung, die politisch einen ausgesprochenen „Hugenberg-Kurs" steuerte. Vgl. Schreiben Schmidts an Wegener, 3. 8. 1930. – BA/NL Wegener, Nr. 18; vgl. ferner Schreiben Schmidts an Hugenberg, 18. 6. 1930. – NL Hugenberg, P 15; Telegramm der Schlesischen Zeitung an Hugenberg, 27. 12. 1930. – NL Hugen-berg, P 11; „Hugenberg spricht", in: Schlesische Zeitung, Nr. 548, 9. 9. 1930.

[44] Vgl. Schreiben Claß' an Hugenberg, 2. 4. 1918. – FST/MA, 06–5/1; Schreiben der VERA an Hugenberg, 23. 3. 1932, und Schreiben Verlagsdirektor Meyers an Hugen-berg, 3. 5. 1932. – NL Hugenberg, P. 17.

Verlag*	Erschei-nungsort	Auflage**	Politische Tendenz n. eig. Angaben***
(45) Oberdeutscher Zeitungs-verlag GmbH: belieferte in Württemberg etwa 20, in Baden u. Hessen etwa 10 Ztgn. mit Matern	—	—	—
(46) Oberschlesische Verlags-u. Druckereianstalt GmbH. Oberschlesische Tagesztg.	Oppeln	—	deutschnational
(47) K. J. Pohl GmbH: Oppelner Nachrichten	Oppeln	10 000	Zentrum
(N) Volksbote f. d. Kreise Kreuzburg u. Rosenberg	Rosenberg	2 000	Zentrum
(o) Süddeutsche Zeitungs GmbH: Süddeutsche Ztg.	Stuttgart	—	national
(48) Vereinigte Druckereien GmbH: Magdeburger Tagesztg.	Magdeburg	—	national
(49) — : Rosenberger Ztg.	Kreuzburg	—	national
(50) — : Stralsunder Anzeiger	Stralsund	—	national

Zeichenerklärung:

o = wird gesondert behandelt, s. u.
N = Nebenausgabe
? = Beteiligung der VERA sehr wahrscheinlich, aber nicht eindeutig nachweisbar.

   * Da die VERA sich realiter nicht an den Zeitungen, sondern an den herausgebenden Verlagen beteiligte, sind diese, soweit sie in den Unterlagen nicht angegeben waren, nach dem Handbuch der deutschen Tagespresse, hrsg. v. Deutschen Institut für Zeitungskunde, Berlin [4]1932, ergänzt worden.

   ** Angaben zusammengestellt aus: Schreiben Traubs an Wegener, 16. 2. 1929. – BA/NL Wegener, Nr. 25; Referentenbericht ORR Heide, 23. 9. 1932. – BA/R 43 I, 2480; Mosses Zeitungskatalog, 1929; Maximilian Müller-Jabusch: Handbuch des öffentlichen Lebens, Leipzig [5]1929 (i. f. zit.: Müller-Jabusch).

   *** Laut Mosses Zeitungskatalog, 1929.

[45] Vgl. Protokoll d. VR-Sitzung d. VERA, 4. 5. 1921. – (Vgl. Kap. II, Anm. 160). Zur Tätigkeit des Oberdeutschen Zeitungsverlages vgl. O. Groth: Die Zeitung, Bd. 1, S. 472, u. K. Koszyk: Deutsche Presse, S. 479, Anm. 16.
[46] Vgl. Schreiben der VERA an Kapitän Mann, 13. 6. 1932. – NL Hugenberg, P 17.
[47] Vgl. ebd.
[48] Vgl. Schreiben Prof. Meyers an Hugenberg, 19. 6. 1930. – NL Hugenberg, P 11, u. Rundschreiben Meyers an die AR-Mitglieder der Vereinigten Druckereien, 6. 3. 1922. – Akten Opriba, H 21.
[49] Vgl. Protokoll d. VR-Sitzung d. VERA, 4. 5. 1921. – (Vgl. Kap. II, Anm. 160).
[50] Vgl. ebd.

Entgegen ihren eigenen programmatischen Verlautbarungen übernahm die VERA nicht nur Minderheitsbeteiligungen, sondern erkaufte sich bei einigen Zeitungen nach und nach die Mehrheit.[51] Darüber hinaus kam es nicht selten vor, daß sie selbst nur eine Minderheit erwarb, andere Gesellschaften des Hugenberg-Konzerns aber ebenfalls in das betreffende Zeitungsgeschäft einstiegen und dann gemeinsam mit ihr über die Majorität verfügten. Schließlich gab es auch Zeitungsunternehmen, an denen die VERA nur unterbeteiligt war, die aber laufend von ihr subventioniert wurden und damit ebenfalls in völlige Abhängigkeit gerieten.

Nachweisbar sind solche Majoritäten bzw. Abhängigkeitsverhältnisse bei den mit (o) gekennzeichneten Zeitungsunternehmen:

Mitteldeutsche Verlags-AG (Mivag):
Die Mivag, 1919 hauptsächlich mit Geldern von Stinnes' A. Riebeck'schen Montanwerken und dem Halleschen Bergwerksverein gegründet,[52] war eines jener Unternehmen, die Hugenbergs industrielle Freunde finanzierten, um den beiden Rechtsparteien DVP und DNVP gemeinsame Publikationsorgane zu verschaffen. Bereits im ersten Aufsichtsrat der Mivag saßen neben Hugenberg, dem Stinnes-Direktor Leopold und anderen Industriellen mit Hans v. Goldacker (DNVP) und Dr. Cremer (DVP) zwei profilierte Politiker der beiden Parteien.[53] 1923 wurden die beiden neugegründeten Zeitungsbanken Alterum und Mutuum, die eine für volksparteiliche, die andere für deutschnationale Zeitungsgeschäfte zuständig, zu gleichen Teilen am Gesellschaftskapital der Mivag beteiligt. Ein Jahr später aber trat die Alterum über die Hälfte ihrer Anteile an die VERA ab.

Die Beteiligung der Markgrafengesellschaften an der Mivag stellte sich somit 1924 wie folgt dar:

Grundkapital der Mivag:	400 000 RM
Beteiligung der Mutuum:	60 000 RM
Beteiligung der Alterum:	24 000 RM
Beteiligung der VERA:	36 000 RM
zusammen:	520 000 RM = 30 %[54]

Im Laufe der zweiten Hälfte der zwanziger Jahre trat die Alterum, die von anderen Gesellschaften des Konzerns aufgesogen wurde, wahrscheinlich auch ihre restlichen Mivag-Anteile an die VERA ab. Bis 1931 gelang es der VERA dann schließlich, im Verein mit anderen Gesellschaften des Hugenberg-Konzerns, die Majorität der Mivag zu erwerben.[55] Spätestens von diesem Zeitpunkt an konnte von einem nennenswerten volksparteilichen Einfluß auf die Publikationsorgane der Mivag nicht mehr die Rede sein.

---

[51] Vgl. L. Bernhard: Hugenberg-Konzern, S. 82, u. K. Koszyk: Deutsche Presse, S. 232.

[52] Vgl. Schreiben Vöglers an Hugenberg, o. D. (1920). — NL Hugenberg, M 7; Schreiben Hugenbergs an die Mutuum, 17. 11. 1923. — NL Hugenberg, A Bd. 14; Schreiben Wegeners an Frenzel, 16. 2. 1931. — BA/NL Wegener, Nr. 22; Fritz Wolter: Der VERA-Konzern, in: Die Weltbühne, 20. Jg. (1924), S. 144—146, hier S. 146.

[53] Vgl. Hdb. d. dt. AG, 1921/22, II, S. 1240 f.

[54] Angaben zusammengestellt aus: Schreiben der Mutuum an die Mivag, 25. 1. 1923. — Akten Opriba, G IX, 2; Schreiben der VERA an die Alterum, 3. 4. 1925. — Akten Opriba, G IX, 4; Schreiben Hugenbergs an die Mutuum, 17. 11. 1923. — NL Hugenberg, A Bd. 14.

[55] Vgl. Schreiben Manns an Hugenberg, 9. 5. 1931. — NL Hugenberg, P 17.

Münchener Druck- und Verlagshaus GmbH:

Im Frühjahr 1920 erwarb Hugenberg zusammen mit einem größeren Konsortium vom Münchener Bruckmann-Verlag eine der ältesten Zeitungen Deutschlands, die München-Augsburger Abendzeitung.[56] In die Stammanteile der neugegründeten München-Augsburger Verlags- und Druckerei GmbH (später in Münchener Druck- und Verlagshaus GmbH umbenannt) teilte sich Hugenbergs VERA[57] zunächst paritätisch mit einer bayerisch-deutschnationalen Gesellschaftergruppe, in der J. F. Lehmann eine führende Rolle spielte,[58] und einer bayerisch-volksparteilichen Gruppe, an deren Spitze Geh.Justizrat Phil. Grimm (stellvertretender AR-Vorsitzender der Bayerischen Handelsbank, AR-Mitglied der Bayerischen Vereinsbank)[59] stand.[60] Zusammen mit der bayerisch-deutschnationalen Gesellschaftergruppe konnte die VERA allerdings von Anfang an die bayerisch-volksparteiliche Gruppe majorisieren. Mit Hilfe von Kapitalerhöhungen sorgte Hugenberg überdies innerhalb weniger Jahre dafür, daß sein Konzern allein die Majorität erhielt. 1924 betrug das Stammkapital des MAA-Verlages:[61] 500 000 RM, hiervon entfielen auf:

Hugenbergs Weimarische Verlags- und Treuhand GmbH:	200 000 RM
Traub als Treuhänder der VERA:	100 000 RM
Prof. Walter Otto als Treuhänder der deutschnationalen Gruppe:	100 000 RM
Ludwig Hübner als Treuhänder der volksparteilichen Gruppe:	100 000 RM

Im weiteren Verlauf der zwanziger Jahre verbreitete Hugenberg noch seinen Einfluß auf das Unternehmen und übertrug 1930 schließlich die Majorität auf die

---

[56] Für den Erwerb der MAA verwandte Hugenberg Mittel des Bergbauvereins. Vgl. Tagebücher Reismann-Grone, Eintrag v. 26. 7. 1920. — (Vgl. Kap. II, Anm. 73).

[57] Als Treuhänder der VERA trat zunächst der Kaufmann Eduard Rau auf, der später von Traub ersetzt wurde. Vgl. dazu die Unterlagen, in: HR München/HRB, 901; vgl. ferner die Schreiben Hugenbergs an Claß vom 2. 3. und 5. 3. 1920, Dietrichs an Hugenberg, 4. 3. 1920, und Hugenbergs an Dietrich, 5. 3. 1920. — Alle Unterlagen in: FST/ MA, 06–5/1; Protokoll der Gesellschafter-Versammlung der MAA am 24. 10. 1922. — NL Hugenberg, M 8.

[58] Als Treuhänder der deutschnationalen Gruppe trat nach außen hin zunächst Hofrat Dr. Heinrich Brubacher in Erscheinung, seine Funktion übernahm später der Vorsitzende des DNVP-Landesverbandes Bayern-Süd. Prof. Otto. In den Gesellschafter-Versammlungen des MAA-Verlages trat Lehmann häufig als Sprecher der deutschnationalen Gruppe auf. Lehmann hatte auch die Vorverhandlungen mit dem Bruckmann-Verlag geführt, wahrscheinlich im Auftrag des Verbandsvorsitzenden Claß, der wiederum auf Weisung Hugenbergs handelte. Vgl. Anm. 57; ferner Schreiben Lehmanns an seinen Pflegesohn, 15. 6. 1920, gedr. in: M. Lehmann: Verleger, S. 178 f.

[59] Die Bayerische Vereinsbank, die neben Grimm auch durch ihren Direktor Dietrich im Aufsichtsrat des MAA-Verlages vertreten war, hatte sich 1920 mit ca. 60.000 M. am Ankauf der MAA beteiligt. Vgl. Auszug aus Separat-Protokoll der 829. AR-Sitzung der Bayerischen Vereinsbank am 2. 6. 1920. — Einsicht in diese Quelle verdanke ich Herrn Paul Hoser, München.

[60] Als Treuhänder der volksparteilichen Gruppe, die intern auch bayerisch-wirtschaftliche Gruppe genannt wurde, trat nach außen hin der Kaufmann Ludwig Hübner auf. In den Gesellschafter-Versammlungen des MAA-Verlages trat dagegen Grimm, der auch den Aufsichtsratsvorsitz inne hatte, stets als Sprecher dieser Gruppe auf. Vgl. Protokoll der Gesellschafter-Versammlung des MAA-Verlages am 24. 10. 1922. — NL Hugenberg, M 8, und die Unterlagen, in: HR München/HRB, 901.

[61] Angaben laut Protokoll der Gesellschafter-Versammlung des MAA-Verlages am 28. 11. 1924. — HR München/HRB, 901.

VERA, die, in der Geschäftsleitung der MAA personell stets vertreten, auf die Politik des Unternehmens von Anfang an stark eingewirkt hatte.[62] Im einzelnen verteilte sich das nunmehr 600 000 RM betragende Stammkapital der Münchener Druck- und Verlagshaus GmbH wie folgt:[63]

VERA Verlagsanstalt GmbH (H.-K.):	470 000 RM
Ostdeutsche Privatbank (H.-K.):	100 000 RM
Weimarische Verlags- und Treuhand GmbH (H.-K.):	10 000 RM
Gewerbehaus AG (H.-K.):	5 000 RM
Dr. Gottfried Traub:	5 000 RM
Prof. Walter Otto (DNVP):	5 000 RM
Ludwig Hübner (DVP):	5 000 RM

Rechnet man den Anteil Traubs nicht mit ein, so verfügten die Gesellschaften des Hugenberg-Konzerns über 97,5 % des Stammkapitals des MAA-Verlages. Traub war vermutlich nunmehr selbst Gesellschafter des Verlages, weil er in ihn 1928 seine Eisernen Blätter eingebracht hatte.[64]

Neudeutsche Verlags- und Treuhand GmbH:
Am zwei Millionen Mark betragenden Stammkapital der 1917 gegründeten Neudeutschen Verlags- und Treuhand GmbH, dem Verlag des ADV, beteiligte sich die VERA gemeinsam mit dem Zechenverband in Höhe von 500 000 M. Auf die VERA entfielen 17,5 % der Stammanteile, auf den Zechenverband 7,5 %.[65] Das Hauptorgan der Neudeutschen, die Deutsche Zeitung, arbeitete spätestens seit Ende der zwanziger Jahre defizitär und erhielt von Hugenberg resp. der VERA regelmäßige Zuschüsse.[66] Die Höhe dieser Subventionen ist unbekannt. Immerhin bangte die Geschäftsführung der DZ, als der mittlerweile selbst in finanzielle Bedrängnis geratene Hugenberg Mitte des Jahres 1932 seine Zahlungen einstellte,[67] derart um den Fortbestand des Unternehmens, daß sie dem Reichskanzler v. Papen die DZ gegen einen 250 000-Mark-Kredit als Regierungsorgan anbot.[68]

Süddeutsche Zeitungs GmbH:
Im Verein mit der Außendienst GmbH und der Ostdeutschen Privatbank besaß die VERA vermutlich die Mehrheit des Stammkapitals der Süddeutschen Zeitungs

---

[62] Die VERA hatte ständig einen Vertreter, meist in der Person des Geschäftsführers, im MAA-Verlag. Der starke Einfluß der VERA auf die Geschäftspolitik des Unternehmens führte selbst bei dem Hugenberg treu ergebenen Traub gelegentlich zu Verstimmungen. Vgl. Schreiben Traubs an Hugenberg, 10. 10. 1922. — NL Hugenberg, M 8, und Schreiben Traubs an Hugenberg, 12. 10. 1923. — NL Hugenberg, A Bd. 22; vgl. ferner Schreiben Roths an Kapitän Mann, 29. 4. 1922. — NL Hugenberg, M 8.

[63] Laut Protokoll der Gesellschafter-Versammlung der Münchener Druck- und Verlagshaus GmbH am 16. 7. 1930. — HR München/HRB, 901.

[64] Vgl. G. Traub: Lebenserinnerungen, S. 173. — BA/NL Traub, Nr. 5.

[65] Zu den Einzelheiten vgl. D. Guratzsch: Macht, S. 304 f.

[66] Vgl. Schreiben Hugenbergs an Claß, 18. 6. 1932. — NL Hugenberg, P 16.

[67] Vgl. Schreiben Wegeners an Hugenberg, 28. 4. 1932. — BA/NL Wegener, Nr. 66.

[68] Vgl. Referentenbericht ORR Heide, 23. 9. 1932, und Schreiben v. Papens an Salm, 3. 10. 1932. — BA/R 43 I, Nr. 2480.

GmbH.[69] Überdies wurde die Zeitung laufend von der Außendienst GmbH subventioniert, so 1931 mit monatlich 5000 RM.[70]

bb) Weimarische Verlags- und Treuhand GmbH, Weimar

Gründungs- und Besitzverhältnisse:[71]
Gegründet: 10. 5. 1921
Stammkapital: 210 000 M.
Hiervon entfielen zunächst auf die DNVP: 76 000 M.
Außendienst GmbH vermutlich:[72]   134 000 M.

Im Laufe der zweiten Hälfte der zwanziger Jahre ging das Stammkapital der Weimarischen, das auf 330 000 RM erhöht wurde, völlig in die Hände der Außendienst GmbH über.

Presseeinfluß:
Die Weimarische Verlags- und Treuhand GmbH war vermutlich eine reine Beteiligungsgesellschaft.[73] Wie viele und welche Zeitungen (abgesehen von der MAA) über sie in Abhängigkeit vom Hugenberg-Konzern gerieten, ist unbekannt. Wahrscheinlich beteiligte sie sich vorwiegend an deutschnationalen Zeitungen. Die DNVP war zunächst nicht nur kapitalmäßig an dem Unternehmen interessiert, sondern stellte mit Hans v. Lindeiner-Wildau auch einen der beiden Geschäftsführer.[74]

---

[69] Von einem bei der Danatbank aufgenommenen Kredit des Hugenberg-Konzerns verwandte die Außendienst GmbH 142.500 RM und die Ostdeutsche Privatbank 30.000 RM für die Süddeutsche Zeitung. Ob die Gelder zum Ankauf von Geschäftsanteilen der Süddeutschen Zeitung dienten, oder ob die Zeitung nur ein Darlehen von den beiden Konzerngesellschaften erhielt, geht aus den Unterlagen nicht hervor. Vgl. Anlage 2 zum Schreiben der Gewerbehaus AG an Hugenberg, 18. 7. 1931. — NL Hugenberg, P 17. Zur Beteiligung der VERA an der Süddeutschen Zeitung vgl. Schreiben Calmbachs an Hugenberg, 13. 8. 1930. — FST/MA, 06—5/1, und K. Koszyk: Deutsche Presse, S. 228.

[70] Vgl. Ausgabenübersicht für politische Zwecke, 19. 3. 1931, und Liquiditätsübersicht der Victoriastraßen-Gesellschaften, 18. 3. 1931, Anlagen zum Schreiben Manns an Hugenberg, 19. 3. 1931, und Vermögensaufstellung der Wirtschaftsvereinigung, 19. 11. 1931. — NL Hugenberg, P 17.

[71] Die Angaben sind zusammengestellt aus: Vermögensaufstellung der Wirtschaftsvereinigung, 9. 11. 1931, und Liquiditätsübersicht der Victoriastraßen-Gesellschaften, 18. 3. 1931, Anlage zum Schreiben Kapitän Manns an Hugenberg, 19. 3. 1931. — NL Hugenberg, P 17; DNVP-Haushaltsplan für 1921. — FST/NL Diller, 11/D 9; Hdb. d. dt. GmbH, 1925, S. 998.

[72] Für das Jahr 1921 liegen keine Angaben über die Höhe der Außendienst-Beteiligung vor. Es gibt aber genügend Hinweise darauf, daß sich die Majorität der Weimarischen bereits von Anfang an in der Hand des Hugenberg-Konzerns befand. Vgl. die Schreiben Lindeiner-Wildaus an Hugenberg, 21. 9. 1922 und 19. 12. 1923. — NL Hugenberg, A Bd. 14.

[73] Da kaum Unterlagen von der Weimarischen überliefert sind, in dem Hdb. d. dt. GmbH auch nichts über ihren Zweck ausgesagt wird, kann hier nur von ihrem Namen auf ihre Tätigkeit geschlossen werden.

[74] Der zweite Geschäftsführer war Hugenbergs engster Mitarbeiter, Kapitän Mann, der gleichzeitig auch die Geschäftsführung der Außendienst GmbH innehatte. Vgl. Hdb. d. dt. GmbH, 1925, S. 998.

cc) *Westdeutsche Zeitungs AG, Elberfeld*

Gründungs- und Besitzverhältnisse:
Im Frühjahr 1921 erwarb Hugenberg nach montelangen Verhandlungen seines Beauftragten, Prof. Hoffmann (Vorsitzender des Landesverbandes Westfalen-West der DNVP), die Kapitalmehrheit der Bergisch-Märkischen Zeitung bzw. der sie herausgebenden Bergischen Druckerei und Verlagsanstalt GmbH. Mitbeteiligt an dem Unternehmen waren neben Hugenberg auch der alldeutsche Zeitungsverleger Walter Bacmeister und der Fabrikbesitzer Friedrich Karl vom Bruck.[75] Am 29. 1. 1924 gründete Hugenbergs Mitarbeiter, Kapitän Mann, gemeinsam mit Bacmeister, Bruck sowie zwei weiteren Persönlichkeiten, Konsul Rudolf Friderichs und Julius Hameister, die Westdeutsche Zeitungs AG. Mann beteiligte sich wahrscheinlich namens der Außendienst GmbH ebenso wie die anderen Gründer mit 20 % an dem 84 000 RM betragenden Kapital der Gesellschaft.[76]

Presseeinfluß:
Zweck der Gesellschaft war laut Handbuch der deutschen Aktiengesellschaften: „Beteiligung an Zeitungsunternehmen, Druckereien Verlagsanstalten und ähnlichen Unternehmungen, insbesondere in Westdeutschland."[77] Wie viele Blätter unter den Einfluß der Westdeutschen Zeitungs AG gerieten, ist unbekannt. Eine Verbindung zwischen ihr und der Bergisch-Märkischen Zeitung ist angesichts der vorhandenen personellen Verflechtungen allerdings naheliegend. Die Bergisch-Märkische Zeitung soll wiederum in Verlagsgemeinschaft mit der Westfälischen Landeszeitung (Münster) und der Rheinischen Tageszeitung (Düsseldorf) gestanden haben.[78] Die Westfälische Landeszeitung war Ende des Jahres 1919 von Hugenberg und Vögler mit industriellen Geldern erworben worden. Der zunächst überwiegend volksparteiliche Einfluß auf das Blatt wurde bereits seit 1920 von den deutschnationalen Gesellschaftern im Verein mit der VERA, die das Unternehmen beriet, zurückgedrängt.[79] Im Taschenbuch der DNVP von 1929 wird die Westfälische Landeszeitung ebenso wie die Rheinische Tageszeitung[80] als „auf dem Boden der Partei stehend" bezeichnet.[81]

---

[75] Vgl. die Schreiben Hoffmanns an Hugenberg, 9. 7. und 1. 9. 1920. — NL Hugenberg, A Bd. 9; Schreiben Hergts an Hugenberg, 18. 3. 1921. — Akten Opriba, H 21; Einnahmen-Ausgaben-Übersicht der Stiftung zur Förderung der geistigen Wiederaufbaukräfte vom 1. 1. 1931 bis 15. 11. 1931, 19. 11. 1931. — NL Hugenberg, P 17.

[76] Vgl. Hdb. d. dt. AG, 1923—24, II b, S. 2047.

[77] Ebd., 1929, I, S. 1034.

[78] Vgl. Gisbert Gemein: Die DNVP in Düsseldorf 1918—1933, Köln, Phil. Diss. 1969, S. 110.

[79] Vgl. zu dem gesamten Vorgang: Schreiben Hoffmanns an Hugenberg, 11. 11. und 25. 11. 1919. — NL Hugenberg, A Bd. 9; Schreiben Vöglers an Hugenberg, 21. 8. und 30. 12. 1919. — NL Hugenberg, M 7; Schreiben Cremers an Hugenberg, 16. 3. 1920. — Akten Opriba, H 21.

[80] Hugenberg hatte sich Anfang der zwanziger Jahre auf Bitten der DNVP an einem von ihm als „Rheinisches Tageblatt" bezeichneten Organ beteiligt. Möglicherweise war damit die Rheinische Tageszeitung gemeint. Vgl. Schreiben Hugenbergs an Lindeiner-Wildau, 17. 11. 1923. — NL Hugenberg, A Bd. 14.

[81] Vgl. Taschenbuch der DNVP, 1929, S. 268 u. S. 273.

dd) Alterum Kredit-AG, Berlin

Gründungs- und Besitzverhältnisse:[82]
Gegründet: 23. 10. 1922
Grundkapital: 18 000 000 M.

Gründer: August Scherl GmbH (H.-K.):	5 000 000 M.
Neuland AG (H.-K.)*:	12 700 000 M.
Justizrat Homeyer (Rechtsanwalt des Scherl-Verlages):	100 000 M.
Direktor Engel (A. H.-K.):	100 000 M.
Direktor Feldges (A. H.-K.):	100 000 M.

Zeichenerklärung:
A. H.-K. = Angestellter des Hugenberg-Konzerns

---

* Die Neuland AG schied im Juni 1924 aus dem Verband des Hugenberg-Konzerns aus.
Vgl. Anlage z. Schreiben Tetens an Donner, 14. 10. 1930. – Akten Opriba, C IV, 10.

Bis Mitte des Jahres 1923 wurde das Kapital der Alterum auf 200 Mill. Mark erhöht. Als Großaktionär trat in den Kreis der alten Anteilseigner Dr. Freundt, der Mitarbeiter Vöglers, mit 100 Mill. Mark ein, als kleinere Aktionäre kamen der Verband deutscher Druckpapierfabriken (Druckpapiersyndikat) mit 20 Mill. Mark sowie mit je drei Mill. Mark der DVP-Reichstagsabgeordnete und spätere Minister Dr. Julius Curtius und der zu diesem Zeitpunkt ebenfalls der DVP zugehörige Reichstagsabgeordnete Dr. Reinhold Quaatz hinzu. Bereits Ende des Jahres 1924 übernahm aber die Mutuum sämtliche Anteile des auf 60 000 RM zusammengelegten Kapitals der Alterum. Ein halbes Jahr später trat an ihre Stelle die Außendienst GmbH, zunächst im Verein mit anderen Gesellschaften des Konzerns, schließlich als alleinige Aktionärin.

Aufsichtsrat:

Der zunächst starke volksparteiliche Einfluß im Aufsichtsrat der Alterum wurde bis 1928 völlig zurückgedrängt, wie folgende Aufstellung zeigt:[83]

Aufsichtsrat d. Alterum 1922/23	Aufsichtsrat d. Alterum 1928
Vors. Dr. Albert Vögler (DVP)	Vors. Dr. Alfred Hugenberg (DNVP)
Generaldirektor Ludwig Klitzsch	Dr. Hans Meydenbauer (DNVP)
(A. H.-K.)	Generaldirektor Dr. Andrew
	Thorndike (A. H.-K.)

---

[82] Die Angaben sind zusammengestellt aus: Gründungsprotokoll der Alterum, 26. 10. 1922, Protokoll der AR-Sitzung der Alterum am 18. 5. 1923, Übersicht über Aktieninhaber der Alterum, Mitte September 1924, Generalversammlungsprotokoll der Alterum vom 29. 1. und 28. 7. 1925, Aktennotiz Dr. Wenglein, 1. 9. 1925. — Alle Unterlagen, in: Akten Opriba, G I, 1—6; Vermögensaufstellung der Stiftung zur Förderung der geistigen Wiederaufbaukräfte per 15. 11. 1931, 19. 11. 1931. — NL Hugenberg, P 17; Schreiben Lejeune-Jungs an Hugenberg, 31. 10. 1922. — NL Hugenberg, A Bd. 14; Hdb. d. dt. AG, 1923/24, II a, S. 9, u. 1929, II, S. 4.
[83] Angaben laut Hdb. d. dt. AG, 1923/24, II a, S. 9, u. 1929, II, S. 4.

(1922/23)
Dr. Carl Cremer (DVP)
Dr. Reinhold Quaatz (DVP)
Dr. Julius Curtius (DVP)
Dr. Arthur Freundt (DVP)
Dr. Otto Noelle (A. H. -K.)
Generaldirektor Albert Holz (?)

Zeichenerklärung:
A. H.-K. = Angestellter des Hugenberg-Konzerns

Presseeinfluß:
Die Alterum war parallel zur Mutuum als Kreditinstitut und Beteiligungsunternehmen gegründet worden. Ihr spezielles Aufgabengebiet sollte die Betreuung der volksparteilichen Presse sein.[84] Tatsächlich kam sie dieser Aufgabe nur knapp zwei Jahre nach. Nachdem sie 1924 von der Mutuum aufgesaugt worden war, spielte sie als spezielles Kreditinstitut für die volksparteiliche Presse keine Rolle mehr, wenn sie nicht sogar überhaupt aus dem Tätigkeitsbereich der Markgrafengesellschaften ausschied.[85] An wievielen Zeitungsunternehmen sie, abgesehen von der Mivag, beteiligt war, ist unbekannt. Mit Krediten versorgte sie 1923 u. a. den von Paul Reusch mitfinanzierten,[86] der DVP nahestehenden Schwäbischen Merkur in Stuttgart.[87]

ee) Mutuum Darlehens-AG, Berlin

Gründungs- und Besitzverhältnisse:[88]
Gegründet: 17. 10. 1922
Grundkapital: 18 000 000 M.
Gründer: Neuland AG (H.-K.), August Scherl GmbH (H.-K.), Ostdeutsche Privatbank (H.-K.), Rich. Sopart*, Berlin, Otto Scholz*, Berlin.

* Sopart und Scholz traten möglicherweise als Vertreter des Druckpapiersyndikats auf, das sich laut Schreiben Lejeune-Jungs an Hugenberg, 31. 10. 1922 (NL Hugenberg, A Bd. 14), an der Mutuum mit einer Sacheinlage beteiligte.

1925 wurde das Grundkapital der Mutuum auf zwei Mill. RM zusammengelegt. Die Neuland AG schied etwa zur gleichen Zeit als Aktionärin aus. Mehrheitsaktionärin der Mutuum war vermutlich von Anfang an die Ostdeutsche Privatbank. Nach dem

[84] Vgl. Gründungsprotokoll der Alterum, 26. 10. 1922. — Akten Opriba, G I, 1, und Schreiben Lindeiner-Wildaus an Hugenberg, 19. 12. 1923. — NL Hugenberg, Nr. 21.
[85] Im Herbst 1924 beabsichtigte Hugenberg jedenfalls, die Alterum aus ihrem bisherigen Tätigkeitsbereich zu entlassen. (Vgl. Schreiben Klitzschs an Hugenberg, 2. 10. 1924. — Akten Opriba, H 21.) Welche Aufgaben die Alterum danach übernahm, können selbst langjährige Konzernmitarbeiter heute nicht mehr sagen.
[86] Vgl. Gemeinschaftsarbeit: Presse in Fesseln, Berlin (1947), S. 98 (i. f. zit.: Presse in Fesseln); K. Koszyk: Deutsche Presse, S. 216.
[87] Vgl. die Akte „Credite u. Darlehen". — Akten Opriba, C II, 1.
[88] Angaben zusammengestellt aus Geschäftsbericht d. Scherl GmbH f. 1928, Anlage B. — Akten Opriba, C II, 13; Schreiben d. Mutuum an Hugenberg nebst 2 Anlagen, 12. 11. 1925. — NL Hugenberg, A Bd. 16; Hdb. d. dt. AG, 1923/24, II a, S. 41 f.; V. Dietrich: Hugenberg, Schema d. Hugenberg-Konzerns.

Ausscheiden der Neuland verfügte sie wahrscheinlich über 60–70 % der Mutuum-Anteile. Die August Scherl GmbH war mit 595 800 RM (= 29,8 %) zweitgrößte Aktionärin.

Aufsichtsrat:

Im Unterschied zu den Verhältnissen bei der Alterum änderte sich die parteipolitische Färbung des ARs der Mutuum in der Zeit von 1922–1928 nicht, wohl aber wurden einige Deutschnationale, die zu den parteiinternen Gegnern Hugenbergs zählten, aus dem AR entfernt, wie folgende Aufstellung zeigt:[89]

Aufsichtsrat d. Mutuum 1922	Aufsichtsrat d. Mutuum 1929
Vors.: Dr. Alfred Hugenberg (DNVP)	Vors.: Dr. Alfred Hugenberg (DNVP)
Min. a. D. Oskar Hergt (DNVP)	Dr. Leo Wegener (DNVP)
Dr. Walter Seelmann-Eggebert	Direktor Johann Bernhard Mann
(A. H.-K.)	(A. H.-K.)
Generaldirektor	Generaldirektor
Ludwig Klitzsch (A. H.-K.)	Ludwig Klitzsch (A. H.-K.)
Hans-Erdmann v. Lindeiner-Wildau	Geh.Reg.Rat Hans Pfundtner (DNVP)
(DNVP)	Dr. Günther Donner (Rechtsanwalt
Geh.Reg.Rat Hans Pfundtner (DNVP)	d. H.-K.)
Dr. Paul Lejeune-Jung (DNVP)	

Zeichenerklärung:
A. H.-K. = Angestellter des Hugenberg-Konzerns

Presseeinfluß:

Die Mutuum war parallel zur Alterum als Kreditinstitut und Beteiligungsunternehmen gegründet worden. Darüber hinaus wurde sie auch wie die VERA als Fachberatungsstelle für die Presse tätig. Mit Krediten versorgte die Mutuum, zumindest in der Inflationszeit, u. a. folgende Zeitungen: Hamburger Nachrichten, München-Augsburger Abendzeitung, Rügensche Zeitung – Putbus, Mainzer Tageszeitung, Buersche Zeitung – Buer/Westf.[90] Bei der parteilosen Buerschen Zeitung und den deutschnational orientierten Hamburger Nachrichten knüpfte die Mutuum an alte Verbindungen Hugenbergs an, der diese Zeitungen bereits im Kaiserreich finanziell unterstützt hatte.[91]
Ein Fachberatungsabkommen schloß die Mutuum u. a. mit der Allensteiner Zeitung bzw. mit dem sie herausgebenden Verlag, der W. E. Harich GmbH, ab.[92] Die Allensteiner Zeitung war mit einer Auflage von 11 000 das meistgelesene Blatt in der

---

[89] Angaben laut Hdb. d. dt. AG, 1923/24, II a, S. 41 f., u. Hdb. d. dt. AG, 1930, IV, S. 5314.
[90] Angaben laut „Credite u. Darlehen." – Akten Opriba, C II, 1.
[91] Vgl. D. Guratzsch: Macht, S. 266 f.
[92] Vgl. Aktennotiz Dr. Schmidts über eine Besprechung bei Donner betr. Mitarbeitsabkommen mit der Gaillard GmbH u. der W. E. Harich GmbH, 6. 7. 1923. – Akten Opriba, G IX, 2, u. Schreiben Lindeiner-Wildau an Hugenberg, 19. 12. 1923. – NL Hugenberg, A Bd. 14.

40 000 Einwohner umfassenden ostpreußischen Kleinstadt.[93] Beteiligt war die Mutuum ferner an der Mivag und an der Chr. Belser AG in Stuttgart,[94] einem deutschnationalen Buchverlag, der selbst wiederum zu den Gesellschaftern der Süddeutschen Zeitung GmbH zählte.[95]

ff) Deutsche Handels GmbH (De-Ha-Ge), Berlin[96]

Gründungs- und Besitzverhältnisse:
Gegründet: 17. 1. 1922
Stammkapital: unbekannt
Gesellschafter mit je 25 % der Anteile:
    VERA Verlagsanstalt GmbH
    Mutuum Darlehens-AG
    Alterum Kredit-AG
    August Scherl GmbH

Presseeinfluß:
Die De-Ha-Ge war eine Papiereinkaufsgesellschaft, die eng mit den Markgrafenunternehmen zusammenarbeitete. Die VERA veranlaßte ihre Kundschaft, ihren Papierbedarf bei der De-Ha-Ge zu decken. Mutuum und Alterum versorgten die De-Ha-Ge mit den bei ihren Handelsgeschäften notwendigen Krediten. Zeitungen, die bereits von der VERA, Mutuum oder Alterum abhängig waren, gerieten durch Geschäftsbeziehungen zur De-Ha-Ge noch stärker in den Sog des Hugenberg-Konzerns.

c) Materngesellschaften

Materngesellschaften sind Unternehmen, die, ähnlich wie Presseagenturen, Zeitungen mit Nachrichten, Berichten, Kommentaren usw. beliefern. Im Unterschied zu den Agenturen liefern sie aber ihr Material fertiggesetzt und in Papierstreifen gepreßt, die zur Herstellung einer Druckplatte nur noch ausgegossen werden müssen. Für die kapitalschwache Provinzpresse bringt dieses Verfahren, das sie des teuren Setzens enthebt, eine starke Kostenersparnis. Da kleine Zeitungen meist ihren gesamten politischen Teil aus Matern herstellen und nur die Lokalseiten mit eigenem Material füllen, üben Materngesellschaften einen starken politischen und gleichzeitig uniformierenden Einfluß auf die Provinzpresse aus.[97] Die erste große Matern-

---

[93] Angaben laut Mosses Ztgskatalog, 1929.
[94] Vgl. die Schreiben Klitzschs an Hugenberg, 27. 12. 1922 u. 23. 3. 1923. — Akten Opriba, H 3.
[95] Vgl. Schreiben Manns an Hugenberg, 16. 6. 1932. — NL Hugenberg, P 17. Der AR-Vors. d. Chr. Belser AG, der deutschnationale Rechtsanwalt Heinrich v. Kraut, der die Interessen des Verlages bei der Süddeutschen vertrat, stand schon seit 1920 mit Hugenberg in Verbindung. Vgl. Schreiben Hugenbergs an Wegener, 6. 9. 1920. — BA/NL Wegener, Nr. 65, u. Hdb. d. dt. AG, 1929, II, S. 3136.
[96] Sämtliche Angaben laut Schreiben d. Scherl GmbH an Rechtsanwalt Donner, 27. 11. 1922. — Akten Opriba, G VI.
[97] Vgl. Kurt Schwedler: Unser Matern-Geschäft (Vortragsms.), 25. 5. 1937. — Akten Schwedler; L. Bernhard: Hugenberg-Konzern, S. 82 f.

gesellschaft in Deutschland, das Central-Büro für die deutsche Presse, gründete 1908 Anton Lewin. Hugenberg, der 1922 mit der Wipro in Konkurrenz zu Lewin bzw. dessen Sohn Josef trat, kaufte 1925 das Central-Büro auf.

aa) Wirtschaftsstelle der Provinzpresse (Wipro), Berlin

Gründungs- und Besitzverhältnisse:[98]

Gegründet: 13. 9. 1922

Stammkapital: 20 000 M.

Gründer: August Scherl GmbH,
   Bund der Kreisblattverleger,
   Verband der Provinzbuchdrucker.

Seit 1927 war die Scherl GmbH alleinige Gesellschafterin der Wipro; das unverändert 20 000 M. betragende Kapital befand sich zu 100 % in ihrem Besitz. Überdies hatte Scherl den gesamten Betrieb der Wipro – wahrscheinlich bereits seit 1923 – gepachtet.

Presseeinfluß:

Zweck der Wipro war laut Handelsregistereintrag:

> „Wahrnehmung der wirtschaftlichen Interessen der deutschen Provinzpresse, insbesondere durch Vermittlung von Verlagsgesellschaften aller Art sowie aller sonstigen Geschäfte, die zur erfolgreichen Durchführung und Unterstützung des Gesellschaftszwecks geeignet sind."[99]

Demgemäß vermittelte die Wipro, zumindest in ihren Anfangsjahren, den ihr angeschlossenen Zeitungen u. a. Kredite und Anzeigen. Damit konnte sie andere Konzerngesellschaften wie die Mutuum oder die ALA bei den Zeitungen ins Geschäft bringen.[100] Die Hauptaufgabe der Wipro bestand aber seit ihrer Gründung in der Herausgabe von Matern. Sie gab zwei täglich erscheinende Materndienste (A u. B) heraus, die von der Nachricht bis zum Kommentar alles für den politischen Teil der Zeitungen notwendige Material enthielten. Ferner vertrieb sie eine dreimal wöchentlich erscheinende D-Mater, die hauptsächlich Kommentare und Berichte aus

---

[98] Angaben zusammengestellt aus: Ergänzungsliste d. Beteiligungen d. Scherl GmbH, Anlage z. Schreiben Scherl-Verlagssekretariat an Scherl-Hauptbuchhalterei, 5. 5. 1936. — Akten Opriba, C II, 11; Geschäftsbericht d. Scherl GmbH für die Jahre 1926—1928. — Akten Opriba, C II, 13, 27, 28; Scherl-Revisionsbericht Nr. 4 per 31. 12. 1932. — Akten Opriba, C II, 39—40; Schreiben Klitzschs an Hugenberg, 9. 11. u. 31. 10. 1922; Aktennotiz Dr. Schmidt über Gespräch mit Mejer, 2. 11. 1922. — Akten Opriba, H 3; Hdb. d. dt. GmbH, 1925, S. 1028.

[99] Zit. n. K. Koszyk: Deutsche Presse, S. 229.

[100] Vgl. Bericht Ammens über d. dtnat. Verlegerversammlung am 10. 12. 1922, 12. 12. 1922, u. Bericht dess. über die Propagandareise n. Koblenz, Wiesbaden, Darmstadt, Kassel usw., 30. 10. 1922, Anlage z. Schreiben Klitzschs an Hugenberg, 31. 10. 1922. — Akten Opriba, H 3.

der DNVP veröffentlichte. Daneben gab sie noch Bild-, Roman-, Beilagenmatern usw. heraus. Schließlich bot die Wipro ihren Kunden auch noch eine gedruckte Korrespondenz an.[101] Die Wipro bezeichnete sich selbst als parteilos und national.[102] Auf die Dienste der Wipro waren rund 300 Zeitungen abonniert,[103] darunter u. a.:[104]

Name der Zeitung	Erscheinungsort*	Auflage*	Politische Tendenz n. eigenen Angaben*
Altdammer Landbote	Altdamm (9000 Ew.)	–	parteilos
Breisgauer Ztg.	Freiburg i. Br. (92 000 Ew.)	–	national
Heider Anzeiger (einz. Ztg. a. O.)	Heide i. Holstein (11 000 Ew.)	10 100	parteilos
Hessische Landesztg.	Darmstadt (89 000 Ew.)	–	national
Köthensche Zeitung	Köthen (27 000 Ew.)	6 800	bürgerl. parteilos
Liebenwerda Kreisblatt	Bad Liebenwerda (3800 Ew.)	inkl. N. 12 000	parteilos
Rügenwalder Ztg. (einz. Ztg. a. O.)	Rügenwalde (6200 Ew.)	–	national
Sangershauser Ztg.	Sangershausen (12 000 Ew.)	–	unabhängig-national
Thüringer Kurier	Bad Sulza (5000 Ew.)	–	bürgerlich
Westhavelländische Ztg.	Rathenow (28 000 Ew.)	–	national

Zeichenerklärung:

Ew. = Einwohner
einz. Ztg. a. O. = einzige Zeitung am Ort
inkl. N. = inklusive Nebenausgaben

---

* Angaben für Ort, Auflage und Tendenz nach Mosses Ztgskatalog, 1929.

[101] Angaben zusammengestellt aus: Kurt Schwedler: Unser Matern-Geschäft (Vortragsms.), 25. 5. 1937. — Akten Schwedler; Schreiben v. Rohrs an Hugenberg, 4. 7. 1930, u. Schreiben Brosius' an Hugenberg, 14. 7. 1930. — NL Hugenberg, P 11; Adreßbuch der deutschen Pressedienste, Wissen (Sieg) 1926, S. 21 (i. f. zit.: Adreßbuch Pressedienste).
[102] Vgl. „Wie die monarchistische Bewegung ‚gemacht' wird", in: Die Hilfe, 31. Jg. (1925), S. 53.
[103] Vgl. O. Groth: Die Zeitung, Bd. 1, S. 472; K. Koszyk: Deutsche Presse, S. 229; V. Dietrich (: Hugenberg, S. 77) spricht sogar von 350 Zeitungen; die Konzernmitarbeiter Hasse und Schwedler wollten sich auf eine genaue Zahl nicht festlegen, sprachen mir gegenüber aber auch von einigen hundert Zeitungen.
[104] Angaben laut Scherl-Revisionsbericht Nr. 4 per 31. 12. 1932, Anhang Nr. 50. — Akten Opriba, C II, 40; Schreiben Osius' an Klitzsch, 15. 12. 1922. — Akten Opriba, H 3.

bb) Central-Büro für die deutsche Presse GmbH, Berlin

Besitzverhältnisse:[105]

1925 kaufte Justizrat Homeyer als Treuhänder der Scherl GmbH Anton Lewin das Central-Büro für die deutsche Presse ab. Das Stammkapital von 20 000 RM befand sich von nun an zu 100 % im Besitz der Scherl GmbH. Der bisherige Geschäftsführer Josef Lewin, Sohn des langjährigen Geschäftsinhabers, blieb weiterhin im Amt, so daß der Besitzwechsel nach außen hin nicht in Erscheinung trat.

Presseeinfluß:

Als Hauptmaterndienst gab das Central-Büro die täglich außer sonntags erscheinende „Deutsche Reichs-Korrespondenz" (D.R.K.) heraus, die von der Nachricht bis zum Kommentar alles für den politischen Teil der Zeitungen notwendige Material enthielt. Sonntags erschien an ihrer Stelle der gedruckte „Sonntagsdienst

Name der Zeitung	Erscheinungsort*	Auflage*	Politische Tendenz n. eigenen Angaben*
Lausitzer Landes-Ztg.	Cottbus (56 000 Ew.)	2000	national
Lengenfelder Nachrichten (einz. Ztg. a. O.)	Lengenfeld (6700 Ew.)	2100	parteilos
Lugauer Ztg.	Lugau (11 000 Ew.)	2000	parteilos
Merziger Ztg./ Amtl. Kreisblatt	Merzig (10 000 Ew.)	—	amtlich
Niederbarnimer Ztg.	Friedrichshagen (20 000 Ew.)	—	parteilos
Schönlanker Ztg.	Schönlanke (9800 Ew.)	—	parteilos
Der Süden	Berlin-Mariendorf	—	parteilos
Verdener Kreisblatt	Verden/Aller (10 100 Ew.)	—	parteilos
Westerwälder Ztg. (einz. Ztg. a. O.)	Hachenburg (2600 Ew.)	inkl. N. 4800	parteilos
Zehlendorfer Anzeiger	Berlin-Zehlendorf	—	parteilos

Zeichenerklärung:

Ew. = Einwohner
einz. Ztg. a. O. = einzige Zeitung am Ort
inkl. N. = inklusive Nebenausgaben

---

* Angaben für Ort, Auflage und Tendenz nach Mosses Ztgskatalog, 1929.

[105] Angaben laut Ergänzungsliste d. Beteiligungen d. Scherl GmbH, Anlage z. Schreiben Scherl-Verlagssekretariat an Scherl-Hauptbuchhalterei, 5. 5. 1936. — Akten Opriba, C II, 11, u. Scherl-Revisionsbericht Nr. 4 per 31. 12. 1932. — Akten Opriba, C II, 39—40.

D.R.K." An weiteren Materndiensten bot das Central-Büro an: täglich den „A.B.D. - Allgemeiner Bilderdienst", ein- bis dreimal wöchentlich die „Unterhaltungsbeilage" einmal wöchentlich „Turnen und Sport", „Novelle" und „Kunterbunt", abwechselnd einmal wöchentlich die illustrierten landwirtschaftlichen Dienste „Haus und Hof", „Am Pflug" und „Korrespondenz für Hauswirtschaft". Schließlich gab das Unternehmen noch Roman-, Kalender- und Beilagenmatern heraus.[106] Politisch soll das Central-Büro, solange es im Besitz Lewins war, den Demokraten nahegestanden haben, unter Hugenbergs Einfluß orientierte es sich vorsichtig nach rechts.[107] Auf den D.R.K., den Hauptdienst des Central-Büros, waren rund 230 Zeitungen abonniert.[108] Wie viele Zeitungen das Unternehmen darüber hinaus noch mit seinen anderen Diensten versorgte, ist unbekannt. Zu den Kunden des Central-Büros, wahrscheinlich als Abonnenten des D.R.K., zählten u. a.:[109]

cc) Berliner Schnellstereotypie (Hermann Arendt's Verlag) GmbH, Berlin

Zusammen mit dem Central-Büro kaufte Homeyer im Auftrag des Scherl Verlags Lewin auch die Berliner Schnellstereotypie GmbH ab. Das ebenfalls 20 000 RM betragende Kapital befand sich von nun an zu 100 % im Besitz der Scherl GmbH.[110] Die Schnellstereotypie GmbH war ein technischer Betrieb, der in der Hauptsache die ihm konzernmäßig verbundenen Maternunternehmen, besonders deren Bildabteilungen, mit Stereos, Galvanos und Klischees – durch Matern- bzw. Ätzverfahren entstehende und versendbare Druckplatten – belieferte. Das Unternehmen arbeitete aber auch auf Auftrag für fremde Rechnung und konnte, wenn nötig, mit seinen Überschüssen Defizite der Materngesellschaften ausgleichen.[111]

dd) Illustrations-Verlag Wagenborg, Deike, Jansen u. Co. KG., Berlin

Besitzverhältnisse:[112]
1928 kauften das Central-Büro und die Berliner Schnellstereotypie den Illustrations-Verlag Wagenborg auf. Das Central-Büro wurde Komplementär (allein haftender Gesellschafter) mit einem Anteil von 6000 RM, und die Berliner Schnellstereotypie übernahm einen Kommanditanteil von 14 000 RM. Das 20 000 RM betragende Ka-

---

[106] Angaben laut Adreßbuch Pressedienste, S. 6, u. Hdb. d. dt. Tagespresse, ⁴1932, S. 417.
[107] Mdl. Mitteilung Kurt Schwedlers an d. Verf. im August 1972. Im Geschäftsbericht d. Scherl-Verlags von 1932 (Akten Opriba, C II, 32) heißt es über das Central-Büro: „Da es seine Dienste auf möglichst neutraler Basis aufgebaut hat, mußte es zum Ausgleich für die starke Berücksichtigung des nationalen Materials auch in gewissem Umfange, insbesondere die Reden der Führer des Zentrums und der Sozialdemokratie bringen und damit den normalen Umfang seiner Dienste vielfach erheblich überschreiten."
[108] Vgl. Geschäftsbericht d. Scherl GmbH f. 1926. — Akten Opriba, C II, 27.
[109] Angaben laut Scherl-Revisionsbericht Nr. 4 per 31.12.1932, Anhang Nr. 50. — Akten Opriba, C II, 40.
[110] Vgl. Anm. 105.
[111] Angaben zusammengestellt aus: Kurt Schwedler: Unser Matern-Geschäft (Vortragsms.), 25. 5. 1937. — Akten Schwedler; Geschäftsberichte d. Scherl GmbH f. 1926—1932. — Akten Opriba, C II, 13, 27, 29—32.
[112] Vgl. Anm. 105.

pital der Wagenborg KG. befand sich somit zu 100 % in den Händen der beiden Konzerngesellschaften bzw. der sie beherrschenden Scherl GmbH, die den neuen Betrieb überdies pachtete.

Presseeinfluß:
Die Wagenborg KG. war ein Bildmaternverlag. In der Hauptsache gab sie einen täglich außer sonntags erscheinenden „Aktuellen Bilderdienst für Tageszeitungen" sowie einen speziellen Sonntagsdienst heraus. Ferner bot sie ihren Kunden Schach-, Mode-, Rätsel- und Sternkartenmatern an.[113] Wie viele Zeitungen sie belieferte, ist unbekannt. Immerhin dürften ihre Matern-Auflagen von einiger Bedeutung gewesen sein, da der Scherl-Verlag resp. das Central-Büro und die Schnellstereotypie sie vor allem deshalb aufkauften, um eine unbequeme Konkurrenz zu beseitigen.[114]

d) Nachrichtenagenturen

aa) Telegraphen-Union – Internationaler Nachrichtendienst GmbH (TU), Berlin

Besitzverhältnisse:
Die Telegraphen-Union, ein 1913 von Albert v. Schwerin, dem jüngeren Bruder von Hugenbergs Posener Freund, Friedrich v. Schwerin, gegründetes und durch Fusionen mit fünf weiteren Nachrichtenbüros (u. a. „Louis Hirsch's Telegraphisches Büro" und „Herold-Depeschen-Büro") erheblich erweitertes Unternehmen, geriet 1916 unter den Einfluß Hugenbergs. Im Auftrag Hugenbergs und mit Mitteln der Wirtschaftlichen Gesellschaft (Vorläuferin der Wirtschaftsvereinigung) gründete Albert v. Schwerin die Westend-Verlags GmbH, die noch im gleichen Jahr eine innerhalb von fünf Jahren auszuübende Option auf die Mehrheitsanteile der TU erwarb. Die ratenweise Übernahme der TU-Anteile wurde von der Westend bereits 1919 abgeschlossen.[115] Im Verlauf der zwanziger Jahre wurden, abgesehen von außerhalb des Hugenberg-Konzerns stehenden Gruppen bzw. Personen, auch die Scherl GmbH und die Ostdeutsche Privatbank Gesellschafter der TU. 1929 verteilte sich das 1,4 Mill. RM betragende Stammkapital der TU wie folgt:[116]

Westend-Verlags GmbH (H.-K.):	783 200 RM
Herold-Depeschen-Büro GmbH (H.-K.):*	9 620 RM
Legationsrat Dr. Albert v. Schwerin	880 RM

---

* Das Herold-Depeschenbüro war eine Tochter der TU, übte eine geschäftliche Tätigkeit aber nicht mehr aus. Vgl. TU-Revisionsbericht Nr. 4 per 31. 12. 1929. – Akten Dorow.

[113] Angaben laut Hdb. d. dt. Tagespresse, ⁴1932, S. 418.
[114] Vgl. Geschäftsbericht d. Scherl GmbH f. 1928. – Akten Opriba, C II, 13.
[115] Zu den Einzelheiten vgl. D. Guratzsch: Macht, S. 230 ff. u. S. 244 ff.
[116] Angaben laut TU-Revisionsbericht Nr. 4 per 31. 12. 1929, Anhang, Nr. 10. – Akten Dorow; zur Scherl-Beteiligung vgl. auch Scherl-Revisionsbericht Nr. 4 per 31. 12. 1932, Anhänge Nr. 21 u. 55. – Akten Opriba, C II, 40. Die Angaben Bernhards (: Hugenberg-Konzern, S. 95) über die Kapitalzusammensetzung der TU weichen von den zuverlässigeren Daten des TU-Revisionsberichtes stark ab.

August Scherl GmbH (H.-K.):	125 000 RM
Reichsgrundbesitzer-Verband E. V.:	24 360 RM
Bank für Landwirtschaft:	9 980 RM
Graf v. Behr (DNVP):	6 840 RM
Deutscher Braunkohlen-Industrie-Verein:	34 180 RM
A. Riebeck'sche Montanwerke AG:	4 430 RM
Verein Hamburger Reeder:	4 180 RM
Der Brennerbund GmbH:	170 RM
Ostdeutsche Privatbank AG (H.-K.):	322 160 RM
?*	75 000 RM

---

* Das gerade auf 1,4 Mill. RM erhöhte Stammkapital war im Berichtszeitraum des TU-Revisionsberichtes Nr. 4 per 31. 12. 1929 (Akten Dorow), dem obige Aufstellung entnommen ist, noch nicht voll eingezahlt.

Die Gesellschaften des Hugenberg-Konzerns verfügten somit gemeinsam über 1 239 980 RM (= 88 %) des Stammkapitals der TU.

Presseeinfluß:

Die TU war neben dem offiziösen Wolff's Telegraphisches Büro (WTB) etwa seit 1926 das größte Nachrichtenunternehmen der Weimarer Republik.[117] Von den rund 3360 deutschen Zeitungen[118] waren in diesem und in den folgenden Jahren 1600, also 48 %, auf Dienste der TU abonniert.[119] Darüber hinaus belieferte die TU auch ausländische Zeitungen, insbesondere in Osteuropa, mit Material.[120] Seit 1924 konnte die TU, die sich mit 36 000 RM (= 24 %) am Aktienkapital der ein Jahr zuvor gegründeten, zu 51 % in Reichshand befindlichen Rundfunkgesellschaft Drahtloser Dienst AG (Dradag) beteiligt hatte,[121] ihre Zeitungskunden auch per Funk über einen speziellen Kanal mit Nachrichten versorgen.[122] Abgesehen von diesem Radio-

---

[117] Vgl. Otto Mejer: Ein Rückblick auf die Geschichte des deutschen Nachrichtenwesens von 1918–1945, o. D. — BA/Kl. Erw. Nr. 302–1; vgl. ferner V. Dietrich: Hugenberg, S. 58, u. Walter Aub: Der Fall Hugenberg, in: Die Weltbühne, Nr. 8 (1926), S. 286.

[118] 3356 Zeitungen incl. Wochenzeitungen nennt für das Jahr 1928 das Handbuch der Weltpresse, hrsg. v. Institut f. Publizistik der Universität Münster, Köln Opladen 1970, S. 114; Hugenbergs Generaldirektor Klitzsch nannte für die zwanziger Jahre die Zahl von 3350 Zeitungen. Vgl. Ansprache Klitzschs anläßlich d. Trauerfeier f. Hugenberg in Rohbraken, 16. 3. 1951. — Akten Hasse.

[119] Walter Aub (: Der Fall Hugenberg, in: Die Weltbühne, Nr. 8 [1926], S. 288) nennt für das Jahr 1926 die Zahl von 1600. L. Bernhard (: Hugenberg-Konzern, S. 89) nennt die gleiche Zahl für die Jahre 1927/28 und Klitzsch (vgl. Anm. 118) spricht ebenfalls von 1600 Zeitungen, die von der TU beliefert wurden, ohne eine genaue Jahresangabe zu machen.

[120] Vgl. L. Bernhard: Hugenberg-Konzern, S. 89.

[121] Vgl. TU-Revisionsbericht Nr. 4 per 31. 12. 1929. — Akten Dorow; Schreiben Brosius' an Hugenberg, 21. 8. 1929. — NL Hugenberg, P 11; Hdb. d. dt. AG, 1929, IV, S. 6338.

[122] Vgl. L. Bernhard: Hugenberg-Konzern, S. 88 f., u. Hertha Stohl: Der drahtlose Nachrichtendienst für Wirtschaft und Politik, Berlin 1931, S. 57 ff.

pressedienst gab die TU rund 30 Nachrichten- bzw. Korrespondenzdienste* heraus. Ein Teil dieser Dienste erschien offiziell bei den TU-Töchtern „Patria Literarischer Verlag GmbH" und „Dammert Verlag GmbH". Sowohl der von Hugenberg bereits im Kaiserreich erworbene Patria Verlag[123] wie der 1921 aufgekaufte Dammert Verlag[124] übten nach ihrer Fusion mit der TU keinerlei geschäftliche Tätigkeit mehr aus.[125] Ihre formelle Verantwortlichkeit für Korrespondenzen, die sowohl technisch und redaktionell von der TU hergestellt als auch von dieser (unter dem Namen Patria bzw. Dammert) vertrieben wurden,[126] erklärt sich nur aus Tarnungsgründen. Besonders in der ersten Hälfte der zwanziger Jahre konnte Hugenberg noch hoffen, daß sein Einfluß auf den Patria Verlag und den bis 1921 liberalen Dammert Verlag zumindest der Provinzpresse verborgen blieb, wohingegen die Konzernzugehörigkeit der TU wohl schon damals ein offenes Geheimnis war.[127]

Um dieses Tarnungssystem zu verdeutlichen, werden bei der folgenden Aufstellung sämtlicher von der TU 1929 hergestellten Dienste** die offiziellen Herausgeber mitgenannt.

Dienste der TU:[128]

Hrsg.: Telegraphen-Union. Internationaler Nachrichtendienst GmbH:

Telegraphen-Union. Internationaler Nachrichtendienst (TU-Dienst)
Deutscher Dienst
Landesdienst (24 Zweigausgaben)
Parlamentsdienst
Deutscher Handelsdienst (13 Zweigausgaben)

---

* Die Grenzen zwischen Nachrichten- und Korrespondenzdiensten (auch Korrespondenzen genannt) sind fließend. O. Groth (: Die Zeitung, Bd. 1, S. 442 u. S. 482 f.) macht eine angedeutete Unterscheidung lediglich dahingehend, daß Korrespondenzen „Zeitungsmaterial aller Art" enthalten, während Nachrichtendienste *vorrangig* Nachrichten liefern. Gleichwohl verwendet auch er die Begriffe synonym. Da die wenigsten Dienste der TU per Namen als Nachrichtendienste bzw. Korrespondenzen ausgewiesen sind, wird auch hier auf eine begriffliche Unterscheidung verzichtet.

** Da sich die Namen einiger Dienste während der zwanziger und dreißiger Jahre häufiger änderten, überdies auch ihre Anzahl etwas schwankte, muß hier 1929 als Stichjahr besonders betont werden.

[123] Zu den Einzelheiten vgl. D. Guratzsch: Macht, S. 250 f.
[124] Zu den Einzelheiten vgl. L. Bernhard: Hugenberg-Konzern, S. 87 f.
[125] Vgl. TU-Revisionsbericht Nr. 4 per 31. 12. 1929. — Akten Dorow.
[126] Vgl. ebd. Zur offiziellen Herausgeberschaft von Patria und Dammert für einige TU-Korrespondenz vgl. Adreßbuch Pressedienste, 1926, S. 7 u. S. 15, und Hdb. d. dt. Tagespresse, ⁴1932, S. 392.
[127] Selbst der Berliner Pressefachmann Rudolf Dammert glaubte 1921 mit dem Verkauf seines Dammert Verlages an den Patria Verlag sein Unternehmen vor dem Zugriff von Hugenbergs TU gerettet zu haben. Vgl. Richard Lewinsohn: Das Geld in der Politik, Berlin 1930, S. 172.
[128] Angaben laut TU-Revisionsbericht Nr. 4 per 31. 12. 1929, Anhang, Nr. 19. — Akten Dorow; z. Ergänzung von Abkürzungen u. f. d. Einführung d. offiziellen Herausgeber mitherangezogen: Adreßbuch Pressedienste 1926, S. 7 u. S. 15, u. Hdb. d. dt. Tagespresse, ⁴1932, S. 392.

Deutscher Wirtschaftsdienst
Börsendienst
Sportdienst
Wetterdienst
Südamerika-Dienst
Auslandsbriefe
Briefe v. Draußen
Vorschau
Berliner Vertretung/Sonderredaktionen: Kames } für Provinzzeitungen als
Metger } Ersatz für einen eigenen
Bretz } Berliner Korrespondenten
„Hrsg.": Dammert Verlag GmbH:
Berliner Dienst* A (f. volksparteiliche Ztgn.)
Berliner Dienst B (f. „neutrale" Generalanzeiger)
Berliner Dienst C (f. „nationale" katholische Ztgn.)
Berliner Dienst D (f. deutschnationale Ztgn.)
Kulturbeiträge

---

* Angaben f. d. polit. Richtg. d. Berliner Dienste laut Walter Aub: Der Fall Hugenberg, in: Die Weltbühne, Nr. 8 (1926), S. 290, u. O. Groth: Die Zeitung, Bd. 1, S. 451.

„Hrsg.": Patria Literarischer Verlag GmbH:
Deutscher Schnelldienst / Täglicher Dienst für Nationale Zeitungen (DS/TDNZ)
Deutsche Volkswirtschaftliche Correspondenz (DVC)
Was Ihr wollt (früher: Neue Gesellschaftliche Correspondenz)
Kommunales Leben
Volksdeutscher Dienst (entstanden aus: Unabhängige Nationale Correspondenz u. Aufbau)
Asien-Osteuropa-Dienst
Landwirtschaftliche Rundschau
Land- und Gartenwirtschaft
Landwirtschaftliche Wochenschau

Welche Zeitungen auf welche Dienste der TU abonniert waren, ist nur in wenigen Fällen überliefert. Zu diesen gehören die Badische Presse, Karlsruhe, die Königsberger Allgemeine Zeitung und der Schwäbische Merkur, Stuttgart, die alle drei den für die volksparteiliche Presse bestimmten „Berliner Dienst A" der TU bezogen.[129] Stark von der TU beeinflußt wurde vermutlich auch die deutschnationale Niederdeutsche Zeitung in Hannover, an deren Kapital die TU zu einem geringen Prozentsatz beteiligt war.[130] Da sich das Nachrichtenunternehmen normalerweise nicht an Zeitungen beteiligte, dürfte die Aktienübernahme als Ausgleich für unbezahlte Korrespondenzlieferungen an die ständig in Finanznöten schwebende Nieder-

---

[129] Vgl. Schreiben Richard Bahrs an Reichskanzler Cuno, 3. 12. 1922. — BA/R 43I Nr. 2475, u. die TU-Revisionsberichte Nr. 4 u. Nr. 6 per 31. 12. 1929 bzw. 31. 12. 1931. — Akten Dorow.
[130] Vgl. TU-Revisionsberichte Nr. 4 u. 6 per 31. 12. 1929 u. 31. 12. 1931. — Akten Dorow.

deutsche Zeitung erfolgt sein.[131] Der Chefredakteur der Niederdeutschen Zeitung, Dr. Hans Brosius, wurde nur wenige Monate nach Hugenbergs Amtsantritt Pressechef der DNVP und rückte zu einem der engsten Mitarbeiter des neuen Parteivorsitzenden auf.[132]

bb) Deutscher Pressedienst GmbH, Berlin

Gründungs- und Besitzverhältnisse:[133]
Gegründet: 1920
Stammkapital: 5000 M.

Der Deutsche Pressedienst war eine Gründung Hugenbergs, der auch den Aufsichtsratsvorsitz des neuen Unternehmens übernahm. Welche Konzerngesellschaft die Majorität des Pressedienstes besaß, ist aus den Unterlagen nicht eindeutig ersichtlich. Wahrscheinlich war sie zunächst im Besitz des Patria-Verlages, der sie dann ein oder zwei Jahre später an die Außendienst GmbH abgab.

Presseeinfluß:

Das Unternehmen, nur mit geringem Kapital ausgestattet, lebte von den journalistischen Fähigkeiten seines redaktionellen Leiters, Major a. D. Adolf Stein (Pseudonyme: Rumpelstilzchen u. „A"). Hugenberg hatte Stein von der Täglichen Rundschau 1920 abgeworben und ihn sowohl mit der redaktionellen Leitung der Deutschen Pressedienst GmbH als auch mit einem Redakteurposten beim Scherlschen Tag betraut.[134] Die Pressedienst GmbH entwickelte sich unter Steins Führung so glänzend, daß sie noch vor Ablauf des ersten Jahres auf die von Hugenberg geleisteten Zuschüsse verzichten konnte.[135] Das Unternehmen gab in der Hauptsache den „Deutschen Pressedienst" (Depede) und die feuilletonistischen „Rumpelstilzchen-Briefe"[136] heraus. Daneben übernahm es auch die Berliner Vertretung für Provinzzeitungen.[137] Auf die Dienste der Gesellschaft waren u. a. die Bergisch-Märkische

---

[131] Zu den finanziellen Schwierigkeiten der Zeitung vgl. „Die Niederdeutsche Zeitung" u. „Die Geschäftsaufsicht aufgehoben" in: Niederdeutsche Zeitung, Nr. 34, 10. 2. 1926, u. Nr. 140, 18. 6. 1926.

[132] Vgl. „Parteitag der DNVP", in: Niederdeutsche Zeitung, 8. 1. 1929, u. Schreiben Schmidt-Hannovers an v. Löwenstein, 30. 8. 1946. — BA/NL Schmidt-Hannover, Nr. 12.

[133] Angaben zusammengestellt aus: Schreiben Steins an Hugenberg, 25. 8. 1920. — NL Hugenberg, A Bd. 20; Schreiben Hugenbergs an Wegener, 15. 9. 1920. — BA/NL Wegener, Nr. 65; Schreiben (Entwurf) dess. an Stein, Juli 1920, Schreiben Steins an Hugenberg 1. 11. u. 11. 12. 1922, Schreiben Klitzschs an Hugenberg, 15. 12. 1922 u. 8. 3. 1923. — Alle Unterlagen in: Akten Opriba, H 21; „Wie die monarchistische Bewegung ‚gemacht' wird", in: Die Hilfe, 31. Jg. (1926), S. 53; Hdb. d. dt. GmbH, 1925, S. 197.

[134] Vgl. Schreiben (Entwurf) Hugenbergs an Stein, Juli 1920. —Akten Opriba, H 21, u. Schreiben Hugenbergs an Wegener, 16. 7. 1920. — BA/NL Wegener, Nr. 65.

[135] Vgl. Schreiben Steins an Hugenberg, 25. 8. 1920. — NL Hugenberg, A Bd. 20.

[136] Die meisten Artikel Steins sind in der vom Berliner Brunnen-Verlag hrsg. Rumpelstilzchen-Reihe überliefert. Vgl. z. B. Rumpelstilzchen: Piept es?, Berlin: Brunnen-Verlag 1930 (Rumpelstilzchen, Bd. 10).

[137] Ursprünglich sollte der Pressedienst wohl auch die Deutsche Volkswirtschaftliche Correspondenz und die Unabhängige Nationale Correspondenz übernehmen, die dann

Zeitung, die MAA und das Stralsunder Tageblatt abonniert.[138] Ihre Berliner Vertretung hatte z. B. die Süddeutsche Zeitung der Deutschen Pressedienst GmbH anvertraut.[139]

cc) *Deutscher Überseedienst GmbH (DÜD), Berlin*

Gründungs- und Besitzverhältnisse:
Die Deutsche Überseedienst GmbH wurde 1916 von Industriekreisen unter Beteiligung der von Hugenberg geführten Ausland GmbH mit einem Kapital von 1,9 Mill. M. (1917 erhöht auf 5 Mill. M., 1924/25 zusammengelegt auf 1 Mill. RM) gegründet. Ohne über eine eindeutig nachweisbare Majorität zu verfügen, beherrschte die Hugenberg-Gruppe als größter der zahlreichen DÜD-Gesellschafter spätestens ab 1917 das Unternehmen.[140] Dies kam u. a. auch in der Besetzung der leitenden Posten zum Ausdruck. Den Aufsichtsrat führte als Vertrauensmann der Hugenberg-Gruppe Max Rötger, ehemaliger Direktoriumsvorsitzender der Firma Krupp.[141] Auf besondere Empfehlung Krupp v. Bohlen u. Halbachs, dessen Firma ja, vertreten durch Hugenberg, stark an der Ausland GmbH und damit auch am DÜD beteiligt war,[142] wurde im Februar 1917 Kapitän Wilhelm Widenmann zum Geschäftsführer des DÜD ernannt.[143] Als weiterer Geschäftsführer trat gleichzeitig Ludwig Klitzsch, bisher Verlagsdirektor des J. J. Weber-Verlages, in das Unternehmen ein.[144] Ihn machte Hugenberg 1920 zum Generaldirektor des Scherl-Verlages,[145] während er Widenmann im selben Jahr mit dem gleichen Posten beim DÜD betraute.[146] Spätestens 1923, möglicherweise aber schon vorher, wurde der DÜD ganz in den Hugenberg-Konzern eingegliedert.[147] Nach Auflösung der Aus-

---

aber tatsächlich in der TU aufgingen. Vgl. Schreiben Hugenbergs (Entwurf) an Stein, Juli 1920. — Akten Opriba, H 21; Schreiben Hugenbergs an Wegener, 15. 9. 1920. — BA/NL Wegener, Nr. 65; Schreiben Steins an Hugenberg, 25. 8. 1920. — NL Hugenberg, A Bd. 20; Adreßbuch Pressedienste, 1926, S. 8.

[138] Vgl. Büro Lambach: RT-Bericht Nr. 15, 20. 2. 1924. — FST/NL Diller, 11/D 8, u. Schreiben Traubs an Hugenberg, 11. 5. 1921. — NL Hugenberg, M 8.

[139] Das geht aus dem Kopf der Süddeutschen Zeitung hervor. Adolf Stein wird hier namentlich als „Berliner Vertretung" aufgeführt. (Vgl. z. B. das Exemplar der Süddeutschen Zeitung, Nr. 46, 24. 2. 1921, in: Akten Opriba, H 3.) Da Stein, abgesehen vom Scherl Verlag, der solche Vertretungen nicht übernahm, nur für die Deutsche Pressedienst GmbH arbeiten durfte, stand sein Name hier zweifellos stellvertretend für dieses Unternehmen.

[140] Zu den Einzelheiten vgl. D. Guratzsch: Macht, S. 239 ff., u. Anhang 11, S. 407 ff.

[141] Vgl. ebd., S. 243, Anm. 328.

[142] Die Firma Krupp beteiligte sich überdies, wie auch andere Auslands-Gesellschafter, direkt am DÜD. Vgl. D. Guratzsch: Macht, Anhang 11, S. 407.

[143] Vgl. Schreiben Krupp v. Bohlen u. Halbachs an Widenmann, 27. 1. 1917. — Krupp/FAH, IV E 1174.

[144] Vgl. D. Guratzsch: Macht, S. 306.

[145] Vgl. Vertrag zwischen d. Scherl GmbH u. Klitzsch, 22. 12. 1919, u. Schreiben Neumanns an Klitzsch, 12. 3. 1920. — Akten Opriba, H 21.

[146] Während er im Hdb. d. dt. GmbH v. 1919, S. 910, noch als Geschäftsführer des DÜD bezeichnet wird, weisen ihn die Briefköpfe seiner Korrespondenz von 1920 bereits als Generaldirektor aus. Vgl. Korrespondenz Widenmann, in: Akten Opriba, H 21.

[147] D. Guratzsch (: Macht, S. 243) gibt an, daß der DÜD in der Inflationszeit endgültig in den Konzern integriert wurde. Angesichts der bereits 1920 bestehenden engen per-

land GmbH im Jahr 1927 übernahm wahrscheinlich die Ostdeutsche Privatbank die Mehrheitsanteile am DÜD.[148]

Tätigkeitsbereich:
Zweck des DÜD war laut Satzung:

„Die Unterhaltung und Ausgestaltung von Nachrichtendiensten zwischen Deutschland und anderen Ländern, namentlich den überseeischen Gebieten.“[149]

Hieraus ergaben sich zwei Aufgabenbereiche: die Versorgung deutscher Kunden mit Nachrichtenmaterial aus dem Ausland und die Berichterstattung aus Deutschland für ausländische Kunden. Die zweite Aufgabe wurde vom DÜD als „Auslandspropaganda" verstanden.[150] Zu diesem Zweck wurde die fünfsprachige Continental-Correspondenz herausgegeben, die sich besonders an südamerikanische Abnehmer wandte. Ferner unterhielt der DÜD Bilder- und Nachrichtensäle, insbesondere in der Türkei.[151] Schließlich befaßte er sich über Beteiligungsunternehmen auch mit der Herausgabe von Export-Zeitschriften (Ausland-Verlag) und mit der Lichtbild-Reklame (Deutsche Lichtbildgesellschaft).[152]

Im Inland vertrieb das Unternehmen die zweimal wöchentlich erscheinenden Korrespondenzen „Überseedienst" und „Wirtschaftlicher Nachrichtendienst". Der Überseedienst sollte „ausländische Stimmungen und Nachrichten aus Wirtschaft, Politik und Kultur" vermitteln. Der Wirtschaftliche Nachrichtendienst erschien in getrennten „Branchen-, Länder- und Spezialnummern". In den Branchennummern wurde Nachrichtenmaterial über verschiedene Warengattungen veröffentlicht, die Spezialnummern befaßten sich mit wirtschaftlichen Einzelproblemen und die Ländernummern berichteten über die wirtschaftliche Entwicklung jeweils eines Landes.[153] Die Continental-Correspondenz, der Überseedienst und der Wirtschaftliche Nachrichtendienst wurden in der Hauptsache an Behörden und Geschäftsleute ausgeliefert.[154] Für einen ganz kleinen ausgewählten Kundenkreis war dagegen offen-

---

sonellen Verzahnung zwischen DÜD u. TU (Cremer, der leitende Direktor der TU, war gleichzeitig auch Direktor beim DÜD, dessen Generaldirektor wiederum stellvertretender AR-Vorsitzender der TU war. Vgl. Vertrag zwischen der Deutschen Überseedienst GmbH u. Cremer, 3. 4. 1920, u. Schreiben Cremers an Widenmann, 13. 10. 1921. — Akten Opriba, H 21) hat ein früherer Zeitpunkt aber einige Wahrscheinlichkeit für sich.

[148] Darauf deutet jedenfalls das von D. Guratzsch (: Macht, Anhang 11, S. 407) zitierte Abtretungsangebot an die Opriba hin. Vgl. ferner Vermögensaufstellung der Wirtschaftsvereinigung per 15. 11. 1931, 19. 11. 1931. — NL Hugenberg, P 17.

[149] Zit. n. D. Guratzsch, S. 240, Anm. 301.

[150] Vgl. ebd., S. 240.

[151] Vgl. ebd., S. 242, u. Schreiben d. DÜD an den Kommissar der Reichskanzlei f. Litauen u. d. Ostelbgebiete, 7. 5. 1919. — BA/R 431, Nr. 2473.

[152] Vgl. zu den beiden Beteiligungsgesellschaften Anhang, 2 a, ee u. 2 b, aa.

[153] Zitate und Angaben sind dem Schreiben des DÜD an d. Kommissar d. Reichskanzlei f. Litauen u. d. Ostelbgeb., 7. 5. 1919 (BA/R 43 I, Nr. 2473) entnommen.

[154] Bei den beiden für das Inland bestimmten Diensten (Überseedienst und Wirtschaftlicher Nachrichtendienst) stammten die Abonnenten zumindest vorwiegend, wenn nicht sogar ausschließlich, aus „führenden Kreisen in Handel und Industrie, (...) wissenschaftlichen Instituten und (...) Behörden". Ebd. Die Continental-Correspondenz, die ja der Auslandspropaganda diente, dürfte dagegen auch an die ausländische Presse ausgeliefert worden sein.

sichtlich das Nachrichtenmaterial bestimmt, das der DÜD außerhalb seines offiziellen Aufgabenbereichs in politischen (Rechts-)Kreisen von Vertrauensleuten wie dem bayerischen Stahlhelmführer Wäninger und dem Juni-Klub-Mitglied Alexander Ringleb sammeln ließ.[155]

dd) Deutscher Wirtschaftsdienst GmbH, Berlin[156]

Gründungs- und Besitzverhältnisse:
Gegründet: 29. 3. 1922
Stammkapital: 25 000 M.
Gesellschafter:
Deutscher Überseedienst GmbH mit: 12 500 M.
Auskunft-Eildienst GmbH mit: 12 500 M.

DÜD und Auskunft-Eildienst teilten sich also zu je 50 % die Stammanteile des Deutschen Wirtschaftsdienstes. Die Auskunft-Eildienst GmbH war eine speziell zum Zwecke der Beteiligung am Deutschen Wirtschaftsdienst gegründete Holding des „Verwaltungsrats der Zweigstellen des Auswärtigen Amtes und der Reichsnachrichtenstellen" (Verwaltungsrat). Der 1919 geschaffene Verwaltungsrat war die organisatorische Spitze eines von Wirtschaftsverbänden, insbesondere dem RDI und den Industrie- und Handelskammern in Zusammenarbeit mit dem Auswärtigen Amt betriebenen Nachrichtensystems, das der Beschaffung, Auswertung und Weiterleitung von Wirtschaftsinformationen über das Ausland an Industrie und Handelskreise diente. Der Verwaltungsrat war ebenso wie die ihm angeschlossenen sechs „Zweigstellen des Auswärtigen Amtes für Außenhandel" und die 19 „Reichsnachrichtenstellen für Außenhandel" halbamtlich. Die 120 Mitglieder des Verwaltungsrates wurden vom AA ernannt, davon aber 80 auf Vorschlag der beteiligten Wirtschaftsorganisationen. Unter diesen befanden sich auch 15 Vertreter des DÜD. Der Verwaltungsrat war umgekehrt im 35-köpfigen Aufsichtsrat des DÜD mit vier Mitgliedern vertreten. Die beiden Gesellschafter des Deutschen Wirtschaftsdienstes, DÜD und die halbamtliche Auskunft-Eildienst GmbH resp. der Verwaltungsrat, waren somit eng miteinander verzahnt. Da der DÜD im Verwaltungsrat nicht nur direkt vertreten war, sondern auch noch bei den ihm nahestehenden 65 weiteren Vertretern der Wirtschaftsorganisationen Rückhalt fand, dürfte sein Einfluß auf den Deutschen Wirtschaftsdienst weitaus stärker gewesen sein als der des Auswärtigen Amtes.

Tätigkeitsbereich:
Die Aufgabe des Deutschen Wirtschaftsdienstes bestand in der „Beschaffung und Verbreitung von Handelsnachrichten und wirtschaftlichen Mitteilungen an die deutsche Wirtschaft, Erteilung von wirtschaftlichen Auskünften an und über die deutsche

---

[155] Vgl. S. 156 ff.
[156] Sämtliche Angaben und Zitate laut „Schematische Darstellung der halbamtlichen und privaten Einrichtungen für Außenhandelsförderung durch den Deutschen Überseedienst und seine Gruppe und den Verwaltungsrat der Zweigstellen des AA für Außenhandel" (Stand Juli 1925) u. „Erläuterungen zur schematischen Darstellung" v. Wilhelm Widenmann, Anlagen z. Schreiben Widenmanns an Krupp v. Bohlen u. Halbach, 11. 8. 1925. — Krupp/FAH, IV E 1174.

Wirtschaft". Geliefert wurden die Informationen einerseits vom AA und vom Reichswirtschaftsministerium. Beide Ministerien hatten das Recht, durch je einen Reichskommissar zu kontrollieren, ob das amtliche Material „in unparteiischer Weise, d. h. im Interesse der gesamten Wirtschaft" verwendet würde. Auf der anderen Seite stellte auch der DÜD das aus seinen Auslandsorganisationen eingehende private Nachrichten- und Auskunftsmaterial dem Deutschen Wirtschaftsdienst zur Verfügung. Der Wirtschaftsdienst verbreitete sein Material zum Teil durch Veröffentlichung im „Nachrichtenblatt für Ausfuhr und Einfuhr". Intimere Informationen leitete er über die Zweig- und Reichsnachrichtenstellen an einzelne Kunden.

ee) Wirtschaftsdienst GmbH, Danzig

Gründungs- und Besitzverhältnisse:
Die 1916 gegründete, in den zwanziger Jahren mit einem Kapital von 30 000 Gulden ausgerüstete Wirtschaftsdienst GmbH befand sich völlig in der Hand der Wirtschaftsvereinigung, der Dachgesellschaft des Hugenberg-Konzerns.[157] Als ihr Treuhänder trat wahrscheinlich Hugenbergs Posener Freund Karl Kette auf,[158] der auch die Geschäftsführung der Wirtschaftsdienst GmbH übernommen hatte.[159]

Tätigkeitsbereich:
Zweck der Wirtschaftsdienst GmbH war laut Handbuch der deutschen GmbH:

> „Mitarbeit an der Verbesserung des wirtschaftlichen Nachrichtendienstes, Betrieb von Verlagsgeschäften."[160]

Inwieweit das Unternehmen seiner offiziellen Aufgabenstellung, möglicherweise in Verbindung mit dem DÜD oder dem Deutschen Wirtschaftsdienst, nachkam, ist unbekannt. Sicher ist dagegen, daß Hugenberg es schon im Kaiserreich als Treuhänderin bei Pressegeschäften benutzte.[161] An der Opriba, der zentralen Holdinggesellschaft des Hugenberg-Konzerns, war die Wirtschaftsdienst GmbH später zu einem geringen Prozentsatz beteiligt.[162]

---

[157] Angaben laut Vermögensaufstellung der Stiftung z. Förderung. d. geistigen Wiederaufbaukräfte per 15. 11. 1931, 19. 11. 1931. — NL Hugenberg, P 17, u. Hdb. d. dt. GmbH, 1925, S. 1029.
[158] Vgl. Schreiben Hugenbergs an Wegener, 21. 9. 1920. — BA/NL Wegener, Nr. 65.
[159] Vgl. Hdb. d. dt. GmbH 1925, S. 1029.
[160] Ebd.
[161] Vgl. D. Guratzsch: Macht, S. 218, Anm. 185.
[162] Vgl. Anhang, 3 c.

2. Publizistische Unternehmen

a) Verlage

aa) August Scherl GmbH

Besitzverhältnisse:[163]

Mit Mitteln der Wirtschaftlichen Gesellschaft erwarb Hugenberg 1916 die August Scherl GmbH. Der Berliner Großverlag, der zwei Tageszeitungen (Berliner Lokal-Anzeiger und Der Tag) sowie, gemeinsam mit Tochtergesellschaften, rund ein Dutzend Zeitschriften herausgab, befand sich bereits seit 1909 in finanziellen Schwierigkeiten und war von seinem Gründer, August Scherl, 1914 an Landwirtschaftsminister Freiherr v. Schorlemer-Lieser veräußert worden. Nachdem v. Schorlemer im Auftrag der Reichsregierung den drohenden Verkauf der gouvernemental eingestellten Scherl-Blätter an den liberalen Berliner Verleger Rudolf Mosse (Berliner Tageblatt) durch sein Eingreifen verhindert hatte, gab er seine mit Hilfe eines Großkredites des Bankhauses Sal. Oppenheim jr. & Cie. erworbenen Mehrheitsanteile am Scherl-Verlag weiter an den neugegründeten „Deutschen Verlagsverein" in Düsseldorf. Dieser – ihm gehörten Vertreter der Banken, der verarbeitenden Industrie, der Chemie- und auch der Schwerindustrie an[164] – sah sich jedoch außerstande, die Gesamtkaufschuld bzw. den Kredit bei Oppenheim abzutragen, geriet durch die wachsende Zinsenlast in Bedrängnis und wandte sich schon nach einem Jahr hilfesuchend an die Regierung. Minister v. Schorlemer bemühte sich daraufhin, weitere Finanziers für den Scherl-Verlag zu gewinnen und wandte sich im Zuge dessen an Hugenbergs schwerindustrielle Freunde, Emil Kirdorf, Wilhelm Beukenberg und schließlich auch an dessen Firmenchef, Krupp v. Bohlen u. Halbach. Schorlemers Bitte an Krupp v. Bohlen u. Halbach, seinen Direktoriumsvorsitzenden für die Angelegenheit zu interessieren, gab dem längst informierten Hugenberg die Möglichkeit, mit Kruppschen Geldern und weiteren, von den anderen Mitgliedern der Wirtschaftlichen Gesellschaft bereitgestellten Mitteln, den Scherl-Verlag zu erwerben. Nach außen hin trat der Übergang des Scherl-Verlags in die Hände der Hugenberg-Gruppe nicht in Erscheinung. Der Deutsche Verlagsverein, der von nun an von der Hugenberg-Gruppe beherrscht wurde, blieb Mehrheitsgesellschafter des Scherl-Verlags.[165] Erst 1927 wurde er liquidiert.[166] An seine Stelle traten jetzt andere Gesellschaften des Hugenberg-Konzerns.

Das Stammkapital der August Scherl GmbH betrug 1928 30 Mill. RM. Es war aufgeteilt in 20 Mill. RM stimmberechtigte Stammanteile (pro 1000 RM 1 Stimme) und 10 Mill. RM nicht stimmberechtigte Vorzugsanteile. Auf die Vorzugsanteile wurde vom Reingewinn vorab eine Dividende von 7 % gewährt, während auf die

---

[163] Angaben laut D. Guratzsch: Macht, S. 271 ff., Anhänge 18—23, S. 418 ff., u. L. Bernhard: Hugenberg-Konzern, S. 65 ff.

[164] Vor allem die Familie Haniel (GHH) beteiligte sich mit einem namhaften Betrag. Insgesamt aber befanden sich die schwerindustriellen Gesellschafter im Deutschen Verlagsverein in der Minderheit. Vgl. D. Guratzsch: Macht, S. 280 f.

[165] Vgl. dazu das Verzeichnis d. Scherl-Gesellschafter, 25. 7. 1921, Anlage z. Schreiben Klitzschs an Kapitän Mann, 29. 7. 1921. — NL Hugenberg, O 2; ferner den außerordentlich informativen Artikel „Verlag August Scherl", in: Das Tagebuch, 31. 3. 1928.

[166] Vgl. dazu Anhang, 3d.

Stammanteile erst der Rest des Reingewinns entfiel.[167] Im einzelnen verteilten sich Stamm- und Vorzugsanteile auf folgende Gesellschafter:[168]

Stammanteile:	20 000 000 RM
hiervon entfielen auf:	
Ostdeutsche Privatbank AG (H.-K.):	16 750 000 RM
Außendienst GmbH (H.-K.):	2 000 000 RM
August Scherl GmbH (H.-K.):	350 000 RM
Familien-Verwaltung GmbH, Rohbraken (Hugenberg)*:	225 000 RM
Dr. Friedrich Swart (Pos. Fk.):	128 000 RM
Dr. Leo Wegener (Pos. Fk.):	72 000 RM
Fabrikant Wilhelm Niemann (ADV):	100 000 RM
Handelskammersyndikus Dr. August Roesener (ADV):	100 000 RM
Erben v. Bürgermeister Johann Neumann (ADV):	175 000 RM
Minister a. D. Johann Becker (DVP):	100 000 RM
Vorzugsanteile:	10 000 000 RM
Anteilseigner:	
Deutsches Gewerbehaus.AG (H.-K.):	10 000 000 RM

Zeichenerklärung:
Pos. Fk. = Posener Freundeskreis

---

* Gesellschafter der 1917 gegründeten Familien-Verwaltung GmbH waren Hugenberg und weitere Mitglieder seiner Familie. Vgl. Hdb. d. dt. GmbH, 1919, S. 1045, u. Handelsregisterveröffentlichung, in: BLA, Nr. 188, 23. 4. 1935.

Die August Scherl GmbH befand sich, sieht man von den kleinen Einzelbeteiligungen der Posener Freunde und des ADV, die möglicherweise auch noch treuhänderisch für Hugenberg übernommen worden waren,[169] ab, völlig in der Hand der Holdinggesellschaften des Konzerns. Opriba, Außendienst und Gewerbehaus verfügten zusammen über 28 750 000 RM (= 95,7 %) des Gesamtkapitals der Scherl GmbH. Von den 20 Mill. RM stimmberechtigten Kapitals besaßen Opriba und Außendienst zusammen 18 750 000 RM (= 93 %).

Verwaltungsausschuß:
Der Verwaltungsausschuß, das den Vorstand (Generaldirektor: Ludwig Klitzsch) kontrollierende Spitzenorgan der Anteilseigner, setzte sich 1928 wie folgt zusammen:[170]

---

[167] Vgl. Gesellschafts-Statut d. August Scherl GmbH, o. D. (Stand 1924—1932), in: Scherl-Revisionsbericht Nr. 4 per 31. 12. 1932, Anhang 59. — Akten Opriba, C II, 40; ein weiteres Exemplar des Gesellschafts-Statuts findet sich, in: BA/NL Wegener, Nr. 20.
[168] Angaben laut Geschäftsbericht d. Scherl GmbH f. 1928. — Akten Opriba, C II, 13.
[169] Dieselben Personen übernahmen, als Hugenberg sich in den Deutschen Verlagsverein einkaufte, treuhänderisch Anteile vom Verlagsverein bzw. von Scherl für ihn. Die Höhe ihrer damaligen Treuhänderbeträge weicht aber von ihren späteren Beteiligungen stark ab. Vgl. D. Guratzsch: Macht, Anhang 22, S. 430 f.
[170] Angaben zusammengestellt aus: Protokoll d. Verwaltungsausschußsitzung d. Scherl GmbH am 14. 6. 1928. — Akten Opriba, C II, 5; Scherl-Revisionsbericht Nr. 4 per 31. 12. 1932, Anhang 5. — Akten Opriba, C II, 40; „Die Trauerfeier für Bürgermeister Neumann", in: BLA, 12. 4. 1928.

Vorsitzender: Dr. Alfred Hugenberg
Stellvertr. Vorsitzender: Dr. Friedrich Swart (Pos. Fk.)
Dr. Leo Wegener (Pos. Fk.)
Dr. August Roesener (ADV)
Wilhelm Niemann (ADV)
Dr. Johann Becker (DVP)

Zeichenerklärung:
Pos. Fk. = Posener Freundeskreis

Der Verwaltungsausschuß bestimmte laut Satzung:

„(...) die Haltung und Richtung der Zeitungen und Zeitschriften des Verlages, jedoch im Rahmen der Auffassungen des rechtsgerichteten, auf dem Boden einer gesunden Privatwirtschaft stehenden nationalen Bürgertums."[171]

Publikationen:
Der Scherl-Verlag gab (ohne Tochtergesellschaften) in den zwanziger Jahren drei große Tageszeitungen und zehn bis zwölf Zeitschriften heraus. Die Anzahl der Zeitschriften schwankte durch Zusammenlegungen und Neuerwerbungen im Laufe der Jahre etwas. Das folgende Verzeichnis führt die 1929 vom Scherl-Verlag herausgegebenen Publikationen auf:[172]

Zeitungen	Auflage:
Berliner Lokal-Anzeiger (BLA)	
Morgenausgabe	221 000
Abendausgabe	190 000
Der Montag	144 000
(= Montagsausgabe d. BLA)	
Berliner Illustrierte	
Nachtausgabe	202 000
Der Tag	70 000
Scherl's Wohnungs-Zeitung	9 500
(Wochenzeitung)	

Zeitschriften:	
Die Woche	205 000
Sport im Bild	20 000
(ab 1930: Silberspiegel)	
Scherl's Magazin	130 000
Allgemeiner Wegweiser	
Ausgabe A	95 000
Ausgabe B (mit Abonnentenversicherung)*	556 000

---

* Mit dem Abonnement der Zeitschrift erwarb der Käufer eine Unfall- oder Sterbegeldversicherungspolice.

[171] Vgl. Anm. 167.
[172] Angaben laut Geschäftsberichten d. Scherl GmbH f. 1929 u. 1930. — Akten Opriba, C II, 29—30.

Praktischer Wegweiser
Ausgabe A   32 000
Ausgabe B (mit Abonnentenversicherung)   30 000

Das Grundeigentum   29 000*
Der Kinematograph   4 500
Filmwelt   83 000
Denken und Raten   40 000

---

* Angabe für das Jahr 1931, da frühere Auflagenziffern nicht zu ermitteln waren, obwohl die Zeitschrift bereits seit 1920 erschien. Vgl. Scherl-Revisionsbericht Nr. 4 per 31. 12. 1932, Anhang 6. – Akten Opriba, C II, 40, u. Geschäftbericht d. Scherl GmbH f. 1932. – Akten Opriba, C II, 32.

Neben Zeitungen und Zeitschriften verlegte Scherl auch Bücher. 1928 brachte er 38 Neuerscheinungen heraus, die sich wie folgt aufteilten:

   3 Werke Politik und Geschichte
 21 Romane
 11 geographische Werke und Reisebeschreibungen
   1 Jugendbuch
   1 Bilderwerk
   1 Kalender

Der Buchabsatz betrug 1928 rund 565 000 Exemplare.[173]

bb) Ernst Keil's Nachfolger GmbH, Leipzig

Besitzverhältnisse:[174]
Der Leipziger Verlag war bereits seit 1903 Tochtergesellschaft der August Scherl GmbH und wurde zusammen mit der Muttergesellschaft von Hugenberg übernommen. Das Stammkapital der Ernst Keil's Nachfolger GmbH betrug 1928 1 Mill. RM. Es befand sich zu 100 % im Besitz der Scherl GmbH.

Publikationen:
Der Verlag gab die traditionsreiche Familienzeitschrift „Die Gartenlaube" heraus. Die Gartenlaube erschien seit 1929 in zwei Ausgaben: Ausgabe A mit einer Auflage von 87 500, Ausgabe B (mit Abonnentenversicherung) mit einer Auflage von 9000.[175] Neben der Gartenlaube gab das Unternehmen auch Bücher heraus. Allerdings scheint das Keil'sche Buchgeschäft lange im Schatten der Scherlschen Buchabteilung gestanden zu haben. Erst ab 1933 wurde die Buchproduktion der Ernst Keil's Nachfolger GmbH forciert.[176]

---

[173] Alle Angaben zum Buchgeschäft laut Geschäftsbericht d. Scherl GmbH f. 1928. – Akten Opriba, C II, 13.

[174] Angaben laut ebd. u. Ergänzungsliste d. Beteiligungen d. Scherl GmbH, Anlage z. Schreiben Scherl-Verlagssekretariat an Scherl-Hauptbuchhalterei, 5. 5. 1936. – Akten Opriba, C II, 11.

[175] Angaben laut Geschäftsbericht d. Scherl GmbH f. 1929. – Akten Opriba, C II, 29.

[176] Vgl. Geschäftsbericht d. Scherl GmbH f. 1933. – Akten Opriba, C II, 33.

cc) *August Scherl Deutsche Adreßbuch GmbH, Berlin*

Besitzverhältnisse:[177]
Der Adreßbuch-Verlag war seit 1911 Tochtergesellschaft der August Scherl GmbH und wurde von Hugenberg ebenfalls mitübernommen. Das Stammkapital betrug 1928 1 250 000 RM. Die August Scherl GmbH war die alleinige Gesellschafterin.

Publikationen:[178]
Das Unternehmen gab 1919 13 Stadtadreßbücher und ein Landesadreßbuch für Württemberg heraus. Gemeinsam mit dem Ausland-Verlag gab es überdies Spezial-adreßbücher für die Wirtschaft heraus, so z. B. ein Dresdner Bezugsquellen-Ver-zeichnis und ein niederschlesisches Industrie- und Handelsadreßbuch.

dd) *Kursbuch- und Verkehrs-Verlag GmbH, Berlin*

Besitzverhältnisse:[179]
An der Kursbuch- und Verkehrs-Verlag GmbH war die August Scherl GmbH seit 1921 mehrheitlich beteiligt. 1928 kaufte Scherl fast sämtliche Stammanteile des Verlags auf und nahm ihn überdies in Pachtung. Scherl verfügte von nun an über 837 900 RM (= 99,7 %) des insgesamt 840 000 RM betragenden Stammkapitals der Kursbuch- und Verkehrs-Verlag GmbH.

Publikationen:
Der Verlag gab in der Hauptsache Kursbücher und Reiseführer heraus.[180] Wegen andauernder Verluste verkaufte er 1931 die Verlagsrechte an den Kursbüchern der Reichsbahn. Der Firmenname wurde in „Verkehrs-Verlag GmbH" umgeändert. Die vom Scherl-Verlag 1929 gemeinsam mit einem nicht zum Konzern gehörenden Verlag herausgebrachte Zeitschrift Europa-Stunde (Auflage: 100 000), die 1931 in den Besitz des Scherl-Verlags überging, erschien von nun an im Verkehrs-Verlag. Im Geschäftsbericht der Scherl GmbH wurde diese Transaktion wie folgt kommentiert:

> „Der Grund, der uns zu dieser Maßnahme veranlaßte, ist, daß wir die ‚Europa-Stunde' nicht unter dem politisch umkämpften Firmenschild der Firma August Scherl GmbH hinausgehen lassen wollen, um nicht unnötig Gegenströmungen und geschäftsschädigende Maßnahmen hervorzurufen. Die ‚Europa-Stunde' bleibt aber tatsächlich Eigentum der Firma Scherl GmbH und geht nicht in das Vermögen der Verkehrs-Verlagsgesellschaft über."[181]

---

[177] Vgl. Anm. 174.
[178] Angaben laut Geschäftsbericht d. Scherl GmbH f. 1929. — Akten Opriba, C II, 29, u. „Erläuterungen zur schematischen Darstellung", Anlage z. Schreiben Widenmanns an Krupp v. Bohlen u. Halbach, 11. 8. 1925. — Krupp/FAH, IV E 1174.
[179] Angaben zusammengestellt aus: Ergänzungsliste d. Beteiligungen d. Scherl GmbH, Anlage z. Schreiben Scherl-Verlagssekretariat an Scherl-Hauptbuchhalterei, 5. 5. 1936. — Akten Opriba, C II, 11; Scherl-Revisionsbericht Nr. 4 per 31. 12. 1932, Anhang 55. — Akten Opriba, C II, 40; Geschäftsberichte d. Scherl GmbH f. 1927 u. 1929. — Akten Opriba, C II, 28 u. 29.
[180] Vgl. Geschäftsbericht d. Scherl GmbH f. 1929. — Akten Opriba, C II, 29, u. Scherl-Revisionsbericht Nr. 4 per 31. 12. 1932, Anhang 55. — Akten Opriba, C II, 40.
[181] Geschäftsbericht d. Scherl GmbH f. 1931. — Akten Opriba, C II, 31.

ee) Ausland-Verlag GmbH, Berlin

Gründungs- und Besitzverhältnisse:
Gegründet: 1918
Stammkapital: 1 750 000 M.
aufgeteilt in: 1 500 000 M. Stammanteile mit einfachem Stimmrecht und
250 000 M. Vorzugsanteile mit sechsfachem Stimmrecht.

Die Stammanteile übernahm die Deutsche Überseedienst GmbH, die Vorzugsanteile
eine vierzehnköpfige Gesellschaftergruppe, die von dem Verlagsbuchhändler Otto
v. Halem geführt wurde.[182] Die Mitglieder der Halem-Gruppe waren gleichzeitig
Gesellschafter des J. H. Schorer Verlags, an dem sich der DÜD ebenfalls beteiligt
hatte[183] und dessen Hauptorgan, Das Echo, in den neugegründeten Ausland-Verlag
eingebracht wurde.[184] Durch das sechsfache Stimmrecht der Vorzugsanteile bestand
zunächst Parität zwischen dem DÜD und der Halem-Gruppe. 1921 verkaufte die
Halem-Gruppe aber die Hälfte ihrer Anteile an die August Scherl GmbH, so daß
die beiden Gesellschaften des Hugenberg-Konzerns stimmrechtsmäßig über 75 %
des Kapitals des Ausland-Verlags verfügten. Bis 1928 kaufte die Scherl GmbH
nach und nach die restlichen Vorzugsanteile der Halem-Gruppe auf.[185] Das Stammkapital der Ausland-Verlag GmbH verteilte sich von nun an: 1 500 000 Stammanteile in Hand des DÜD, 250 000 Vorzugsanteile in Hand der August Scherl
GmbH. 1929 pachtete die Scherl GmbH überdies den Betrieb des Ausland-Ver-
lages.[186]

Publikationen:
Der Ausland-Verlag gab die vom Schorer-Verlag übernommene Export-Zeitschrift
Das Echo in Verbindung mit dem Beiblatt Deutsche Export-Revue[187] heraus. Für
das Ausland wurden gesondert redigierte Ausgaben des Echos in sechs Sprachen
herausgegeben.[188] 1928 wurde die im Scherl-Verlag erscheinende Export-Woche mit
dem Echo verschmolzen.[189] Ab 1929 erschien das deutschsprachige Echo in zwei
Ausgaben: eine für die Auslandsdeutschen und eine für die Industrie. Außerdem
erschien Das Echo von nun an nicht mehr wöchentlich, sondern monatlich.[190] In

---

[182] Vgl. Ergänzungsliste d. Beteiligungen d. Scherl GmbH, Anlage z. Schreiben Scherl-
  Verlagssekretariat an Scherl-Hauptbuchhalterei, 5. 5. 1936. — Akten Opriba, C II, 11.
[183] Vgl. ebd. u. D. Guratzsch: Macht, S. 305 ff., u. Anlage 26, S. 437.
[184] Der Ausland-Verlag firmierte zunächst für wenige Monate als „Deutscher Überseedienst Verlag GmbH". In diesen wurde Das Echo eingebracht. Vgl. Schreiben v. Halems
  an DÜD nebst Vertrag (Entwurf) zwischen dem Deutschen Überseedienst-Verlag und
  Ludwig Klitzsch, 31. 8. 1918. — Akten Opriba, H 3.
[185] Vgl. Anm. 182 u. Geschäftsbericht d. Scherl GmbH f. 1928. — Akten Opriba, C II, 13.
[186] Vgl. Geschäftsbericht d. Scherl GmbH f. 1928. — Akten Opriba, C II, 13.
[187] Vgl. „Erläuterungen zur schematischen Darstellung", Anlage z. Schreiben Widenmanns
  an Krupp v. Bohlen u. Halbach, 11. 8. 1925. — Krupp/FAH, IV E 1174, u. Gründungsprotokoll d. „Progressus. Internationale Technische Verlags GmbH", 25. 3. 1925. —
  Akten Opriba, G XIV, 1.
[188] Vgl. Anm. 187.
[189] Vgl. Geschäftsbericht d. Scherl GmbH f. 1928. — Akten Opriba, C II, 13.
[190] Vgl. Geschäftsbericht d. Scherl GmbH f. 1929. — Akten Opriba, C II, 29.

Verbindung mit der August Scherl Deutsche Adreßbuch GmbH gab der Ausland-Verlag des weiteren Spezialadreßbücher für die Wirtschaft heraus.

ff) Progressus. Internationale Technische Verlags GmbH, Berlin

Gründungs- und Besitzverhältnisse:[191]
Gegründet: 25. 3. 1925
Stammkapital: 20 000 RM
Gründer: Verein Deutscher Ingenieure mit: 11 000 RM
       Ausland-Verlag GmbH mit: 9 000 RM

Der Verein Deutscher Ingenieure, an dessen Spitze Krupp-Direktor Sorge stand, besaß somit 55 % der Stammanteile des Progressus-Verlags, während der zum Hugenberg-Konzern gehörende Ausland-Verlag mit 45 % der Anteile beteiligt war.

Publikationen:[192]
Der Verlag gab die Deutsch-Technische Auslandszeitschrift in englisch, französisch und russisch, sowie fremdsprachige Bücher heraus.

gg) B. Westermann Co. Inc., New York

Besitzverhältnisse:
Auf Aufforderung des Auswärtigen Amtes beteiligte sich die August Scherl GmbH 1926 mit 36 000 $ an dem 50 000 $ betragenden Kapital des Buchhandelsunternehmen B. Westermann Co. Inc. Das in finanzielle Schwierigkeiten geratene Unternehmen wurde von Scherl zunächst mit 10 000 $ saniert und war auch in den folgenden Jahren auf Zuschüsse angewiesen.[193] Diese erhielt es nicht nur von Scherl, sondern auch, allerdings in geringerer Höhe, vom AA.[194] 1928 erhöhte Scherl seine Beteiligung an Westermann auf 41 900 $ und verfügte somit über 83,8 % des Geschäftskapitals.[195] Über die anderen Anteilseigner liegen Angaben nur für das Jahr 1931 vor. Das Kapital der Firma Westermann war mittlerweile auf 72 000 $ erhöht worden. Es verteilte sich wie folgt:[196]

---

[191] Angaben laut Gründungsprotokoll d. „Progressus. Internationale Technische Verlags GmbH", 25. 3. 1925. — Akten Opriba, G XIV, 1, u. Ergänzungsliste d. Beteiligungen d. Scherl GmbH, Anlage z. Schreiben Scherl-Verlagssekretariat an Scherl-Hauptbuchhalterei, 5. 5. 1936. — Akten Opriba, C II, 11.

[192] Angaben zusammengestellt aus Gründungsprotokoll d. „Progressus. Internationale Technische Verlags GmbH", 25. 3. 1925. — Akten Opriba, G XIV, 1; „Erläuterungen zur schematischen Darstellung", Anlage z. Schreiben Widenmanns an Krupp v. Bohlen u. Halbach, 11. 8. 1925. — Krupp/FAH, IV E 1174; Geschäftsbericht d. Scherl GmbH f. 1931. — Akten Opriba, C II, 31.

[193] Vgl. Geschäftsberichte d. Scherl GmbH f. d. Jahre 1926—1932. — Akten Opriba, C II, 13, 27—32.

[194] In der Zeit von 1926—1932 leistete die August Scherl GmbH Zuschüsse in einer Gesamthöhe von 146.600 $, das AA stellte gleichzeitig 34.500 $ zur Verfügung. Vgl. Geschäftsbericht d. Scherl GmbH f. 1932. — Akten Opriba, C II, 32.

[195] Vgl. Geschäftsbericht d. Scherl GmbH f. 1928. — Akten Opriba, C II, 13.

[196] Angaben laut Geschäftsbericht d. Scherl GmbH f. 1931. — Akten Opriba, C II, 31.

August Scherl GmbH   57 900 $
Buchhändler E. Eisele (Gf. v. Westermann)
Dr. G. Georgi (Vertr. einer Verlegergruppe)
Buchhändler H. Brader
Hübel u. Deck, Leipzig   zusammen
Gruppe Geheimrat Schüler (Vertreter d. AA?)   14 100 $
Geh.Reg.Rat Prof. Duisberg
(AR-Vors. d. IG. Farben, Vors. d. RDI)

Publikationen:[197]
Das Unternehmen diente „vornehmlich der Propaganda für das deutsche Buch in
Amerika". Es vertrieb deutsche Bücher und Zeitschriften und hatte einen großen
Abnehmerkreis vor allem in Schulen und Hochschulen. Es gab überdies eine deutsch-
sprachige Schulzeitschrift, Das deutsche Echo, heraus.

b) Filmunternehmen

aa) Deutsche Lichtbild-Gesellschaft e. V. (DLG), Berlin

Gründungs- und Besitzverhältnisse:
Auf Initiative der Deutschen Überseedienst GmbH wurde am 16. 11. 1916 die
Deutsche Lichtbild-Gesellschaft gegründet und einen Monat später in das Vereins-
register eingetragen. An der Gründung waren zahlreiche wirtschaftliche Spitzenverbände, u. a. BDI und CDI, Vereine, wie etwa der Bund deutscher Verkehrsvereine
und der Verein für das Deutschtum im Ausland, sowie Einzelpersonen, vor allem
aus Hugenbergs schwerindustriellem Freundeskreis, beteiligt.[198] Die DLG finanzierte
sich aus Mitgliedsbeiträgen. Die Höhe der Beiträge entschied über die Stimmenzahl
in den Verwaltungsorganen der DLG. Das maßgebliche Verwaltungsorgan, das
den Arbeits- und Haushaltsplan der DLG festlegte, sowie (in Abstimmung mit dem
AR d. DÜD) den geschäftsführenden Direktor bestimmte, war der Verwaltungsrat.
Ein Drittel seiner Mitglieder wurde satzungsgemäß vom DÜD bestimmt.[199] Zwei
Drittel wurden von der Hauptversammlung gewählt, in der die Hugenberg-Gruppe,
da sie nicht nur durch den DÜD, sondern auch durch Einzelbeteiligungen vertreten
war, die anderen Mitglieder überstimmen konnte.[200] Der maßgebliche Einfluß der
Hugenberg-Gruppe auf die DLG bestätigte sich auch in der Wahl des geschäftsführenden Direktors: Im Februar 1917 wurde Ludwig Klitzsch auf diesen Posten
berufen.[201] 1920, als er die Leitung des Scherl-Verlages übernahm, wurde er von
einem weiteren Vertrauensmann der Hugenberg-Gruppe, Josef Coböken, abgelöst.[202]

---

[197] Angaben u. Zitate laut Scherl-Revisionsbericht Nr. 4 per 31. 12. 1932, Anhang 55. —
Akten Opriba, C II, 40.
[198] Vgl. D. Guratzsch: Macht, S. 309 ff.
[199] Vgl. „Satzungen der Deutschen Lichtbild-Gesellschaft e. V. nach den Beschlüssen der
Hauptversammlung vom 17. 12. 1924". — Akten Opriba, G VII, 4.
[200] Vgl. D. Guratzsch: Macht, S. 311.
[201] Vgl. ebd., S. 312.
[202] Vgl. Vertrag (Entwurf) zwischen d. DLG u. Josef Coböken, 1920, u. Schreiben Hugenbergs an Coböken, 12. 10. 1922. — Akten Opriba, H 21.

An der Spitze des Verwaltungsrats der DLG stand bis 1923 der ehemalige Direktoriumsvorsitzende von Krupp, Landrat a. D. Max Rötger. Dann wurde er von Hugenbergs Posener Freund Prof. Ludwig Bernhard abgelöst.[203] Hugenberg selbst war seit 1922 stellvertretender Vorsitzender des Verwaltungsrates.[204] Eine vollständige Liste der Verwaltungsratsmitglieder ist aus der Nachkriegszeit nur für das Jahr 1921 überliefert:[205]

Vorsitzender:	Rötger Max, Landrat a. D.*
Stellvertr. Vorsitzender:	Gontard, Friedrich, Vors. d. Bundes Deutscher Verkehrsvereine e. V.
Belian, Dr.,	Vors. d. Reichsstädtebundes
Berkermann,	Amtmann a. D.
Cuno, Dr. Wilhelm,	Direktoriumsvors. d. Hapag
v. Bredow,	Direktor d. Verbandes preußischer Landkreise
Eidlitz, Alfred,	Direktor d. Mitteleuropäischen Reisebüro GmbH u. d. Reichszentrale f. deutsche Verkehrswerbung
Friedrichs, Dr. e. H.,	Kommerzienrat
Gerlach, Landrat a. D.,	Generalbevollmächtigter d. Fürsten v. Donnersmarck
Herle, Dr. Jacob,	Geschäftsführer d. RDI
Hugenberg, Dr. Alfred*,	
Klitzsch, Ludwig,	Generaldirektor d. August Scherl GmbH*
Köhler, Dr. Raimund,	Direktor d. Meßamts f. d. Mustermessen in Leipzig
Luther, Dr. Hans,	Oberbürgermeister v. Essen
Mehnert, Dr.,	Wirklicher Geheimer Rat
Morsbach,	Geheimer u. Oberbergrat, Vors. d. Allgemeinen Deutschen Bäderverbandes
Pschorr, Josef,	Geheimer Kommerzienrat, Vors. d. HK, München (?)
v. Reichenau, Franz,	Wirkl. Geheimer Rat, Vors. d. Deutschen Schutzbundes*
Roesicke, Dr. Gustav,	Vors. d. RLB*
Saalmann,	Bürgermeister v. Pless
Sahm, Heinrich,	Oberbürgermeister v. Danzig
Schacht, Dr. Hjalmar,	Direktor d. Nationalbank f. Deutschland
Schumacher, Josef,	Direktor d. Reichszentrale f. deutsche Verkehrswerbung
Schweighoffer, Dr. Ferdinand,	Geh. Regierungsrat, Geschäftsführer d. RDI*
Simons, Dr. Walter,	Reichsaußenminister (= v. DÜD i. d. Verwaltungsrat berufen)[206]*

---

[203] Vgl. Protokoll d. Verwaltungsratssitzung d. DLG am 18. 10. 1923. — Akten Opriba, G VII, 6.

[204] Vgl. Protokoll d. Verwaltungsratssitzung d. DLG am 30. 6. 1922. — Akten Opriba, G VII, 6.

[205] Angaben laut Mitgliederliste d. Verwaltungsrates d. DLG, Stand 1. 5. 1921. — Akten Opriba, G VII, 4.

[206] Vgl. Anm. 204.

Soetbeer, Dr. Heinrich,	Generalsekretär d. Deutschen Industrie- u. Handelstages
v. Stauss, Dr. h. c. Emil Georg,	Direktor d. Deutschen Bank
Stinnes, Hugo*	
Stresemann, Dr. Gustav	Vors. d. DVP
Thorndike, Dr. Andrew,	Generaldirektor d, ALA*
Trinkaus, Max,	Kommerzienrat, stellvertr. AR-Vors. d. Rheinischen Metallwaren- u. Maschinenfabrik (Krupp) (?)
Weber, Siegfried,	Hofrat, Verlag J. J. Weber (?)
Wegener, Dr. Leo*	
Widenmann, Wilhelm,	Generaldirektor d. DÜD*
Zimmermann, Eugen*	

Zeichenerklärung:

* = Vertreter der Hugenberg-Gruppe
(?) = Möglicherweise Vertreter der Hugenberg-Gruppe

Tätigkeitsbereich:
Zweck der DLG war laut Satzung:

„Veranstaltung planmäßiger Werbearbeit für Deutschlands Kultur, Wirtschaft und Fremdenverkehr im In- und Auslande durch das Bild, insbesondere durch bewegliche (Filme) und stehende Lichtbilder auf nationaler, gemeinnütziger Grundlage. Zur Erreichung dieses Zweckes sollen dienen:
1. die Heranziehung aller deutschen Lichtbild- und Filminteressen,
2. die Gewinnung von Mitarbeitern aus Wissenschaft und Praxis,
3. die Vorbereitung und Herstellung von Musterlichtbildern und Musterfilmen tunlichst unter Mitwirkung deutscher Filmfabriken,
4. die Verbreitung von Lichtbildern und Filmen im In- und Auslande, insbesondere durch Vorführung im Rahmen gesellschaftlicher Veranstaltungen, durch Veranstaltung von Vortragsreisen, durch Ausleihen an Vereine, Schulen, Missionen und ähnliche Anstalten, durch Abgabe an Universitäten und andere Hochschulen, sowie durch Vertrieb an Kinotheater."[207]

Entsprechend ihrem Programm zog die DLG einen florierenden Lichtbildverleih auf. Darüber hinaus nahmen die Produktion und der Verleih von Filmen bald einen derartigen Umfang an, daß die DLG diesen Geschäftszweig 1920 in eine neugegründete Tochterfirma ausgliederte: die Deulig-Film GmbH.[208]
Aus der Deulig-Film GmbH entstand 1922 die Deulig-Film AG, und zwar auf folgende Weise: Treuhänder der August Scherl GmbH gründeten zunächst die Baldur-Film AG, diese kaufte dann umgehend die gesamte Einrichtung der Deulig-Film GmbH auf und nahm den Namen Deulig-Film AG an.[209] Hugenberg hatte

---

[207] „Satzungen der Deutschen Lichtbild-Gesellschaft e. V. nach den Beschlüssen der Hauptversammlung vom 17. 12. 1924". — Akten Opriba, G VII, 4.
[208] Vgl. L. Bernhard: Hugenberg-Konzern, S. 91.
[209] Vgl. dazu sämtliche Unterlagen, in: Akten Opriba, G VII, 1, ferner Hdb. d. dt. AG, 1922/23, I, S. 2538, u. Hdb. d. dt. AG, 1923/24, I b, S. 3507.

somit sein finanzkräftigstes Unternehmen, die August Scherl GmbH, mit an dem von der DLG betriebenen Filmgeschäft beteiligt.

Mit einem Stammkapital von 2,75 Mill. RM [210] zählte die Deulig-Film AG 1925 zu den zehn größten deutschen Filmunternehmen.[211] U. a. gab sie eine eigene Wochenschau, die „Deulig-Woche", heraus.[212] Dem Unternehmen waren folgende Tochtergesellschaften angegliedert: Deulig-Verleih GmbH, Skala-Verleih GmbH, Heimlicht GmbH (Verleihfirma f. technische Geräte), Rheinlichtspiele GmbH und Walhallaspiele GmbH. Die Deulig kontrollierte insgesamt zwölf Kinos.[213]

Die Deulig-Film AG wurde 1928 samt Tochtergesellschaften der Ufa angegliedert,[214] nachdem Hugenberg diesen Filmriesen seinem Konzern einverleibt hatte. Die DLG hingegen blieb bestehen und arbeitete weiter auf dem Sektor der Lichtbildpropaganda.

bb) Universum-Film AG (Ufa), Berlin

Besitzverhältnisse:

1927 geriet Deutschlands größtes Filmunternehmen, die Ufa, unter Hugenbergs Einfluß. Das Unternehmen, deren Großaktionärin die Deutsche Bank war,[215] arbeitete seit Jahren mit Verlust (1924–1927: insgesamt 65 Mill. RM) und stand 1927 kurz vor dem Zusammenbruch.[216] Nach eingehender Prüfung entschloß sich Hugenberg, die Ufa seinem Konzern anzugliedern. Allerdings gelang ihm die Angliederung nicht allein, wie Ludwig Bernhard behauptete,[217] mit konzerneigenen Mitteln. Vielmehr wurde die Ufa von einem Konsortium aufgekauft, das sich aus mehreren Gesellschaften des Hugenberg-Konzerns, den I.G. Farben und Dr. Freundt, der als Vertreter der August Thyssen-Hütte sowie wahrscheinlich der Vereinigten Stahlwerke auftrat,[218] zusammensetzte. Im einzelnen vollzog sich die Übernahme der Ufa durch diese Gruppe wie folgt: das Grundkapital der Ufa wurde zunächst von 45 Mill. RM auf 16,5 Mill. RM zusammengelegt und dann durch Zuführung von 28,5 Mill. RM neuen Kapitals wieder auf die alte Höhe gebracht. Die Ufa-Aktien waren in 3 Mill. RM Vorzugsaktien (Serie B) mit zwölffachem Stimmrecht und 42 Mill. RM Stammaktien (Serie A) mit einfachem Stimmrecht aufgeteilt.[219] Das Konsortium übernahm insgesamt 22 594 800 RM Aktien, darunter die gesamten

---

[210] Vgl. Hdb. d. dt. AG, 1926, I, S. 1318.
[211] Vgl. V. Dietrich: Hugenberg, S. 62 f.
[212] Vgl. L. Bernhard: Hugenberg-Konzern, S. 91.
[213] Angaben laut Hdb. d. dt. AG, 1926, I, S. 1318.
[214] Vgl. Hdb. d. dt. AG, 1928, I, S. 3411.
[215] Vgl. L. Bernhard: Hugenberg-Konzern, S. 92.
[216] Vgl. Schreiben Kapitän Manns an Frau v. Tiling, 1. 9. 1930. — FST/MA, 06—3/2.
[217] Vgl. L. Bernhard: Hugenberg-Konzern, S. 93.
[218] Die Thyssen-Hütte beteiligte sich auf Aufforderung Hugenbergs mit 500.000 RM Aktien an der Ufa. (Vgl. Schreiben Hugenbergs an Vögler, 9. 1. 1933. — NL Hugenberg, P 17.) Das von Freundt vertretene Aktienkapital betrug aber 1.050.000 RM. Da Thyssen gleichzeitig Aufsichtsratsvorsitzender der Vereinigten Stahlwerke war, denen Albert Vögler als Generaldirektor vorstand, ist anzunehmen, daß die restlichen von Freundt (dem engsten Mitarbeiter Albert Vöglers), vertretenen, 550.000 RM Aktien von den Vereinigten Stahlwerken gekauft worden waren.
[219] Vgl. Übersicht über Konsortialbesitz Ufa-Aktien, 23. 2. 1928. — Akten Opriba, G XVII, 1; L. Bernhards (: Hugenberg-Konzern, S. 93) Angabe, die B-Aktien wären mit 30fachem Stimmrecht ausgerüstet, ist falsch. Da Hugenberg in politischen Rechts-

Vorzugsaktien. Der Gesamtkonsortialbesitz verteilte sich auf die einzelnen Mitglieder wie folgt:[220]

August Scherl GmbH (H.-K.):	9 753 100 RM (Serie A)
	1 500 000 RM (Serie B)
Außendienst GmbH (H.-K.):	1 202 400 RM (Serie A)
	1 500 000 RM (Serie B)*
Deutsches Gewerbehaus AG (H.-K.):	5 589 300 RM (Serie A)*
Dr. Freundt	1 050 000 RM (Serie A)
I.G. Farben	2 000 000 RM (Serie A)

*Aus den Unterlagen ist nur ersichtlich, daß eine der beiden Konzerngesellschaften, Außendienst oder Gewerbehaus, 1,5 Mill. RM Vorzugsaktien besaß. In dieser Aufstellung sind sie der Außendienst GmbH zugeordnet worden, weil diese die Treuhandgesellschaft der Wirtschaftsvereinigung war und zu vermuten steht, daß die Dachgesellschaft des Hugenberg-Konzerns es vorzog, die mit zwölffachem Stimmrecht ausgestatteten Vorzugsaktien direkt in ihrem Besitz zu haben, als sie der Gewerbehaus AG zu überlassen, auf die noch andere Kreise (GHH) als die Wirtschaftsvereinigung Einfluß hatten.

Außendienst, Gewerbehaus, I.G. Farben und Dr. Freundt ließen sich geschlossen von der Ostdeutschen Privatbank, der zentralen Holdinggesellschaft des Konzerns vertreten. Kapitalmäßig besaß die Hugenberg-Gruppe (incl. I.G. Farben und Dr. Freundt) mit 50,2 % knapp die Majorität der Ufa-Aktien. Stimmenmäßig war jedoch die Majorität eindeutig: von 1 560 000 Stimmen (pro 50 RM 1 Stimme) vereinigte die Hugenberg-Gruppe 1 111 896 Stimmen = 71,2 % auf sich.

Vorstand und Aufsichtsrat:

Der Übergang der Ufa in die Hände Hugenbergs dokumentierte sich zunächst nicht so sehr in einer veränderten Filmproduktion, da auch die neuen Inhaber an alte Verträge vor allem mit amerikanischen Firmen gebunden waren, als vielmehr in der Besetzung des Vorstandes und des Aufsichtsrates.[221] Dem Vorstand wurde zunächst ein „Delegierter des Aufsichtsrates" in der Person Ludwig Klitzschs, dem Generaldirektor des Scherl-Verlags, übergeordnet.[222] 1931 erhielt Klitzsch auch bei der Ufa den Titel eines Generaldirektors.[223] In den sechsköpfigen Vorstand der Ufa wurden überdies 1928 drei Mitarbeiter des Hugenberg-Konzerns berufen.[224] Der Aufsichtsrat der Ufa setzte sich 1928 wie folgt zusammen:[225]

kreisen wegen des starken jüdischen Kapitaleinflusses auf die Ufa heftig kritisiert wurde, versuchte Bernhard wahrscheinlich, die Majoritätsverhältnisse zugunsten Hugenbergs eindeutiger darzustellen, als sie tatsächlich waren.
[220] Angaben zusammengestellt aus: Übersicht über Konsortialbesitz Ufa-Aktien, 23. 2. 1928. — Akten Opriba, G XVII, 1; Übersicht über Verteilungsschlüssel Ufa-Dividende 1930/31, 15. 10. 1931. — NL Hugenberg, P 17; Geschäftsberichte d. Scherl GmbH f. 1928 u. 1930. — Akten Opriba, C II, 13 u. 30.
[221] Vgl. Anm. 216.
[222] Vgl. Übersicht über d. Verwaltungsorganisation d. Ufa, Anhang z. Schreiben Klitzschs an Correll, 23. 2. 1929. — Akten Opriba, H 22.
[223] Vgl. Schreiben Hugenbergs an Klitzsch, 17. 6. 1931. — Akten Opriba, H 22.
[224] Es handelte sich um die Herren Gerschel (vorher Direktor d. VERA), Grieving (vorher Direktor d. Deuling-Film AG) und Lehmann (vorher Direktor d. Scherl-Verlages). Vgl. Anm. 222 u. Gehaltsübersicht, Anlage z. Schreiben Klitzschs an Kapitän Mann, 18. 5. 1925. — Akten Opriba, H 21.
[225] Angaben laut Mitgliederverzeichnis des AR d. Ufa, Stand 5. 3. 1928. — Akten Opriba, G XVII, 1.

Vorsitzender:	Dr. Alfred Hugenberg*
Stellvertr. Vorsitzender:	Dr. Emil Georg v. Stauss,
	Direktor der Deutschen Bank
Bodenheimer, Siegmund,	Geschäftsinhaber d. Darmstädter und Nationalbank
Donner, Dr. Günther,	Rechtsanwalt*
Freundt, Dr. Arthur*	
v. Goldacker, Hans,	RT-Mitglied (DNVP)*
Gutmann, Herbert M.,	Direktor d. Dresdner Bank
Hagen, Dr. h. c. Louis,	Inhaber d. Bank Fa. A. Levy, Präs. d. IHK
Irmer, Dr. Georg,	Wirkl. Legationsrat, Generalkonsul a. D.*
Hayessen, Egbert,	Domänenpächter*
Klitzsch, Ludwig,	Generaldirektor der Ufa u. d. August Scherl GmbH*
Kuhlo, Dr. Alfred,	Geh. Regierungsrat, Geschäftsführendes Präsidialmitgl.
	d. Bayerischen Industriellen-Verbandes e. V.
Kummer, Walter Gottfr.,	Konsul
Mamroth, Dr. Paul,	Kommerzienrat, Direktor d. Allgemeinen
	Elektricitäts-Gesellschaft
Mann, Johann Bernhard,	Geschäftsführer d. Außendienst GmbH*
Marx, Salomon,	Konsul, Geschäftsinhaber d. Internationalen
	Handelsbank
Meydenbauer, Dr. Hans,	Ministerialdirektor a. D.*
v. Meyer, Heinrich,	Landrat
Pohl, Richard,	Bankier i. Fa. Hardy & Co.
Silverberg, Dr. Paul,	Generaldirektor d. Rheinischen AG f. Braunkohlen-
	bergbau u. Brikettfabrikation
Sobernheim, Curt,	Direktor d. Commerz- u. Privatbank
Sorge, Dr. Kurt,	Direktor i. Fa. Friedrich Krupp (?)
Schrey, Dr. Otto,	Kgl. Geh. Baurat (?)
v. Schroetter, Heinrich,	
Tetens, Dr. Fritz,	Bankdir. i. Fa. Ostbank f. Handel u. Gewerbe*
Thorndike, Dr. Andrew,	Generaldirektor d. ALA*
Thyssen, Dr. Fritz,	AR-Vors. d. Vereinigten Stahlwerke*
v. Wassermann, Max,	Kommerzienrat, Mitinhaber d. Bankhauses
	A. E. Wassermann
Widenmann, Wilhelm,	Generaldirektor d. DÜD*
Wegener, Dr. Leo*	
Windeck, Joseph,	Verlagsdirektor i. Fa. August Scherl GmbH*
Wolff, Otto,	Kaufmann (Wolff-Konzern)
Aboldt, Emil	} vom Betriebsrat
Conrad, Erich	

Zeichenerklärung:

* = Vertreter der Hugenberg-Gruppe
(?) = Möglicherweise Vertreter der Hugenberg-Gruppe

Tätigkeitsbereich:
Die Ufa betätigte sich in allen Zweigen des Filmgewerbes, insbesondere in der Filmproduktion, dem Filmverleih und im Kinogeschäft.[226] Ihr waren etwa 25 Tochtergesellschaften angegliedert.[227] Die Ufa verfügte über insgesamt 116 Kinos mit 100 000 Plätzen im In- und Ausland.[228] In Deutschland betrieb sie 74 Lichtspieltheater, das waren 5 % aller deutschen Kinos.[229] In der Saison 1929/30 produzierte die Ufa:[230]

- 54 Stummfilme (Kurz- u. Spielfilme)
- 30 Tonfilme (Kurz- u. Spielfilme)
- 156 Wochenschauen
- 122 Industrie- u. Werbefilme

c) Rundfunkgesellschaft

Drahtloser Dienst AG (Dradag), Berlin
Im Unterschied zu seiner beherrschenden Stellung in der Presse- und Filmbranche hatte der Hugenberg-Konzern auf den Rundfunk, das sich gerade entwickelnde neue Massenmedium, keinen nennenswerten Einfluß. Der Funk war in Händen von Rundfunkgesellschaften, die in starker Abhängigkeit vom Staat standen.
Die einzige Rundfunkgesellschaft, an der sich der Hugenberg-Konzern beteiligte, war die Dradag. Die Dradag befand sich zu 51 % in Reichshand. An dem 150 000 RM betragenden Grundkapital war die TU mit 36 000, die August Scherl GmbH mit 9500 RM beteiligt.[231] Zusammen verfügten die beiden Gesellschaften des Hugenberg-Konzerns über 30,3 % der Dradag-Aktien.

3. Finanzierungs- und Holdinggesellschaften

a) Wirtschaftsvereinigung zur Förderung der geistigen Wiederaufbaukräfte Deutschlands, Berlin

Dachgesellschaft des Hugenberg-Konzerns war ein nicht rechtsfähiger Verein, die Wirtschaftsvereinigung zur Förderung der geistigen Wiederaufbaukräfte Deutschlands. Die Wirtschaftsvereinigung wurde 1919 in Berlin als Nachfolgeorganisation der Wirtschaftlichen Gesellschaft, deren gesamtes Vermögen sie übernahm, gegrün-

---

[226] Vgl. Hdb. d. dt. AG, 1929, I, S. 1119.
[227] Vgl. „Die Revision im Rahmen des Scherl-Verlags" (Masch. Ms.), 13. 8. 1938. — Akten Hasse.
[228] Vgl. Anm. 226.
[229] Vgl. V. Dietrich: Hugenberg, S. 66.
[230] Angaben laut Geschäftsbericht d. Ufa f. 1929/30. — Akten Opriba, XVII, 2; weitere Angaben f. die späteren Jahre bei V. Dietrich: Hugenberg, S. 63 ff.
[231] Zur TU-Beteiligung vgl. Anhang, 1 d, aa. Die Angabe zur Scherl-Beteiligung laut Geschäftsbericht d. Scherl GmbH f. 1928, Anlage B. — Akten Opriba, C II, 13.

det.[232] Während die Wirtschaftliche Gesellschaft lediglich vier Mitglieder hatte (Hugenberg, Beukenberg, Kirdorf, Stinnes), die bzw. deren Firmen auch die Mittel für das gemeinsame Anlagevermögen aufgebracht hatten, umfaßte die Wirtschaftsvereinigung 12 Mitglieder, von denen nur die Hälfte an der Finanzierung des Hugenberg-Konzerns beteiligt war. Im einzelnen handelte es sich um folgende Personen:[233]

Geheimrat Dr. Alfred Hugenberg
Minister a. D. Johann Becker
Prof. Ludwig Bernhard
Minister a. D. Oskar Hergt
Geheimrat Emil Kirdorf
Bergassessor Dr. Hans von und zu Löwenstein
Fregattenkapitän a. D. Johann Bernhard Mann
Bürgermeister Dr. Johann Neumann
Dr. Albert Vögler
Landesökonomierat Dr. Leo Wegener
Bergrat Dr. Fritz Winkhaus
Dr. Eugen Wiskott

Von diesen zwölf waren folgende Mitglieder direkt oder indirekt am Aufbau des Vereinsvermögens beteiligt: Hugenberg, Kirdorf, Vögler, v. Löwenstein, Winkhaus und Wiskott.

Hugenberg, Kirdorf und Stinnes, als dessen Delegierter jetzt Vögler auftrat, hatten gemeinsam mit Beukenberg* und mit Mitteln ihrer Firmen (Krupp, GBAG, Stinnes, Phoenix) das Anlagevermögen der Wirtschaftlichen Gesellschaft aufgebaut,[234] das auf die Wirtschaftsvereinigung übergegangen war. v. Löwenstein (Geschäftsführer d. Bergbau- u. Zechenverbandes), Winkhaus (1918–1925 2. u. 3. stellvertr. Vors.,

---

* Weder Beukenberg noch ein anderer Vertreter der Phoenix AG war in der Wirtschaftsvereinigung Mitglied. Ein Anrecht auf diese Mitgliedschaft bestand wohl auch nicht, weil die der Wirtschaftlichen Gesellschaft zur Verfügung gestellten Mittel à fonds perdu gegeben worden waren. Warum aber die Phoenix auf die Vertretung im Unterschied zu den anderen Mitfinanziers verzichtete oder verzichten mußte, ist unbekannt. Möglicherweise genügten ihr auch die Informationen über die Entwicklung des von ihr mitfinanzierten Hugenberg-Konzerns, die ihr Generaldirektor Fahrenhorst seit 1927 als Aufsichtsratsmitglied der Deutschen Gewerbehaus AG sammeln konnte.

[232] Vgl. L. Bernhard: Hugenberg-Konzern, S. 99, u. Schreiben v. Löwensteins an Bankhaus Sal. Oppenheim jun. u. Co., 25. 11. 1919. – NL Hugenberg, M 3.

[233] Angaben laut Mitgliederliste d. Wirtschaftsvereinigung, o. D. (Stand ca. 1919–1928). – BA/NL Wegener, Nr. 37. Für einige Personen, nämlich für Bernhard, Wegener, Winkhaus und Wiskott ist die Zugehörigkeit zur Wirtschaftsvereinigung auch noch für spätere Jahre belegt. (Vgl. Schreiben v. Löwensteins an Wegener, 13. 8. 1930. – BA/NL Wegener, Nr. 53; Schreiben Hugenbergs an Wegener, 28. 8. 1933. – BA/NL Wegener, Nr. 66; Todesanzeige Bernhards, in: BLA, Nr. 17, 19. 1. 1935.) Es gibt einige Anzeichen dafür, daß sich die Zusammensetzung der Wirtschaftsvereinigung erst 1934 entscheidend änderte. (Vgl. Schreiben Hugenbergs an Wegener, 18. 7. 1934. – BA/NL Wegener, Nr. 66, u. Mitgliederverzeichnis d. Wirtschaftsvereinigung, Stand 3. 8. 1934. – BA/NL Wegener, Nr. 37) Der von V. Dietrich (: Hugenberg, S. 38) als Mitglied d. Wirtschaftsvereinigung genannte Senator Witthoeft taucht in dieser Funktion in keiner der verfügbaren Quellen auf.

[234] Vgl. D. Guratzsch: Macht, S. 323 ff.

1925–1927 Vors. d. Bergbau- u. Zechenverbandes) und Wiskott (1921–1933
1. stellvertr. Vors. d. Bergbau- u. Zechenverbandes) aber vertraten jene Organisation, die den weiteren Ausbau des Hugenberg-Konzerns nach 1918 hauptsächlich
finanziell ermöglicht hatte, den Essener Bergbau- u. Zechenverband. Die korporative Vertretung der gesamten rheinisch-westfälischen Kohlenindustrie scheint Hugenberg allerdings nicht nur kollektive Spenden zugeführt, sondern auch als Mittler
von Geldern großer Einzelfirmen, insbesondere des Stinnes-Konzerns, fungiert zu
haben.[235]
Die Form, in der der Bergbau- u. Zechenverband Hugenberg resp. der Wirtschaftsvereinigung den Ankauf neuer Gesellschaften ermöglichte, entsprach der auch vor
1918 von den Firmen Krupp, GBAG, Phoenix und Stinnes gehandhabten Finanzierung des Hugenberg-Konzerns. Hugenberg erhielt die Gelder zum Teil als Darlehen, zum Teil als Zuschüsse à fonds perdu.[236] Auf die Rückzahlung der Darlehen
hatte der Bergbau- u. Zechenverband zwar Anspruch, nicht aber auf etwaige Gewinne, die aus der Anlage seiner Gelder entstanden.[237] Vielmehr gingen seine Mittel
in das Vereinsvermögen der Wirtschaftsvereinigung ein.* Dieses war ein sogenann-
tes „Zweckvermögen", dessen Überschüsse nicht als Dividenden den einzelnen Ver-
einsmitgliedern zugute kamen, sondern sowohl für die Subventionierung** und den

---

* Eine Ausnahme hiervon bildete eine mit anderen industriellen Kreisen geteilte Unterbeteiligung an der Deutschen Gewerbehaus AG. Vgl. Anhang, 3 d.
** Die Verwendung eines Teils der von einzelnen Konzerngesellschaften erwirtschafteten
  Überschüsse für andere, unrentable, aber politisch wichtige Konzernunternehmungen
  war durch einen speziellen Interessengemeinschaftsvertrag geregelt worden. Mit diesem
  schlossen sich die Konzerngesellschaften zu einer „Werbegemeinschaft" zusammen. Die
  Mitglieder führten je nach Rentabilität einen bestimmten Prozentsatz ihrer Überschüsse
  an die Werbegemeinschaft ab, die wiederum mit diesen Geldern Defizite bei einzelnen
  Konzernunternehmungen ausglich. Der Vorsitzende der Wirtschaftsgemeinschaft war
  gleichzeitig auch Vorsitzender der Werbegemeinschaft. Vgl. L. Bernhard: Hugenberg-
  Konzern, S. 97 f., u. Schreiben Hugenbergs an die Werbegemeinschaft, 5. 12. 1933. –
  NL Hugenberg, P 17.

[235] Vgl. Aktennotiz Hugenbergs über das Vermögen der Wirtschaftsvereinigung, 16. 5.
  1940, Anlage z. Schreiben Hugenbergs an Kapitän Mann, 17. 5. 1940. — Akten Opriba,
  H 10; vgl. ferner H. Heinrichsbauer: Schwerindustrie, S. 19. In Einzelfällen beteiligten sich schwerindustrielle Unternehmen auch direkt an der Finanzierung von Hu-
  bergs publizistischen Unternehmen (etwa bei d. Mivag) und leiteten ihre Zuschüsse
  nicht über den Zechenverband an die Wirtschaftsvereinigung.
[236] „Das Vermögen der Wirtschaftsvereinigung war im wesentlichen dadurch entstanden,
  daß der Zechenverband bzw. Bergbauverein in Essen (und durch ihn vertretene sonstige
  industrielle Kreise) der W.[irtschafts] V.[ereinigung] und den später an diese angeschlossenen Unternehmungen bzw. Organisationen Kredite und Beiträge gewährt
  hatten, aus denen Presse- und Propagandaunternehmungen finanziert wurden. Die
  W.[irtschafts] V.[ereinigung] stellt also materiell im wesentlichen eine Tarnung des
  Zechenverbandes bzw. Bergbauvereins, ideell ein Instrument derjenigen Männer der
  Wirtschaft dar, die bemüht waren, in schwerer Zeit einen nationalen Presse- und
  Propagandaapparat aufzubauen, der unabhängig von wirtschaftlichen Faktoren nach
  fachmännisch verlegerischen Gesichtspunkten arbeiten sollte." Aktennotiz Hugenbergs
  über das Vermögen der Wirtschaftsvereinigung, 16. 5. 1940, Anlage z. Schreiben Hugenbergs an Kapitän Mann, 17. 5. 1940. — Akten Opriba, H. 10.
[237] Allerdings scheinen die Gelder, die Hugenberg aus seinem Konzern dem politischen
  Fonds des Bergbau- und Zechenverbandes zuleitete (vgl. S. 78), eine gewisse Aus-
  gleichsfunktion für nicht ausgeschüttete Dividenden erfüllt zu haben.

Ausbau einzelner Konzerngesellschaften als auch für politische Zwecke verwandt wurden.[238]

Der Bergbau- u. Zechenverband hatte, ebenso wie die anderen Finanziers des Hugenberg-Konzerns, auch keinen ausschlaggebenden Einfluß auf die Beschlüsse der Wirtschaftsvereinigung. Er war in ihr mit drei Stimmen vertreten. Zusammen mit den anderen Vertretern der älteren Finanziers des Hugenberg-Konzerns, rechnet man Hugenberg nicht mit ein, kam er auf fünf Stimmen. Ihnen standen sechs weitere Mitglieder gegenüber, die nichts mit der Finanzierung des Hugenberg-Konzerns zu tun hatten. Zwei von ihnen, Bernhard und Wegener, stammten aus Hugenbergs Posener Freundeskreis. Kapitän Mann war der engste persönliche Mitarbeiter Hugenbergs. Bürgermeister Neumann vertrat Hugenbergs alldeutsche Freunde. Hergt und Becker schließlich waren hohe Funktionäre der beiden Rechtsparteien, DNVP und DVP. Letztlich aber war auch diese Stimmenverteilung irrelevant, da die Wirtschaftsvereinigung nicht als ein „kollegiales Verwaltungsorgan" gedacht war.[239] Vielmehr war ihrem Vorsitzenden Alfred Hugenberg eine „so freie, jegliche Abhängigkeit ausschließende Stellung" gegeben worden,[240] daß die anderen Mitglieder bestenfalls beratend auf seine Beschlüsse einwirken konnten.[241] Hugenberg, ursprünglich selbst Vertreter einer der industriellen Finanziers des Konzerns, aber seit seinem Abschied von Krupp nicht mehr ausschließlich industriellen Interessen verpflichtet, hatte die Richtlinien für sein Handeln als eine Art Satzung der Wirtschaftsvereinigung selbst festgelegt:[242]

> „Es wird auf die Dauer in Deutschland keine große Presse geben, die Eigentum eines Werkes oder einer Gruppe von Werken oder eines Verbandes von Interessenten ist (...). Es wird auf die Dauer keine große deutsche Presse geben, die Interessenvertreterin einer solchen Gruppe oder eines solchen Verbandes ist – aus dem einfachen Grunde, weil ihr die Leser weglaufen würden. Eine wirkliche große deutsche Presse kann ihren Kristallisationspunkt nur in einer Idee oder in einer Persönlichkeit finden. Eine wirklich große Persönlichkeit pflegt aber wiederum Trägerin von Ideen zu sein. Eine solche Idee ist der *nationale Gedanke* – die große Grundfrage, die für das deutsche Volk nicht etwas instinktiv Gegebenes ist, wie für die anderen Völker, sondern ein Gegenstand tausendjährigen inneren Ringens und damit steter Verjüngung. Die zweite große Idee, die recht eigentlich die Idee der Gegenwart und der Zukunft darstellt, ist die *Wiederdurchsetzung des germanischen Persönlichkeitsgedankens* in Kultur und Wirtschaft, der in seiner Reinheit, seiner Kraft und Gestalt – und formenreichen Auswirkung durch den sozialistischen Massenwahn schwerer bedroht ist denn je. Auf dem Gebiet der Wirtschaft ist er *im Privateigentum* verkörpert. Diese beiden Ideen bilden die Grundlage des Baues, dem unsere Arbeit gewidmet ist."[243]

Im Grundsätzlichen entsprachen diese Richtlinien den Interessen (Privateigentum) und Anschauungen (nationaler Gedanke) der industriellen Finanziers der Wirt-

---

[238] L. Bernhard (: Hugenberg-Konzern, S. 99) umschreibt die politischen Zwecke als „gemeinnützig". Tatsächlich aber bedeutete diese Gemeinnützigkeit z. B. die Subventionierung der DNVP. Vgl. Einnahmen-Ausgabenübersicht d. Wirtschaftsvereinigung 1. 11. bis 15. 11. 1931. — NL Hugenberg, P 17.

[239] L. Bernhard: Hugenberg-Konzern, S. 101.

[240] Rede Hugenbergs in der Wirtschaftsvereinigung, 1. 7. 1927. — NL Hugenberg, WP.

[241] Vgl. L. Bernhard: Hugenberg-Konzern, S. 101.

[242] Vgl. dazu die Bemerkungen Bernhards (: Hugenberg-Konzern, S. 59), der diese Rede Hugenbergs auf einer Sitzung der Wirtschaftsvereinigung in allerdings verkürzter Form zitiert.

[243] Vgl. Anm. 240.

schaftsvereinigung. Gleichzeitig waren sie aber so weit gefaßt, daß Hugenberg ein breiter Spielraum für die Festlegung der politischen Linie des Konzerns ohne Rücksicht auf kurzfristige industrielle Interessen blieb.

Die von der rheinisch-westfälischen Schwerindustrie finanzierte, aber von Hugenberg gelenkte Wirtschaftsvereinigung kontrollierte die von ihr gegründeten bzw. angekauften einzelnen Konzernunternehmen nicht direkt, sondern hauptsächlich* über eine Treuhand- und Holdinggesellschaft, die Außendienst GmbH. Dieser waren wiederum eine zentrale Holdinggesellschaft, die Ostdeutsche Privatbank AG, und eine Finanzierungs- und Beteiligungsgesellschaft, die Deutsche Gewerbehaus AG, untergeordnet.

---

* Die Wirtschaftsvereinigung bediente sich in zwei Fällen, bei einer größeren Beteiligung (TU) und einer Unterbeteiligung (Opriba) zweier anderer Gesellschaften, der Westend-Verlags GmbH und der Wirtschaftdienst GmbH. Auf eine ausführliche Behandlung dieser Gesellschaften wird hier, da sie als Tarngesellschaften der Wirtschaftsvereinigung nur eine untergeordnete Rolle spielten, das über sie vorhandene Quellenmaterial außerdem sehr dünn ist, verzichtet.

b) Außendienst GmbH, Berlin

Gründungs- und Besitzverhältnisse:
Die Außendienst GmbH wurde am 30. 6. 1918 zunächst mit einem Stammkapital von 300 000 M. gegründet,[244] das in der zweiten Hälfte der zwanziger Jahre auf 10 000 RM zusammengelegt wurde. Alleiniger Gesellschafter der Außendienst GmbH war die Wirtschaftsvereinigung.[245] Geschäftsführer der Außendienst waren Hugenbergs engster Mitarbeiter, Kapitän Mann, und Fritz Tetens.[246]

Tätigkeitsbereich:
Nach außen hin erschien die Gesellschaft als ein Unternehmen, dessen Aufgabe in der „Beschaffung, Vermittlung und Verarbeitung von Nachrichten, insbesondere aus dem Ausland" lag.[247] In Wirklichkeit war sie Treuhänderin und Haltegesellschaft* der Wirtschaftsvereinigung.[248] Sie hatte im Auftrag und auf Rechnung der Wirtschaftsvereinigung die Aktienmajorität der zentralen Holdinggesellschaft des Konzerns, der Opriba, erworben und war auch Mehrheitsaktionärin der Gewerbehaus AG, die an mehreren Konzerngesellschaften beteiligt war.[249] Ferner war die Außen-

---

* Eine Treuhandgesellschaft unterscheidet sich von einer Holding dadurch, daß sie in fremdem Auftrag und mit fremden Mitteln arbeitet. Die Außendienst GmbH war aller Wahrscheinlichkeit nach in der Hauptsache Treuhänderin, weil ihr eigenes Kapital nur sehr gering war. In einzelnen Fällen trat sie aber auch als Holding auf.

[244] Vgl. Hdb. d. dt. GmbH, 1919, S. 630.
[245] Vgl. Vermögensaufstellung der Wirtschaftsvereinigung per 15. 11. 1931, 19. 11. 1931. — NL Hugenberg, P 17.
[246] Vgl. Hdb. d. dt. GmbH, 1925, S. 33.
[247] Vgl. Anm. 244.
[248] Vgl. Schreiben d. Scherl GmbH an d. Außendienst GmbH 14. 10. 1932. — Akten Opriba, A I, 3, u. Schreiben d. Wirtschaftsvereinigung a. d. Außendienst GmbH, 30. 4. 1935. — Akten Opriba, A I, 6.
[249] Vgl. Anm. 248.

dienst GmbH auch an mehreren publizistischen Unternehmen des Konzerns direkt beteiligt. Im einzelnen handelte es sich um folgende Beteiligungen (Stand 1928 bis 1930):

Ostdeutsche Privatbank AG:	5 970 000 RM =	99,5 % der Aktien
Deutsches Gewerbehaus AG:		70–80 % der Aktien
ALA Anzeigen AG:	831 020 RM =	41,5 % der Aktien
Weimar. Verlags- u. Treuhand GmbH:	330 000 RM =	100 % der Gesellschaftsanteile
Westdeutsche Zeitungs AG:	16 800 RM =	20 % der Aktien
Alterum Kredit AG:	60 000 RM =	100 % der Aktien
August Scherl GmbH:	2 000 000 RM =	6,6 % der Gesellschaftsanteile 6,2 % der stimmberechtigten Stammanteile
Universum-Film AG:	2 702 400 RM =	6 % der Aktien
davon:	1 202 400 RM =	2,7 % der Stammaktien (Serie A)
	1 500 000 RM =	50 % der Vorzugsaktien m. zwölffachem Stimmrecht (Serie B)
Deutscher Pressedienst:	über 50 % der Aktien	

c) Ostdeutsche Privatbank AG (Opriba), Berlin

Gründungs- und Besitzverhältnisse:

Die Ostdeutsche Privatbank AG wurde 1922 als Nachfolgegesellschaft der Ostdeutschen Privatbank GmbH gergündet, die 1919 zunächst unter dem Namen Posener Genossenschaftskasse GmbH entstanden war. Hauptaktionäre der Opriba waren zunächst die von Leo Wegener geleiteten, von Hugenberg einst gegründeten Genossenschaftsbanken Landwirtschaftliche Hauptgesellschaft und Genossenschaftsbank Poznan (früher: Posensche Landesgenossenschaftsbank), ferner die von Karl Kette, ebenfalls einem Posener Freund Hugenbergs, geführten Genossenschaftsbanken Danziger Raiffeisenbank e.GmbH und Deutsche Bauernbank für Westpreußen.[250] Hugenberg, der seit Gründung der Opriba stellvertretender Aufsichtsratsvorsitzender war, übernahm für seinen Konzern deren Aktienmehrheit 1924.[251] Die Opriba rückte nun zur zentralen Holdinggesellschaft des Hugenberg-Konzerns auf. Ihr sechs Mill. RM betragendes Grundkapital verteilte sich wie folgt:[252]

---

[250] Diese Aktionäre ließen sich nach außen von verschiedenen Treuhändern vertreten. Vgl. Anlage z. Schreiben Tetens an Donner, 14. 10. 1930. – Akten Opriba, C IV, 10, u. Datenverzeichnis Opriba, Anlage z. Schreiben d. Opriba an d. Scherl GmbH, 19. 4. 1929. – Akten Opriba, A I, 2.
[251] Vgl. Anm. 250.
[252] Angaben laut Protokoll d. Generalversammlung d. Opriba am 28. 1. 1929, Anlagen 1 u. 2. – Akten Opriba, A I, 1.

Außendienst GmbH:	1 200 000 RM	Vorzugsnamensaktien mit mehrfachem Stimmrecht
Außendienst GmbH:	4 770 000 RM	Inhaberaktien mit einfachem Stimmrecht
Wirtschaftsdienst GmbH:	30 000 RM	Inhaberaktien mit einfachem Stimmrecht.

Da die Außendienst GmbH als Treuhänderin der Wirtschaftsvereinigung auftrat und die Wirtschaftsdienst GmbH in hundertprozentigem Kapitalbesitz der Wirtschaftsvereinigung war, kontrollierte die Wirtschaftsvereinigung 100 % des Grundkapitals der Opriba.

Vorstand und Aufsichtsrat:[253]
Der Vorstand war mit dem der Außendienst GmbH identisch: Kapitän Mann und Fritz Tetens. Im Aufsichtsrat der Opriba dominierten Hugenbergs Posener Freunde, auch nachdem sie kapitalmäßig nicht mehr interessiert waren, wie folgende Aufstellung aus dem Jahre 1929 zeigt:

Vorsitzender:	Ministerialdirektor a. D. Dr. Hans Meydenbauer (Pos. Fk.)
1. Stellvertr. Vorsitzender:	Geh. Finanzrat Dr. Alfred Hugenberg
2. Stellvertr. Vorsitzender:	Dr. Friedrich Swart (Pos. Fk.)
Staatssekretär z. D. Felix Busch	(Pos. Fk.)
Geh. Justizrat Dr. Hermann A. Ch. Dietrich,	Vorst. d. Generalverbandes d. deutschen Raiffeisengenossenschaft
Reg.präs. a. D. Lothar Foerster	(Pos. Fk.)
Regierungsrat a. D. Otto Gennes,	Anwalt d. Reichsverbandes d. deutschen landwirtsch. Genossenschaften
Oberregierungsrat a. D. Karl Kette	(Pos. Fk.)
Landesökonomierat Dr. Rabe,	Geschäftsführender Direktor d. Landwirtschaftskammer f. d. Provinz Sachsen
Landesökonomierat Dr. Leo Wegener	(Pos. Fk.)
Geh.Rat Dr. Heinrich Cuntz,	Vorstandsmitglied d. Fried. Krupp AG
Generaldirektor Ludwig Klitzsch	(A. H.-K.)

Zeichenerklärung:
Pos. Fk. = Posener Freundeskreis
A. H.-K. = Angestellter des Hugenberg-Konzerns

Tätigkeitsbereich:
Die Opriba stellte ihren „Betrieb von Bank- u. Handelsgeschäften aller Art, hauptsächlich in den östlichen Teilen Deutschlands und den angrenzenden Ländern"[254] 1927 endgültig ein und war nur noch Holdinggesellschaft des Hugenberg-Kon-

---

[253] Angaben laut Datenverzeichnis Opriba, Anlage z. Schreiben d. Opriba an d. Scherl GmbH, 19. 4. 1929. — Akten Opriba, A I, 2; vgl. auch Hdb. d. dt. AG, 1929, IV, S. 5410 f.
[254] Obwohl sie tatsächlich nicht mehr auf diesem Gebiet tätig war, wird ihr Daseinszweck im Hdb. d. dt. AG (1929, IV, S. 5411) so beschrieben.

zerns.[255] Im einzelnen hielt sie folgende Beteiligungen (Stand 1928–1930):

VERA Verlagsanstalt GmbH:	446 000 RM	= 29,7 % der Gesellschaftsanteile
Münchener Druckhaus- u. Verlags GmbH:	100 000 RM	= 16,6 % der Gesellschaftsanteile
Telegraphen-Union GmbH:	75 000 RM	= 5,3 % der Gesellschaftsanteile
August Scherl GmbH:	16 750 000 RM	= 55,8 % der Gesellschaftsanteile = 83,7 % der stimmberechtigten Stammanteile
Mutuum-Darlehens AG:		= 60–70 % d. Aktien
Deutscher Überseedienst GmbH:		= über 50 % der Gesellschaftsanteile

d) Deutsches Gewerbehaus AG, Berlin

Die Deutsche Gewerbehaus AG wurde 1927 gegründet. Sie entstand aus einer zum Hugenberg-Konzern gehörenden Grundstücksgesellschaft, der Zollernhof AG,[256] die sich mit einer dem Hugenberg-Konzern seit 1917 verbundenen Grundstücks- und Finanzierungsgesellschaft, der Deutschen Gewerbehaus GmbH,[257] vereinte und deren Namen annahm sowie eine Reihe kleinerer in Liquidation befindlicher Unternehmen in sich aufnahm. Zu diesen zählten die ehemalige Finanzierungsgesellschaft des Hugenberg-Konzerns, die Ausland GmbH, und der langjährige Majoritätsgesellschafter der August Scherl GmbH, der Deutsche Verlagsverein.[258] Das Grundkapital der Gewerbehaus AG wurde auf 7 Mill. RM festgelegt.
Mehrheitsaktionärin mit etwa 70–80 % der Aktien wurde die Außendienst GmbH.[259] Minderheitsaktionäre mit etwa 20–30 % der Aktien wurden die alten Anteilseigner der Auslands GmbH und der Deutschen Gewerbehaus GmbH.[260] Gesellschafter dieser beiden Konzernfinanzierungsgesellschaften waren die Mitglieder der Wirtschaftlichen Gesellschaft (Hugenberg-Krupp, Kirdorf-GBAG, Stinnes, Beukenberg-Phoenix) gewesen, die auch die Stimmenmajorität besaßen, ferner andere schwerindustrielle Unternehmen, wie etwa die GHH und die Eisen- und Stahlwerke Hoesch.[261] Bei der Umwandlung von Ausland- und Gewerbehaus-Anteilen

---

[255] Vgl. Anlage z. Schreiben Tetens an Donner, 14. 10. 1930. — Akten Opriba, C IV, 10.
[256] Vgl. Protokoll d. Verhandlung Hugenbergs mit dem Landesfinanzamt Groß-Berlin, 13. 5. 1922. — NL Hugenberg, A Bd. 20.
[257] Vgl. D. Guratzsch: Macht, S. 176 ff.
[258] Vgl. Hdb. d. dt. AG, 1929, IV, S. 5505 f.
[259] Angabe errechnet aus: Vermögensaufstellung der Stiftung zur Förderung d. geistigen Wiederaufbaukräfte u. d. Wirtschaftsvereinigung per 15. 11. 1931, 19. 11. 1931, u. Rentabilitätsübersicht d. Außendienst f. 1931, 19. 3. 1931, Anlage z. Schreiben Kapitän Manns an Hugenberg. — NL Hugenberg, P 17.
[260] Angabe errechnet aus: ebd.; Schreiben d. Scherl GmbH an d. Bergbauverein, 19. 3. 1937 u. 7. 4. 1937, Schreiben d. Gewerbehaus AG an d. Scherl GmbH, 20. 4. 1937. — Alle Unterlagen, in: Akten Opriba, A I, 9; Hdb. d. dt. AG. 1929, IV, S. 5505 f.
[261] Vgl. D. Guratzsch: Macht, S. 180, u. Anhang, S. 394.

in Gewerbehaus-Aktien übertrugen die Mitglieder der Wirtschaftlichen Gesellschaft offensichtlich nicht oder nur zum Teil ihre Aktien auf die Außendienst GmbH resp. Wirtschaftsvereinigung.[262] Nicht nur die Hugenberg kritisch gegenüberstehenden Firmen (GHH) waren somit direkt an der Gewerbehaus AG beteiligt, sondern auch Repräsentanten der Industriekreise, die sich ansonsten von der Wirtschaftsvereinigung vertreten ließen. Da diese Beteiligung der ehemaligen Ausland- bzw. Gewerbehausgesellschafter nur eine Unterbeteiligung war, reichte sie zur Beherrschung der Gewerbehaus AG und der zum Teil von ihr abhängigen publizistischen Unternehmen nicht aus, wohl aber zu einer gewissen Kontrolle und zum Bezug einer Dividende.

Vorstand und Aufsichtsrat:[263]
Direktoren der Gewerbehaus AG waren Hugenbergs engster Mitarbeiter, Kapitän Mann, und ein weiterer Konzernmitarbeiter, Dr. Otto Noelle. Der Aufsichtsrat setzte sich 1928 wie folgt zusammen:

Vorsitzender:	Geh. Fin.R. Dr. Alfred Hugenberg
1. stellvertr. Vorsitzender:	Geh. Kom.R. Dr. Emil Kirdorf, Ehrenvors. d. GBAG u. d. Vereinigten Stahlwerke
2. stellvertr. Vorsitzender:	O.R.R. Karl Hayessen (Pos. Fk.)
Becker, Dr. Johann,	Minister a. D.
Bielenberg, Richard,	Architekt
Blohm, Rudolf,	Gesellschafter d. Blohm & Voss HG
Cuntz, Heinrich, Geh.R.R.,	Vorstandsmitgl. d. Fried. Krupp AG
Donner, Dr. Günther,	Rechtsanwalt d. H.-K.
Fahrenhorst, Dr. Walter, R.R.,	Generaldir. d. Phoenix AG
Krüger, Hans,	Vorstandsmitgl. d. GBAG
v. u. z. Löwenstein, Dr. Hans	Geschäftsführer d. Bergbau- u. Zechenverbandes
v. Meyer, Heinrich,	Landrat, AR-Mitgl. d. Papierfabrik Köslin
Springorum, Dr. Willy,	AR-Mitgl. d. Eisen- u. Stahlwerke Hoesch
Tetens, Dr. Fritz,	(A. H.-K.)
Thorndike, Dr. Andrew,	(A. H.-K.)
Vögler, Dr. Albert,	Generaldir. d. Vereinigten Stahlwerke
Wegener, Dr. Leo,	Landesökonomierat (Pos. Fk.)
Winkhaus, Dr. Fritz,	Generaldir. d. Köln-Neussener Bergwerksvereins, bis 1927 Vors. d. Bergbau- u. Zechenverbandes
Wiskott, Eugen,	1. stellvertr. Vors. d. Bergbau- u. Zechenverbandes

Zeichenerklärung:
Pos. Fk. = Posener Freundeskreis
A. H.-K. = Angestellter des Hugenberg-Konzerns

---

[262] So hielt z. B. der Bergbau- und Zechenverband, der an der Gewerbehaus GmbH (vgl. Schreiben d. Bergbauvereins an Hugenberg, 26. 12. 1919. — NL Hugenberg, M 6) und an der Ausland GmbH (vgl. D. Guratzsch: Macht, Anhang 1, S. 394) beteiligt gewesen war, noch 1937 ein größeres Paket an Gewerbehausaktien in seinen Händen. Vgl. Schreiben d. Scherl GmbH an d. Bergbauverein, 19. 3. 1937 u. 7. 4. 1937, Schreiben d. Gewerbehaus AG an d. Scherl GmbH, 20. 4. 1937. — Alle Unterlagen, in: Akten Opriba, A I, 9.
[263] Angaben laut Hdb. d. dt. AG, 1929, IV, S. 5506.

Tätigkeitsbereich:

Offizieller Zweck der Gewerbehaus AG war die Verwaltung von Beteiligungen sowie die „Errichtung und Verwaltung eines Geschäftshauses für die Deutsche Industrie".[264] Tatsächlich spielte die zweitgenannte Aufgabe bei ihrer Geschäftstätigkeit nur eine untergeordnete Rolle. Die Gewerbehaus AG verfügte zwar über mehrere Grundstücke, das Geschäftshaus für die deutsche Industrie wurde jedoch allem Anschein nach nie errichtet.[265] Die Hauptaufgabe des Unternehmens bestand vielmehr in der Verwaltung ihrer Beteiligungen und in der finanziellen Unterstützung von Konzerngesellschaften in Krisenzeiten. So nahm die Gewerbehaus AG z. B. 1931 einen Millionenkredit auf, der von der Wirtschaftsvereinigung zur Sanierung verschiedener in Bedrängnis geratener Konzernunternehmen benutzt wurde.[266]

Die sich aufdrängende Frage, warum an dieser Finanzierungsgesellschaft des Hugenberg-Konzerns eine Firma wie die GHH beteiligt war,[267] deren Inhaber (Karl Haniel) und deren Generaldirektor (Paul Reusch) Hugenberg feindlich gegenüberstanden, läßt sich nur spekulativ beantworten. Man muß zunächst von der Tatsache ausgehen, daß die GHH sowohl im Kaiserreich als auch in der ersten Hälfte der zwanziger Jahre den Aufbau des Hugenberg-Konzerns finanziell unterstützt hatte. Diese Unterstützung hatte sich in Form direkter Beteiligung über die Ausland GmbH und die Gewerbehaus GmbH vollzogen und nicht à fonds perdu.[268] Die Beteiligungen stellten, da sie Dividenden erbrachten, einen materiellen Wert dar. Selbst wenn man annähme, daß die GHH ihre Gelder beim Verkauf ihrer Beteiligungen anderweitig gewinnbringender anlegen konnte, spricht ein weiteres Argument gegen diesen Verkauf. Reusch hätte, wenn er tatsächlich Hugenberg bzw. dessen Konzern in Schwierigkeiten bringen wollte, die anderen Finanziers des Hugenberg-Konzerns, insbesondere den Bergbau- und Zechenverband, mit zum Rückzug bewegen müssen, und zwar nicht nur aus der Gewerbehaus AG, sondern auch aus der finanziellen Verflechtung mit der Wirtschaftsvereinigung. Dazu gab es aber bei der grundsätzlichen Wertschätzung des Hugenberg-Konzerns in der rheinisch-westfälischen Schwerindustrie keine Chance. Somit hätte sich die GHH nur zurückziehen können, ohne Hugenberg zu schaden, dafür aber den Preis zahlen müssen, keinerlei Einblick mehr in dessen Unternehmungen zu erhalten. Über die Gewerbehaus AG hatte die GHH aber immerhin Einblick in folgende Konzerngesellschaften, an denen die Gewerbehaus AG beteiligt war (Stand 1928–1930):

---

[264] Ebd., S. 5505.

[265] Die Aufgabe, ein Geschäftshaus f. d. Industrie zu errichten, wurde schon der Gewerbehaus GmbH 1917 gestellt (vgl. D. Guratzsch: Macht, S. 177). Die Tatsache, daß 1930 diese Aufgabe noch immer nicht erfüllt war (vgl. Hdb. d. dt. AG, 1935, IV, S. 5411), spricht zumindest nicht für einen zügig erfüllten Bauplan.

[266] Vgl. Schreiben Kapitän Manns an Hugenberg, mit 4 Anlagen, 19. 3. 1931, u. Einnahmen-Ausgaben-Übersicht d. Deutschen Gewerbehaus AG v. 1. 1. – 1. 4. 1932, 18. 2. 1932. – NL Hugenberg, P 17.

[267] Die Beteiligung der GHH an der Gewerbehaus AG wird noch für 1931 durch K. Koszyk (: Deutsche Presse 1914–1945, S. 233) belegt.

[268] Abgesehen von verlorenen Sonderzuschüssen an die Ausland- und Gewerbehaus GmbH. Vgl. D. Guratzsch: Macht, S. 176 ff. u. S. 319 ff.

Münchener Druckhaus- u. Verlags GmbH:	5 000 RM = 0,8 % der Gesellschaftsanteile
August Scherl GmbH:	10 000 000 RM = 33,3 % der Gesellschaftsanteile = 100 % der nicht stimmberechtigten Vorzugsanteile
Universum-Film AG:	5 589 300 RM = 12,4 % der Aktien = 13,3 % der Stamm- aktien (Serie A)

Quellen- und Literaturverzeichnis

A. ARCHIVALIEN

I. Öffentliche Archive

1. *Bundesarchiv Koblenz* (BA)
a. Akten der Reichskanzlei:
    R 43 I, Nr. 2468
        Nr. 2473
        Nr. 2475
        Nr. 2479 — 2480
        Nr. 2518
        Nr. 2520
        Nr. 2528
        Nr. 2533
        Nr. 2654
b. Akten des Politischen Kollegs:
    R 118, Nr. 12
        Nr. 35 — 36
        Nr. 42
        Nr. 56
c. Nachlässe:
    NL Junius Alter (d. i. Franz Sontag)
    NL Eduard Dingeldey
    NL Wilhelm Frhr. v. Gayl
    NL Siegfried v. Kardorff
    NL Albert Krebs
    NL Walter Lambach
    NL Hans-Erdmann v. Lindeiner-Wildau
    NL Karl Passarge
    NL Arnold Rechberg
    NL Otto Schmidt-Hannover
    NL Hans Schlange-Schöningen
    NL Gottfried Traub
    NL Leo Wegener
d. Kleine Erwerbungen:
    Nr. 302
    Nr. 436
    Nr. 557
e. Zeitgeschichtliche Sammlung:
    ZGS 1 — 83/1

2. *Niedersächsisches Hauptstaatsarchiv Hannover* (HStA Hannover)
a. Akten der Landdrostei und Regierung Hannover:
    Hann. 80 Hann. II, Nr. 770
        Nr. 771
        Nr. 773
b. Akten der Regierung Lüneburg:
    Hann. 80 Lüneburg III, XXX, Nr. 150
        Nr. 176

c. Akten der NSDAP — Gau Südhannover-Braunschweig
   Hann. 310 I, B 2, I—II
d. Akten des Heimatbundes Niedersachsen:
   VVP 466, Nr. 1420
              Nr. 2392
              Nr. 2422
              Nr. 2707
              Nr. 2710
              Nr. 2718 — 2721
              Nr. 2723
e. Zeitgeschichtliche Sammlung:
   ZGS 200, Nr. 78
            Nr. 79

3. *Stadtarchiv Lübeck* (SA Lübeck)
a. Senatsakten:
   III 2 C/32
   III 2 C/33
   XVIII 27ᵇ, Nr. 79
b. NL Neumann

4. *Forschungsstelle für die Geschichte des Nationalsozialismus in Hamburg* (FST)
a. NL Diller
b. Fasc. 412:   Nationale und völkische Verbände
   Fasc. 461:   Bildungsinstitutionen
   Fasc. 759:   Verschiedene Splitterparteien
   Fasc. 5221:   Deutschnationaler Handlungsgehilfen-Verband
   Fasc. 7533:   Deutschnationale Volkspartei, 6 Bde., davon 3 Bde. Zeitungsausschnitte
c. Mikrofilme:
   MA 06 — 3/1
   MA 06 — 3/2
   MA 06 — 5/1
   MA 06 — 5/2
   MA 06 — 5/4
d. Personalia:
   Paul Bang

5. *Weltwirtschaftsarchiv Hamburg*
   Zeitungsausschnittsammlung/Stichwort:
   Hugenberg

6. *Handelsregister München* (HRG)
   HRB 901: Münchener Druck- und Verlagshaus GmbH

II. Firmenarchive

1. *Historisches Archiv der Fried. Krupp GmbH, Villa Hügel Essen* (Krupp)
a. Familienarchiv Hügel (FAH):
   IV C 6:   Schreiben und Denkschriften Krupp v. Bohlen u. Halbachs 1915—1918
   IV C 15:   Angelegenheiten des Aufsichtsrats 1909
   IV C 24:   Konto v. Harbou, Konto Mann 1921—1925
   IV C 73:   Allgemeine Fragen der Geschäftsleitung der Firma 1908—1932
   IV C 281:   Korrespondenz Krupp v. Bohlen u. Halbach — Dr. Alfred Hugenberg

IV C 368:	Korrespondenz Krupp v. Bohlen u. Halbach — Emil v. Stauss
IV E 16:	Ernst Haux: Bei Krupp. Bilder der Erinnerung aus 45 Jahren, o. D., o. O. (Masch. Ms.)
IV E 46:	Acta betr. Reichsreform 1927—1933
IV E 50:	Acta betr. Wahlrechts- und Herrenhausreform 1917—1918
IV E 84:	Acta betr. Pressefragen 1931—1932
IV E 162:	Verein für die bergbaulichen Interessen im Oberbergamtsbezirk Dortmund Essen — Ruhr 1908—1939
IV E 773:	Korrespondenz Krupp v. Bohlen u. Halbach — Reichsbankpräsident v. Havenstein
IV E 789:	Korrespondenz Krupp v. Bohlen u. Halbach — Karl Haniel
IV E 797:	Montagsgesellschaft, „Ruhrlade" 1916—1933
IV E 837:	Korrespondenz Krupp v. Bohlen u. Halbach — Emil Kirdorf 1917 bis 1943
IV E 915:	Korrespondenz Krupp v. Bohlen u. Halbach — Dr. Albert Vögler 1919—1942
IV E 942:	Korrespondenz Krupp v. Bohlen u. Halbach — Geheimrat Franz Krauss 1920—1922
IV E 962:	Korrespondenz Krupp v. Bohlen u. Halbach — Jakob Reichert 1929 bis 1940
IV E 966:	Korrespondenz Krupp v. Bohlen u. Halbach — Dr. Reinhold Quaatz 1920—1923
IV E 1129:	Korrespondenz Krupp v. Bohlen u. Halbach — Fritz Thyssen 1925 bis 1929
IV E 1165:	Korrespondenz Krupp v. Bohlen u. Halbach — Bergrat Dr. Winkhaus
IV E 1174:	Korrespondenz Krupp v. Bohlen u. Halbach — Kapitän z. S. a. D. Wilhelm Widenmann 1908—1937
IV E 1186:	Korrespondenz Krupp v. Bohlen u. Halbach — Paul Reusch 1922 bis 1936

b. Werksarchiv (WA):

IV 1243:	Volksversicherungen 1912—1913
IV 1264:	Protokolle von Aufsichtsratssitzungen der Fried. Krupp AG 14. 7. 1903 — 18. 11. 1912, 27. 11. 1916
IV 1390:	Korrespondenz Vielhaber — Klüpfel 1910—1915
IV 1391:	Korrespondenz zwischen Vielhaber und verschiedenen Direktoren der Fried. Krupp AG 1912—1928
IV 1400:	Beteiligung der Fried. Krupp AG an der Neuland AG, Landgesellschaft Westmark 1918
IV 1432:	Organisationsfragen
IV 1999:	NL Wiedfeldt, Sozialisierungsbestrebungen 1919—1922
IV 2561:	NL Wiedfeldt, Handelskammer Essen 9. 12. 1918 — 29. 3. 1920
IV 2566:	NL Wiedfeldt, Reichsverband der Deutschen Industrie 1921
IV 2567:	NL Wiedfeldt, Reichsverband der Deutschen Industrie 3. 10. 1921 — 15. 2. 1922
IV 2733:	NL Wiedfeldt, Handelskammer Zahlungen 1902—1920
IV 2563:	NL Wiedfeldt, Handelskammer Essen 3. 11. 1922 — 26. 11. 1923
IV 2564:	NL Wiedfeldt, Industrie- und Handelskammer Essen 6. 5. 1926 — 23. 6. 1926
IV 2574:	Ministerkandidatur Wiedfeldt 1920
VII f 1361:	Reichsverband der Deutschen Industrie, Senat, Präsidium, Vorstand, Hauptausschuß 1919—1931
VII f 1411:	Zwei Briefe von Dr. Alfred Hugenberg an Heinrich Cuntz, 1947, 1949

2. *Archiv der Hapag-Lloyd AG*
NL Cuno

III. Privatakten

1. *Nachlaß Hugenberg; D. Hugenberg, Gut Rohbraken b. Rinteln**

Nr. 1:	Persönliches
Nr. 31:	Allgemeine Korrespondenz 1909—1914
A Bd. 1 —	
A Bd. 23:	Allgemeine und politische Korrespondenz
M 1:	Korrespondenz Alfred Hugenberg — Emil Kirdorf
M 5:	Korrespondenz Alfred Hugenberg — Georg Schiele-Naumburg
M 6:	Verein für die bergbaulichen Interessen
M 7:	Korrespondenz Alfred Hugenberg — Albert Vögler
M 9:	München-Augsburger Abendzeitung
M 18:	Neue Gesellschaftliche Correspondenz
M 23:	Unterlagen betr. Presse
M 24:	Unterlagen betr. Presse
M 25:	Unterlagen betr. Presse
O 1:	Unterlagen betr. Presse
O 2:	Unterlagen betr. Presse
P 9:	Presseangriffe 1928/30
P 11:	Büro Hugenberg 1929—1931
P 12:	Doppel von Kassel 1929, Stettin 1931, Harzburg 1931
P 15:	Glückwünsche zum 65. Geburtstag Dr. Alfred Hugenbergs
P 16:	Büro Hugenberg 1930—1934
P 17:	Büro Hugenberg 1931—1932
WP:	Verschiedenes 1928
WP 23:	Delbrück Schickler & Co.

2. *Akten Opriba; Opriba Vermögensverwaltung GmbH Frankfurt/M.*

A I, 1—8:	Vorgeschichte der Opriba
B 8—9:	August Scherl GmbH Handakten der juristischen Abteilung
C I, 13:	August Scherl GmbH. Auflagen und Abonnements 1914/15
C I, 15:	August Scherl GmbH. Rechtsgutachten Professor Kipp 1917
C I, 21—23:	Geschäftsbericht der August Scherl GmbH. 19800, 1908, 1912
C I, 26:	Geschäftsbericht der August Scherl GmbH. 1915
C I, 29—31:	Geschäftsberichte der August Scherl GmbH. 1918—1920
C II, 1:	August Scherl GmbH. Credite und Darlehen
C II, 3:	August Scherl GmbH. Vermögenswerte 1928/33
C II, 4:	August Scherl GmbH. Handelsregistersache 1928/30
C II, 5:	Protokolle der Verwaltungsausschußsitzungen der August Scherl GmbH 1928
C II, 7:	August Scherl GmbH. Konzernverhältnisse 1934
C II, 10:	Geschäftsanteile der August Scherl GmbH. 1932
C II, 11:	August Scherl GmbH. Beteiligungen 1933/36
C II, 15:	Verein Deutscher Zeitungsverleger 1923/30
C II, 13, 27—33:	Geschäftsberichte der August Scherl GmbH. 1926—1933
C II, 39—40:	August Scherl GmbH. Revisionsbericht Nr. 4 über den Geschäftsabschluß per 31. Dezember 1932 von Dr. Willibald Dorow
C II, 37:	August Scherl GmbH. Bilanz-Analyse 1913, 1928, 1929
C IV, 1:	Verbot der Scherl-Blätter 1921
C IV, 2:	Prozeß Rudolf Mosse gegen die August Scherl GmbH
C IV, 4—8:	Insertionsverbot der Regierung gegen die August-Scherl GmbH. 1929—1934
C IV, 9:	Prozeß des preußischen Ministerpräsidenten Otto Braun gegen den „Tag" 1928
C IV, 10:	Privatklage Hugenberg/Vorwärts-Redakteur Geyer 1929/33
C IV, 11:	August Scherl GmbH. Prozeß „Die erste Schlacht" 1929/31

---

* Mittlerweile ins Bundesarchiv überführt

C IV, 13:	Reichsgerichtsentscheidung betr.: „Die erste Schlacht" 1930
C IV, 15—17:	August Scherl GmbH. Prozeß „Der rote Strich" 1930/32
G I, 1—8:	Beteiligung Alterum
G VI:	Beteiligung Deutsche Handels-Gesellschaft GmbH
G VII, 1—7:	Beteiligung Deulig-Film GmbH
G IX, 1—6:	Beteiligung Edmund Gaillard
	Graphische Kunstanstalt GmbH
G X, 1—8:	Beteiligung Ernst Keil's Nachfolger GmbH
G XI:	Beteiligung Kursbuch- und Verkehrsverlag GmbH
G XII, 1—2:	Beteiligung Ostbank, Ostdeutsche Privatbank (Opriba)
G XIII:	Beteiligung Post GmbH
G XIV:	Beteiligung Progressus GmbH
G XVII, 1—22:	Beteiligung Ufa — Universum Film AG
G XX:	Beteiligung Österreichische Anzeigen AG
H 3:	Korrespondenz Dr. Alfred Hugenberg — Ludwig Klitzsch, 1918, 1922—1923
H 4:	Korrespondenz August Scherl GmbH
H 9:	Korrespondenz Hugenbergs betr. Konzernangelegenheiten
H 10:	Korrespondenz Hugenbergs betr. Konzernangelegenheiten
H 21:	Personalakten der Angestellten
H 22:	Korrespondenz Dr. Alfred Hugenbergs 1929/1946

3. *(Teil-)Nachlaß Schmidt-Hannover (Opr.); Opriba GmbH — Zweigstelle Hannover**

S 1:	DNVP — Pressearchiv bzw. Scherl-Archiv
S 2:	DNVP — Dr. Hugenberg
S 3:	DNVP — Schriftwechsel (Selecta parteiamtlicher Korrespondenz) 1929—1933
S 4:	DNVP — Pressestelle/Pressearchiv (1930)
S 5:	DNVP — Parteiamtliche Drucksachen 1928/30 (Selecta)
S 23:	„Nazis" — eine Dokumentation aus parteiamtlichem Schriftwechsel der DNVP betr. NSDAP 1930—1935
S 25:	DNVP — Artikel und Manuskripte von Schmidt-Hannover
S 26:	DNVP — Dr. Hugenberg. Manuskripte zu Reden und Artikeln
S 27—30:	DNVP — Dr. Hugenberg
S 31:	DNVP — Schmidt-Hannover
S 32—35, S 38:	DNVP — Dr. Hugenberg
S 40:	Aufzeichnungen Schmidt-Hannovers über die Regierungsbildung 1933 und über sich selbst (Eingabe an die Militärregierung 1947/48)
S 41:	DNVP — Dr. Hugenberg
S 44:	Liste der DNVP-Reichstagsabgeordneten nebst anderen (unvollständigen) Papieren 1920—1933
S 47:	DNVP — Dr. Hugenberg/Schmidt-Hannover

4. *Akten Dorow; Dr. W. Dorow, Berlin*

    a. Telegraphen-Union Internationaler Nachrichtendienst. Revisionsberichte Nr. 4 u. Nr. 6 über die Geschäftsabschlüsse per 31. Dezember 1929 u. per 31. Dezember 1931 von Dr. Willibald Dorow.

    b. August Scherl GmbH, Revisionsbericht Nr. 3 über den Geschäftsabschluß per 31. Dezember 1931 von Dr. Willibald Dorow.

5. *Akten Hasse: S. K. G. Hasse, Neuenhain*

    a. „Der Aufbau des Scherlverlages dargestellt für die Herren Anzeigen-Generalvertreter" (Masch. Ms.) 30. 8. 1938

---

* Mittlerweile ins Bundesarchiv überführt und mit dem dort bereits vorher befindlichen anderen Teil des Nachlasses vereint.

b. „Die Revision im Rahmen des Scherlverlages" (Masch. Ms.) 13. 8. 1938
c. „Lindenstraßen — Gesellschaften. Übersichten und Geschäfts-Ordnung" (Masch. Ms.),
   Januar 1936
d. Rundschreiben der Opriba KG, 3. 7. 1951 mit zwei Anlagen: 1. „Ansprache des
   Herrn Dr. h. c. Ludwig Klitzsch anläßlich der Trauerfeier für Herrn Geheimrat
   Dr. Hugenberg in Rohbraken am 16. März 1951" (Masch. Ms.), 2. „Ansprache des
   früheren Reichstagsabgeordneten Schmidt-Hannover am Sarge Dr. Hugenbergs am
   16. März 1951 in Rohbraken" (Masch. Ms.)

6. *Akten Schwedler: K. Schwedler, Bad Homburg*
   Kurt Schwedler: Unser Matern-Geschäft (Masch. Ms.), 25. 5. 1937

IV. Schriftliche und mündliche Auskünfte erteilten:

Dr. Henning v. Boehmer, Bonn-Bad Godesberg
Rechtsanwalt Dr. Dahlgrün, Celle
Siegfried K. G. Hasse, Neuenhain
Dr. Kurt Haußmann, Berlin
Dietrich Hugenberg, Rohbraken
Maria Kummrow, Schleswig
Dr. Harald Laeuen, Georgenhausen
Dr. Eugen Mündler, Langenau
Dr. Helmut Rauschenbusch, Berlin
Dr. Paul Reuther, Neuwied
Fritz Sänger, Wedel
Kurt Schwedler, Bad Homburg
Ministerialrat i. R. C. P. Spahn, Bonn-Bad Godesberg

B. GEDRUCKTE QUELLEN

1. Amtliche Drucksachen, Veröffentlichungen von Parteien, Verbänden,
Vereinen und Unternehmen, Streitschriften

Absplitterungen von der DNVP, Kassel o. J. (1930)
Die Abtrünnigen. Geschichte einer Absplitterung, die die Festigung der Partei brachte,
   Berlin 1930 (= Deutschnationales Rüstzeug, Nr. 16)
ALA Anzeigen Aktiengesellschaft, o. O., o. J.
Angriff und Abwehr, Berlin 1933 (= Deutschnationales Rüstzeug, Nr. 30)
Bang, Paul: Die Grundlagen der Werksgemeinschaft, Langensalza 1927
Bechly, Hans: Die Führerfrage im neuen Deutschland, Hamburg 1928 (= Schriften des
   DHV, Nr. 17)
Behrens, Franz: Die Betriebsräte in der Land- und Forstwirtschaft und deren Neben-
   betrieben. Das Betriebsrätegesetz vom 4. 2. 1920 nebst Wahlordnung vom 5. 2. 1920
   und Erläuterungen, Berlin 1921 (= Schriftenreihe des Zentralverbandes der Land-
   arbeiter, H. 6)
Behrens, Franz: Gewerkschaftliche Selbsthilfe der Landarbeiter. Aufgaben und Ziele des
   Zentralverbandes der Forst-, Land- und Weinbergsarbeiter Deutschlands, Bielefeld 1919
   (= Schriftenreihe des Zentralverbandes der Landarbeiter, H. 5)
Behrens, Franz: Landarbeiterbewegung und Wirtschaftsfrieden, in: Die christlich-nationale
   Landarbeiterbewegung und die Hebung der landwirtschaftlichen Produktion als Vor-
   aussetzung des deutschen Wiederaufstiegs. Drei Vorträge, Berlin 1922 (= Schriftenreihe
   des Zentralverbandes der Landarbeiter, H. 13)
Bernhard, Ludwig: Die Zukunft der Sozialpolitik, in: Stahl und Eisen, Nr. 12 (1916)
Brunstäd, Friedrich: Völkisch-nationale Erneuerung. Rede von Dr. Friedrich Brunstäd,
   Professor an der Universität Erlangen, auf dem dritten Parteitage der Deutschnationalen Volkspartei in München am 2. September 1921, Berlin 1921 (= Deutschnationale Flugschrift, Nr. 119)

Claß, Heinrich: Zum deutschen Kriegsziel, München 1917

Die christlich-nationale Landarbeiterbewegung und die Hebung der landwirtschaftlichen Produktion als Voraussetzungen des deutschen Wiederaufstiegs. Drei Vorträge. A. Stegerwald: Landarbeiterbewegung und Volksgemeinschaft; Th. Brauer: Landarbeiterbewegung und Klassenkampf; Franz Behrens: Landarbeiterbewegung und Wirtschaftsfrieden, Berlin 1922 (= Schriftenreihe des Zentralverbandes der Landarbeiter, H. 13)

Deutsche Handels-Wacht. Zeitschrift des Deutschnationalen Handlungsgehilfen-Verbandes, 35. Jg. 1928

Die Deutschnationalen und wir, Berlin 1924 (= Flugschriften der Deutschen Volkspartei, Folge 44)

Einhart (d. i. Heinrich Claß): Deutsche Geschichte, Leipzig ⁵1918

Die Entstehung der Deutschen Volkspartei, hrsg. v. d. Reichsgeschäftsstelle der Deutschen Volkspartei, Berlin ³1920

Freytagh-Loringhoven, Hugo Frhr. v.: Menschen und Dinge, Berlin 1923

Daniel Frymann (d. i. Heinrich Claß): Wenn ich der Kaiser wär. Politische Wahrheiten und Notwendigkeiten, Leipzig ⁴1913

Gleichen, Heinrich v.: Das Politische Kolleg, in: Deutsche Rundschau, Jg. CLXXXVII (1921), S. 104 ff.

Goebbels, Josef: Das patriotische Bürgertum, in: Nationalsozialistische Monatshefte, 1. Jg. (1930), S. 221 ff.

Graef, Walter: Der Werdegang der Deutschnationalen Volkspartei, in: M. Weiß (Hrsg.): Der nationale Wille, Essen 1928, S. 15 ff.

Graefe, Albrecht v.: Damals in Weimar 1919. Ein Blick hinter die Kulissen. Der Verrat am Deutschen Volk, Berlin 1929

Graff, Sigmund: Gründung und Entwicklung des Bundes, in: Der Stahlhelm. Erinnerungen und Bilder aus den Jahren 1918—1933, hrsg. i. A. Franz Seldtes, Berlin ²1933, Bd. 1, S. 15 ff.

Hamburger Deutschnationale Monatsschrift, 9. Jg. 1928

Helfferich, Karl: Fort mit Erzberger! Berlin (1919) (= Flugschriften des ‚Tag‘, Nr. 8)

Helfferich, (Karl): Wer ist Erzberger? Rede im Prozeß Erzberger — Helfferich, Sitzung v. 20. 1. 1920, Berlin 1920 (= Deutschnationale Flugschrift, Nr. 49)

Hergt, (Oskar): Auf zum Preußenkampf, Berlin 1921 (= Deutschnationale Flugschrift, Nr. 93)

Hergt, Oskar: Gegenwart und Zukunft der Deutschnationalen Volkspartei. Rede auf dem Parteitag der Deutschnationalen Volkspartei in Berlin am 12. u. 13. Juli 1919, gehalten von Staatsminister Excellenz Hergt, Berlin 1919 (= Deutschnationale Flugschrift, Nr. 21)

Hilpert, Hans: Die Deutschnationalen in Bayern. Rede des Professors Dr. Hilpert, M.d.B.L. auf dem dritten Parteitage der Deutschnationalen Volkspartei in München am 2. September 1921, Berlin 1921 (= Deutschnationale Flugschrift, Nr. 116)

Jahrbuch der Deutschnationalen Volkspartei 1919 und 1921, Berlin 1919 u. 1921

Kroschel, A. W.: Das Deutschnationale Gewissen, Berlin 1920

Lambach, Walter: Die Herrschaft der Fünfhundert. Ein Bild des parlamentarischen Lebens in Deutschland, Hamburg Berlin 1926

Lambach, Walter: Politische Praxis, Hamburg 1926

Lambach, Walter: Monarchismus, in: Politische Wochenschrift, IV. Jg. (14. 6. 1928), S. 495 ff.

Leopold, Bernhard: Sozialpolitik, Wirtschaft und Staat, Berlin 1926 (= Deutschnationale Flugschrift, Nr. 259)

Lindeiner-Wildau, Hans-Erdmann: Wir und die Deutsche Volkspartei, Berlin 1921 (= Deutschnationale Flugschrift, Nr. 77)

Lindenberg, Gustav: Politische Aufgaben der Angestellten, Berlin 1920

Longert, Wilhelm u. Paul Bang: Die Grundgedanken der Werksgemeinschaft, Langensalza 1927

Mahraun, Arthur: Gegen getarnte Gewalten, Berlin 1928

Moeller v. d. Bruck, Arthur, Heinrich v. Gleichen und Max Hildebert Boehm (Hrsg.):
Die Neue Front, Berlin 1922

Morus (d. i. Richard Lewingsohn): Der Fall Lambach, in: Die Weltbühne, 24. Jg. (1928),
S. 178 ff.

Morus (d. i. Richard Lewinsohn): Krupp als Wohltäter, in: Die Weltbühne, 17. Jg.
(1921/22), S. 655 ff.

Most, Otto: Industrie und Parlament, Berlin 1926 (= Veröffentlichung Nr. 30 des Reichsverbandes der deutschen Industrie)

Die nationale Opposition, in: Die Tat, 23. Jg. (1931/32), S. 668 ff.

Der Nationalsozialismus und wir! Weg und Kampf des Scherl-Verlages, o. O. (Berlin) 1932

Der Niedergang der nationalen Opposition. Ein Warnruf aus den Reihen der Jugend,
hrsg. v. Jungnationalen Ring, o. O. (Berlin), o. D. (1929)

Quaatz, Reinhold Georg: Zur Geschichte der Wirtschaftspolitik der DNVP, in: M. Weiß
(Hrsg.): Der nationale Wille, Essen 1928, S. 244 ff.

Rademacher, Walther: Die kalte Sozialisierung, Berlin 1926 (= Deutschnationale Flugschrift, Nr. 257)

Reichert, J.(akob) W.: Youngplanrevision auf dem Wege über eine Änderung der Handelspolitik ? o. D., o. O. (Sonderdruck aus Ruhr und Rhein, H. 45, 48 u. 50 [1930])

Reichsverband der Deutschen Industrie. Geschäftliche Mitteilungen für die Mitglieder
des Reichsverbandes der Deutschen Industrie. Bearb. v. d. Geschäftsführung, 6.–10. Jg.
(1924–1928)

Rumpelstilzchen (d. i. Adolf Stein), 15 Bde., Berlin 1920–1935

Rumpelsstilzchen (d. i. Adolf Stein): Piept es ? Berlin 1930 (= Rumpelstilzchen 1920/30)

Schlange-Schöningen, Hans: Wir Völkischen! Rede des deutschnationalen Abgeordneten
Schlange-Schöningen in Stettin, Stettin o. J. (= Deutschnationale Volkspartei: Flugschrift)

Sontag (Franz): Görlitz, in: Die Tradition, 4. Jg. (1922), S. 486 ff.

Spahn, Martin: 1648 und 1918, in: A. Moeller v. d. Bruck u. a. (Hrsg.): Die Neue Front,
Berlin 1922, S. 1 ff.

Spahn, Martin: Der Weg zur deutschen Rechten. Rede des Professors Dr. Martin Spahn
auf dem dritten Parteitage der Deutschnationalen Volkspartei in München am 2. September 1921, Berlin 1921 (= Deutschnationale Flugschrift, Nr. 115)

Stadtler, Eduard: „Reichsverband der Deutschen Industrie" und „Deutsche Industriellen-
Vereinigung", Berlin o. J. (1924)

Der Stahlhelm. Erinnerungen und Bilder aus den Jahren 1918–1933, hrsg. im Auftrage
des Gründers und Bundesführers Franz Seldte, 2 Bde., Berlin 1932

Stapel, Wilhelm: Geht die Rechte zu Bruch? in: Deutsches Volkstum, Jg. 1930, H. 1,
S. 76 f.

Stenographische Berichte über die Verhandlungen der Bürgerschaft zu Lübeck im Jahre
1926 (Sitzung 1 bis 21), Lübeck 1926

Die Stinnesierung der Journalisten, in: Das Tage-Buch, 4. Jg. (1923), S. 1034 f.

Taschenbuch der Deutschnationalen Volkspartei, Berlin 1922, 1927 u. 1929

Tötter, Heinrich: Warum wir den Ruhrkampf verloren, Köln 1940

Ullmann, Hermann: Positive Opposition, in: Politische Wochenschrift, V. Jg. (8. Juni 1929),
S. 532 ff.

Ullmann, Hermann: Die Rechte stirbt – Es lebe die Rechte! Berlin 1929

Ullmann, Hermann: Das werdende Volk. Gegen Liberalismus und Reaktion, Hamburg
Berlin Leipzig 1929

Unsere Partei: 2.–6. Jg., 1924–1928

Weiß, Max (Hrsg.): Der nationale Wille. Werden und Wirken der DNVP 1918–1928,
Essen 1928

Weiß, M.(ax): Organisation in, ders: (Hrsg.): Der nationale Wille, Essen 1928, S. 362 ff.

Weiß, Max: Politisches Handwörterbuch. (Führer-ABC), Berlin 1928

Weiß, M.(ax): Wir und die Vaterländische Bewegung, in: ders. (Hrsg.): Der nationale
Wille, Essen 1928, S. 351 ff.

Westarp, Kuno Graf v.: Am Grabe der Parteiherrschaft. Bilanz des deutschen Parlamentarismus von 1918–1932, Berlin o. J. (1932)

Wie die monarchistische Bewegung ‚gemacht' wird — von einem Fachmann, in: Die Hilfe, 31. Jg. (1925), S. 52 ff.

Wolter, Fritz: Die Korrumpierung der Presse, in: Die Weltbühne, 20. Jg. (1924), S. 597 ff.

Wolter, Fritz: T. U. und Dammert, in: Die Weltbühne, 19. Jg. (1923), S. 663 ff.

Wolter, Fritz: Der Vera-Konzern, in: Die Weltbühne, 20. Jg. (1924), S. 144 ff.

Wunderlich, Wilhelm: Die Spinne, in: Die Tat, 23. Jg. (1931/32), S. 842 f.

Zur Reichspressepolitik, in: Die Weltbühne, 20. Jg. (1924), S. 6 ff.

Zwanzig Jahre Alldeutscher Arbeit und Kämpfe, hersg. v. d. Hauptleitung des Alldeutschen Verbandes, Leipzig 1910

2. Quellenveröffentlichungen

Benz, Wolfgang: Der Fall Muehlon. Bürgerliche Opposition im Obrigkeitsstaat während des Ersten Weltkrieges, in: VfZG 18 (1970), S. 343 ff.

Boelcke, Willi A.: Krupp und die Hohenzollern in Dokumenten, Frankfurt/M. 1970

Dichtl, Klaus und Wolfgang Ruge: Zu den Auseinandersetzungen innerhalb der Reichsregierung über den Locarnopakt 1925. Dokumentation, in: ZfG XXII (1974), S. 64 ff.

Feder, Ernst: Heute sprach ich mit ... Tagebücher eines Berliner Publizisten. 1926—1932, hrsg. v. Cécile Lowenthal-Hensel u. Arnold Paucker, Stuttgart 1971

Görlitz, Walter (Hrsg.): Regierte der Kaiser? Kriegstagebücher, Aufzeichnungen und Briefe des Chefs des Marinekabinetts Admiral Georg A. v. Müller 1914—1918, Berlin Göttingen Frankfurt 1959

Hohlfeld, Johannes (Hrsg.): Dokumente der deutschen Politik und Geschichte, Bd. III (1919—1933), Berlin 1952

Hubatsch, Walter: Hindenburg und der Staat. Aus den Papieren des Generalfeldmarschalls und Reichspräsidenten von 1878 bis 1934, Göttingen Berlin Frankfurt 1966

Jarausch, Konrad H.: Die Alldeutschen und die Regierung Bethmann Hollweg. Eine Denkschrift Kurt Riezlers vom Herbst 1916, in: VfZG, 21. Jg. (1973), S. 435 ff.

Jochmann, Werner: Im Kampf um die Macht. Hitlers Rede vor dem Hamburger Nationalclub von 1919, Frankfurt 1960 (= Veröffentlichungen der Forschungsstelle für die Geschichte des Nationalsozialismus in Hamburg, Bd. 1)

Jochmann, Werner: Nationalsozialismus und Revolution. Ursprung und Geschichte der NSDAP in Hamburg 1922 — 33. Dokumente, Frankfurt/M. 1963 (= Veröffentlichungen der Forschungsstelle für die Geschichte des Nationalsozialismus in Hamburg, Bd. 3)

Das Kabinett Müller II, bearbeitet v. Martin Vogt, 2 Bde., Boppard 1970 (= Akten der Reichskanzlei. Weimarer Republik, hrsg. für die Historische Kommission bei der Bayer. Akademie der Wiss. v. Karl Dietrich Erdmann für das Bundesarchiv v. Wolfgang Mommsen unter Mitarbeit v. Walter Vogel)

Die Kabinette Luther I und II, bearbeitet v. Karl Heinz Minuth, Boppard 1977 (= Akten der Reichskanzlei. Weimarer Republik, hrsg. für die Historische Kommission bei der Bayer. Akademie der Wiss. v. Karl Dietrich Erdmann für das Bundesarchiv v. Wolfgang Mommsen unter Mitarbeit v. Walter Vogel)

Die Kabinette Stresemann I und II, bearbeitet v. Karl Dietrich Erdmann u. Martin Vogt, Boppard 1976 (= Akten der Reichskanzlei. Weimarer Republik, hrsg. für die Historische Kommission bei der Bayer. Akademie der Wiss. v. Karl Dietrich Erdmann für das Bundesarchiv v. Wolfgang Mommsen unter Mitarbeit v. Walter Vogel)

Kindt, Werner (Hrsg.): Die Deutsche Jugendbewegung 1920 bis 1933. Die Bündische Zeit, Düsseldorf 1975 (= Kindt, Werner [Hrsg.]: Dokumentation der Jugendbewegung III)

Klüter, Heinz (Hrsg.): Die Gartenlaube. — Facsimile Querschnitt durch die Gartenlaube. Bern Stuttgart Wien 1963

Ritter, Gerhard A. u. Susanne Miller (Hrsg.): Die deutsche Revolution 1918—1919 — Dokumente, Frankfurt/M. Hamburg 1968 (= Fischer Taschenbuch, Nr. 879)

Schröder, Ernst (Hrsg.): Otto Wiedfeldt als Politiker und Botschafter der Weimarer Republik. Eine Dokumentation zu Wiedfeldts 100. Geburtstag am 16. August 1971, in: Beiträge zur Geschichte von Stadt und Stift Essen, H. 86 (1971), S. 159 ff.

Spengler, Oswald: Briefe 1913—1936. In Zusammenarbeit mit Manfred Schröter hrsg. v. Anton M. Koktanek, München 1963

Stresemann, Gustav: Vermächtnis. Nachlaß in 3 Bänden, hrsg. v. Henry Bernhard unter Mitarbeit v. Wolfgang Goetz u. Paul Wiegler, 3 Bde., Berlin 1932—1933

Treue, Wolfgang: Deutsche Parteiprogramme 1861—1961, Göttingen ³1961 (= Quellensammlung zur Kulturgeschichte, Bd. 3)

Turner, Henry Ashby jr.: Eine Rede Stresemanns über seine Locarno-Politik. Dokumentation, in: VfZG 15 (1967), S. 412 ff.

Ullmann, Hermann: Publizist in der Zeitenwende. Unter Mitwirkung von Frau Renate Ullmann aus dem Nachlaß ausgewählt und herausgg. von Hans Schmidt-Egger, München 1965

C. HANDBÜCHER, NACHSCHLAGEWERKE

Abschlüsse deutscher Aktiengesellschaften. 1929/30, 1930/31 und 1932/33, in: Vierteljahreshefte zur Statistik des Deutschen Reiches, 41. Jg., Sonderheft 1 (1932), 42. Jg. Sonderheft 1 (1933), 43. Jg. Sonderheft 1 (1934)

Adreßbuch der Deutschen Pressedienste, Wissen (Sieg) 1926

Adreßbuch der Direktoren und Aufsichtsräte, hrsg. v. Hans Arends und Curt Mossner (ab 1929 v. Julius Mossner), Berlin 1920 ff.

ALA, Hassenstein und Vogler AG (Hrsg.): Zeitungskatalog, Berlin 1920, 1925, 1926—1933

Die bürgerlichen Parteien in Deutschland. Handbuch der Geschichte der bürgerlichen Parteien und anderer bürgerlicher Interessenorganisationen vom Vormärz bis zum Jahre 1945, hrsg. v. einem Redaktionskollektiv unter der Leitung v. Dieter Fricke, 2 Bde., Berlin (Ost) 1968

Degener, Hermann A. L.: Wer ist's? Unsere Zeitgenossen, 7. u. 9. Ausgabe, Berlin 1914 und 1928

Deutsche Wirtschaftsführer. Lebensgänge deutscher Wirtschaftspersönlichkeiten. Ein Nachschlagebuch über 1300 Wirtschaftspersönlichkeiten unserer Zeit. Bearbeitet unter Förderung wirtschaftlicher Organisationen der Industrie und des Handels v. Georg Wenzel, Hamburg Berlin Leipzig 1929

Deutschlands Wirtschaft, Währung und Finanzen, i. A. d. Reichsregierung den von der Reparationskommission eingesetzten Sachverständigenausschüssen übergeben, Berlin: Zentral-Verlag 1924

Habel, Walter (Hrsg.): Wer ist wer? Das deutsche Who's Who, 12. Ausgabe v. Degeners Wer ist's?, Berlin 1955

Handbuch der Deutschen Aktiengesellschaften. Ein Hand- und Nachschlagebuch für Bankiers, Industrielle, Kapitalisten, Behörden ect. (begründet v. Robert Thieme), Berlin Leipzig 1919 ff.

Handbuch der Deutschen Gesellschaften mit beschränkter Haftung. Ein Hand- und Nachschlagebuch für Bank-, Industrie- und Handelskreise, Kapitalisten, Behörden und Auskunfteien, hrsg. und unter Berücksichtigung der neuesten Grundlagen bearbeitet v. C.(arl) Greulich, Leipzig 1919 ff.

Handbuch der deutschen Landsmannschaft, hrsg. v. Gesamtverband alter Landsmannschafter e. V., bearbeitet v. Dr. Max Lindemann, Berlin ¹¹1931

Handbuch der deutschen Tagespresse, hrsg. v. Deutschen Institut f. Zeitungskunde, 4. Ausgabe, Berlin 1932

Handbuch der Filmwirtschaft, hrsg. v. Alexander Jason, 4 Bde., Berlin 1930—1935

Handbuch der Weltpresse, hrsg. v. Institut f. Publizistik der Universität Münster, Köln Opladen 1970

Handbuch für den preußischen Landtag 1921, 1925 u. 1928, Berlin 1921, 1925 u. 1928

Handbuch wirtschaftlicher Verbände und Vereine des Deutschen Reiches, 2. u. 3. Ausgabe, Berlin 1919 u. 1928

Heide, Walter (Hrsg.): Handbuch der Zeitungswissenschaft, Bd. 1, Leipzig 1940

Herre, Paul und Kurt Jagow (Hrsg.): Politisches Handwörterbuch, 2 Bde., Leipzig 1923

Horkenbach, Cuno (Hrsg.): Das Deutsche Reich von 1918 bis heute, Berlin 1930

Müller-Jabusch, Maximilian (Hrsg.): Der politische Almanach. Jahrbuch des öffentlichen Lebens, 5. u. 6. Ausgabe, Leipzig 1929 und 1931

Rudolf Mosse Annoncenexpedition (Hrsg.): Zeitungskatalog, 54 u. 55. Ausgabe, Berlin 1928 und 1929

Schwarz, Max: Biographisches Handbuch der Reichstage, Hannover 1965

Wendlandt, Ernst (Hrsg.): Jahrbuch der deutschen Handelskammern, 3. u. 4. Jg., Leipzig 1917—1918

Wer ist wer?, 1. Auflage, Berlin: Arani-Verlag 1948

D. MEMOIREN, BIOGRAPHIEN

Alter, Junius (d. i. Franz Sontag): Nationalisten, Leipzig 1930 (= Deutschlands nationales Führertum der Nachkriegszeit)

Aretin, Erwein Frhr. v.: Krone und Ketten. Erinnerungen eines bayerischen Edelmannes, hrsg. v. Karl Buchheim und Karl Otmar Frhr. v. Aretin, München 1955

Arnim, Hans v., u. Georg v. Below (Hrsg.): Deutscher Aufstieg. Bilder aus der Vergangenheit und Gegenwart der rechtsstehenden Parteien, Berlin 1925

Bacmeister, Walter: Emil Kirdorf. Der Mann und sein Werk, Essen [2]1936

Bendiek, Wilhelm: Friedrich Wilhelm Raiffeisen 1818—1888, in: Rheinisch-Westfälische Wirtschaftsbiographien, hrsg. v. d. Historischen Kommission des Provinzialinstituts für westfälische Landes- und Volkskunde, Bd. IV, Münster 1941, S. 82 ff.

Bertram, W.: Friedrich Springorum, in: Rheinisch-Westfälische Wirtschaftsbiographien, hrsg. v. d. Historischen Kommission des Provinzialinstituts für westfälische Landes- u. Volkskunde, Bd. V, Münster 1953, S. 122 ff.

Betz, Anton: Zeit und Zeitung. Notizen aus acht Jahrzehnten 1893—1973, Düsseldorf 1973

Böhme, Helmut: Emil Kirdorf. Überlegungen zu einer Unternehmerbiografie, in: Tradition 13 (1968), S. 282 ff. u. 14 (1969), S. 21 ff.

Boveri, Margret: Wir lügen alle. Eine Hauptstadtzeitung unter Hitler, Freiburg i. Br. 1965

Braun, Otto: Von Weimar zu Hitler, Hamburg 1949

Brentano, Lujo: Mein Leben im Kampf um die soziale Entwicklung Deutschlands, Jena 1931

Claß, Heinrich: Wider den Strom. Vom Werden und Wachsen der nationalen Opposition im alten Reich, Leipzig 1932

Curtius, Julius: Sechs Jahre Minister der deutschen Republik, Heidelberg 1948

Demant, Ebbo: Hans Zehrer als politischer Publizist. Von Schleicher zu Springer, Mainz 1971

Dorpalen, Andreas: Hindenburg in der Geschichte der Weimarer Republik, Berlin Frankfurt/M. 1966

Duesterberg, Theodor: Der Stahlhelm und Hitler, Wolfenbüttel Hannover 1949

Fischart, Johannes (d. i. Erich Dombrowski): Das alte und das neue System, Berlin 1919. (1) Die politischen Köpfe Deutschlands, 1919. (2) N. F. Die Männer der Übergangszeit, 1919. (3) Köpfe der Gegenwart, 1930

Foerster, Friedrich Wilhelm: Erlebte Weltgeschichte 1869—1953, Nürnberg 1953

Franz Adickes: Sein Leben und sein Werk, Frankfurt/M. 1929 (= Frankfurter Lebensbilder, hrsg. v. d. Historischen Kommission der Stadt Frankfurt am Main, Bd. XI)

Freundt, F.(riedrich) A.(rthur): Emil Kirdorf. Ein Lebensbild, Essen 1922

Fuchs, Emil: Mein Leben, 2 Bde., Leipzig 1957

Görlitz, Walter: Stresemann, Heidelberg 1947

Hatzfeld, Lutz: Wilhelm Beukenberg, in: Rheinisch-Westfälische Wirtschaftsbiographien, hrsg. v. d. Historischen Kommission des Provinzialinstituts für westfälische Landes- u. Volkskunde, Bd. X, Münster 1974, S. 196 ff.

Herzog, Bodo: Paul Reusch und die Niederrheinische Industrie- u. Handelskammer Duisburg-Wesel, in: Duisburger Forschungen 14 (1970), S. 91 ff.

Heuss, Theodor: Erinnerungen 1905—1933, Tübingen ³1963
Heuss, Theodor: Friedrich Naumann, der Mann, das Werk, die Zeit, Stuttgart Tübingen ²1949
Hoegner, Wilhelm: Die verratene Republik. Geschichte der deutschen Gegenrevolution, München 1958
Jäckh, Ernst: Weltsaat. Erlebtes und Erstrebtes, Stuttgart 1960
Keup, Erich: Friedrich v. Schwerin †, in: Archiv für Innere Kolonisation, Bd. XVII (1925), S. 1 ff.
Klass, Gert v.: Albert Vögler. Einer der Großen des Ruhrreviers, Tübingen 1957
Klass, Gert v.: Hugo Stinnes, Tübingen 1958
Krebs, Albert: Tendenzen und Gestalten der NSDAP. Erinnerungen an die Frühzeit der Partei, Stuttgart 1959 (= Quellen und Darstellungen zur Zeitgeschichte, Bd. 6)
Lehmann, Melanie (Hrsg.): Verleger J. F. Lehmann, München 1935
Lewinsohn, Richard: Wie sie groß und reich wurden. Lebensbilder erfolgreicher Männer, Berlin 1927
Luther, Hans: Politiker ohne Partei. Erinnerungen, Stuttgart 1960
Luther, Hans: Vor dem Abgrund 1930—33. Reichsbankpräsident in Krisenzeiten, Berlin 1964
Luther, Hans: Zusammenbruch und Jahre nach dem ersten Krieg in Essen. Erinnerungen des Oberbürgermeisters Dr. H. Luther, Essen 1958 (= Beiträge zur Geschichte von Stadt und Stift Essen, H. 73)
Morus (d. i. Richard Lewinsohn): Albert Vögler, in: Die Weltbühne, 25. Jg. (1929), S. 831 ff.
Mumm, Reinhard: Der christlich-soziale Gedanke. Bericht über eine Lebensarbeit in schwerer Zeit, Berlin 1933
Pinner, Felix (d. i. Frank Faßland): Deutsche Wirtschaftsführer, Charlottenburg 1924
Raphael, Gaston: Hugo Stinnes. Der Mensch, sein Werk, sein Wirken, Berlin 1922
Rauschenbusch, Helmut: Rückblick auf acht Jahrzehnte meines Lebens, o. O. (Berlin): Selbstverlag o. J. (1976)
Reusch, Paul (Hrsg.): Oswald Spengler zum Gedenken. Bearbeitet von Richard Korherr, München 1938
Rheinbaben, Werner Frhr. v.: Viermal Deutschland. Aus dem Erleben eines Seemanns, Diplomaten, Politikers 1895—1954, Berlin 1954
Salin, Edgar: Paul Reusch, in: Mitteilungen der List-Gesellschaft, Nr. 8 (1957), S. 194 ff.
Schacht, Hjalmar: 76 Jahre meines Lebens, Bad Wörishofen 1953
Schäfer, Dietrich: Mein Leben, Berlin Leipzig 1926
Schlange-Schöningen, Hans: Am Tage danach, Hamburg 1946
Schmidt-Hannover, Otto: Umdenken oder Anarchie. Männer — Schicksale — Lehren, Göttingen 1959
Schröder, Ernst: Otto Wiedfeldt. Eine Biographie, Essen 1964 (= Beiträge zur Geschichte von Stadt und Stift Essen, H. 80)
Schulze, Hagen: Otto Braun oder Preußens demokratische Sendung, Frankfurt/M. Berlin Wien 1977
Schwierskott, Hans-Joachim: Arthur Moeller van den Bruck und der revolutionäre Nationalismus der Weimarer Republik, Göttingen 1962
Severing, Carl: Mein Lebensweg. Im Auf und Ab der Republik, 2 Bde., Köln 1950
Sippell, Margarete E.: Julius Friedrich Lehmann-München als Zeitschriftenverleger, Leipzig, Phil. Diss. 1939
Stadtler, Eduard: Als Antibolschewist 1918/19, Düsseldorf 1935
Stadtler, Eduard: Lebenserinnerungen, 3 Bde. Düsseldorf 1935—1936
Swart, Friedrich: Aus Leo Wegeners Lebensarbeit, Posen 1938
Swart, Friedrich: Diesseits und Jenseits der Grenze. Das deutsche Genossenschaftswesen im Posener Land und das deutsch-polnische Verhältnis bis zum Ende des 2. Weltkrieges, Leer/Ostfriesl. 1954
Swart, Friedrich: Verantwortung im Osten, in: J. W. Winterhager (Hrsg.): Bereitschaft und Bewährung. Festgabe zum 80. Geburtstag von Albert Dietrich, Kiel 1957

Thimme, Annelise: Gustav Stresemann. Eine politische Biographie zur Geschichte der Weimarer Republik, Hannover 1957

Thimme, Roland: Stresemann und die Deutsche Volkspartei 1923—25, Lübeck Hamburg 1961

Traub, Gottfried: Erinnerungen, München 1949

Traub, Gottfried: Wie ich deutschnational wurde, in: H. v. Arnim u. G. v. Below (Hrsg.): Deutscher Aufstieg, Berlin Leipzig Wien 1925

Treviranus, Gottfried R.: Das Ende von Weimar, Heinrich Brüning und seine Zeit, Düsseldorf 1968

Turner, Henry Ashby jr.: Stresemann — Republikaner aus Vernunft, Berlin Frankfurt/M. 1968

Ufermann, Paul u. Carl Hüglin: Stinnes und seine Konzerne, Berlin 1924

Vogt, Dietrich: Friedrich Swart 1883—1957, in: Niedersächsische Lebensbilder V (1957), S. 294 ff.

Wegener, Leo: Erinnerungen an Professor Ludwig Bernhard, in: Deutsche Wissenschaftliche Zeitschrift für Polen, Jg. 1936, H. 30, S. 183 ff.

Westarp, Kuno Graf v.: Helfferich, in: H. v. Arnim u. G. v. Below (Hrsg.): Deutscher Aufstieg, Berlin 1925, S. 371 ff.

Williamson, John G.: Karl Helfferich 1872—1924. Economist, financier, politician, Princeton N. J. 1971

Wilmowski, Tilo Frhr. v.: Rückblickend möchte ich sagen ... An der Schwelle des 150jährigen Krupp-Jubiläums, Oldenburg Hamburg 1961

Ziehm, Ernst: Aus meiner politischen Arbeit in Danzig 1914—1939, Marburg/Lahn 1957 (= Wissenschaftliche Beiträge zur Geschichte und Landeskunde Ost-Mitteleuropas)

E. HUGENBERG

Aub, Walter: Der Fall Hugenberg, in: Die Weltbühne, 22 Jg. (1926), S. 286 ff.

Bernhard, Henry: Reventlow, Hugenberg und die anderen, Berlin 1926

Bernhard, Ludwig: Der Hugenberg-Konzern. Psychologie und Technik einer Großorganisation der Presse, Berlin 1928

Borchmeyer, (Joseph) (Hrsg.): Hugenbergs Ringen in deutschen Schicksalsstunden. Tatsachen und Entscheidungen in den Verfahren zu Detmold und Düsseldorf 1949/50, 3 Hefte, Detmold 1951

Dietrich, Valeska: Alfred Hugenberg. Das Leben eines Managers, in: Politische Studien 12 (1961), S. 236 ff. und 295 ff.

Dietrich, Valeska: Alfred Hugenberg. Ein Manager in der Publizistik, Berlin, Phil. Diss. 1960

Einhart, Thomas: Männer der Zeit. Hugenberg, in: Die Tat, 24. Jg. (1932), S. 79 ff.

Freund, Leo A.: Philister über Hugenberg, in: Die Weltbühne, 24. Jg. (1928), S. 355 ff.

Geschäft und Politik Hugenbergs, Sonderausgabe der Sozialdemokratischen Parteikorrespondenz, hrsg. v. d. Sozialdemokratischen Partei Deutschlands, 26. 8. 1929

Gleichen, Heinrich v.: Alfred Hugenberg. Ein Beitrag zur deutschen Führerfrage, in: Der Ring, 1. Jg. (5. 1. 1928), S. 106 ff.

Guratzsch, Dankwart: Macht durch Organisation. Die Grundlegung des Hugenbergschen Presseimperiums, Düsseldorf 1973 (= Studien zur modernen Geschichte, Bd. 7).

Henckell, Karl (Hrsg.): Quartett. Dichtungen. Unter Mitwirkung von Arthur Gutheil, Erich Hartleben, Alfred Hugenberg, Hamburg 1886

Hoepke, Klaus-Peter: Alfred Hugenberg als Vermittler zwischen großindustriellen Interessen und Deutschnationaler Volkspartei, in: H. Mommsen u. a. (Hrsg.): Industrielles System und politische Entwicklung in der Weimarer Republik, Düsseldorf 1974, S. 907 ff.

Hugenberg, Alfred: Bank- und Kreditwirtschaft des deutschen Mittelstandes, München 1906

Hugenberg, Alfred: Entschuldung der Landwirtschaft. Das Hugenberg-Programm. Gesetzentwurf und erl. Aufsätze, Berlin 1931

Hugenberg, Alfred: Franz Adickes als Staatsmann und Politiker, in: Franz Adickes. Sein Leben und sein Werk, Frankfurt/M. 1929, S. 233 ff.

Hugenberg, Alfred: Innere Colonisation im Nordwesten Deutschlands, Straßburg 1891 (Abhandlungen aus dem Staatswissenschaftlichen Seminar zu Straßburg i. E., H. III)

Hugenberg, Alfred: Klare Front zum Freiheitskampf. Rede auf dem 9. Reichsparteitag der DNVP in Kassel am 22. November 1929, Berlin o. J. (= Deutschnationale Flugschrift, Nr. 339)

Hugenberg, (Alfred): Mehr Willen zur Tat, in: M. Weiß (Hrsg.): Der nationale Wille, Essen 1928, S. 260 ff.

Hugenberg, Alfred: Die neue Stadt. Gesichtspunkte, Organisationsformen und Gesetzesvorschläge für die Umgestaltung deutscher Großstädte, Berlin 1935

Hugenberg, Alfred: Die soziale Frage in Deutschland, Berlin 1932

Hugenberg, Alfred: Streiflichter aus Vergangenheit und Gegenwart, Berlin ²1927

Hugenberg, Alfred u. a. (Hrsg.): Die Deutschnationalen und die Kriegstribute, Berlin 1928 (= Politische Schriften 18)

Hugenberg — Auge wundermild, in: Der Spiegel, Nr. 45 (1964), S. 89 ff.

Hugenberg gegen Erzberger. Reden aus der Nationalversamlung v. 9. November 1919, Berlin o. J.

Hugenbergs innenpolitisches Programm. Rede, gehalten auf dem 10. Reichsparteitag der Deutschnationalen Volkspartei am 20. September 1931 in der Messehalle Stettin, Berlin o. J. (1931) (= Deutschnationale Flugschrift, Nr. 353)

Hugenberg oder Stresemann, in: Der Blaue Vogel, II. Jg. (1926), S. 1 ff.

Hugenberg und seine Gegner, o. O., o. J. (Sonderdruck aus Grüne Briefe für Politik und Wirtschaft, Nr. 172, 177, 179, 180, 183, 186, 192, 195, Juli — August 1928)

Johemi, (?): Hugenberg schützt die Pressefreiheit, in: Die Weltbühne, 25. Jg. (1929), S. 639 ff.

Kriegk, Otto: Hugenberg, Leipzig 1932 (= Sammlung: Männer und Mächte)

Leopold, John A.: Alfred Hugenberg. The Radical Nationalist Campaign against the Weimar Republic, New Haven London 1977

Leopold, John A.: Alfred Hugenberg and German Politics, Washington, Phil. Diss. 1970

Morus (d. i. Richard Lewinsohn): Hugenberg und Cuno. Der Verkauf der Ufa, in: Die Weltbühne, 23. Jg. (1927), S. 559 ff.

Morus (d. i. Richard Lewinsohn): Pazifist Hugenberg. Ufa-Politik, in: Die Weltbühne, 23. Jg. (1927), S. 761 ff.

Ossietzky, Carl v.: Ehrhardt, Hugenberg, Severing, in: Die Weltbühne, 22. Jg. (1926), S. 279 ff.

Pauly, (?): Was hat die ländliche Siedlung von Hugenberg zu erwarten? in: Archiv f. Innere Kolonisation XXV (März 1933)

Ritthaler, Anton: Eine Etappe auf Hitlers Weg zur ungeteilten Macht. Hugenbergs Rücktritt als Reichsminister, in: VfZG, 8. Jg. (1960), S. 193 ff.

Stadtler, Eduard: Seldte — Hitler — Hugenberg! Die Front der Freiheitsbewegung, Berlin 1930

Stein, Adolf: Hugenberg und die anderen, Berlin 1927

Wahrmund (Pseudonym): Gericht über Hugenberg, Dillingen 1932

Walker, Denis Paul: Alfred Hugenberg and the Deutschnationale Volkspartei, Cambridge 1976

Wegener, Leo: Hugenberg. Eine Plauderei, München-Solln 1930

Wegener, Leo: Hugenbergs Wirken für die Landwirtschaft, o. O., o. J. (Erweiterter und brieflicher Sonderdruck aus dem Landwirtschaftlichen Kalender für Polen für 1935)

Weitenweber, Andreas: Herr über Presse und Film. Hugenbergs Aufstieg, Glück und Ende, o. O., o. J. (Sonderdruck aus Der Journalist, 1957)

Wie Hugenberg den Scherl-Konzern deutschnational machte, in: Schönere Zukunft, 3. Jg. (1928), S. 667

Zehrer, Hans: Hugenbergs Glück und Ende, in: Die Tat, 20. Jg. (1928—1929), S. 195

F. ZEITGENÖSSISCHE DARSTELLUNGEN (bis 1945)

Apolant, Hans-Alexander: Die wirtschaftsfriedliche Arbeitnehmerbewegung Deutschlands. Werden, Wesen und Wollen der gelben Organisationen, Berlin 1928

Arent, Wilhelm (Hrsg.): Moderne Dichter-Charaktere. Mit Einleitungen von Hermann Conradi und Karl Henckell, Leipzig o. J.

Bergmann, Johannes: Die Feuilleton-Korrespondenzen Leipzig, Phil. Diss. (Masch.) 1922

Bernhard, Ludwig: Die Polenfrage. Das polnische Gemeinwesen im preußischen Staat, Leipzig 1907

Bernhard, Ludwig: Städtepolitik im Gebiete des deutsch-polnischen Nationalitätenkampfes, Leipzig 1909

Bernhard, Ludwig: Das System Mussolini, Berlin 1925

Bertkau, Friedrich und Karl Bömer: Der wirtschaftliche Aufbau des deutschen Zeitungsgewerbes, Berlin 1932 (= Zeitung und Zeit. Fortschritte der internationalen Zeitungsforschung, Bd. III)

Blau, A.: Der Inseratenmarkt der deutschen Tageszeitungen, Berlin, Phil. Diss. 1932

Böse, Georg: Wirtschaft und Presse. Ein historisch-soziologischer Versuch über die Wechselwirkungen zwischen der Wirtschaft und der Presse, Heidelberg, Phil. Diss. 1931

Bonhard, Otto: Geschichte des Alldeutschen Verbandes, Leipzig Berlin 1920

Budde, Eugen: Grundlagen für die Beherrschung der öffentlichen Meinung in der Politik. Ein Beitrag zu dem Problem, Köln, Jur. Diss. (Masch.) 1925

Bücher, Karl: Gesammelte Aufsätze zur Zeitungskunde, Tübingen 1926

Buschmann, Hugo: Die deutsche Lokalpresse, Bielefeld 1922

Bussmann, Hans: Untersuchungen über die Presse als Machtform, Berlin, Phil. Diss. 1933

Deppe, Werner: Das Anzeigen- und Bezugswesen der Tageszeitungen. Dargestellt an der Entwicklung vier verschiedener Zeitungstypen in den Jahren 1924—1934, Kettwig Essen 1937

Dovivat, Emil, u. Wilhelm Schwedler: Die Zeitungen. Das Nachrichtenwesen, Gotha 1925

Draeger, Hans: Der Arbeitsausschuß Deutscher Verbände 1921—1931, Berlin 1931

Eickstedt, Claus v.: Wiederaufbau und wirtschaftsfriedliches Prinzip. Kritische Studie über die Arbeiterpolitik des Pommerschen Landbundes, Berlin 1923

Elben, Arnold: Der „Schwäbische Merkur" in 140 Jahren, Stuttgart 1924

Fischer, Helmut: Geschichtliche Entwicklung des Nachrichtenwesens und der Nachrichtentechnik, in: Zeitungswissenschaft 9. Jg. (1934), S. 308 ff

Freytagh-Loringhoven, (Hugo) Frhr. v.: Deutschnationale Volkspartei, Berlin 1931 (= Die geistige Struktur der politischen Parteien Europas, hrsg. v. Kurt O. Metzner)

Gengler, Ludwig Franz: Die deutschen Monarchisten 1919 bis 1925, Erlangen, Phil. Diss. 1932

Gremm, Alfred: Unternehmensformen im Zeitungsgewerbe, Heidelberg, Phil. Diss. 1922

Groth, Otto: Die Zeitung. Ein System der Zeitungskunde (Journalistik), 4 Bde., Mannheim Berlin Leipzig 1928—1932

Henckell, Karl: Deutsche Dichter seit Heinrich Heine. Ein Streifzug durch fünfzig Jahre Lyrik, Berlin 1906 (= Die Literatur. Sammlung Illustrierter Einzeldarstellungen hrsg. v. Georg Brandes, Bd. 37 und 38)

Hermann, Wilhelm: Die Geschichte der Ala. Eine zeitungswissenschaftliche Studie, Frankfurt/M. 1938 (= Zeitung und Zeit. Schriftenreihe des Instituts für Zeitungswissenschaft an der Universität Berlin, N. F. Bd. VIII)

Heuer, Gerd F.: Entwicklung der Annoncen-Expeditionen in Deutschland, Frankfurt/M. 1937 (= Zeitung und Zeit. Schriftenreihe des Instituts für Zeitungswissenschaft an der Universität Berlin, N. F. Band V.)

Jessen, Hans: 200 Jahre Wilh. Gottl. Korn. Breslau 1732—1932, Breslau 1932

Kaul, Alexander: Kommunalpolitik und Presse. Eine Untersuchung über die Beziehungen des organisierten Nachrichtendienstes der Großstädte zur Tagespresse nebst einer Darstellung der Kommunalpolitik der Parteien und einer Betrachtung des kommunalen Zeitungsinhaltes, Heidelberg, Phil. Diss. 1933

Kaupert, Walter: Die deutsche Tagespresse als Politicum, Freudenstadt, Phil. Diss. 1932

Kriegk, Otto: Der deutsche Film im Spiegel der Ufa, Berlin 1943

Kummer, Friedrich: Deutsche Literaturgeschichte des 19. u. 20. Jahrhunderts, Dresden 1924

Loesch, Werner: Wesen und Bedeutung der Korrespondenz in der Publizistik, Dresden 1939

Lewinsohn, Richard: Das Geld in der Politik, Berlin 1930

Lipschütz, Rahel: Der Ufa-Konzern. Aufbau und Bedeutung im Rahmen des deutschen Filmgewerbes, Berlin, Phil. Diss. 1932

Matt, Heinrich: Die Kapitalorganisation der deutschen Tagespresse, Heidelberg, Phil. Diss. 1931

Osthold, Paul: Die Geschichte des Zechenverbandes 1908—1933. Ein Beitrag zur deutschen Sozialgeschichte, Berlin 1934

Posse, Ernst H.: Die politischen Kampfbünde Deutschlands, Berlin 1930 (= Fachschriften zur Politik und staatsbürgerlichen Erziehung)

Reinhold, Ludwig: Die Provinzpresse und ihre wirtschaftlichen Grundlagen. Unter besonderer Berücksichtigung Westfalens, Greifswald, Rechts- u. staatswiss. Diss. 1927

Rietschel, Manfred: Der Familienbesitz in der deutschen politischen Tagespresse, Leipzig 1928 (= Das Wesen der Zeitung. Wissenschaftliche Arbeiten aus allen Gebieten der Zeitungskunde, Bd. 1)

Röse, Otto: Der Konzern als Wirtschafts- und Kulturproblem, Breslau 1924

Rosenberg, Arthur: Entstehung der Weimarer Republik, hrsg. u. eingeleitet von Kurt Kersten, Frankfurt/M. [10]1974

Rosenberg, Arthur: Geschichte der Weimarer Republik, hrsg. v. Kurt Kersten, Frankfurt/M. [11]1970

Rußländer, Maju: Das deutsche Nachrichtengewerbe insbesondere in seiner Beziehung zur deutschen Wirtschaft, Berlin, Phil. Diss. 1924

Schanz, Joachim: Die Entstehung eines Presse-Großverlages, Berlin 1932

Schotte, Walter: Das Kabinett Papen-Schleicher-Gayl, Leipzig 1932

Schröder, Ernst: Untersuchungen über die kleine Lokalpresse unter besonderer Berücksichtigung der wirtschaftlichen Seite, Tübingen, Staatswiss. Diss. (Masch.) 1922

Schulz, Annelise: Die Stellungnahme der deutschnationalen Volkspartei zu den Problemen der Sozialpolitik, Rostock 1927

Schwedler, Wilhelm: Die Nachricht im Weltverkehr. Kritische Bemerkungen über das internationale Nachrichtenwesen vor und nach dem Weltkriege, Berlin 1922

Sielemann, Franz: Konzentrationsbewegungen im Zeitungsgewerbe, Münster 1927

Sorg, Emil: Die deutschen Zeitungskonzerne der Gegenwart mit Einschluß des Nachrichten- u. Anzeigengewerbes, Heidelberg, Phil. Diss. 1924

Spethmann, Hans: Die Großwirtschaft an der Ruhr. Eine Darstellung ihrer Grundlagen, Breslau 1925

Spethmann, Hans: 12 Jahre Ruhrbergbau. Aus seiner Geschichte vom Kriegsanfang bis zum Franzosenabmarsch 1914—1925, 5 Bde., Berlin 1925

Stohl, Hertha: Der drahtlose Nachrichtendienst für Wirtschaft und Politik. Seine Entwicklung und Organisation in Deutschland, Berlin 1931 (= Post und Telegraphie in Wissenschaft und Praxis)

Struder, Rolf: Der ökonomische Konzentrationsprozeß im deutschen Zeitungswesen unter besonderer Berücksichtigung der Provinzpresse. Ein wirtschaftsgeschichtlicher soziologischer Versuch, Heidelberg, Phil. Diss. 1933

Swart, Friedrich: Die Entwicklung des deutschen Genossenschaftswesens im Posener Gebiet, in: Deutsche Wissenschaftliche Zeitschrift für Polen, Jg. 1936, H. 30, S. 105 ff.

Tänzler, Fritz: Die deutschen Arbeitgeberverbände 1904—1929. Ein Beitrag zur Geschichte der deutschen Arbeitgeberbewegung, Berlin 1929

Traub, Hans: 25 Jahre Ufa-Wochenschau, Berlin 1941

Traub, Hans (Hrsg.): Die Ufa. Ein Beitrag zur Entwicklungsgeschichte des deutschen Filmschaffens, Berlin 1943

Ufermann, Paul: Könige der Inflation, Berlin [2]1924

Von einem deutschen Hochschullehrer. Völkische Organisationen, Parteien, Vereine, Verbände, Orden, Leipzig 1931 (= Deutschvölkischer Katechismus, H. 11)

Weber, Max: Wirtschaft und Gesellschaft, Grundriß der verstehenden Soziologie, Köln Berlin (Studienausgabe) 1964

Wegener, Leo: Der wirtschaftliche Kampf der Deutschen mit den Polen um die Provinz Posen, Posen 1903

Werner, Lothar: Der Alldeutsche Verband 1890—1918. Ein Beitrag zur Geschichte der öffentlichen Meinung in Deutschland vor und während des Weltkrieges, Berlin, Phil. Diss. 1935

Wertheimer, Mildred S.: The Pan-Germann League 1890—1914, New York, Phil. Diss. 1924

Westarp, Kuno Graf v.: Konservative Politik im letzten Jahrzehnt des Kaiserreiches, 2 Bde., Berlin. (1) Von 1908—1914, 1935. (2) Von 1914—1918, 1935

Winschuh, Josef: Der Verein mit dem langen Namen (Verein zur Wahrung der gemeinsamen wirtschaftlichen Interessen in Rheinland und Westfalen). Geschichte eines Wirtschaftsverbandes, Berlin 1932

Wohlfahrt, Emil: Die Firma Wilh. Gottl. Korn in Breslau, Breslau 1926 (= Veröffentlichungen der Schlesischen Gesellschaft zur Förderung der buchhändlerischen Fachbildung, H. 2)

Wortmann, Karl: Geschichte der Vaterlandspartei, Halle/S. 1926 (= Hallische Forschungen zur neueren Geschichte, H. 3)

Zang, Hermann: Die Gartenlaube als politisches Organ, Würzburg, Phil. Diss. 1935

Zur inneren Kolonisation in Deutschland. Erfahrungen und Vorschläge, hrsg. im Auftrage des Vereins für Socialpolitik. Mit einem lithogr. Plan, Leipzig 1886 (= Schriften des Vereins für Socialpolitik, Bd. XXXII)

G. DARSTELLUNGEN NACH 1945

Albertin, Lothar: Faktoren eines Arrangements zwischen industriellem und politischem System in der Weimarer Republik 1918—1928, in: H. Mommsen u. a. (Hrsg.): Industrielles System und politische Entwicklung in der Weimarer Republik, Düsseldorf 1974, S. 658 ff.

Albertin, Lothar: Liberalismus und Demokratie am Anfang der Weimarer Republik, Düsseldorf 1972 (= Beiträge zur Geschichte des Parlamentarismus und der politischen Parteien, Bd. 45)

Albertin, Lothar: Die Verantwortung der liberalen Parteien für das Scheitern der Großen Koalition im Herbst 1921. Ökonomische und ideologische Einflüsse auf die Funktionsfähigkeit der parteienstaatlichen Demokratie, in: HZ 205 (1967), S. 566.

Abendroth, Wolfgang (Hrsg.): Faschismus und Kapitalismus. Theorien über die sozialen Ursprünge und die Funktion des Faschismus, Frankfurt/M. 1967

Arendt, Horst: Die Polemik über die Frage der Fürstenabfindung im ersten Halbjahr 1926 zwischen der kommunistischen und der Hugenbergschen Provinzpresse, gezeigt an einem Vergleich zwischen dem „Roten Echo" und der „Mitteldeutschen Zeitung" in Erfurt. Leipzig, Diplomatenarbeit a. d. Fak. f. Journalistik d. Karl-Marx-Universität in Leipzig (Masch.) Leipzig 1957

Bauer, Peter: Die Organisation der amtlichen Pressepolitik in der Weimarer Zeit. (Vereinigte Presseabteilung der Reichsregierung und des Auswärtigen Amtes), Berlin Phil. Diss. 1962

Bausch, Hans: Der Rundfunk im politischen Kräftespiel der Weimarer Republik 1923 bis 1933, Tübingen 1956 (= Tübinger Studien zur Geschichte und Politik, Nr. 6)

Behrens, Reinhard: Die Deutschnationalen in Hamburg 1918—1933, Hamburg, Phil. Diss. 1973

Benz, Wolfgang: Süddeutschland in der Weimarer Republik. Ein Beitrag zur deutschen Innenpolitik 1918—1923, Berlin 1970

Berg, Fritz (Hrsg.): Der Weg zum industriellen Spitzenverband, Darmstadt 1956

Berghahn, Volker R.: Die Harzburger Front und die Kandidatur Hindenburgs für die Präsidentschaftswahlen 1932, in: VfZG 13. Jg. (1965), S. 64 ff.

Berghahn, Volker R.: Der Stahlhelm. Bund der Frontsoldaten 1918–1935, Düsseldorf 1966

Bergmann, Klaus: Agrarromantik und Großstadtfeindschaft, Meisenheim 1970 (= Marburger Abhandlungen zur Politischen Wissenschaft, Bd. 20)

Bergsträsser, Ludwig: Geschichte der politischen Parteien in Deutschland, München Wien ¹¹1972 (= Deutsches Handbuch der Politik, Bd. 2)

Betz, Anton: Paul N. Cossmann und die Münchener Publizistik, in: Publizistik, 10. Jg. (1965), S. 373 ff.

Betz, Anton: Industrie-Kapital in der Presse: Faktor politischer Unstabilität (Das Ende der ‚Münchener Neuesten Nachrichten' 1933), in: Der Journalist, 9. Jg. (1959), S. 10

Blaich, Fritz: Der Trustkampf 1901–1915. Ein Beitrag zum Verhalten der Ministerialbürokratie gegenüber Verbandsinteressen im Wilhelminischen Deutschland, Berlin 1975 (= Schriften zur Wirtschafts- und Sozialgeschichte, Bd. 25)

Bleuel, Hans Peter und Ernst Klinnert: Deutsche Studenten auf dem Weg ins Dritte Reich. Ideologien — Programme — Aktionen 1918–1935, Gütersloh 1967

Block, Irma: Das Zusammenwirken des Reichslandbundes mit den bürgerlichen Parteien, insbesondere der DNVP in der Weimarer Republik, Potsdam, Phil. Diss. 1970

Böhret, Carl: Die Aktionen der privatwirtschaftlichen Spitzenverbände gegen die „kalte Sozialisierung" 1926–1930. Ein Beitrag zum Wirken ökonomischer Einflußverbände in der Weimarer Republik, Berlin 1966 (= Schriften zur Wirtschafts- und Sozialgeschichte, Bd. 3)

Böhret, Carl u. Dieter Grosser (Hrsg.): Interdependenzen von Politik und Wirtschaft. Beiträge zur politischen Wirtschaftslehre. Festgabe für Gert v. Eynern, Berlin 1967

Böttger, Siegmar und Werner Fritsch: Deutschnationaler Handlungsgehilfenverband (DHV) 1893–1933, in: Die bürgerlichen Parteien in Deutschland, Berlin 1968, Bd. I, S. 702 ff.

Boettiger, Karl W.: Unternehmer oder Manager. Grundprobleme industrieller Führerschaft, Köln Berlin 1963

Booms, Hans: Die Deutsch-Konservative Partei, Düsseldorf 1954

Bosl, Karl (Hrsg.): Bayern im Umbruch. Die Revolution von 1918, ihre Voraussetzungen, ihr Verlauf und ihre Folgen, München 1969

Braatz, Werner E.: Die agrarisch-industrielle Front in der Weimarer Republik 1930–1932. Die Rolle der Interessenverbände als Triebkräfte sozio-ökonomischen Wandels während der Weltwirtschaftskrise, in: Schmollers Jahrbuch für Wirtschafts- und Sozialwissenschaften, 91. Jg. (1971), S. 541 ff.

Bracher, Karl Dietrich: Die Auflösung der Weimarer Republik. Eine Studie zum Problem des Machtverfalls in der Demokratie, Villingen/Schwarzwald ⁴1964 (= Schriften des Instituts für politische Wissenschaft, Bd. 4)

Bracher, Karl Dietrich: Die deutsche Diktatur. Entstehung, Struktur, Folgen des Nationalsozialismus, Köln Berlin ³1970

Bracher, Karl Dietrich: Zeitgeschichtliche Kontroversen. Um Faschismus, Totalitarismus, Demokratie, München 1976

Braunthal, Gerard: The Federation of German Industry in Politic, Ithaca/N. Y. 1965

Breitling, Rupert: Das Geld in der deutschen Parteipolitik, in: PVjS 4. Jg. (1961), S. 350

Breitling, Rupert: Unternehmerische Meinungspolitik in der Weimarer Republik, in: Sprache und Politik. Festgabe für Dolf Sternberger zum sechzigsten Geburtstag, hrsg. v. Carl-Joachim Friedrich u. Benno Reifenberg, Heidelberg 1968

Broszat, Martin: Der Staat Hitlers. Grundlegung und Entwicklung seiner inneren Verfassung, München 1969 (= dtv-Weltgeschichte des 20. Jahrhunderts, Bd. 9)

Broszat, Martin: Die völkische Ideologie und der Nationalsozialismus, in: Deutsche Rundschau, 84. Jg. (1958), S. 53 ff.

Broszat, Martin: 200 Jahre deutsche Polenpolitik, München 1963

Burnham, James: Das Regime der Manager, Stuttgart 1948

Bussmann, Walter: Politische Ideologien zwischen Monarchie und Weimarer Republik. Ein Beitrag zur Ideengeschichte der Weimarer Republik, in: HZ 190 (1960), S. 55 ff.

Cassier, Siegfried C.: Wer bestimmt die Geschäftspolitik der Großunternehmen? Das Verhältnis zwischen Kapitaleigentum und Entscheidungsgewalt, Frankfurt/M. 1962

Cerny, Jochen: Reichs-Landbund (RLB) 1921–1933, in: Die bürgerlichen Parteien in Deutschland, Berlin 1968, Bd. II, S. 521 ff.

Chamberlin, Brewster: The Enemy on the Right. The Alldeutsche Verband in the Weimar Republic, Ann Arbor 1973

Chanady, Attisa: The Desintegration of the German National People's Party 1924—1930, in: Journal of Modern History, Vol. 39 (1967) S. 65 ff.

Clemenz, Manfred: Gesellschaftliche Ursprünge des Faschismus, Frankfurt/M. 1972 (= Edition Suhrkamp, Nr. 550)

Clemenz, Manfred (Hrsg.): Kritische Faschismustheorien, Frankfurt/M. 1972

Conrads, Norbert: Schlesische Zeitung (1742—1945), in: H.-D. Fischer (Hrsg.): Deutsche Zeitungen des 17. bis 20. Jahrhunderts, Pullach b. München 1972 (= Fischer, H.-D. [Hrsg.]: Publizistik. Historische Beiträge, Bd. 2), S. 115 ff.

Croon, Helmuth: Die wirtschaftlichen Führungsschichten des Ruhrgebietes in der Zeit von 1890 bis 1933, in: Bl. f. dt. Landesgesch. 108 (1972), S. 143 ff.

Czichon, Eberhard: Wer verhalf Hitler zur Macht? Zum Anteil der deutschen Industrie an der Zerstörung der Weimarer Republik, Köln 1972 (= Pahl-Rugenstein, Kleine Bibliothek, Nr. 16)

Deutschland im ersten Weltkrieg, hrsg. v. d. Deutschen Akademie der Wissenschaften zu Berlin (Ost), Institut für Geschichte, Arbeitsgruppe Erster Weltkrieg, Leitung Fritz Klein, Berlin

(1) Vorbereitung, Entfesselung und Verlauf des Krieges bis Ende 1914. Von einem Autorenkollektiv unter Leitung von Fritz Klein, Bd. 1.1 u. 1.2, 1968 u. 1970

(2) Januar 1915 bis Oktober 1917. Von einem Autorenkollektiv unter Leitung von Willibald Gutsche, 1968

(3) November 1917 bis November 1918. Von einem Autorenkollektiv unter Leitung von Joachim Petzoldt, 1969

Döhn, Lothar: Politik und Interesse. Die Interessenstruktur der Deutschen Volkspartei, Meisenheim 1970

Dörr, Manfred: Die Deutschnationale Volkspartei 1925 bis 1928, Marburg, Phil. Diss. 1964

Dovivat, Emil: Die Presse der Weimarer Zeit, in: Zeitungs-Verlag und Zeitschriften-Verlag, 60. Jg. (1963), S. 585 ff.

Eckhardt, Günther: Industrie und Politik in Bayern 1900—1919. Der Bayerische Industriellenverband als Modell des Einflusses von Wirtschaftsverbänden, Berlin 1976 (= Beiträge zu einer historischen Strukturanalyse Bayerns im Industriezeitalter, Bd. 15)

Erdmann, Gerhard: Die deutschen Arbeitgeberverbände im sozialen Wandel der Zeit, Neuwied 1966

Erger, Johannes: Der Kapp-Lüttwitz-Putsch, Düsseldorf 1967

Eyck, Erich: Geschichte der Weimarer Republik, 2 Bde., Zürich 1956

Faust, Anselm: Der Nationalsozialistische Deutsche Studentenbund. Studenten und Nationalsozialismus in der Weimarer Republik, 2 Bde., Düsseldorf 1973 (= Geschichte und Gesellschaft, Bd. 1 u. 2)

Feldbauer, Gerhard: Juniklub 1919—1924, in: Die bürgerlichen Parteien in Deutschland, Berlin 1968, Bd. II, S. 244 ff.

Feldmann, Gerald D.: Army, industry and labor in Germany 1914—1918, Princeton 1966

Feldmann, Gerald D.: Big Business and the Kapp-Putsch, in: Central European History, 3. Jg. (1971), S. 99 ff.

Feldmann, Gerald D.: Die Freien Gewerkschaften und die Zentralarbeitsgemeinschaft 1918—1924, in: Heinz Oskar Vetter (Hrsg.): Vom Sozialistengesetz zur Mitbestimmung. Zum 100. Geburtstag von Hans Böckler, Köln 1975, S. 229 ff.

Feldmann, Gerald D.: German business between war and revolution. The origins of the Stinnes-Legien agreement, in: G. A. Ritter (Hrsg.): Entstehung und Wandel der modernen Gesellschaft. Festschrift für Hans Rosenberg zum 65. Geburtstag, Berlin 1970, S. 312 ff.

Feldmann, Gerald D. u. H. Homburg: Industrie und Inflation. Studien und Dokumente zur Politik der deutschen Unternehmer 1916—1923, Hamburg 1976

Feldmann, Gerald D.: The origins of the Stinnes-Legien-agreement, in: IWK, H. 19/20 (1973), S. 45 ff.

Feldmann, Gerald D.: The Social an Economic Policies of German Big Business, 1918 bis 1929, in: American Historical Review, LXXV (1969), S. 47 ff.

Feldmann, Gerald D.: Wirtschafts- und sozialpolitische Probleme der deutschen Demobilmachung 1918/19, in: H. Mommsen u. a. (Hrsg.): Industrielles System und politische Entwicklung in der Weimarer Republik, Düsseldorf 1974, S. 618 ff.

Fensch, Dorothea: Deutscher Schutzbund (DtSB) 1919—1933/34, in: Die bürgerlichen Parteien in Deutschland, Berlin 1968, B. I, S. 554 ff.

Fenske, Hans: Konservatismus und Rechtsradikalismus in Bayern nach 1918, Bad Homburg Berlin Zürich 1969

Finker, Kurt: Vereinigte vaterländische Verbände Deutschlands (VvVD) 1922—1933/34, in: Die bürgerlichen Parteien in Deutschland, Berlin 1968, Bd. II, S. 743 ff.

Fischer, Fritz: Griff nach der Weltmacht. Die Kriegszielpolitik des kaiserlichen Deutschlands, Düsseldorf ³1964

Fischer, Heinz-Dieter (Hrsg.): Deutsche Zeitungen des 17. bis 20. Jahrhunderts, Pullach b. München 1972 (= Fischer, Heinz-Dieter [Hrsg.]: Publizistik. Historische Beiträge, Bd. 2)

Fischer, Wolfram: Deutsche Wirtschaftspolitik 1918—1945, Opladen 1968

Fischer, Wolfram: Herz des Reviers. 125 Jahre Wirtschaftsgeschichte des Industrie- und Handelskammerbezirks Essen, Mülheim Oberhausen Essen 1965

Fischer, Wolfram: Staatsverwaltung und Interessenverbände im Deutschen Reich 1871 bis 1914, in: ders.: Wirtschaft und Gesellschaft im Zeitalter der Industrialisierung, Göttingen 1972, S. 194 ff.

Fischer, Wolfram: Die wirtschaftspolitische Situation der Weimarer Republik, Celle 1960

Flemming, Jens: Großagrarische Interessen und Landarbeiterbewegung. Überlegungen zur Arbeiterpolitik des Bundes der Landwirte und des Reichslandbundes in der Anfangsphase der Weimarer Republik, in: H. Mommsen u. a. (Hrsg.): Industrielles System und politische Entwicklung in der Weimarer Republik, Düsseldorf 1974, S. 745 ff.

Flemming, Jens: Landarbeiter zwischen Gewerkschaften und „Werksgemeinschaft". Zum Verhältnis von Agrarunternehmern und Landarbeiterbewegung im Übergang vom Kaiserreich zur Weimarer Republik, in: AfS, 14. Jg. (1974), S. 351 ff.

Fließ, Gerhard: Deutscher Hochschulring (DHR) 1920—1933, in: Die bürgerlichen Parteien in Deutschland, Berlin 1968, Bd. I, S. 469 ff.

Fliess, Peter Joachim: Freedom of the press in the German Republic 1918—1933, Baton Rouge/Louisiana 1955

Franze, Manfred: Die Erlanger Studentenschaft 1918—1945, Würzburg 1972

Fricke, Dieter: Bund der Landwirte (BdL) 1893—1920, in: Die bürgerlichen Parteien in Deutschland, Berlin 1968, Bd. I, S. 129 ff.

Fricke, Dieter: Christsoziale Partei (CSP) 1878—1918, in: Die bürgerlichen Parteien in Deutschland, Berlin 1968, Bd. I, S. 245 ff.

Fricke, Dieter: Deutschsoziale Partei (DSP) 1900—1914, in: Die bürgerlichen Parteien in Deutschland, Berlin 1968, Bd. I, S. 754 ff.

Fricke, Dieter: Reichs- und freikonservative Partei (RFKP) 1867—1918, in: Die bürgerlichen Parteien in Deutschland, Berlin 1968, Bd. II, S. 561 ff.

Friedenthal, Elisabeth: Volksbegehren und Volksentscheid über den Young-Plan und die deutschnationale Sezession, Tübingen, Phil. Diss. 1957

Geiger, Theodor: Der Mittelstand im Zeichen des Nationalsozialismus, in: ders.: Arbeiten zur Soziologie, Neuwied 1962, S. 335 ff.

Gemein, Gisbert: Die DNVP in Düsseldorf 1918—1933, Köln, Phil. Diss. 1969

Gerber, Claus Peter, und Manfred Stosberg: Die Massenmedien und die Organisation politischer Interessen, Bielefeld 1969 (= Gesellschaft und Kommunikation, Bd. 2)

Gerstenberger, Heide: Konservatismus in der Weimarer Republik, in: G.-K. Kaltenbrunner (Hrsg.): Rekonstruktion des Konservatismus, Freiburg 1972, S. 331 ff.

Gerstenberger, Heide: Der revolutionäre Konservatismus. Ein Beitrag zur Analyse des Liberalismus, Berlin 1969

Gessner, Dieter: Agrarverbände in der Weimarer Republik. Wirtschaftliche und soziale Voraussetzungen der agrarkonservativen Politik bis 1933, Düsseldorf 1976

Gessner, Dieter: Agrardepression, Agrarideologie und konservative Politik in der Weimarer Republik. Zur Legitimationsproblematik in der Zwischenkriegszeit, Wiesbaden (= Veröffentlichungen des Instituts für Europäische Geschichte. Mainz, Vorträge, Nr. 63)

Gildemeister, Johann: Die Politik der Deutschnationalen Volkspartei vom Oktober 1929 bis Mai 1932 mit besonderer Berücksichtigung der Abspaltung der Volkskonservativen, Hamburg, Staatsexamensarbeit (Masch.) 1951

Gnichwitz, Siegfried: Die Presse der bürgerlichen Rechten in der Aera Brüning. Ein Beitrag zur Vorgeschichte des Nationalsozialismus, Münster, Phil. Diss. (Masch.) 1956

Gossweiler, Kurt: Bund zur Erneuerung des Reiches (BER) 1928—1933 (Erneuerungsbund, Lutherbund), in: Die bürgerlichen Parteien in Deutschland, Berlin 1968, Bd. I, S. 196 ff.

Gossweiler, Kurt: Großbanken — Industriemonopole — Staat. Ökonomie und Politik des staatsmonopolistischen Kapitalismus in Deutschland 1914—1932, Berlin (Ost) 1971

Gossweiler, Kurt: Ökonomie und Politik in Deutschland 1914—1932, Berlin (Ost) 1971

Gottwald, Herbert: Gesamtverband der christlichen Gewerkschaften Deutschlands (GCG) 1901—1933, in: Die bürgerlichen Parteien in Deutschland, Berlin 1968, Bd. II, S. 112 ff.

Grebing, Helga: Aktuelle Theorien über Faschismus und Konservatismus. Eine Kritik, Stuttgart Berlin Köln Mainz 1974

Grebing, Helga: Geschichte der deutschen Parteien, Wiesbaden 1962

Grebing, Helga: Der Nationalsozialismus, Ursprung und Wesen, München 1959

Greiffenhagen, Martin: Das Dilemma des Konservatismus in Deutschland, München 1971

Greiffenhagen, Martin: Technokratischer Konservatismus, in: Aus Politik und Zeitgeschichte. Beilage zur Wochenzeitung Das Parlament, B. 31/71 (31. 7. 1971), S. 29 ff.

Grosser, Alfred: Hitler, la presse et la naissance d'une dictature, Paris 1959

Großkopff, Rudolf: Die Zeitungsverlagsgesellschaft Nordwestdeutschland GmbH 1922 bis 1940. Beispiel einer Konzentration in der deutschen Provinzpresse, Dortmund 1963 (= Dortmunder Beiträge zur Zeitungsforschung, Bd. 7)

Günther, Fritz, u. Manfred Ohlsen: Reichsverband der Deutschen Industrie (RDI) 1919 bis 1933, in: Die bürgerlichen Parteien in Deutschland, Berlin 1968, Bd. II, S. 580 ff.

Hallgarten, George W. F.: Hitler, Reichswehr und Industrie 1918—1933, Frankfurt/M. [3]1962

Hallgarten, George W. F.: Das Schicksal des Imperialismus im 20. Jahrhundert. Drei Abhandlungen über Kriegsursachen, Frankfurt/M. 1969

Hallgarten, George W. F., u. Joachim Radkau: Deutsche Industrie und Politik von Bismarck bis heute, Frankfurt/M. 1974

Hamel, Iris: Völkischer Verband und nationale Gewerkschaft. Der Deutschnationale Handlungsgehilfen-Verband 1893—1933, Frankfurt/M. 1967 (= Veröffentlichungen der Forschungsstelle für die Geschichte des Nationalsozialismus in Hamburg, Bd. VI)

Hammerschmidt, R.: Die Polemik der bürgerlichen Rechtspresse gegen das „System". Ein Beitrag zur publizistischen Auseinandersetzung in der Weimarer Republik, Wien, Phil. Diss. (Masch.) 1966

Hartenstein, Wolfgang: Die Anfänge der Deutschen Volkspartei 1918—1920, Düsseldorf 1962

Hartwig, Edgar: Alldeutscher Verband (ADV) 1891—1939, in: Die bürgerlichen Parteien in Deutschland, Berlin 1968, Bd. I, S. 1 ff.

Hartwig, Edgar: Zur Politik und Entwicklung des Alldeutschen Verbandes von seiner Gründung bis zum Beginn des Ersten Weltkrieges (1891—1914), Jena, Phil. Diss. 1966

Haude, Günter, u. Kurt Poßekel: Verein für das Deutschtum im Ausland (VDA) 1881 bis 1945 (1881—1908 Allgemeiner Deutscher Schulverein; 1933—1945 Volksbund für das Deutschtum im Ausland), in: Die bürgerlichen Parteien in Deutschland, Berlin 1968, Bd. II, S. 716 ff.

Heberle, Rudolf: Landbevölkerung und Nationalsozialismus, Stuttgart 1963

Heiber, Helmut: Die Republik von Weimar, München [4]1969 (= dtv-Weltgeschichte des 20. Jahrhunderts, Bd. 3)

Heidorn, Günther: Monopole — Presse — Krieg. Die Rolle der Presse bei der Vorbereitung des ersten Weltkrieges. Studien zur deutschen Außenpolitik in der Periode von 1902 bis 1912, Berlin (Ost) 1960

Heinrichsbauer, August: Schwerindustrie und Politik, Essen 1948

Henning, Friedrich-Wilhelm: Das industrialisierte Deutschland 1914 bis 1972, Paderborn 1974

Hermens, Ferdinand, u. Theodor Schieder (Hrsg.): Staat, Wirtschaft und Politik in der Weimarer Republik. Festschrift für Heinrich Brüning, Berlin 1967

Herrmann, Walter: Bündnisse und Zerwürfnisse zwischen Landwirtschaft und Industrie seit der Mitte des 19. Jahrhunderts, Dortmund 1965 (= Vortragsreihe der Gesellschaft für westfälische Wirtschaftsgeschichte e. V., H. 12)

Hertzmann, Lewis: The Founding of the German National People's Party (DNVP) November 1918 — Januar 1919, in: Journal of Modern History 30 (1958), S. 24 ff.

Hertzmann, Lewis: DNVP. Right-Wing Opposition in the Weimar Republic, 1918—1924, Lincoln Nebrasca 1963 (vorher unter dem Titel „The German National People's Party, 1918—1924", Phil. Diss. [Masch.] Cambridge/Mass. 1955)

Herzfeld, Hans: Die Weimarer Republik, Berlin ²1969 (= Deutsche Geschichte. Ereignisse und Probleme)

Herzog, Bodo: Die Freundschaft zwischen Oswald Spengler und Paul Reusch, Sonderdruck, o. O. 1965

Herzog, Bodo: Paul Reusch und die Niederrheinische Industrie- und Handelskammer Duisburg-Wesel, in: Duisburger Forschungen, 14. Jg. (1970), S. 91 ff.

Hoepke, Klaus-Peter: Die deutsche Rechte und der italienische Faschismus. Ein Beitrag zum Selbstverständnis und zur Politik von Gruppen und Verbänden der deutschen Rechten, Düsseldorf 1968 (= Beiträge zur Geschichte des Parlamentarismus und der politischen Parteien, Bd. 38)

Hoepke, Klaus-Peter: Das „Politische Kolleg", in: Politik und Geschichte. Edgar R. Rosen zum 65. Geburtstag (= Mitteilungen der Technischen Universität Carola-Wilhelminia zu Braunschweig, 9. Jg. 1976), S. 20 ff.

Holl, Karl, u. Günther List (Hrsg.): Liberalismus und imperialistischer Staat. Der Imperialismus als Problem liberaler Parteien 1890—1914, Göttingen 1975 (= Kleine Vandenhoek-Reihe, Nr. 1415)

Holz, Kurt A.: Die Diskussion um den Dawes- und den Young-Plan in der deutschen Presse, Frankfurt/M. 1977

Holz, Kurt A.: Münchener Neueste Nachrichten (1848—1945), in: H.-D. Fischer (Hrsg.): Publizistik. Historische Beiträge, Pullach b. München 1972, Bd. 2, S. 191 ff.

Holzer, Jerzy: Parteien und Massen. Die politische Krise in Deutschland 1928—1930, Wiesbaden 1975 (=Veröffentlichungen des Instituts für Europäische Geschichte Mainz, Beiheft Nr. 1)

Hondrich, Karl Otto: Die Ideologien von Interessenverbänden, Berlin 1963

Hornung, Klaus: Der Jungdeutsche Orden, Düsseldorf 1958 (= Beiträge zur Geschichte des Parlamentarismus und der politischen Parteien, Bd. 14)

Jäckh, Ernst, u. Otto Suhr: Geschichte der Deutschen Hochschule für Politik, Berlin 1952

Jaeger, Hans: Unternehmer in der deutschen Politik (1890—1918), Bonn 1967 (= Bonner Historische Studien, Bd. 30)

Jonas, Erasmus: Die Volkskonservativen 1928—1933. Entwicklung, Struktur, Standort und staatspolitische Zielsetzung, Düsseldorf 1965 (= Beiträge zur Geschichte des Parlamentarismus und der politischen Parteien, Bd. 30)

Jonas, Larry E.: Between the Fronts. The German National Union of Commercial Employees from 1928 to 1933, in: Journal of Modern History 48 (1976), S. 462 ff.

Kaltenbrunner, Gerd-Klaus (Hrsg.): Rekonstruktion des Konservatismus, Freiburg/Br. 1972

Kaltenbrunner, Gerd-Klaus: Der schwierige Konservatismus, in: ders. (Hrsg.): Rekonstruktion des Konservatismus, Freiburg i. Br. 1972, S. 19 ff.

Kater, Michael H.: Studentenschaft und Rechtsradikalismus in Deutschland 1918—1933. Eine sozialgeschichtliche Studie zur Bildungskrise in der Weimarer Republik, Hamburg 1975 (= Historische Perspektiven, Bd. 1)

Kaelble, Hartmut: Industrielle Interessenpolitik in der wilhelminischen Gesellschaft, Berlin 1967 (= Veröffentlichungen der Historischen Kommission zu Berlin, Bd. 27)

Keup, Erich: Innere Kolonisation — Dienst am Volke, in: J. W. Winterhager (Hrsg.): Bereitschaft und Bewährung. Festgabe zum 80. Geburtstag von Albert Dietrich, Kiel 1957, S. 25 ff.

Kleist-Schmenzin, Ewald v.: Die letzte Möglichkeit. Zur Ernennung Hitlers zum Reichskanzler am 30. Januar 1933, in: Politische Studien, 10. Jg. (1959), S. 89 ff.

Klemperer, Klemens v.: Konservative Bewegungen zwischen Kaiserreich und National-sozialismus, München Wien 1957

Klotzbücher, Alois: Der politische Weg des Stahlhelm, Bund der Frontsoldaten, in der Weimarer Republik. Ein Beitrag zur Geschichte der „Nationalen Opposition" 1918 bis 1933, Erlangen 1965

Kocka, Jürgen: Industrielles Management; Konzeptionen und Modelle in Deutschland vor 1914, in: VSWG 56 (1969), S. 332 ff.

Kocka, Jürgen: Organisierter Kapitalismus oder staatsmonopolistischer Kapitalismus? Be-griffliche Vorbemerkungen, in: H. A. Winkler (Hrsg.): Organisierter Kapitalismus. Vor-aussetzungen und Anfänge, Göttingen 1974, S. 19 ff.

Kocka, Jürgen: Unternehmensverwaltung und Angestelltenschaft am Beispiel Siemens 1847—1914, Stuttgart 1969 (= Industrielle Welt, Bd. 11)

Kocka, Jürgen: Vorindustrielle Faktoren in der deutschen Industrialisierung, Industrie-bürokratie und ,neuer Mittelstand', in: M. Stürmer (Hrsg.): Das kaiserliche Deutsch-land. Politik und Gesellschaft 1870—1918, Düsseldorf 1970, S. 265 ff.

Könnemann, Erwin: Organisation Escherich (Orgesch) 1920—1921, in: Die bürgerlichen Parteien in Deutschland, Berlin 1968, Bd. II, S. 459 ff.

Kohlhaus, Heinz-Hellmut: Die Hapag, Cuno und das Deutsche Reich 1920—1933, Ham-burg, Phil. Diss. (Masch.) 1952

Koszyk, Kurt: Deutsche Presse 1914—1945, Berlin 1972 (= ders.: Geschichte der deutschen Presse, Teil III)

Koszyk, Kurt: Paul Reusch und die „Münchener Neuesten Nachrichten". Zum Problem Industrie und Presse in der Endphase der Weimarer Republik, in: VfZG, 20. Jg. (1972), S. 75 ff.

Krebs, W.: Der Alldeutsche Verband in den Jahren 1918—1939, ein politisches Instrument des deutschen Imperialismus, Berlin (Ost), Gesellschaftswiss. Diss. 1970

Kreutzberger, Wolfgang: Studenten und Politik 1918—1933. Der Fall Freiburg im Breis-gau, Göttingen 1972

Krohn, Claus-Dieter: Stabilisierung und ökonomische Interessen. Die Finanzpolitik des Deutschen Reiches 1923—1927, Düsseldorf 1974 (= Studien zur modernen Geschichte, Bd. 13)

Kruck, Alfred: Geschichte des Alldeutschen Verbandes 1890—1939, Wiesbaden 1954 (= Veröffentlichungen des Instituts für Europäische Geschichte Mainz, Bd. 3)

Kuczynski, Jürgen: Propagandaorganisationen des Monopolkapitals, Berlin (Ost) 1950 (= Kuczynski, Jürgen: Studien zur Geschichte des deutschen Imperialismus, Bd. 2)

Kühnl, Reinhard: Formen bürgerlicher Herrschaft. Liberalismus — Faschismus, Reinbek b. Hamburg 1971

Kurtz, Christian: Verbände der deutschen papiererzeugenden Industrie 1870—1933, Berlin 1966 (=Untersuchungen über Gruppen und Verbände, Bd. 5)

Leckebusch, Roswitha: Entstehung und Wandlungen der Zielsetzungen, der Struktur und der Wirkung von Arbeitgeberverbänden, Berlin 1966

Lepsius, Rainer: Extremer Nationalismus. Strukturbedingungen vor der nationalsozia-listischen Machtergreifung, Stuttgart 1966

Levy, Richard S.: The Downfall of the Anti-Semitic Political Parties in Imperial Ger-many, New Haven=Conn. London 1975

Liebe, Werner: Die Deutschnationale Volkspartei 1918—1924, Düsseldorf 1956 (= Bei-träge zur Geschichte des Parlamentarismus und der politischen Parteien, Bd. 8)

Liesebach, Ingolf: Der Wandel der politischen Führungsschicht der deutschen Industrie von 1918—1945, Hannover 1957

Lindenlaub, Dieter: Richtungskämpfe im Verein für Sozialpolitik, Wiesbaden 1967

Link, Werner: Der amerikanische Einfluß auf die Weimarer Republik in der Dawesplan-phase, in: Aus Politik und Zeitgeschichte. Beilage zur Wochenzeitung Das Parlament, B 45/73 (10. 11. 1973), S. 3 ff.

Lohalm, Uwe: Völkischer Radikalismus. Die Geschichte des Deutschvölkischen Schutz- und Trutzbundes 1919—1923, Hamburg 1970 (= Hamburger Beiträge zur Zeitge-schichte, Bd. VI)

Lukas, Hans: Der Deutsche Raiffeisenverband. Entwicklung, Struktur und Funktion, Berlin 1972 (= Untersuchungen über Gruppen und Verbände, Bd. 11)

Mager, Paul, u. Siegrid Kretschel: Hansa-Bund für Gewerbe, Handel und Industrie (HB) 1909—1934, in: Die bürgerlichen Parteien in Deutschland, Berlin 1968, Bd. II, S. 201 ff.

Mannheim, Karl: Das konservative Denken, in: ders.: Wissenssoziologie. Auswahl aus dem Werk, eingeleitet u. hrsg. v. Kurt Wolff, Berlin Neuwied 1964, S. 408 ff.

Martini, Fritz: Deutsche Literaturgeschichte von den Anfängen bis zur Gegenwart, Stuttgart 12 1963

Maser, Werner: Die Frühgeschichte der NSDAP, Frankfurt/M. 1965

Mason, Tim: Das Primat der Politik. Politik und Wirtschaft im Nationalsozialismus, in: Das Argument, 8. Jg. (1966), S. 473 ff.

Mattheier, Klaus: Die Gelben. Nationale Arbeiter zwischen Wirtschaftsfrieden und Streik, Düsseldorf 1973

Matthias, Erich, u. Rudolf Morsey (Hrsg.): Das Ende der Parteien 1933, Düsseldorf 1960 (= Veröffentlichungen der Kommission für Geschichte des Parlamentarismus und der politischen Parteien)

Mendelssohn, Peter de: Zeitungsstadt Berlin. Menschen und Mächte in der Geschichte der Deutschen Presse, Berlin 1959

Merkel, Utz: Bund der Industriellen (BdI) 1859—1919, in: Die bürgerlichen Parteien in Deutschland, Berlin 1968, Bd. I, S. 117 ff.

Mohler, Armin: Konservative Literatur und Literatur über den Konservatismus, in: NPL, 5. Jg. (1960), S. 1038 ff.

Mohler, Armin: Die konservative Revolution in Deutschland 1918—1932. Ein Handbuch, 2. völlig neu bearb. u. erw. Fassung, Darmstadt 1972

Mommsen, Hans: Der Ruhrbergbau im Spannungsfeld von Politik und Wirtschaft in der Zeit der Weimarer Republik, in: Bl. f. dt. Landesgesch. 108 (1972), S. 160 ff.

Mommsen, Hans, Dietmar Petzina u. Bernd Weisbrod (Hrsg.): Industrielles System und politische Entwicklung in der Weimarer Republik. Verhandlungen des Internationalen Symposiums in Bochum vom 12.—17. Juni 1973, Düsseldorf 1974

Naujoks, Eberhard: Die Grenzboten, Pullach b. München 1973

Nipperdey, Thomas: Interessenverbände und Parteien in Deutschland vor dem Ersten Weltkrieg, in: Politische Vierteljahresschrift, 2 (1961), S. 262 ff.

Nipperdey, Thomas. Die Organisation der deutschen Parteien vor 1918, Düsseldorf 1961 (= Beiträge zur Geschichte des Parlamentarismus und der politischen Parteien, Bd. 18)

Nolte, Ernst: Big Business and German Politics: A Comment, in: American Historical Review, Vol. LXXV (1969), S. 71 ff.

Nolte, Ernst: Konservativismus und Nationalsozialismus, in: Zeitschrift für Politik, N. F. 11. Jg. (1964), S. 5 ff.

Nussbaum, Helga: Zentralverband Deutscher Industrieller (ZDI) 1876—1919, in: Die bürgerlichen Parteien in Deutschland, Berlin 1968, Bd. II, S. 850 ff.

Nusser, Horst: Konservative Wehrverbände in Bayern, Preußen und Österreich 1918—1933 mit einer Biographie von Forstrat Escherich 1890—1941, München 1973 (= Moderne Geschichte, Bd. 1)

Opitz, Günther: Der Christlich-Soziale Volksdienst. Versuch einer protestantischen Partei in der Weimarer Republik, Düsseldorf 1969 (= Beiträge zur Geschichte des Parlamentarismus und der politischen Parteien, Bd. 37)

Opitz, Reinhard (Hrsg.): Europastrategien des Deutschen Kapitals 1900—1945, Köln 1977

Opitz, Reinhard: Der deutsche Sozialliberalismus 1917—1933, Köln 1973 (= Kleine Bibliothek, Nr. 38)

Pfeifer, Eva: Das Hitlerbild im Spiegel einiger konservativer Zeitungen 1929—1933, Heidelberg, Phil. Diss. 1966

Piepenstock, Klaus: Die Münchener Tagespresse 1918—1933. Ein Beitrag zur Physiognomie einer Stadt und zur Presse und öffentlichen Meinung der Weimarer Republik, München, Phil. Diss. (Masch.) 1955

Plessen, Marie-Louise v.: Die Wirksamkeit des Vereins für Sozialpolitik von 1872 bis 1890. Studien zum Katheder- und Staatssozialismus, Berlin 1975 (= Beiträge zur Geschichte der Sozialwissenschaften, H. 3)

338

Pleyer, Hildegard: Politische Werbung in der Weimarer Republik. Die Propaganda der
maßgeblichen politischen Parteien und Gruppen zu den Volksbegehren und Volksent-
scheiden „Fürstenenteignung" 1926, „Freiheitsgesetz" 1929 und „Auflösung des Preußischen Landtages" 1931, Münster, Phil. Diss. 1959
Pöhls, Joachim: Die ‚Tägliche Rundschau' und die Zerstörung der Weimarer Republik
1930 bis 1933, Berlin, Phil. Diss. 1972
Presse in Fesseln. Eine Schilderung des NS-Pressetrusts. (Gemeinschaftsarbeit des Verlages
auf Grund authentischen Materials), Berlin (Ost): Verlag Archiv und Kartei 1947
Prinz, Friedrich (Hrsg.): Geschichte in der Gesellschaft. Festschrift für Karl Bosl zum
65. Geburtstag, 11. 11. 1973, Stuttgart 1974
Pritzkoleit, Kurt: Das kommandierte Wunder, Frankfurt/M. Wien Zürich 1962
Pritzkoleit, Kurt: Männer, Mächte, Monopole, Düsseldorf 1953
Pross, Harry: Die Zerstörung der deutschen Politik, Frankfurt/M. 1959 (= Fischer Ta-
schenbuch, Nr. 264)
Pross, Helge: Manager und Aktionäre in Deutschland. Untersuchungen zum Verhältnis
von Eigentum und Verfügungsmacht, Frankfurt/M. 1965 (= Frankfurter Beiträge zur
Soziologie, Bd. 15)
Puhle, Hans-Jürgen: Agrarische Interessenpolitik und preußischer Konservatismus 1893
bis 1914. Ein Beitrag zur Analyse des Nationalismus in Deutschland am Beispiel des
Bundes der Landwirte und der Deutsch-Konservativen Partei, Hannover 1967 (= Schriftenreihe des Forschungsinstituts der Friedrich-Ebert-Stiftung, B: Historisch-Politische
Schriften)
Puhle, Hans-Jürgen: Politische Agrarbewegungen in kapitalistischen Industriegesellschaf-
ten. Deutschland, USA und Frankreich im 20. Jahrhundert, Göttingen 1975 (= Kritische Studien zur Geschichtswissenschaft, Bd. 16)
Puhle, Hans-Jürgen: Von der Agrarkrise zum Präfaschismus. Thesen zum Stellenwert
der agrarischen Interessenverbände in der deutschen Politik am Ende des 19. Jahrhun-
derts, Wiesbaden 1972 (= Veröffentlichungen des Instituts für Europäische Geschichte
Mainz, Vorträge, Nr. 54)
Radkau, Joachim, und Imanuel Geiss (Hrsg.): Imperialismus im 20. Jahrhundert. Fest-
schrift für George W. F. Hallgarten, München 1976
Raabe, Felix: Die Bündische Jugend. Ein Beitrag zur Geschichte der Weimarer Republik,
Stuttgart 1961
Richter, Werner: Zentralarbeitsgemeinschaft der industriellen und gewerblichen Arbeit-
geber und Arbeitnehmer Deutschlands (ZAG) 1918—1924, in: Die bürgerlichen Par-
teien in Deutschland, Berlin 1968, Bd. II, S. 845 ff.
Rieger, Isolde: Die wilhelminische Presse im Überblick 1888—1918, München 1957
Ritter, Gerhard A. (Hrsg.): Deutsche Parteien vor 1918, Köln 1973 (= Neue Wissen-
schaftl. Bibliothek, Nr. 61)
Ritter, Gerhard A. (Hrsg.): Gesellschaft, Parlament und Regierung. Zur Geschichte des
Parlamentarismus in Deutschland, Düsseldorf 1974 (= Veröffentlichung der Kommis-
sion für Geschichte des Parlamentarismus und der politischen Parteien)
Ritter, Gerhard A.: Kontinuität und Umformung des deutschen Parteiensystems 1918
bis 1920, in: ders. (Hrsg.): Entstehung und Wandel der modernen Gesellschaft. Fest-
schrift für Hans Rosenberg zum 65. Geburtstag, Berlin 1970, S. 342 ff.
Roeske, Ulrich: Brüning und die Volkskonservativen (1930), in: ZfG, XIX. Jg. (1971),
S. 904 ff.
Rössler, Klaus: Die Stellung der deutschen Unternehmer in der Wirtschaftskrise 1929 bis
1933, Hannover, Phil. Diss. (Masch.) 1966
Rössler, Klaus: Unternehmer in der Weimarer Republik, in: Tradition. Zeitschrift für
Firmen-Geschichte und Unternehmer-Biographie XIII. Jg. (1968), S. 217 ff.
Romeyk, Horst: Die Deutsche Volkspartei in Rheinland und Westfalen 1918—1933, in:
Rheinische Vierteljahrsblätter 39 (1975), S. 189 ff.
Ruge, Wolfgang: Deutschnationale Volkspartei (DNVP) 1918—1933, in: Die bürgerlichen
Parteien in Deutschland, Berlin 1968, Bd. I, S. 715 ff.
Ruge, Wolfgang: Weimar — Republik auf Zeit, Berlin (Ost) 1969

Ruge, Wolfgang: Zur Taktik der deutschen Monopolbourgeoisie im Frühjahr und Sommer 1919, in: ZfG, XI. Jg. (1963), S. 1088 ff.

Saage, Richard: Antisozialismus, Mittelstand und NSDAP in der Weimarer Republik, in: IWK, 11. Jg. (1975), S. 146 ff.

Saage, Richard: Faschismustheorien. Eine Einführung, München ²1977

Saage, Richard: Zum Verhältnis von Nationalsozialismus und Industrie, in: Aus Politik und Zeitgeschichte. Beilage zur Wochenzeitung Das Parlament, B 5/1975 (1. 3. 1975), S. 17 ff.

Sänger, Fritz: Die Rolle der Presse in der Weimarer Republik, Bad Homburg Berlin Zürich 1964

Schilling, Konrad: Beiträge zu einer Geschichte des radikalen Nationalismus in der Wilhelminischen Ära 1890—1909. Die Entstehung des radikalen Nationalismus, seine Einflußnahme auf die innere und äußere Politik des Deutschen Reichs und die Stellung von Regierung und Reichstag zu seiner politischen und publizistischen Aktivität, Köln, Phil. Diss. 1968

Schmaling, Christian: Der Berliner Lokal-Anzeiger als Beispiel einer Vorbereitung des Nationalsozialismus, Berlin, Phil. Diss. 1968

Schmidt, Veit: Die Stellungnahme der Deutschnationalen Volkspartei, des Zentrums und der Sozialdemokratischen Partei zur Steuerreform von 1925, München, Phil. Diss. 1951

Schober, Renate: Das „Tage-Buch". Eine politische Zeitschrift der Weimarer Republik. Zur Krise der Kritik im Zeitalter der Massendemokratie, München, Phil. Diss. 1977

Schoeps, Manfred: Der Deutsche Herrenklub. Ein Beitrag zur Geschichte des Jungkonservatismus in der Weimarer Republik, Erlangen Nürnberg, Phil. Diss. 1974

Schneider, Michael: Unternehmer und Demokratie. Die freien Gewerkschaften in der unternehmerischen Ideologie der Jahre 1918 bis 1933, Bonn Bad Godesberg 1975 (= Schriftenreihe des Forschungsinstituts der Friedrich-Ebert-Stiftung, Bd. 116)

Schönhoven, Klaus: Die Bayerische Volkspartei 1924—1932, Düsseldorf 1972 (= Beiträge zur Geschichte des Parlamentarismus und der politischen Parteien, Bd. 46)

Schröder, Ernst: 150 Jahre Fried. Krupp AG Essen. Die Firma Krupp und die Essener Handelskammer, in: Wirtschaftliche Nachrichten der Industrie- und Handelskammer Essen, 15. Jg. (1961), S. 619 ff.

Schütze, Peter: Die Entwicklungsgeschichte lokaler Wechselseiten im deutschen Pressewesen bis 1945, Dortmund 1971 (= Dortmunder Beiträge zur Zeitungsforschung, Bd. 15)

Schultze-Pfaelzer, Gerhard: Menschen und Masken, Berlin (Ost) 1951

Schulz, Gerhard: Aufstieg des Nationalsozialismus. Krise und Revolution in Deutschland, Frankfurt/M. Berlin Wien 1975

Schulz, Gerhard: Deutschland seit dem Ersten Weltkrieg 1918—1945, Göttingen 1976 (= Deutsche Geschichte, Bd. 10)

Schulz, Gerhard: Faschismus — Nationalsozialismus. Versionen und theoretische Kontroversen, Berlin 1974

Schulz, Gerhard: Der Nationale Klub von 1919 zu Berlin, in: ders.: Das Zeitalter der Gesellschaft, München 1969, S. 299 ff.

Schulz, Gerhard: Räte, Wirtschaftsstände und die Transformation des Verbandswesens am Anfang der Weimarer Republik, in: G. A. Ritter (Hrsg.): Gesellschaft, Parlament und Regierung. Zur Geschichte des Parlamentarismus in Deutschland, Düsseldorf 1974, S. 355 ff.

Schulz, Gerhard: Das Zeitalter der Gesellschaft. Aufsätze zur politischen Sozialgeschichte der Neuzeit, München 1969

Schulz, Gerhard: Zwischen Demokratie und Diktatur. Verfassungspolitik und Reichsreform in der Weimarer Republik, Berlin 1963

Schwabe, Klaus: Wissenschaft und Kriegsmoral. Die deutschen Hochschullehrer und die politischen Grundfragen des Ersten Weltkrieges, Göttingen 1969

Schwend, Karl: Die Bayerische Volkspartei, in: E. Matthias und R. Morsey (Hrsg.): Das Ende der Parteien, Düsseldorf 1960, S. 457 ff.

Sieh, Hans G. K.: Der Hamburger Nationalistenklub. Ein Beitrag zur Geschichte der christlich-konservativen Strömungen in der Weimarer Republik, Mainz, Phil. Diss. 1962

Sörgel, Werner: Metallindustrie und Nationalsozialismus. Eine Untersuchung über Struktur und Funktion industrieller Organisation in Deutschland. 1929—1939, Frankfurt/M. 1965

Sonntag, Heinz: Verein für Sozialpolitik, in: Die bürgerlichen Parteien in Deutschland, Berlin 1968, Bd. II, S. 735 ff.

Sontheimer, Kurt: Antidemokratisches Denken in der Weimarer Republik. Die politischen Ideen des deutschen Nationalismus zwischen 1918 und 1933, München 1962

Sontheimer, Kurt: Deutschland zwischen Demokratie und Antidemokratie. Studien zum politischen Bewußtsein der Deutschen, München 1971

Sorg, Richard: Ideologietheorien. Zum Verhältnis von gesellschaftlichem Bewußtsein und sozialer Realität, Köln 1976

Spiker, Jürgen: Film und Kapital. Der Weg der deutschen Filmwirtschaft zum nationalsozialistischen Einheitskonzern, Berlin 1975

Starkulla, Heinz: Organisation und Technik der Pressepolitik des Staatsmannes Gustav Stresemann (1923—1929). Ein Beitrag zur Pressegeschichte der Weimarer Republik, München, Phil. Diss. 1952

Starkulla, Heinz: Zur Geschichte der Presse in Bayern. Ein flüchtiges Kapitel weiß-blauer Pressekunde, in: Zeitungs-Verlag und Zeitschriften-Verlag, 58. Jg. (1961), S. 784 ff.

Stegmann, Dirk: Deutsche Zoll- und Handelspolitik 1924/25—1929 unter besonderer Berücksichtigung agrarischer und industrieller Interessen, in: H. Mommsen u. a. (Hrsg.): Industrielles System und politische Entwicklung in der Weimarer Republik, Düsseldorf 1974, S. 499 ff.

Stegmann, Dirk: Die Erben Bismarcks. Parteien und Verbände in der Spätphase des Wilhelminischen Deutschlands. Sammlungspolitik 1897—1918, Köln Berlin 1970

Stegmann, Dirk: Hugenberg contra Stresemann. Die Politik der Industrieverbände am Ende des Kaiserreiches in,: VfZG, 24. Jg. (1976), S. 329 ff.

Stegmann, Dirk: Kapitalismus und Faschismus in Deutschland 1929—1934. Thesen und Materialien zur Restituierung des Primats der Großindustrie zwischen Weltwirtschaftskrise und beginnender Rüstungskonjunktur, in: H.-G. Backhaus (Hrsg.): Gesellschaft. Beiträge zur Marxschen Theorie, Nr. 6, Frankfurt/M. 1976, S. 19 ff.

Stegmann, Dirk: Die Silverberg-Kontroverse. Unternehmerpolitik zwischen Reform und Restauration, in: Hans-Ulrich Wehler (Hrsg.): Sozialgeschichte Heute. Festschrift für Hans Rosenberg zum 70. Geburtstag, Göttingen 1974 (= Kritische Studien zur Geschichtswissenschaft, Bd. 11), S. 594 ff.

Stegmann, Dirk: Zum Verhältnis von Großindustrie und Nationalsozialismus 1930—1933. Ein Beitrag zur Geschichte der sogenannten Machtergreifung, in: AfS, XIII. Jg. (1973), S. 399 ff.

Stegmann, Dirk: Zwischen Repression und Manipulation. Konservative Machteliten und Arbeiter- und Angestelltenbewegung 1910—1918, in: AfS XII. Jg. (1972), S. 251 ff.

Stern, Fritz: Kulturpessimismus als politische Gefahr. Eine Analyse nationaler Ideologie in Deutschland, Bern Stuttgart Wien 1963

Sterner, Siegfried: Untersuchungen zur Stellungnahme der Deutschnationalen Volkspartei zur Sozialpolitik, Freiburg i. Br., Phil. Diss. 1952

Stolberg-Wernigerode, Otto Graf zu: Die unentschiedene Generation. Deutschlands konservative Führungsschichten am Vorabend des Ersten Weltkrieges, München 1968

Strakosch, Heinrich: Liberalismus und Konservatismus. Gegensatz und Möglichkeit einer Synthese, in: G.-K. Kaltenbrunner (Hrsg.): Rekonstruktion des Konservatismus, Freiburg i. Br. 1972, S. 489 ff.

Stürmer, Michael (Hrsg.): Das kaiserliche Deutschland. Politik und Gesellschaft 1870—1918, Kronberg/Ts. 1977

Stürmer, Michael: Koalition und Opposition in der Weimarer Republik 1924—1928, Düsseldorf 1967 (= Beiträge zur Geschichte des Parlamentarismus und der politischen Parteien, Bd. 36)

Stürmer, Michael: Der unvollendete Parteienstaat. Zur Vorgeschichte des Präsidialregimes am Ende der Weimarer Republik, in: VfZG, 21. Jg. (1973), S. 118 ff.

Thieme, Christa: Deutsche Industriellenvereinigung (DI) 1924—1934. 1926—1934 Bund für

Nationalwirtschaft und Werkgemeinschaft (BNW), in: Die bürgerlichen Parteien in Deutschland, Berlin 1968, Bd. I, S. 387 ff.

Thieme, Hartwig: Nationaler Liberalismus in der Krise. Die nationalliberale Fraktion des preußischen Abgeordnetenhauses 1914—1918, Boppard 1963 (= Schriften des Bundesarchivs, Bd. 11)

Thimme, Annelise: Flucht in den Mythos. Die Deutschnationale Volkspartei und die Niederlage von 1918, Göttingen 1969

Tormin, Walter: Geschichte der deutschen Parteien seit 1843, Stuttgart ³1968

Die Transocean (TO). Ein kurzer Abriß über Entstehung und Werdegang der deutschen Auslandsnachrichten-Agentur, Berlin 1950

Treude, Burkhard: Konservative Presse und Nationalsozialismus. Inhaltsanalyse der Neuen Preußischen (Kreuz)-Zeitung am Ende der Weimarer Republik, Bochum 1976 (= Bochumer Studien zur Publizistik und Kommunikationswissenschaft, Bd. 4)

Treue, Wolfgang: Die deutschen Parteien, Wiesbaden ²1962

Tross, Rainer: Die Wirtschaftspolitik des Reichsverbandes der Deutschen Industrie, in: F. Berg (Hrsg.): Der Weg zum Industriellen Spitzenverband, Darmstadt 1956, S. 144 ff.

Tudyka, Kurt Paul u. Juliane Tudyka: Verbände. Geschichte, Theorie, Funktion, Frankfurt/M. 1973 (= Schriften der Bibliothek für Zeitgeschichte, Bd. 12)

Turner, Henry Ashby jr.: Big Business and the Rise of Hitler, in: The American Historical Review, Vol. LXXV (1969), S. 56 ff.

Turner, Henry Ashby jr.: Faschismus und Kapitalismus in Deutschland. Studien zum Verhältnis zwischen Nationalsozialismus und Wirtschaft, Göttingen 1972

Turner, Henry Ashby jr.: Großunternehmertum und Nationalsozialismus 1930—1933. Kritisches und Ergänzendes zu zwei neuen Forschungsbeiträgen, in: HZ 221 (1975), S. 18 ff.

Ullmann, Hans-Peter: Der Bund der Industriellen. Organisation, Einfluß und Politik klein- und mittelbetrieblicher Industrieller im Deutschen Kaiserreich 1895—1914, Göttingen 1976 (= Kritische Studien zur Geschichtswissenschaft, Bd. 21)

Ullrich, Robert: Die Deutsche Vaterlandspartei 1917/18. Zur Entstehung, Rolle und Funktion einer extrem reaktionären Partei des deutschen Imperialismus und zu ihrem Platz im bürgerlichen Parteiensystem, Jena, Gesellschaftswiss. Diss. 1971

Ullrich, Robert: Deutsche Vaterlandspartei (DVLP) 1917—1918, in: Die bürgerlichen Parteien in Deutschland, Berlin 1968, Bd. I, S. 620 ff.

Vogelsang, Thilo: Reichswehr, Staat und NSDAP. Beiträge zur deutschen Geschichte 1930—1932, Stuttgart 1962

Vondung, Klaus: Das wilhelminische Bildungsbürgertum. Zur Sozialgeschichte seiner Ideen, Göttingen 1976 (= Kleine Vandenhoeck-Reihe Nr. 1420)

Wachtel, Joachim: Heißgeliebte Gartenlaube. Herzerfrischende Wanderungen durch ein deutsches Familienblatt, Feldafing-Buchheim 1964

Wächter, Eberhard: Zur Geschichte des Kampfes des Bergarbeiterverbandes in Sachsen. Evangelische Arbeitervereine und gelbe Gewerkschaften als Instrumente der Zechenherren, Berlin (Ost) 1959

Wehler, Hans-Ulrich (Hrsg.): Moderne deutsche Sozialgeschichte, Köln Berlin 1966 (= Neue Wissenschaftliche Bibliothek, Nr. 10)

Weidenfeller, Gerhard: VDA. Verein für das Deutschtum im Ausland. Allgemeiner Deutscher Schulverein (1881—1918). Ein Beitrag zur Geschichte des deutschen Nationalismus, Münster, Phil. Diss. 1976

Weisbrod, Bernd: Zur Form schwerindustrieller Interessenvertretung in der zweiten Hälfte der Weimarer Republik, in: H. Mommsen u. a. (Hrsg.): Industrielles System und politische Entwicklung in der Weimarer Republik, Düsseldorf 1974, S. 674 ff.

Wiesemann, Falk: Die Vorgeschichte der nationalsozialistischen Machtübernahme in Bayern 1932/33, Berlin 1975 (= Beiträge zu einer historischen Strukturanalyse Bayerns im Industriezeitalter, Bd. 12)

Winkler, Hans-Joachim: Die Weimarer Demokratie. Eine politische Analyse zur Verfassung und der Wirklichkeit, Berlin 1963 (= Zur Politik und Zeitgeschichte, H. 12)

Winkler, Heinrich-August: Extremismus der Mitte? Sozialgeschichtliche Aspekte der nationalsozialistischen Machtergreifung, in: VfZG, 20. Jg. (1972), S. 175 ff.

Winkler, Heinrich-August: Mittelstand und Nationalsozialismus. Die politische Entwicklung von Handwerk und Kleinhandel in der Weimarer Republik, Köln Berlin 1972

Winkler, Heinrich-August (Hrsg.): Organisierter Kapitalismus. Voraussetzungen und Anfänge, Göttingen 1974 (= Kritische Studien zur Geschichtswissenschaft, Bd. 9)

Winkler, Heinrich-August: Unternehmerverbände zwischen Ständeideologie und Nationalsozialismus, in: VfZG, 17. Jg. (1969), S. 341 ff.

Winterhager, Jürgen Wilhelm (Hrsg.): Bereitschaft und Bewährung. Festgabe zum 80. Geburtstag von Albert Dietrich, Kiel 1957

Wippermann, Wolfgang: Faschismustheorien. Zum Stand der gegenwärtigen Diskussion, Darmstadt 1972 (= Erträge der Forschung, Bd. 177)

Wippermann, Klaus W.: Die Wochenschauen in der Weimarer Republik, in: Publizistik, 15. Jg. (1970), S. 242 ff.

Wolff, Robert Paul: Das Elend des Liberalismus, Frankfurt/M. 1969 (= Edition Suhrkamp, Nr. 352)

Wulf, Peter: Die Auseinandersetzung um die Sozialisierung der Kohle in Deutschland 1920/21, in: VfZG 25. Jg. (1977), S. 46 ff.

Wulf, Peter: Regierung, Parteien, Wirtschaftsverbände und die Sozialisierung des Kohlenbergbaus 1920—1921, in: H. Mommsen u. a. (Hrsg.): Industrielles System und politische Entwicklung in der Weimarer Republik, Düsseldorf 1974, S. 647 ff.

Zapf, Wolfgang: Wandlungen der deutschen Elite. Ein Zirkulationsmodell deutscher Führungsgruppen 1919—1965, München 1965

Zapp, Immo: Programmatik und praktische Arbeit der deutschen Volkspartei im Rahmen der Wirtschafts- und Sozialpolitik der Weimarer Republik, Aachen 1974

Zilleßen, Horst (Hrsg.): Volk — Nation — Vaterland. Der deutsche Protestantismus und der Nationalismus, Gütersloh 1970

Zimmermann, Magdalene: Die Gartenlaube als Dokument ihrer Zeit, München 1967 (= dtv-Taschenbuch, Nr. 435)

Zorn, Wolfgang: Unternehmer in der Politik, in: VSWG 45 (1958), S. 88 ff.

Zunkel, Friedrich: Die Gewichtung der Industriegruppen bei der Etablierung des Reichsverbandes der Deutschen Industrie, in: H. Mommsen u. a. (Hrsg.): Industrielles System und politische Entwicklung in der Weimarer Republik, Düsseldorf 1974, S. 637 ff.

Zunkel, Friedrich: Industrie und Staatssozialismus. Der Kampf um die Wirtschaftsordnung in Deutschland, Düsseldorf 1974 (= Tübinger Schriften zur Sozial- und Zeitgeschichte, Bd. 3)

Abkürzungen

AA	Auswärtiges Amt
A. B. D.	Allgemeiner Bilderdienst
ADI	Arbeitsausschuß Deutschnationaler Industrieller
ADV	Alldeutscher Verband
AEG	Allgemeine Elektricitäts-Gesellschaft
AfS	Archiv für Sozialgeschichte
ALA	ALA Anzeigen AG
Alterum	Alterum Kredit-AG
AR	Aufsichtsrat
BA	Bundesarchiv Koblenz
BDI	Bund der Industriellen
BdL	Bund der Landwirte
Bl. f. dt. Lg.	Blätter für deutsche Landesgeschichte
BLA	Berliner Lokal-Anzeiger
BMP	Bayerische Mittelpartei
BNW	Bund für Nationalwirtschaft und Werksgemeinschaft
BT	Berliner Tageblatt
CDI	Centralverband Deutscher Industrieller
CSP	Christlichsoziale Partei
CVDI	Centralverband Deutscher Industrieller
DAZ	Deutsche Allgemeine Zeitung
De-Ha-Ge	Deutsche Handels GmbH
Depede	Deutscher Pressedienst
Deutsch-Lux	Deutsch-Luxemburgische Bergwerks- und Hütten AG
DHR	Deutscher Hochschulring
DHV	Deutschnationaler Handlungsgehilfen-Verband
DHW	Deutsche Handelswacht
DI	Deutsche Industriellenvereinigung
DLB	Deutscher Landbund
DLG	Deutsche Lichtbild-Gesellschaft e. V.
DR	Deutsche Rundschau
Dradag	Drahtloser Dienst AG
D. R. K.	Deutsche Reichs-Korrespondenz
DSP	Deutschsoziale Partei
DST	Deutsche Studentenschaft
DS	Deutscher Schnelldienst
DS/TDNZ	vgl. DS u. TDNZ
Dt., dt.	deutsch
dt.nat.	deutschnational
DtSB	Deutscher Schutzbund
DÜD	Deutscher Überseedienst GmbH
DVC	Deutsche Volkswirtschaftliche Correspondenz
DVFP	Deutschvölkische Freiheitspartei
DVLP	Deutsche Vaterlandspartei
DZ	Deutsche Zeitung
evtl.	eventuell
Fa.	Firma
FAH	Familienarchiv Hügel
FST	Forschungsstelle für die Geschichte des Nationalsozialismus
FZ	Frankfurter Zeitung

GA	Geschäftsausschuß
GBAG	Gelsenkirchener Bergwerks AG
GCG	Gesamtverband der christlichen Gewerkschaften Deutschlands
Geh. Fin. R.	Geheimer Finanzrat
Geh. Kom. R.	Geheimer Kommerzienrat
Geh. R. R.	Geheimer Regierungsrat
Ges.	Gesellschafter
Gen. d. I.	General der Infanterie
Gf.	Geschäftsführer
GFK	Gesellschaft für Innere Kolonisation
GHH	Gutehoffnungshütte
GM	Geschäftliche Mitteilungen
Hdb	Handbuch
HK	Handelskammer
H.-K.	Hugenberg-Konzern
HR	Handelsregister
hs.	handschriftlich
HStA	Hauptstaatsarchiv
HZ	Historische Zeitschrift
i. f.	im folgenden
IWK	Internationale wissenschaftliche Korrespondenz zur Geschichte der deutschen Arbeiterbewegung
Langnamverein	Verein zur Wahrung der gemeinsamen wirtschaftlichen Interessen in Rheinland und Westfalen
LKPA	Landeskriminalpolizeiamt
LV	Landesverband
MAA	München-Augsburger Abendzeitung
MAN	Maschinenfabrik Augsburg-Nürnberg
Masch.	maschinenschriftlich
M. d. N.	Mitglied der Nationalversammlung
M. d. Pr. L.	Mitglied des Preußischen Landtags
Mg.	Mitglied
Mivag	Mitteldeutsche Verlags-AG
MNN	Münchner Neueste Nachrichten
Ms.	Manuskript
Mttlg.	Mitteilungen
Mutuum	Mutuum Darlehens-AG
NDA	Nationaler Deutscher Automobilklub
N. F.	Neue Folge
NL	Nachlaß
NPL	Neue Politische Literatur
ÖAG	Österreichische Anzeigen-Gesellschaft AG
OHL	Oberste Heeresleitung
Opr.	Ostdeutsche Privatbank AG
Opriba	Ostdeutsche Privatbank AG
Orgesch	Organisation Escherich
O.R.R.	Oberregierungsrat
PVjS	Politische Vierteljahresschrift
PW	Politische Wochenschrift
RDI	Reichsverband der Deutschen Industrie
RFKP	Reichs- und freikonservative Partei
RLB	Reichslandbund
RMV	Reichsdeutscher Mittelstandsverband
R.R.	Regierungsrat
resp.	respektive
RT	Reichstag
RV	Reichsverfassung

RWE	Rheinisch-Westfälisches Elektrizitätswerk
RWKS	Rheinisch-Westfälisches Kohlen-Syndikat
RWZ	Rheinisch-Westfälische Zeitung
SA	Stadtarchiv
StA	Staatsarchiv
TDNZ	Täglicher Dienst für Nationale Zeitungen
TU	Telegraphen-Union. Internationaler Nachrichtendienst GmbH
UA	Unabhängiger Ausschuß für einen Deutschen Frieden
Ufa	Universum Film AG
UP	Unsere Partei
VDA	Verein für das Deutschtum im Ausland
VDESI	Verein Deutscher Eisen- und Stahlindustrieller
VDST	Verein Deutscher Studenten
VERA	VERA Verlagsanstalt GmbH
Verf.	Verfasser
Verhdlgsber. v. d. Sitzg(n)	Verhandlungsbericht(e) von der (den) Sitzung(en)
VfZG	Vierteljahrshefte für Zeitgeschichte
VKO	Verein Kriegerhilfe Ost
Vors.	Vorsitzender
VR	Verwaltungsrat
VSWG	Vierteljahresschrift für Sozial- und Wirtschaftsgeschichte
VvVD	Vereinigte vaterländische Verbände Deutschlands
WA	Werksarchiv
WG	Wirtschaftliche Gesellschaft
Wipro	Wirtschaftsstelle der Provinzpresse
WTB	Wolff's Telegraphisches Büro
WV	Wirtschaftsvereinigung zur Förderung der geistigen Wiederaufbaukräfte Deutschlands
ZA	Zeitungsausschnitt
ZAG	Zentralarbeitsgemeinschaft
ZDI	Zentralverband Deutscher Industrieller
ZdL	Zentralverband der Land-, Forst- und Weinbergarbeiter
ZfG	Zeitschrift für Geschichtswissenschaft
ZGS	Zeitgeschichtliche Sammlung
zit.	zitiert
Zs.	Zeitschrift
Ztg(n).	Zeitung(en)

Personenregister

Sternchen an der Seitenzahl verweisen auf Anmerkungen mit biographischen Angaben

Aboldt, Emil 302
Adickes, Erneste 21
Adickes, Franz 21, 42
Adickes, Gertrud 21
Alter, Junius (Franz Sontag) 18
Anring (Hannover) 148
Arendt, Otto 104
Arent, Wilhelm 22
Arnim-Muskau, Armin Graf v. 142
Arning (Hannover) 148

Bacmeister, Walter 272
Bang, Paul 143, 170*, 171, 193 f., 200 f., 213 f., 223, 248 f.
Bauer, Gustav 65
Bebel, August 168
Bechly, Hans 214
Becker, Carl Heinrich 161
Becker, Johann Baptist 90*, 95, 139 f., 143, 173, 264, 291 f., 304, 306, 311
Behr, Graf v. 238, 282
Behrens, Franz 110, 112, 115 f., 160, 169, 176 f., 219, 264
Belian, Alfred 298
Bennigsen, Rudolf v. 21
Berg, Friedrich Wilhelm v. 143
Berndt, Emil 212
Berkermann (Amtmann a. D.) 298
Bernhard, Georg 202, 206
Bernhard, Ludwig 14, 28, 34 ff., 36*, 38 f., 41, 45, 47, 63, 94 f., 194
Bethmann Hollweg, Theobald v. 35, 44, 59, 63, 65, 74
Beukenberg, Wilhelm 55*, 56 f., 123, 139, 143, 183, 186, 290, 304, 310
Beumer, Wilhelm 82, 142
Bielenberg, Richard 311
Bismarck, Otto v. 104, 188
Blank, Martin 146, 187
Blohm, Hermann 213
Blohm, Rudolf 310
Bodenhausen, Eberhard v. 45
Bodenheimer, Siegmund 302
Boehm, Theodor 98
Borsig, Ernst v. 124, 154, 171, 190, 193
Bosch, Robert 161
Bracker, Rudolf v. 159
Brader, H. 297
Brandi, Ernst 247
Brauweiler, Heinz 233 ff.

Bredow, v. (Verbandsdirektor) 298
Brentano, Lujo 24, 38
Bretz (Journalist) 284
Brosius, Hans 285
Brubacher, Heinrich 269
Brüning, Heinrich 220
Brunk, Ernst 103, 123
Budde, Hermann v. 33
Brunstäd, Friedrich 129, 160 f., 163, 219
Buff, Clemens 241
Busch, Felix 36, 37*, 75, 309
Buttmann, Rudolf 120

Chevallerie, Otto de la 163 f.
Clarfeld, Fritz 103
Claß, Heinrich 19, 29, 31, 117, 151, 170, 181 f., 193 ff., 198 ff., 209, 214, 219, 232, 237, 249
Coböken, Josef 297
Conrad, Erich 302
Cramon, August v. 195
Cremer, Carl 85*, 87, 90 f., 93, 97, 268, 274
Cuno, Wilhelm 18, 175, 187, 249, 298
Cuntz, Heinrich 94, 247, 309, 311
Curtius, Julius 273

Deerberg, Friedrich 125*, 126, 128
Delbrück, Clemens v. 74, 122
Deutsch, Felix 155
Dewitz, Hermann v. 109 f., 143, 148, 176 f., 215
Dewitz, Johann Georg v. 104
Dibelius, Wilhelm 37
Dietrich (Bankdirektor) 269
Dietrich, Albert 37*
Dietrich, Hermann Adolf Christian 107, 112, 135, 176 ff., 179, 309
Dietz (Mitarbeiter des ADV) 194
Diller, Alfred 18
Dingeldey, Eduard 18
Dirksen, Herbert v. 143
Dohna, Alexander Georg Graf zu 143
Dommes, Wilhelm v. 195, 211, 226, 228, 241
Donner, Günther 275, 302, 311
Douglas v. (Rittmeister) 152
Duesterberg, Theodor 232 ff.
Duisberg, Carl 297
Dziembowski, Maximilian v. 237